宋本廣韻

附 韻鏡 七音略

江蘇鳳凰教育出版社

大宋重修廣韻一部

凡二万六千一百九十四言

注一十九万一千六百九十二字

準景德四年十一月十五日

勅四聲成文六書垂法乃經籍之資始寔簡冊之攸
先自吳楚辨音隸古分體年祀寖遠攻習多門偏旁
由是差譌傳寫以之漏落矧注解之未備諒教授之
何從爰命討論特加刊正仍令摹印用廣頒行期後
學之無疑俾永代而作則宜令崇文院雕印送國子
監依九經書例施行牒至準

學術指導：魯國堯
執行編輯：吴葆勤
裝幀設計：李廣琺
書名集字：徐金平
封底篆刻：胡新群

宋本廣韻・永祿本韻鏡合刊影印本弁語

文化，古代和現代不同，表現在辭書上，古代也和現代不同。爲了文化的傳與承，爲了語文的教與學，辭書應運而生。古代的辭書，在字書出現之後，又有韻書，韻書是按韻（韻是漢語語音的要素）編排、依韻檢字的辭書，在現代辭書中，韻書只佔極小的比例。而在古代則不然，『唐人盛爲詩賦，韻書當家置一部，故陸、孫二韻，當時寫本當以萬計。』（王國維書吴縣蔣氏藏唐寫本唐韻後）唐宋是韻書的興隆時期，溯其原始，南北朝時期，韻書和音義書已臻發達，諸家蜂起，隋文帝開皇（五八一——六〇〇）初年，南北精英，即當時的音韻學家、人文學者、詩人共十人參與的長安論韻是中國音韻學史上的重大事件，導源於此，仁壽元年（六〇一）陸法言的切韻成書。切韻很快爲世人接受，封演（唐玄宗至德宗時人）封氏聞見記卷二：『隋朝陸法言與顔、魏諸公定南北音，撰爲切韻，……以爲文楷式。而先、仙、删、山之類，分爲别韻，屬文之士，共苦其苛細。國初，許敬宗等詳議，以其韻窄，奏合而用之。』舊唐書・許敬宗傳：『高宗嗣位，代于志寧爲禮部尚書。』『六年，復拜禮部尚書。』可見切韻至唐時成了官府用於科舉考試的標準韻書，而前此諸家韻書遂逐漸佚失。毫不誇張地説，切韻是中國音韻學的經典，唐宋的韻書絶大多數都是它的支裔，數以十計的增訂本統統被稱爲『切韻系韻書』。在『切韻系韻書』中最享盛名的是宋真宗頒行的大宋重修廣韻。

宋代在統一中國後，偃武修文，爲了科舉考試的需要，宋初諸帝很重視韻書、字書的規範工作。王應麟（一二三三——一二九六）玉海卷四五『藝文・小學』的『雍熙新定廣韻』條云：『太平興國二年六月丁亥，詔太子中舍陳鄂等五人同詳定玉篇、切韻。』是年爲公元九七七年。『景德新定韻略』條云：『景德四年十一月戊寅，詔頒行新定韻略，送胄監鏤版。先以舉人用韻多異，詔殿中丞丘雍重定切韻。』王應麟用『先』字追溯，説明丘雍重定切韻一事較早。玉海『景德校定切韻，祥符重修廣韻』條云：『景德四年十一月戊寅，崇文院上校定切韻五卷，依九經例頒行（本陸法言撰），祥符元年六月五日改爲大宋重修廣韻。』現在我們可以打開廣韻，卷首載景德四年十一月十五日（公曆一〇〇七年十二月二十七日）牒文，云：『爰命討論，特加刊正。』這牒文中的『十五日』即玉海中的『戊寅』，可見經過長時間的醖釀、準備、試驗，以前此的切韻某本作爲藍本，修訂而成校定切韻，終於在景德四年十一月十五日皇帝命令頒行。但是廣韻卷首又有第二道牒文即大中祥符元年六月五日（公曆一〇〇八年七月十日）牒文，云：『爰擇儒臣，叶宣精力，校讎增損，質正刊修，綜其綱條，灼然叙列，俾之摹刻，垂於將來，仍特換於新名，庶永昭於成績，宜改爲大宋重修廣韻。』顯然這是對上年底的校定切韻的又一次『刊修』，年中告成，皇帝賜以新名。宋人章如愚山堂考索前集卷十一『諸子百家門·韻書類』的『廣韻』條云：『景德四年刊正，大中祥符元年命儒臣增損，改爲重修廣韻。』據金華賢達傳卷七，章如愚乃宋寧宗慶元二年（一一九六）進士，著名學者。廣韻經兩次修訂，兩次命名，宋人章如愚、王應麟所言當爲可信。廣韻本身没有標明作者，據玉海卷四五，宋仁宗寶元二年（一〇三九）官修集韻成書，其『韻例』云：『先帝時令陳彭年、丘雍因法言韻，就爲刊益。』只有三十一年的時距，其言毋庸置疑。廣韻的功用從宋人筆記可見一斑：陸游老學庵筆記卷六：『方大駕南渡，典章一切掃蕩無遺，甚至祖宗謚號亦皆忘失，祠祭但稱廟號而已。又因討論御名，禮部申省言：「未尋得廣韻。」』

歷史似乎又重複一次，由於廣韻帶有集成的性質，前此的切韻系韻書遂逐漸散佚不傳，到了二十世紀，發現了若干敦煌韻書殘卷，一九四七年發現王仁昫的刊謬補缺切韻全本，但一般學人皆難以獲睹，所以千年來，廣韻也被奉爲韻學的經典著作。周祖謨先生説：『從音韻學方面來説，廣韻既因承切韻而來，其聲韻的類别所代表的就是中古音的系統。』（廣韻略説）可以説，欲研究漢語中古音必須研究廣韻。陳澧作切韻考，高本漢著中國音韻學研究，依據的都是廣韻。以廣韻音系爲參照系，可以上推古音，下連今音。調查和描寫現代漢語方言，也離不開廣韻音系。廣韻的註文引用了大量的古代典籍，對文字學、訓詁學、輯佚學、文化學都有寶貴的文獻價值。

據朴現圭、朴貞玉廣韻版本考和中國古籍善本書目等，廣韻自纂成至今，刻本鈔本達百種左右。如果按照註文的詳略來劃分，可以分成詳本和略本兩大類。如果按照刊刻的源流來看，詳本又可以分爲兩大類，一類是福建私刻的『鉅宋本』，上海古籍出版社曾於一九八三年影印宋孝宗乾道五年（一一六九）福建路建寧府黄三八郎書鋪刊本，名爲鉅宋廣韻。原藏本缺去聲一卷（按，日本藏本爲全帙），取南宋巾箱本補足。另一大類是臨安國子監刊刻的『大宋本』（因爲書名是大宋重修廣韻），此類版本目前存有高宗本、寧宗本和巾箱本，另外尚有二十世紀發現的俄藏北宋末年本殘卷。迨至清代，校刻廣韻者甚衆，這些刻本中比較通行的可分爲三系。一系是康熙年間張士俊校刻的澤存堂本，張氏取宋本，自加校改，是者固多，非者亦復不少，所以褒貶不一。周祖謨先生廣韻校勘記作爲中央研究院歷史語言研究所專刊之十六，上海商務印書館於一九三八年影印出版，廣韻校本原作爲史語所專刊之十九，一九五一年作爲中國科學院語言研究所專刊之三由上海商務印書館出版。一九六〇年北京中華書局出合刊本。余迺永先生有校正互註宋本廣韻（臺北連貫出版社，一九七五。其二〇〇〇年第四版，改名爲新校互註宋本廣韻，上海辭書出版社）。周、余二先生的書都是以澤存堂本爲底本，一九八二年北京市中國書店曾以一九三四年來薰閣印本爲底本重加影印。因此澤存堂本在目前的學術界使用者最多，影響也最大。另一系是光緒年間黎庶昌刻古逸叢書本，黎庶昌取楊守敬在日本訪得的宋寧宗年間本，參照澤存堂本，作了校勘，收入古逸叢書。一九三六年上海中華書局又將此本收入四部備要，一九九八年中華書局編輯小學名著六種，又將四部備要本收入。張刻本和黎刻本都是以宋本爲底本，經過校改而成，儘管和宋本相較，互有優劣，但也因此失去了宋本的本來面目，至爲可惜。第三系是南宋巾箱本，民國初年商務印書館曾影印出版，不像澤存堂本和古逸叢書本經過校改，因而能保存宋本的原貌，這是可貴之處。但是巾箱本缺頁甚多，商務印書館配以澤存堂本，使真正的宋本打了些許折扣，也未免讓人有些遺憾。

據屈萬里、昌彼得先生圖書版本學要略考證，巾箱本是南宋孝宗間婺州（今浙江金華）浙刊本。原書四周雙欄，版框高十三點四釐米，寬十點七釐米，版心爲白口，單黑魚尾，題款格式爲『韻幾／頁幾／刻工人名』。每半葉十行，註文爲小字，雙行排列，行小約二十四字。新韻目接上文直排而不改行。宋帝諱避至『眘』（孝宗諱）字止，光宗以下『惇』、『擴』等皆不缺筆。（據廣韻版本考）巾箱本原爲明毛晋汲古閣舊藏，押『宋本』印，後來輾轉於張元濟涉園、蔣祖詒密韻樓，現藏於中國臺灣中央圖書館。原書五卷五册，缺頁依本次影印本頁碼，縷述如下：

卷首：一上至三下（廣韻牒、序）

上平：六上、一九上、三一下至三四下

下平：三六下、三七上、六四上至六六下

上聲：八六上、九七上

去聲：九七下

入聲：一五四上至一五九上

卷末：一五九下至一六〇下（附録切韻法·文字常識共六種，按，廣韻版本考謂之『六則』）

巾箱本於民國八年（一九一九）由上海商務印書館影印，收入張元濟先生主編的四部叢刊初編，民國十八年（一九二九）出第二版。黄侃先生手批本廣韻用的就是這個版本。民國二十五年（一九三六）將版式拼縮爲一册，是爲第三版，題記曰：『上海商務印書館縮印海鹽張氏涉園藏宋巾箱本』。在中國臺灣省，此縮印本曾多次影印。縮印本爲節省版面，删去版心，每面含原本兩葉，四周雙欄改爲四周粗黑單欄，缺頁以澤存堂本補配，並補卷首六葉，即自『大宋重修廣韻一部』至『論曰』等序文。商務印書館萬有文庫亦曾影印過巾箱本。上世紀下半期巾箱本在中國大陸地區總是作爲四部叢刊之一印行的，没有出過單行本，大多數學者手中没有這個本子，因此巾箱本也鮮爲學界所重視。

目前廣大學者使用的廣韻其實都是經過校改或補配的宋本，並非原本。即使如上海影印的鉅宋廣韻，第四卷缺，只得配以巾箱本，但是該卷首頁巾箱本也缺，於是不得不用澤存堂本配齊。這次江蘇教育出版社影印廣韻，選擇巾箱本爲底本，其目的：一方面提供給學術界一個異於以往的版本；一方面還原一個比較真實的宋本。四部叢刊所收巾箱本，缺頁配以澤存堂本，但由於澤存堂本經清人校改，實際上已經不能算作完全意義上的宋本了。這次影印，把補配缺頁的澤存堂本抽換成南宋高宗紹興浙刊本和孝宗乾道鉅宋本，如此就可當『宋本』之名而無愧了。南宋高宗本過去被認爲是北宋本，後經研究，非是。該本全帙現藏日本内閣文庫。中國國家圖書館藏本缺上聲和入聲卷，此本原爲文徵明所藏，後經毛晋父子、季振宜父子、陸費墀、張岱等，最終爲傅增湘購得，於民國三十六年（一九四七）捐贈北京圖書館，此藏本被收入日本一九九四年影印的臨南寺學術研究資料集成第三輯。這樣處理過的巾箱本實際上成爲一個地地道道的南宋高宗、孝宗兩朝的刻本，比目前市面上所能見到的廣韻刻本更近於宋本原貌。

當然，即便如此，巾箱本也並非完美無缺，因爲任何一個善本都存在一些不可避免的刊刻錯誤。如上平聲韻目『齊』字反切『徂奚切』誤作『但奚切』，冬韻『户冬切』小韻首字『⿰石官』右邊誤從『官』，鍾韻『重』字反切『直容切』誤作『宜容切』，之韻『之』字反切『止而切』誤作『上而切』，支韻『疵』誤作『疪』。還有一些字形相近的誤刻，如反切上字『士』常刻作『土』，甚至漏刻，如七五頁下七行『、』字竟留白不見。這些都是我們在使用這個版本時必須注意到的。巾箱本和其他版本比較起來，還是有其長處的。限於篇幅，筆者將上平、下平兩卷内小韻首字下所載字數和澤存堂本有出入的列舉對勘，也順帶檢查一下其他幾個版本的情況：

序號	字	韻	反切	正確數字	巾箱本	高宗本	澤存堂本	鉅宋本	元泰定本
1	犧	支	許羈切	十八	正確	十九	十九	十九	正確
2	低	齊	都奚切	二十三	正確	二十二	二十二	正確	正確
3	攜	齊	户圭切	二十三	正確	正確	二十四	正確	正確
4	鼜	宵	七遥切	七	正確	十	十	正確	正確
5	駝	歌	徒河切	二十三	三十三	正確	正確	正確	正確
6	陽	陽	與章切	三十一	正確	三十二	三十二	正確	正確
7	亡	陽	武方切	十一	正確	十二	十二	正確	正確

（續表）

序號	字	韻	反切	正確數字	巾箱本	高宗本	澤存堂本	鉅宋本	元泰定本
8	唐	唐	徒郎切	四十	正確	四十一	四十一	四十一	正確
9	黄	唐	胡光切	三十二	正確	三十三	三十三	正確	三十三
10	霙	庚	於驚切	十	正確	正確	七	正確	正確
11	浜	耕	布耕切	二	正確	正確	三	正確	正確
12	頸	清	巨成切	四	五	正確	正確	正確	正確
13	承	蒸	署陵切	三	正確	正確	二	正確	正確
14	騰	登	徒登切	十二	正確	正確	十一	正確	正確
15	覃	覃	徒含切	二十	正確	十九	十九	正確	正確

上表共舉出十五處平聲小韻的統計數字，巾箱本錯二處，高宗本錯八處，鉅宋本錯二處，元泰定本錯一處，而澤存堂本竟錯達十三處（『攜』小韻澤存堂本和楝亭五種本收録二十四字，比其他版本多出『鸛』字，此字待考），凡是高宗本錯的，澤存堂本也跟着錯。從這些統計數字，我們也可看出巾箱本的可靠之處並不遜於比它刊刻早的高宗本。周祖謨先生曾於跋張氏澤存堂本廣韻一文中指出：『故宋刻之中，當以巾箱本爲最善』，信哉斯言。當然，在其他處，諸本各有千秋，需要具體分析。

四部叢刊縮印本爲長三十二開本，這次影印放大成國際十六開本，在書眉上增加韻目，在正文前添上廣韻韻目表，便於學者翻檢。張元濟先生補巾箱本的缺頁，是把澤存堂本的内容按巾箱本的版面剪切拼拉，因此補頁的版面疏密不一。這次重補没有這樣做，而是讓不足的版面空缺，這並不是爲了省事，而是要讓讀者一眼能看出哪些頁是配補的，我們覺得這樣做似乎更忠實於原貌。

要利用廣韻，就要會使用韻鏡。廣韻之類的切韻系韻書，先分四聲，次分韻，再據聲分小韻，然後列字，秩序井然。然而其間關係如何，若要深究，必須依賴切韻圖，韻鏡是重要的切韻圖。我們在學習音韻學，研討語音史，或以音韻學爲武器攻治語言學其他分支學科，甚至文獻學、歷史學、文學等等時，就需要同時使用廣韻、韻鏡，可收彼此印證，相互發明之功。

衆所周知，唐代是中國古代史上最輝煌、最繁榮的時期，唐代的中國富有旺盛的創新精神、極强的吞吐能力，對少數民族地區和境外的新鮮事物，凡是有益的，都毫不猶豫地『拿來』，吸收、消化，使自己越發健壯、更加强大，而且播及友邦。 即以文化方面而言，音樂、舞蹈，無不如是，另一典型事例是，印度佛教的各宗派陸續傳入中國，但是到了唐時，一個中國化的佛教宗派出現了，而且成了中國佛教的主流，綿亘達千餘年之久，這就是禪宗。 與之類似，在唐五代，漢語音韻學中一門新興的分支學科在悄然興起，這就是切韻學，它借鑒梵語悉曇學，但是立足漢語，面向漢語，可以説，它是彼時的漢語語音學。 切韻學及其後身等韻學如玉泉汩汩，延續、發展達千餘年之久，而且東傳扶桑，這再一次證明中華民族的博大兼容的胸懷，强健的吸納輻射能力。 切韻學的内容可以大别爲二：其一，詮釋術語，闡發音理，或以文字臚陳，或列表以顯，這就是切韻法。 廣韻卷末的附録，計六則，其中的『雙聲疊韻法』、『辯字五音法』、『辯十四聲例法』、『辯四聲輕清重濁法』四者即切韻法，宋孝宗時人盧宗邁所傳切韻法更形豐富，四部叢刊初編影印元刊本大廣益會玉篇卷首，美國國會圖書館藏明成化十四年（一四七八）葉氏南山精舍刻本廣韻卷末，都有玉篇廣韻指南，收録切韻法超過十則。 其二，將韻書的聲、韻、調的配合系統，逐個音節（即逐紐）地展示在圖表之上，令讀者一目了然，豁然開朗，這就是切韻圖，切韻圖是切韻學的十分重要的組成部分。 唐、五代、宋、遼、夏、金、元的文獻都只有『切韻』、『切韻法』、『切韻之法』、『切韻圖』、『切韻家』、『切韻之學』等專門術語，韻鏡卷首的張麟之韻鑒序例，有『切韻詩』名目，述及神珙著切韻圖，楊倓得切韻心鑒，亦是鐵證。自唐至元從無『等韻』和以『等韻』爲定語的詞語，而這些到明代才出現，延用至現代，術語先後的歷史階段性是不可不瞭解的。

在唐宋，切韻圖頗爲流行，惜乎唐代的切韻圖已經失傳，宋代的切韻圖也所存無幾，韻鏡、七音略是其中最著名的，它們是以圖表的形式表現廣韻的音系。 這類韻圖，『其來也遠，不可得指名其人』，著者無從考知。 這類切韻圖著作猶如民間文學作品，是在長期流傳過程中，經人們心血的不斷澆灌，逐漸改進而成的。 我們特别要指出，韻圖是層累地造出來的複合性的産品，具有多層級的積澱，利用切韻圖研究語音史不可不具有這一認識。

韻鏡，在現存的中國古代的目録書上都未見著録，卷首有傳刻此書的張麟之的識語，撰於宋高宗紹興三十一年（一一六一），序作於宋寧宗嘉泰三年（一二〇三），張麟之的韻鑒序例就是宋代若干切韻法的彙集。 韻鏡大概在南宋末年傳至日本，在日本很爲流行，日本學者關於它的研究著作很多。 直到清代光緒初年，中國學者楊守敬、黎庶昌在日本發現此書，刻入古逸叢書，於是方始回歸祖國。 韻鏡從此受到海内外漢語音韻學人的高度重視，被視作研究漢語中古音的重要資料。

韻鏡的版本較多，這次影印的是古逸叢書之十八覆永禄本韻鏡，是日本正親町天皇永禄七年（一五六四）的重校本，爲了在版面上和巾箱本廣韻求得一致，我們也採用了兩葉併爲一面的辦法。跟廣韻一樣，韻鏡也存在譌誤衍奪的問題，上世紀中國學者做了校勘工作，讀者可參看龍宇純先生的韻鏡校註（臺北藝文印書館，一九七六）、李新魁先生的韻鏡校證（北京中華書局，一九八二）。

讀者諸君如果要想瞭解關於廣韻和韻鏡的更多信息，請閱讀音韻學通論類的書籍和有關二書的專著。我們在工作過程中，得到很多先生賜教，謹致謝忱。

我們爲出版這個合刊本所做的工作，還有這篇弁語，都必有失誤，敬希諸君賜正。

企足東望，我們竭誠呼籲上海圖書館和藏有宋本廣韻的日本諸圖書館，早日將全帙宋本廣韻影印出版，以饗學界。

二零零二年炎夏魯國堯、吴葆勤屬稿於顏之推故里

主要參考文獻：

李　榮　一九八二　音韻存稿，北京商務印書館

魯國堯　一九九二　盧宗邁切韻法述評，中國語文第六期

朴現圭、朴貞玉　一九八六　廣韻版本考，臺北學海出版社

王國維　一九五九　觀堂集林，北京中華書局

余迺永　一九九九　俄藏宋刻〈廣韻〉殘卷的版本問題，中國語文第五期

中國古籍善本書目編輯委員會　一九八九　中國古籍善本書目（經部），上海古籍出版社

周祖謨　一九六六　問學集，北京中華書局

一九八八　周祖謨語言文史論集，浙江古籍出版社

廣韻韻目表

上平聲

一東 四上
二冬 七上
三鍾 七下
四江 九上
五支 九下
六脂 一二下
七之 一五上
八微 一六下
九魚 一七上
十虞 一九上
十一模 二一下
十二齊 二三下
十三佳 二五下
十四皆 二五下
十五灰 二六上
十六咍 二七上
十七真 二八上
十八諄 二九下
十九臻 三〇上
二十文 三〇下
二十一欣 三一上
二十二元 三一下
二十三魂 三二下
二十四痕 三三下
二十五寒 三三下
二十六桓 三四上
二十七刪 三五上
二十八山 三五下

下平聲

一先 三六下
二仙 三八上
三蕭 四〇上
四宵 四一上
五肴 四二下
六豪 四三下
七歌 四五上
八戈 四五下
九麻 四六下
十陽 四八下
十一唐 五〇下
十二庚 五二下
十三耕 五三下
十四清 五四下
十五青 五五下
十六蒸 五七上
十七登 五七下
十八尤 五八上
十九侯 六一上
二十幽 六二上
二十一侵 六二下
二十二覃 六三下
二十三談 六四下
二十四鹽 六五上
二十五添 六五下
二十六咸 六六上
二十七銜 六六上
二十八嚴 六六下
二十九凡 六六下

上聲

一董 六七下
二腫 六八上
三講 六八下
四紙 六九上
五旨 七〇下
六止 七一下
七尾 七三上
八語 七三上
九麌 七四下
十姥 七五下
十一薺 七六下
十二蟹 七七下

韻目	頁
十三駭	七七下
十四賄	七八上
十五海	七八下
十六軫	七八下
十七準	七九下
十八吻	八〇上
十九隱	八〇上
二十阮	八〇上
二十一混	八〇下
二十二很	八一上
二十三旱	八一上
二十四緩	八一下
二十五潸	八二上
二十六産	八二上
二十七銑	八二下
二十八獮	八三上
二十九篠	八四下
三十小	八五上
三十一巧	八六上
三十二晧	八六下
三十三哿	八七上
三十四果	八七下
三十五馬	八八上
三十六養	八九上
三十七蕩	九〇上
三十八梗	九〇下
三十九耿	九一上
四十静	九一上
四十一迥	九一下
四十二拯	九二上
四十三等	九二上
四十四有	九二上
四十五厚	九三下
四十六黝	九四上
四十七寑	九四上
四十八感	九五上
四十九敢	九五下
五十琰	九五下
五十一忝	九六下
五十二儼	九六下
五十三豏	九六下
五十四檻	九六下
五十五范	九七上
去聲	
一送	九八上
二宋	九八下
三用	九九上
四絳	九九上
五寘	九九上
六至	一〇〇下
七志	一〇二下
八未	一〇三上
九御	一〇四上
十遇	一〇四下
十一暮	一〇五下
十二霽	一〇六下
十三祭	一〇八上
十四泰	一〇九下
十五卦	一一〇下
十六怪	一一一上
十七夬	一一一下
十八隊	一一一下
十九代	一一二下
二十廢	一一三上
二十一震	一一三上
二十二稕	一一四上
二十三問	一一四下
二十四焮	一一五上
二十五願	一一五上
二十六慁	一一五下
二十七恨	一一五下
二十八翰	一一六上
二十九換	一一六下
三十諫	一一七上
三十一襇	一一七下
三十二霰	一一七下
三十三線	一一八下
三十四嘯	一一九下
三十五笑	一二〇上
三十六效	一二〇下
三十七号	一二一上
三十八箇	一二二上
三十九過	一二二上
四十禡	一二二下

韻目	頁
四十一漾	一二三下
四十二宕	一二四下
四十三映	一二五上
四十四諍	一二五下
四十五勁	一二五下
四十六徑	一二五下
四十七證	一二六上
四十八嶝	一二六下
四十九宥	一二六下
五十候	一二七下
五十一幼	一二八下
五十二沁	一二八下
五十三勘	一二九上
五十四闞	一二九上
五十五豔	一二九下
五十六㮇	一二九下
五十七釅	一三〇上
五十八陷	一三〇上
五十九鑑	一三〇上
六十梵	一三〇上
入聲	
一屋	一三一上
二沃	一三四下
三燭	一三五上
四覺	一三六上
五質	一三七下
六術	一三九上
七櫛	一三九下
八物	一三九下
九迄	一四〇上
十月	一四〇下
十一没	一四一上
十二曷	一四二上
十三末	一四三上
十四黠	一四三下
十五鎋	一四四下
十六屑	一四五上
十七薛	一四六下
十八藥	一四八上
十九鐸	一四九上
二十陌	一五〇下
二十一麥	一五一下
二十二昔	一五二下
二十三錫	一五四上
二十四職	一五五上
二十五德	一五五下
二十六緝	一五六上
二十七合	一五六下
二十八盍	一五七上
二十九葉	一五七下
三十怗	一五八上
三十一洽	一五八下
三十二狎	一五八下
三十三業	一五九上
三十四乏	一五九上

大宋重修廣韻一部

凡二万六千一百九十四言

注一十九万一千六百九十二字

准景德四年十一月十五日

勑四聲成文六書垂法乃經籍之資始寔簡冊之攸先自吳楚辨音隸古分體年祀寖遠攻習多門偏旁由是差譌傳寫以之漏落矧注解之未備諒教授之何從爰命討論特加刊正仍令摹印用廣頒行期後學之無疑俾永代而作則宜令崇文院彫印送國子監依九經書例施行牒至准

勑故牒

又准大中祥符元年六月五日

勑道有形器之適物有象數之滋一爻始畫於龍圖八體遂生於鳥跡書契是造文字敎興踵事增華觸類浸長沿賡載以變本尚辞律之諧音集韻成書抑亦久矣朕聿遵

先志導揚素風設教崇文懸科取士考覈程準玆實用焉而舊本既譌學者多誤必豕魚之盡革乃朱紫以洞分爰擇儒臣叶宣精力校讎增損質正刊脩綜其綱條灼然敘列俾之摹刻垂于將來仍特換於新名庶永昭於成績宜改爲大宋重修廣韻牒至准

勑故牒

陸法言撰本　　長孫訥言箋注

儀同三司劉臻　　外史顏之推

著作郎魏淵　　武陽太守盧思道

散騎常侍李若　　國子博士蕭該

蜀王諮議參軍辛德源

吏部侍郎薛道衡巳上八人同撰集

郭知玄拾遺緒正更以朱箋三百字

關亮增加字　　薛峋增加字

王仁煦增加字　　祝尚丘增加字

孫愐增加字　　嚴寶文增加字

裴務齊增加字　　陳道固增加字

更有諸家增字及義理釋訓悉纂略備載卷中

勒成一部進上

勑賜絹五百疋

昔開皇初有儀同劉臻等八人同詣法言門宿夜永酒闌論及音韻以今聲調既自有別諸家取捨亦復不同吳楚則時傷輕淺燕趙則多傷重濁秦隴則去聲爲入梁益則平聲似去又支(章移切)脂(旨夷切)魚(語居切)

虞遇俱切共爲一韻先蘇前切仙相然切尤于求切侯胡溝切俱論是切欲廣文路自可清濁皆通若賞知音即須輕重有異呂靜韻集夏侯該韻略陽休之韻略周思言音韻李季節音譜杜臺卿韻略等各有乖互江東取韻與河北復殊因論南北是非古今通塞欲更捃選精切除削疏緩蕭顏多所決定魏著作謂法言曰向來論難疑處悉盡何不隨口記之我輩數人定則定矣法言即燭下握筆略記綱紀博問英辯殆得精華於是更涉餘學兼從薄宦十數年間不遑修集今返初服私訓諸弟子凡有文藻即須明聲韻屏居山野交游阻絕疑惑之所質問無從亡者則生死路殊空懷可作之歎存者則貴賤禮隔以報絕交之旨遂取諸家音韻古今字書以前所記者定之爲切韻五卷剖析豪氂分別黍累何煩泣玉未得縣金藏之名山昔怪馬遷之言大持以蓋醬今歎揚雄之口吃非是小子專輒乃述羣賢遺意寧敢施行人世直欲不出戶庭于時歲次辛酉大隋仁壽元年　訥言曰此製酌古沿今無以加也然古傳之已久多失本源差之一畫詎惟千里見炙從肉莫究厥由輒意形聲固當從夕及其晤矣彼乃乖斯若靡馮焉他皆倣此頃佩經之隙沐雨之餘揩其紕繆疇茲得失銀鉤創闕晉豕成羣盪櫛行披魯魚盈貫遂徵金篆遐泝石渠略題會意之辭仍記所由之典亦有一文兩體不復備陳數字同歸惟其擇善勿謂有增有減便慮不同一點一畫咸資別據其有類雜並爲訓解傳之不謬庶埒箋云于時歲次丁丑大唐儀鳳二年

前貴州多田縣丞郭知玄拾遺緒正更以朱箋三百字其新加無反音皆同上音也

陳州司法孫愐唐韻序

蓋聞文字聿興音韻乃作蒼頡爾雅爲首詩頌次之則有字統字林韻集韻略述作頗衆得失互分惟陸生切韻盛行於世然隨珠尚纇虹玉仍瑕注有差錯文復漏誤若無刊正何以討論我國家偃武修文大崇儒術置集賢之院召才學之流自開闢以來未有如今日之盛上行下效比屋可封輒罄謏聞敢補遺闕兼習諸書具爲訓解州縣名號亦據今時字體從木從才著亻著彳施攴施攵安禾安ネ並悉具言庶無紕繆其有異聞奇怪傳說姓氏原由土地物產山河草木鳥獸蟲魚備載其間皆引憑據隨韻編紀添彼數家勒成一書名曰唐韻蓋取周易周禮之義也

及案三蒼爾雅字統字林說文玉篇石經聲韻聲譜九經諸子史漢三國志晉宋後魏周隋陳宋兩齊書本草姓苑風俗通古今注賈執姓氏英賢傳王僧孺百家譜周何潔集文選諸集孝子傳輿地志及武德已來創置迄開元三十年並列注中等夫輿誦流汗交集愧以上陳天心又有元青子吉成子者則汝陽侯榮之曽孫卓尒好古博通內外遁祿巖嶺吐納自然抗志鈐鍵棲神梵宇淡泊無事希夷絕塵倏忽風雲靈談怡懌考窮史籍廣覽羣書欲令清濁昭然學之上有終日而忘食有連宵而不寐案搜神記精怪圖山海經博物志四夷傳大荒經南越志西域記西壑傳漢纂藥論證俗方言御覽字府及九經三史諸子中遺漏要字訓義解釋多有不載必具言之子細研窮究其巢穴澄凝微思鄭重詳思輕重斯分不令恩糅紕之金篋珍之寶之而已哉寧辝阻險敢不躬談一訢愚心克諧雅況依次編記而不別番其一字數訓則執優而尸之劣而副之其有或假不失元本以四聲尋譯冀覽者去疑宿滯者豁如也又紐其脣齒喉舌牙部件而次之有可紐不可行之及古體有依約之並釆以為證庶無壅而昭其馮起終五年精成一部前後總加四萬二千三百八十三言仍篆隸石經勒存正體幸不譏繁于時歲次辛卯天寶十載也

論曰切韻者本乎四聲紐以雙聲疊韻欲使文章麗則韻調精明於古人耳或人不達文性便格於五音為足夫五音者五行之響八音之和四聲間迭在其中矣必以五音為定則參宮參羽半徵半商引字調音各自有清濁若細分其條目則令韻部繁碎徒拘桎於文辝耳

廣韻上平聲卷第一

德紅東第一 獨用　都宗冬第二 鍾同用
職容鍾第三　古雙江第四 獨用
章移支第五 脂之同用　旨夷脂第六
止而之第七　無非微第八 獨用
語居魚第九 獨用　遇俱虞第十 模同用
莫胡模第十一　徂奚齊第十二 獨用
古膎佳第十三 皆同用　古諧皆第十四
呼恢灰第十五 咍同用　呼來咍第十六
職鄰眞第十七 諄臻同用　之純諄第十八
側詵臻第十九　武分文第二十 欣同用
許巾欣第二十一　語袁元第二十二 魂痕同用
戶昆魂第二十三　戶恩痕第二十四
胡安寒第二十五 桓同用　胡官桓第二十六
所姦刪第二十七 山同用　所閒山第二十八

東 春方也說文曰動也从日在木中亦東風菜廣州記云陸地生莖赤和肉作羹味如酪香似蘭吳都賦云草則東風扶留又姓舜七友有東不訾又漢複姓十三氏左傳魯卿東門襄仲後因氏焉齊有大夫東郭偃又有東宮得臣晉有東關嬖五神仙傳有廣陵人東陵聖母適杜氏齊景公時有隱居東陵者乃以爲氏世本宋大夫東鄉爲賈執英賢傳云今高密有東鄉姓宋有負外郎東陽無疑撰齊諧記七卷昔有東閭子嘗富貴後乞於道云吾爲相六年未薦一士夏禹之後東樓公封于杞後以爲氏莊子東野稷漢有平原東方朔曹瞞傳有南陽太守東里昆何氏姓苑有東萊氏德紅切十七　菄 東風菜義見上注俗加艹　鶇 鶇鷄鳥名美形出廣雅亦作鶇　䍶 獸名山海經曰秦戲山有獸狀如羊一角一目目在耳後其名曰䍶又音陳音棟　倲 儱倲儜劣皃出字諟　倲 同上　餗 地理志云東郡館名　恮 古文見道經　涷 瀧涷沾漬說文曰水出發鳩山入於河又都貢切　蝀 螮蝀虹也又音董　凍 凍凌又都貢切　鰊 魚名似鯉　徚 行皃　崠 崠如山名　埬 上埬地名　𧓕 蝔𧓕科斗蟲也爾雅曰科斗活東郭璞云蝦蟆子也字俗從虫　𩲸 醜皃　同 齊也共也輩也合也律歷有六同亦州春秋時晉夷吾獻其西河地於秦七國時屬魏秦并天下爲內史之地漢武更名馮翊又有九龍泉泉有九源同爲一流因以名之又羌複姓有同蹄氏望在勃海徒紅切四十五　仝 古文出道書　童 童獨也言童子未有室家也又姓出東莞漢有琅邪內史童仲玉　僮 僮僕又頑也癡也又姓漢有交阯刺史僮尹出風俗通　銅 金之一品　桐 木名月令曰清明之日桐始華又桐廬縣在嚴州亦姓有桐君藥錄兩卷　峒 崆峒山名　硐 磨也　𦨴 𦨴舩　狪 獸似豕出泰山　筒 竹筒又竹名射筒吳都賦曰其竹則桂箭射筒　瞳 目瞳　㼧 㼧瓦　𤭁 同上　罿 車上網又音衝　犝 犝牛無角　筩 竹筩　潼 水名出廣漢郡亦關名又通衝二音　曈 曈曨日欲明也又他孔切　洞 洪洞縣名在晉州北又徒弄切　侗 楊子法言云倥侗顓蒙　橦 木名花可爲布出字書又鍾幢二音　烔 熱氣烔烔出字林　䳋 䳋鷯水鳥黃喙喙長尺餘南人以爲酒器出劉欣期交州記　挏 引也漢官名有挏馬又音動　酮 馬酪又音動　鮦 爾雅云鱧大鮦又直冢直柳二切　𤭛 井甓一云甃也　𦏁 無角羊　𦍩 同上　胴 目眶又徒揔切　蕫 草名又多動切　穜 穜稑先種後熟謂之穜後種先熟謂之稑又音重　衕 通街也　𩊠 鞁具飾也　𢈉 地下應聲　𥦗 通𥦗也　哃 嘈哃大言　弴 弓飾　絧 布名　𨚯 鄉名　鄿 地名又姓　𪔛 鼓聲　𧇍 黑虎　黱 黑皃

○中 平也成也宜也堪也任也和也半也又姓漢少府卿中京出風俗通又漢複姓有七氏漢有諫議大夫中行彪晉中行偃之後虞有五英之樂掌中英者因以爲氏古有隱者中梁子漢書藝文志有室中周著書十篇賈執英賢傳云路中大夫之後以路中爲氏張晏云姓路爲中大夫何氏姓苑有中壘氏中野氏陟弓切又陟仲切四　衷 善也正也適也中也又衷衣褻

衣也。忠無私也敬也直也厚也亦州名本漢臨江縣屬巴郡後魏置臨州貞觀爲忠州 芔草名又音沖 蟲爾雅曰有足曰蟲無足曰豸又姓漢功臣表有曲成侯蟲達直弓切七 沖和也深也 种稚也或作沖亦姓後漢司徒河南种暠 盅器虛也又敕中切 爞爾雅云爞爞炎炎熏也 芔草名又音中 翀直上飛也 ○終極也窮也竟也又姓漢有濟南終軍又漢複姓二氏東觀漢記有終利共何氏姓苑云今下邳人也左傳舒人七族有終葵氏職戎切十五 衆又之仲切 潨小水入大水又徂紅在冬二切 𣧑殁也 螽螽斯蟲也 ⿰虫衆同上 鼨豹文鼠也 蔠蔠葵繁露也 柊木名又齊人謂椎爲柊楑也 𩅧小雨 ⿰冬龜字書云龜名也 鴤鳥名 ⿱竹終[illegible]人呼之 泈水名在襄陽 ⿰豸衆獸如豹 ○忡憂也敕中切三 浺浺瀜水平遠之皃又音蟲 盅器虛也又音蟲 ○崇高也敬也就也聚也又姓鋤弓切四 崈同上 ⿰崇刂鍾屬 𩟸饞𩟸貪食也出古今字音 ○嵩山高也又山名又姓史記有嵩極玄子或作崧息弓切九 崧同上 ⿰鳥戎似鷹而小能捕雀也 娀有娀氏女簡狄帝嚳次妃吞乙卯生契 菘菜名 硹地名在遼 ⿰亻戎姓也 ⿰虫戎蟲名 ⿰髟戎細毛 ○戎戎狄亦助也說文作戎兵也又姓漢宣帝戎婕妤生中山哀王竟如融切九 ⿹戈田同上 茙茙葵蜀葵也又虜姓後魏書官氏志云南方有茙眷氏改爲茙氏也 ⿰木戎木名 駥馬八尺也 ⿱竹戎小竹可爲矢 ⿰亻戎⿰亻戎人身有三角也 狨細布 絨同上 ○弓弓矢釋名曰弓穹也張之穹穹然也其末曰簫又謂之弭以骨爲之滑弭弭也中央曰弣弣撫也人所撫持也簫弣之間曰淵淵宛也言曲宛然也世本曰黃帝臣揮作弓墨子曰羿作弓孫子曰倕作弓又姓魯大夫叔弓之後居戎切六 躳身也親也又姓出姓苑 躬同上 ⿰氵宮縣名在酒泉 宮白虎通曰黃帝作宮室以避寒暑宮之言中也世本曰禹作宮亦官名漢書曰少府官有守宮令主御筆墨紙封書泥也又姓左傳虞有宮之奇 ⿰身⿹勹弓謹敬之皃又音穹 ○融和也朗也說文曰炊气上出也又姓世本云古天子祝融之後以戎切四 ⿰鬲蟲同上 肜祭名又敕林切 瀜沖瀜大水皃 ○雄雄雌也亦姓舜友有雄陶羽弓切二 熊獸名似豕魏略曰大秦之國出玄熊亦姓左傳賢者熊宜僚又漢複姓左傳楚大夫熊率且比 ○瞢目不明莫中切六 夢說文曰不明也又武仲切 鄸邑名

在魯郡 懜慙也國語云君使臣懜 ⿰夢色⿰夢色醜皃 ⿰夢豕獸似豕目在耳出崐崘 ○穹高也去宮切七 ⿰忄宮憂也 焪乾也 芎芎藭香草根曰芎藭苗曰蘼蕪似蛇牀 营同上 ⿰身⿹勹弓謹敬之皃 ⿱竹穹⿱竹穹籠也又去龍切 ○窮窮極也又窮奇獸名聞人鬪乃助不直者渠弓切三 藭芎藭 竆羿所封國 ○馮馮翊郡名又姓畢公高之後食采於馮城因而命氏出杜陵及長樂房戎切七 堸蟲室 汎浮也又孚劒切 芃草盛也又音蓬 ⿰馮阝姬姓之國 渢弘大聲也 梵木得風皃又防泛切 ○風教也伏也告也聲也河圖曰風者天地之使元命包曰陰陽怒而爲風方戎切七 飌古文 楓木名子可爲式爾雅云楓有脂而香孫炎云欇欇生江上有奇生枝高三四尺生毛一名楓子天旱以泥泥之即雨山海經云黃帝殺蚩尤棄其桎梏變爲楓木脂入地千年化爲虎魄 猦猦母狀如猿逢人則叩頭小打便死得風還活出異物志 偑地名 ⿱林風⿱林風梵聲也 ⿱竹風竹名出南海 ○豐大也多也茂也盛也又酒器豆屬又姓鄭公子豐之後敷空切八 酆邑名亦姓左傳有狄相酆舒 蘴蕪菁苗也 灃水名在咸陽 寷大屋 ⿰麥豐煑麥 僼偓僼仙人 ⿰山豐山名 ○充美也塞也行也滿也昌終切七 珫珫耳玉名詩傳云充耳謂之瑱字俗從玉 茺茺蔚草也 㤝心動 ⿰衤充⿰衤充襌衣也 ⿰黃充黃色又音統 ⿰氵充水聲 ○隆盛也豐也大也力中切六 癃病也亦作癃 ⿱隆鼓鼓聲俗作鼕 窿穹隆天勢俗加穴 霳豐隆雷師俗加雨 夆多夆礼天 ○空空虛書曰伯禹作司空又漢複姓有空桐空相二氏苦紅切十四 箜箜篌樂器釋名云師延所作靡靡之音出桑間濮上續漢書云靈帝胡服作箜篌也 崆崆峒 椌器物朴也又丘江切 硿硿青色也 ⿰禾空稻稈 悾悾悾信也慤也 埪土埪龕也 倥倥侗 涳涳濛小雨又口江切 鵼怪鳥出字統 ⿱艹空草也 ⿰衤空衣袂 ⿰虫空蟬脫⿰虫空皮 ○公通也父也正也共也官也三公論道又公者無私也從八從厶厶音私八背意也背厶爲公也亦姓漢有主爵都尉公儉又漢複姓八十五氏左傳魯有公冉務人公斂陽公何藐公父歜公賓庚公思展公鉏極公申叔子公山弗擾公甲叔公巫召伯衞有公文要戰國策齊威王時有左執法公旗蕃左傳齊悼子公旗之後左傳季武子庶子公沮後以爲氏孟子有公行子著書左傳晉成公以卿之庶子爲公行大夫其後氏焉

孔子家語魯有公冶長又公索氏將祭而亡其牲者魯有公愼氏出娷妻又有公罔之裘揚觶者孔子弟子齊人公晳哀陳人公良儒公西赤公祖句茲公肩定漢書藝文志有公檮子著書又有公勝生著書濟南公玉帶上明堂圖功臣表有公師壹晉穆公子成師之後又有公扈滿意後漢有零陵太守公仇稱晉穆公子仇之後又弘農令北海公沙穆山陽公堵恭魏志有公夏浩晉書有征虜長史太山公正羣成都王帳下督公帥蕃本姓公師避晉景帝諱改爲公帥氏前趙録有太中大夫公帥式子夏門人齊人公羊高作春秋傳列女傳有公乘之姒墨子魯有公輸班衞大夫公叔文子史記有魯相公儀休孔子門人公休哀又有公祈哀禮記魯大夫公明儀何氏姓苑云今高平人衞大夫公南文子魯有公剕皎衞大夫公子剕之後魯大夫公襄昭魯襄公太子野之後魯大夫公伯寮何氏姓苑云彭城人趙平陵太守公休勝魯士官公爲珍魯昭公子公爲之後楚大夫公朱高宋公子子朱之後公車氏秦公子伯車之後淮南子有公牛哀病七日化爲虎齊公子牛之後呂氏春秋有郰大夫公息忌孟子稱公都子有學業楚公子田食采於都邑後氏焉公劉氏后稷公劉之後古今人表有公房皮楚公子房之後郭泰別傳有渤海公族進階衞大夫有公上王世本有魯大夫公之文晉蒲邑大夫公佗世卿秦公子金之後有公金氏齊公子成之後有公牽氏何氏姓苑云公右氏今琅邪人公左氏今高平人又有公言公孟公獻公留公石公旅公仲等氏又左傳衞有庚公差以善射聞祭公謀父出自姜姓申公子福楚申公巫臣之後衞有尹公佗楚大夫逢公子仲楚白公勝之後有白公氏文字志云魏文侯時有古樂人竇公氏獻古文樂書一篇秦有博士黃公庇古今人表神農之後有公幹仕齊爲大夫其後氏焉世本有大公叔潁又有公紀氏衞有大夫左公子洩右公子職漢四皓有園公先生尚書僕射東郡成公敞古紅切十三 功 功績也說文曰以勞定國曰功又漢複姓何氏姓苑云漢營陵令成功恢禹治水告成功後爲氏俗作功 工 官也又工巧也 疘 文字集略云脫疘下部病也 蚣 蜈蚣蟲 玒 玉名又音江 釭 車釭說文曰車轂中鐵也又古雙切 魟 鰤魟江蟲形似蟹可食又音烘 攻 攻擊 㓚 鉅鑊也 愩 愩也 碽 擊聲 篢 篢笠方言 ○蒙 覆也奄也爾雅釋草曰蒙王女也莫紅切二十六 冡 說文覆也 濛 涳濛細雨 ⿰馬蒙 驢子曰⿰馬蒙又武用切 艨 艨艟戰船 朦 大皃 矇 矇瞽 饛 盛食滿皃 ⿱髟蒙 馬垂鬣也 檬 似槐葉黃 ⿰酉蒙 麴生衣皃 ⿰麥蒙 上同 ⿰酉監 亦上同 鸏 鸏鶚鳥也 幪 覆也蓋衣也又

幪縠 罞 爾雅曰麋罟謂之罞 幪 說文云蓋衣也又莫弄切 髳 爾雅釋詁曰覭髳茀離也 蠓 蠓蠛似蚊又莫孔切 夢 草可爲帚 雺 天氣下地不應曰雺又莫侯切 霿 同 霚 並上 朦 朦朧月下 ⿱蒙皿 器滿 懞 心悶闇也 霥 小雨 ○籠 西京雜記曰漢制天子以象牙爲火籠盧紅切又力董切二十七 豅 大谷 ⿱龍木 說文云房室之疏也亦作櫳 朧 朦朧 ⿱龍目 大瞽 ⿰舟龍 ⿰舟龍頭 ⿰革龍 上同 瀧 瀧涷沾漬說文曰雨瀧瀧也 聾 耳聾左傳云不聽五聲之和曰聾釋名曰聾籠也如在蒙籠之內不可察也 ⿰車龍 軸頭 礱 磨也 䆍 禾病 ⿰歹龍 上同 嚨 喉嚨 蘢 蘢古草名又音龍 櫳 檻也養獸所也 龔 字書云龔土龔穀 巃 巃嵷山皃從祖紅切又音寵攏 襱 襱裙 ⿰衤同 上同 瓏 玲瓏玉聲 曨 日欲出也 鸗 鳥名 ⿰食龍 ⿰食龍餅 蠪 蠪蛭如狐九尾虎爪音如小兒食人一名蟜蠪又爾雅曰蠪朾螘郭璞云赤駮蚍蜉 ⿰山兒 崆⿰山兒山皃 ⿰山工 山形 ○洪 大也亦姓共工氏之後本姓共氏後改爲洪氏戶公切二十二 鉷 弩牙 訌 潰也詩曰蟊賊內訌 紅 色也又姓 虹 螮蝀也又古巷切 仜 身肥大也 鴻 詩傳云大曰鴻小曰鴈又姓左傳衞大夫鴻聊魋 葒 水草一曰蘢古詩云隰有游龍傳曰龍即紅草也字或從卄 葓 上同 谼 大壑又谼谷寺在相州 粠 陳赤米也 烘 字林云燎也又呼紅切 洚 說文曰水不遵道一曰下也又戶冬下江二切 渱 潰渱沸湧也 ⿰阝工 從陸山名在雲南 魟 魟白魚又音烘 ⿰阝共 坑也 ⿰言共 大聲 ⿱共羽 飛聲 ⿰風共 風聲 硔 石聲 ⿰工隹 鳥肥大⿰工隹然 叢 聚也徂紅切五 藂 俗 叢 草叢生皃 潨 水會也 䉘 籠䉘取魚器 ○翁 老稱也亦鳥頸毛又姓漢書貨殖傳有翁伯販脂而傾縣邑烏紅切八 螉 蠮螉蟲名細腰蜂也 ⿰魚翁 魚名 蓊 蓊鬱草木盛皃又烏孔切 ⿱竹翁 竹盛皃 ⿰革翁 吳人靴靿曰⿰革翁 ⿰木翁 水桶子果名出南州 ⿰翁頁 頸也 ○怱 速也倉紅切十五 忩 俗 蔥 葷菜 檧 搶也 ⿰車悤 轀車 聰 聞也明也察也聽也殷仲堪父患耳聰聞牀下蟻動謂之牛鬭出晉書 總 色青黃文細絹 璁 石似玉也 驄 馬青白雜色 蟌 蜻蜓淮南子曰蝦蟆爲鶉水蠆爲蟌 囪 竈突 ⿰酉悤 醲濁酒 鍯 大鑿平木器 熜 熅也又子孔切 ⿸广悤 屋中

符又子孔切○通達也三禮圖曰通天冠一名高山冠上之所服也亦州名本漢宕渠縣內有地萬餘頃因名焉萬州後魏以萬州居四達之路改爲通州又姓出姓苑他紅切九蓪蓪草藥名中有小孔通氣侗大也恫痛也痌上同曈曨曈欲明之皃俑偏俑偶人又音勇狪獸名似豕出泰山又音同𨁈走皃

○葼木細枝也子紅切二十一鬷金屬又姓左傳鄭大夫鬷明嵏九嵕山名猣犬生三子豵豕生三子鯼石首魚者椶椶櫚一名蒲葵騣馬鬣鬉上同蜙蜙蝑蟲名嵸巃嵸又作孔切艐書傳云三艐國名說文云船著沙不行也蝬三蝬蛤屬出臨海異物志堫種也䃔石也𦩷聳翅上皃緵縷也又作弄切㚇飛而斂足又子貢切𢕟數也稯禾束鬉毛亂

○蓬草名亦州名周割巴州之伏虞郡於此置蓬州因蓬山而名之薄紅切十䈇車奮篷織竹夾箬覆舟也髼髼鬆髮亂皃蜂蟲名出蒼頡篇又音峯芃芃芃草盛皃又音馮浲爾雅曰困袚浲亦作洚又音降韸鼓聲驡充塞皃又音龍𩙪風皃又步留切

○烘火皃呼東切又音紅六叿叿叿市人聲魟河魚似鼈谾谷空皃出字林䜫䜫訌大聲𩙣大風○㟅崆㟅山皃五東切又魚江切一○檧小籠蘇公切三又先孔切憽惺憽了慧人也䁓䁓白皃出聲譜

二○冬四時之末尸子曰冬爲信北方爲冬冬終也又姓前燕慕容皝左司馬冬壽都宗切七𠔂古文苳草名鴤鴤鳥好入水食似鳧形小笗竹名𩅽雨皃𧲣獸如豹有角○彤赤也丹飾也亦姓彤伯爲成王宗枝徒冬切二十二疼痛也佟姓也北燕錄有遼東佟萬以文章知名炵火盛皃又他冬切䳉鳥名䳉渠狀如山雞黑身赤足出山海經也鼕鼓聲爞爞爞憂也出楚詞𪔛擊空聲爞旱熱𢘋惶也痋動病𥍝刺矛鉵大鉏𧹞赤色𧆴黑虎浵水名亦水皃鼨鼨鼠名又音終𡲈楚云深屋鉖釣鉖𨚵古國名𢃖戎云幡也赨赤蟲

○賨戎稅說文曰南蠻賦也藏宗切十一琮說文云琮瑞玉大八寸似車釭周禮曰以黃琮禮地悰慮也一曰樂也潨小水入大水也又徂紅職戎二切淙水聲又士江切慒謀也又似由切鬃高髻又士江切鬉鬉鬍又士江切孮族盛孮鄉誴謀誴樂也悰帛悰又布名

○農田農也說文作農耕也亦官名漢書曰治粟內史秦官也景帝更名大司農又姓風俗通云神農之後又羌複姓有蘇農氏奴冬切十二農上同辳古文𨐨籀文𩟗𩟗饛強食又女耕切噥多言不中𩇊露多憹懽憹悅也𤢿多毛犬也又乃刀切儂我也𧗐說文曰腫血也膿上同

○攻治也作也擊也伐也古冬切二釭鐙也又音江○硿硿礲石落戶冬切四洚說文曰水不遵道一曰下也孟子曰洚水警予𠻘歌也又胡宋徒宋二切𩘹大風○𧭁力冬切三𪔶鼓聲鏧聲也

○宗衆也本也尊也亦官名漢書宗正秦官也掌親屬亦姓周卿宗伯之後出南陽又漢複姓二氏前漢有宗伯鳳南燕錄有宗正謙善卜相作冬切二倧上古神人○鬆鬔鬆髮亂皃私宗切二鬆上同○炵火色他冬切一

三○鍾當也酒器也又量名左傳曰釜十則鍾亦姓出潁川又漢複姓有鍾離氏世本云與秦同祖其後因封爲姓職容切十八鐘樂器也呂氏春秋云黃帝命伶倫鑄十二器世本曰垂作鐘蚣蟲蟲忪心動皃𥫱長節竹也蹱蹱蹱小兒行皃彸征彸行皃衳小褌也伀志及衆也橦字樣云本音同今借爲木橦字籦籠籦竹名廣志云可爲笛妐夫之兄也𠰉衆口也䚗舉角也炂熱小也苁草名𨳝門外開𨳝鈆鐵鈆

○龍通也和也寵也鱗蟲之長也易曰雲從龍又姓舜納言龍之後力鍾切九瓏圭爲龍文躘躘蹱鸗鳥名驡野馬𪚑亞也籠竹車籠亦籦籠竹又力東力董二切𦪻小船上安蓋者蘢蘢古草

○舂世本曰雍父作舂呂氏春秋曰赤冀作舂書容切六蝽蚣蝽俗呼蜻蝽樁橦也蹖踊也鷘鷘鷘鳥名惷愚也

○松木名玄中記曰松脂淪入地千歲爲茯苓亦州舜竄三苗於三危河關之西南羌是也後魏末始統其城改置州焉祥容切四𥥍古文淞凍落皃又先恭切訟爭獄又徐用切

○衝當也向也突也說文曰通道也尺容切十一衝上同罿罬也又音童憧憧憧往來皃䡴陷陣車艟艨艟戰船潼河潼又音同褈褈褣衣也𠝤刺也𠟍上同𥎰短矛也

○容盛也儀也受也爾雅曰容謂之防郭璞云

形如今牀頭小曲屏風唱䠶者所以自防隱司馬法云軍容不
入國國容不入軍是也又州名又姓八凱仲容之後禮記有徐
大夫容居餘封切三十五 溶水皃又音勇 滽水名出宜蘇山 庸常也用也功也和也次也易也又姓
漢有庸光 𩫖古文 ⿰豸庸獸似牛領有肉也 ⿰犭庸 ⿰牛庸並上同 墉城也垣也 鎔鎔鑄
鏞大鐘 銿上同說文與鐘同 鄘國名 傭傭賃又丑凶切 鷛鷛鷞鳥名似鴨雞足也
⿱穴瓦甖也 ⿰瓦庸上同 鱅魚名又音慵 蓉芙蓉 ⿰虫庸螉蟰色如黄蛇有羽 傛傛華縣也
又漢書婦官有傛華 褣襢褣 搈不安 瑢瑽瑢佩玉行也 䈶䈶茸又矢 嵱山名在容州山
下有鬼市 頌形頌又似用切 宊宊盛也說文云古文容 ⿰車公車行皃 ⿰山庸山嵱在建州 ⿰谷容
餹餎 ⿰容鳥鶲鷛 槦槦木中箭笴 ⿰庸彡重影一曰形⿰庸彡 ⿰庸戈戫戟兵器 。封大也國也厚也爵也
亦姓望出渤海本姜姓炎帝之後封鉅為黃帝師又望出河南後魏官氏志云是賁氏後改為封氏府容切五 𡉚古文
犎野牛 葑菜名詩云采葑采菲 崶山名一名龍門山在封州大魚上化為龍上不得點額流血水謂丹
色也 。胷膺也亦作匈肓許容切十 凶凶禍 㐫古文 銎懼也又斤斧柄孔又曲恭切 洶
水勢也 恟懼也 訩訟也 兇惡也 詾衆語 匈匈奴 。顒仰也爾雅云顒顒卬卬君
之德也說文云大頭也魚容切四 䮅上同見廣蒼 鰅魚名說文曰皮有文出樂浪又音隅 喁噞喁
。邕說文曰四方有水自邕成池者是也於容切十六 雍和也與邕略同又雍奴縣名在幽州水經云四方有
水曰雍不流曰奴亦姓左傳有雍糾又於用切 噰鳥聲 嗈上同 䆯䆯饔多皃 澭水名在宋 灉
上同爾雅曰水自河出為灉 癰癰疽 ⿱雍瓦汲器 廱辟廱天子教官 饔熟食 壅塞又音擁
雝爾雅曰䳭鴒雝渠 ⿰雍鳥上同 ⿱雍玉玉器 ⿰豸雍獸似獲也 。醲厚酒女容切八 ⿰多農䢸䢸
濃厚也 襛襛華又衣厚皃又而容切 穠花木厚又而容切 ⿰木農木名 ⿰黑農䵜䵜 ⿱髟農
多也 。重複也疊也直容切又直勇直用二切六 種先種晚熟曰種 緟說文云增益也 褈複也
鶇鶇鶇鳥名 蝩蝩蠶晚生者 。從就也又姓漢有將軍從公何氏姓苑云今東莞人疾容切又即容七恭秦
用三切三 从古文說文曰相聽也 ⿱隹...方言云南楚人謂雞 。蹱𨂂蹱丑凶切七 傭均也直也又音
容 䐝上同 ⿺辶庸馬不行也 穜土精如狗在地下也 [illegible]地名又直容切 ⿰黑庸黑也深穴中
。逢值也迎也符容切八 縫紩又音俸 漨水名 韸鼓聲 䂬䂬䂬矛也 夆掣曳也又敷
恭切 䗬大黃負山神能動天地氣昔孔甲遇之 捀說文曰奉也又符用切 峯山峯也容切十六
鋒鋒刃鋒也 丰丰茸美好說文本作𡴗草盛𡴗也從生上下達也 𡴗上同 ⿰彳夆使也 妦
好皃 蠭說文曰螫人飛蟲也孝經援神契曰蠭蠆垂芒為其毒在後 蜂上同 ⿱夆䖵古文 𧁴菜名
又音豐 桻木上 ⿱夆火烽燧火夜曰烽晝曰燧 烽同上 莑草牙始生出音譜 仹仙人 ⿰牛丰牛
。縱縱橫也即容切又子用切九 𩮀髮亂也 蹤蹤跡 ⿰車從車跡 樅木名又七恭切 磫
磫礭礪石 豵豕生三子 ⿱从火火行穴中 𧼮急行也又此從切 。茸草生皃而容切十 [illegible]
毛飾 髶髮多亂皃 ⿱⺮茸竹頭有文 襛華皃又厚衣皃又女容切 穠花木厚也又女容切 ⿰耳茸
搑也 ⿰矛茸矛也 𣗺似橦 𣗺木名 ⿰禾茸禾 。蛩蛩蛩巨虛獸也說文云一曰秦謂蟬蛻曰蛩渠容切
十六 邛勞也病也又臨邛縣亦邛僰又姓列仙傳有周封史邛疏 舼舼船 ⿰舟邛上同 筇竹名可為
杖張騫至大宛得之 輁輁軸所以支棺也又音拱 ⿱艹邛蕢荚實也 ⿱竹蛩龍蛩 ⿱巩石水島石也又居勇切
蛬蟋蟀又音拱 𠍆𠍆倯可憎之皃 𩬅𩬅鬆亂也 桏桏柳 ⿱巩木稍也又巨隴切 ⿱巩玉
玉佩 ⿱巩馬獸如馬而青一走千里也 。鱅魚名似牛音如豕蜀庸切又音庸三 慵嬾也 ⿰革庸通俗文云
羣乾也 。恭恭敬也說文本作𢙨肅也又姓晉太子申生號恭君其後氏焉出國語九容切陸以恭蚣縱等入冬韻非
也 龔姓也漢有龔遂 供奉也具也設也給也進也又居用切 珙璧也又音拱 ⿰共阝邑名出異
苑又亭名出晉書 共共城縣在衛州又渠用切 ⿰目共瞯也 廾竦手也說文本居竦切 䰃鬞䰃
⿰共鳥鳥似雉鳴自呼 。蚣蚣蝑蟲名息恭切六 淞水名在吳又音松 凇凍落之皃 鬆鬆鬆髮亂
皃亦作鬆 倯倯恭怯皃 ⿰彳松小行恐皃 。樅木名松葉柏身七恭切又音蹤十二 鏦短矛又音窻

從從容又疾容泰用二切 瞛光也張景陽七命云怒目電瞛是也 蜙蜙蝑小蜂生牛馬皮中也 瑽瑽瑢佩玉行皃 摐打也又音窻 [月從]肥病 [禾從]治禾[禾從]移 [走从]急行也 [髟从]髮亂又息恭切又音蹤 [辶公]遷[辶公] 銎斧受柄處也曲恭切又許容切二 蛩[illegible]

【四】江 江海書有九江尋陽記云烏江蚌江烏白江嘉靡江畎江源江廩江提江菌江亦姓出陳留本顓頊玄孫伯益之後爵封於江陵為楚所滅後以國為氏古雙切十一 扛舉鼎說文云扛橫關對舉也秦武王與孟說扛龍文之鼎脫臏而死 杠旌旗飾一曰牀前橫 茳茳蘺香草 釭燈又音工 矼石矼石橋也爾雅曰石杠謂之倚字俗從石 豇豇豆蔓生白色 肛胮肛脹大又許江切 玒玉名又音工 舡舉角 谾谾谷在南郡 庬厚也犬也

尨莫江切十四 駹黑馬白面 狵犬多毛亦作尨 尨上同 浝水名 哤語雜亂曰哤 牻牛白黑雜 娏女神名 [黑尨]陰私事也 [山尨]五[山尨]山名在蜀 蛖蛖螻螻蛄類 [目尨]目不明 痝病困 [亻尨]不媚 [耳農]耳中聲也女江切八 [毛農]多髮 涳姓出纂文又音豬 噥噥嗔語出字林 饢強食 鬞髮亂 [目農]目不明 [illegible]鴻[illegible] 囪說文曰在牆曰牖在屋曰囪楚江切九 窻說文作囪通孔也釋名曰窻聰也於內見外之聰明也 牕上同 窓俗 堫種也上同 摐打鐘鼓也 鏦打鐘鼓也 摠上同 邦國也又姓出何氏姓苑博江切四 𡿪古文 梆木名 挷土精如手在地中食之無病 栙栙雙帆未張下江切八 䜶跭䠉胡豆 降降伏又古巷切 缸罌缸 [夅瓦]上同 洚說文曰水不遵道曰下也又古巷切 夅服也 跭跭䠉竪立也 胮胮張匹江切又音龐五 [疒夅]上同 韸鼓聲 鼜上同 [黑夅]黑皃 瀧南人名湍亦州名在嶺南呂江切又音雙二 驡充塞之皃 雙偶也兩隻也又姓出姓苑後魏有將軍雙仕洛所江切七 艭艭𦪻船名 [巾雙]帆也 㒒㒒也左傳云駟氏㒒 [豆雙]豆也 瀧水名在郴州界 䠉跭䠉立也 龐姓也出南安南陽二望本周文王子畢公高後封於龐因氏焉魏有龐涓薄江切五 逄姓也出北海左傳齊有逄丑父 胮胮肛脹大皃 韸鼓聲 舽舽舡船皃 肛許江切四 啌啌瞋語出聲譜 [谷空]空谷皃 舡𦪻舡船皃

胦胦肛不伏人握江切一 腔羊腔也苦江切十二 羫上同 羫古文 控打也又苦貢切 椌椌楬 悾信也慤也又音空 跫蹋地聲 涳直流 崆崆峣山皃又音空 [骨空]髁尻骨 [疒空]病 [illegible][illegible]也 幢旛幢釋名曰幢憧也其皃幢幢然也宅江切六 撞撞突也學記曰善待問者如撞鐘撞擊也 橦木名又音鍾童 [方童]旌旗𣃔皃出說文又丑善切 噇喫皃 [骨童]髁尻骨 惷愚也丑江切又抽用切五 䚒視不明也一曰直視又丑巷切 椿[illegible]椿不實 [illegible]祠不[illegible]也 [衤舂]短衲衣也 樁橛也都江切二 [氵舂]深水立[illegible] [山兒]五江切一 淙水流皃士江切又才宗切四 鬃髮高皃 鬉[illegible]也出方言 [illegible][illegible]愛食

【五】支 支度也支持也亦姓何氏姓苑云琅邪人後趙錄有司空支雄又漢複姓莊子有支離益善屠龍章移切二十九 [糸支]繂紋挽船繩也 只專辭又之爾切 汥水都名 [illegible][illegible]者輕毛皃 巵酒器 梔梔子木實可染黃 枝枝柯又漢複姓左傳楚大夫枝如子弓 衹適也又巨支切 疧疾也 衼衹衼法衣也衹音岐 肢肢體 胑敊並同上 禔福也又是支切 馶強馬 氏月氏國名又閼氏匈奴皇后也又精是二音 疻毀傷 [多支]多也又音寘 鳷鳥名漢武帝造鳷鵲觀在雲陽甘泉宮外 [支隹]上同 觶本音寘今作奉觶字 榰爾雅曰榰柱也謂相榰柱也 [illegible]木盛 [illegible]玉篇云土精如鴈一足黃色毀之殺人 𧊒蟲名似蜥蜴能吞人 眵目汁凝又尺支切 軙軙軝長轂 [illegible]皮轂 移遷也遺也延也徙也易也說文曰禾相倚移也又官曹公府不相臨敬則為移書箋長之類也亦姓風俗通云漢有弘農太守移良弋支切三十二 [禾也]上同 迻說文遷也 [厂欠]說文歔也 杝木名 鉹方言云涼州呼甑又音侈 袲宋地名又音侈 箷衣架 椸上同又榻前几 [忄虒]怟[忄虒]不憂事 訑訑訑自得皃又淺意也 簃樓閣邊小屋又音池 [艹移]萎移草 熪爔熪火不絕皃 扅扊扅戶扇 衪衣袖 [耳施]東[耳施]縣在樂浪 迆逶迆又移爾切 [犭多]獸名似犬尾白目赤出則大兵 栘扶栘木名又成兮切 歋歋瘉手相弄人亦作瘉又以遮切 酏酒也又羊氏切 匜杯匜似桸可以注水

又羊氏切 迻加也 誃埤蒼云冰室門名 𣲙上同 蛇蝼蛇莊子所謂紫衣而朱冠又蛇丘縣名
又神遮切 虵俗 螔爾雅曰蚹蠃螔蝓注謂即蝸牛也 傂傂歋 歋歋笑 䬤小旋風咸陽有之小颷於地也
爲爾雅曰作造爲也說文曰母猴也又姓風俗通云漢有南郡太守爲昆蓬支切又王僞切六
為俗 溈水名在新陽 𨼊阪名在鄭又王詭切 鄬地名 䲊大魚又許爲切 ○嬀
水名亦州春秋時屬燕秦爲上谷郡漢爲潘縣武德初置北燕州貞觀改爲嬀州因水爲名又姓文士傳有嬀覽居爲切二
溈水名又音爲 ○麾說文曰旌旗所以指麾也亦作麾許爲切六 麾上同 噅口不言正 撝
說文曰裂也易曰撝謙注謂指撝皆謙也 䲊大魚又音爲 隓鄭地 ○逶逶迤於爲切十二 𣨙枯死
萎蔫也 楼田器 覣好視 蜲蜲蛇 痿痹濕病也 倭慎皃 委委委佗佗美也
䴘鹿肉 蟡涸水精一身兩頭似蛇以名呼之可取魚鼈 ○糜糜粥靡爲切九 縻縶也又縻爵亦
作縻 䊳散也爛也 蘼薔蘼虋冬也又亡彼切 𪏭碎糠 蘪蘪蕪別名 䉲乘輿
金耳 醾酴醾酒也 ○隓毀也說文曰敗城自曰隓許規切九 隳上同俗 眭眭盱健皃
又息爲切盱音吁 觿角錐童子佩之說文曰觿角銳耑可以解結也又戶圭切 睢仰目 嚍相毀
之言 鑴大鐘又戶圭切 蘳華黃也又果實也 ○鬌髮落直垂切又大果切三 錘八銖又馳僞切
甀罌也 ○垂幾也疆也說文曰遠邊也是爲切十 埀上同 陲邊也說文曰危也 倕重也黃帝
時巧人名倕 甀小口罌也 䳡鳥雅 圌山名在吳都又市緣切 篅盛穀圓笆 𥫉上同
𤣰草木葉縣 ○羸瘦也力爲切二 𤻪病 ○吹吹噓昌垂切又尺僞切三 炊炊爨 龡
習管古文作龡又尺僞切 ○鈹大針也又劒如刀裝者敷羈切十二 帔又芳髲切 鮍魚 披又
披開也分也散也 䎵耕也 耚上同 𢼱新字林 翍張之皃 旇旗靡 秛
禾租 𥒬器破而未離又皮美切 破開肉又匹靡切 ○陂書傳云澤障曰陂彼爲切十一 詖辯辭
又音祕 碑釋名曰本葬時所設目子追述君父之功以書其上 羆爾雅曰羆如熊黃白文孝經援神契曰赤

羆見則姦宄自遠也 䫙古文 鑼玉篇云郫蜀也 犤牛名又音皮 𨭉鋸鉏也 籠竹名
襬關東人呼裙也 蘢草名又彼義切 ○隨從也順也又姓風俗通云隨侯之後漢有博士隨何後漢有扶
風隨蕃旬爲切三 隋國名本作隨左傳曰漢東之國隨爲大漢初爲縣後魏爲郡又改爲州隋文帝去走 䉳
籠 ○虧缺也俗作虧去爲切一 闚小視去隨切二 窺上同 ○奇異也說文作奇又虜複姓後魏
書奇斤氏後改爲奇氏渠羈切又居宜切十 琦玉名 騎說文曰跨馬也又奇寄切 鵸鵸鴒鳥似烏三
首六尾自爲牝牡善笑鵸音余出山海經 弜彊也又其丈切 鬾小兒鬼 碕曲岸又巨支切 敧
木別生也 𣪏上同又横首皃 錡釜屬又魚綺切 ○祇地祇神也巨支切二十五 示上同見周禮本
又時至切 祇祇衼尼法衣 岐山名亦州春秋及戰國時爲秦都漢爲右扶風魏置雍城鎮又改爲岐州因山
而名又姓黃帝時有岐伯 歧歧路 郊邑名在扶風 馶馶皃 疷病也詩云俾我疷兮 蚑
蚑蚑蟲行皃又長蚑蠨蛸別名出崔豹古今注 忯爾雅云忯忯惕惕愛也 趍說文曰緣大木也一曰行皃
𢻱𢻱𢻱飛皃 𢼄弓硬皃 軝說文曰長轂之軝以朱約之詩曰約軝錯衡 軧上同
蘗草說文曰芪母也 汥水都又音支 跂行皃又音企 鴟雞又云鴈也 蚳蝨也 粎
赤米 𦮰繰絲鉤緒 伎舒散又音技 𨱙長鼓國名髮長於身 㚰參差也 ○犧犧牲書傳
曰色純曰犧許羈切十八 羲姓風俗通云堯卿羲仲之後 𠹻吹欠貪者欲食皃 桸杓也 巇
巇嶮 羛地名在魏 戲於戲歎辭又姓虙戲氏之後又喜義切 𤃭水名在新豐 曦日光 𢧐
擊也 蠘蠡名 觛角匕又火元切 虘古陶器也 𤢺獸名又曰豕也 戲吹戲口聲 𡃶
相笑之皃 壦毀也 㰥上同 ○𢾉不正也去奇切十一 觭角一俯一仰也 踦腳跛又居綺切
𣧵死也說文棄也俗語謂死曰大𣧵 崎崎嶇 䮂一隻 碕石橋 犄虎牙 倚倚械
儉急 蛣長腳鼅鼄 敧宗廟宥座之器說文又居宜切持去也 ○宜說文本作宜所安也俗作宜亦姓出
姓苑魚羈切十一 宐上同 𡖅𡖐並古文 儀儀容又義也正也亦州名本漢涅縣地秦爲上

冀郡武德爲遼州又爲箕州今爲儀州亦姓左傳徐大夫儀楚 蟻上同 鄴地名在徐 鸃鵕鸃神鳥 轙
車上環轡所貫也又音蟻 涯水畔也又五佳切 崖崖岸又五佳切 ○皮皮膚也釋名曰皮被也被覆體
也亦姓出下邳符羈切六 疲勞也乏之也 郫郫縣名在蜀 罷倦也亦止也又音擺 椑木下交兒
又符支切 犤下小牛也 ○提羣飛兒是支切又弟泥切丁二 題上同 㖷鳥鳴 匙匕也 𥱼
說文曰 堤堤封頃畝漢書作提封師古曰提封者大舉其封疆也提音題 禔福也亦安也喜也又音支
簑屬 葚葚毋即知毋草出字林 忯愛也 姼姼毋也又尺氏切 眂眂眂役目 衹碓衡 ○兒
嬰兒又虜姓官氏志云賀兒氏後改爲兒氏汝移切四 皃上同 唲曲從兒楚詞云喔咿嚅唲 婼前漢
西域傳有婼羌 ○離近曰離遠曰別說文曰離黃倉庚鳴則蠶生今用鸝爲鸝黃借離爲離別也又姓孟軻門人有離婁
呂支切三十七 籬笊籬又爾雅曰樊藩也郭璞云謂藩籬也 醨薄酒 罹心憂 璃琉璃 酈
魯地名又音歷 㰚陳也又力米切 驪馬深黑色又姓驪戎國之後 鼲鼲鼲小鼠相銜行也 樆
山梨 鸝鸝黃 鵹上同 鶅上同又鵹鶅自爲牝牡 縭婦人香纓 褵玉篇云衣帶也 蘺
江蘺蘼蕪別名 䕻草木附地生也 麗東夷國名又盧計切 离明也又卦名案易本作離又丑知切 䍦
接䍦白帽 欐柴欐也 蠡匈奴傳有谷蠡又音鹿 䄜長沙人謂禾二把爲䄜 孋孋姬本亦
作驪 漓水滲入地 灕淋灕秋雨也 蠡蜒蚰別名 㷰帷中火也又丑知切 螭螹螭蟲名
攡太玄經云張也 黐黏也又丑知切 矖矖瞜也 穲穲穲黍稷行列 㦥多端又思之也
戇上同 謧謧弄語 劙分破 蠡蟲也 ○疵黑病疾移切八 骴殘骨又音自 玼玉病又七
禮切 茈茈草 枇無枇木一名榆 胔人子腸名 飺嫌食兒 鴜鸕鴜水鳥似魚虎蒼
黑色又即知切 ○貲貲也財也即移切十六 頿說文云口上須俗作髭 鴜鸃鴜又疾移切 䶵
鼠名似雞 鮆魚名又才禮切 訾思也又姓何氏姓苑云今齊人本姓訾氏漢元帝功臣表有樓虛侯訾順 鄑
鄑城名在海北 𢂑布名 媊說文云甘氏星經曰太白上公妻曰女媊居南斗食厲天下祭之曰明星又音前

𨚮谷名 㰣歐也又子賜切 鈭鈭錍斧也又千支切 姕婦人兒又疾支此移二切 貲菜名
𧊒蟲似蟬 觜觜星爾雅曰娵觜之口營室東壁也又遵誄切 羈馬絆也又馬絡頭也居宜切九 畸
殘田 羇寄也 掎掎角又居綺切 攲著取物也說文曰持去也又起宜切 奇不偶也又虧也又渠
羈切 𣦬棄也又丘奇切 妓妓㚎態兒又渠綺切 踦騎身單兒 ○卑下也賤也亦姓蔡邕胡太傅碑
有太傅掾鷹門卑整府移切十一 鵯鵯鶋鳥又音匹 椑木名似柿荊州記曰宜都出大椑潘岳閑居賦云烏椑之
柿 箄取魚竹器 裨裨補也增也與也附也助也又音陴 鞞牛鞞縣在蜀又薄迷補鼎二切 䫌
須髮半白 痺下也又音婢 渒水名 錍鈭錍斧也 𢁉兒也 陴城上女牆也符支切十五
鼙騎鼓 焷副將也又姓鄭有大夫焷竈 脾說文曰土藏也釋名曰脾裨也在胃下裨助胃氣主化穀也 蜱爾雅曰蟷蠰其子蜱蛸郭璞云蟷蠰螗蜋別名 蠯
上同 蠯爾雅曰蜌螷即蚌屬也又薄佳切又薄猛切 蠯同上 椑木下也 郫郫邵晉邑亦姓
出姓 𪍑麰𪍑麥麵 紕飾緣邊也 ○纚緇似布說文曰粗緒也式支切十二 絁俗 施
施設亦姓左傳魯大夫施伯何氏姓苑云今沛人又式豉以寘二切 葹卷葹草名拔心不死 覗覗覗面柔也本
亦作戚施 鍦短矛 鉈上同說文本食遮切 鸍似鴨而小又音彌 𪓰𪓰鼊蟾蜍別名 䗐
米穀中蟲 覗覗誘 𢻫說文敷也 ○斯此也說文曰析也詩曰斧以斯之姓吳志賀齊傳有剡縣吏斯從息
移切二十六 虒似虎有角能行水中 䨳小雨 榹榹桃山桃 㴲獸名也又水名出趙國 廝
廝養也役也使也 㒋同上 凘凌凘 磃館名 𤸎瘦𤸎疾痛又斯齊切 傂傂祁地名在絳
西臨汾水 謕謕數諫也 本亦作虒 鼶鼠名又音啼 鷈鷿鷈雅鳥 蟴爾雅曰螺蛅蟴郭璞
曰蛓屬也今青州人呼蛓爲蛅蟴蛓音刺 𣂼破聲 螔守宮別名 𩔢頿顢頭不正也顢音精 纚
經緯不同又式支切 蘄草生水中其花可食 菥葴菥草似燕麥 磃磃磨 蟴爾雅曰蟴螽蜙蝑郭
璞云蜙蝑也俗呼蜙蝑 燍火焦臭也 禠福也 鐁平木器也 ○差次也不齊等也楚宜切又楚佳

楚𫔮二切四 嵳嵯峨山不齊又在何切 齹齒參差 縒參縒也 摛舒也丑知切九 螭螭無角如龍而黃北方謂之地螻 誺不知又洛代切 魑魑魅 黐所以粘鳥 [illegible]火焱 离猛獸說文作禼山神獸也又呂知切 离上同 彲獸名文王卜獵于渭陽所獲非龍非彲 彌益也長也久也亦姓三輔決錄有新豐彌升又羌複姓後秦將軍彌姐婆觸武移切十七 弥上同 鸍鳥名又名沈鳧似鴨而長 [illegible]小也又式支切 镾久 罙罟也 [illegible]上同 瞇汙面兒又莫結切 瓕玉名 獼獼猴 [illegible]篾竹亦作篾 擟擟拘 [illegible]山名 麊縣名在交趾 冞深入也冒也周行也 [illegible]齊人呼母 [illegible]青州人云鑲 禰寻也 瀰渺瀰大水兒 ○雌牝曰說文曰鳥母也此移切五 胔 姕婦人兒又即移疾移二切 鈭鈭鉀斧也又即移切 䍧說文曰羊名蹏皮可以割黍 ○知覺也欲也陟離切六 鼅說文曰鼅鼄蟊也 䵹上同 蜘亦同 [illegible]酒也 [illegible]質當也亦作賻 ○漪水文也於離切十一 猗長也倚也施也又犗犬出字林或作犄 椅木名梓實桐皮 旖旖旎旗舒兒又音上聲 禕美也珍也 陭陭氏縣名 欹歎辭 [illegible]身弱也 犄[illegible]也 [illegible]笑容兒也 檹說文曰木檹施也賈侍中說檹即椅也可作琴 ○馳馳驚也疾驅也又姓出姓苑直離切十三 趍說文曰趍趙久也 池停水曰池廣雅曰沼也又姓漢有中牟令池瑗出風俗通又有池仲魚城門失火仲魚燒死故諺曰城門失火殃及池魚 簃連閣音移 篪樂器以竹為之長尺四寸八孔二十七孔世本曰蘇成公所作也 鷈 踟踟躕 褫奪衣又敕豸直爾二切 [illegible]說文曰奪衣也 䶔咸䶔黃帝樂禮記作池 [illegible] 謻別也亦作誃 傂[illegible]息移余爾二切 [illegible]輕薄兒 眭姓也出趙郡息為切 [illegible] 一 ○危疾也隤也不正也不安也魚為切四 [illegible]㕒巖 洈水名在南郡 峗三峗山名 詭自多兒俗作詭香支切又湯何切二 欸吹欸欲乞人兒食兒 釃下酒所宜切又山爾切七 簁竹器 [illegible]又所綺切 欐梁棟別名又禮麗二音 襹羽衣兒 [illegible] 蠣[illegible]別名 籭竹器也 [illegible]又山綺切 [illegible]鞍鞴一曰垂也 [illegible]小飲 痿溼病一曰雨足不能相及又人垂切又於佳切二 [illegible]又山佳切 [illegible]兒山垂切二 [illegible]之兒

[illegible]風緩之兒 厜厜㕒山巔狀姊宜切六 觜星名 纗細繩 惢心疑也又桑果才捶二切 善也說文曰 嫢嫢盈姿兒 [illegible]鳥嗥 [illegible]說文曰小頭蘇蘇也居隋切七 [illegible]上同 槻木名堪作弓材 規圓也字統云丈夫識用必合規矩故規從夫也 [illegible]三足釜有柄也 [illegible]鳥名巂鵑 摫裁也方言曰梁益間裂帛為衣曰摫 劑券也遵為切又在細切六 [illegible]廣雅云石針也 蘂[illegible]葵 [illegible]地葵 膸膸也又廝砥竹子充切 [illegible]並上同 衰小也減也殺也楚危切又所危切二 夂行遲兒 腄瘢胝也又竹垂切三 箠節也又之壘切 [illegible]鼓不齊 騹馬小兒子垂切一 [illegible]目汁凝也 [illegible]吹支切二 纚相緒又式支息移二切 齜開口見齒側宜切一 [illegible]器破也匹支切一 [illegible]吹 [illegible]說文云[illegible]秀又羊箠切六 [illegible]飛也 [illegible]大龜 欈木名實可食也 [illegible]小[illegible]也 [illegible]上同 [illegible]土宜切齒參差亦作𪘦又楚宜切一

六 ○脂脂膏也釋名曰脂砥也著面軟滑如砥石也說文云戴角者脂無角者膏又姓魏略有中大夫京兆脂習字元升旨夷切十 祗敬也俗從互餘同 泜水名又音遲 砥石細於礪又音旨 指指㮔木名亦指㮔柱 鴲小青雀也 𣶒水名 疻積血腫兒 茋茋苨也 [illegible]上同 ○姨母之姊妹又爾雅曰妻之姊妹同出為姨以脂切二十六 彝常也法也亦酒樽也 寅敬也亦辰名爾雅云太歲在寅曰攝提格又引人切 夷夷猶等也滅也易也說文平也從大弓又曰南蠻從虫北狄從犬西羌從羊唯東夷從大大人俗仁而壽有君子不死之國亦姓齊大夫夷仲年又漢複姓六氏史記范蠡適齊為鴟夷子左傳宋公子目夷之後以目夷為氏祝融後董父之後其後以鬷夷為氏淮夷虎夷皆國名後並為氏秦末東夷渠帥助番君攻秦世本云宋襄公子墨夷須為大司馬其後有墨夷皐 峓嵎峓山名書作嵎夷傳云東表之 恞悅樂 眱熟視不言 桋木名 珆石似玉也 荑苐瓜又羊善弋仁二切 𡰥地 陽㞑地名本古文夷字 痍瘡痍 陠陠陳險阻 荑莁荑 桋木名 蛦蟣蛦蟲名又蟣蛦山雞 胰夾脊骨也 鮧鯷鮧鹽藏魚腸又魚名也 羠廣雅云健羊也 羨沙羨邑名在江夏出地理志又羊箭祥面二切 鏔鏔戟之無刃者出方言 侇說文曰行平易也 鶇鶇鵜一名飛生 [illegible]

跠上同洟易曰齎咨涕洟又他計切。師師範也衆也亦官名大戴禮曰昔者周成王幼在襁褓之中太公爲太師師也又姓晉有師曠又漢複姓十二氏左傳衛大夫褚師圃馬師頡鄭有卿校子產云是吾師也其後以校師爲氏陳悼太子偃師其後以王父字爲氏扶風傳有范師利蔓世本云鄭有子師僕朋時掌樂有太師摯少師陽宋有樂人師延世掌樂職後有宋大夫師延宜風俗通云有牧師氏春秋釋例楚有師祁黎後漢末有南陽師宜官善篆疏夷切六鰤老魚蒒草名出玉篇篩篩竹一名太極長百丈南方以爲船出神異經又竹器也獅大生二子螄螄螺。𣬈說文曰人齎也今作毗通爲毗輔之毗房脂切二十三毗義見上注比和也並也又匕鼻邲三音琵琵琶釋名曰推手爲琵引手爲琶取其鼓時以爲之名也槐楣又方奚切芘蘂芘荊藩沘水名在楚貔獸名豼上同膍牛百葉也又鳥膍胵也又步迷切肶上同蚍蚍蜉大螘𧖁上同枇枇杷果木冬花夏熟仳仳倠醜女躻䠘體柔䱝文䱝魚名狀如覆銚鳥首而翼魚尾音如磬生珠玉出山海經鈚犂館別名𦯬蒿也𦊞篝笭阰山名在楚南螕蟲名鴜鳥名。咨嗟也謀也即夷切十五資助也機也貨也又姓陳留風俗傳云黃帝之後粢祭飯齋上同齎齎纕經典通用齊𥜽上同諮諮謀姿姿態盗黍稷在器澬水名在邵陵又音茨汷具汷山在滎陽出山海經齎齎持也又子兮切薋薋蒺實也𩅰雨聲賫上同。飢飢餓也又姓左傳殷人七族有飢氏居夷切四机木名似榆又音几肌肌膚虮密虮蟲名。鴟一名鳶也處脂切七𨾅上同鵄亦同胵膍胵鳥藏𩵖魚名諸怒也逕走皃。絺細葛也丑飢切七𪓑笑皃又敕辰抽敕二切郗邑名又姓出高平𥭉竹器脪胇脪牛馬子腸瓻酒器大者一石小者五斗古之借書盛酒瓶訵陰知也出字林。郪縣名在梓州取私切又七西切九趑趑趄趦不進也輂說文作輂連車也一曰郤車抵堂又士佳疾資二切趀說文云倉卒也趦上同覰盜視屄上同亦此也屓此也蠀蝎化也。茨茅茨又姓後漢有茨光亦漢複姓晉有茨芘仲疾資切十三薋蒺藜詩作茨說文又作薺薺上同又才禮切

餈飯餅也餎上同垐以土增道積積禾蠐蠐螬又疾兮切瓷瓦器澬水名在常山郡又涔澬久雨又音資絧絧補輂連車又七茨切又士佳切𩅰涔𩅰久雨尼和也女夷切八柅木名又女履切怩忸怩心慙也蚭字林云北燕人謂蜒蚰爲蚭蚭也跜蹪跜虯龍動皃見文選呢言不了呢喃也𩛞餌餛貎獸名。墀說文云墀塗地也禮天子赤墀漢典職曰以丹漆地故稱丹墀漢書曰王根作赤墀直尼切十五𡎜上同坻小渚俗從互餘同泜水名在常山陳餘死處也又旨夷切遲徐也久也緩也亦姓晉湘東太守遲超又虜姓後魏書尉遲氏後改爲尉氏又音稺遟上同蚳蟻卵岻山名祇祇徊猶徘徊也阺字統云秦謂陵阪爲阺也茋爾雅云蘠茋今之刺榆也菭水衣也又徒來切謘語謘謘也莉姓也出淮南貾貝之黃質有白點者私不公也說文曰私禾也息夷切五鋖平木器也亦作鐁厶自營爲厶也說文曰姦衺也䔽說文曰茅莠也玜石似玉者。尸主也陳也利也又姓秦有尸佼爲商君師著書式之切四鳲鳲鳩鴶鵴今布穀也詩疏云鳲之養其子朝從上下暮從下上食之平均如一也屍禮記曰在牀曰屍在棺曰柩蓍蒿屬筮者以爲策說文云蓍生千歲三百莖易以爲數天子蓍九尺諸侯七尺大夫五尺士三尺。鬐馬項上鬐也渠脂切十一耆方言云長也說文云老也左傳云彊也禮記音義云至也言至老境也𦒿上同愭畏也敬也𧡔視也䁯上同䅲麥下種也祁盛也縣名在太原左傳晉大夫祁奚之邑因以名之又姓出太原黃帝二十五子之一也何氏姓苑云今扶風人鍺衛軸鐵也鰭魚脊上骨也鮨鮓。伊惟也因也侯也亦水名又州本伊吾盧地在燉煌之北大磧之外秦末有之漢爲伊吾屯隋爲郡貞觀初慕化內附置伊州焉又姓伊尹之後今山陽人於脂切五咿喔咿蛜蛜蝛蟟負蠜也黝縣名屬歙州又於九切黟上同。棃果名魏文詔云真定御棃大如拳甘如蜜力脂切十四梨上同剓直破秜稻死來年更生蜊蛤蜊蔾蒺蔾犂牛駮又郎奚切刕姓也出蜀刀逵之後避難改爲刕氏也出字書𢟤說文恨也一曰怠也鯬魚名鑗金屬䴡麴黎餅也蟍蛈蟍蜘蛛蟲剓國名。葵說文曰菜

也常傾葉向日不令照其根渠追切八 鄈 鄈丘地在陳留又在河東漢祭后土處 楑 楑柊 𩸄 魚名
㥨 悚也又祇癸切 𦝄 臞睽醜也 𪀐 𪀐鳩鳥 𧌑 蟲名 追 逐也隨也陟隹切三 䨨
雷也出韓詩 娺 疾也 龜 說苑曰靈龜五色似玉似金背陰向陽上高象天下平法地易号爲龜大戴禮曰甲
蟲三百六十四神龜爲之長居追切六 𥨊 上同 𪚦 古文 𨂜 曲脛 螝 爾雅云蠶蛹 騩
馬淺黑色 蕤 葳蕤草木華皃又蕤賓五月律儒佳切七 甤 說文曰草木實甤甤也 緌 緌纓 擩
染也又而樹切 桵 白桵木也 䅗 禾四把也又息遺切 捼 推也又奴禾切俗作挼 衰 微也所追
切三 榱 屋榱說文曰秦名爲屋椽周謂之榱齊魯謂之桷 𤸎 病也說文減也一曰耗也 惟 謀也思也
以追切十二 旞 旌也 維 豈也隅也持也繫也說文曰車蓋維也 遺 失也亡也贈也加也又姓急就
章有遺餘又以醉切 濰 水在琅邪 壝 埒也壇也又以癸切 𥌒 目病 蓶 菜名似菲而黃 誰
就也又士佳切 琟 石似玉也 唯 獨也又以癸切 蟦 蠪蟦神蛇一首兩身六足四翼見則其國大旱湯時
見於陽山出山海經 灅 水名在鴈門力追切十三 纍 纍索也亦作縲又姓晉七輿大夫纍虎 虆 蔓草
欙 山行乘欙亦作樏 欙 牛 纍 求子 巊 嵬巊皃亦作 壘 上同 嫘 嫘祖黃帝妃亦作嫘
瓃 玉器 瓃 視皃 鸓 飛生鳥也又力水切 儽 儽又力罪切 縲 縲紲綱絡論語注云
黑索也亦作縲 綏 安也說文曰車中靶也又州名春秋時爲白翟所居秦幷天下爲上郡後魏廢郡置州取綏德縣以
爲名息遺切十二 雖 語助也本蟲名似蜥蜴亦有文 荾 胡荾香菜博物志曰張騫西域得胡荾石虎鄴中記
曰石勒改胡荾爲香荾 荽 同 葰 亦同說文曰葰薑屬可以香口 浽 浽溦小雨 奞
說文曰鳥張毛羽自奮奞也又戌閏切 夂 行遲皃又楚危切 睢 水名在梁郡又許葵切 濉 上同
䅗 禾四把長沙云又儒佳切 逵 隱也爾雅曰九達謂之逵渠追切十九 蘷 蘷龍亦州名春秋時魚國
漢爲魚復縣梁隋皆爲巴東郡唐初改爲信州又改爲蘷州取蘷國名之又獸名似牛一足無角其音如雷皮可以冒鼓俗
夔 俗 馗 說文曰九達道也與逵同又鍾馗俗以辟惡 戣 兵器戟屬 鍨 上同 騤 強也盛也又馬行皃

犪 犪牛出岷山肉重數千斤出山海經 躨 躨跜見文選 𦝄 臞睽醜皃 艽 埤蒼云遠荒又音求
𨂜 左脛曲也 𠊸 左右視也 隽 顝皃 頯 小頭 儡 使也 覺 溜視又丘韋切 夅
挂也 頄 面顴也又音求 眉 說文作𥃩目上毛也武悲切二十 𥃩 見上注 嵋 山形 湄
釋名曰湄眉也臨水如眉也爾雅曰水草交爲湄 𤄜 上同 鶥 鳥名爾雅曰鶥鷅鶹今呼鶹鷅字林作鶥 楣
戶楣釋名云楣近前各兩若面之有眉 瑂 石似玉也 𥌒 伺視 覹 上同 𥳓 竹名又音微 黴
黴黧垢腐皃又莫背切 麋 鹿屬冬至解其角又姓蜀將東海麋竺也 蘪 蘪蕪香草即江蘺也 郿 縣名
在岐州 溦 爾雅曰谷者溦郭璞云通於谷也 薇 爾雅曰薇垂水謂生於水邊 𪎭 金飾馬耳又武
卑切 葿 莛葿草 擟 水芟名也 悲 痛也府眉切一 錐 說文銳也職追切八 隹 說文曰鳥
之短尾者總名 䴢 鹿一歲 騅 馬蒼白雜毛又姓左傳晉七輿大夫騅歂也 奞 木名似桂 䶅
鼠名 萑 萑蓷茺蔚又名益母 鵻 鳥名 誰 何也視佳切三 䜅 就也又以佳切 脽 說文尻也
亦汾脽巨靈所坐也 帷 說文曰在旁曰帷釋名曰帷圍也以自障圍也洧悲切一 邳 下邳縣名在泗州又姓風
俗通云奚仲爲夏車正自薛封邳其後爲氏後漢有信都邳彤符悲切六 鉟 刃戈又音丕 鴀 鶝也 岯
山再成也 魾 大鱯也又音丕 䫠 說文云短須髮皃又音丕 丕 大也亦姓左傳晉大夫丕鄭敷悲切十二
平 上同 伾 有力 秠 黑黍一稃二米又匹凡切 䫠 大面 駓 桃花馬色 怌 怌怌恐也
頿 短須髮皃 豾 貍子 髬 髬髵猛獸奮鬣皃 魾 大鱯 鉟 刃戈 倠 仳倠醜面許維
切六 婎 上同 睢 睢盱視皃 眭 眭盱健皃 𢈔 姿廋 廋 上同 鎚 金鎚又權也文字音
義云從垂亦通直追切五 椎 椎鈍不曲撓亦棒椎也又椎髻 槌 上同又直畏切 桘 俗 頧 項頧
推 排也尺佳切又湯回切二 蓷 萑蓷又湯回切 胝 皮厚也俗作胑丁尼切四 疷 上同 秖
穀始熟也 氐 氐池縣名又音低 紕 繒欲壞也匹夷切六 岥 䋮 上同 諀 謬也 悂
上同 𢡺 惡性也 嶉 高皃醉綏切二 檇 以木有所擣又地名左傳越敗吳於檇李又音醉 蘬

小山而衆丘追切又丘誄切二。蘬帝龍古大者曰蘬。犷犬怒皃牛肌切又巨圓切一。咦笑皃喜夷切五
忔廣雅云喜皃　脥醫之別名　屄呻吟聲　屎上同　〔七〕。之適也往也間也亦姓
出姓苑止而切四　𦤶到也又如一也　芝芝草論衡曰芝生於土土氣和故芝草生古瑞命記曰王者慈仁則
芝草生也　㞢篆文象芝草形蚩從此也。飴餳也與之切二十七　𩜁籒文　飤古文　怡和也
悅也又姓周書怡峯傳云本姓默台避難改焉　弬弓名出韻略　媐說文云悅樂也　异巳也又音異
⿰𦣞瓦甂⿰𦣞瓦甎也　栕船欹水斗　⿰金𦣞戟無刃也　圯土橋名在泗州　貽貺也遺也　巸長也
美也廣巸也　洍水名詩云江有洍又音似毛詩作汜　𦣞說文曰顄也　⿰𦣞首籒文　頤頤養也說
文亦上同　詒贈言　⿰王𦣞玉名　沶水名　宧室東北隅　⿰月𦣞豕息肉今謂之豬脂　⿰魚𦣞鯸⿰魚𦣞
魚也　⿰女𦣞王妻別名本又音基　台我也又姓出姓苑又音胎　眙盱眙縣在楚州　瓵爾雅云甌瓿也
。時辰也廣雅曰時伺也又善也中也是也又姓良吏傳有時苗何氏姓苑云今鉅鹿人市之切七　旹古文　塒
穿垣棲雞　鼭鼠名　榯樹木立也　蒔蒔蘿子又音示　鰣魚名似魴肥美江東四月有之。疑
不定也恐也惑也嫌也語其切三　嶷九嶷山名亦作疑又魚力切　䰯䰯䰯獸角皃又魚力切。思
思念也息茲切又息吏切十五　恖上同　司主也亦姓左傳鄭有司臣又漢複姓八氏司馬氏本自重黎程伯休
甫之後出河內世本士丏弟佗爲晉司功因官爲氏及司徒司寇司空並以官爲氏漢有朝議郎司國吉諫議大夫司鳴儀左
傳宋大夫司城子罕其後氏焉　罳罘罳屏也崔豹古今注云罘罳復思也謂臣來朝君行至內屏外復思惟故曰罘罳
也　伺伺候又息吏切　絲說文云蠶所吐也又一蠶爲忽十忽爲絲淮南子曰蠶餌絲則商絃絕　緦
緦麻　葸竹名有毒傷人即死　禗不安欲去　覗觀也　獄辯獄相察　⿰目司覗　蕬蒐蕬
草名案爾雅云女蘿菟絲字不从廾　偲論語曰朋友切切偲偲　楒相楒木。輜楚持切又側持切義
見下文二　颸風也。其辭也亦姓陽阿侯其石是也又漢複姓六氏左傳邾庶其之後以庶其爲氏世本楚大夫
涉其帑漢清河都尉祝其承先王僧孺百家譜蘭陵蕭休緒娶高密侍其義叔女何氏姓苑有行其氏令其氏渠之切又音基

三十　期期信也會也限也要也又姓風俗通有期思國又漢複姓二氏後漢梁鴻改姓運期氏古仙人有安期生貫執
英賢傳云今琅邪人　旗旌旗釋名曰熊虎爲旗將軍所建象其猛如虎與衆期之於下也戰國策曰建七星之旗天子
之位也又姓齊卿子旗之後漢有九江太守旗光　綦履飾又蒼白色巾也詩曰縞衣綦巾又姓何氏姓苑云義興人
綨上同　帺俗　萁豆萁　⿰且其上同　蜝蟚蜝似蟹而小晉蔡謨食之殆死也　琪玉也
麒麒麟　騏騏驎　淇水名出沮洳之山說文曰淇水出河內共北山東入河　鶀鳥名　錤
鎡錤鉏別名也　綦紫綦蕨菜　棊博物志曰舜造圍棊丹朱善之　檱上同　碁亦同　⿰王綦
弁飾　璂上同　鯕編魚　蘄州名漢蘄春縣也晉孝武鄭后諱春改爲蘄陽周平淮南改爲州因蘄水以爲
名又姓也　祺祥也吉也　禥籒文　踑踑䟚跡也　⿰舟基⿰舟基⿰舟里舟名　⿰舟其上同　畀舉也　𪘏說文
齝也。詩說文曰志也詩序云發言爲詩釋名曰詩之也志之所之也書之切六　邿地名　齝說文曰吐
而噍也又敕釐切　⿰齒司　呞並上同　眱眹的也見聲類。而語助說文曰頰毛也如之切二十一
栭木名似栗而小一曰梁上柱也　檽木耳別名　隭地名又憂險也　陾上同又音仍　陑
上同　髵須也髵髵也　峏山名　轜喪車　輀上同　臑煮熟　胹　烐並上同
⿰鬲而籒文　洏連洏涕流皃　鮞魚子　耏獸多毛亦作髵又姓左傳宋有耏班　咡吻又音餌
⿰丸而丸之熟也又音丸　誀誘也又音餌　鴯莊子云鳥莫智於鷾鴯鷾鴯玄鳥也。欺詐也去其
切十一　娸姓一曰醜也　⿰鬼頁大頭　䫏方相說文曰醜也今逐疫有䫏頭　⿰亻䫏上同　魌
亦同　僛醉舞皃　鵋鵋鶀鵂鶹鳥亦作鶀　⿰多鳥廣雅云多　𪘏齝也　抾把也又丘之切。姬
周姓也居之切十二　朞周年又復時也　稘上同　基經也業也址也始也設也　箕箕帚也世本曰
箕帚少康作也又姓左傳晉有大夫箕鄭　萁菜似蕨又音期　⿱竹𦣞可以取蟣也　諅諆也說文忌也本渠
記切　其不其邑名在琅邪又人名漢有酈食其　錤鎡錤大鉏　居語助見禮　諆謀也說文欺也
本去其切。詞請也說也告也說文曰意內而言外也似茲切七　祠祭名　柌鎌柄　辭辭訟說文

曰辭說也 辭 上同說文曰不受也受辛宜辭之 辝 籀文 絧 補也 釐 理也一曰福也里之切二十 貍 野猫 狸 俗 氂 十毫 嫠 無夫 剺 剝也 埋 從土釐出六韜又都皆切 犛 犛牛又音茅 𢻹 字說云微畫也 倈 倈來見𠉀詞 艃 艒艃船名 𣭛 毛起也又音來 孷 孷孷雙生子也 ⿱𠩺心 愁憂之皃 ⿰髟里 鬘髟髮起 ⿸疒里 病也又音里 筣 竹名 斄 說文曰強曲毛也可以著起衣 庲 古文 𢻹 引也 ○菑 說文曰不耕田也爾雅曰田一歲曰菑側持切又音栽十五 甾 上同又說文曰東楚名缶曰甾 葘 亦同 淄 水名亦州名春秋時屬齊漢爲濟南郡宋又帝改清河郡隋置淄州因水以名焉古通用菑 ⿸厂甾 手足生皮堅也 茬 茬丘名案漢書地理志泰山郡有茬縣顏師古又士疑切亦姓 輜 輜軿車 錙 錙銖 鶅 東方雉也 緇 黑色繒也 紂 上同 椔 木立死 鯔 魚名 ⿰耒甾 耕也 鄑 鄉名 ○僖 樂也又姓姓苑云彭城人許其切十五 歖 卒喜 熙 和也廣也長也 嬉 美也一曰游也 禧 福也吉也 媐 善也悅也 譆 痛聲也 ⿰喜攵 坼 瞦 目睛 火盛 熹 熾也盛也熱也或作熺 嘻 噫嘻歎也 欸 笑也 娭 婦人賤稱出蒼頡篇 誒 說文云可惡之詞也 ○醫 醫療也亦官名漢太常屬官有太醫令續漢書曰秩六百石有藥丞主藥方說文曰巫彭初作醫於其切五 毉 上同 譩 恚也 ⿸疒意 乙賣切 噫 恨聲也又 ○癡 不慧也丑之切四 齝 牛吐食而復嚼也 笞 捶擊 痴 癡癡不達之皃 ○治 水名出東萊亦理也直之切三 持 執持 莉 姓也姓苑云淮南人 ○蚩 蟲名亦輕侮字從出赤之切七 嗤 笑也俗又作欪 妛 侮 媸 妍媸 𧉮 羽盛 督 告也又乃經切 眵 目汁凝 ○慈 愛也亦州名春秋時晉之屈邑東晉所居西魏改爲汾州隋開皇初爲耿州武德改爲慈州因慈氏縣名之疾之切五 磁 磁石可引針也 鶿 鸕鶿鳥亦作鷀卵生口吐其鶵又子之切 濨 澗水名也 兹 龜兹音丘 ○茲 此也又姓左傳魯大夫茲無還子之切十四 孳 孳息 嵫 崦嵫山名日所入處 孜 孜孜也力篤愛也 滋 水名出高鼂山又旨也蒔也多也蕃也液也 嗞 嗞嗟憂聲也 ⿰黑茲 染黑 鎡 鎡錤 孖 雙生子也 𪔂 小鼎 鰦 魚名 仔 克也 鷀

鸕鷀鳥 ⿰禾茲 禾生皃 ○茌 說文曰草皃濟北有茌平縣俗作茌士之切一 ○漦 涎沫也又順流也俟甾切一 ○抾 挹也丘之切一 ○眱 眴也式其切一

〖八〗○微 妙也細也小也說文曰隱行也無非切八 𢼸 說文曰妙也 溦 小雨 薇 菜也 𥶞 竹名又武悲切 ⿰金微 埤蒼云懸物鉤 癓 三蒼云足上瘡 ⿰目微 伺視又武悲切 ○揮 揮霍亦奮也灑也振也動也許歸切十三 煇 光也 輝 上同 暉 亦同又日色 徽 美也又三糾繩也 翬 飛皃又雉五色備也 禕 后祭服也 鰴 魚有力也 楎 橛也在牆曰楎又犂頭也 幑 幡也 ⿰衤軍 謁也 ⿰方軍 旗動 獋 山獋獸名似犬見人則笑行疾如風又胡昆切 ○幃 香囊也一說單帳也雨非切又許歸切十五 韋 柔皮也又姓出自顓頊大彭之後夏封於豕韋苗裔以國爲氏因家彭城至楚太傅韋孟遷于魯孟玄孫賢爲漢丞相始遷京兆之杜陵也 闈 宮中門也 圍 守也圍也違也 ⿰衤圍 重衣 ⿰韋束 束也 違 背也 湋 水名 囗 文字音義云回也象圍帀之形也 鍏 方言云宋魏呼臿也 潿 水不流濁皃 媁 江媁神女 褱 裹也 褢 敳 哀散 ○霏 雪皃芳非切九 霏 上同 妃 嘉偶曰妃說文匹也又音配 菲 芳菲又芳尾切 𩭓 細毛 婓 婓婓往來皃一曰醜皃 騑 騑騑馬行皃 裶 衣長皃 ⿱非目 大目又方巾切 ○斐 姓左傳晉有斐豹甫微切十二 ○飛 飛翔亦漢複姓史記有飛廉氏古通用蜚 扉 戶扉 緋 絳色 蜚 獸如牛白首一目 非 不是也責也違也亦姓風俗通有非子伯益之後 馡 香也 鯡 魚名 騛 驪馬而兔走 騑 驂旁馬也又音非 誹 誹謗又方未切 餥 餱也又方尾切 ○肥 肥腯說文曰多肉也亦姓左傳有肥義符非切十一 腓 腳腨腸也 䈈 竹名 淝 水名在廬江本作肥 痱 風病也 疿 上同 蜰 蟲名即負盤 蜚 蠜蜚 鳥名如梟人面一足冬見夏蟄著其毛令人不畏雷出山海經 蟦 蟦蠐 賁 姓出姓苑又布昆切又彼義符文三切 裴 即裴縣名案漢書地理志在魏郡應劭音非本又音培 ○威 威儀又姓風俗通云齊威王之後於非切八 葳 葳蕤 隇 隇陝險也 嵔 嵔磊也又於鬼烏罪二切 蝛 蛜蝛蟲也一名蟠蝂 鱥 魚名 媁 美也 楲 決塘木也又楲窬褻器也 ○祈 求也報也告也渠希切十九 頎

長皃旂爾雅曰有鈴曰旂釋名曰交龍曰旂旂倚也畫作兩龍相依倚也通以赤為之無文彩諸侯所建也鬿鬼俗畿王畿⿰土幾上同崎曲岸碕上同圻亦上同又書傳為京圻字又魚斤切刉以血塗門又居依古對二切⿰豈幾危也說文曰訖事之樂也又公哀切⿰月幾頰肉俟虜複姓北齊有特進万俟普万音墨幾近也又居依居豈二切蚚蟲也爾雅云強蚚玂犬生一子蟣爾雅云蛭蟣又居豈切岓山傍石也⿰齒幾齒也○機會也萬機也說文云主發謂之機書曰若虞機張傳云機弩牙也居依切十六譏諫也誹也譴也問也蘄縣名在徐州亦草名又音其芹嘰口醜說文云小食也蘻蒩蘻草磯大石激水鞿繫馬饑穀不熟禨祥也幾庶幾又祈蟣二音⿺走幾走鐖鉤逆鋩淮南子曰無鐖之鉤不可以得魚僟精也明堂月令曰歲將僟終璣珠不圓也刏斷切也刺也封傷也⿰血幾血祭○希止也望也散也施也爾雅罕也又姓三輔決錄有希海字子江香衣切十二晞日氣乾也莃菟葵鵗北方雉睎視也眄也望也稀稀踈豨豬也又虛豈切⿺走希走皃桸木名汁可食悕願也又悲也俙依俙欷說文曰歔也又喜既切○依倚也棣也於希切八郼郼國名也衣上曰衣下曰裳世本曰胡曹作衣白虎通云衣者隱也裳者障也所以隱形自障蔽也又姓出姓苑譩痛聲⿰女衣女字㐆說文曰歸也從反身⿰阝衣死⿰阝衣縣在酒泉⿱衣心念痛聲也○沂水名出泰山魚衣切二溰溰溰霜皃○巍高大皃語韋切二犩爾雅云犩牛郭璞曰即犪牛也如牛而大肉數千斤○歸還也公羊傳曰婦人謂嫁曰歸亦州名古夔子國武德初割夔州之秭歸巴東二縣置州取歸國為名也舉韋切三⿰止帚籀文騩大騩山○蘬馬蓼似蓼而大也丘韋切又丘追丘誄二切二⿰歸見視也

九

○魚說文曰水蟲也亦姓出馮翊風俗通云宋公子魚賢而有謀以字為族又漢複姓二氏左傳晉有長魚矯史記有修魚氏語居切十䲆說文曰二魚也漁說文云捕魚也尸子曰燧人之世天下多水故教民以漁也又水名在漁陽⿰氵䲆上同魰上同𣀔𣀔獵亦上同齬齒不相值又魚舉切鋙鉏鋙又音語⿰月魚爾雅曰馬二目白魚字或從目衙說文曰衙衙行皃又音牙○初舒也始也

從刀衣蓋裁衣之初楚居切二⿰口楚呵叱人也○書世本曰沮誦蒼頡作書釋名曰書庶也紀庶物也亦言著也著之簡紙求不滅也傷魚切七鵨鳥似鳧也瑹美玉名案禮記注云笏也本亦作荼舒緩也遲也伸也徐也敘也亦州名春秋時皖國晉於皖縣置懷寧縣武德改為舒州亦姓何氏姓苑云廬江人⿱艹舒魚薺紓緩也舒地名在廬江○居當也處也安也九魚切十四⿱穴居窖儲据手病詩云予手拮据毛萇曰拮据撠挶也裾衣裾琚玉名⿰貝居貯也鶋鶢鶋海鳥車車輅又昌遮切蜛蜛蝫崌崌崍山也椐木名涺水名⿱艹居苴⿱艹居草也腒鳥腊又音渠○渠溝渠也亦州名宋置宕渠郡周仍為郡武德初改置州亦有宕渠山又姓左傳衛有渠孔御戎強魚切二十六⿰車豦車輞⿰糸渠履飾璩玉也磲硨磲美石次玉蕖芙蕖籧籧篨⿱竹豦牛筐淭淭挐方言云把宋魏之間謂之淭挐醵合錢飲酒又巨略切腒鳥腊⿰渠鳥⿰渠鳥鶏鳥𧍗說文云𧍗蝶也一曰蜉蝣朝生暮死者爾雅作渠略螶上同⿰豸渠⿰豸渠獀獸名食猛獸出山海經豦獸名說文曰鬭相丮不解也从豕虍豕虍之鬭不相捨司馬相如說豦封豕之屬一曰虎兩足舉又音據蘧蘧麥又姓鐻鐻耳之傑璩耳環⿰豦阝聚名⿰木豦⿰木豦枯藩籬名⿺走豦小走皃⿱艹豦⿱艹豦菜似蘇又音巨⿱穴豦穴類𧝞繫𧝞懅怯也又音遽○余我也又姓風俗通云秦由余之後何氏姓苑云今新安人以諸切三十蜍蜍蛛又常魚切藇芑藇香草⿰氵與水名餘殘也賸也皆也饒也又姓晉有餘頠又漢複姓三氏晉卿韓宣子之後有名餘子者奔於齊號韓餘氏又傳餘氏本自傳說說既為相其後有留於傳巖者因號傳餘氏秦亂自清河入吳漢興還本郡餘不還者曰傳氏今吳郡有之風俗通云吳公子夫概奔楚其子在國以夫餘為氏今百濟王夫餘氏也輿車輿又多也又權輿始也續漢書輿服志曰上古聖人觀轉蓬始以為輪輪行不可載因物生智後為之輿又姓周大夫伯輿之後旟周禮曰鳥隼曰旟州里所建也爾雅曰錯革鳥曰旟郭璞云此謂合剥鳥皮毛置之竿頭鵌鳥名與鼠同穴又大都切璵魯之寶玉艅艅艎吳王船名畬田三歲也畭上同⿰氵與水名歟說文云安气也又語末之辭亦作與與上同本又餘佇切譽稱也又音預嬩女字舁對舉擧上同妤

婕妤婦人官也亦作倢伃 伃上同 懙恭敬 䴘說文云似鹿而大又弋庶切 予我也又餘佇切 𤞞獸名 䮙馬行兒 趣趣趣安行兒 狳獸名山海經云餘我之山有獸如兔鳥喙鴟目蛇尾遇人則眠名曰犰狳見則有螽蝗為害也 鸒爾雅云鸒斯雅烏又羊庶切 雓爾雅曰雞大者蜀蜀子雓 ○胥相也說文曰蟹醢也又姓晉有大夫胥童何氏姓苑云琅邪人也俗作骨相居切又息呂切十一 䱬魚名 䈝竹名 稰落也 楈木名 蕦姓出纂文本又音序 諝有才智稱又息呂切 㥠同上 湑露兒又息呂切 蝑蜙蝑蟲 揟取水具也 ○疽癰疽也七余切十六 岨石上戴土 砠同上 𨛜鄉名在鄭縣又子余切 趄趑趄 苴履中藉又子魚切 沮止也非也又水名在房陵所謂沮漳亦云漆沮既從並在此地又子魚側魚疾與子預四切 狙猿也又七預切 胆蟲在肉中 蛆俗 雎雎鳩鳥 葅苞葅又則吾切 𤅑說文云水出北地直路西東入洛 伹拙人 坥螾場 又七預切 𡳐此也 ○鉏誅也又田器釋名曰鉏助也去穢助苗也說文曰立薅斫也又姓左傳有鉏麑士魚切六 鋤上同 耡周禮曰以興耡利氓又音助 豠豕屬 𧱏上同 鷋鵌鷋鳥白鷺也爾雅作舂鉏 ○攄舒也丑居切四 樗惡木 筡竹篾名也 摴摴蒲戲又姓史記秦相摴里疾 ○疏通也除也分也遠也窻也又姓漢有太子太傅東海疏廣或作疏俗作踈所葅切又所助切十一 梳梳櫛說文曰理髮也 綀綀葛 蔬菜蔬 踈稀踈 綖綖縺 釃下酒 䍦同上 𤴓通也 𦡄青䟽 疋足也古爲雅字 ○虛空虛也亦姓出何氏姓苑朽居切又音祛六 驉驢驉畜似騾也 歔歔欷 噓吹噓 魖魖耗鬼又蔓魖罔象木石之怪也 𧝕上同出字書 ○徐緩也說文安行也亦州名古之彭國禹為徐州秦屬泗水郡漢為郡後置徐州又姓自顓頊之後春秋時徐偃王行仁義為楚文王所滅其後氏焉出東海高平東莞琅邪濮陽六望似魚切四 𨛦地名又音徒 𦍩野羊 俆說文緩也 ○於居也代也語辭也又商於地名亦姓今淮南有之央居切又音烏五 箊竹名 淤淤泥又依倨切 唹笑皃 ○豬爾雅曰豕子豬陟魚切六 𦝂同上 猪俗 瀦水所停也 櫫揭櫫有所表識 藷

藷蕷草又音除 ○臚皮臚腹前曰臚又鴻臚寺漢書曰典客秦官武帝更名大鴻臚韋昭曰鴻大也臚陳序也欲以禮大陳序賓客也力居切十七 閭侶也居也又閭閻周禮曰五家為比使之相保五比為閭使之相受也又姓出衞國頓丘二望又漢複姓四氏凡閭氏出自晉唐叔晉魏英賢傳云今東莞有之林閭氏出自嬴姓文字志云後漢有蜀郡林閭翁孺博學善書藝文志云占有將閭子名菟好學著書晉有寧州刺史樂安辟閭彬 髗毛也說文鬛也 廬寄也舍也周禮曰凡國十里有廬廬有飲食亦州名春秋時舒地秦為合肥縣梁以為合州隋為廬州又山名廬山記云周威王時有匡俗廬君故山取其號 蘆漏蘆草又音盧 櫚栟櫚木名有葉無枝博雅曰栟櫚椶也 驢畜也 藘茹藘草 䕡菴䕡草 爐火燒山界 𤄮浘閭海水洩處案莊子作尾閭 𡾊玉篇云山名 櫖諸櫖山櫐爾雅作慮 瓐字林云玉名 𩦠傳馬名 籚簡箸 㦺㦺憂也 ○諸之也旃也辯也非一也又姓漢有洛陽令諸於出風俗通又漢複姓有諸葛氏吳書曰其先葛氏本琅邪諸縣人徙陽都先姓葛時人謂徙居者為諸葛氏因為氏焉風俗通云葛嬰為陳涉將有功而誅孝文追錄封諸縣侯因并氏焉章魚切七 櫧木名 渚水名在北嶽 藷藷蔗甘蔗 𧃖藷藇別名 䃴礷䃴青礪也 蠩蜛蠩一頭數尾長二三尺左右有腳狀如蠶可食也 ○除階也又去也直魚切十三 躇躊躇 儲儲副又姓後漢有儲太伯 涂水名在堂邑又直胡切 篨籧篨蘆蔭也 蕏蕏蒣葱名 宁門屏間又音佇 㾅瘀也 著爾雅云太歲在戊曰著雍又直略陟慮陟略三切 滁水名出獻箕山入海亦州春秋時楚地梁為南譙州齊改為臨滁郡開皇改為滁州 蒢草名可染又蘧蒢口柔也 屠匈奴傳有休屠王又音徒 藸爾雅曰藸荎藸郭璞云五味也蔓生子叢在莖頭 ○如而也均也似也謀也往也若也又姓晉中經部魏有陳郡丞馮翊如淳注漢書又虜姓後魏書如羅氏後改為如氏人諸切八 蕠蕠藘草也亦作茹 𨛭地名 洳水名在南郡又人慮切 鴽鴾也 𦐧同上 𤸛假寐也又如與切 茹恣也相牽引兒也易曰拔茅連茹又虜複姓後魏書普陋茹氏後改為茹氏又如慮切又而與切 ○且語辭也說文薦也子魚切又七也切四 蛆蝍蛆食蛇蟲蜈蚣是也爾雅曰蒺藜蝍蛆郭璞云似蝗大腹長角能食蛇腦 苴苞苴亦姓漢書貨殖傳有平陵苴氏又音

疽 沮 虜復姓有沮渠氏其先世爲匈奴左沮渠遂以官爲氏沮渠蒙遜以後魏天興四年僭號於張掖稱北涼 ○虛 說文曰大丘也去魚切又許魚切十二 墟 上同 笶 飯器 袪 袖也 陆 依山谷爲牛馬之圈 椐 木名又音居 胠 腋下又胠篋莊子篇名 魼 比目魚又他合切 嘘 山路 𡹷 嘘崎 攄 擊也 抾 板置驢上負物 [⿱艹去] 草器 ○蒩 說文曰酢菜也亦作蒩側魚切四 䅴 上同 齟 齟齬齊兒 沮 人姓世本云沮誦蒼頡作書並黃帝時史官 蜍 蟾蜍也署魚切又音余二 藷 似薯蕷而大或作稌 ○袽 易曰繻有衣袽女余切又音如六 帤 巾帤 [⿱毛毛] 犬多毛也 拏 牽引 草名 欅 滌欅把名 拏 牽引

十○虞 度也說文曰騶虞仁獸白虎黑文尾長於身不食生物俗作虞又周禮有山虞澤虞掌山澤之官也亦姓出會稽濟陽二望風俗通云凡氏之興九事一氏於號唐虞夏殷是也虞俱切二十 [⿰馬虞] 俗見上注 愚 愚惷說文曰戇也从心禺禺母猴屬獸之愚者 娛 娛樂 澞 齊藪名亦作隅爾雅曰齊有海澞又水名在襄國 堣 堣夷曰所出 鸆 鳥名狀如梟人面四目而有耳見則天下大旱出山海經 嵎 山名在吳 髃 骨名在膊前又五苟切 禺 番禺縣在南海亦姓出姓苑本又音遇母猴屬也 隅 角也陬也 鸆 鳥似禿鶖 鰅 魚名有文出樂浪 鍝 鋸也 澞 爾雅曰山夾水澗陵夾水澞 蝺 搜神記曰蟂蝺似蟬而長味辛美可食一名青蚨異物志云蟂蝺子如蠶子著草葉得其子母自飛來就之 [⿰火禺] 爇食 齵 齵齒重生 鸆 鸆鶵一名媼澤 鄅 地名 ○芻 芻豢說文云刈草也俗作蒭測隅切二 犓 養牛曰犓 ○無 有無也亦漢複姓二氏楚熊渠之後號無庸其後爲氏又有無鉤氏出自楚姓武夫切二十一 毋 止之辭亦姓毋丘或爲母氏又漢複姓八氏漢書貨殖傳有毋鹽氏巨富齊毋鹽邑大夫之後漢有執金吾東海毋將隆將作大匠毋丘興風俗通有樂安毋車伯奇爲下邳相有主簿步邵南時人稱毋車府君步主簿何氏姓苑有毋終氏左傳魯大夫茲毋還晉大夫綦毋張漢書有巨毋霸王莽改爲巨毋氏 膴 膴腴又云撫切 膴 無骨腊又荒烏云甫二切 蕪 荒蕪 誣 誣枉 巫 巫覡周禮春官曰司巫掌羣巫之政令若國大旱則帥巫而舞雩亦山名又姓風俗通云氏於事巫卜陶匠是也漢有冀州刺史巫捷 莁 莁荑 璑 三采玉 [⿰阝無] 地名在弘

[⿱竹無] 竹皮竹也 鴮 鴮鸅鳥名 [⿱罒舞] 罟屬又音武 蝥 爾雅云鼅鼄蝥又音牟 [⿰忄某] 爾雅云愛也又音武 无 虛无之道又漢複姓左傳莒有大夫无婁修胡 [⿰忄巫] 敂空之兒 譕 譕誘詞也 墲 冢也 鵐 鳥名雀屬 憮 空也又音武 [⿱罒無] 雜細也 ○于 曰也於也說文本作亏凡從于者作亏同又姓周武王子邘叔子孫以國爲氏其後去邑單爲于漢有丞相東海于定國又望出河南者即後魏書万忸于氏後改爲于氏凡諸姓望在後而稱河南者皆虜姓後魏孝文詔南遷者死不得還北即葬洛陽故虜姓皆稱河南焉又漢複姓五氏後漢特進漁陽鮮于輔袁紹大將軍淳于瓊劉元海太史令宣于修之何氏姓苑有多于氏閭于氏羽俱切二十 迂 遠也曲也又憂俱切 盂 盤盂說文曰飯器也又姓左傳晉有盂丙 邘 地名在河內又姓漢有邘侯爲上谷太守 雩 請雨祭名又況于切 [⿱羽于] 飛兒說文曰雩羽舞也或以羽同上 竽 笙竽世本曰隨作竽 玗 玉名 芋 草盛兒又王遇切 汙 水名又屋孤烏故二切 醧 宴也 杅 因杅匈奴地名 釪 錞釪形如鐘以和鼓 [⿳亠于𧘇] 褻衣 骬 髃骬缺盆骨也 荂 說文云草木華也本音吁 謣 謣妄言 [⿰車于] 車環鞱也 迃 㤋迃狀也 [⿱艹盂] 蒩[⿱艹盂]似韭 ○訏 大也況于切二十 吁 歎也 雩 雩婁古縣名在廬江 欨 吹欨一曰笑意又況宇切 疞 病也 盱 舉目又盱眙縣在楚州 衼 大袑衣也 眗 眗瞜笑兒 姁 姁媮恙態 [⿸尸紆] 冠名又音謣 扜 說文云指麾也文億俱切 荂 草木華也 㚥 上同又音數 忓 憂也 醧 宴也 盱 日始出兒 靬 靬鞙 欤 歘樂 虖 虎吼又虎乎切 軎 車屬又矩于切 ○衢 街衢爾雅曰四達謂之衢其俱切三十六 劬 勞也 軥 車軛 氍 聲類曰氍毹毛席也風俗通云織毛褥謂之氍毹亦作㲣 朐 脯也一曰屈也亦山名在東海又姓出姓苑 眗 地名在河東 臞 瘠也 癯 上同 鴝 鴝鵒亦作鸜周禮曰鸜鵒不踰濟 鸜 上同亦鸜鵒又漢複姓莊子有鸜鵒子 灈 水名在汝南 躣 行兒楚詞曰右蒼龍之躣躣 䂂 上同 騳 馬左足白爾雅云馬後足皆白本作駒 鼩 鼱鼩小鼠 蘧 蘧麥又巨居切 斪 鉏屬 句 寃句縣名在曹州又九遇古侯二切 蠷 蠷螋蟲 瞿 鷹隼視也又姓王僧孺百家譜曰裴桃兒娶蒼梧瞿寶女又有瞿曇氏西國姓又九遇切 欋 釋名曰齊

曾閒謂四齒杷爲欋蒟爾雅云蒟芊熒鴝鳥羽翑上同蚼蚼蚌蚍蜉䵶繩屬說文云頭
有兩角出遼東亦作鼅鼄音奚趯走顧之皃趜上同朐脯名絇屨頭飾也𡲬上同豎
聲類云樹種也𥗉磩礭青礭戵戟屬鑺上同姁姁然樂也又況羽切○儒柔也人朱切十
六獳朱獳獸名似狐而魚翼出則國有恐又女侯切濡水名出涿郡又濡濡襦說文云短衣也俗作
襦懦弱也又乃亂切嚅囁嚅多言鱬朱鱬魚名魚身人面麔鹿子又相俞切嬬妻名
繻易曰繻有衣袽亦見周禮注又音須顬顳顬耳前動𧹍火色臑嫩耎皃醹厚酒
又音乳䎡柔皮又而兗切䰭鬼魅聲䰭䰭不止又乃侯切○須意所欲也說文曰面毛也俗作鬚又
姓風俗通云太昊之後史記魏有須賈又漢複姓左傳遂人四族有須遂氏又虜複姓匈奴貴姓有須卜氏相俞切十四鬚
俗嬃女字頊待也𥪻上同繻傳符帛𩓺頭繻麔鹿子也又音儒需
卦名娶荀卿子曰閭娶之媒又七句切緰彩緰帛也蕦蕦蕪別名鑐鎖中鑐也隃北陵
名又式注式朱二切○株木根也陟輸切十一誅責也釋名曰罪及餘曰誅如誅大樹枝葉盡落邾國名
鼄鼅鼄網蟲亦作蜘蛛蛛上同跦行皃袾字統云朱衣曰袾又昌朱切列殺字從
歹歹五割切㦵上同鴸鳥名似鴟人首𪏮黏皃○貙獸名似貍敕俱切二䝙俗殊
異也死也市朱切十二銖鎰銖八銖爲錙二十四銖爲兩洙水名在魯茱茱萸𧾷小豎殳
兵器釋名曰殳殊也長一丈二尺無刃有所撞挃於車上使殊離也詩云伯也執殳又姓舜典有殳斨亐上同出道
書漊殊膢所以遏水臾八爪杖也陎陎𨻖縣名几說文云鳥之短羽飛几几也象形杸
說文曰軍中士所持殳也司馬法曰執羽從杸○逾越也羊朱切四十五踰上同窬門邊小竇又穿窬也
臾善也亦須臾又姓左傳晉大夫臾駢楰木名又音瘐腴肥腴諛諂諛隃隃糜古縣
在扶風鄃地名在涿郡又音輸覦覬覦欲得𨵺窺也俞然也荅也說文作俞空中木爲舟也
又姓又恥呪切歈巴歈歌也愉悅也和樂也𢊁邪歈舉手相弄或作歈歈揄揄揚諂言也又

動也說文引也褕褕狄后衣又由昭切瑜玉名崳崳次山在雁門㥚憂也羭黑羝蝓
蛞蝓蝸牛榆木名說文曰白枌也春秋元命包曰三月榆莢落萸茱萸堬方言云塿堬培塿埰埌塋
䝯皆豕別名牏築垣短版渝渝變也亦州名本巴國漢爲巴郡之江州縣梁於巴郡置楚州隋改爲渝州因
渝水爲名婾靡也又音偷㹻炊炊吁犬子也㳛汙㳛瑍美石次玉瘉病也螸
爾雅云蘧蒢醜螸蕍澤舃庾草也䩱鞧輸餘也出字林𧾷俞變色巨也蕍芺蕍花皃鞴
上同舀臼也又音由人弋兆切𤭛瓶也騟紫馬𢓜行皃䈎竹黑𥕢石次玉也
○區具區吳藪名又禮曰草木茂區萌達注云屈生曰區亦姓後漢末有長沙區景豈俱切八鰸魚名出遼東似
蝦無足驅驅馳毆古文嶇崎嶇軀身也摳摳衣又苦侯切嘔嘔嘔不安
皃○朱赤也說文曰赤心木松柏屬也又姓出沛國義陽吳郡河南四望本自高陽後周封于邾後爲楚所滅子孫乃
去邑氏朱焉亦漢複姓莊子有朱泙漫郰象注云朱泙姓也章俱切十珠珠玉白虎通曰德至深淵則海出明珠
侏侏儒短人絑纁純赤色袾詛也又音注咮鸚咮多言皃鴸鳥名似鴟人首鮢
似蝦無足𤞕侏儒硃硃砂朱砂○趨走也七逾切三趍俗本鯫淺鯫小人不耐事皃
又士后切○慺悅也力朱切又落侯切十六蔞蔞蒿又虜姓官氏志云一那蔞氏後改爲蔞氏氀毛布
瞜瞴瞜又落侯切𩸖魚名嶁山頂貗求子豬也又落侯切㺏同摟也鷜
鵱鷜野鵝又落侯切鏤屬鏤劍名又盧豆切𨛬鄉名又落侯切婁詩曰弗曳弗婁傳曰婁亦曳也又落
侯切瘻曲瘠膢祩膢所以遏水膢飲食祭也冀州八月楚俗二月○扶扶持也佐也漢三輔
有扶風郡扶助也風化也魏爲岐州又扶州在隴右元魏置管同昌怡夷二縣又姓漢有廷尉扶嘉防無切二十六枎說文
古文芙芙蓉符符契也河圖曰玄女出兵符與黃帝戰蚩尤說文曰符信也漢制以竹長六寸分而相合又姓魯
頃公之孫雅仕秦爲符璽令因而氏焉琅邪人也颫颫風大風鳧野鴨榑榑桑海外大桑日所出也
苻苻鬼目草又姓晉有苻洪武都氐人本姓蒲氏因其孫堅背文有草付之祥改姓苻氏洪子健以晉穆帝永和七年

僣號於長安稱秦蚨青蚨蟲子母不相離夫語助又府符切蔦蔦芜草也案爾雅曰芳蔦芜不從甘
澓水名抱抱罕縣名在河州罕音漢㼫㼫㼫瓶也詓詓詞枎枎疏盛也坿白石
英也泭水上泭漚說文曰編木以渡也本音孚或作游游注見上䍖小甂器也柎草木子房
涓水名其中有神古人帽心明翻飛兒肤望也玸玉文。稃穆稃仕子切四雛
鵶鶵爾雅曰生噣雛謂鳥子能自食俗作雛噣音卓鶵又媰崔子王清河王誅云惠於媰嬬說文曰婦人妊
娠也本側鳩切㑳纂文云偛㑳小人兒莊俱切偛側治切二㧰解也敷散也說文从尃旋也芳無切三
十六麩麥皮也麱上同孚信也𣞖木名郛郛郭鄜鄜州漢鄜縣今鄜城是隋
改作鄜州鋪又普胡切竽織緯者俘囚也痡病也殍餓死怤思也悅也犃
翮下羽也敷花葉布也孵卵化豧豕息也尃布也鯆魚名罦車上網以捕鳥稃
穀皮粰上同莩漢書云非有葭莩之親張晏云莩者葭中白皮泭小木桴也說文云編木以渡也郙
鄉名又云亭名在汝南又方矩切庯石間見也桴屋棟又音浮艀艀艇船也𢷤張也姇
姇悅荂荂榮之兒又音吁紨布也又細紬也葚葚蔉花兒毺毛解蕍花盛秿
禾稽也又扶甫切諏謀也子于切又子侯切七㖩嚖㖩不廉㟖嵎㟖娵娵觜星名陬
陬隅又子侯切嶉高兒掫擊也又子侯切。跗足上也甫無切二十一趺上同又跏趺大坐
膚皮膚又美也傳也肤上同邦古縣名在琅邪鈇鈇鉞衭衣前襟𢂑上同
玞珷玞美石次玉鵂鵂鶹鳥名三首六足六目三翼𦶎地膚藥名簠簠簋祭器又方羽切夫
丈夫又羌複姓後秦建威將軍夫蒙大羌鳺鳺鳩鳥柎欄足扶公羊傳云扶寸而合注云側手曰扶
案指曰寸𩬊鬋髮長本也鮇鮇鯕魚名秩里秩玉篇云再生稻也袪祭名妋玉篇云貪
兒。紆縈也曲也詘也勞也又姓後秦有肥鄉侯始平紆邈憶俱切十二靬盤靬韋又音于陓陽陓
澤名扜說文云指麾也𩍐鞬也褔編枲頭衣又烏侯切蓲草名又去鳩烏侯二切迂

曲也又音于醧能者飲不能者中也又音于杅盤旋虶蚰蜒別名雩雩注雨兒輸
盡也寫也墮也說文曰委輸也式朱切又式注切三鄃縣名在貝州隃北陵名又相俞式注二切樞
本也爾雅曰樞謂之椳郭璞云門戶扉樞也昌朱切五姝美好𩪋𩪋軀骨袾朱衣筞筞第廚
說文曰庖屋也俗作厨直誅切五蹰跢蹰行不進兒趎人名莊子有南榮趎幮帳也似廚形也出陸
該字林裯襌衣也又直休切。拘執也舉朱切十四駒馬駒眗左右視也朐上同
峋峋嶁衡山別名斞挹也酌也鄭上同捄盛土詩云捄之陾陾跔手足寒也鮈
鯸鮈魚名俱皆也具也又姓南涼錄有將軍俱延痀曲脊臾說文曰邪也礭磫礭礪石。毹
氍毹也山芻切四㡏裂繒橾說文曰車轂中空也螋蠷螋蟲又所留切【十一】模
法也形也規也莫胡切十二橅上同出漢書摸以手摸也亦作摹又音莫嫫嫫母黃帝妻兒甚醜
亦作墓𢃟車衡上衣醫醫輸楡子醬也醶大胡切謨謀也亦作謩謩古文墲規墓
地曰撫无南无出釋典又音無𥲤竹名膜膜拜胡禮拜也。酺大酺飲酒作樂周禮注云蓋爲
壇位如雩禜云族長無飲酒之禮因祭酺而與其民以長幼相獻酬焉又漢律禁三人以上羣飲酒故賜酺得會聚飲食也薄
胡切十匍匍匐蜅蜅蛤蜅荹荹擄收亂草也樸樸劉縣名在武威劉音遝菩梵言菩提
漢言王道蒱脯魚亦雄有蒱肉也蒲蒲草名似藺可以爲席亦州名舜所都蒲坂秦爲河東郡後魏爲雍州又改
爲秦州周改爲蒲州因蒲坂以爲名又姓風俗通漢有詹事蒲昌又苻洪之先家池中蒲生長五丈如竹形時咸爲之蒲家因
以爲氏又漢複姓有蒲姑蒲城蒲圃三氏出何氏姓苑蒱樗蒱戲也博物志曰老子入胡作樗蒱簠竹筥
沈水取魚之具。胡何也又胡虜說文曰牛頷垂也亦姓出安定新蔡二望又漢複姓二氏齊宣王母弟別封母鄉遠本
胡公近娶母邑故爲胡母氏又胡公之後有公子非因以胡非爲氏又虜複姓南涼錄禿髮壽闐之母姓胡掖氏戶吳切三十
頡牛頷垂也咽上同壺酒器也禮記投壺篇云壺頸脩七寸腹脩五寸口徑三寸半容斗五升亦姓風
俗通云漢有諫議大夫壺遂狐狐貉說文曰妖獸也鬼所乘有三德其色中和小前豐後死則首丘又姓左傳晉有

狐氏代爲御大夫　瓳甋瓳博雅曰甋瓳也　餬寄食又糜也使餬其口於四方是也或作鉆　瑚瑚璉

湖江湖廣曰湖也　鶘鵜鶘鳥名　猢猢猻獸名似猨　醐醍醐酥屬　黏黏也　粘同上

麴糊並俗　弧弓平　乎極也辭也　𠂵古文　䶂䶂似猨身白臂千有長白毛善超

坂絶巖也亦作巇　瓠瓠甗瓢也又音護　葫葫瓜又草名　[illegible]湖濩物在喉中　鮕當鮕魚名

箶箶簏箭室又竹名　䉉稜也　䉿篁䉿彼也出嶺略　衚衚衕　𣔈櫜名也大而說上者本作

壺見爾雅　虖歎也。孤孤子又虜複姓有獨孤渥孤步鹿孤步六孤乙速孤氏古胡切二十八　苽說文

曰雕苽一名蔣也　菰同上　胍胍肫大腹　㚉大兒　姑夫之姊妹也又父　辜罪也　呱

啼聲　泒水在鴈門　酤一宿酒又胡五昆互二切　觚酒爵　蛄螻蛄蟲　箛竹名　鴣

鷓鴣鳥名　橭木名　𦩍漢書越王巫𦩍祠在雲陽亦小兒病鬼也　沽水名在高密　柧棱柧　䥍

字林曰鏷䥍　鑍方也本亦作觚　𪃱𪃱鳥名左傳作僕姑　𩽾魚名出東海　盬陳楚人謂鹽池爲盬出方言又

音𡜕說文曰保任也　罛魚罟　軱大骨也出莊子又盤骨　箛以篾束物出異字苑　𦞙

古𦞙脯也　瓜。徒步行也空也隸也同都切三十一　𨑒同上　屠殺也裂也剝也尸子曰屠

者割肉知牛之長少史記樊噲少屠狗亦姓左傳晉有屠岸賈又音除　瘏病也　塗泥也路也亦姓風俗通

云漢諫議大夫塗禪　途道也　酴酒名　駼騊駼馬山海經曰北海有獸狀如馬名曰騊駼　𤘣黃牛

虎文　鵌鳥名與鼠同穴　涂水名在益州　梌木名　稌上同　荼苦菜　圖爾雅曰謀

也說文曰畫計難也　啚俗本音鄙　𢊁𢊁屠蘇草菴通俗文曰屋平曰𢊁𢊁　鄌鄉名　莬菟丘地名

又音吐　捈引也　郱下邑地名　稌穄也　𨥨說文云𨥨山古國名禹所娶也一曰九江

當塗也亦作嵞又書塗作嵞　𨦴同上　𣖘楸木別名　鍍以金飾物又音度　酴醽酴醬也　嵞

虎　𪆛𪆛鳥𪆛𪆛楚謂虎也左傳作於菟　𪈹爾雅曰鵌鶝𪈹一云似烏倉白色　䒚䒚中言其

杖　䖘䖘。奴人之下也乃都切十　𢚕古文　砮礪石也　駑馬體字林曰駘也　帑說文曰金

中空竹類。

帑所藏也又他朗切也　拏妻拏書傳云拏子也　笯鳥籠。呼喚也說文曰外息也又姓列仙傳有仙人呼子

先又虜複姓二氏前趙錄例奴貴姓有呼延氏後漢書匈奴四姓有呼衍氏荒烏切又火故切十七　嘑嘑嘑周禮曰雞

人掌大祭祀夜嘑旦以嘂百官　虖姓也說文曰哮虖也　評亦喚也　歑溫吹氣息也　戲古文

字火故切　𦢊又音無　膴無骨腊也　幠大也　𦵔大蒜也張騫使大宛所得之　𩡓之食之損人目

虍虎文也字林云　𦟝姓也　芓草多名　虖虎名鳥　𧆱鬼兒　滹滹沱水名

周禮作虖也　吾我也漢改中尉爲執金吾吾御也執金革以御非常亦姓漢有廣陵令吾扈文漢複姓五氏鄭公子

有食采於徐吾之鄉後以爲氏左傳有鐘吾子其後氏焉昆吾氏昆吾國之後由吾氏秦相由余之後古有肩吾子隱者五乎

切二十一　鼯似鼠一曰飛生亦作鼯鴞　鴞鴞蜅同　吳吳越又姓本自太伯之後始封於吳

因以命氏後季札避國子孫家于曾衛之間今望在濮陽　浯水名　䓊草名似艾　𤠣猿屬　𤨪瑆

美石　珸上同　蜈蜈蚣　郚鄉名在東莞　齬齟齬又音語　鯃魚名　娪美女　鋘

鋘鋙山名出金色赤如火作刀可切玉出越絶書　梧梧桐木名又姓　峿山名　麌牝麌也

𦨭船名也　𥚕福也。租積也稅也則吾切二　葅茅藉以茅又子余切　盧說文

曰飯器也亦姓姜姓之後封於盧以國爲氏出范陽又漢複姓八氏列子有長盧子孟子有屋盧子著書古尊盧氏後氏焉古

蒲盧胥善弋亦姜姓左傳齊大夫盧蒲嫳後漢諫大夫東郭索盧放何氏姓苑云盧妃氏濟陽人又有湛盧氏亦虜複姓五氏

周書豆盧寧傳云其先慕容氏支庶後魏書有吐盧氏盧呼東盧等氏又三字姓有叱伏盧莫盧計盧莫胡盧三氏俗作盧落

胡切三十四　鑪酒盆又鑪冶也　壚土黑而疏　𦉈𦉈出會稽　蘆蘆葦之未秀者又蘆菔菜

名亦虜姓後魏書莫蘆氏後改爲蘆氏　顱頭顱　髗同上　鱸魚名　櫨欂櫨柱也

又木名　轤轆轤圓轉木也　黸黑甚　獹韓獹大名　鸕鸕鷀鷀　艫舟後　纑布縷

水名亦州名在蜀　壚玉名　爐火牀出王篇漢官典職曰尚書郎給女史二人著潔衣服執香爐燒薰　𤎒

黑弓也　㢆俗　㢆力古切又廣也又　甗器酒　嚧呼豬聲也　矑目童子也　𧅡集略

云𧇊類 杅黄杅木可染也 髗髗髗 𠧥飯器說文曰𠧥也 盧同上 鑪籀文 蠦蠦蜰一名蜚又名蟅蠜 戱音呼敵也敷 蘆蘆葉名 蘇紫蘇草也蘇木也藩也俁也又姓出扶風武邑二望素姑切四 穌息也舒悅也死而更生也 蘇屠蘇草菴又屠蘇酒元日飲之可除溫氣 酥酥酪

○徂往也昨胡切四 退同上 殂死也 殂古文 ○烏安也語辭也說文曰孝烏也小爾雅曰純黑而返哺者謂之烏小而不返哺者謂之鵶又姓左傳齊大夫烏枝鳴又虜姓周上開府烏丸泥又虜三字姓北齊有烏那羅受後魏書有烏石蘭氏烏落蘭氏哀都切二十一 嗚嗚呼 洿說文曰濁水不流者 汙上同又一故切 杇泥鏝 圬 鋘並上同 鰞鰞鰂魚月令云九月有寒烏入水化為鰞鰂魚 歍口相就也 鎢鎢錥溫器 弙滿挽弓有所向 於古作於戲今作嗚呼 瑦石美 鄔縣名又音塢 𥁕盤𥁕旋流也又憂倶切 螐蝹螐蠋蟲也大如指白色 惡安也 扜引也 蔦蔦蘆荻也 樢檮梈鴮鸅鴮鸆別名 鴮青柿俗謂之抲河也 ○逋逋懸也博孤切十三 餔說文云申時食也又音步 逋籀文 晡申時 庯屋上平 陠同上 鵏鵏鳥名 𧽻趍𧽻伏地 峬峬峭好形皃出字林 誧諫也 稨刈禾治稨 鯆鯆魚名亦作鯆 捕展舒也又布也 ○枯枯朽也苦胡切十一 刳剖破又判也屠也 扝揚也 郀地名 軲車也又山名亦姓出字統 殆殆𤻌說文枯也 跍跍蹲皃 挎空也坼也 弙又汪乎切 橭木四布也 鮬魚名 婢妾

○麤說文云行超遠也又字統云警防也鹿之性相背而食慮人獸之害也故從三鹿倉胡切六 麁不精也大也疏也物本亦作麤 麤麤草履也 𥻆精也 觕公羊傳曰觕者曰侵精者曰伐 皻皮皺惡也 ○瑹美玉他胡切十二 稌稻也又他古切 悇廣雅云懷憂皃 嵞山名 瑹玉名 峹山名 庩庩㾀屋不平也 趓趍趓伏地 捈鋭也 瑹瑹玗玉名 捈引臥 𩋶𩋶鞣 都猶都揔也尚書大傳十邑為都帝王世紀曰天子所宮曰都又姓有臨晉侯都稽何氏姓苑云今吳興人當孤切七 𥴨竹名 闍闉闍城上重門又市遮切 肚肚胅大腹 賭賭勝出新字林 醏䣝醏醬也 𩌈析反具牛

牽船出通俗文 ○𥞘互𥞘也普胡切十二 鋪鋪設也陳也布也又音孚 鯆魚名天欲風則見又江豚別名 鱄同上 踊馬蹸跡也 痡病也又音孚 誧諫也又音普 豧豕名 陠衰也 墲規墓地也 驌馬名 敷敷㪘屋壞

十二齊

○齊整也中也莊也好也疾也等也亦州名春秋時齊國秦為郡後魏置州因齊地以名之又姓風俗通氏姓篇序曰四氏於國齊魯宋衛是也徂奚切九 臍腹臍說文作䐙 麡麡狼似鹿而角向前入林則挂其角故常在淺草中逐入林則搏之出異物志又齊霽二音 蠐蠐螬 齎等也 懠詩云天之方懠怒也又音霽 𪗶好皃又子兮側皆二切 癠病也又音劑 鍗利也又子兮切 ○黎眾也又姓黎侯國之後郎奚切二十一 犂犂田器亦耕也山海經曰后稷之孫叔均所作犂魏略曰皇甫隆為燉煌太守教民作樓犂也 犁上同 莉茈莉織荊 黧黑而黃也 藜 鯬鯬鯠 䌤綼䌤惡絮 蠡以瓢為飲器也 邌徐行皃 𨛫亭名在上黨 廲廲廔綺窗 蔾蒺蔾藥名 𥫵竹名 驪騩天子駿馬名盜驪綠耳又力知切 瓈玻瓈寶玉 睝 騄馬屬亦作騤 㦒㦒拕欺慢之語出方言 謧謧弄言又力支切 鵹鵹黃鳥 ○妻齊也七稽切又七計切十 萋草盛皃 淒雲皃又寒也 凄 悽悲也 悽痛也 鶈鳥名 郪縣名在梓州 緀緀斐文章相錯皃 霽說文云炊餔疾本子兮切又才細切 霋說文云霋謂之霋 ○低低昂也俛也垂也都奚切俗作低二十三 氐說文至也 祗祗裯短衣 䃂說文云染金曰䃂說文云黑石出琅邪山 鞮革履 䏲䏲胵肤腹 羝羊 眂視也 隄防也 有 堤同上 岻山名 𨸶大谷 䟡姓也 越趨也 㮰說文云越不能行為人所引曰𣁁 鍉歃血器 柢木根也又音帝 𨼍 𩨍𩨍髀 觝強脂 䚦不正 紙綵 搋 䮨 刵以刀解物 𩞄䬫 𠷗泣也說文曰號也杜奚切六十 嗁同 啼並上 蹏足也 蹄同上 䚷竹名 提提攜 詆詞也又音底 瑅玉名 隄隄封漢書作提 樀樹之長條 題書題說文頟 媞美好皃爾雅云媞媞安也說文又時介切諦也一曰妍黠 䮨 現也 說文

𩔖也綈厚繒罤兔網徲研米槌也㨨上同締結又音啼蕛爾雅曰蕛苵也郭璞云蕛似稗布地生穢草也或作稊稊易曰枯楊生稊稊楊之秀也苐草也銻鎕銻醍醍醐禔衣服好皃又是豕二音鵜鵜鶘荑秀荑禔福也鯑魚黑色崹山崹㟐山皃緹周禮注緹衣古兵服之遺色又音體鶗鶗鴂鳥鼶爾雅曰鼶鼠夏小正曰鼶鼬則穴又音斯騠駃騠馬名又丁奚切折禮記云吉事欲其折折爾謂安舒皃䨑䨑雲出銻字林云鐵名又說文云古鐵字鯑魚四足者虒臥也又音梯䁢䁢視困皃䬫字林云寄食觗獸角不正又音低徲待也夂謕轉語又他兮切[illegible]趆行皃厗磃厗石也鶗鶗鴂鳥春三月鳴也鵜鵜鶘鳥䖙又音低蝭蝭蟧又音帝[illegible]器也鷈鸊鷈鳥名𢅤山帷銻鎕銻火齊鮷大鱧趧趧䟡四夷樂也蝭蟧蝭小蟬也鮧鮧鮎魚也鯷上同睼遠視也又坐皃○豍豆名邊兮切十六㡙車㡙螕牛蝨椑小樹又椑栽也蓖蓖麻篦上同紕繆也又芳脂切篦眉篦梐門外行馬又防啓切䂬䂬短皃陛說文曰牢也所以拘非也狴上同又狴犴獸也箄冠飾錍鈭錍[illegible]誤也䚜橫角牛名○雞說文曰知時畜也易曰巽為雞古奚切十鷄籀文稽考也同也當也留止也又山名亦姓呂氏春秋有秦賢者簪黃枅承衡木也笄女十有五而笄也䅢稽風扶杓木也蛢螢火卟字書云問小也禾木不長也又音礙鍇堅也○奚何也說文曰大腹也又東北夷名亦姓夏車正奚仲又虜複姓後魏書有達奚薄奚統奚吐奚等四氏胡雞切十八豯豕生三月徯有所望也又胡禮切㜎女奴蹊徑路螇螇蠬似蟬榽榽蘇木名似檀騱騱馬前足白又驒騱野馬名驒音壇胿膍胿奚獸跡亦邑名在洛陽郋里名䶜水奚蟲傒東北夷名嵇山名亦姓出譙郡河南二望兮語助鼷鼠名一名甘口鼠食人及鳥獸至盡皆不痛菨卓名貕貕養幽州藪澤曰貕養出周禮鷖鳧屬烏奚切十二翳蔽也又烏計切譩相言應辭嫛人始生曰嫛婗出釋名黳小黑[illegible]

黑羊堅塵埃䃜美石黑色黟說文黑木也丹陽有黟縣繄是也辭也又赤黑繒亦戟衣也[illegible]誠也又於米切㮴㮴橀木也○倪莊子云大倪自然之分亦姓後漢有揚州刺史倪諶五稽切十八蜺似蟬而小霓雌虹又五結五繫二切郳郳城在東海齯老人齒落復生婗嫛婗輗車轅端持衡木棿上同猊狻猊師子屬一走五百里麑上同貎亦同鯢雌鯨兒姓也漢御史大夫兒寬千乘人[illegible]衣褕謂之[illegible]也又妍啓切伔伔佯不知皃䚷角不正皃又研啓切𧖖𧖖撕弩楔䫌䫌䫌皃又五禮切○醯酢味也俗作醯呼雞切六[illegible]聲[illegible]痛[illegible]黃病色也[illegible]䩛赤紙出埤蒼榼木名忚欺慢之皃○西秋方說文曰鳥在巢上也日在西方而鳥西故因以為東西之西篆文作卥象形亦州名本漢車師國之地至貞觀討平以其地為西州亦姓又漢複姓十一氏左傳秦師西乞術宋大夫西鉏吾西鄉錯出世本又黃帝娶西陵氏為妃名纍祖史記魏文侯鄴令西門豹周末分為東西二周武公庶子西周為氏晉有北海西郭陽何承天以為西朝名士慕容廆以北平西方虔為股肱何氏姓苑有西野氏西宮氏王符潛夫論姓氏志曰如有東門西郭南宮北郭皆是因居也先稽切十六卤籀文卥古文棲鳥棲說文曰或从木西栖上同[illegible]破聲犀犀牛似豕角生鼻上又姓秦有犀首嘶嘶馬撕撕提[illegible]瘀疢痛亦作撕[illegible]同上撕撕屖說文遲也誓悲聲粞碎米𠠞剶○梯說文云木階也土雞切九睇視也又徒計切鷉鷉鷈似鳧而小𠥶臥也[illegible]上同區𠥶踶蹄轉相謕謕誘語[illegible]遍○鼙騎上鼓釋名曰鼙裨也裨助鼓節也呂氏春秋曰帝嚳令人作鼙鼓之樂也部迷切七鞞上同椑圓榼漢書云美酒一椑膍牛百葉也一曰鳥膍胵也亦作肶又音毗膍臍說文曰崥崥崹山[illegible]瓦器笓取蝦竹器○磇磇霜石藥出道書四迷切七陛牢也所以拘罪人也𠜜𠜜斫鵯鵯鶋鳥名錍錍斧又方支切批擊也推也轉也示也鈚鈚箭齎持也付也遺也裝也送也相稽切十五賷俗韲韲蒜為之齏上同䪢𧃚菜俗鑇利也又祖兮切櫅櫅榆堪作車轂爾雅云白棗也䂬䶒擠排擠齌炊餔

疾也又才細切 躋登也升也又音齌 隮上同 麡又音齊音劑義見齊字中 懠懠疑人方言云
吳一云之 呰弱也又茲比切 ○迷惑也莫兮切六 嫛齊人呼母 醯上白也 麛鹿子
覞病人視皃 鼃鼃鼀似龜堪吹多音 ○泥水和土也說文云水出郁郅北蠻中詩疏云泥中衛之小邑又
姓出姓苑奴低切又奴計切四 埿塗也俗 屔丘也爾雅曰水潦所止爲屔丘郭璞云頂上汙下者亦作
泥 臡雞骨醬也 ○谿爾雅曰水注川曰谿苦奚切八 嵠溪磎並上同 鸂鸂鶒
水鳥 檕爾雅云朹檕梅子如小柰也 螇土蠭似蝗 鼷小鼠 ○圭圭璧說文曰瑞玉也上圜下方
公執桓圭九寸侯執信圭伯執躬圭皆七寸子執穀璧男執蒲璧皆五寸周禮以青圭禮東方又孟子曰六十四黍爲一圭十
圭爲一合古攜切十五 珪古文 邽下邽縣在馮翊上邽縣在隴西 閨閨閤 袿釋名曰婦人上
服曰袿廣雅曰袿長襦也 窐甑下孔楚詞云珪璋雜於甑窐又音攜亦作⿰鬲圭 鮭魚名又音奎 ⿱鹿圭鹿屬
洼姓也漢有大鴻臚洼丹又音哇 ⿱罒圭罣谷名 ⿰圭句[illegible]裂也 胿胇胿 ⿰耒圭田器 ⿰圭攴
邪也又紆佳切 茥鈌盆草也又音睽 ○睽異也乖也外也說文云目少睛苦圭切十五 奎星名 湀
泉水通川又古比切 刲割刺又作刲 ⿰奎刂上同 茥鈌盆草 ⿰骨圭肩骨 聧說文云耳不相
聽方言云聾之甚者秦晉之間謂之聧 鮭漢複姓漢有博士鮭陽鴻 ⿱圭虫蠆也 蝰蝸也 搼中鈞
⿰盾圭說文曰盾握也 ○攜提也離也又姓出何氏姓苑戶圭切二十三
携俗 蠵大龜 鑴大鍾 窐甑下孔 ⿰鬲圭上同 畦菜畦 驨似馬一角 巂
上同又子巂鳥出蜀中 酅地名在東平 ⿰忄巂離心也 蜀姓也梁四公子蜀闖之後 毒姓也
嶲姓也纂文 纗說文曰維綱中繩也 讗說文曰自是也 ⿰巂刂廣雅云抉剜割⿰巂刂削 ⿱覀圭姓出
說文 䵍說文云鮮明黃也 尶尲尶也 眭目深惡視 觽角錐童子所佩又儇規切 盰
睨能視也 ○臡有骨醢也人兮切又音泥一 ○栘棠栘木也成臡切又余氏以支二切一 ○烓說文曰行
竈也爾雅曰煁烓郭璞云今之三隅竈烏攜切三 ⿸尸圭上同 ⿰巂瓦甑下孔 ○睳目瞢呼攜切一

十三○佳善也大也好也古膎切二 街道也說文云街四通道也風俗通云街攜也離也四出之
路攜離而別也 ○㥞心不平又恨也戶佳切八 鮭魚名出吳志 膎脯也肉食肴也 鞵屩也 鞋
上同 ⿰扌奚挾物 ⿰衤奚袖也 榽榽槥 ○牌牌牓也薄佳切七 ⿰魚卑魚名廣雅云⿰魚卑黑鯉謂之⿰魚卑 簰
大桴曰簰 郫縣名在蜀又音皮 螷江東呼蚌長而狹者爲螷 排排筏又音敗 犤犤牛也 ○媧
女媧伏羲之妹古蛙切七 緺青緺綬也 ⿰言咼⿰言咼情也 腡手理也 蝸蝸牛小螺 騧馬淺黃色
歄大歐飲 ○蛙蝦蟆屬烏媧切二 鼃上同又戶媧切 ○咼口戾也苦緺切六 喎同 絓
惡絲 菲菲雜斜絕 葵斜 閞斜開門國語云閞門而與之言又王諦切 ○柴薪也又姓高柴之後
士佳切八 祡祭天燔柴 齜齜齒不正也 茈茈葫藥 𢫬積也詩云助我舉𢫬 ⿸疒柴瘦也
⿱此車連車也一曰卻車抵堂也 査查郎又七瑕切 ○釵婦人岐笄也楚佳切九 靫鞴靫盛箭室鞴
音步 頍頍領頍頭傍 叉兩枝也說文曰手指相錯也 芆鬼芆草名 膗膗腰脯腊 [illegible]
質至洗器 差差殊又不齊 ⿰差刂小寻又訾劃也 ○竵竵物不正火媧切四 萃竔雜之皃 ⿰口竵
口偏 ⿰食華消食 ○⿰羊兒䍣胡羊妳佳切三 掜掜搦皃 ⿰言兒言不正也 ○崖高崖也五佳切
七 涯水際 啀大鬪 䶩齒䶩 猚說文云馬名又水名在睢陽 厓山邊 ⿱雨衆雨聲
○娃美女皃於佳切五 洼水名 哇淫聲 ⿰圭攴邪皃又音圭 唲唲嘔小兒言也 崽
呼彼之稱山佳切又山皆切三 籭竹名 諰語失也又思耳切 ○⿱医口笑皃火佳切二 欸郲欸氣逆
病救昏狹切 ○扠以拳加人亦作搋丑佳切一 ○䁐視皃莫佳切二 ⿰買頁[illegible]也 鼃蛙屬戶媧切一
十四○皆說文作皆俱詞也古諧切十九 偕俱也 ⿰黑吉麻稈 稭上同又古八切 喈
鳥聲 階階級也說文曰階陛釋名曰階梯也如梯之等差也 ⿰月皆瘦也 薢薢茩藥名決明子是也又音懈
荄草根 痎瘧疾二日一發 堦階砌 楷說文云木名孔子冢蓋樹也廣志云孔子冢上特多楷樹
鶛爾雅云鶛鶛其雄鶛 湝水流皃又戶皆切 街又音佳 𤭢杜瓦 𩗋疾風 蝔

蝔名淮南子曰蝔知雨至蝔蟲大如筆管長三寸代謂之猥狗知天雨則於草木下藏其身又音諧 鍇鐵也 ○挨推也亦背負皃乙諧切一 ○諧和也合也調也偶也戶皆切九 騎馬性和也 骸骸骨 瑎黑石 湝風雨不止 龤說文曰樂和龤也 蝔又音皆 鞋履也又音膎 [illegible]蕸蒗草 ○排推排 釋名曰彭排軍器也彭旁也在旁排敵御攻也步皆切六 俳俳優 輫車箱 牌又[illegible]徒切 猈短頭狗也 碩曲頤皃 ○乖睽也離也戾也背也古懷切四 [illegible]上同 𠦬說文曰背呂也脊字從此 [illegible]惡瘡 ○懷抱也和也來也思也亦州名春秋時野王邑漢爲河內郡武德初於相崖城置懷州又姓吳志顧雍傳有尚書郎懷叙戶乖切十二 褱俠也苞也歸也 櫰爾雅云槐大葉而黑曰櫰 槐木名又音回 孃和也 [illegible]戎狄 [illegible]鹽 崴崴嵬不平皃 犪似牛四角人目 淮水名出桐栢又姓也 褢說文藏也 褱上同 瀤北方水名 ○匯澤名苦淮切又胡罪切三 擓揩摩 [illegible]動人有力也 豺狼屬禮記云仲秋之月豺祭獸士皆切四 儕等也輩也類也 齌又音齊音臍義見齊字中 [illegible]山名在平林 ○差簡也楚皆切又楚宜楚牙楚懈三切二 [illegible]起去也 ○虺虺尵馬病呼懷切又灰毁二音一 尵柱懷切二 顡頭胅也出聲類 ○埋瘞也藏也莫皆切四 薶上同 霾爾雅曰風而雨土爲霾釋名曰霾晦也如物塵晦之色也 [illegible]慧也 ○齋齋潔也亦莊也敬也經典通用齊也側皆切一 ○崴崴嵬乙皆切四 碨碨硈不平也硈音鴉 [illegible]醜也亦作[illegible] 溾溾涹穢濁 ○[illegible]齒也卓皆切二 梩枯木根出聲類 唻唱歌聲類諧切一 ○揩揩擦摩拭口皆切四 䋘大絲 偕俳偕行惡 [illegible]米之別名 ○揮諧皆切一 ○崽方言云江湘間凡言是子謂之崽自高而侮人也山皆切又山佳切二 簁簁䉡古以爲王柱故字從玉今俗作篩 ○[illegible]雨聲擬皆切二 [illegible]醜女皃 ○搋以拳加物丑皆切一 [illegible]訟也喜皆切一 ○腂腂形皃惡力懷切一 ○膗仕懷切二 擺排倒出方言

十五○灰說文曰死火也淮南子云女媧積蘆灰而止淫水呼恢切六 蝝豕掘地也 鼿上同 [illegible]相歷擊 瘣馬病 虺虺尵 ○恢大也苦回切八 詼詼調 悝病也憂也一曰悲也亦大也又音里 魁魁師

一曰北斗星 [illegible]竹名 [illegible]灰多 顝大頭 ○盔盔器盂盛者也 ○隈水曲也烏恢切十一 煨爐煨 緭五色絲飾 渨渨溲 椳戶樞 偎愛也亦國名 颹風低皃 揋擸捋 火 [illegible]曲角中也 葨山草 鰃魚也 ○回違也轉也邪也又回中地名亦姓古賢者方回之後戶恢切十三 洄逆流 迴還也 槐木名五經通義曰士之冢樹槐春秋說題辭曰槐木者虛星之精也又姓晉大夫富槐之後 佪佪徊 瑰玫瑰火齊珠也又古回切 蚘人腹中長蟲 蛕上同 佪玉篇云佪佪惛也 烠光色 [illegible]雕陽 [illegible]馬名 茴茴香草名 ○枚枝也亦姓漢有淮南枚乘莫杯切十五 梅果名又姓出汝南本自子姓殷有梅伯爲紂所醢漢有梅鋗 媒媒妁說文曰謀也謀合二姓也 玫玫瑰 煤炱煤灰集屋也炱杜來切 脢脊側之肉又亡代切 脄上同 腜孕始兆也 禖郊禖求子祭也 䍙雉網 莓田也 莓莓莓美田也 塺塺塵也 鋂大環詩傳云一環貫二也 䊈酒母 酶醋之別名 ○傀大皃又美也盛也偉也亦怪異公回切十 瓌上同 瑰瓌瑰石次玉又音回 瓌上同 韢說文云韋繡也又求位切 櫰木名山海經云中曲山有木如棠而圓葉赤實如木瓜食之多力又音懷 膭肥皃 䐚畜胎 蒐菜名又平罪切 ○雷說文作靁云陰陽薄動靁雨生物者也後漢有雷義魯回切十三 靁古文 儡傀儡 勵勉也又盧對切 瓃玉器 櫑說文曰龜目酒尊刻木作雲雷之象象施不窮也 罍上同 [illegible]亦作[illegible] [illegible]首飾也 [illegible]瓶也 [illegible]屋棟 畾田間 轠轠轤不絕也 穨暴風也杜回切十三 頹上同 [illegible]陰病 隤下墜也 墤上同 [illegible]墜也 魋獸似熊而小又人名 [illegible] 蘈牛蘈郭璞云高尺餘許方莖葉長而銳有穗穗間有華紫縹色 讙讙譟也 [illegible] 蹪僨蹪 [illegible]屋破狀 ○崔姓也齊丁公之子食采於崔因以爲氏出清河博陵二望倉回切六 催迫也 縗喪衣長六寸傳四寸亦作衰 陮陮隗崩也 [illegible]行急皃 趡逼也 ○磓落也亦作塠都回切十五 塠上同 顀母顀夏冠名禮記作追 䭔餅也 堆聚土 鴭雀屬 [illegible]擿擲物也亦作搥 鎚

治玉也周禮作追搥摘也[illegible]上同嵟高也酯醜面𠂤小阜也說文曰敦
詩曰敦彼獨宿𨸶坐皃出聲譜。膗膗𦢊素回切六挼擊也[illegible]鞍邊帶也毸毰毸鳳舞
出楚詞嗺嗺送歌蓑蓑衰草下垂皃本又音莎。摧折也阻也昨回切五崔崔嵬又音催
慛傷也憂也榷木名堪作杖檇木有所擣也裴衣長皃又姓伯益之後封于䣙鄉因以爲
氏後徙封解邑乃去邑從衣至燉煌太守裴遵始自雲中徙居河東本亦作裵薄回切十二徘徘徊培益也
限也助也治也隨也重也陪陪廁也𨛘鄉名在聞喜䣙鄉名在扶風婄婦人皃棓
姓也前漢袁盎之生所問占又龐項切毰毰毸鳳舞[illegible]版也碩曲頤也又音俾輫車箱。桮
說文曰䀀也布回切三杯上同盃俗。肧懷胎一月芳杯切八坏未燒瓦也㾦弱也
醅酒未漉也衃說文曰凝血也魾魚名䫜瓜䫜抔抔拔。鮠魚名似鮎五灰切五
桅小船上檣竿也嵬崔嵬磑磨也又五內切𡾋高皃。𨍢車盛皃他回切七軩
上同𤇼熣焞毛出字林蓷草名推又昌隹切蘈牛蘈草也𡲢履屬也頹曰𡲢。𢤩
古之善塗者乃回切三挼手摩物也又奴和切䤈一䤈飯出字林。嗺字書云口嗺頹藏回切四脮
赤子陰也鮻老子上同見屡上同出聲類

十六 。咍笑也呼來切三[illegible]病也

殴毅殴笑聲也。開開解亦州名本漢朐䏰縣地蜀置漢豐縣後魏置開州領東關東岡二郡又姓呂氏春秋
云開方衛公說文作閞經典亦作闓苦哀切五𣪠毅殴侅奇侅非常又古哀切奒大皃[illegible]多也
哀悲哀也又姓漢有哀章烏開切六埃埃塵唉慢譍又於其切娭甚欸歎也毐
說文云人無行也本又烏改切。臺土高四方曰臺又姓漢有臺崇徒哀切十五擡擡舉菭魚衣
濕者曰濡菭亦作台說文曰菭水衣苔上同又蘚也炱炱煤嬯鈍劣薹蕓薹䈚竹萌
儓輿儓檯木名駘駑馬黱黱黮大黑之皃又都來切籉可禦雨也跆蹋跆連手唱歌鮐
鳥名。該備也咸也兼也皆也又軍中約也古哀切二十豥豕四蹢白垓八極又垓下名沛郡項羽敗

處也荄草根又古諧切郂鄉名在陳留𣧑羊胎又音皚剴大鐮一曰摩也又五哀切陔
殿階次序姟數也十秭曰姟絯挂也出淮南子胲備也兼也峐爾雅云山無草木峐祴
祴夏樂章名侅奇侅非常上同又賅贍也揩揩𪗊也胲足大指毛肉也餀食也𪗊
牙也𦠆肥也裁裁衣昨哉切九纔僅也又藏代切財貨也賄也才用也質也力也文才芓
也說文作才艸木之初也材木梃也䴺麴也溨水名[illegible]爾雅注見小口又音茲
蔽前草箭。來至也及也還也又姓後漢來歙光武姑子蜀志云荊楚名族有黃門侍郎來恬俗作来落哀切二十五
萊藜草亦州名漢掖縣屬東萊郡秦屬齊郡後魏分青州置光州取界內光水爲名隋改爲萊州又姓左傳晉與秦戰
于鄗萊駒爲左郲地名騋馬高七尺崍崍嵦山也斄鄉名在扶風又力知切[illegible]說文
云瓄玉也亦作琜𧳿貍也徠上同淶水名出涿郡鯠魚名鶆鶆鳩鷹出埤蒼䅘
秾麰之麥一麥二稃周受此瑞麥出埤蒼𣯤毛起也𦄗上同庲舍也[illegible]惡病棶棶椋木名
斄關西有長髦牛又音釐音茅逨至也又力代切𪌸小麥麳上同睞耕外舊場𪐝
黧黱大黑徠還也又力代切。烖天火曰烖祖才切十二灾上同災籀文扗古文栽
種也哉語助𢦏說文曰害也菑上同亦作菑見經典𢦒說文曰傷也烖字類從之省文[illegible]
戠時溨水名𦗶聮也或作戠。猜疑也恨也倉才切四偲多才能也䏶聮也[illegible]
說文曰疑之等赴而去也。[illegible]版也扶來切二賠姓出姓苑。胎始也說文曰婦孕三月也土來切七[illegible]
上同鮐魚也台三台星又天台山名邰地名后稷所封在始平或作斄蛤說文云黑貝亦珠蛤
[illegible]鬍鬍婦人髻出諸俗文。孩始生小兒戶來切八咳小兒笑皃頦頤下[illegible]觸也趩
留意𨈊長身𩺷鰛鱧雄蟹也豥豕四蹄白。鰓魚頰蘇來切八揌擡揌粞碎米
䚡角中骨顋顋頷俗又作腮愢意不合也[illegible]鳥名毸毰毸。皚霜雪白皃五來切
切七嵦崍嵦敳有所理又敳八元名𣧑殺羊出胎隑企立剴又音垓獃

獃癡象犬小時未有分別。能 爾雅謂三足鼈也又獸名禹父所化也奴來切又奴登切二 㾍 病也。䵺 黖䵺大黑皃丁來切二 儓 儓儗失志皃。𤛱 昌來切牛羊無子一 。娞 好色皃普才切一

十七眞

眞 眞僞也又姓風俗通云漢有太尉長史眞祐俗作真側鄰切十六 甄 姓也陳留風俗傳云舜陶甄河濱其後爲氏出中山河南二望又舉延切 振 又之刃切 禛 以眞受福 稹 說文云穜穊也 磌 柱下石也 畛 田界又之忍切 籈 爾雅云所以鼓敔 侲 字林云養馬者 桭 屋梠 蒖 芀也 唇 驚也 㖘 上同 帪 馬纏囊也 薽 茢薽豕首草也 敐 擊也又音辰 。獜 犬走草狀丑人切三 胂 申也 縝 縝紛 。因 託也仍也緣也就也亦姓左傳遂人四族有因氏俗作囙於眞切二十三 茵 茵褥說文曰車重席也詩曰文茵暢轂文茵虎皮也 鞇 同 禋 上 䄄 祭也敬也 𩂣 籒文 闉 闉闍城上重門 駰 白馬黑陰又於巾切 湮 落也沈也 烟 烟煴天地氣易作絪縕 氤 氤氳元氣盛也 絪 絪縕麻枲 垔 塞也 陻 堙 並上同 亦上同 土山也又古文出 洇 水 姻 婚姻白虎通曰婦人因人而成故名曰姻也字林云婚婦家姻壻家 婣 周禮古文出 諲 敬也 裀 王篇云衣身 䵬 黑羊 歅 秦穆公時有方歅一名臯善相馬也或作諲 𢪃 就也 。新 新故也亦姓國語晉大夫新穆子又複姓二氏何氏姓苑有新和氏陳留風俗傳云畢公封於新垣後因氏焉魏將新垣衍改爲梁垣氏息鄰切三 辛 葷味也爾雅云太歲在辛曰重光又姓夏啓封支子于莘莘辛聲相近遂爲辛氏漢初辛蒲爲趙魏名將及徙家隴西便爲隴西人 薪 柴也周禮委人掌祭祀之薪詩云翹翹錯薪 。辰 辰象也又辰時也爾雅曰太歲在辰曰執徐植鄰切十三 晨 早也明也 晨 古文 鼓 擊鼓聲 宸 屋宇天子所居 鷐 鷐風鸇也 麎 牝麋 桭 兩楹閒又音眞 茞 草名 䢅 重名 臣 伏也男子賤稱春秋說曰正氣爲帝閒氣爲臣孝經說曰臣者堅也 邸 地名 郇 姓也 。仁 仁賢莊子曰愛人利物謂之仁釋名曰仁忍也好生惡殺善惡含忍也又姓姓苑云彭城人也如鄰切三 朲 屋上閒朲 人 天地人爲三才亦漢複姓十氏左傳有寺人披齊有徒人費周有王人子突晉有雍人高宋有廚人僕鄭有大夫子人九國語吳有行人儀孔子弟子左人郢漢司空掾封人嬰後漢司徒閹人襲 。神 靈也易繫辭曰陰陽不測之謂神亦姓風俗通云神農之後漢有騎都尉神曜何氏姓苑云今琅邪人食鄰切二 晨 又植鄰切 。親 愛也近也說文至也七人切三 親 寴 竝古文 。礥 難也下珍切又下憐切三 䜕 誑也 𡁋 難也 。申 身也伸也重也容也篆文作申又辰名太歲在申曰涒灘亦州名春秋時屬楚秦南陽郡後魏爲郢州周爲申州又姓出魏郡亦漢複姓四氏莊子有申徒狄漢丞相申屠嘉長沙太傅申章昌左傳齊有申鮮虞失人切十六 伸 舒也理也直也信也 紳 大帶 娠 孕也又脂刃切 呻 呻吟 𣢾 㖋 竝上同 眒 鳥獸驚皃 胂 晦也 身 說文曰神也又姓出姓苑 䩶 華帶 𡨦 引也 身 親也躬也 柛 爾雅木自弊柛謂弊踣也 䰠 山海經云青要山䰠也說文曰神也 訷 訷說信也 。寅 敬也迎也列也演也服也說文作寅所敬也又姓左傳齊有大夫寅須無弋鄰切十 寅 古文 濵 水際 檳 檳榔 覠 覠覾暫見 頵 頭憤憃也 儐 敬也又音殯 鑌 鑌鐵爲刀 矉 說文曰恨張目也 𩴆 鬼皃 粦 鬼火說文曰兵死及牛馬之血爲粦粦今作燐同力珍切又力刃切二十三 燐 上同 鄰 近也親也說文曰五家爲鄰俗作隣 轔 車聲 嶙 嶙峋深崖狀也 粼 水在石閒亦作磷 磷 同 疄 上田壟 麟 仁獸爾雅云麐身牛尾一角 麐 上同 磷 又力刃切 鱗 魚甲又姓左傳宋大夫鱗朱 璘 璘瑞文皃 驎 馬色 翷 翷翱飛皃 獜 獸名似豕黃身白首出埋 瞵 視皃 𤢺 𤢺𤢺大健也出說文 驎 騏驎白馬黑脊 壣 菜畦 [illegible] 魚名 鏻 健皃 又力丁切 繗 紹也 潾 水名 。矜 矛柄也又鉏穫也古作矜巨巾切五 墐 拭也 堇 黏土 墐 上同 魿 蟲魚連行又力丁切 。珍 貴也重也寶也俗作珎陟鄰切三 鎭 成也又陟刃切 塡 壓也又音田 。陳 陳列也張也衆也布也故也亦州名本太昊之墟畫八卦之所周武王封舜後胡公滿於陳楚滅陳爲縣漢爲淮陽國隋爲陳州又姓胡公滿之後子孫以國爲氏出潁川汝南下邳廣陵東海河南六望又虜三字姓後魏書有侯莫陳氏直珍切又直刃切五 敶 古文說文本直刃切列也 [illegible] 獸名似羊目在耳後 趁 越履 塵 說文本作䴠鹿行揚土也 。津 說文作𣶒水渡也將鄰切五 𦨡 古文 璡 美石次玉 濜 氣之液也

本亦作盡。書飾也。瞋怒也說文曰張目也又作䀼昌眞切六。嗔上同本又音塡。謓亦上同說文恚也。䐜肉脹起也。鎭繿也。縝上同。秦州名古西戎地春秋時爲秦國後并天下爲隴西郡漢武分置天水郡後魏改爲秦州因邑以爲名又姓秦自顓頊後子嬰既滅支庶以爲秦氏也匠鄰切三。螓蜻蜻似蟬而小。𤛓牛名。寅辰名說文作寅翼眞切又以之切六。夤夤緣連也又敬惕也。䏶脊膂。䔣黄苑。螾寒蟬。𡒄塡場。紉單繩女鄰切一。繽繽紛匹賓切五。翸飛皃。䫌說文云鬼皃又音頻。𢤱敬見也。闠闠爭說文作闠鬪也。頻數也急也比也說文作頻水厓人所賓附頻蹙不前而止又姓風俗通云漢有酒泉太守頻暢符眞切十四。蘋大萍也又作薲。薲上同。嬪婦也一曰妻死曰嬪。櫇木名。玭珠也又步田切。蠙珠母又步田切。獱獺之別名。顰顰眉蹙也。𧮱多言。嚬笑也。𩴠鬼皃。𦅾擣衣。𡡔嬪姿。銀周禮荆州其利銀爾雅曰白金謂之銀鍾山之寶有銀燭謂有精光如燭銀重八兩爲一流也語巾切十六。㹞犬聲。狺同上。虤兩虎爭聲。檭木名。鄞縣名在會稽又音斷。圁圁陽縣名在西河。誾和也又誾誾中正之皃又姓何氏姓苑云今廣平人。言上同。嚚愚也。沂亭名在江夏。珢說文云石之似玉者。麐獸名似貉而八目出山海經。垠垠岸也。齗大篪。泿水名。巾釋名曰巾謹也二十成人士冠庶人巾當自謹脩於四教居銀切一。麏鹿屬居筠切六。麇同。麕並上同。頵大頭。莙爾雅云莙牛藻似藻而葉大。汮水名。筠竹皮之美質也爲贇切四。囷說文回也田十二頃。縜絹組。荺藕根小者。囷倉圓曰囷去倫切又各倫渠殞二切七。箘桂又竹名又渠殞切。箟竹箭。輑車軸相逢。蜠大貝又渠殞切。峮嶙峮山相連皃。壼說文又曰宮中道又苦本切。琘美石次玉亦作玟瑉武巾切十九。岷山名江水所出亦州名秦隴西郡之臨洮縣也後魏置岷州因山以爲名。罠彘網。閩閩越蛇種也又音文。緡錢貫亦絲緒釣魚綸也又姓出何氏姓苑。䪸強也。笢竹膚又云忍切。旻仁覆愍下謂之旻天。旼和也。痻病也。閺亭名在汝南。汶汶山郡又音問。捪撫也。忞

自勉強也。敃視皃。暋上同。鍲業稅也。䳟鳥似翠而赤喙。鈱鈱銑。貧乏也少也符巾切二。穷古文。𪔰鼓聲於巾切三。𪔮上同又烏玄切。駰馬陰淺黑色又音因。贇美好也於倫切四。奫水泉。頵說文云頭頵頵大也。蝹蝹蝹龍皃。彬文質雜半說文云古文份也府巾切十三。斌上同。份說文曰文質備也。玢文采狀也。豳地名本豳國之地又有豳城公劉所邑蓋此地也因以名州。邠州名亦作邠又姓出姓苑。汃西方極遠之國。霦璘霦玉光色。瑸上同。𥇖大目皃。攽說文分也博雅減也。虨虎文俗作彪又普巾方閑二切。砏水名又石。民說文曰衆萌也彌鄰切五。閔低目視也。暋視見又音旻。泯沒也又云忍切。怋亂也。

【十八】諄至也誠懇皃也章倫切五。惇心實也又音敦。瞕鈍目也又音稕。肫鳥藏。訰亂言之皃。椿木名丑倫切八。楯木名。輴載柩車也。𨊸同上。鶞爾雅云春鳸鴳鶞鴳。杶書曰杶幹栝柏。櫄說文同上。瑃玉名。𨡊純美酒也直倫切又常倫切二。㡒布財曰㡒。荀草名又姓本姓郇後去邑爲荀今出穎川相倫切十四。郇地名在河東解縣周文王子封於郇以爲氏王莽時有郇越。詢咨也。眴眩又音舜。峋嶙峋。珣玉名。栒說文曰大木也可以爲鉏柄又祥勻切。洵水名在晉陽。恂信也。畇爾雅曰畇畇田也謂墾辟也又音勻音旬。𣖔承食案也。橁杶木別名。姰狂也又音縣。㰬氣逆也又信也。純篤也至也好也文也大也常倫切十三。蓴蒲秀。蒓水葵。醇厚也醲也。鶉鶉鶉也莊子曰田鼠化爲鶉淮南子曰蝦蟆化爲鶉字林作雜。享說文曰孰也凡從享者今作享同。陙小阜名也。忳憂悶。錞樂器鳴之所以和鼓。淳淳也朴也又姓何氏姓苑云今吳人。𡘋大也。焞明也又他昆切。𨡊美也。犉黃牛黑脣如勻切四。䳷鶉鶉晚生者。瞤目動。眴上同。脣口脣食倫切五。漘水際。蓴牛薜草似蘭青黑色。𤛐牛行遲也又音巡。紃環綵條也又音巡。淪沒也力迍切十五。倫等也比也道也理也又姓風俗通曰黃帝樂人伶倫氏之後。論有言理出字書又盧昆切。𦪌船𦪌。輪車輪。

周禮曰軫之方以象地蓋之圜以象天輪輻三十以象日月陯山阜陷也鯩魚名蜦神蛇能興雲雨文字集略云蝦蟆大如屨能食蛇也又力計切棆木名綸絲綸又姓魏志孫文懿臣綸直又音鰥惀欲曉知也侖說文思也踚行也掄擇也周禮曰凡邦工入山林而掄林不禁又力昆切𥴰篅子船具○屯難也厚也陟綸切又徒渾切四窀窀穸下棺迍迍邅本亦作屯易曰屯如邅如⿰巾盾布貯○逡逡巡退也七倫切十竣止也倨也一曰改也皴皮細起也㕙兒東郭㕙古之狡兔也又音俊壿舞皃捘推也左傳云捘衛侯之手又子寸切竴喜也踆退也匔同上夋倨也○遵循也率也行也習也將倫切五跧蹴也又阻圓切僎鄉飲禮僎者降席而遵法也或作遵又音撰嶟山皃鷷西方雉名春四時之首尚書大傳曰春出也萬物之出也春秋說題曰春蠢也蠢興也春秋繁露曰春喜氣又姓何氏姓苑云春申君黃歇之後昌脣切一○鶞西方雉名昨旬切一○勻徧也齊也說文少也从勹二羊倫切二畇詩曰畇畇原隰田又音荀音旬○旬十日曰旬詳遵切十七⿱旬一古文巡逡巡說文曰視行也馴擾也從也善也循善也揗手相安慰⿰牛川牛行遲又音脣紃環綵絛文食倫切⿰糹盾縫也䳦鴝鶞小鳥出字統洵均也龕也楯楯闌檻也灥三泉相通甾均也⿺走勻說文曰走皃也畇墾田蚐蟲名○均平也又學曰成均亦州名春秋及戰國時並屬楚秦屬南陽郡隋爲均州取汮水以名之居勻切四鈞三十斤也又姓風俗通云楚大夫元鈞之後漢有侍中鈞喜袀戎衣也左傳曰均服振振字書從衣汮水名出析縣北山入沔今作均○趣行也渠人切又去忍切一○砏砏磷大雷普巾切又布巾切二虨虎文也又作虥

十九

○臻至也乃也側詵切十一蓁草盛皃榛聚也又琴瑟音溱水名在河南潧水名在鄭國出說文此水南入洧詩作溱洧誤亲業栗榛同上樼亦同瀙字林云水名在豫州鎒埤蒼云鎒鑿轃說文曰大車簀也○莘地名在虢又姓所臻切二十㜪有㜪國名扟從上擇取物也駪馬多籸粉滓驫衆盛皃甡衆多皃兟進也詵衆人言也侁行皃詩云侁侁征夫

⿱莘魚魚尾長也詩云有莘其尾字書從魚屾說文云二山也⿰多辛多也燊熾⿰辛羽羽多侁往來之皃⿰木莘方言云杠東齊海岱之間謂之⿰木莘杠牀前横也阠八陵東名阠又息進切姺女字⿸疒辛寒病○蓁木叢生士臻切三殷呂氏春秋注云殷殷動而喜皃又音眞帘幕也又音廉

二十

○文文章也又美也善也兆也亦州名禹貢梁州之域自戰國時宋及齊梁皆諸羌所據後魏平蜀始置州亦姓漢有廬江文翁無分切十六聞說文曰知聲也又音問𦖞古文彣青與赤雜紋綾也雯雲文駇馬赤鬣縞身目如黃金文王以獻紂蟁爾雅曰鷏蟁母郭璞云似烏鸎而大黃白雜文鳴如鴿今江東呼爲蚊母俗說此鳥常吐蚊因名云說文曰齧人飛蟲也蚊同上𧖴亦同出漢書[illegible]摩上鳼鳥也爾雅曰鶊子鳼閺俗作閺說文曰低目視也弘農湖縣有閺鄉汝南西平有閺亭汶粘唾又音旻問鼤班鼠閿閿越也又音旻○雲說文云山川气也从雨云象雲回轉形河圖曰雲者天地之本傳子曰以雲毋飾車謂之雲毋車臣不得乘之又姓縉雲氏之後又後魏書宥連氏後改爲雲氏王分切二十二芸香草也說文云似目宿淮南王說芸草可以死復生雜禮圖曰芸蒿也葉似邪蒿香美可食也蕓蕓薹菜名𦓔說文曰除苗間穢也耘同上秐亦同鄖國名妘女字又姓紜紛紜溳水名在南陽一云在美陽澐江水大波云辭也言也說文古文雲字亦姓出自祝融之後篔篔簹竹名䢵邑名員益也說文作員物數也又音圓又音運姓也𡭽籀文愪憂也沄說文云轉流也⿰云頁亂也耺耳中聲橒木名䉙竹名○煴烟煴天地氣也易作絪縕於云切十氳氤氳元氣縕亂麻又於粉切馧香也蒀蒀蒀盛皃⿰禾昷同上轀轀輬兵車又於粉切蕰蘊積也又於粉切蝹龍皃壼鬱也○汾水名在太原本漢茲氏縣地屬西河郡魏於茲氏縣置西河郡今州城是也符分切三十七墳墳籍又墓也氛祥氣⿱气盆氛氳俗鼖大鼓周禮鼓人掌六鼓以鼖鼓軍事鞼同上饙亦同濆水際也又水名焚焚燒燌同上羒白羝羊也豶豕也頒魚大首亦衆皃又布還切羵土中怪羊鷶似鵲曰身三目

赤尾六足　枌白楡木名　鳻春扈鳻鶞亦作鴍又說文曰鳥聚皃一曰飛皃　蕡草木多實　蒶古文
橨杽仲木別名出埤蒼　棼複屋棟也　賁三足龜　葐葐蒕　魵魚名　𧮛谷名在臨
汾　妢周禮考工記云妢胡之笴　棻香木名也　梤上同　肦大首皃　𩕄䫲醜皃　鐼
飾也說文曰鐵類讀若熏又音訓　馩馩馧香氣　馚上同　岎草初生香分布也又音芬　鼢田中
鼠又音憤　蚡上同　轒轒轀兵車　分賦也施也與也說文別也府文切六　饙一蒸飯也　餴
上同　扮握也　坌埽棄之也又方問切　𣯳毴毲罽也　羣羣隊也說文輩也亦作群渠云切五　帬
說文曰下裳也釋名曰帬羣也連接羣幅也　裠上同亦作裙　宭羣居也又音君　㾮痺也　薰
香草韻略曰薰陸香出大秦國亦姓出何氏姓苑許云切十二　曛日入也又黃昏時　勳功勳也　勛
古文　熏火氣盛皃　燻上同　獯北方胡名夏曰獯鬻周曰獫狁漢曰匈奴　纁三染絳　醺
著酒　葷臭菜　焄禮曰君焄蒿悽愴鄭玄云焄謂香臭也　臐儀禮鄭玄注云羊曰臐豕曰膮皆香美之名
呼堯切　君白虎通曰君者羣也羣下之歸心也荀卿子曰君者儀也民者影也儀正則影正君者盤也民者水也盤
圓則水圓又君者民之源也源清則流清源濁則流濁舉云切八　軍軍旅也周禮夏官司馬曰凡制軍萬有二千五
百人為軍王六軍大國三軍次國二軍小國一軍軍將皆命卿又漢複姓二氏禮記有將軍文子晉有太傅參軍襄城冠軍夷
皸足坼　桾桾櫏木也　䇹竹名　莙牛藻菜也　宭羣居　鮶蟲名水鮶如魚果焉　芬
芬芳又姓戰國策晉有大夫芬質府文切十三　紛紛紜眾也亂也　帉中也亦作帉　𣭕毛落　衯
說文曰長衣皃　翂翂翂飛皃　棻說文云香木也　砏砏八水石　岎草木初生香分布也　氛
氛祲妖氣　雰上同又霧氣也　閿闅閿之皃　錀埤蒼云兔奄錀
二十一。欣喜也亦州
名本漢陽曲縣地隋置欣州因欣口為名許斤切六　忻上同　昕日欲出也　訢喜也　炘熱皃　邤
卯鄭地名　殷眾也正也大也中也說文作樂之盛稱殷亦姓武王剋紂子孫分散以殷為氏出陳郡於斤切四
慇慇懃　濦水名在潁川　溵上同　勤勞也盡也巨斤切八　芹水菜食之宜丈夫呂氏春

秋曰菜之美者雲夢之芹
懃慇懃　慬憂哀　懄上同　瘽病也　穫矛柄古作矜　斳草也又巨希切　斤十六兩也說文曰斫木也
又虜複姓二氏後魏書去斤氏後改為艾氏奇斤氏後改為奇氏舉欣切四　筋筋骨也說文曰肉之力也从力肉竹竹物之多筋者
又姓出姓苑　觔俗　釿說文云劑斷也本宜引切　𧇖虎聲語斤切十二　犾犬相吠也　圻圻堮又岸也　垠
上同　齗齒根肉也　齦上同　麔獸似豬也　斦二斤　[illegible]大麃　[illegible]江夏郡　狺犬爭　鄞縣名在會稽郡
二十二。元大也始也長也氣也又姓左傳衛大夫元咺又後魏孝文改拓拔為元氏望在河南愚袁切二十二　原平廣
曰原亦州名漢高平孫魏為鎮州又改原州蓋取高平曰原為名又姓孔子弟子有原憲說文本作邍原即與原同　邍周禮有邍師注云邍
地之廣平者　源水原曰源又姓禿髮傉檀之子賀入後魏魏太武謂之曰與鄉同源可為源氏說文本作厵篆文省作原後人加水　厵
上同　杬木名出豫章煎汁藏果及卵不壞　嫄姜嫄帝嚳妃　沅水名在象郡鐔城西亦云在牂牁　騵赤馬白腹
黿似鼈而大紀年曰穆王十七年起師至九江以黿為梁　羱羱羊角大者可為器又五丸切　蚖蠑蚖蜥蜴也一名守宫字林云
在鉼曰蝘蜓在洲曰蜥蜴　螈晚蠶周禮禁原蠶鄭注云原再也俗從虫　芫草名有毒可為藥也　邧地名　榞榞木實如甘蕉
而皮可食　謜徐語孟子云故謜謜而來　獂獸如牛也五丸切　魭魭鮔又音桓　豲豕屬又五阮切　阮五阮郡出史記
又元遠切　蒝莖葉布也　袁姓出陳郡汝南彭城三望本自胡公之後雨元切十六　爰於也行也為也哀也引也亦姓出濮陽亦齊胡公
之後袁或作爰　垣垣墉也又姓漢西河太守略陽垣恭也　亘籀文　園園圃亦姓　援援引也又為眷切　榬絡絲籰
轅車轅方言云轅楚衛謂之輈又姓左傳陳大夫轅濤塗之後又漢複姓有軒轅氏　鶢鶢鶋海鳥　媛嬋媛枝相連引又為眷切　洹

水名亦縣名在相州又音桓 湲 纂文云姓也玉篇云水流皃 趄 易田名也 蝯 蝯猴五百歲化爲玃爾雅曰猱蝯善援 猨
上同 猿 俗 ○煩 勞也說文曰熱頭痛也附袁切三十八 番 說文曰獸足謂之番經典作番又翻盤潘三音書亦音波 蹞
足有文也說文同上 蹯 亦同上見左傳 緐 概也多也 蘩 皤蒿 薠 似蘋而大 樊 樊籠亦姓周宣王封仲山甫於
樊後因氏焉今在南陽 擷 擷捼也 繙 繙帑亂取帑於元切 燔 炙也 膰 祭餘熟肉 瀿 水名玉篇云水暴溢也
羳 羊黃腹也 䪤 百合蒜也 鷭 鷭鷭番鳥 蟠 蟠蟠負又扶千切 蕃 茂也息也滋也又音藩 蠜 蠜蟲蚤蠜 礬 礬石
鼲 鼠名 鄱 鄉名在京兆杜陵 鐇 廣刃斧 璠 璠璵魯之寶玉 笲 竹器禮記云婦執笲 ⿰禾番 稻也出齊人種術
⿰犭番 大鬪也 旛 旛旛幟也 袢 絺綌詩云是紲袢也 棥 藩屏 緐 馬飾每名也 絣 上同 墦 冢也 ⿰番殳 生養也
番上 騷同 旛 旐也 覫 覫覫觀 藩 蕃茺葉如韭又音翻 ○飜 覆也飛也孚袁切十 翻 上同 旛 旗旛惣名 番 數也
遞也又盤潘頗三音 幡 說文曰書兒拭觚布俗通爲幡 瀿 大波 潘 米汁 轓 車大箱也 繙 繽繙風吹旗皃 反 斷獄平反又方
晚切。暄 温也況袁切十九 煖 上同 喛 恐懼 萱 忘憂草說文又作蕿藼 暖 大目 諼 詐也 塤 說文作壎樂器也以土爲
之六孔釋名曰塤喧也聲濁喧然出世本曰暴辛公作塤 壎 上同 ⿰宣鳥 鳥名 吅 喚聲又私全切 貆 獸名詩云有縣貆兮
又丸歡二音 喧 大語也 諠 諠譁亦作喧譁 愋 恨也 讙 讙囂皃也 翧 飛來 觽 揮角 ⿰角亘 角匕又許羈切
蝖 蝖蟫。鴛 鴛鴦匹鳥於袁切十八 冤 屈也枉也曲也又冤句縣在曹州句音劬 帤 帤帑 鵷 鵷鶵似鳳 涴
水名 惌 惌枉 鋺 鋤頭曲鐵 宛 屈草自覆又宛縣在南陽又音苑 蜿 蜿蜿龍狀也又音苑 ⿰食宛 貪也 蒬 蕀蒬草名
怨 怨讎又於願切 婉 婉婉美也 葾 敗也 輐 兵車 䩩 量物之具又於阮切 棬 棬棬 眢 目空皃又一丸切。言
言語也字林云直言曰言荅難曰語釋名曰言宣也宣彼之意也又姓孔子弟子有言偃語軒切五 𤦹 石似玉 甗 無底甑也又語
戰切 䇾 大簫名 䓷 草名。攑 舉也丘言切二 ⿺走寋 走皃又虛言切。軒 軒車又姓軒轅之後漢有諫大夫軒和虛
言切六 掀 以手高舉 騫 飛舉皃 ⿰車軍 車前輕也 蓒 蓒芊草名 ⿺走寋 走皃。攐 攐子撈蒲采名居言切十二
榩 上同 靬 乾革又䩞靬縣在張掖又下㦃切又口且切 鞬 馬上盛弓矢器 ⿰革寋 上同 ⿰虔刂 以刀去牛勢或作犍 犍 犗牛
名又犍爲郡 腱 筋也一曰筋頭 騝 騝騳馬黃脊曰騝 饘 粥也亦作餰 鬻 上同 鬻 同文。蔫 蔫菸也謁言切

二 焉 安也又不言也。蕃 蕃屏甫煩切六 藩 籬也亦藩屏也 轓 車箱又音幡 鱕 魚有橫骨在鼻前如斤斧
籓 大箕一曰蔽也 鐇 廣刃斧也。⿰骨建 筋鳴也巨言切二 赶 獸舉尾走。樠 松心又木名也武元切又莫昆切一
二十三魂 䰟 魂魄也白虎通曰魂者沄也猶沄沄行不休也魄者迫也猶迫迫然著於人也淮南子曰天氣爲䰟地氣爲魄又反
魂樹名在西海中聚窟洲上花葉香聞數百里狀如楓香煎其汁可爲丸名曰震靈丸亦名反生香又名卻死香死屍在地聞氣乃活出十洲
記戶昆切二十四 㮯 大木未剖 騉 騉駼野馬 猑 似犬人面見人則笑行疾如風 餛 餛飩 䭡 上同 䵣 不破麥也 鼲
鼠名 楎 三爪犁曰犂上曲木也 渾 渾濁益部耆舊傳曰漢武時洛下閎明曉天文於地中轉渾天定時節亦姓左傳鄭大夫
渾罕又胡本切 沄 水流皃 忶 心悶也 莞 蒲也又胡官切 俒 全也 倱 女字又五昆切 ⿰軍車 還也車相避也
堚 里名在洛陽 ⿰忄魂 ⿰忄魂悶 榬 榬榾 掍 推 煇 赤色 顐 顐顐秃也 ⿰軍見 視 琿 玉名。昆 兄也後也同也
又姓夏諸侯昆吾之後戰國策有齊賢者昆辯古渾切二十 𣅀 上同 罤 上同說文云周人謂兄曰罤 菎 香草 幝 衣
說文惚也 褌 上同 崐 崐崘山名 琨 琨珸玉名 鵾 鵾雞 鶤 上同 鯤 北溟大魚 䖵 說文曰蟲之總名也 蜫 上同 惃
亂也 ⿰黑軍 黫千不可知也 錕 錕鋙鐵赤色可爲劍 瑻 玉名 麏 鹿屬 猑 獸名 騉 騉駼馬名牛蹄能升高山。昷
也說文曰仁也从皿以食囚也今作昷同鳥渾切十三 温 水名出犍爲又和也善也良也柔也暖也又姓唐叔虞之後受封於河內温因以命
氏又卻至食采於温亦号温季因以爲族出太原又漢複姓二氏莊子有温伯雪子姓苑又有温稽氏 轀 轀輬車也 蒀 蒀藻節中
生葉又於殞切 ⿰馬昷 騷驪駿馬 殟 病也 鴛 鴛鴦匹鳥又音宛 ⿰昷阝 鄉名出蜀志 豱 豕名 緼 禮曰一命緼韍 韞
赤色又於粉切 ⿰瓜昷 戎狄名 蝹 名云䐡。門 聞也聞也字從兩戶亦姓周禮云公卿之子入王端之左教以六藝謂之門子其後氏焉
又漢複姓十四氏左傳魯卿東門襄仲宋樂大心爲右師居桐門後因氏焉伍子胥抉眼吳門因謂子胥門子孫乃以胥門爲氏吳有胥門巢
世本晉大夫下門聰齊臨淄大夫車門遽陳有闞門氏戰國策有雍門周魏侯嬴爲夷門抱關者後姓夷門氏呂氏春秋有陽門介夫後以陽
門爲氏古今表有逢門子豹宋諸公子食采於木門者後遂爲氏漢書儒林傳有闞門慶忌何氏姓苑云弋門氏今漁陽人又有剌門氏莫奔
切十三 捫 以手撫持 樠 木名 虋 赤粱粟也俗作虋 璊 玉色赤也 亹 浩亹地名出漢書地理志云浩音閤 ⿰氵亹 上同
怋 怋怋不明又亂也 䫒 頭多殟顐 𧹞 赤色罽名 𧾸 行遲 𥻹 粥凝 鸞 比翼鳥也。孫 爾雅釋親曰子之

高宗本　元　魂　　三二

子爲孫孫之子爲曾孫曾孫之子爲玄孫玄孫之子爲來孫來孫之子爲晜孫晜孫之子爲仍孫仍孫之子爲雲孫又岱岳謂之天孫又姓周文王子康叔封子衞至武公子惠孫曾耳爲衞上卿因氏焉後有孫武孫臏俱善兵法各撰書凡太原東莞吴郡安樂四望又漢複姓二十三氏左傳秦大夫逄孫氏魯卿有臧孫辰仲孫何忌魯桓公之子慶父之後有孟孫氏叔孫氏季孫氏同出桓公號爲三桓子孫代爲魯之上卿秦下大夫楊孫氏齊大夫長孫修世本云食邑於唐其孫仕晉後號唐孫氏衞有王孫賈出自周頃王之後王孫賈之子自以去王室久改爲賈孫氏晉濟南太守魚孫瑋出自宋魚石奔楚其孫在國者因以魚孫爲氏漢有烏孫昆彌後漢有士孫瑞古封公之後自皆稱公孫故其姓多非一族也孔子弟子有顓孫師國語晉公子利孫夫之後以利孫爲氏何氏姓苑有經孫新孫古孫牟孫室孫長孫叔孫等氏望稱河南之者是虜姓也思渾切六 蓀香草 飧說文餔也 飱烏飱草又飱蕪酸可食也 猻猻猴 搎捫搎摸搎也 。尊尊卑又重也高也貴也敬也君父之稱也說文曰酒器也本又作罇周禮有司尊彝從山從缶從木後人所加亦姓風俗通云尊盧氏之後祖昆切五 罇樽並見上注 嶟山皃 罇衣也 。存在也察也恤問也徂尊切五 蹲坐也說文踞也 拵据也 郁郁鄢縣在戎州 栫爾雅云栫謂之栫栫小帶也又音荐 。敦迫也亦厚也又姓敦洽衞之醜人也都昆切七 惇厚也 弴畫弓也天子弴弓又丁僚切 弤同上 驐去畜勢出字林 墩平地有堆 甀罌似甂甀 。暾日出皃他昆切七 燉火色 涒涒灘歲在申也 饙禮記孺子饙之喪也魯公子名亦黃色也 噋詩云大車噋噋重遲皃 蜳蜳蝎蟲名 黗黃黑色也 。屯聚也又姓後蜀録有法部尚書屯度徒渾切二十二 豚豕子 豘 㹠並上同 窀火見穴中又音迍 臀廣雅云臀謂之脽亦作臋 臋之髀也說文作𡱂髀也 屍 脽 臋並同上見說文 軘兵車 飩餛飩 篼榜也 坉以草裹土築城及塡水也 沌水勢 邨地名亦音村 焞火熾又燉煌郡 燉燉大煌盛也 忳悶也 啍口氣 芚菜似莧 庉風與火爲庉又徒損切 黇黃色 瓲瓜名 瓞 。村墅也此尊切一 。僤女字又姓出纂文牛昆切又戶昆切四 瘒癡皃 顐顐顐禿無髮也 梱爾雅釋木曰髡梱 。盆瓦器亦作瓮爾雅曰盆謂之缶說文曰盎也又姓風俗通云盆成括仕齊孟軻知其必死其子逃難改氏成焉蒲奔切四 葐覆葐草 鴀鴀鳩鳥 湓水名在尋陽一曰水涌也 。奔走也說文作奔博昆切四 賁勇也周禮有虎賁氏掌先後王而趨以卒伍軍旅會同亦如之舍則守王閑閑梐枑也書云武王伐紂戎車三百兩虎賁三百人亦姓古有勇士賁育又肥秘墳三音 鷭鶇如鵲三目六足白身 犇牛驚出文字集略 。論說也議也思也盧昆切又力旬盧純二切四 崘崐崘 掄說文擇也一曰貫也 菕菕蕗草也 。坤乾坤苦昆切七 巛古文 髡去髮 頤頤顐 臗髖也 髖同上 貇豚也 。昏說文曰日冥也亦作昬呼昆切七 惛不明 婚婚姻嫁也禮娶以昏時婦人陰也故曰婚 棔合昏木名朝舒夕斂 閽守門人也 殙病也又未立名而死 歛不可知也 濆漢也 噴吐也又吹氣也普魂切三 歕同上 。黁香也亦人名姚興太史令郭黁奴昆切一

二十四。痕瘢也戶恩切四 鞎車革前飾 拫急引 榪所以平量斗斛 。根根柢也亦姓根牟子古賢者著書出風俗通古痕切四 跟足後踵也 跟同上 珢石次玉又音銀 。恩恩澤也惠也愛也隱也亦姓前燕慕容皝東庠祭酒恩茂風俗通云陳大夫成仲不恩之後烏痕切三 炁說文炮炙也以微火溫肉 煾上同 。吞咽也吐根切又音天一 。垠垠堮五根切又語斤切三 圻同上 泿水名

二十五。寒寒暑也釋名曰寒捍也捍格也亦姓後漢博士寒朗武王子寒侯之後也胡安切十二 韓亦作韓井垣也亦國名又姓出自唐叔虞之後曲沃桓叔之子萬食邑於韓因以爲氏代爲晉卿後分晉爲國韓爲秦滅復以國爲氏八出潁川後韓騫避王莽亂移居南陽故有潁川南陽二望 蘁蘁蒻 菓草也 翰天雞羽有五色又音扞 鶾同上 邯邯鄲縣名又漢複姓漢有衞尉邯鄲義風俗通云因國爲姓也 邗邗溝水名在廣陵 蚶蚶蟹一名蛸蟲 汗可汗蕃王稱又音翰 韓白韓草也又何旦切 鶾駿鶾蕃大馬出異字苑 。豻胡地野狗似狐而小或作犴俄寒切又音岸四 犴同 雃雃鵫鳥一名鵝鵜 岸山形也 。單單複也又大也亦虜姓可單氏後改爲單氏都寒切又常演切十 襌衣 鄲邯鄲 丹赤也說文曰巴越之赤石也亦州名春秋時白翟所居後魏置汾州隋帝三年以河東汾州同乃改爲丹州亦姓晉有大夫丹木出風俗通 殫盡也 簞笥小筐 匰宗廟盛主器出字書 嘽山名 癉火癉小兒病也 腂大腹 。安安徐也寧也止也平也亦州名春秋時鄖國漢屬江夏郡宋分江夏郡爲安陸郡武德年討平王世充改爲安州有鄖水亦姓風俗通云漢有安成爲太守盧山記有安息國王子安高又漢複姓有安都氏烏寒切五 鞍說文 盦大盂 鞌鞍 鄣地名在當陽 侒宴也 。難艱也不易稱也又木難珠名其色黃生東夷曹植樂府詩曰珊瑚間木難又姓百濟人說文作𪆯鳥也本又作𪆯那干切又奴旰切四 𪆯見上注 𪆯 𪆯並古文 。餐說文吞也七安切三 湌上同俗作飡 䬿弩出異字苑 灘水灘

上平 魂

高宗本 魂痕寒 三三

爾雅云太歲在申曰涒灘他干切十嘽喘嘆長息與歎同又音炭攤攤蒱四數譠譠慢欺慢言也痑力極擹
閑也亦緩也譂譂誕言不正也嬗緩也㨏般撣婉轉○𦙶脂肪蘇干切五跚蹣跚跛行皃珊珊瑚廣雅曰珊
瑚珠也說文曰珊瑚生海中而色赤也姍作也𥳑竹器○壇封土祭處徒干切十五檀木名亦州名春秋時及戰國並爲燕
地漢屬漁陽郡隋置檀州取白檀縣爲名又姓太公爲灌壇令後氏焉禮記魯有檀弓今檀城在瑕丘瑕丘屬山陽魯改山陽爲高平郡檀氏
望在高平也鸇䳒鸇如鷂短尾射之銜矢射人說文爾雅並作鸇鶾癉風在手足病又都彈切撣觸也太玄經云撣繫其名
彈糾也射也亦彈棊梁冀傳云冀好彈棊也又徒案切驒連錢驄一曰青驪白文又丁年切驒騱匈奴畜似馬而小驙白馬黑脊
又知連切但語辭亦姓何氏姓苑云漢有但巴爲濟陰太守又徒旱切又徒旦切胆胆口脂澤出證俗文繟寬綽緩也儃態也又市
連切聅軍法以矢貫耳曰聅唌歎也貚貙屬○殘餘也說文賊也昨干切七𣦼禽獸食餘又徂贊切殀同上戔傷也
又戔戔束帛皃易曰束帛戔戔盞盞盞大盂𣪠穿也帴帗也○干求也犯也觸也亦姓左傳宋有干犨又漢複姓何氏姓苑漢有
干己衍爲京兆尹古寒切十六乾字樣云本音虔今借爲乾濕字又姓出何氏姓苑漧古文竿竹竿肝木藏奸以婬
犯也鳱鳱鴠鳥名知未來事噪則行人至鳱字或作雗雗古沃切玕琅玕美石次玉邗越別名又音寒江名也汗餘汗
縣名又音寒迀進也盂盤也又大盋名戰戰盾忓說文極也鄿地名𡯁𡯁服○蘭香草亦州名古
西羌地隋文帝置蘭州取皐蘭山爲名又姓漢有武陵太守蘭廣落干切十一瀾大波也闌晚也牢也遮也希也又飲酒半罷曰
闌讕逸言又力誕切攔階際木句闌䦨妄入宮門籣盛弩矢人所負也韊同上欄木欄名躝踰也
幱幱衫幱裾囒囒哰偺㗅語不可解○看視也苦寒切七翰古文栞槎木也琹同上衦摩展衣臤取也又口
閒口耕二切刊削也刋剟也○頇顢頇大面皃許干切二鼾卧氣激聲○濡水名出涿郡乃官切一
二十六○桓桓桓武也又姓本自姜姓齊桓公後因謚爲氏望出譙郡後漢有太子太傅桓榮胡官切二十九完全也麠
鹿一歲鴅鴅鵍鳥鳥喙蛇尾也丸彈丸瓛圭名說文曰桓圭公所執紈紈素萑萑葦易亦作萑俗作藿藿本自音灌
萑木兔鳥也洹水名在鄴又于元切汍汍瀾泣淚絙緩也芄芄蘭草名豲豕屬又豲道縣在天水亦作獂梡
木名出蒼梧子可食萑蓷類莞似藺而圓可爲席又音官綄船上候風羽楚謂之五兩羱山羊細角而形大也萈上

見同文貆說文曰貉之類又音歡狟大也周書曰尚狟狟峘爾雅云小山岌大山曰峘又戶登切𤿎皮病魭丸屬
垸漆加骨灰上也寏周垣院同上捖摶也刮摩也○岏巑岏五丸切十刓圓削园上同忨貪也蚖
毒蛇䚉觛羱羱野羊角大又語袁切黿黿似鼈又音元抏挫也魭䰖○端正也直也緒也等也亦姓
出姓苑又漢複姓孔子弟子端木賜也多官切十一褍衣長也又衣正幅也剬齊也䚩角觽獸名狀如豕角善爲弓李陵以
此遺蘇武耑說文曰物初生之題也上象生形下象其根也鍴鑽也篅竹名出南領䏴齊也又之兗切䅼
禾垂皃又丁果切偳拙偳又音湍○剜刻削也一丸切六眢井無水一曰目無睛豌豆也蜿蜿蟺龍皃帵
帵子裁餘婠德好皃又古丸切○湍急瀨也他端切又音專六貒似豕而肥又他畔切黗黃黑䵎黃色又湯
門切煓火盛歂人名又多丸切○酸醋也素官切五狻狻猊師子猛獸痠痠疼䨇小雨○團
團圓度官切十二慱詩云勞心慱慱篿竹器剸截也鄟邾鄟之邑鱄魚似鮒而豕尾敦詩云有敦瓜苦
又都昆切漙詩云零露漙兮鷒爾雅曰鷒鶝鶝如鵲短尾射之銜矢射人鷻鵰之別名詩亦作鷻傳云雕也摶說文
曰圜也禮云無摶飯𩅰露皃欑木叢也在丸切九巑巑岏小山皃䡽車轃輗也又借官切菆菆塗見禮欑
欑補鄼鄼聚也又音纂音贊穳矟也又禾積也篹同上劗剃髮也又子攢切○官官宦左傳曰黃帝以雲紀官炎
帝以火紀官大皡以龍紀官少皡以鳥紀官又𥚃也法也事也又複姓三氏左傳晉王官無地御戎魯先賢傳云孔子妻弁官氏楚莊王少子爲上
官大夫以上官爲氏古丸切十悹憂也又古玩切莞草名可以爲席亦云東莞郡名亦姓姓苑云今吳人又胡官切棺棺槨
禮記曰有虞氏瓦棺夏后氏堲周殷人棺槨說文曰關也所以掩屍也觀視也又音灌貫穿也又音灌冠首飾說文曰絭
也所以絭髮弁冕之總名也亦姓風俗通云古賢者鶡冠子之後又音灌涫樂涫縣在酒泉倌倌人主駕說文曰小臣也詩云命彼
倌人毌穿物持也○鑾鑾鈴崔豹古今注云五路衡上金雀者朱鳥也口銜鈴鈴謂之鑾亦或謂朱鳥鸞也鸞口銜鈴故謂之鑾落官
切十四鸞春秋元命包曰离爲鸞孫氏瑞應圖曰鸞者赤神之精鳳皇之佐也山海經曰女牀山有鳥狀如翟而五采文名曰鸞見則天下太
平安寧巒小山而銳欒木名說文曰木似欄禮天子樹松諸侯柏大夫欒士楊又曲枅亦姓代爲晉卿出左傳羉罝罟
蒬葵一曰茆也䜌南䜌縣在鉅鹿𢿢迷或不解理一曰欠皃

癵癵癵病瘠皃 灤水名 灓說文曰漏流也水沃也漬也 癵癵病也瘦也 圝團圝圓也

曫日夕昏時 。歡喜也呼官切十三 懽上同又音貫 驩馬名 貆貉屬 貛牡狼

鸛鸛鷒鳥射之則銜矢射人說文爾雅並云鸛鷒 鴅鳥名人面鳥喙 酄魯郡邑名 貛野豚 犿上同 雈化也始也出方言

讙讙諠 鴅鴅兜四凶名古文尚書作鴅 。寬愛也裕也緩也苦官切二 髖髖兩股間也 。鑽刺也借官切又借玩切六 鞼說文曰車衡三束也曲轅鞼縛直轅篡車縛

𨏙 轒並上同 𢧐姓出姓苑 剸剃髮 。槃器名薄官切二十二 盤籀文 鎜古文

柈俗 瘢瘡痕 磻磻溪太公釣處 幋大巾 磐大石 䰉䰉頭曲髮為之又卧髻也又音班

般樂也又博干切釋典又音鉢 蹣蹣跚跛行皃 搫搫擹婉轉 鞶鞶革說文曰大帶也

縏縏纓馬飾見左傳 𪁎𪁎鸛異鳥人面出山海經 𥉁轉目視也 媻奢也一曰小妻又媻娑來往皃

番番和縣名在涼州 蟠鼠負蟲又龍蟠也 䵹下色 𥮠篜也 𤠧𤠧狐犬也

。瞞目不明也說文曰平目也曹操一名瞞又姓風俗通云瞞氏荆蠻之後本姓蠻其枝裔隨音變改為瞞氏母官切二十四

顢顢頇大面皃 謾欺也慢也 蹣踰牆 𩝣饅頭餅也 饅俗 慲忘也

鏝泥鏝 槾 墁並上同 蔄無穿孔伏 鞔鞔鞋履 樠木名松心 鰻鰻鱺魚也

曼路長 蔓蔓菁菜也 鄤鄤說亭名在上女欲音求 獌獸似狸也 𧾧行遲皃 槾種遍皃

芇相當也又亡殄武仙二切 悗惑也 鬗長鬗 絻連也 。潘淅米汁又姓周文王畢公之子季孫食采於潘因氏焉出廣宗河南二望普官切六

𤭁𤭁瓨大甂 番番禺縣在廣州 拌弃也俗作捹 審峙昆也 𤺺弃瘖 [illegible]部黨北潘切四 般般運 䈲捕魚笱其門可入不可出

華弁糞器名又姓出姓譜

二十七。刪

刪除削也又定也所姦切又所晏切五 訕謗也

潸出涕皃 殦單于別名 狦說文曰惡健犬也又所晏切 。關說文曰以木橫持門戶也聲類曰關所以閉也又姓風俗通云關令尹喜之後蜀有前將軍關羽河東解人古還切六 閞俗 瘝病也 擐貫也又音患出文字指歸

唁二鳥和鳴 絭織貫杼也 彎說文曰持弓關矢也烏關切五 灣水曲

蠻蜿蟃蟲名 𩅦吳王孫休長子名見吳志 潫潫濟 𣡶關門機出通俗文又數還切一 還反也退也顧也復也戶關切又音旋二十 環玉環爾雅曰肉好若一謂之環又姓古有楚賢者環淵後有環濟撰要略一部

𠟸㒯𠟸縣名在武威㒯音蒲 鬟髻鬟 寰王者封畿內縣又玄甸切 闤闤闠崔豹古今注云闤市垣也闠市門也 糫膏糫粔籹 鍰六兩曰鍰鍰黃鐵也一曰鋌也 圜圜圍又王權切 鐶指鐶

轘轘轅又地名也 𩏣里名在洛陽 𦍩獸名似羊而黑色無口不可殺也 擐上同 郇姓出絳州又音荀

澴水名 𩙮𩙮飛遠皃 馵馬一歲又音弦 戊星牡瓦名 鬘堅鬘 班說文曰分瑞玉俗作班亦姓出扶風風俗通云楚令尹鬬班之後布還切十三 頒布也賜也又音汾 鳻大鳩

朌大首又音汾 螌螌蝥毒蟲 斑駮也文也 辬上同見說文 䰉髮半白又音盤 般還師亦作班師又盤盤鉢三首

媥媥嫺 鯿魚名又音編 扳挽也公羊傳云扳隱而立又音攀 𦍓賤事之皃

蠻南夷名亦姓莫還切七 鸞似鳧一目一足一翼相得乃飛即比翼鳥也 獌狼屬又莫于晚販二切

鬘衣出釋典 謾方言曰謾台脅閱懼也燕代之間曰謾台齊楚之間曰脅閱台音怡 䅼赤稷稻名 䵛畫車輪也

。顏顏容亦顏額又姓出琅邪本自魯伯禽支庶有食采顏邑者因而著族又邾武公名夷字曰顏故公羊傳稱顏公後遂為氏五姦切二 楌木名似檀 姦私也詐也古顏切俗作姧四 菅草名又姓出趙郡或作蕑

蕑香草 蕳同上 攀引也普班切三 扳上同又音班 眅目多白

。奻訟也奴還切一 。瘰瘰痹五還切二 頑頑愚 。馯姓也漢書有江東馯辟字子弓傳易丘姦切一

。豻胡地野犬似狐而小黑喙可顏切又我悍俄寒二切二 鬜鬢禿皃 。跧跧伏阻頑切一

二十八。山

山廣雅曰山產也能產萬物說文曰山宣也宣气散生萬物又姓周有山師之官掌山林後以官為氏或云古列山氏之後望出河內所間切三

疝疝痂病也 邖地名出地理志 。鰥鰥寡鄭氏云六十無妻曰鰥五十無夫曰寡又魚名古頑切三 鋝鋝聲鈃也 綸爾雅釋草曰綸似綸東海有之說文曰青絲綬

也又音倫閒隙也近也又中閒亦姓出何氏姓苑古閑切又澗二音六艱艱難囏古文靬黎靬國名在西域其人善眩幻又犍看二首蕑蘭也覸視皃閑闌也防也禦也大也法也習也暇也戶閒切九嫺嫺雅癇小兒瘨騆馬一目白蛝蟲名瞯人目多白又姓史記濟南瞯氏鷴白鷴似雉而尾長四五尺莧莧餘又音見憪心靜說文愉也慳悋也苦閑切八覵人名出孟子齊景公勇臣成覵說文曰很視也頇頭髮少皃掔爾雅云固也莊子注牢也鬜鬢禿皃又苦八切羥羊名臤堅也又口耕切硻堅破聲虥虎淺毛皃士山切又音棧又昨閑切七潺潺湲水流又士連切孱孱劣皃又士連切僝僝僽惡罵也轏轏軒又士連切鏟小鑿名又士連切𡒄門聚又昨閑切羴羊臭又許閒切又失然切一訮爭也五閑切四[犭閒]犬鬬聲也亦作狠[口閒]訟詞虤虎怒黰滓色黑也烏閑切五羥黑羊殷赤黑色也左傳云左輪朱殷[牛因]牛尾色也黫黑色出字林斒斒斕色不純也方閑切二虨虎文又甫巾切斕斕斒力閑切四𢿶同上惏上地名出玉篇潾水皃又力人切嘫語聲女閑切二鸈鳴鸈鸈狀𤞤噬也充山切一嫚媚容也委鰥切一窀穴中見火墜頑切又陟倫切一爈爈權膂膝痛也力頑切一權跪頑切一譠譠謾也陟山切又他單切二僤廣蒼云走也藏也[犭無]獸走皃直閑切又丑連切一湲水流皃獲頑切一虦虎淺毛皃昨閑切二𡒄門聚

廣韻上平聲卷第一

新添類隔今更音和切

卑必移切　陴並之切　眉目悲切　邳並悲切　悲卜眉切　肧偏杯切

頻步眞切　彬卜巾切

廣韻下平聲卷第二

蘇前先第一仙同用　相然仙第二
蘇彫蕭第三宵同用　相焦宵第四
胡茅肴第五獨用　胡刀豪第六獨用
古俄歌第七戈同用　古禾戈第八
莫霞麻第九獨用　與章陽第十唐同用
徒郎唐第十一　古行庚第十二耕清同用
古莖耕第十三　七情清第十四
倉經青第十五獨用　煑仍蒸第十六登同用
都滕登第十七　羽求尤第十八侯幽同用
胡鉤侯第十九　於虯幽第二十
七林侵第二十一獨用　徒含覃第二十二談同用
徒甘談第二十三　余廉鹽第二十四添同用
他兼添第二十五　胡讒咸第二十六銜同用
戶監銜第二十七　語驗嚴第二十八凡同用
符咸凡第二十九

一先先後也又姓左傳晉有先軫蘇前切又蘇薦切四躚蹁躚旋行皃蹮同上硟石次玉也前先也昨先切六歬古文騚馬四蹄皆白也湔湔葥藥名箭說文曰蔽絮簣也或作箭𥲤同上千十百也又漢複姓有千乘氏出何氏姓苑蒼先切九阡三里爲阡阡陌南北爲阡東西爲陌汘水名仟千人長也又仟眠廣遠也芊草盛䓊說文曰望山谷之䓊青也迁迁伺候也進也又迁葬又標記也杄木名箋說文曰表識書也則前切十五牋

上同 蕳古文 瀳水名說文曰水至也又才薦切 帴小兒藉也 韀鞍韀 淺淺淺流疾皃又倉翦切 湔水名出蜀
郡玉壘山 葥旛幟 機小栗名趙魏間語也 轃大車簀也 濺濺疾流皃又子賤切 籛楚人華馬薦鞍韉又彭祖姓
棧香木 遷埤蒼云至也說文云自進極也 ○天上玄也說文曰顛也至高無上从一大也爾雅曰春爲蒼天夏爲昊天秋爲旻天冬爲上天他
前切六 兲萸並古文 誔誔譚語不正也 吞姓也漢有吞景雲又湯門切 訮訮訶皃 ○堅固也長也強也
又姓漢二十八將有揚化將軍潁川堅鐔古賢切十七 鋻剛也又古宴切 掔縣名在東萊又音弦 惤布名 开說文曰平也兩
干對舉又羌名今作开同又音牽 肩項下又任也克也作也朡也又姓出姓苑 鳽鵁鶄鳥名又五革五堅二切 豣大豕也一
日豕三歲 豜上同 猏俗 菺戎葵也今蜀葵 麉鹿有力又音牽 麙上同 鵳鶅鵳鳩屬 鰹鮦大曰鰹小曰鮵鮵
音奪 䶬說文曰龍鬐脊上䶬䶬 緊緊也 賢善也能也大也亦姓胡田切十七 臤古文又口閒切 弦弓弦五經文字曰其
琴瑟亦用此字作絃者非說文作弦又姓風俗通云弦子後左傳鄭有商人弦高晉有弦超 絃俗見上注 舷船舷 胘肚胘牛百葉也
蚿馬蚿蟲一名百足 慈亭名在密縣說文云急也 刻自刎頸也 伭說文作佷也 㧥縣名又音堅 茲草名 婜
婦人守志 𧺝疾走 礥艱險又剛強也 痃痃癖病 𡁗難也 ○煙火氣也烏前切十二 烟上同 𡏳古文 歅
籀文 燕國名亦州又姓邵公奭封燕爲秦所滅子孫以國爲氏漢有燕倉又於薦切 咽咽喉 𤍠𤍠支香草 驠馬竅白
湮爾雅云落也又音因 胭胭項 篶竹名 閼閼氏單于適妻也氏音支 ○蓮爾雅云荷芙蕖其實蓮落賢切八 憐
愛也又哀矜也 怜俗 嗹嗹嘍言語繁拏皃 縺縺縷寒具 䭥鏈鏈餅也 膢羸膢縣在交趾 零漢書云先零西
羌也本力丁切 ○田釋名曰土已耕者曰田田塡也五稼塡滿其中也又姓出北平敬仲自陳適齊後改田氏九代遂有齊國徒年切十九
佃作田也說文云中也春秋傳曰乘中佃一

轅車古輕車也又音甸 畋取禽獸也又音甸 畇地名在絳 塡塞也加也滿也又陟陳切 寘
上同字統云寘顛府在北州 闐轟轟闐闐盛皃 蹎蹎地聲 譂譂誕語不正也又他丹切 鈿
金花又音甸 輷輷輷衆車聲 沺字林云沺沺水勢廣大無際之皃 磌柱礎 鷏蚊母鳥也
嗔說文曰盛气也 轉呂氏春秋云天子轉轉啟敟莫不載悅敟音軫 滇滇汙次水皃又都年切 獱
獺屬 搷擊也 ○秊穀熟曰秊奴顛切三 年上同 郔鄉名在馮翊 ○顛頂也又姓左傳晉有
顛頡都年切十五 巔上同 齻牙齻儀禮曰右齻左齻鄭玄云齒堅也 𩣺馬額白今戴星馬 槇
木上 瘨病也 癲上同 滇滇池在建寧 趚走頓 巔山頂也 驒驒騱野馬 傎
傎隕也又倒也 傎上同 蹎蹎作說文跋也 厧厧冢 牽引也挽也連也亦姓晉有牽秀何氏姓苑
云武邑人苦堅切九 縴縴繾惡絮 邢地名在河內 汧水名在安定說文曰水出扶風西北入渭爾雅
云汧出不流又苦薦切 蚈螢火又古奚切 麉鹿之絕有力者亦作麙 掔固也厚也持也又音慳
岍山名在京兆書曰導岍及岐 雃說文曰石鳥一名雝鶏一曰精列又秦公子名士雃 ○姸淨也美也
好也五堅切八 鳽鵁鶄也又古賢五革二切 研磨也 硯上同 揅揅破 盂醆也 趼
獸跡 俓急也又牛耕切 ○眠寐也莫賢切七 瞑上同說文曰翕目也又音麪 𦗟埤蒼云注意而
聽也 矏爾雅曰密也 矈上同 𩮜燒煙畫眉 𡫀不見 ○蹁蹁躚旋行皃部田切十二 蠙
珠 骿骿肋 軿四面屏蔽婦人車又房丁切 駢井駕二馬 𤬪黃瓜名 胼胼胝皮上
堅也 跰上同 楄木名食不噎又杜預云楄部棺中露牀也 賆益也 玭班珠或與蠙同 琕
上同 ○淵深也管子曰水出而不流曰淵又姓世本有齊大夫淵湫烏玄切十 渆上同 囦古文 㾓
骨節疼也 弲弓勢 剈曲剸 鼘鼓聲 遄行皃 䳒鳥羣 蜎蜎蠉又歔泣切 ○涓
說文曰小流也又姓列仙傳有齊人涓子古玄切八 睊視皃 蠲除也潔也明也說文曰
馬蠲蟲明堂月令曰腐草爲蠲 肙 蜎 鵑杜鵑鳥 悁 明 䩠䩠馬尾也 鞙又胡犬切 ○鋗銅銚

火玄切五 駽 爾雅曰青驪駽郭璞云今之鐵驄 圓 規也又辭沿切 梋 椀屬 矎 直視 邊

畔也又邊陲也近也厓也方也又姓出陳留北平二望陳留風俗傳云祖于宋平公布玄切十四 籩 竹器 ⿰氵邊

水名出番侯山 甂 小盆 蝙 蝙蝠仙鼠又名伏翼 猵 獺屬 稨 籬上豆也又北典切 編 次也

又方泫切 萹 萹竹草又北泫切 ⿰足邊 足趾不正 ⿰亻邊 身不正也 牑 牀版也 ⿺走邊 說文走意

蹁 行不正皃又薄邊切 玄 黑也寂也幽遠也又姓列仙傳有玄俗河間人無影胡涓切十三 縣 說文

云繫也相承借爲州縣字 懸 俗今通用 眩 亂也又胡練切 ⿰馬玄 馬一歲 玹 石次玉 玆

說文曰黑也春秋傳曰何故使君水玆本亦音滋樓本經只作滋 弲 吳王次子名 ⿰目縣 目童子也 伭

說文很也 盷 目大皃 胘 牛百葉又音弦 訇 說文云漢中西城有訇鄉 祆 胡神官品有祆正

呼煙切二 訮 訶也怒也 狗 獸似豹而少文崇玄切一 〔二〕○仙 神仙釋名曰老而不死曰仙仙遷也

遷入山也故字從人山相然切十二 僊 上同又僊僊舞皃 僲 古文 毨 罽也 䉳 竹名

又音 苮 草名似莞 躚 蹮舞皃 秈 秈稻 鮮 鮮絜也善也又鮮卑山因爲國號亦水名水經曰北

鮮之山鮮水出焉又姓後蜀錄李壽司空鮮思明又漢複姓鮮于氏 硟 石也 鱻 說文曰新魚精也 廯

倉廩 錢 周禮注云錢泉也其藏曰泉其行曰布取名流行無不偏也又姓晉有歷陽太守錢鳳昨仙切二 [illegible]

方言云鳴蟬也 遷 去下之高也詩云遷于喬木七然切八 䙴 古文 遷 上同 ⿰䙴阝 地名 櫏 一曰

棔櫏木名 䉦 竹名 韆 鞦韆繩戲 ⿸疒遷 痛也 ○煎 熬也子仙切四 湔 洗也一曰水名出蜀

玉壘山 葥 草茂皃出字林 鬋 女鬢垂皃 ○然 語助又如也是也說文曰燒也俗作燃又姓左傳楚有然

丹何氏姓苑云今蒼梧人如延切九 燃 俗見上注 ⿰犭然 獸名似猿白質黑文 [illegible] 姓也 肰 犬肉

䋍 絲勞皃 䇋 竹名 ⿱艹難 草名 ⿱難火 云刑酷爇炭 延 稅也遠也進也長也

陳也言也亦州漢高如縣取延川爲延安郡又姓漢有延篤南陽人爲京兆尹殺梟使者以然切十三 埏 際也地也

又墓道亦地有八極八埏又音羶 筵 席也鋪陳曰筵藉之曰席 蜒 蝘蜒大獸名 郔 地名在鄭 綖

冠上覆也 蜒 蚰蜒 䘰 帞䘰牛領上衣 鋋 小矛又市連切 䀽 相顧視也 道 同上 遂

行皃 莚 草名 ○⿱衍食 厚粥也諸延切八 饘 上同 旃 之也爾雅曰因章曰旃郭璞云以帛練爲旒因

其文章不復畫之也出本曰黃帝作旃亦曲柄旗以招士衆也或作旜又姓出姓苑 旜 同上 栴 栴檀香木 氈

席也周禮曰秋斂皮冬斂革供其毳毛爲氈 鸇 晨風鳥 ⿰旃頁 江湘間人謂額 甄 察也一曰免也

居延切又章鄰切三 ⿱艹甄 草名一曰豕首又名彘盧 籈 竹器 ○邅 迍邅也又移也張連切又直連雉戰二切

五 ⿺走亶 同行難也說文曰趁也又直然切 驙 馬載重行難又白馬黑脊曰驙又徒安切 鱣 詩云鱣鮪

發發江東呼爲黃魚 ⿰魚廛 上同 ○潺 潺湲水流皃士連切五 孱 不肖也漢書曰吾王孱王也 [illegible]

小 䡴 軒䡴 㙴 門聚 ○羶 羊臭也式連切八 埏 打瓦也老子注云和也 挻 柔也擊也

和也取也長也或作嬗 扇 扇涼又式戰切 煽 火盛也又式戰切 鯅 魚醬 脠 生肉醬又丑延

切 䘰 帞䘰牛領上衣又音延 ○脠 魚醢也說文云肉醬丑延切四 梴 長木 鏈 鉛礦也又力延

切 㢟 說文曰安步㢟㢟也 ○鋋 小矛方言曰五湖之間謂矛爲鋋市連切又以然切九 單 單于又丹

善二 蟬 蜩也禮記仲夏之月蟬始鳴季秋之月寒蟬鳴援神契曰蟬無力故不食也 撣 撣援牽引 儃

音態也 僤 同上 禪 靜也又市戰切 澶 杜預云澶淵地名在頓丘縣南又音纏 嬋 嬋娟好皃 纏

繞也又姓漢書藝文志有纏子著書直連切十 纏 俗餘皆倣此 躔 日月行也說文曰踐也 瀍 水名

在河南 鄽 市鄽 ⿵門廛 市門 ⿺走亶 移也又張連切 ⿰虫廛 守宮別名 廛 居也說文曰一畝半也一

家之居也 壥 上同 ○嘕 笑皃許延切四 仚 輕舉皃說文曰人在山上也 嫣 長皃好皃又於建於

遠二切 翾 飛皃 ○連 合也續也還也又姓左傳齊有連稱又虜複姓六氏西秦丞相出連乞都後魏書官氏志

云南方有連氏後改爲雲氏是連氏改爲連氏費連氏改爲費氏綦連氏改爲綦氏又有赫連氏力延切十三 聯 聯綿

不絕說文作聯 漣 漣漪風動水皃 翴 翴翩飛相及皃 鰱 魚名 ⿰犭聯 兔走皃 令 漢書

云金城郡有令居縣顏師古又音零 鏈 鉛礦又丑延切 ⿰石連 同上 ⿱連心 說文曰泣下也 槤 也又橫

鬜柱又聯木名 䌹鹵露也 灖灖水名出王屋山 篇篇什也又姓周大夫史篇之後芳連切七 偏不正也鄙也衺也又姓急就章有偏呂張 翩飛皃 媥身輕便皃 㾱身枯 扁小舟 萹萹茿可食又補殄切 便辯也僻也安也又姓漢有少府便樂成房連切又去聲九 緶縫也 楩木名 平書傳云平平辨治也又皮明切 諞巧言又符蹇切 㛹㛹娟美好 箯竹輿 蝙蝙蟠沙蝨也亦作蝙 楄木名食之不咽 緜精曰緜麤曰絮說文曰聯微也又姓晉張方以緜思爲腹心武延切十七 綿上同 棉屋聯棉又木棉樹名吳錄云其實如酒杯中有棉如蠶綿可作布又名曰緤羅浮山記曰正月花如芙蓉結子方生葉子內綿至蠶成即熟廣州記云枝似桐枝葉如胡桃葉而稍大也 謾欺也 矊瞳子黑又矊眇遠視 蝒馬蜩蟬中最大 蝒上同說文曰蚒蛈蟬屬 矏密緻皃 懪志也 芇說文曰相當也今人賭物相折謂之芇 宀深屋 䫲雙生 櫋說文曰屋聯櫋也 柄木名 臱視遠之皃 [木面]木名 櫻櫻密也 全完也具也又姓吳有大司馬全琮疾緣切七 仝說文上同 泉水源也又錢別名 [虫泉]貝也白質黃文 牷牛全色書傳云體完曰牷 [目全]目眇視皃 葲茅葲草也 宣布也明也徧也通也緩也散也須緣切九 揎手發衣也 搏上同 鶣駒鶣小鳥音句 愃吳人語快說文曰寬嫺心腹皃 圓面圓也 顓頭圓也 瑄爾雅曰璧大六寸謂之瑄郭璞曰漢書所云瑄玉是 鶣鶣鶣頷也 鐫鑽也斲也子泉切四 鋑古文 朘縮朒 剶剶也又丑全切 翾小飛許緣切九 儇智也疾也利也慧也又舞皃 弲角弓皃 蠉蟲行 趧疾走皃 嬛便嬛輕麗皃又音娟音瓊 譞智也 頨頨妍美頭 矎目童子也 堧江河邊地又廟垣或從需餘同而緣切六 䙇促衣縫也 [田耎]城下田也 瑌瑌珉也士佩也 撋推物也 繎繎絲難理 穿通也孔也昌緣切三 川山川也蔡邕月令章句曰衆流注海曰川釋名曰川者穿也穿地而流也 灥三泉 沿從流而下也與專切十二 㳂上同 鉛說文曰青金也一曰錫之類也 鈆上同 櫞枸櫞樹皮可作粽埤蒼云果名似橘 捐弃也 鳶鴟類 蝝蝗子一曰蟓子 緣緣由又羊絹切 [魚彖]魚名

鳶郭璞云鳶尾草一名射干 脠短也 旋還也疾也似宣切十七 檈圓案 璿玉名 瑢容 上同 䗠蝙蟠沙蝨 漩洄漩 琁美石次玉 璇上同 檈說文曰還味稔棗也 蜁蜁蝸螺也 匴漉米竹器 還還返 圓規也又火玄切 [目旋]好皃 嫙上同 鏇圓鑪也 娟便娟舞皃嬋娟好姿態皃於緣切七 嬛身輕便皃 悁悁憂也悒也 蜎蜎皃又狂兗切 [山肙]山曲 潫水深 嬽嬽娟說文曰好也 船方言曰關西謂之船關東謂之舟又姓出姓苑食川切二 舩上同 鞭馬策也卑連切六 鯾魚名 鯿同 編次也又布千切又方典切 箯竹輿 揙揙擊 㳄口液也夕連切二 涎上同 詮平也說文具也此緣切十九 銓銓衡也又量也次也度也 硂上同 痊病瘳 佺偓佺仙人 悛改也止也 駩白馬黑脣 筌取魚竹器 絟細布 譔善言 謜言語和悅 縓爾雅曰一染謂之縓今之紅也又采選切 恮謹皃 荃香草 㓌剫也 峑山巔 匲簞也又竹器名 鐉說文曰所以鉤門戶樞也一曰治門戶器也 拴揀也 專壹也單也政也誠也獨也自是也亦姓吳刺客專諸職緣切十二 甎甎瓦古史考曰烏曹作甎 顓顓頊又姓神仙傳有太玄女姓顓頊名和 篿楚詞云索瓊茅以筳篿王逸云折竹卜曰篿又音團 嫥可愛之皃 諯說文曰數也一曰相讓又尺絹市專二切 湍水名在鄧州又音湍 膞膞鳥胃也 鱄魚名專諸吳刺客或作鱄 鷒鳥名又鷒徒端切 斷斷首出王篇 鄟邾鄟邑名 遄速也疾也市緣切八 篅說文曰以判竹圜以盛穀也 圌上同 諯又職緣尺絹二切 輲無輻車名 輇上同 椯木名 歂字林云口氣引也又姓史記有歂師 員說文作貝物數也王權切又云運二音四 圜天體 圓上同 湲潺湲 恮曲卷也莊緣切四 跧屈也伏也蹴也 [目全]目眇視也 蟤蚰蟤蛇名 栓木丁也山員切二 篹篹車軸也 猭猭猭兔走皃丑緣切二 剶去木枝也 乾天也君也堅也 虔恭也固也殺也說文曰虎行皃又姓陳留風俗傳云虔氏祖於黃帝渠焉切又音于九 揵揵為縣在嘉州 [虔阝]聚名在河東聞喜也 [魚虔]魚名 騝騝馬黃脊 楗虡也木為之 鍵鑰也又音件 揵

舉也。愆過也去乾切十䇂古文𠎝籀文僁俗褰褰衣騫虧少一曰馬腹縶亦
姓風俗通云閔子騫之後吐谷渾視熊博士金城騫包攓齊魯言捧又巳偃切⿺走虔蹇足跟也攐縮也
⿰口虔方言曰⿰口虔⿰口虔歎皃。權權變也反常合道又宜也秉也平也稱錘也又爾雅曰權黃華又姓出天水本顓頊
之後楚武王使鬬緡尹權後因氏俗作權巨員切二十三拳屈手也廣雅云拳拳憂也又拳拳奉持之皃又姓衛大夫
拳彌狋狋氏縣在代郡氏音精觠曲角顴頰骨踡踡跼不行婘美皃⿰女雚上同
⿰足雚曲脊行也⿸疒卷手屈病也犈牛黑耳又音卷蠸食瓜葉黃甲蟲齤齒曲卷曲也
又九免九院二切⿰木鸛⿰木鸛鵒也夐大視皃又音倦𥂶盌也⿰弓雚弓曲鬈髮好也又胡人
髮也又音捲⿺走雚曲走皃臛臊醜皃蜷蟲形詰屈捲說文云气勢也國語曰予有捲勇
椽屋桷也直攣切二傳轉也又持戀切又丁戀切。攣攣綴呂員切三癵病也亦作癵⿱䜌糸
南⿱䜌糸縣在鉅鹿巻古縣名在滎陽丘圓切五帣小幘棬器似升屈木作鬈髮好皃鄻
鄉名在聞喜。焉何也又鳥雜毛說文曰鳥黃色出江淮間於乾切五闕闕氏單于妻又音遏蔫物不
鮮也嫣長皃又人名鄢人姓又鄢陵縣名又於晚切亦作傿。漹水名出西河也有乾切三⿰虫焉
蟡蠑蟲名焉語助也又於乾切。嬽娥眉皃於權切二潫水深皃。燀火起皃尺延切一
。⿺辶雚行不正皃丁全切一。勬強健也居員切一

三。蕭蒿也詩云采蕭穫菽亦縣名在沛郡新語
云蕭斧名又姓出蘭陵廣陵二望本自宋支子食采於蕭後因
為氏漢侍中蕭彪始居蘭陵女孫望之居杜陵望之孫紹復
還蘭陵紹十一代孫整始過江為廣陵人風俗通云宋樂叔以
討南宮萬立御說之功受封於蕭列附庸之國漢相國蕭何即
其後氏也蘇彫切十六簫樂器風俗通云舜作簫其形參差以象鳳翼彇弓弭蟰蟰蛸蟲一名長
蚑出崔豹古今注橚橚槮樹長皃潚水名⿰風蕭涼風踃跳踃𢹂擊也又把也箾
舞箾說文云以竿擊人也又音朔䎘羽翼敝皃⿰肖毛上同艘船揔名又音騷瞍目無眸子曰瞍
又音藪翛翛翛飛羽聲撨擇也。祧遠祖廟也吐彫切十一佻輕佻爾雅曰佻偷也挑

挑撥朓月出西方又吐了切恌輕薄⿸广斛斗旁耳又爾雅云斛謂之疀古田器也郭音銚庣不滿
之皃銚田器趒雀行又他弔切聎耳疾蓧苗也。貂鼠屬出東北夷又姓出姓苑都聊切
二十二髫小兒留髮刟斷穗刁軍器纂文曰刁斗持時鈴也又姓出渤海風俗通云齊大夫豎刁之
後俗作刁琱琱琢凋凋落鯛魚名⿰矢召短尾犬也雕鶚屬又姓漢武帝功臣表有雕延年
鵰籀文蛁蛁蟟茆中小蟲彫彫刻亦作雕裯說文云短衣也⿴衣周死人衣芀
葦華也又音調⿱艹凋⿱艹凋蒟英實舠吳船鵃鵃鶹剖葦求蟲食似雀青班色⿰多周大也多也奝
上同弴天子弓也說文曰畫弓也詩又作敦又丁昆切⿰目鳥熟視。迢迢遰徒聊切二十二條小枝
也貫也教也爾雅云柚條似橙而實酢又姓左傳殷人七族有條氏後趙録冉閔司空條攸姓苑云安定人樤柚條
或從木髫小兒髮俗作齠跳躍也鋚紖頭銅飾⿱攸虫⿱攸虫蟰狀如黃蛇魚翼出入有光見則大旱出山海經
蜩大蟬佻獨行皃詩曰佻佻公子趒說文曰雀行也苕苕菜詩云邛有旨苕芀葦華調
和也又姓周禮有調人其後氏焉又徒料切鮡魚名岧岧嶢山高皃鬝多髮皃又音凋音綢鞗
轡革詩云鞗革沖沖嬥聲類云細腰皃⿷匚兆田器㲌㲌毲毛皃卣草木實垂卣卣然也鰷
白鰷魚名。驍驍武也古堯切九梟說文云不孝鳥也故日至捕梟磔之从鳥頭在木上人姓隋煬帝誅楊玄
感改其姓為梟氏県到懸首漢書曰三族令先黥劓斬左右趾県首葅其骨謂之具五刑澆沃也薄也儌
儌幸或作傲又作僥倖釗覩也遠也亦弩關一云周康王名又作覛又指遙切邀遮也又於宵切蟂
水蟲似蛇四足能害人也徼求也抄也又音叫。聊語助也亦姓風俗通有聊倉為漢侍中著子書又有聊氏
為潁川太守著萬姓譜落蕭切四十二⿰耳翏耳中鳴也又力刀切膋腸間脂也膫上同飉風也
遼遠也又水名憀無憀賴也寮穿也寥空也又寂寥也寥廓也料料理也量也又
即弔切⿰土尞周垣橑蓋骨亦椽也又力道切撩取物理也摷擊也又側交切廖
人名左傳有辛伯廖又力救切僚同官為僚又姓左傳晉陽氏大夫僚安寮上同鐐有孔鑪又紫磨

金也爾雅曰白金曰銀其美謂之鐐 簝宗廟盛肉方竹器 豂空谷 鷯鷦鷯 䉼竹名 璙玉名 嫽相嫽戲也又力弔切 漻水清也 蟟蛁蟟 膫目明也 䜍谷名 遼草木踈荃 鬖細長 嶛嶚巢山兒 翏鳥飛兒 繚繚繞經絲出字林 憭空兒 獠夜獵也又知卯盧皓二切 髎髖骨名 廫崖虛 蟧馬蟧大蟬 蔜草器又力戈切 敹揀擇 嘹嘹亮聞遠聲又力弔切 熮說文曰火兒 ○堯至高之兒謚法曰翼善傳聖曰堯五聊切五 嶢嶕嶢山危 僥僬僥國名人長一尺五寸一云三尺 垚土高兒 顤頭高長兒 ○膮豕羹也許么切七 嘵懼聲詩曰予維音之嘵嘵 憢憢憢懼也 ⿱大焦長大兒 ⿰月皋臉⿰月皋腫欲潰也 䎄翓翿毛兒 顦大額又去遙切 ○幺幺麼小也於堯切五 怮怮怮憂也又一糾切 葽草盛兒 𩶯魚名 䁏望遠也 ○鄡鄡陽縣名在鄱陽又姓出何氏姓苑苦幺切五 郻縣名在鉅鹿郡 ⿺鬼交玉篇云擊也 墽地名說文磽也 ⿱宀焦寂寥空也

〔四〕○宵夜也相邀切二十 消滅也盡也息也 霄近天氣也 捎摇捎動也又使交切 逍逍遙 痟痟渴病也司馬相如所患 綃生絲繒也 銷鑠也 焇上同 硝硝石藥名 蛸螵蛸蟲也爾雅注云一名蟳蟭亦姓南齊武帝改其子巴東王子響為蛸氏又所交切 萷草名又使交切 哨口不正也又七笑切 翛羽也 鮹魚名又所交切 ⿰犭肖狂也出文字集略 ⿰鹵肖煎 䴛長兒又色交色角二切 翛張羽又先彫切 魈山魈出汀州獨足鬼 ○超說文曰跳也又姓漢有太僕超喜敕宵切六 怊悵恨 弨健也 綤細絲也 昭鳴也 颾涼風 朝早也又旦至食時為終朝又朝鮮國名亦姓左傳有蔡大夫朝吳陟遙切又直遙切二 翰古文 鼂蒼頡篇云蟲名亦姓風俗通云衛大夫史鼂之後漢有鼂錯直遙切又陟遙切五 晁上同 鼂古文 朝朝廷也禮記曰諸侯於天子五年一朝又姓唐有拾遺朝衛 潮水潮 ○囂喧也許嬌切又五刀切十 枵玄枵虛危之次 歊熱氣說文曰歊歊氣出皃 毊大磬也爾雅注云形如犂錧以玉石為之又音喬 獢猲獢短喙犬也 ⿰犭焦犬黃白色 藃草兒又火交切 呺呺然大皃 嚻氣 虈白芷別名 ○樵柴也說文木也昨焦切十五 ⿱蕉木上同 劁刈草 憔憔悴瘦也 顦上同 ⿰耳曹耳中聲又音曹 譙國名又姓蜀有譙周又音 嶕嶕嶢 ⿱焦巢嶕巢山高兒又音巢 鐎又音焦 鄡縣名 僬又音焦 ⿰面焦面枯兒又音焦 撨取也 藮草名 ○驕馬高六尺舉喬切九 嬌女字亦態 憍憐也恣也本亦作驕 穚禾秀 鷮鷮似雉而小走鳴長尾 蕎藥名一名大戟 喬爾雅云句如羽喬郭璞曰樹枝曲卷似鳥毛羽 簥大管名也 撟舉手 ○焦傷火也又姓周武王封神農之後於焦後以國為氏出南安即消切十七 ⿱雔火籀文 ⿰焦毛毛飾 [illegible]上 蕉芭蕉 膲人之三膲 鷦鷦鷯南方神鳥似鳳又鷦鷯小鳥 鳭上同 椒木名爾雅云檓大椒又椒椒醜菉菉實也應劭漢官儀曰皇后稱椒房以椒塗壁取其溫也又山顛亦姓楚有大夫椒舉 茮上同 噍啁噍聲 鐎刀斗也溫器三足而有柄 蟭蟳蟭螗蜋卵也 ⿰面焦面醮枯也 ⿰火龜灼龜不兆也亦作⿱焦龜 焦義見僥字 燋傷火說文曰所以然持火也 ⿰糸焦生枲也 ○饒益也飽也餘也又姓風俗通云漢有饒斌為漁陽太守如招切六 橈楫也又女教切 襓劒衣也 ⿰牛憂牛馴伏又而紹切 蟯人腹中蟲 蕘蕘菁 ○燒火也然也式招切又式照切二 ⿰瓜系瓜名 ○遙遠也行也餘昭切三十六 媱美好 傜使也役也又喜也或作僧 繇於也由也喜也詩云我歌且繇 颻飄颻 䚻氣出兒 窯燒瓦窯也 窰上同 䔄蒲葉也又草也 蘔蘔芅萇楚今羊桃也爾雅作銚 珧玉珧蜃甲 鰩文鰩魚鳥翼能飛白首赤喙常游西海夜飛向北海 銚燒器亦古田器又姓後漢衛尉潁川銚期又徒弔切 姚姚悅美好兒又舜姓今出吳興南安二望左傳有鄭大夫姚句耳 搖動也作也又姓東越王搖句踐之後 謠謠歌也爾雅云徒歌謂之謠 軺說文曰小車也又音韶 愮憂也悸也邪也惑也 恌上同 ⿺辶繇疾行又音由或作䌛 陶皐陶舜臣又徒刀切 蘨草茂也又音由 ⿰瓜系瓜也 鷂大雉名爾雅云青質五彩皆備成章曰鷂又音曜 洮五湖名風土記云陽羨縣西有洮湖別名長塘湖義興記曰太湖射湖貴湖陽湖洮湖是為五湖 烑光也 ⿸广坐座也 ⿰弓䍃弓利 ⿰方䍃旗旒 榣木名 嗂樂也說也又喜也 䠛跳䠛行步兒 瑤美玉 猺獸名又獏

狌狗種也餆餆餌食褕褕狄后衣亦作褕。韶舜樂也紹也市昭切十磬同上佋
廟佋穆也或作昭父昭子穆孝經疏云昭明也穆昭也故昭南向穆北向孫從父坐又市紹切蕱草名召卜問
玿美玉韶也軺使車又音遙招說文曰樹兒又射的也沼昭牀別名。昭
明也光也著也覿也又姓楚詞昭屈景三族戰國策楚有昭奚恤止遙切七鵃鶻鵃鳥也又竹交切鉊淮南
呼鎌招招呼也來也又姓漢有大鴻臚招猛釗遠也見也勉也亦弩牙又周康王名盄玉篇器也皼
皮上脹膜。颮風也俗作飈甫遙切十五標舉也又木杪也又必小切猋群犬走兒杓北斗柄星
天文志云一至四爲魁五志七爲杓又音漂瘭瘭疽病名幖頭上幟也熛飛火⿰山票山峯⿺走票
輕行蔈爾雅曰黃華蔈郭璞云苕華色異名也驫衆馬走兒膘膘膟腫欲潰也旚旌旗飛揚
皃贆貝居陸也髟髮長皃又所銜切。鑣馬銜甫嬌切七⿰魚麃同上臕脂臕肥兒儦
行皃詩云行人儦儦瀌雪兒詩云雨雪瀌瀌穮除田薉也亦作穮藨萑葦秀爾雅云猋藨芀。瓢
瓠也方言云蠡或謂之瓢論語曰一瓢飲符霄切六飄老子曰飄風不終朝注云疾風也剽爾雅云中鍾謂
之剽又小輕也或作𠜱薸方言云江東謂浮萍爲薸⿱票木囊也又公渾切螵螵蛸蟲名又撫招切。蜱
蟲名彌遙切五⿰虫少蟥蝱初生也篻竹名⿰忄少玉篇云細細也鶓工雀。苗田苗亦夏獵曰苗又
求也衆也未秀也亦姓風俗通云楚大夫伯棼之後賁皇奔晉食采於苗因而氏焉武儦切五描描畫也又音茅緢
說文曰旄絲也貓獸捕鼠又爾雅曰虎竊毛謂之虦貓又武交切猫俗。要俗言要勒說文曰身中也
象人要皃由之形今作腰又姓吳人要離之後漢有河南令要兢於霄切又一笑切九腰見上注亦作膂葽
秀葽草也喓蟲聲⿰虫要蛀名⿰衣要褄襻邀邀遮又音梟⿰要鳥鳥名似山鷄而長尾蟯
腹中蟲如消切。鴁鴁鳥于嬌切二鄡鄉名在脩陽。喬高也說文曰高而曲也又虜姓前代錄云
匈奴貴姓喬氏代爲輔相巨嬌切十六橋水梁也又姓出梁國後漢有太尉橋玄趫善走又去遙切僑
寄也客也⿱穴喬同上鐈似鼎長足鷮雉名又音驕嶠亦作嶠山鋭而高又其廟切⿱殸喬

大磬又虛驕切轎小車嬌廣雅云禹妃之名又音驕蕎蕎麥又音鷸蟜蠪蟜蟲也蠪音龍
蹻驕也慢也又巨虐切撟飛皃盄盂也。鍫臿也亦作𠜱七遙切七鐰同上⿱秋火
吹竹筩又音秋幧斂髮謂之幧頭亦作幓帬同上鶖生麻秉抄飯匙。妖妖豔也說
文作䄏巧也今從夭餘同於喬切五祅祅災枖說文云木盛兒詩云桃之枖枖本亦作夭訞巧言兒
夭和舒之兒又乙嬌切。蹻舉足高去遙切又其略切六繑說文云袴紐也趬行輕兒蹺
揭足顤顤大皃又火幺切⿱夭灬長大兒又火條切。怊奢也尺招切又敕朝切二弨弓弛兒詩
云彤弓弨兮。㶾說文曰火飛也周禮注云輕㶾土地之輕脆也今作票同撫招切二十一漂浮也亦作漂
杓北斗柄星⿰麃風飄風吹兒嫖身輕便兒旚旌旗動兒犥牛黃白色也又敷紹切
鏢刀劍鞘下飾也僄輕也又匹妙切⿰票鳥鳥飛飄飄飄颻慓急也彯彯彯長組之兒
摽字統云擊也⿺走票說文曰輕行也⿰足票同上翲鳥飛瞟瞟眯明視螵螵蛸嘌
疾吹之兒膘膘膟腫欲潰也。翹舉也懸也危也又鳥尾也渠遙切六荍草名今荊葵也⿱艹翹蓮翹
草也嘺不知⿰喬羽側飛膠凡也。燎庭火也力昭切又力照切二髎髖骨也又音聊趫
善走又緣木也起囂切又巨憍切四憍矜也橇蹹橇行又禹所乘也鞽同上【五】。肴骨體
也又菹也凡非穀而食曰肴亦啖也胡茅切十九餚同上崤崤函山名在弘農⿱艹殽茅根殽
溷殽雜也和也亂也洨水名出常山又縣名在沛郡筊竹索姣姣媱猇虎聲又縣名在濟南
又直支切栯栯桃梔子爻易卦六爻淆混淆濁水筊小簫一十六管胶字書云胶聲也
交沽也⿰酉交絞黃色倄痛聲恔快也⿰石交石名。交戾也共也合也領也古肴切二十二
蛟龍屬漢書曰武帝元封五年自尋陽浮江親射蛟江中獲之茭說文曰乾芻也又爾雅曰茭牛蘄郭璞云
今馬蘄葉細銳似芹亦可食鵁鵁鶄鳥膠膠漆亦大學也又姓史記紂臣膠鬲鮫魚名皮有文可
飾刀咬鳥聲郊邑外曰郊鉸樂器以土爲之雙相黏爲鉸也轇轇轕戟形漻漻灂水皃

迒說文會也 教效也又古孝切 筊竹圍索名 粄校欄米餅 摎束也撓也又音留 鉸鉸刀又古卯切 佼交也又古卯切 艽秦艽藥名 詨誇語也又音孝 嘐詩云雞鳴嘐嘐 㱿橐也 巢說文曰鳥在木上曰巢在穴曰窠爾雅曰大笙謂之巢又縣名在廬江亦姓有巢氏之後左傳楚有巢牛臣鉏交切八 轈兵車若巢以望敵也 勦輕捷也又子小切 窠山高皃 樔蒜東 樔說文曰澤中守艸樓 巢地名在聊城 鄛鄉名在南郡 ○鐃鐃似鈴無舌女交切九 呶喧呶 譊爭也又恚呼也 怓心亂 䳂鳴䳂鳥名也又音嘲 硇硇沙藥名 磠同上 巎巎㹸也 獶犬多毛又奴刀切 ○梢船舵尾也又枝梢也所交切十七 捎蒲捎良馬名也亦芟也又音霄 髾髮尾 輎兵車 旓旌旗旒也 弰弓弰 箾飯帚 筲斗筲竹器 鞘鞭鞘 蛸蠨蛸喜子 鮹海魚形如鞭鞘 䘯衣袘 綃帆維又音霄 颵風聲 莦說文惡草皃又音消 娋小娋偷也 𡡉齊人呼姊 ○茅草名左氏傳曰前茅慮無明又姓史記秦有茅焦莫交切八 蝥盤蝥蟲名 貓又武瀌切 犛牛名又力之切 罞麋罟也 鶜鶜鴟鳥也 描打也出玉篇 媌美好皃 ○虓虎聲許交切十六 猇同上 髇髇箭 歊禾傷肥又音囂 穘同上 窙高氣 嗃嗃暑恚也 䬘風䬘颭也 哮哮闞 庨庨豁宮殿形狀 灱乾也又熱也 涍水名在南 嘐誇語也 顤顤顤胡人面也 鴞鴟鴞似鳧腳近後不能行 㹧豕驚 ○包包裹亦姓楚大夫申包胥之後後漢有大鴻臚包咸布交切五 胞胞胎又匹交切 枹爾雅注曰樹木叢生枝節盤結詩云枹有三枎又揚枹菜 苞叢生也豐也茂也又苞筍又姓 勹包也象曲身皃 ○胞胞胎匹交切九 𨚔邑名說文地名 罦覆車網也又縛謀切 脬腹中水府 拋拋擲 泡水上浮漚說文曰水出山陽平樂東北入泗又音庖 僇盛也 㲉擊也 茾藥名 ○敲擊頭也口交切十一 跤脛骨近足細處 骹同上 髎面不平也 㤊恐悸伏態皃 磽石地 磝礉磝戍名今濟州是也出音譜 礉同上 鄗邑名又杜預云山名在滎陽縣西北又音郝 墝墝埆墝土 頝頝顟頭不媚也

○聱不聽也五交切又五勞切語彪切四 謷不肖也又五勞切 磝砇磝 敫蒼頡篇云擊也 𦗷耳中聲側交切五 罺抄網 抓抓掐 嘮小兒聲 摷擊也 ○嘲言相調也陟交切五 趙趙趠跳躍越竹宵切 啁說文曰啁嘐也 鳭鶻鳭黃鳥 鵃鶻鵃似山鵲而小短尾至春多聲 謿代人說也楚交切六 抄略也又初教切 鈔同上 摷摷取 訬健也 䫿疾皃 ○庖食廚也薄交切十七 咆咆㺀熊虎聲 匏瓠也可為笙竽 炮合毛炙物也一曰裹物燒 炰同上 鉋鉋刷 瓟似瓠可為飲器 麃獸名似鹿 掊手掊 颮風聲 鞄鞄皮說文云柔革工也 狍獸名羊身人面目在腋下 跑足跑地也 捊引取亦作抱 尥牛脛相交也又力釣切 泡水名又匹交切 麭赤黑之漆 ○䫿頭凹也於交切九 呅呅咋多聲 坳地不平也 窅深目皃又鳥了切 軪軪軋奇皃文車聲也 眑面目不平又於糾切 咬淫聲 梎梎柯鐮柄 皃目深 ○䬧熱風敕交切二 嘮嘮呶讙也 ○顟顟顟胡人面狀力嘲切四 僇盛也 窌深空之皃 膠謎語云錢又力絞切 ○䄻禾稆生直交切稆音呂一

六○豪

豪豪俠說文曰豕鬣如筆管者亦州名屬九江郡古鍾離國與吳爭桑而滅隋改為州山海經云渠豬之山多豪魚赤尾赤喙有羽胡刀切十三 號大呼也又哭也詩云或號或呼易云先號咷而後笑又乎到切 毫長毛 嘷熊虎聲 獋同上 濠城濠又水名 壕同上 顥顥顥大面皃顥音刀 號木名 崤山名在弘農又胡交切 鄂鄉名在南陽 𠢕佼健 隞隞鼇 ○高上也崇也遠也敬也又姓齊太公之後食采於高因氏焉出渤海漁陽遼東廣陵河南五望又漢複姓高堂氏出泰山古勞切二十一 膏脂也元命包曰膏者神之液也又澤也肥也 皐高也局也澤也詩云鶴鳴九皐言九折澤也又姓皐陶之後左傳有越大夫皐如 皋同上 羔羊子 餻餻糜 嵲嵲崞古亭 櫜韜也一曰車上櫜 咎皐陶舜臣古作咎繇 鼛役事車鼓長丈二尺詩曰鼛鐘伐鼛傳云鼛大鼓也 鷎鷎鷎鳥名 篙進船竿 槔桔槔 𧢂見也 䓘葛之白花 𢛆知也局也 釋今之鍮鉐曰釋 㮻木名 倃毀也 䓘白䓘草食之不飢 𨛫鄉名在范陽 ○勞

倦也勤也病也又姓後漢有琅邪勞丙魯刀切二十二澇水名在京兆又郎到切牢養牛馬圈亦堅也固
也又補牢獸名又姓孔子弟子琴牢之後漢石顯之黨有牢梁窂上同簩竹名一枝百葉有毒豋野豆
蹽上同蟧小蟬一曰蛁蟧蟪蛄也醪濁酒撈取也嶗嶗嵲嘮嘮嘈聲也髝
髝髞高皃憥惹心皃聊耳鳴又力彫切𧮫𧮫𧯁深谷皃鐒鐒鑪鉀也𤩽玉名嫪
姡也又力報切哰讙哰撈拏橯木名簝宗廟盛肉竹器又音寮○蒿蓬蒿又姓出姓苑呼毛切
七𧯁𧮫𧯁深谷皃撓攪也又奴巧切薧死人里又音考薅除田草也茠[illegible]
二同○毛說文曰眉髮及獸毛也亦姓本自周武王母弟毛公後以為氏本居鉅鹿避讎滎陽也莫袍切一十髦
髦驥也髦俊也芼菜也又音耄[illegible]水名出諸與山旄旌旄書曰武王右秉白旄史記曰昴星曰旄頭
星徐援釋疑曰乘輿黃麾內羽仗班弓前左罼右罕執罼者冠熊皮冠謂之髦頭也犛犛牛尾也犛音猫楙
冬桃枆上同酕酕醄醉也堥前高後下丘名○饕貪財曰饕土刀切二十八洮水名出西
羌又清汰也韜藏也寬也說文曰劍衣也縚上同謟疑也滔漫也又水流皃叨叨濫
弢弓衣騊馬行皃𤛓牛羊無子又昌來切牫牛行遲皃慆悅樂絛編絲繩也
慆上同[illegible]目通白也槄木名爾雅云槄山榎今山楸也蜪爾雅曰蝝蝮蜪郭璞曰蝗子未有翅
者又音陶夲說文曰進趣也从大十大十者猶兼十人也丰上同綢爾雅曰素錦綢杠郭璞曰以白
地錦韜旗之竿又音紬搯搯捾周書云師乃搯搯捾鳥活切翢羽葆幢又徒刀切瑫玉名芀
芆滑也又䈙鼓大頭名䈙牛篆卣古器詜詜謟言不節挑挑達往來相見皃詩曰挑兮達
兮又條了切○刀釋名曰刀到也以斬伐到其所也說文云兵也都牢切七魛魚名忉憂心皃裯
說文曰祗裯短衣又直流切襌被也舠小船䫞䫞顙大面皃朷木心○騷愁也蘇遭切十二
搔爬刮繅繹繭為絲繰上同俗又作縿縿本音杉臊腥臊鰠魚名溞淅米颾
風聲鱢鯹臭𣝽說文曰船總名也亦作搜艘上同亦作艘慅騷也慅恐懼○袍

長襦也薄褒切三袌上同軳戾也又車軨也○褒進揚美也說文作褒衣博裾也又姓馬後因國為氏
博毛切四褒俗𡨂吳主四子名盟也郙地名○陶陶甄尸子曰夏桀臣昆吾作陶周書神農
作瓦器又陶正官名齊職儀曰左右甄官署掌埏埴之任也又喜也正也化也亦姓陶唐之後今出丹陽徒刀切二十五𧩩
𧩩詜言不節說文曰往來言也一曰小兒未能正言也一曰祝也詾上同咷號咷桃果木名鄴中記
石虎苑中有句鼻桃重二斤又姓何氏姓苑云今西陽人後趙石勒將有桃豹綯爾雅曰綯絞也謂糾絞繩索也燾
覆燾也又徒到切逃去也避也亡也鼗大者謂之麻小者謂之料又小鼓有柄者鞀上鞉並
同濤波濤掏掏擇檮春秋傳云檮杌凶頑無儔匹之皃騊說文曰騊駼北野之良馬
又山海經曰北海有獸狀如馬名騊駼萄蒲萄翿纛也亦作翢舞者所執也又音導䬞風
多養也啕多言翢羽葆幢又音艾錭錭鈍也駣馬四歲也蜪蝗子裪裪褕衣袖
○糟粕也作曹切九[illegible]上同醩俗遭遭逢[illegible]火餘木也槽果華實相半也又才
刀切傮終也[illegible]同嘈嘈也○敖遊也說文作敖亦姓顓頊大敖之後或作敖五勞切二十五
遨上同翱翱翔聱不聽又五交切驁駿馬熬煎也嶅山多小石獒犬高
四尺滶水名出南陽魯陽縣蔜蘩縷蔓生或曰雞腸草也鷔不祥鳥白身赤口也鼇海中大鼇
螯蟹螯謷不省語也又哭不止悲嗸衆口愁也嗷上同䫨高頭𢧢戟鋒
摮擊皃嫯慢也[illegible]長大皃[illegible]船接頭木[illegible]上同[illegible]蟹大腳也鰲魚名
○曹曹局也又輩也衆也群也亦州名蓋取古國以名之又姓本自顓頊玄孫陸終之子六安是為曹姓周武王封曹挾
於邾故邾曹姓也魏武作家傳自云曹叔振鐸之後周武王封毋弟振鐸於曹後以國為氏出譙國彭城高平鉅鹿四望昨勞
切十四曺古文槽馬槽螬蠐螬嘈喧嘈鏪鐵[illegible]折也褿祭也先也艚
船艚䎚耳鳴[illegible]鳥也[illegible]肥也蓸草名漕衛邑名又水運曰漕又昨到切褿帬也
○爊埋物灰中令熟於刀切三鏖鏊說文云溫器也[illegible]上同猱猴也奴刀切八獿長毛

大又竟巉獿上同山夒山名嶩平嶩山名在齊出地理志猺上同瓇玉名獿獸名
尻說文脽也苦刀切二[illegible]言戲操操持七刀切四又七到切[illegible]所以裹髻幧又七摇切毃
平持慒慒也橐橐張大皃普袍切四麃醋莓可食[illegible]皃輕毛起皃毴出聲譜
七歌禮記曰舜作五弦之琴以歌南風釋名曰人聲曰歌歌者柯也以聲吟詠上下如草木之有柯葉兗冀言歌聲如柯古俄切十一謌同上柯枝柯又斧柯又姓吳公子柯盧之後何氏姓苑云吳人也又虜姓後魏書
柯拔氏後改爲柯氏望在河南妿女師以法也教女子[illegible]措也菏澤水在山陽湖陵縣牁所以
繫舟又牂牁郡名牂陸云上同渮多汁哥古作歌字今呼爲兄也鴚鴚鵝蹉蹉跌
也七何切七瑳玉色鮮白也又七可切搓手搓碎也磋治象牙曰磋溠水名在義陽
傞舞不止皃又素何切齹齒齹跌出字統多衆也重也又貝多樹名葉如枇杷葉得何切三夛
姓也漢有侈宗[illegible]同上娑婆娑舞者之容素何切十一挱摩挱挲同上傞舞不止皃
又千何切[illegible]鞄樂器亦謂馬尾獻大獻鑄見禮記亦作犧莎莎草木盛皃[illegible]行也又舞不正
桫桫欏木名出崐崘山[illegible]鈔鑼銅器[illegible]偷視也駝駱駝外國圖云大秦國人長一丈五尺好
騎駝駝俗從奄餘同徒何切三十三駞俗鼉說文曰水蟲也似蜥蜴而長大[illegible]紽絲數
詩云素絲五紽鮀魚名陀陂陀不平之皃陂普何切驒連錢驄說文曰驒騱野馬也又丁年切䭾
似羊四耳九尾沱滂沱大雨也詩云月離于畢俾滂沱矣又爾雅云江爲沱謂江水出別爲沱也跎蹉跎詑
欺也池虖池水名在并州界出周禮又音馳酡飲酒朱顏皃[illegible]瓦盌也馱馱騎迱
逶迱行皃鼧鼠名又託何切袉裾也又達可切[illegible]䡐疾馳[illegible]如羊角虎爪佗
委委佗佗美也又託何切醝白酒也昨何切十九[illegible]殘薉田也瘥病也又初介切[illegible]縣名在
譙郡或作酇酇本音贊[illegible]小疫病也鹾禮云鹽曰鹹鹾蒫蒫莪[illegible]薺實又子邪切[illegible]
籠屬艖小舸蔖爾雅曰蔖蔖郭璞曰作履苴草又采古切蔖音麤[illegible]穀麥差擣浄也曰也[illegible]

蹋也蹟上同虘虎不柔也又才都切䲶鹵跌[illegible]鹵本鬌皃髿髮多莪草名似斜
蒿詩云蓼蓼者莪五何切十三哦吟哦娥美好也又姓後魏將軍娥清䄉上同䳘鵞
鵝說文曰駉鵝也俄俄頃速也[illegible]齊也蛾蠶蛾又姓左傳晉大夫蛾析禮記又音蟻睋視也涐
水名在汶江誐嘉善也詩云誐以溢我硪說文曰石巖也佗非我也亦虜三字姓後魏書佗駱拔
氏後改爲駱氏託何切七他俗今通用拕曳也俗作拖它說文曰虫也從虫而長象冤曲垂尾形上
古艸居患它故相問無它乎蛇說文同上今市遮切痑馬病又力極也又叨丹切鼧鼠名羅
羅綺也古者芒氏初作羅爾雅鳥罟謂之羅又姓出長沙本自顓頊末胤受封於羅國今房州也爲楚所滅子孫以爲氏魯何切十蘿女蘿籮籮篩儸僂儸出玉篇饠饆饠[illegible]汨羅水名屈原沈處欏桫
欏木名出崐崘山囉囉歌詞又嘍囉也亦小兒語也鑼鈔鑼器也剆擊也那何也都也於也盡也
詩云受福不那那多也亦朝那縣名在安定又姓西魏楊州刺史那椿諾何切九[illegible]獸名似鼠班頭食之明目[illegible]
似牛白尾挪挼挪儺驅疫[illegible]上同䑔多也[illegible]篆文云人値鬼驚聲[illegible]麋鹿骨醬
何辝也說文儋也又姓出自周成王母弟唐叔虞後封於韓韓滅子孫分散江淮間音以韓爲何字隨音變遂爲何氏出廬江東海陳郡三望胡歌切七河水名出積石山海經云河出崐崘西北隅發源注海亦州取水以名之爾雅有
九河徒駭太史馬頰覆鬴胡蘇簡潔鉤盤鬲津荷爾雅曰荷芙蕖又胡哥切菏菏蘋草也苛政煩也怒
也說文曰小艸也蚵蚵蠪魺魚名訶責也怒也虎何切五呵上同[illegible]頭傾岢
止也抲擔抲珂馬腦苦何切四呿問口聲[illegible]膝骨軻又苦賀切阿曲也
近也倚也爾雅云大陵曰阿亦姓風俗通云阿衡伊尹號其後氏焉又虜三字姓匹氏後魏書云阿伏于氏後改爲阿氏阿鹿桓氏後改爲鹿氏又有阿史那氏阿史德氏烏何切七娿婀娿不決痾病也亦作疴妸
女字娿女師又音哥[illegible]繒之細者錒錒鏻小釜

八戈干戈說文云平頭戟也天授年置司戈八品武職古禾切十五過經也又過所也釋名曰過所至關津以示之也或曰傳過也移所在識以爲信也亦

姓風俗通云過國夏諸侯後因爲氏漢有兗州刺史過栩渦亦作過水名出淮陽扶溝浪蕩渠又姓三輔決錄有扶風
太守渦尚鍋溫器輠車盛膏器楇上同一曰紡車收絲具瘑瘡也𤸵同上𩰫
說文曰秦名土釜曰𩰫䰛同上㗻小兒相應也又音禾緺綬名堝甘堝䳕鳥名蝸
蝸蠃別名○遳肥也七戈切一○陏隈堆丁戈切二桗木桗也莎草名亦樹似桄榔其樹出麪
蘇禾切十二魦魚名挱手挼挱也𡷨𡷨題縣名在涿郡趖趖疾蓑草名可爲雨衣唆
唆小兒相應𧩛佞也髿髿鬖髮皃梭織具晉書陶侃少時漁於雷澤網得一梭以挂於壁上須臾
雷雨暴至乃化爲龍而去桫同上娑女字穆天子傳云盛姬喪天子三女叔娑爲主也○婆老母稱也
薄波切九媻說文曰奢也鄱鄱陽縣名在饒州皤老人白也頗額額勇舞皃說文同上
繁姓也左傳殷人七族有繁氏漢有御史大夫繁延壽又音煩擊除也潘岳射雉賦云擊場挂翳又披散也
亦音盤蔢蔢蔢草木盛皃碆繳石又音盤○牠牛無角也徒和切三碢碢碾墥飛塼
戲也○摩研摩又滅也隱也迫也莫婆切十一䴤䴤食也出異字苑盔杯也又莫加切麼麼尼
魔鬼魔䯢偏病磨磨礪爾雅曰石謂之磨劘削也䏫病䯢同上饝
哶皃○矬短也昨禾切五痤癤也銼銼鑹小釜椊爾雅云椊梌今李也或從木睉
小目○訛謬也化也動也五禾切七譌吪並上同鈋刓也去角也囮網鳥者媒魤
魚名戹木節○詑欺也說文曰兗州謂欺曰詑土禾切五訑俗涶水在西河誘誘話
讉退言○臝獸名魚身鳥翼落戈切十六摞理也騾騾馬也蜀志云後主乘騾車降鄧艾也
臝同上蓏盛土草器鸁桑飛鳥也䉾木名可爲箭笴螺蚌屬蠃同上臝
穀積也稞上同䕒草名生水中鏍銼鏍小釜或作鑹覶覶縷委曲腡手指
文蠡瓠瓢也又禮鹿二音○挼挼莎說文曰摧也一曰兩手相切摩也俗作挼奴禾切二㛂熟○波
波浪博禾切六皤老人白皃又音婆紴錦類又絛屬也嶓嶓冢山名番書曰番番良士爾雅

曰番番矯勇也碆石可爲矢鏃也○頗說文曰頭偏也滂禾切又匹我切四坡坡阪陂陀
不平玻玻瓈玉西國寶○和爾雅云笙之小者謂之和和順也諧也不堅不柔也亦州名在淮南漢九江都尉居
之屬九江郡齊爲和州又姓出汝南河南二望本自羲和之後一云卞和之後晉有和嶠又虜複姓和稽氏後改爲緩氏戶戈
切九咊古文秝棺頭禾粟苗龢諧也合也或曰古和字鉌鉌鑾亦作和菋
草名嘌小兒相應盉調五味器○科程也條也本也品也又科斷也苦禾切又苦臥切十四窠
窠窟又巢薖草名又寬大皃稞青稞麥名萪萪生海邊藂可爲簏也蝌蝌蚪蟲名爾雅曰科
斗活東蝦蟆子也字林從虫犐牛無角也𥝐上同課課差又苦臥切薖薖軸又陟瓜切𥴧
竹名瘑禿瘡又古禾切髁膝骨說文曰髀骨也又苦臥切㥕美也○倭東海中國烏禾切七𨙦
水回渦水濁坳也堝地堝窟也踒蹋跌也矮燕人云多○鞾鞾鞋釋名曰鞾本胡
服趙武靈王所服許戈切四靴上同批撝也𠺑道經疏云吐氣聲也肥肥䏚手足曲病於靴
切二䥶䥶恒癡皃出釋典骲手足疾皃去靴切二𩩍上同○伽伽藍寺求迦切三茄茄子
菜可食又音加枷刑具又音加○佉丘伽切四呿張口皃㰦欠去恒伽恒○迦
釋迦出釋典居伽切一○脞肥也醋伽切又音加二𡛷沙疾侳安也子伽切二餕骨餕出異字苑
瘸脚手病巨靴切一○𦡿臚腸胃也縷靴切一

九麻

○麻麻紵亦姓風俗通云齊大夫麻嬰之後漢
有麻達注論語莫霞切八犘犘牛重千斤出巴中蟆蝦蟆亦作蟇䵈鬒䵈似龍鬐生海邊沙中肉甚
美多䵚䵚顏難語出陸善經字林痲痲風熱病盔杯也又莫何切䵟䵟歐○車古史
考曰黃帝作車引重致遠少昊時加牛禹時奚仲加馬周公作指南車又姓出魯國南平淮南河南四望本自舜後陳敬仲奔
齊爲田氏至漢丞相田千秋以年老得乘小車出入省中時人謂之車丞相子孫因以爲氏漢末避地於魯又複姓二氏世本
有齊臨淄大夫車虞氏又有車成氏亦虜複姓車焜氏帝命踈屬車焜氏後改爲車氏尺遮切又音居二硨硨磲奢
張也侈也勝也式車切三賒不交也畬燒榛種田又音余○邪琅邪郡名俗作耶亦語助以遮切

又似嗟切十三 耶琊並見上注 釾鏌釾 鋣同上 椰椰子木名出交州其葉背面相似

擨擨歈舉手相弄 斜斜谷在武功西南入谷百里而至說文杼也又似嗟切 茒草名 蒣木名皮可爲索 𦶜穗也 荐梟屬 䈒竹名生臨海。遮斷也正奢切四 𠋣𠋣儸健而不德 𤕓吳人呼父

諸姓也漢有洛陽令諸於氏姓苑云吳人又職余切何。嗟咨也子邪切十二 䛽上同 罝兔罟也詩有兔罝篇

蒫薺實又昨何切 謯說文訝也 瘥爾雅云病也又在何切 䰈長歎 柤縣名又似與切 𡡥嬌也 怚同上 𣨰小瘦 䣜䣜丘山在海東。蛇毒蟲又姓後秦錄姚萇后蛇氏也南安人食遮切又音它三 虵俗

荼爾雅云蕛荼荼郎芀也又音徒荼音呼 華草盛也色也說文作䔢榮也崔豹古今注曰堯設誹謗木今之華表也西京記謂交午柱戶花切又呼瓜戶化二切十 驊驊騮周穆王馬 𪂹鳥名似雉 𧒔蟲名似蛇字林云𧒔大蛇也出魏興啖小蛇及蝮但張口小蛇自入也 鋘鋘鍫 鏵同上 釫亦同上 樺木名又戶化切 崋西嶽名也又戶化切 划划撥進舩也

瓜說文蓏也廣雅云龍蹄獸掌羊骹兔頭桂髓蜜筩小青大班皆瓜名亦州名本古西戎地左傳范宣子數戎子駒支曰昔秦人迫逐乃祖吾離于瓜州又漢複姓王莽傳有盜賊臨淮瓜田儀古華切七 騧黃馬黑喙 緺青緺綬也 婐女侍又於果切 蝸蝸牛小螺 媧古女后也 抓引也擊也。華爾雅云華荂也呼瓜切四

花俗今通用 譁諠譁 𧩬上同。誇大言也苦瓜切八 䠸䠸𨈯體柔也爾雅作夸毗 夸奢也 姱姱奢皃 跨吳人云坐 胯兩股間也 㼐㼐邪離絕之皃 䯞額上骨也。拏牽也女加切九 譇譇拏語皃譇張加切 挐絲絮相牽又女書切 摣取也 蒘蒘葉草 䋈衣繖 詉絲詉語不解也 𠭊杷𠭊以收除也 笯鳥籠又乃胡切。嘉善也美也又姓左傳周大夫嘉父古牙切二十六

家居也爾雅云扆內謂之家又姓風俗通漢有家羡爲處令 加增也上也陵也 葭葭蘆也說文曰葦之未秀者又音遐 笳笳簫卷蘆葉吹之也 麚牡鹿 𪊋同上 豭豕也子路佩豭說文曰牡豕也 猳俗 痂瘡痂 鴐鴐鵝鳥 枷枷鎖又連枷打穀具 袈袈裟 毠

毠毲毛衣 跏跏趺坐也 迦不得進也 𤞐玃 蛪米中黑蟲 茄荷莖又漢複姓有茄羅氏

迦漢複姓有迦葉氏又居伽切 珈婦人首飾 瘕病也 犌牛絕有力 幏說文曰南郡蠻夷賨布 貑豭並見爾雅注 蛪爾雅云蛪蟆類也又音荆。遐遠也胡加切十四

蝦蝦蟆 鍜錏鍜 霞赤氣騰爲雲又漢複姓有霞露氏 瑕玉病也過也又姓左傳周大夫瑕禽又漢複姓有瑕呂氏 騢馬赤白雜色 鰕大鯢 𨂏下腳 䫗傾頭言語 碬礪石也春秋傳曰鄭公孫碬字子石 𥑻同上 赮日朝赤色 蕸荷葉 葩草花也又花白亦作普巴切七

鈀方言云江東呼鏃箭 妑字林云女字也 蚆貝也爾雅曰蚆博而頯郭璞云頯者中央廣兩頭銳 吧吧呀大口皃 舥舥艀船也 觰牛角開也。鴉鳥別名於加切八 鵶同上 錏錏鍜 𡧼𡧼窫作姿態皃窫音宅加切 椏方言云江東言樹枝爲椏杈也 丫象物開之形 𥑮𥑮地形不平 剄自刎。巴巴蜀又州取國以名焉三巴記云閬白水東南流曲折三迴如巴字亦蟲名又姓後漢有揚州刺史巴祗伯加切八 鈀兵車又音葩 笆有刺竹籬 豝豕也 芭芭蕉

䶕鼻病又匹加切 蚆義見上文 吧吧呀小兒忿爭。叉交手初牙切九 杈杈把田器說文曰杈枝也 差擇也又差舛也 𣪠韇弓箭室也 鎈錢異名出字諟 䐤䐤服臃也 𠜶

舥小船名 艖同上。鯊魚名今之吹沙小魚是也所加切十一 䰳同上 沙沙汰說文曰水散石也爾雅曰潬爲沙謂大水溢出別爲小水之名亦州取沙角山爲名郎三秦記鳴沙山也又姓何氏姓苑云東莞人又漢複姓二氏左傳齊有夙沙衞神農時夙沙氏之後漢書功臣表有昭沙掉尾又百濟有沙吒氏 砂俗 裟袈裟 𣰰毛衣 桬桬棠木名出崐崘山 紗絹屬一曰紡纑也 髿髮髿垂皃 䰳

硰硰石地名見漢書。牙牙齒又牙旗吳志曰孫權因瑞作黃龍大牙常在軍中諸軍進退視其所向又姓風俗通云周大司徒君牙之後五加切七 衙縣名在馮翊亦衙府又姓秦穆公子食采於衙因氏焉蜀志有衙晉督護衙傳又音語音魚 芽萌芽 齖齵齖齒不平正 呀呀呷 枒杈枒 吾漢書金城郡有

允五縣允音船。樝似梨而酸或作柤側加切十二 柤上同又煎藥滓 蒩芹楚葵生水中 戲以指按也 齇齇齖 皻皰鼻 抯說文挹也 溠水名出義陽又側稼切 渣上同 𤸱瘡痂

甲也 䶥赤䶥稻名 浾棠汁 𥦗竾𥦗宅加切十五 躇躇跱行躇皃 荼荼菜又音徒 𨝇亭名在郃陽 𣘻春藏葉可以為飲巴南人曰葭𣘻 茶俗 秅說文曰秭也周禮云聘禮曰十斗曰斛十六斗曰籔十籔曰秉四秉曰筥十筥曰稯十稯曰秅 嵞美也 瘥瘢瘥瘡痕 𥦗含舌皃 𥦗窊𥦗深皃 塗塗飾又音徒 𨽾丘名 梌吳人云刺木曰梌也 秺開張屋也又縣名說文作庛

衺不正也似嗟切四 斜上同 邪鬼病亦不正也論語曰思無邪 𦷨斜蒿 闍闉闍城上重門也視遮切又德胡切五 佘姓也見姓苑出南昌郡 鉈短矛又音夷 鍦 䥍並上同

窊凹也說文曰污衺下也烏瓜切六 洼深也亦窪水名又於佳切 𤬪𤬪留地名田在絳州 蛙蝦蟆屬也 窪深也說文曰清水也一曰窊也又水名 哇婬聲 髽婦人喪髻莊華切一 檛棰也左氏傳曰繞朝贈之以策杜預云馬檛也或作簻陟瓜切四 簻上同 䈐亦同 腡腿也 爬搔也或作把又姓本杷東樓公之後避難改焉西魏襄州刺史把秀蒲巴切三 杷枇杷木名說文曰收麥器也 琶琵琶樂器 楂水中浮木又姓出何氏姓苑鉏加切六 查 槎二同 齇齇齖又音樝 虘壞也淮南子云虘屋之下不可坐也 苴詩傳云水中浮草也 侘侘傺失意敕加切傺丑例切四 哆張口也 疨疨㾊皃也 𡖼緩口又厚脣也 奓張也陟加切八 譇譇詉語不正也 觰角上廣也

秺開張屋也又縣名 瘥瘡痕 咤達利咤出釋典本音去聲 䶩嗏聲 䐑不密又黏也 煆火氣猛也許加切又呼嫁切六 呀呛呀張口皃又呀呷也 谺字統云谽谺谷中大空皃 疨痾病 岈峪岈山深之狀 颬吐氣又風皃 齖大齧也苦加切三 㤉恐㤉伏態之皃恐苦交切 娿窒嬰女作姿態 查大口皃才邪切一 若蜀地名出巴中記人賒切又惹弱二音二 婼婼羌西域國名 些少也寫邪切一 爹羌人呼父也陟邪切一 㰤歒㰤猶歒姹也五瓜切二 䯂䯂䯊髂骨 [illegible]乞加切一

十陽陰陽說文曰高明也爾雅云山東曰朝陽山西曰夕陽又姓出右北平本自周景王封少子於陽樊後因避周之亂適燕家於無終因邑命氏秦置右北平子孫仍屬焉又漢複姓二十二氏歐陽氏越王句踐之後封于烏程歐陽亭後因為氏望出長沙呂氏春秋有辯士高陽魋帝顓頊高陽氏之後漢有東海王中尉青陽精少昊青陽氏之後又有御史孫陽放秦穆公時孫陽伯樂之後魯之公族有名子陽者及衛公子趙陽之後並以名為氏漢有周陽由淮南王舅周陽侯趙兼之後又駙馬都尉涇陽君秦涇陽君之後世本云偪陽妘姓國為晉所滅子孫因氏焉左傳晉有梗陽巫皐衛有戲陽速漢有博士中山鮭陽鴻又有棄陽氏秦棄陽君之後列仙傳有沛國陵陽子明止陵陽山得仙其後因山為氏漢有楊州刺史鮮陽戩後漢有櫟陽侯景冊曾孫汾避亂隴西封為氏又長沙太守蘼陽逸陳留人也神仙傳有太陽子白日升天春秋釋例周有老陽子修黃老術漢有安陽護軍河東成陽恢何氏姓苑有朱陽氏孝陽氏與章切三十一 暘日出暘谷 楊赤莖柳爾雅曰楊蒲柳又姓出弘農天水二望本自周宣王子尚父幽王邑諸楊号曰楊侯後并於晉因為氏也 揚舉也說也導也明也又州名禹貢曰淮海惟揚州李巡曰江南之氣躁勁厥性輕揚故曰揚州 颺風所飛颺 昜飛也又曲昜縣在交阯 羊牛羊禮記凡祭羊曰柔毛崔豹古今注云羊一名髯須主簿又姓出泰山本自羊舌大夫之後戰國策有羊千者著書顯名又漢複姓二氏列士傳有羊角哀左傳晉大夫有羊舌職 徉廣雅云徉徙也方言曰騷蟲柱齊謂之徉 眻美目又餘亮切 佯詐也或作詳 詳上同本音祥 徉饟徉徙倚 洋水流皃又海名又音祥 烊焇烊出陸善經字林 煬釋金又音恙 鍚兵名又馬額飾 [illegible]馬額上鞎 輰輰轙車也 敭明敭 瘍瘍傷也說文云瘍頭瘡也周禮瘍瘍以五毒攻之 鴹鴹鶉一足鳥舞則天下雨出字統 鸉赤鸉鷹 白鷹 蛘蟲名 禓道上祭一曰道神又舒羊切 崵說文曰崵山在遼西 諹讙也又音恙 瑒玉名 盪杯也 𦬘羊蹄藥名 羘多也 詳審也論也說也似羊切八 洋水名出齊郡臨朐縣北亦州名本漢成固縣秦為漢中郡魏置洋州 翔翱翔 庠說文曰禮官養老夏曰校商曰庠周曰序 祥吉也善也 𨁈趨行 㚠女鬼古作祥禫字 痒病也 良賢也善也首也長也又姓左傳鄭大夫良霄鄭穆公之子子良之後呂張切十八 梁梁棟

又州名書曰華陽黑水惟梁州晉太康記云梁者言西方金剛之氣強梁故因名之舜置也秦爲漢中郡後其入蜀魏末克蜀分廣漢三巴涪陵以北七郡爲梁州梁大同年復移在南鄭亦姓出安定天水河南三望本自秦仲周平王封其少子康於夏陽梁山是爲梁伯後爲秦幷子孫奔晉以國爲氏又漢複姓十二氏左傳有梁其踁魯伯禽庶子梁其之後又魯有仲梁懷晉有梁餘子養梁由靡秦有強梁皐莊子有十梁倚楚文王庶子有食邑諸梁者其後爲氏魯有穀梁赤治春秋史記有將梁氏漢光武時有侍御史梁垣烈新垣衍之後漢明帝時有梁成恢善歷數 粱 稻粱廣志曰遼東有赤粱魏武以爲粥也俗作粱 粮 粮食 糧 上同 涼 薄也亦寒涼也又州名禹貢雍州之域古西戎地也六國時至秦屬戎狄月氏居焉秦置三十六郡西北唯有隴西北地二郡於漢屬涼州郡至武帝改雍州爲涼州後獻帝分渭川河西四郡爲雍州建安十八年復改爲涼州又姓魏志有太子太傅山陽涼茂 凉 俗 颼 北風也又力向切 量 量度又力向切 蜋 蜣蜋蟲一名蛣蜣又音郎 踉 跳踉也又音郎 椋 木名 晾 賦也 綡 冠纓 瘬 薕也又力尚切 ⿰牛京 牻牛駁色 ⿰酉京 漿水 輬 輼輬車名 ○香 說文作香芳也漢書云尚書郎懷香握蘭許良切五 皀 稻香 薌 穀氣 鄉 鄉黨釋名曰萬二千五百家爲鄉鄉向也衆所向也又姓出姓苑 膷 牛羹 ○商 金音度也張也降也常也亦州名即古商國後魏置洛州周爲商州取商於地爲名又姓家語有商瞿式羊切十八 賁 說文曰行賈也典籍通用商漢書曰通財鬻貨曰商白虎通云居賣曰賈通物曰商俗作賁 傷 傷損 鴹 傷也又且羊切 殤 殤夭 慯 憂皃 觴 酒器俗作觴 湯 湯湯流皃本他郎切 蔏 蔏陸草也 鷸 鷸鷸又鷸鷸鳥也 螪 螪蛘蟲 滳 水名 ⿰黑昜 說文云赤黑色又餘亮切 禓 道上祭也又以章切 饟 饋也又式尚切 鬺 煑也亦作鬺 塲 耕塲 畼 上同 ○房 房室亦州名即春秋時防渚也秦爲房陵郡唐武德爲房州又姓出清河濟南河南三望本自堯子丹朱舜封爲房邑侯子陵以父封爲氏陵四十八代孫雅王莽末爲清河太守始居清河雅十九代孫諶隨慕容德南遷因居濟南郡生四子豫坦邃熙號四龍今珊四祖房氏符方切七 防 防禦也隄防也 坊 上同見禮又音方 魴 魚名 方 方與縣名又府良切 肪 脂肪又音方 鴋 澤鴋鳥也又音方 ○章 篇章又章甫殷冠名禮記曰孔子長居宋冠章甫之冠又明也

采也程也又姓秦將有章邯諸良切十五 漳 水名山海經曰漳水出荆山南注于沮水 樟 木名 豫樟 慞 懼也 璋 半珪曰璋詩云乃生男子載弄之璋 彰 明也 墇 壅也又之尚切 障 隔也又丘山頂上平又音去聲 麞 麏屬 獐 上同 鄣 邑名在紀 蔁 蔁柳當陸別名 ⿰章鳥 吳人呼水鶚爲鶚渠 𩏠 鞍飾 暲 日明 ○昌 盛也說文曰美言也一曰日光也又姓後漢有東海相昌狶尺良切八 裮 衣披 倡 樂也優也又音唱 猖 狂 閶 閶闔 琩 耳璫 鯧 鯧鯸魚名 菖 菖蒲藥也 ○羌 章也強也發語端也說文云西戎牧羊人字從人羊又姓晉有石冰將羌迪去羊切四 猐 上同或從犬 羌 古文 蜣 蜣蜋 薑 菜名說文云禦濕之菜史記云千畦薑韭與千戶侯等居良切十五 葁 同 畺 說文曰界也 疆 上同 壃 俗 畕 說文曰比田也 犟 牛長脊一曰白脊牛 繮 馬紲 韁 上同 殭 死不朽也 礓 礓石 橿 一名檍萬年木又鋤柄也 姜 姓也出天水齊姓本自炎帝居於姜水因爲氏漢初以豪族徙關中遂居天水也 ⿰虫畺 白也 僵 仆也 ○長 久也遠也常也永也直良切又直向丁丈二切八 萇 萇楚蔓生如桃又姓左傳周有大夫萇弘 腸 腸胃釋名曰腸暢也通暢胃氣也 場 祭神道處又治穀地也 ⿰足長 跟蹌方言曰東齊北燕之間謂跳曰跟 ⿰土長 道也 ⿰虫長 蚰蜒別名 瓺 甈也又除向切 ○張 張施也又姓出清河南陽吳郡安定燉煌武威范陽犍爲沛國梁國中山汲郡河內高平十四望本自軒轅第五子揮始造弦寔張網羅世掌官職後因氏焉風俗傳云張王李趙黃帝賜姓也陟良切四 餦 餦餭餳也 粻 食米 漲 水大皃又音帳 ○穰 禾莖也又姓齊將穰苴之後何氏姓苑云今高平人汝陽切十七 禳 除殃祭也 攘 以手禦又竊也除也逐也止也揎袂出臂曰攘又音讓 ⿰襄攵 盜也 鑲 鉤鑲兵器又息羊切 ⿰襄阝 縣名在南陽 躟 疾行皃 瀼 露濃皃 ⿱雨襄 上同 獽 戎屬 儴 因也 爾雅曰 蘘 蘘荷 䉴 簞蘯米竹器 鬤 鬆鬤亂也 勷 劻勷迫皃 瓤 瓜實也又女良切 孃 亂也又女良切 ○方 四方也正也道也比也類也法術也亦官名續漢書曰尚方令掌上手工巧作御刀劒諸好器物也又姓史記周大夫方叔之後府良切十三 汸 併船也說文本作方或從水 坊 坊巷亦州名本

上郡地周於今州界置馬坊武德初置坊州因馬坊爲名漢宮有太子坊坊亦省名又音房　蚄 虸蚄蟲名　肪 脂肪　邡 什邡縣在漢州　鴋 鸘鴋鳥名人面鳥身　枋 木名可以作車又蜀以木偃魚爲枋　錺 鑲錺

牥 牛名　趽 跰也說文曰曲脛馬也　秎 禾名　匚 受物之器又一斗曰匚也　襄 除也上也駕也返也亦州名本楚之西津魏武置襄陽郡西魏改爲襄州因水立名又姓魯莊公子襄仲之後子孫以謚爲氏後漢有襄楷息良切十三　廂 廊也亦曰東西室　湘 水名在零陵　相 共供也瞻視也崔豹古今注云相風烏夏禹作亦相思木名又姓出姓苑又息亮切　緗 淺黃　纕 馬腹帶國語云懷挾纓纕　儴 儴佯　驤 馬騰躍又速也低昂也馳騖也　鑲 兵器又女羊切　瓖 馬帶飾東京賦曰鉤膺玉瓖　欀 欀木皮中有如白米屑擣之可爲麪　箱 箱籠　葙 青葙子也

將 送也行也大也助也辞也又姓後趙錄有常山太守將容即良切又子諒切六　漿 漿水　鱂 鱂魚名　蔣 菰蔣草又音獎　螿 寒螿蟬屬　牂 說文云扶也字林又作斨

創 說文曰傷也禮曰頭有創則沐今作瘡初良切又初亮切三　瘡 上同　刅 俗

亡 無也滅也逃也說文正作亾武方切十一　芒 草端也　莣 爾雅曰莣杜榮郭璞云今莣草似茅可以爲繩索履屩　鋩 刃端　硭 硭硝　杗 屋梁又莫郎切　蘉 忘也又莫郎切　邙 縣名在沛郡又洛北山名　郉 郡名也又鄉名　望 看望又音妄　朢 弦朢又音妄

孃 母孃女良切四　娘 少女之号　瓤 瓜實也又音穰　鑲 兵器

牀 簀也易曰巽于牀下士莊切三　床 俗　疒 病也又女戹切

莊 嚴也又莊田爾雅曰六達謂之莊亦姓莊周著書也側羊切五　庄 俗　妝 女字又飾也　裝 裝束又側亮切　粧 粉飾

常 倍尋曰常又官名漢書曰奉常秦官掌宗廟禮儀景帝六年更名太常也釋名曰九旂之名日月爲常謂畫日月於其端天子所建言常明也亦姓出河內漢有常惠市羊切十　尚 尚書官名又時伏切　裳 上曰衣下曰裳　甞 試也曾也說文本作嘗口味之也又姓風俗通云齊孟嘗君之後　嘗 上同　鋿 車鋿輪鐵　鱨 魚名　償 報也還也當也復也又音尚　鷬 鷬鸘鳥名　徜 徜徉徘徊也

霜 凝露也又姓色莊切七　鸘 鷫鸘　鷞 上同　孀 寡婦　驦 驌驦及馬　騻 上同

蠰 爾雅云蠰齧桑蟲也又傷餉二音

牆 垣牆爾雅云牆謂之墉說文曰牆垣蔽也在良切十　廧 上同　墻 俗　[illegible] 弱也　嬙 嬪嬙婦人官名　檣 帆檣船檣　薔 薔薇又東薔子十月熟可食出河西子虛賦云東薔彫胡　蘠 上同　戕 殺也又他國臣來殺君也　奘 妄強大也又徂朗切

鏘 鏗鏘七羊切十二　瑲 玉聲　槍 稍也通俗文云剡葦傷盜謂之槍說文曰距也　蹌 說文曰動也詩曰巧趨蹌兮　蹡 行皃　蹩 上同　斨 斧斨說文云方銎斧也　牄 說文云鳥獸來食聲　嶈 山高皃　閶 門聲和也　鴹 傷也又式羊切　搶 拒也突也

匡 輔也正也又姓風俗通云匡曾邑也句須爲之宰其後氏焉漢有匡衡去王切十三　邼 邑名說文曰河東聞喜鄉也　筐 筐籠　蛪 海中大蝦　框 棺門　恇 怯也　劻 劻勷　鬤 鬤鬤　洭 水名出桂陽含洭縣　軭 車戾　眶 目眶　茳 草名　駏

王 大也君也字林云王者天地人一貫三爲王天下所法耳曲又姓出太原琅邪周靈王太子晉之後北海陳留齊王出和之後東海出自媯姓高平京兆魏信陵君之後天水東平新蔡新野山陽中山章武東萊河東者鄒王子比干爲紂所害子孫以王者之後号曰王氏金城廣漢長沙堂邑河南共二十一望又漢複姓王氏左傳晉有樂王鮒小王桃甲賈執英賢傳云東莞有五王氏史記云出齊威王至建王五王之後風俗通云漢有中郎威王粥出自楚威王後漢有新豐令王央音雨方切又雨誑切四　蚟 蚟孫蟲名又蜻蛚即今促織也　鮏 鮏鯖魚名　㞷 急行

央 中央一曰久也於良切九　鴦 鴛鴦匹鳥又烏郎切　殃 禍也咎也罰也敗也　秧 上同　鉠 鈴聲又音英　秧 蒔秧　霙 霙霙白雲皃又音英　胦 脖胦　泱 水流皃又烏朗切

強 健也暴也說文曰蚚也又姓後漢有強華奉赤伏符巨良切四　彊 與強通用說文曰弓有力也　[illegible] 鯨魚別名又其京切　勥 迫也

萇 草名楮羊切三　倀 失道皃又狂也　鼚 鼓聲

芳 芬芳亦州地多芳草故以名之置在常芳縣又姓風俗通云漢幽州刺史芳乘敷方切三　妨 妨害　淓 水名

狂 病也韓子曰心不能審得失之地則謂之狂也巨王切五　軖 紡車也　軭 說文曰車戾也又去王切　鵟 鴟屬　㞷 草木妄生狂往皆從此

十一 唐 說文曰大言也又州春秋時楚地戰國時屬晉後入於韓秦屬南陽郡後魏爲淮州隋爲顯州貞觀

攺爲唐州因唐城山爲名卽高鳳隱所亦姓唐堯之後子孫氏焉出晉昌北海魯國三望徒郎切四十 啺 駄 並古文 煻 煻煨火 糖 餹也 糛 同上 堂 堂除亦屋白虎通曰天子之堂高九尺天子尊故極陽之數九尺也堂之爲言明也所以明禮義也禮記曰天子之堂九尺諸侯七尺大夫五尺士三尺又姓風俗通云堂谿邑大夫五尚爲之其後氏焉 坣 古文 鼶 鼶鼠一月三易腸 棠 棠棃又棠木生崐崘山黃色赤實味如李食之使人不溺亦姓左傳齊大夫棠無咎又漢複姓吳王闔閭弟夫㮣奔楚爲棠谿氏 搪 搪揬 蓎 蓎蒙女蘿案爾雅作唐蒙不從艸 瑭 玉名 餹 餹餅黍膏餅杜兮切 篖 笭篖竹笪 螗 螗蜩 𤛓 牛 𤜧 同上 螳 螳螂禮記仲夏月螳螂生 塘 陂塘 碭 芒碭山名又音宕 鶶 鶶鷵鳥名似烏蒼白色 䱙 魚名 踼 踼跌頓伏皃又吐郎切 闛 說文曰闛闛盛皃又他郎切 赯 赤色 磄 磄庰石也 溏 池也 鄌 地名 傏 傏偿不遜 隚 殿基 隯 隄隯 闣 高門也 鎕 鎕銻火齊 篖 罩也 䡘 䡘輹軝軨 樘 車樘 榶 榶棣木名案爾雅曰唐棣移不從木 㲥 㲥毻罽也 𩔰 瓷器 郎 官名又魯邑又姓出中山魏郡二望魯當切三十 蓈 說文曰禾粟之穗生而不成者謂之董蓈 稂 草名似莠說文同上 桹 桄桹木名 廊 廡也文穎曰廊殿下外屋也 榔 檳榔 鋃 鋃鐺鎖頭一曰鍾聲 硠 硠磕石聲 䳜 䳜鷎鳥名 浪 滄浪水名又盧宕切 䯖 骯䯖股肉骯苦光切 蜋 螳蜋 䱶 魚脂 琅 琅玕玉名爾雅曰西北之美者有崐崘璆琳琅玕焉又琅邪郡名今沂州也又姓齊有大夫琅過 瑯 琅邪郡名俗作瑯琊 㝗 康㝗宮室空皃 狼 豺狼說文曰犲似犬銳頭而白頰高前廣後帝王世紀曰有神牽白狼銜鉤入殷朝又姓左傳晉有大夫狼瞫 欴 欴欱貪皃 蒗 蒗毒藥名 踉 踉蹡行皃 莨 草名 崀 峻崀山名冬日所入 䡙 䡙輹軝軨 艆 海中大船 駺 馬尾白 躴 躿躴身長皃 筤 車籃一名笑笑音替 𥎳 短矛 閬 當門又盧宕切 哴 哴吭吹皃 當 敵也直也主也值也亦州本羌地周置同昌郡隋改爲嘉城鎮貞觀中改爲當州蓋取燒當羌以名之又姓也都郎切十一 鐺 鋃鐺 簹 篔簹竹名 襠 裲襠衣 璫 耳珠 䡴 車䡴 檔 木名出文字音義 儅 止也又丁宕切 𦡀 耳𦡀耳下 𤬪 𤬪瓟瓜中 蟷 蟷蠰螗蜋別名亦作螳 倉 倉廩也亦官名齊職儀曰大倉令周司徒屬官有廩人倉人則其職也釋名曰倉藏也藏穀物也漢書曰耿壽昌奏設常平倉又姓黃帝史官倉頡之後七岡切七 蒼 蒼色也又姓漢江夏太守蒼英 鶬 鶬鶊鳥名 雂 雂雞說文同上 滄 滄浪亦州後魏所置蓋取滄海爲名 凔 寒皃 𠤶 古器也出說文 岡 爾雅曰山脊岡古郎切十六 崗 又作堽並俗 剛 強也 罡 俗 掆 舉也 笐 說文曰竹列也又爾雅曰仲無笐竹類也 鋼 鋼鐵 綱 綱紀說文曰維紘繩也 亢 星名一曰亢父縣說文人頸也 犅 特牛 堽 壟也 㼚 同上 犺 水牛 苀 爾雅釋草曰苀東蠡又音抗 魧 魚名爾雅云大貝本杭沆二音 迒 獸跡又音抗 桑 木名史記曰齊魯千畝桑麻其人與千戶侯等又姓秦大夫子桑之後漢有御史大夫桑弘羊息郎切六 桒 俗 𠷔 亡也死喪也又姓楚大夫喪左又息浪切 喪 同上 纕 淺黃 騻 馬色 康 和也樂也又姓衞康叔之後亦西胡姓苦岡切十四 穅 穀皮 糠 俗 㰠 穀不升謂之歉 㝩 㝩宧 槺 槺梁虛梁也見文選賦 𨻶 爾雅云虛也本亦作漮 𧍪 𧍪蛜蜻蛉 䁤 眏䁤目皃 邟 邟城在陽翟 漮 說文云水虛也 𤮻 𤮻瓦 𧃒 同上 躿 躿軀身長 荒 荒蕪又姓呼光切十四 䆯 果蓏不熟又說文曰虛無食也 肓 心上鬲下 衁 血也 𩣡 馬奔 鄺 人姓何氏姓苑云今廬江人 𦂝 絲曼延也 帎 機也 謊 夢言 䀮 目不明又狼䀮南夷國名人能夜市金 𣈲 旱熱 㡛 蒙掩 巟 說文曰水廣也 𣹹 同上 黃 中央色也亦官名有乘黃令晉官主乘輿金根車也又州名古邾國地秦屬南郡漢西陵縣也隋爲黃州取古黃城爲名亦姓出江夏陸終之後受封於黃後爲楚所滅因以爲氏漢末有黃霸胡光切三十二 皇 君也美也天也說文作皇大也又姓左傳鄭大夫皇頡 璜 說文曰半璧也周禮以玄璜禮北方 惶 懼也恐也遽也 遑 急也 潢 說文云積水池也 堭 堂堭合殿 煌 火狀 餭 餦餭餳也 騜 馬黃白色 艎 艅艎吳王舟名 簧 笙簧 隍 城池也有水曰池無水曰隍 癀 病也 𨞬 古國 湟 水名出金城 徨 彷徨 篁 竹名 鰉 魚名 蝗 螽蝗爲災 凰 鳳凰本作皇詩

傳云雄曰鳳雌曰皇偟偟暇媓女媓堯妻獚犬名蟥蛂蟥蛢甲蟲也諻諻樂鐘聲也又
音橫鄓古縣名𦏑羽舞名程稈程穄名䳨紫也堇上同趪趪趪舞皃又張
說皃光明也亦州名漢西陽縣地屬江夏郡梁置光州因浮光山為名又姓田光之後秦末子孫避地以光為氏晉有
樂安光逸古黃切十四炛上同洸水名又烏光切桄桄榔木名胱膀胱水府垙垙陌
輄車下橫木軦上同橫長安門名又戶觥切騜俠驪馬旋毛在脊也恍武也茪
茪芫草名儣儣儣武皃侊盛皃湯熱水又姓宋有沙門湯休有文集吐郎切十一蕩水名在鄴
今蕩陰縣單作鏜以鐵貫物說文曰鼓鐘聲也闛盛皃又音唐趟趟走皃踼踼跌又杜
郎切盪盪突又徒郎切蝪蛈蝪蟲名鼞鼓聲薚蓫薚馬尾蕩上同滂滂沱普郎
切七鎊鎊削霶霶霈大雨雱雨雪盛皃詩曰雨雪其雱雱上同磅石聲斛量溢
也汪水深廣又姓汪芒氏之後姓苑云新安人也烏光切五尣曲脛俗作尢尪尪弱說文同上
洸水名又音光䳗雉鳴鴦鴛鴦匹鳥烏郎切又一良切七佒體不申也咉應聲貁
貉屬狭上同眏眏𥆞目皃姎女人自稱又烏郎切炕煮炕呼郎切又苦郎切四㰠㰠欿䑺艆䑺
南夷國名忼怏忼很戾航船也胡郎切十八笐笐箸桁械也行伍也列也又戶庚戶
浪戶孟三切迒獸迹又古郎切䟘上同頏頡頏詩傳云飛而上曰頡飛而下曰頏說文音剛與亢同
𦐄飛高下也魧魚名又大貝胻脛也邟餘邟縣名在吳興又音伉杭州名古於潛餘
邟皆別名今餘杭於潛縣並在杭州沆瀁也又胡朗切蚢爾雅蚢蕭繭郭璞曰食蕭葉者皆蠶類肮
肮大脈也苀東蠡草名抗舉也又苦浪切吭鳥喉又下浪切茫滄茫莫郎切十四吂
不知䀭目不明也汒谷名在京兆恾怖也忙上同𦲷遽也邙北邙山名
又武方切芒草端亦姓史記有魏相芒卯又音亡硭硭碭山名史記本只作芒杗大梁又武方切蘉
勉也㝑寐語𨛦鄉名在藍田臧善也厚也又姓出東莞本自魯孝公子臧僖伯之後則郎切六𢈈

古文牂羊牂牂牁亦作牂贓納賄曰贓样樋也出廣雅囊袋也說文曰囊橐也
又姓楚莊王子子囊之後以王父字為氏奴當切二蠰螗蠰即蟷蠰也傍亦作旁側也說文曰近也又羌姓步
光切十三彷彷徨膀膀胱髈上同𨂽踉𨂽急行趽膝脛曲皃房阿房宮名旁
爾雅曰二達謂之岐旁謂岐道旁出也說文曰溥也篣竹箕又薄庚切𨝏亭名在汝南螃螃蟹本只
名蟹俗加螃字稖稖程穄名騯馬盛皃又甫盲薄庚二切卬高也我也又姓漢有御史大夫卬祗五剛
切又魚兩切七䭲千里駒說文又五浪切䭲馬怒皃枊繫馬柱也劉備縛督郵者又五浪切昂舉也
茚昌蒲別名又魚兩切㭿飛㭿枓栱䩕履頭藏隱也匿也昨郎切又徂浪切一骯骯髒
苦光切一幫衣治鞋履出文字集略博旁切五縍上同幇捍也衛也䣙加杯上酒鞤
鞋革皮用

〈十二〉庚更也償也爾雅云太歲在庚曰上章又姓唐有太常博士庚季良又漢複姓莊子有
庚桑楚古行切十二鶊鶬鶊更代也償也改也又古孟切䢚兔徑秔秔稻稉上同粳
俗賡續也經也償也羹羹臛爾雅曰肉謂之羹鬻古文埂秦人謂坑也浭水名
出北平阬爾雅曰虛也郭璞云阬壍也客庚切六坑上同硎亦同瞖瞯瞖視不分明砊
砊硠石聲劥劥動有力盲目無童子武庚切八蝱蟲也鄳縣名在江夏䁅䁅盯直視
莔貝母草𨟚古縣名在義昌䥰䥰鍿䇹竹名橫縱橫也又姓風俗通云韓王子成號
橫陽君其後為氏戶盲切十六黌學也蝗蟲又音皇鐄大鐘瑝玉聲說文音皇喤泣聲
鍠和也樂也又鐘聲說文音皇䫱䫱颲暴風潢方舟也一曰荊州人呼渡津舫為潢或作艭𥚃
[illegible]祭名䙖[illegible]小被甏瓦也䌙織也㤨憕㤨諻聲也彋𢐯彋帷帳起皃閍
宮中門也一曰巷門甫盲切六祊廟門傍祭𥚠上同騯騯騯馬行又音傍音彭嗙喝聲㔙
大也諻語聲虎橫切五䎕䎕然飛聲謍謍謍小聲嚝鼓鐘聲喤喤呷也又音橫觵
觵角為酒器受七升罰失禮者古橫切六觥上同侊小皃春秋國語曰侊飯不及壺飧𩃬吳王孫休

二子名罢網滿橐上同。彭行也道也盛也說文曰鼓聲也又姓大彭之後左傳楚有令尹彭仲爽漢
有大司空彭宣薄庚切十七澎地名又擊水勢又撫庚切膨膨脝脹皃蟚蟚蜞似蟹而小䰃
䰃鬤亂髮皃鬤乃庚切棚棧也閣也榜說文曰所以輔弓弩也又甫孟切榜榜程祭名搒
笞打說文又北孟切掩也蒡菜一名隱荵似蘇可為菹篣籠又音旁䅭䅭馞大香騯馬行盛皃
憉憉悙自強⿰彭斗量溢輣兵車又樓車也輷上同。脝膨脝脹也許庚切三悙憉悙
自強亨通也或作亯又匹庚許兩二切。瞠直視皃丑庚切五撐撥也又撐柱也樘上同說文
曰衺拄也䟓字書跉䟓行遟皃窺正視。鎗鼎類楚庚切四鐺俗本音當槍欃槍祆星
琤玉聲。傖楚人別種也助庚切五衜角長皃鬡鬇鬡亂髮皃鬇上同崢
崢嶸山皃。霙雨雪雜也於驚切十鉠鈴聲韺五韺高陽氏樂亦作英渶水名出青丘山鶧
鸚鶧鳥名英華也榮而不實曰英也又英俊亦姓漢有英布瑛玉光蚾青皃媖女人稱美楧
楧梅今之雀梅。磅小石落聲又撫庚切四怦滿也亨煮也俗作烹又許庚許兩二切澎澎湃水皃
又音彭。平正也和也易也亦州名古山戎孤竹白狄肥子二國之地秦為遼西郡隋為北平郡武德初為平州有盧
龍塞又姓齊相晏平仲之後漢相丞相平當又漢複姓何氏姓苑云有平陵平寧二氏符兵切八評評量亦評事大
理寺官唐初置十二自又音病苹蓱一曰蒲白又曰萍別名又云蘋蕭也枰枰仲木名又博局也泙
水名說文谷也坪地平胓牛羊脂也蚲蛢蚲。驚懼也說文曰馬駭也舉卿切七京大也
廣雅曰四起曰京風俗通曰京非人力所成天地性自然也京義亦取此公羊曰京者大也師者眾也天子之居必以眾大之
辭言之又姓風俗通云鄭武公子段封於京號京城大叔其後氏焉漢有京房荊荊楚亦木名可染又州名夏及周並
為州秦為南郡即郢都之諸宮又姓燕刺客荊軻麠獸名一角似麋牛尾麖上同鶁䴖鶁鳥蟼
蟼蛙。明光也昭也通也發也又姓出平原河南山公集有平原明普武兵切五盟盟約殺牲歃血也周禮有
司盟盟上同鵬鶉鵬似鳳南方神鳥鳴嘶鳴又姓出姓苑。棖門兩旁木直庚切七盯

瞪盯視皃澄水清定又音懲棖棖觸堂距也周禮曰唯角堂之桯舉也憕憕悵失志
又音懲。趟趟趟躍跳竹盲切趟陟交切二䬒颾颾狂風。榮榮華又姓漢有榮啓期永兵切六禜
祭名又音詠蠑蠑螈蜥蜴別名瑩王色詩云充耳秀瑩又烏定切揘技也嶸崢嶸又戶萌切
兵戎也周禮有司兵掌五兵五盾世本曰蚩尤以金作兵器也甫明切一。兄爾雅男子先生曰兄說文長也
許榮切一。卿說文章也公卿春秋漢含孳曰三公象五岳九卿法河海三公法三台九卿法北斗釋名曰漢置十二卿
正卿九太常光祿衛尉太僕廷尉鴻臚宗正司農少府又姓風俗通云趙相虞卿之後去京切一。生生長也易曰天
地之大德曰生又姓出姓苑所庚切十笙樂器也禮記女媧造笙簧釋名曰笙生也象物貫地而生也又箽也吳都
賦曰桃笙象簟牲犧牲猩猩猩能言似猿聲如小兒也狌上同鉎鐵鉎甥外甥又姓
風俗通云晉大夫呂甥之後⿸鹿生獸名大如兔也鼪鼪鼬鼠也珄金色。擎舉也渠京切十一
勍強力黥黑刑在面剠並上同鱷大魚雄曰鱷雌曰鯢鯨上同檠
所以正弓⿰木竟鑒柄⿰莖力山藋頸頸也。迎逢也語京切一。行行步也適也往也去也又姓周
有大行人之官其後氏焉戶庚切又戶剛戶浪下孟三切十衡橫也平也又姓風俗通云阿衡伊尹之後又云衡曾
公字後乃氏焉䯒牛脊後骨胻牛勢胻也洐溝水也筕筕篖行苴珩佩上玉桁
屋桁蘅杜蘅香草大者曰杜若也爾雅注曰杜衡似葵而香字不從廾⿰月美熟肉鬤鬡鬤亂髮皃乃庚切
六⿱寧毛犬多毛皃⿰寧殳說文云亂也一曰窒⿰寧殳獰惡也⿰禾寧穀芸長也薴說文曰薴蒿可
以作縻綆

十三。耕犂也周書曰神農之時天雨粟神農耕田而種之古莖切一鏗鏗鏘金石
聲也口莖切十五銵上同轚車鞕又車堅牢鳽鶋渠鳥名誙莊子曰誙誙如也牼
牛膝骨又人名宋有司馬牼⿰山巠或作硎谷名在驪山昔秦密種瓜處硻說文云餘堅也殸敵也揁
琴聲⿰車真車聲硜硜硜小人皃摼撞也⿰幵欠⿰幵欠⿰幵欠羥羊名甍屋棟也莫耕切十一
⿰木甍上同⿱竹甍竹筒萌萌牙氓民也甿上同嫇嫈嫇新婦皃萠爾雅云存

存蔥蔥在也又莫登切本亦作葞又作蔥 䁅䁅盯 薨莫耕 𥌆䁅𥌆視不分明○浤布耕切安

舥濭又布耿切二 抉冢口冘也○宏大也戶萌切十六 紘冠卷也又八紘 紭細紭 閎

爾雅曰衖門謂之閎郭璞云閎衖頭門又曰所以止扉謂之閎郭璞云門辟旁長橛也又姓漢有閎孺 嶸崢嶸山峻

嵤上同 峪谷中響曰谷名也 耾耳語 翃蟲飛 浤浤浤汩汩水波之勢 竑量度

周禮考工曰故竑其輻 宏屋響又烏宏切 鋐金聲 吰噌吰鐘音 砿玉篇云石聲也 彋

彋彋開張也○莖草木幹也戶耕切三 莖樂名亦作莖 牼牛膝下骨又苦耕切○朾伐木聲也

中莖切七 丁上同詩曰伐木丁丁 玎玎玲玉聲又齊太公子伋謚玎公出說文也 儜儜儜不仁也出

聲譜 䚁䚁䚁出字林 趶跉趶細長也 竀竀宏闊大皃 甖瓦器烏莖切十三 罌

上同 罃說文曰備火長頸缾也 鶯鳥羽文也 嚶鳥聲 櫻含桃 嫈嫈娨又於營切又乙

諍切 鸚鸚鵡能言之皃 譻譻諍小聲 鸎黃鸎 褮鬼衣 𠝖芟又除林木也出齊人要術 莖

爾雅釋草云𧃬莖涂薺○崢崢嶸七耕切六 䈴䈴葍草亂皃 鬇鬡鬇髮亂皃 埩魯城北門

池也說文作淨 鏳鏳鎗玉聲 崝山崝峭陗也 青淮南子云○琤玉聲楚耕切五 錚金聲 淨冷也

出字書 棦木束 噌噌吰鐘音○儜困也弱也女耕切七 薴䈼薴 鬡鬡鬇 譂譻譂

鑏鐵鑏鐺 𩞄食 嬣好体○怦心急又中直皃普耕切十一 姘齊與女交罰金四兩曰姘蒼

頡篇曰男女私合曰姘 閛門扉聲 抨牛色駁如星也 伻使人 弸弸彋也 拼使羊

𢛔急也 訇訇訇大聲 抨彈也 砰砰磕如雷之聲○轟群車聲呼宏切十 輷同上

𦐩群鳥弄翅 揈擊聲 訇訇訇大聲又姓蜀錄闐中流人訇琦訇廣 鍧鏗鍧鐘鼓聲相雜也 渹

水石聲又大也 䎕飛聲 䔞聲 㗳石落 㥦悃㥦好嗔皃○繃束兒衣墨子云禹葬會稽桐棺三寸

葛以繃束也 絣振繩墨也 幽上同 拼爾雅云使也又從也 艵艵艀舟具○橙

北萌切五 抽蜀宅耕切十二 揨撞也 敦 㪌並同上 湞水名出南海 朾爾雅曰䗡朾螳

郭璞云赤駮蚍蜉 虰上同 憕失志皃又音澄 瞪直視皃 䆸䆸弦響也 瞠安審視也

穻小突○泓水深也烏宏切四 謍謍諱 宖屋響又戶萌切 閍試力士錘○輣兵車

薄萌切五 棚棧也 弸弓弱皃 㥊㥊㦊好嗔皃 庄平也亦作庄○娙身長好皃漢書

曰娙娥婦官也武帝邢夫人號娙娥五莖切二 侄急也○爭競也引也側莖切七 箏樂器秦蒙恬所造

埩埋也治也 綪禮云齊則綪結佩 䋫縈也 猙獸名似豹一角五尾又音淨 鯖魚名

十四○清山海經曰大時之山清水出焉釋名曰清青也去濁遠穢色如青也又靜也澄也潔也七情切

二 圊廁也○情靜也說文曰人之陰气有所欲也疾盈切五 晴天晴 請受也又在性七井二

切 夝說文曰雨而夜除見星也 賙賙受賜也○精明也正也善也好也說文曰擇也易曰純粹精也子

盈切十五 氏祈氏縣名祈音權 菁蕪菁菜也 鶄鵁鶄鳥也 蜻蜻蛚蜻蜓 晶光也

鼱鼱鼩小鼠 婧竦立也又婞性切 睛目珠子也 𣹟水名在南郡 旌旌旗周禮曰析

羽爲旌爾雅曰注旄首曰旌 旍上同見禮 箐篣箐小籠 䯻頭也 聙聰聽也○盈

充也滿也又姓出姓苑以成切十二 嬴姓 嬴嬴美好皃 瀛大海亦州名漢河間王國後魏於此立瀛

州蓋以瀛海爲名 籯籠也說文笭也漢書曰遺子黃金滿籯不如教子一經亦作篕 楹柱也孔子曰夢奠於

兩楹 贏利也益也有餘也財長也 𧍁似狐色黃 䕦菊花一名帝女花 郢姓也出姓苑 䑉

魯大夫名 攍擔也○營造也度也說文曰市居也亦州名舜分青州爲營州爾雅曰齊曰營州今青州也又姓風

俗通云周成王卿士營伯之後漢有京兆尹營郃余傾切六 鎣采鐵又音營 塋墓域 𤇾惑也又戶

扃切 濴波勢回皃 謍說文曰小聲也引詩云營營青蠅○嬰蒼頡篇云女曰嬰曰兒又姓風俗通云

晉大夫季嬰之後於盈切七 瓔瓔珞 纓冠纓禮記玉藻曰玄冠朱組纓 攖亂也 䴊地名又一

井切 賏具飾 蘡蘡薁藤也○貞正也陟盈切六 楨楨榦題曰楨旁曰榦又女楨冬不凋木也 禎

善也祥也 鄭地名又直貞切 湞湞陽縣名湞水所出 㥶丘名○檉木名說文云河柳也丑貞切八

偵偵候又丑鄭切赬赤色俗作頳經上同酊跉酊行不正覘正視蟶蚌屬
虰蛵虰虫成畢也就也平也善也亦州名古西戎地州南八十里有仇池山晉改為仇池郡後為南秦州梁廢帝
改為成州又姓出上谷東郡二望本自周文王子成伯之後又漢複姓十五氏莊子有務成子廣成子顛成子游伯成子高韓
子有容成子列子有考成子國語晉郤犨食采苦成後因以為氏丗本曰宋有大夫老成方盆成括仕於齊晉有英成僖子漢
有廣漢太守古成雲古音枯高祖功臣有陽成延後漢有密縣上成公白日外天晉戊巳校尉墩煌車成將古成氏之後史記
有邢成氏是征切十㦤古文城城郭崔豹古今注云城者盛也所以盛受民物也又淮南子曰鮌作城亦姓風
俗通云氏於事者城郭園池是也誠審也敬也信也宬屋容受也郕地名也在東平筬筬筐
織具盛盛受也黍稷在器也又時正切珹珠類䫆頭也呈示也平也見也直貞切七程
期也式也限也品也又姓出廣平安定一望本自顓頊重黎之後周宣王時程伯休父入為大司馬封于程後遂為氏與司馬
氏同酲酒病郢地名又音貞珵玉名[illegible]筳也裎佩帶又恥領切聲聲音又姓
左傳蔡大夫聲子書盈切一征行也諸盈切十三延上同鯖煮魚煎食曰五侯鯖又倉經切[illegible]
[illegible]並上同鉦鐃也似鈴怔怔忪懼皃正正朔本音政鴊方言云鷂自關謂題肩為
鴊鳥䋊乘輿馬飾眐獨視皃[illegible][illegible]松小兒衣出字林佂佂伀遽行皃輕輕重去盈
切三[illegible]一足跳行[illegible]說文曰金聲也名名字春秋說題曰名成也大也功也号也說文曰自命也从夕
口夕者冥不相見故以口自名也又姓左傳楚大夫彭名之後武并切二洺水名在易陽亦州名春秋時為赤狄之地
後屬晉秦為邯鄲郡周於此置洺州以洺水為名跉跉酊呂貞切二令使也又呂鄭郎丁二切并
合也亦州名舜分冀州為幽州并州春秋時為晉國後屬趙秦為太原郡魏復置并州又姓出姓苑府盈切四栟栟櫚
木名箳箳篂車轓屏屏盈傍徨又餅萍二音傾側也伏也斂也去營切二頃西頃地名出地
理志說文曰頭不正也又去穎切餳飴也徐盈切一縈繞也於營切五褮說文云鬼衣也嫈
小心態又烏莖切謍聲也[illegible]覆也瓊玉名渠營切十七璚上同煢獨也一曰迴飛

也焭上同睘驚視惸無弟兄也橩博橩子一名投子藑藑茅草也嬛好也
[illegible]上同赹獨行皃憌憂也恂上同[illegible]草旋[illegible]上同䡅車轅規一曰輪
車也儝特也騂馬赤色也息營切四[illegible]上同垶赤土觲角弓頸項也頸在前項
在後巨成切又居郢切五[illegible]魚名葝鼠尾草又山薤又音莖[illegible]上同[illegible][illegible]貨也火營切一
十五青東方色也亦州名九州之一禹貢曰海岱惟青州又男青女青皆木名出羅浮山記亦姓出何
氏姓苑又漢複姓三氏風俗通云漢有青烏子善數術又有青牛氏青陽氏倉經切五鶄鵁鶄鳥也出南海又音精
鯖魚名又諸盈切蜻蜻蜓蟲方言曰蜻蛉謂蝁蛉也六足四翼又音精[illegible][illegible]無色經常也
絞也徑也亦經緯又姓出何氏姓苑古靈切又音徑四涇水名淮南子云涇水出薄洛之山鵛鵁鵛鳥也巠
直波為巠說文曰水脈也㓝說文曰罰辠也今只用下文刑戶經切十七刑法也禮曰刑者侀也侀者成也
一成而不可變故君子盡心焉說文剄也形容也常也邢地名在鄭亦州名古邢侯國也項羽為襄國隋為邢
州取國以名之又姓出河間也本周之裔邢侯為衛所滅後遂為氏漢有侍中邢辟直道忤時謫為河間鄭令因家焉[illegible]
小瓜郉鄉名在密桯牀前長几又音廳鉶祭器型鑄鐵模也又作型陘連山中絕
又姓陘晉邑也其大夫氏焉今有井陘縣侀成也硎砥石娙女長皃又五莖切鈃酒器似鍾
而長頸也[illegible][illegible]並上同鋞說文曰溫器也圜而直上庭門庭又直也亦州名即漢車師後王
庭之地本烏孫國土也其前王庭即交河縣是也特丁切二十一停息也定也止也鼮鼮鼠豹文漢武帝得
此鼠孝廉郎終軍識之賜絹百匹莛草莖葶葶藶筳竹筳亭今亭子名釋名曰亭停也人所
停集也漢典職曰洛陽二十街街一亭十二城門門一亭也聤耳出惡水霆雷霆渟水止鯙
魚名綎綬也婷好皃[illegible]也甹定息梃縣名在膠東又徒頂切楟山黎木名
蜓蜻蜓亦蟌蛣別名廷風俗通云廷者平也又正也國家朝廷也釋名曰廷停也人所停集之處漢書曰廷
尉秦官也應劭曰古官也狿猱狿猨屬[illegible]埤蒼云蠶蝏二眠丁當也亦辰名爾雅云太歲在丁曰強圉又

姓本自姜姓齊太公子伋謚丁公因以命族出齊陽齊陰二望當經切八 釘又都定切 玎玉聲 邒丘名

靪補履下也 虰爾雅曰虰蛵負勞郭璞云或即蜻蛉也 仃伶仃獨也 叮叮嚀。 馨香也

呼刑切三 ⿰身只說文聲也 蛵虰蛵。 星星宿說文曰萬物之精上爲列星淮南子曰日月之淫氣精者爲星

辰也又姓羊氏家傳曰南陽太守羊續娶濟北星重女桑經切十二 曐上同出說文 腥豕息肉又先定切

胜大膏臭也 鮏說文云魚臭也 鯹上同 程稀程 醒酒醒又思挺先定二切 鉎

鐵鉎 筸箳筸別駕車轓 裎說文曰裎裎犬吠聲又音生 惺惺憁了慧皃出聲類。 竛竛竮行不

正亦作伶俜普丁切八 俜見上注又匹正切 甹甹夆掣曳說文曰亟詞也或曰甹俠也三輔謂輕財者爲

甹 ⿰彳甹使也 艵縹色 頩面色又普冷切 姘男女會合 覮淮南子云覮然能聽。 靈

神也善也巫也寵也福也亦州名漢北郡富平縣地赫連敎敎之果園也後魏置靈州取靈武縣名爲之又姓風俗通云齊靈

公之後或云宋公子靈圍龜之後晉有餓者靈輒郎丁切八十七 𩆧 電並古文 𤫊廣雅曰玉名說

文曰巫以玉事神也與靈同 舲舟上有窻 齡年也 麢大羊 ⿰羊靈上同 囹囹圄 鴒

鶺鴒 ⿱⺮舲竹名 蛉蜻蛉 鈴似鐘而小 霝落也墮也說文曰雨零也从雨㗊象雨零形或作零 醽

淥酒 苓茯苓 櫺窻櫺又檻階際欄 柃說文木也 䨩空也 伶樂人 泠清泠水也 拎

又水名出冊陽又姓左傳周大夫泠州鳩 瓴瓴甋一曰似罌有耳 蠕說文曰螟蠕桑蟲也或作蛉

手懸捻物 刢刢利使性人也 ⿰令虎似虎而小出南海 ⿰貝霝通俗文云猪糞曰⿰貝霝 ⿰令瓜小瓜名出安南

玲玲瓏玉聲 ⿰金霝似瓶有耳 顬瘦也 ⿸疒令上同 聆以耳取聲 竛竛竮 ⿰令丁字類

撞釘 蘦菜名似葵可食 軨車闌 轜上同 笭笭箐小籠 零落也說文曰徐雨也又姓出姓

苑 ⿱霝女女字 令漢複姓有令狐氏本自畢萬之後國語云晉大夫令狐文子即魏顆也自漢已後世本太原至

邁爲王莽所誅邁少子始居燉煌也 𩬆𩬆髭班鬣 灵小熱皃 ⿰食零食飽 䰱山海經曰神名人

面獸身或作龗一曰龍名 龗說文龍也 翎鳥羽 閝門上小窻出崔浩女儀 齡壇齡 鷚

鷚鳥鶴別名也 昤昤曨日光出道書 駖駖蓋車騎聲 蠕螢也 ⿱霝器器名又人名也 蕶

草蓤落也 酃地名在湘東 詅詅音相次出異字音 伶伶俜行皃 䯍髗骨 呤埤蒼云呤

吟語也 跉徐行不正皃出異字音 狑犬名 ⿰犭靈上同 爧火光皃 泠泠澤吳人云水

麥又力頂切 怜心了黠皃 㗊衆鳥也從三口 ⿰舟靈艋艦有屋舟名 櫺插空又力定切 澪

水名 鏻健也 ⿰禾靈草莖疏也 秢穗熟玉篇云年也 蘏鼠耳草也本亦作苓 獜玉篇云獜

獜犬聲又力仁切 岭山深皃 魿魚連行皃 ⿰令毛毛結不理玉篇云長毛也 ⿰食令餌也 紷

緶絲一百升又絜名 ⿱竹靈竹名 砛石砛 阾阪名 羚羊子 姈女字 ⿰牛令牛名。 寧

安也說文曰願詞也亦州名禹貢古西戎地秦爲北地郡亦爲豳州又爲寧州奴丁切九 寍說文曰安也从宀心在皿

上皿人之食飲器所以安人也 鸋爾雅曰鴟鴞鸋鴂又曰鸋子鸋 寗天也 聹告也又乃定切 ⿰寧阝

卿名在馮翊谷口又奴顛切 𧓍蠓蛅 嚀叮嚀 聹耳垢又乃鼎切。 汀水際平沙也他丁切十四

訂平議也又徒頂他頂二切 桯碓桯 綎絲綬帶綎 聽聆也又湯定切 廳屋 町

田處又徒頂切 芊草名 ⿱罒丁罟也 ⿰革廷皮帶鞓也 鞓上同 ⿰糸盈綴屬說文綬也 經上同

庁平庁。 冥暗也幽也又姓禹後因國爲氏風俗通云漢有冥都爲丞相莫經切十五 榠榠樝果木 銘

銘記釋名曰銘名也記名其功也 鄍晉邑 溟溟濛小雨又溟海也 ⿰冥頁眉目間也 螟螟蛉桑蟲

說文曰蟲食穀葉者吏冥冥犯法即生螟 ⿰豕冥小豚 猽上同 蓂蓂莢堯時生於庭隨月彫榮 瞑

合目瞑瞑又亡千切 ⿱龹米漬米 嫇好皃 覭小見也又爾雅曰覭髳茀離也又莫的切 瞑晦瞑也

瓶。汲水器也又姓風俗通云漢有太子少傅瓶守後趙錄有北海瓶子然二姓蓋別薄經切十五 缾上同 蛢

以翼鳴蟲 鼮鼠子說文云鼮令鼠 屏三禮圖曰扆從廣八尺畫斧文今之屏風則遺象也又必郢切 荓

荓馬帚似蓍又荓翳雨師名也 ⿱竹并竹名 軿輜軿兵車 萍水上浮萍 蓱上同 竮竛竮又普

經切 郱郱城在東莞 畊織蒲爲器 洴莊子曰有洴澼絖造絮者也 箳箳篁別駕車名。 熒

光也明也戶扃切六 褮 衣開孔也又音縈鬼衣也 螢 螢火禮記云季夏月腐草爲螢一名丹良又名蛢 滎 小水也又水名在鄭州 瞢 瞢惑也又余傾切 䝩 貨也 扃 戶外閉關古螢切八 駉 駉駫馬也詩曰駉駉牡馬傳云良馬腹幹肥張也 駫 馬肥盛也 坰 野外曰林林外曰坰 冋 古文 䶂 䶂鼩斑鼠 絅 引急也 桐 木名

〈十六〉蒸 衆也進也君也又說文曰析麻中幹也又曰蒸爾雅曰冬祭曰蒸經典亦作烝煑仍切七 𦶡 說文同上 烝 說文曰火氣上行也 脀 熟也 盝 菹也 篜 王篇云竹也 脅 㾓皃 承 次也奉也受也又姓後漢有承宮署陵切三 丞 佐也翊也物理論曰高祖定天下置丞相以統文德立大司馬以整武事爲二府也 𨋬 輅車後登也出字林 澂 清也直陵切五 澄 同上 瞪 直視也又直庚切 憕 平也又竹萌切 懲 戒也止也 陵 大阜曰陵釋名曰陵崇也體崇高也又犯也侮也侵也遲也又漢複姓六氏吳延陵季子之後有延陵氏高士傳有於陵子仲戰國策有安陵丑呂氏春秋有鄐陵卓子漢有高陵顯秦昭王弟高陵君之後楚有公子食采於鄐陵後以爲氏力膺切十八 淩 歷也又水名出臨淮亦姓吳將有淩統 夌 說文越也 綾 綾絖 凌 冰凌 𠗨 上同 蔆 芰也 菱 蔆並同 倰 伶也 鯪 臨海風土記曰鯪魚腹背皆有刺如三角菱也 崚 崚嶒山皃 𣨿 殘殑鬼出皃 𡾊 去也 餕 說文曰馬食穀多氣流四下也本力甑切 掕 止也又力諮切 祾 祭名神靈之福 𢻹 欺𢻹俗 膺 胷也親也於陵切四 應 當也又姓出南頓本自周武王後左傳曰邘晉應韓武之穆也漢有應曜隱於淮陽山中與四皓俱徵曜獨不至時人語之曰南山四皓不如淮陽一老八代孫劭集解漢書 𧖳 寒蟬 鷹 鳥名月令曰驚蟄之日鷹化爲鳩 凭 依几也扶冰切五 馮 周禮馮相氏鄭玄云馮乘也相視也世登高臺以視天文又防戎切 憑 憑託 淜 說文曰無舟渡河也 凴 水聲 冫 水凍也說文本作仌筆陵切二 冰 上同說文本魚陵切 掤 說文曰所以覆矢也詩云抑釋掤忌 蠅 蟲也詩云營營青蠅余陵切一 繩 直也又繩索俗作繩食陵切十二 譝 譽稱 憴 同上 鱦 魚子 乘 駕也勝也登也守也說文作椉覆也又姓漢有乘昌爲黃棗侯 椉 上同 𠔁 古文 澠 水名在齊左傳云有酒如澠又泯緬二音 溗 波前後相凌也 塍 稻田畦也畦也 堘 上同 騬 犗馬 升 十合也成也又布八十縷爲升識蒸切五 昇 日上本亦作升詩曰如日之升升出也俗加日 陞 登也躋也 勝 任也舉也說文本从舟經典省作月他皆倣此又漢複姓何氏姓苑有勝屠公爲河東太守又書證切 拼 上舉易曰拼馬壯吉說文音蒸上聲 仍 因也就也重也頻也又姓出何氏姓苑如乘切七 艿 草名謂陳根草不芟新草又生相因艿也所謂燒火艿者也 𧥣 厚也 𨑒 往也 礽 福也 扔 引也 𣏐 木名 兢 兢兢戒慎居陵切二 矜 本矛柄也巨巾切字樣借爲矜憐字 徵 召也明也成也證也經典省作徵又姓吳太子率更令河南徵崇陟陵切四 𨛦 古國名 癥 腹病 𣄃 旌旗柱說文本丑善切旌旗杠皃 繒 繒帛又姓漢功臣表有繒賀疾陵切六 鄫 國名也在琅邪 驓 馬名四骹皆白 橧 豕所寢也 竲 高皃 嶒 崚嶒山皃 凝 水結也又成也魚陵切一 興 盛也舉也善也說文曰起也从舁从同同力也亦州名戰國時爲白馬互之地漢置武都郡魏立東益州梁爲興州因武興山而名虛陵切又許應切三 嬹 說文曰女字 𨜏 地名也 稱 知輕重也說文曰銓也又姓漢功臣表有新山侯稱忠處陵切又昌證切三 爯 并舉也 偁 宣揚美事又言也好也揚也舉也足也 殑 殑殑欲死狀其矜切又其拯切二 𦱶 草名根可緣竹器又音琴 殑 殑殑山矜切一 硱 硱磳石皃綺兢切又苦本切一 僜 醉行皃丑升切三 庱 亭名在吳興孫權射虎處又丑拯切 睖 睖瞪直視 磳 硱磳仕兢切一 砅 水擊山巖聲披冰切一

〈十七〉登 成也升也進也衆也說文曰上車也亦州名漢文帝封惇惠王子爲牟平侯即此地也周爲登州取文登山而名又姓蜀有關中流人始平登定都滕切八 璒 石似玉也 燈 燈火 簦 長柄笠也 𣰆 毾𣰆 䔲 金䔲草 𤮐 瓦器 𪆀 鳥也 楞 四方木也魯登切六 棱 上同又威棱又柧棱木也 稜 俗 輘 車聲 倰 倰僜長皃 祾 祭也福也靈也 僧 沙門也梵音云僧伽蘇增切三 鬙 鬅鬙髮短 䰝 神不爽也 崩 說文云山壞也北滕切一 增 益也加也重也又埤蒼曰增作縢切十二 憎 憎疾 磳 硱磳石皃又土殑切 曾 則也亦姓曾參之後漢有尚書曾偉古作曾又音層 矰 弋射矢也 罾 魚網 熷

蜀人取生肉於竹中炙 䎖舉也又飛鳥皃 竲高 橧禮運曰夏則居橧巢 譄加言也 曾
䒢草。瞢目不明武登切四 𧃄爾雅云存有𧃄𧃄在也 夢夢夢神不爽也 繒 層
重屋也昨稜切又作滕切三 曾經也又作滕切 䁬目小作態瞢䁬也。朋朋黨也五貝曰朋書云武
王假箕子之對賜十朋也步崩切六 堋射堋 鵬大鵬鳥 棚棚閣又薄庚切 倗輔也又姓漢書王尊
傳云南山羣盜倗宗等又匹等切 鬅鬅鬠被髮。弘大也又姓衛有弘演胡肱切三 鞃鞃軾中靶也
苰藤苰胡麻也 肱臂也古弘切二 䡏軾中靶也 薨說文云公侯卒也呼肱切五 儚
說文曰惛也 顭惛迷顭也 𩙥𩙥𩙥大風也 濛水聲。能工善也又獸名熊屬足似鹿亦賢能
也奴登切又奴代奴來二切一。騰馳也躍也說文曰傳也曰犗馬也徒登切十二 滕國名亦姓滕侯之後以國
爲氏 縢行縢 幐囊可帶者 螣螣蛇或曰食禾蟲 藤藤苰又藤蘿 謄謄移書謄上 䲍
黑虎也 儯倰儯長也 𤸻𤸻痛 鰧魚名蒼身赤尾 䁥美目皃。恒常也久也亦州名春
秋時鮮虞國地漢爲恒山郡周武帝置恒州因山以爲名 爾雅曰恒山爲北嶽又姓楚有大夫恒思公胡登切三 恆
古文亙 峘爾雅曰小山岌大山峘郭璞云岌謂高也。揯急也淮南子云大弦揯則小弦絶也古恒切三 縆
大索 絙上同。鼟鼟鼟鼓聲他登切四 膯飽也吳人云出方言 𤂿小水相添益皃 鼞上同
。漰漰㵾水擊聲普朋切二 堋堋振動皃

十八尤

。尤過也甚也怨也多也說文異也又姓
出姓苑羽求切九 𣏐木名 腄縣名在東萊 疣結病也釋名曰疣丘也出皮上聚高如地之有丘也
肬上同 𪐏籀文 沋水名在高密 郵境上舍亦督郵古官號釋名曰督郵主諸縣罰負郵殿糾
攝之又姓西京雜記有郵長倩 訧過也博雅曰惡也。憂愁也又姓出姓苑於求切十七 優饒也亦優
倡又姓史記楚賢臣優孟 瀀瀀渥 𢖾優遊本亦作優詩云愼爾優游 麀牝鹿 𪋆上同 櫌
鉏也又打塊擾 鄾邑名在鄧 幽微小 怮含怒不言 嚘欭嚘歎也 稷稷種出玉篇 擾
犬名 獶獶獶犬名 𦾐菜名 纋笄中 𣣧氣逆 妋鼻目閒恨。劉剋也陳也殺也亦劉子木名實如梨

核堅味酸美出交阯又姓出彭城沛國弘農河閒中山梁郡頓丘南陽東平高平東莞平原廣陵臨淮琅邪蘭陵東海丹陽宣
城南郡高堂高密竟陵長沙河南等二十五望並自陶唐氏既衰其後劉累學擾龍事孔甲范氏其後也唯河南一望即虜姓
也後魏書官氏志獨孤氏後改爲劉氏力求切四十四 留住也止也說文作畱亦姓出會稽本自衛大夫留封人之
後後漢末避地會稽遂居東陽爲郡豪族吳志有左將留贊 蒥蒥荑藥名 勠并力也又力逐切 摎
絞縛殺也又姓魏有河内太守摎尚 鶹鶹鷅鳥名少美長醜亦作流 騮驊騮周穆王馬 駵赤馬黑髦
尾 疁田不耕而火種 䊷粰䊷饊也 流演也求也覃也放也說文曰水行也 𣲛古文 飂
高風也 飀上同 瘤肉起疾也釋名曰瘤流也流聚而生腫也 榴石榴果名博物志云張騫使西域迴
所得 瑬美金說文曰垂玉也冕飾今典籍用下文旒 旒旗旒廣雅天子十二旒至地諸侯九旒至軫大夫七
旒至轂士三旒至肩 璢璢璃 𪕪食竹根鼠又音柳 𤢧上同 𥶉說文云竹聲也又音柳 䉧
竹名出玉篇 瀏水清又音柳 飀風行聲又音柳 䱖魚名 鰡上同 嵧峋嵧羅君山峯
藰扶藰藤名緣木生其味辛可食其花實似蒟醬 鎦殺也 綹綺別名也 𢺲斬刺也 𨶟殺
懰烈也 餾飯氣蒸也又力救切 蜏蜉蝣蟲本作蜉蝣音游 裗爾雅曰衣裗謂之視郭璞云衣
縿也齊人謂之攣或曰衽衣之飾 鷚飛鷚鳥名 𤶩麻也 硫石硫黃藥名 遛逗遛 䚧
觩觢角皃 憀悲恨也又音聊 鏐美金曰鏐即紫磨金也。秋春秋說文曰禾穀熟也又姓宋中書舍人
秋當七由切十七 秌古文 鞧車鞧 緧上同說文曰馬紂也 𦄵上同周禮曰必緧其牛後 鞦
亦上同又鞦韆繩戲古今藝術圖曰鞦韆北方山戎戲以習輕趫者 湫水池名北人呼 鶖秃鶖鳥亦作鵚 鰍
魚屬亦作鰌 楸木名 萩蕭似蒿也 䵸爾雅曰䵸䵹蟾蠩郭璞云似蝦蟇居陸地淮南謂之去蚥 龝
上同 蟗爾雅曰次蟗鼅鼄 䳕雞雛 篍說文云吹筩也玉篇云吹簫也 趥說文曰行皃。猷
謀也已也圖也若也道也說文曰一曰隴西謂犬子爲猷以周切四十五 猶上同又尚也似也 悠遠也
遐也思也憂也 油水名出武陵又油脂 由從也經也用也行也又姓史記有由余 攸所也又姓北燕

尚書攸邁　猶水猶草又臭草　浟水流皃　逌氣行皃或作逌　㰶歋㰶以手相弄　冘冘豫不定　䌛行也　輶輶車又易受移授二切　蘨草盛也　秞禾盛皃　蚰蚰蜒　蝣蜉蝣朝生夕死　櫾木名出崐崘山　楢積也又音酉　莤水草一名軒于　斿旌旗之末垂者　游浮也放也又姓出馮翊廣平前燕慕容廆以廣平游邃爲股肱　遊上同　𨓈古文　卣中樽樽有三品上曰彝中曰卣下曰罍　䚻從也　鮋鮋鮋小魚　鯈上同　抌抒臼出周禮　揄上同又音俞　舀上同又以沼切　偤侍也出文字辨疑　䍃瓦器　䤉遺玉又弋九切　邮亭名在高陵　繇猶也　洩皁也　㾥病也又息惡肉　囮鳥媒　圝上同　庮久屋木周禮曰牛夜鳴則庮鄭司農云庮朽木臭也又弋久切　甹空也說文云生條也引書云若顚木之有甹枿又胡感切　梄上同　𧠟下視深也　苬說文草也　。牛大牲也世本曰黃帝臣胲作服牛史記曰紂倒曳九牛又姓出隴西本自郞周封微子於宋其裔司寇牛父帥師敗狄長丘死之子孫以王父字爲氏風俗通云漢有牛崇爲隴西主簿馬文淵爲太守辠爲功曹涼部云三牲備具語求切一　。遒盡也即由切又自秋切十一　鮂鳥化爲魚頂上有細骨如禽毛　𦖔耳鳴聲　蝤蝤蛑似蟹而大生海邊也又自秋切　啾啾唧小聲　逎縣名在燕又迫也促也　𩭾長接駿　揂聚也　揫束也聚也　湫水名又子小切　雧聚也又束臬也　。酋長也說文曰繹酒也禮有大酋掌酒官也自秋切十　㥢憿也　遒盡也又即由切　𦖔耳中聲也又即由切　崷崷崒山峻　皃　鰌魚名二月有之　蝤蝤蠐蝎也　煪煪㸑　𧣒雉射收繳角也　蕕蕕液周禮音揫　脩脯也又長也又姓漢有屯騎校尉脩炳姓苑云今臨川人息流切七　修理也說文飾也　羞恥也進也又致滋味爲羞　𩞄饈饙　饈上同　𨍲𨍲輱喪車　樇木名　。抽拔也引也或作紬紬引其端緒也丑鳩切八　𢭏上同　㨨上同見說文　婤好皃又音周　𥉻失意視皃　惆惆悵　瘳病愈　妯詩曰憂心且妯妯動也悼也　。怞戾也去秋切三　㤽上同　𣪠屈　犨白色牛說文曰牛息聲也又姓風俗通云晉大夫郤犨之後呂氏春秋云陳留有惡人焉曰敦洽犨麋狹顙廣頷顏色如漆陳侯悅之赤周

切二　𤛓上同　。周周帀也又至也備也徧也密也又姓出汝南廬江尋陽臨川陳留沛國泰山河南等八望本自周平王子別封汝川人謂之周家因氏焉一云赧王爲秦所滅黜爲庶人百姓稱爲周家因而氏焉魏官氏志獻帝次兄爲周氏又漢複姓魏初徵士燉煌周生烈晉武帝中經簿云周生姓烈名職流切十　州州郡周禮曰五黨爲州又姓左傳晉大夫州綽　粡校粡米粉餅出字林　輈重載也　洲洲渚也爾雅曰水中可居曰洲　賙　喌呼雞聲也又音祝　舟舟船墨子曰工倕作舟呂氏春秋曰虞姁作舟世本曰共鼓貨狄作舟二人並黃帝臣又姓左傳晉大夫舟之僑　郮黃帝後所封國　婤女字左傳衛襄公有嬖人婤姶又音抽　。雔匹也仇也市流切十　𣪐懸擊　𢿋上同說文棄也　鮋魚名又直留切　酬周也報也以財貨曰酬又　酬酢　醻上同說文本作醻主人送客也　詶以言荅之又之又切　雔說文曰雙鳥也又爾雅曰雔由樗繭郭璞云食樗葉俗作讎　魗惡也棄也又音醜　𨞪蜀江源地又音儔　。柔順也安也說文曰木曲直也耳由切十六　鍒鐵之耎也　𤳊良田　騥馬青驪也　蝚爾雅云蛭蝚至掌又云蝚蛖蝮蛭音質　蹂踐穀又而九切　葇香葇菜　鞣熟皮　鰇魚名　瑈玉名也見聲類　腬肥皃　鶔鶔鳥　揉捻也又順也詩曰揉此萬邦箋云揉順也又汝又切　𩭿馬之鬣　鄾鄉名　脜面和　收斂也又捕也又夏冕名史記曰堯黃收純衣俗作收式州切一　。丘聚也空也大也又丘陵爾雅非人爲之曰丘郭璞云地自然生說文作丠亦姓出吳興河南二望風俗通曰魯左丘明之後又云齊太公封於營丘支孫以地爲氏代居扶風漢末丘俊持節江淮屬王莽篡位遂留江左居吳興也又漢複姓四十四氏左傳齊有耤丘子鉏梁丘據閭丘嬰莒有著丘公渠丘公後並因邑爲氏晉有虞丘書爲乘馬御祖氏家記有大中大夫東安於丘淵史記有狐丘子林楚有苞丘先生齊桓公至麥丘麥丘人年八十三祝桓公封於麥丘其後氏焉孟子齊有曼丘不擇又有咸丘蒙隱居列仙傳有浮丘公梁州刺史莊丘黑魯莊公庶子食采於瑕丘其後氏焉齊有勇士蓄丘訢神仙傳漢有稷丘子又有廩丘充隱居齊魯之間楚有列威將軍何丘寄楚文王庶子食采於軒丘其後爲氏周宣王支庶食采於謝丘其後爲氏漢有趙人吾丘壽王又有曹丘先生侍御史佘丘炳鉅鹿太守莊丘勝以勇力聞安丘望之注老子列仙傳有高邑人商丘子胥藝文志有桑丘公漢有吳人龍丘萇隱居不屈齊北

蛇丘惑爲河內太守魏有幽豫二州刺史毌丘儉吳有平原陶丘洪晉有雍丘洛以武力聞何氏姓苑云漢有司隸校尉水丘
岑古有菸丘欣喪馬淮陽東海北丘氏又有羌丘常丘崎丘獻丘陽丘逢丘厚丘泥丘等氏又虜複姓二氏後魏獻帝次弟丘
敦氏後改爲丘氏丘林氏後改爲林氏去鳩切六 北古文 蘆烏蘆草名 蚯蚯蚓蟲名禮記孟夏月蚯
蚓出 邱地名 訄追也。颩風吹皃匹尤切七 秠一稃二米又芳鄙切 麃麻作聲 衃
凝血 肧孕一月又普回普來二切 紑說文云白鮮衣皃又甫鳩切 醅醉飽又普裴切。鴀鳥名
又聚也居求切十 艽秦艽藥名又居由切 叻大力 朻高木又居虯切 𨊻車軫長也 𤵸
腹中急痛又古巧切 鬮鬬取也又音糾 丩相糾繚也 龜又居危切 勼說文聚也。不弗也
又姓晉書有汲郡人不準盜發六國時魏王冢得古文竹書今之汲冢記也甫鳩切又甫九甫救二切五 哹吹氣 紑
詩傳云絜鮮皃 𣪊未燒瓦器 鴀鴀鳩鳥也。捜索也求也聚也所鳩切十七 搜上同凡從叜者
作叜同 餿飯壞 颼颼飂風皃 溲小便 鎪馬金耳飾 廋匿也論語曰人焉廋哉 蒐
茅蒐草又春獵曰蒐 蓃雞腸草也 傁傻傁南越人大名 鱐乾魚 鄋北方國名 螋蟰螋
蟲亦名蠷螋 騪騶騪蕃中大馬 犙牛三歲也又息含切 醙白酒 𧽺趨趥不進。搊手搊
楚鳩切七 掐俗餘做此 篘酒篘 醔上同 𢭃板木不正 𥼚粉 謅謅謅陰私小言
。鄒縣名屬兖州又姓漢有鄒陽側鳩切十四 鄹上同 郰說文云孔子之鄉也論語作鄹 騶廄御
亦騶虞仁獸又姓越王之後 齱齱齵齒偏 陬鄉名一曰隅也 緅青赤色也又子侯切 𦪔艒𦪔
海船名也 𨃤獸足 菆草名又矢之善者說文曰麻蒸也一曰蓐也 棷薪之別名又又苟切 箃
竹柴別名 㗙小兒聲 䅟麻聚。愁憂也悲也苦也士尤切二 𤀹水氣也。休美
善也慶也息也又木名許尤切十三 貅貔貅猛獸 㹯上同 鵂鵂鶹鳥也 𩡺馬名 痳下病
庥爾雅曰庇庥廕也郭璞曰今俗呼樹蔭爲庥 脙瘠也俗作脙又音求 䏔上同 髤周禮髤車
有髤飾注謂髤漆赤多黑少也或作髹 𩬸上同 咻口病聲也 溲汗面亦作䐹。囚拘也繫也

似由切六 泅人浮水上 汓古文 苬苬芝瑞草一歲三華又音由 慒慮也又在冬切 鮂
白鯈。儔儔侶也直由切二十七 檮剛木 躊躊躇 幬說文作幬禪帳也 㡪同上
裯禪被 𠷎咨也說文誰也又作𠷎 疇誰也等也壟也田疇也又疇昔說文作𤰗耕治之田也 紬
大絲繒又音抽 綢綢繆猶纏綿也 稠概也多也 燽著也 薵薵蕏藥名 䲖魚子又魚名也
籌籌筭 𪄳雉爾雅云南方曰𪄳字或從鳥 𪄳同上 聚字統云姓也又側鳩切 椆木名
不凋 怞朗也 𦟛𦟛腊脯也 懤愁毒皃 鮋魚名又音由 颾風颾 菗茶菜 𨟅
蜀江原地又上牛切 𢥞說文云籌箸也。輈車轅也張流切十一 盩盩厔縣在京兆府水曲曰盩山曲曰
厔又云引擊也 啁啁噍鳥聲 譸譸張誑也爾雅亦作侜 侜壅蔽也 騆騶騪蕃中大馬 調
朝也詩云惄如調飢本又音條 咮曲喙又張救切 𧼯趙趨行不進也 𦨭射馬箭也 𥎦上同。裘
皮衣詩云取彼狐狸爲公子裘又姓本作仇避讎改作裘巨鳩切四十四 裘上同 仇讎也又姓左傳宋大夫仇
牧之後又漢複姓有章仇仇尼二氏隋有章仇大翼善天文 叴漢書地理志叴猶縣屬臨淮郡又詩曰叴矛鋈錞傳
云叴三隅矛又說文曰高氣也 叴上同 求索也又姓三輔決錄云漢有求仲 𡧳上同 頄頰間
骨也又求龜切 蛷蛷螋蟲 䖻上同多足蟲也 逑說文云匹也 球美玉說文又曰玉磬也 璆
上同又渠幽切 艽遠荒之地詩云至于艽野又獸蓐也 鼽月令云人多鼽嚏說文云病寒鼻窒也 莍椒
𨛦地名 賕財賄 殏終也 梂說文曰櫟實也一曰鑿首 朹爾雅曰朹繫梅郭璞云朹樹狀
似梅子如指頭赤色似小柰可食 梵荆梵亭名也 俅戴也 脙瘠也又音休 胳上同 馗
爾雅曰中馗菌今土菌可食又音逵 紈急引也 絿同上 欿亭名 釚鍑欿 扏緩也 銶鑿屬
𩓐廣蒼云戴也 𥬠龍也 毬毛毬打者 𨀁踀踘也 犰犰狳獸似魚蛇尾豕目見人則
佯死 𧻢違也 訅安也謀也 釚弩牙 捄長匕皃詩曰有捄棘匕傳云捄長皃 肍乾肉醬也
𢘉怨仇也又其九切 芁白芷 訄迫也又去牛切。浮汎也縛謀切二十四 哹吹氣又捬

謀切 桴 齊人云屋棟曰桴也 枹 鼓槌 筟 竹有文者 罦 覆車網也 罟 同上 琈 玉名

粰 粰粇 鵇 鵇鵂 罘 兔罟 䱐 魚名 涪 水名在巴西 芣 芣苢車前也江東謂之蝦蟆衣

蜉 蚍蜉大蝗 烰 火氣爾雅曰烰烰烝也郭璞云氣出盛 鉜 鉜鏂大釘 𡖔 多也 巷

姓也出纂文 艀 舟也 棓 杖也又音棒 掊 把也 錇 小缶 雩 雨雪皃 謀 謀計也又姓風俗通云周卿士祭公謀父之後莫浮切二十四 鯦 魚名 雺 天氣下地不應又莫貢切又莫紅切 眸 目童子

牟 說文曰牛鳴又過也倍也進也大也亦牟平縣屬登州又姓風俗通云牟子國祝融之後後因氏焉漢有太尉牟融又漢複姓三氏東萊先賢傳有兗州刺史平昌曹牟君卿禮記云曾有賓牟賈何氏姓苑有彌牟氏 侔 等也均也齊也

矛 戈矛說文曰酋矛也建於兵車長二丈象形吳越春秋曰越王以屈盧之矛步光之劍獻於吳王 䍌 古文

鍪 兜鍪首鎧說文曰鍑屬也 鞪 上同漢書云鞻鞪 麰 大麥又短粒麥 䅍 上同 堥 堆堥小隴 務 勉也 𨡙 醫醫楡人醫 蝥 食穀蟲說文本又作蟊 蟊 蟊州根者吏抵冒取民財則生蟊 上同說文曰盤蟊也

鶩 鶩鷔鳥也 鬏 髮至眉或作髳 𦃲 縛也 恈 愛也 鴾 鶩之別名 蛑 蝤蛑似蟹而大 繆 絲千累

十九。侯

侯 侯也何也美也辟也爾雅曰公侯君也又乃也又周禮司裘氏王大射則共虎侯熊侯豹侯諸侯則共熊侯豹侯卿大夫則共麋侯皆設其鵠鄭司農云方十尺曰侯四尺曰鵠說文本作侯从人从厂象張布之狀矢在其下又姓出上谷河南二望亦漢複姓八氏夏侯氏出自夏禹之後杞簡公為楚所滅其弟佗奔魯魯悼公以佗出自夏后氏受爵為侯謂之夏侯因而命氏後有去曾之沛者分沛立譙遂有譙魯二望羅國為楚所滅其後号羅侯氏韓詩外傳云周宣王大夫韓侯子有賢德史記魏有屈侯鮒左傳曹有賢侯氏獳漢有尚書郎栢侯儁吳有張昭師白侯子安又虜三字姓二氏周書有侯莫陳氏侯崇傳云其先魏之別部也又周有大將軍伏侯龍氏名恩戶鉤切二十四

矦 見上 𠊱 古文 帿 射侯見上注俗從巾 鄇 地名 頯 頯顧大言 鍭 箭鏃 銗 鏂銗鍛鍭 猴 獼猴 𤠸 猴也 糇 糇粮 翭 說文曰羽本也一曰羽初生皃 鶹 同上 餱 乾食 喉 咽喉

篌 箜篌 鯸 鯸鮐魚名 𣕯 猴桃又猴櫟木也 𧮫 谷名在成臯亦作𨞲 瘊 死瘻 蝬 蟲名

葔 葔莎草 骺 骨骺 睺 半盲又胡遘切 褠 褠襦小衫 謳 吟也歌也烏侯切十六

嘔 嘔唲小兒語也 歐 歐陽複姓出長沙郡 甌 瓦器亦甌閩又姓出姓苑 區 姓也古善劒區治子之後今郴州有之

漚 浮漚 鷗 水鳥說文云水鴞也 䁱 深目皃又若侯切 瞘 上同 櫙 木名爾雅曰櫙荎今之刺榆 蓲 上同 醧 酒甘 剾 剾剜又挌侯切 𧝂 小兒涎衣 鏂 鏂銗

膒 久脂 穤 穤親胡羊奴鉤切四 獳 犬怒 𩔒 兔子 𩲦 鬼皃鬼聲魗不止也出說文

樓 亦作婁重屋也亦姓夏少康之裔周封為東樓公子孫因氏焉漢末樓秦自譙徙居會稽因以東陽為望也又虜複姓有蓋樓氏賀樓氏落侯切二十九

婁 空也又星名亦姓邾婁國之後漢有婁敬又漢複姓五氏左傳齊大夫工婁灑漢書藝文志有齊隱士黔婁子著書何氏姓苑云毋婁氏今琅邪人又有精婁氏邾婁氏又虜複姓二氏後魏獻帝次弟為伊婁氏又有匹婁氏後並改為婁氏說文作婁今作婁並同

鄹 鄉名又力于切 𨻳 縣名 𤬪 菰𤬪土瓜 蔞 爾雅曰購蔏蔞蔞蒿也生下田初出可啖詩云言采其蔞又力朱切 𠟡 頭劃 小穿 䝏 求子豬也 羺 土羺似羊四角其銳難當觸物則斃食人出山海經

僂 傴僂又力主切 艛 舟名 耬 種具 髏 髑髏 膢 八月祭名又力于切 瓢 瓠瓢苦瓠 廔 廲廔綺窗 剅 小穿又音兜 摟 探取 嘍 嘍唊鳥聲

瞜 視皃 螻 螻蛄一名仙蛄一名石鼠爾雅曰螜天螻又曰蛶蛖螻 簍 籠也 鞻 鞮鞻氏掌四夷之樂 慺 慺慺謹敬之皃 鷜 爾雅曰鵱鷜鵝即今之野鵝 䱾 魚名 褸 衣襟又力主切

遱 說文曰連遱也 謱 說文云謰謱也 涑 澣也速侯切八 鎪 刻鏤 䩬 皮 鞻 上同 騪 騪騪白頭人也 擻 摟擻取也出陸氏字林 𣀓 今𣀓 嫂 女字 彄 弓彄恪侯切八 摳 摳衣挈衣也

剾 宛剾也又乙侯切 韝 射韝臂捍也又古侯切 怐 怐愗 𣽢 水名在北地又音寇

夠 多也 瞘 目深瞘瞘 齁 齁鮐鼻息也呼侯切二 䳼 䳼鳥青色似鵋鳩也 𪏰 麻幹子也 侯切五

緅 青赤色也再染曰緅三入成纁 陬 隅也又聚居 棷 薪別名 掫 說文云夜戒守有所繫也

偷 盜也爾雅云佻偷也謂苟且託侯切四 鍮 鍮石似金陶之則分 鉒 上同 媮 薄也

侯

又巧黈也。頭說文云頭首也釋名云頭獨也於體高而獨也度侯切十五⿰俞刂剾⿰俞刂足節又刀宛物投
託也弃也合也說文擿也亦姓鄅伯周畿內侯桓王伐鄭投先驅以策其後氏焉漢有光祿投調又漢複姓有投壺氏風俗通
云晉中行穆子相投壺因以氏焉姓苑云東莞人也⿱俞麻字書云麻一絜說文云⿱俞麻屬或作⿱麻俞骰骰子博陸采具
出聲譜𣪍遥擊皃坄陶窯牏築垣短版又羊朱切⿰酉俞醬⿰酉俞醬也⿸广俞⿸广俞行圊廁揄
引也又欲朱切窬穿也又羊朱切緰布也歈歌也又羊朱切⿰豆鳥鵍頭鳥似鳧脚近尾。齵
齱齵五婁切又牛俱切一。鉤曲也又鉤屬字樣句之類並無著厶者古侯切十八⿰句刂說文云關西呼鎌爲⿰句刂也
溝溝渠爾雅云水注谷曰溝釋名曰田間之水曰溝溝搆也縱橫相交搆也褠襌衣韝臂捍又苦侯切
緱緱氏縣屬河南府又姓孝子傳陳留緱氏女名王亦刀劍頭纏絲爲緱篝燻籠笱笱篠挑技竹名
鼂鼂䵷似龜說文其俱切鼄屬頭有兩角出遼東亦作䵶⿰口冓唱⿰口冓舟瓜舟瓜名𦨨𦨨艫耩
數名十秭曰溝枸曲木又木名也句說文曲也又高句驪遼東國名又句龍社神名亦姓史記有句疆又九遇
古侯二切軥車軥心木又夏后之輅曰軥也夠多也鴝鴝鵒鳥又音衢。兜兜鍪首鎧也當侯切
十侸佔侸垂下皃佔丁兼切㕱輕出言皃篼飼馬籠也䀠䀠眵目汁凝眵赤支切剅
小穿又音婁或作詢⿰豆見說文云目蔽垢也⿰豆句小裂皃郖說文云弘農縣庾地⿱髟兜⿱髟兜䰩白頭
。⿰取刂細斷徂鉤切二鯫魚名又士苟切又小人之皃也。裒聚也薄侯切九䯽說文云髮皃捊
說文云引取也抔手掬物也掊詩曰曾是掊克謂聚斂也䏁豕肉醬也餢餢飳曰食也錇
說文云小缶也箁說文云竹箬也。⿰言雈就也千侯切一。呣慮也亡侯切一

四十。幽

深也微也隱也亦州名釋名曰幽州在北幽昧之地故曰幽禹貢冀州之域舜以冀州南北廣大分燕北爲幽州又北方曰幽
都又姓出姓苑於虯切七呦澤在崐崘山下呦鹿鳴𣢘同上蚴蚴蟉龍皃又一糾切怮
說文憂皃𢆶微也。虯無角龍也渠幽切又居幽切七觩上曲皃璆玉名觓角爵皃
鷚爾雅云鷚天鸙郭璞云大如鷃雀色似鷃好高飛作聲又音繆蟉蚴蟉龍皃𤛘角皃。彪虎文

也甫休切三髟髮垂皃又標彡二音驫馬走皃又音標。鏐紫磨金也力幽切二蟉蚴蟉又翹
糾。切樛說文曰下句曰樛詩曰南有樛木傳云木下曲也居虯切五丩說文曰相糾繚也今作丩同⿱艹丩
草之相糾繚也朻說文云高木也⿸疒丩腹急病也。淲水流皃亦作滮皮彪切三瀌雨雪皃又音鑣
颩風皃。⿱禾系禾生也子幽切一。犙牛三歲山幽切一。聱聱取魚鳥狀語蚪切又王苞切一
飍飍驚風香幽切飍又風幽切二烋美也福祿也慶善也出王篇又火交切。繆詩傳云綢繆猶纏綿也說
文曰枲十絜也武彪切又目謬二音三鷚天鸙鳥也又音虯𦃇縛也

二十一。侵

漸進也說文作㑴又姓三輔決錄有侵恭七林切七㑴上同駸馬行疾也浸浸淫也又子鴆切⿰豆㑴
野生豆也䅧錐綅說文曰綫也詩曰貝冑朱綅又子心息廉二切。尋長也又尋常六尺曰尋倍
尋曰常山海經曰尋木長千里生河邊又姓晉有尋曾字子真徐林切十六撏上同出說文鐔劍鼻又姓
漢有鐔顯又覃淫二音潯傍深又水涯也鱏魚名口在腹下又音淫樳木名似槐鄩地名
在毒又姓左傳有周大夫鄩肝⿰阝尋小堆阜也⿰月尋姓也出纂文⿰風尋姓也姓苑云汝南人襑衣博
大也梣木葉也撏取也灊水名出巴郡又才心昨鹽二切鬵鼎大上小下又才心昨鹽二切⿰糸尋
續。也林林木爾雅曰野外謂之林說文曰平土有叢木曰林又姓風俗通曰林放之後力尋切八琳玉名淋
以水沃也臨莅也大也監也又姓後趙錄有秦州刺史臨深也痳痳病箖箖箊竹名瀶水出
皃說文云谷也一曰寒也霖久雨。琛琛寶也丑林切七棽木枝長又林森二音𦨭船行睍
私出頭視也又丑鴆切綝繕也郴縣名在桂陽又姓陶侃別傳有江夏郴寶賝賝賮。斟
斟酌也益也又姓國語云祝融之後侯伯八姓斟姓無後賈逵注云斟姓曹姓之後又漢複姓有斟戈氏出史記職深切九
針針線鍼上同說文曰所以縫也鱵鱵鳶鳥名箴箴規也又姓風俗通云有衛大夫箴莊子
葴酸漿草也瑊廣雅曰瑊石次玉也郭璞云瑊玏似玉之石司馬相如子虛賦曰其石則瑊玏玄厲鱵
魚名𡊄𡊄鄩古國名。沈沒也說文曰陵上滈水也又漢複姓晉有沈猶氏常朝飲其道何氏姓苑云今泰山

人直深切又尸甚切九沉俗　牨水牛　菸尒雅曰蕁菸藩郭璞云生山上葉如韭　芜上同　又丰針都敢二切　霃久陰　湛漢書曰旦從俗減切　枕繫牛杙也　鈂鐘屬　○碪擣衣石也知林切五　砧上同　椹鈇椹斫木質文字指歸俗用爲桑椹字非　枮上同　坫權安厝也　○諶誠也尒雅云信也氏任切七　愖上同　訦上同說文曰燕代東齊謂信曰訦　忱上同　煁烓行竈烓烏烓切　瘎腹內故病　疣上同　○任堪也保也當也又姓出樂安黃帝二十五子十二人各以德爲姓第一爲任氏如林切七　鵀戴鵀勝鳥也頭上毛似勝又女今切　恁信也又音荏　壬佞也又辰名爾雅曰太歲在壬曰玄黓　紝織任亦作絍　銋銋濡廣雅韏也　⿰言任信也念也　○深遠也又水名出桂陽南平式針切二　蔘蒲蒻　○淫久雨曰淫書曰罔淫于樂傳云淫過也餘針切十五　霪久雨　婬婬蕩　䈞竹名　蟫白魚蟲　鷣鷂之別名　芜熱也　冘行皃　佔上同　醰熟麴又昨淫切　撢探也　鄩地名　㸒貪也又延求切　鐔劍鼻又尋覃二音　鱏魚名又徐林切　○心火藏釋名曰心纖也所識纖微無不貫也息林切四　綅久綫皃　⿰車心車軸軓木　杺木名其心黃　○愔靖也挹淫切二　⿱殸音聲和靖也　○祲日傍氣也子心切又子禁切九　梫木名　⿰木亢銘意　埐說文地也又昨淫切　⿰先隹雞之別名　⿰鼻替鼻高　綅縫線　祲錐也　⿰魚替魚名　○鮼大魚曰鮓小魚曰鯵一曰北方曰鮓南方曰鯵昨淫切十　鯵上同見說文　鬵說文曰大釜也一曰鼎大上小下若甑曰鬵　朁朁品　梣木名又子心切　埐地名又子心切　⿰甚尢掘也　鈂上同又直林切　灊水名出巴郡　⿰酉甚熟麴又餘針切　⿰言任誑詉喉聲女心切三　⿰糸南緰織也或作紝　鵀戴勝　琴樂器神農作之本五弦周加文武二弦白虎通曰琴禁也以禁止淫邪正人心也又姓左傳琴張也巨金切二十二　⿰扌禁急持　捦上同　擒上同　黔黑而黃亦姓齊有黔敖又巨炎切　禽二足而羽曰禽又姓高士傳有禽慶　芩黃芩藥名　⿰今阝亭名　檎林檎果名　⿸厂金說文云石地也　鵭鶄鳥亦作鳹　琹草名根可緣器出王篇　澿水名　凜寒狀又力甚切　庈人名庈父　雂鳥名又巨炎切　鈙持也

炈禁也又竹甚切　黚黃黑色又巨炎切　⿰禾替禾欲秀也　耹音也　靲靲鞻四夷樂也　○欽敬也又姓何氏姓苑云吳人也去金切五　⿱艹金草名似蒿　衾被也　嶔嶔岑　顉曲頤又五感切　○吟歎也說文云呻吟也魚金切十　訡上同　䪩古文　唫亦古吟字說文又巨錦切　崟嶔崟　吟水菜似蒜　碞巗差　霠霖雨又牛皆切　㐺衆立皃　㢛嶔㢛山崖狀也又口敢切　○歆神食氣也許金切四　廞爾雅曰興也亦陳車服也亦㢛巘山險皃又許錦切　⿰⿱今女欠愛也又火甘切　歁火盛皃　○金金寶說文曰五色金也黃爲之長久薶不生衣百鍊不輕從革不違西方之行生於土亦州名周爲附庸國魏於安康縣置東梁州後周改金州又金鼓釋名曰金禁也爲進退之禁也又姓古天子金天氏之後也又漢複姓有金留氏出姓苑居吟切九　今對古之稱說文云是時也　黅黃色　衿衣小帶也又其禁切　襟袍襦前袂　裣上同　禁力所加也勝也又居蔭切　⿰忄禁心⿰忄禁皃　𪐝淺黃色說文云黃黑也又古咸切　○音說文曰聲也生於心有節於外謂之音宮商角徵羽聲也絲竹金石匏土革木音也於金切八　陰陰陽也說文作侌闇也水之南山之北也又姓出武威風俗通云管修自齊適楚爲陰大夫其後氏焉　隌爾雅云闇也注謂隌然冥皃又烏感切　瘖瘖瘂文子曰皋陶瘖　霠雲覆日又姓出纂文　䇓古文　喑極啼無聲又於含切　⿰酉音醅聲又於南切　○森長木皃所今切十　參參星亦姓世本云祝融之後又蒼含切　曑上同　蔘人蔘藥也　蓡古文　槮樹長皃　襂襂纚毛羽衣皃　突突也　罙上同　棽木枝長也　○岑山小而高又姓出南陽風俗通云古岑子國之後後漢有岑彭鋤針切九　涔涔陽地名又管涔山名又蹄涔不容尺鯉　𡶓入山深皃　梣青皮木又子心切　㰯上同　⿱雨替雨聲　⿰魚替魚名　⿰禾替禾欲秀　笒竹名　○兂說文曰首笄也側吟切四　簪上同　⿰王替石似玉也　⿰扌替遠也　○嵾嵾差不齊皃亦作參楚簪切六　參上同　梫梫桂木花白也又音寢　穇字書云禾長皃　駸馬行疾皃　槮木長皃　○覘說文云內視也充針切一

二十二覃

○覃及也延也又姓梁東寧州刺史覃元先徒含切二十　鄿鄿城縣名　潭水名出武陵郡潭城縣東入鬱林又深水皃　曇

雲布藫水衣橝木名交可染也蟫白魚蟲又音淫譚大也又姓漢有河南尹譚閎䞶趨䞶走皃
燂火爇壜罈甈屬鐔劒口又音尋眈視近而志遠又音耽⿰甚冘⿰甚冘室深皃䚊聒也醰醰醰香氣蕁草名
爾雅曰蕁莐藩蕁同上⿰米覃糝也⿰甘覃長味又徒紺切○參參承參觀也俗作叅倉含切五驂驂馬⿺走參⿺走參趯傪
好皃㜗玉篇云婪㜗也○南火方亦果名臨海異物志云多南子大如指紫色味甘似梅又姓魯大夫南遺也又漢複姓九氏左傳齊
有南史氏其後爲姓又魯有南宮敬叔晉國高士全隱於南鄉因以爲氏六國時有南公子著書言五行陰陽事莊子有南郭子綦又有南榮
趎古有善暴背於南榮之者獻之於君其後爲氏又有南伯子綦姓苑有南野氏又有南門氏那含切七男男子也又所封爵也環濟
要略曰男任也事受王命爲君枏木名又人詹切楠俗抩併持也又他含切䶲龜有距也又如詹切𦊱同上○諳
記也憶也烏含切十二鵪鵪鶉字林作䳺䳺雜媕媕娿不決庵小草舍也腤煑魚肉也菴菴蔄草又菴䕡果也
⿺尢奄蹇跛之皃馣香也婪貪愛䤁聲小又於林切盦說文曰覆蓋也唵啼泣無聲○含說文銜也胡男切二
十二涵涵泳⿱竹函竹名實中笒同上梒梒桃禮亦作含⿰金函鎧別名孟子云矢人豈不仁於⿰金函人哉矢人唯恐不傷人⿰金函人唯恐
傷人函容也禮云席間函文顄頤頷頷上同蜬爾雅云蠃小者曰蜬顄說文曰面黃也又胡感切⿰氵函水澤多皃鋡
受也硆似瓶有耳舲船役䶲鼠屬又古南切圅銜也說文舌也肣說文同上䨡久雨䨡同上马
說文曰嘾也艸木之華未發函然象形又下感切⿰彳函寒皃○婪貪也盧含切六惏同上燣焦色嵐州名近太原因
岢嵐山爲名有渥洼池出良馬亦山氣也葻草得風皃啉酒巡匝曰啉出酒律亦作𡂊○蠶吐絲蟲俗作蚕昨含切四
撏取也鄑亭名蹭上也○簪作含切又側岑切七撍盡也篸所以綴衣又作感切鐕鐕蠶簪膭腤腤𦢏
羊腌錔無蓋釦也○探取也說文作探遠取之也他含切三撢周禮有撢人貪貪婪也釋名曰貪探也探入他分也○耽
說文曰耳大垂也又耽樂也詩曰無與士耽或作躭丁含切九湛湛樂亦見詩眈視近而志遠也酖嗜酒妉妉樂甋
大甖可受一石媅婬過說文樂也⿰甚見內視又大含切躭多也○龕塔也亦曰龍皃又云塔下室口含切十戡殺也剌也

顑醜皃堪任也勝也克也說文曰地突也又姓風俗通云八元仲堪之後戡勝也克也⿸麻甘和也又紅談古三二切嵁
嵁嵔又五男切坾瓦器撖拄也㪁敢多○崡大谷也火含切八⿰面含面紅⿰香含小香⿰含欠含笑皃谽
谽谺谷空唅唅呀𥨓不脫冠帶而寐也𥨓同上○毿長毛皃蘇含切三䅟䅟緌垂皃犙牛也弇同也
蓋覆也後漢有耿弇古南切又音掩五䶲鼠名淦水入船中又最也泥也汲也又甘暗切吉州有新淦縣水所出入湖或作泠
⿱敢糸持意也又呼兼切蜬蠃小者又貝居水者肉如科斗但有頭尾○譀不惠也又謔弄言五含切三䆷寐中言語嵁
嵁崟又苦男切
二十三○談談話又言論也戲調也又姓蜀錄云晉有征東將軍談巴徒甘切十一郯國名其後以國爲姓春秋時郯
子入魯齊古官與孔子相遇姓苑云沛人惔憂也錟長矛淡水皃又徒覽切痰胷上水病澹漢複姓孔子弟
子有澹臺滅明又徒覽徒濫二切倓恬也安也靜也又徒監徒坎二切餤進也詩曰亂是用餤又徒濫切剡刮馬篦也⿱炎天
小熱○甘說文作甘美也又隴右州本月支國漢匈奴觻得王所居後魏爲張掖郡又改爲州取甘峻山名之界有弱水祁連山上有松
栢五木美水茂草冬溫夏涼又有仙樹人行山中飢即食之輒飽不得持去平居時亦不可見也又姓武丁臣甘盤之後又漢複姓有甘莊甘
士甘先三氏古三切七柑木名似橘笘竹名苷甘草藥出洮州泔米汁⿸麻甘和也⿰女柑⿰女柑媞也○擔擔負釋名
曰擔任也任力所勝也都甘切五儋說文何也亦姓左傳周有大夫儋翩聸說文曰垂耳也南方有聸耳之國頕頰緩甔小甖
○三數名又漢複姓五氏三閭氏三閭大夫屈原之後也沛上計三烏群三烏大夫之後也三飯氏三飯尞之後有三州孝子之後有三州氏後單
姓州蜀志有三丘務蘇甘切五參上同又七南所今二切俗作叅弎古文𢒆衣破襤𢒆鬖毛垂𩯋鬖髮鬖○藍染草又姓戰國
策有中山大夫藍諸魯甘切十一襤襤褸𩯨𩯨鬖髮皃擥擥持籃籃籠䰐長面𪇆𪇆鶴鳥名今俗呼郭
公也㜮㜮貪皃𥨊𥨊𥨝簿大儖儖儳形皃惡也𧅳瓜菹○坩坩甒苦甘切一䣯吐舌也他酣切九聃耳漫
無輪又老氏名又姓左傳周大夫聃啓⿰身冉俗緂色鮮坍水衝岸壞蕪蔥別名𥨢𥨢䆾薄大㴴㴴淡波也
菼藍菼瓜菹○慙愧也昨甘切五慚同上鏨小鑿鏨𪇄鶈別名蹔說文暫也○酣酣飲應劭曰洽也張晏曰
中酒曰酣又樂也胡甘切八甝白虎𧑒桑蟲魽蛤也⿸麻甘和也又口含古三二切⿰炎占火上行皃炶同上邯江湘人言

也又音寒。坩老女稱武酣切一　甔長面皃昨三切一　蚶蚌屬爾雅曰魁陸本草云魁狀如海蛤員而厚外有文縱橫即今蚶也亦作甝戲乞人物甝呼談切五　䁟亦作敢　婪貪妄又一含切　欿欲　憨也　癡

二十四鹽　說文曰鹹也古者宿沙初作煑海爲鹽亦州近北鹽池因以名之又姓魯國先賢傳有北海相鹽津余廉切十五

塩俗　檐木名　閻里中門又姓出天水河南二望　閻說文云海岱之間謂相汙曰閻　壛文同上　阽臨危　檐屋檐說文曰檐櫋也　簷同上

櫩步櫩長廊也　同上亦同　䳒鴿離鳥自爲牝牡也說　閻語林云大夫向閻而立說文曰闕謂之廉　瀸走也　。廉廉儉也釋名曰廉斂也自檢斂也又姓趙有廉頗力鹽切二十　鐮刀鐮名曰鐮廉也　鎌同上　霙久雨　帷帷也　簾簾箔釋名曰簾廉也自障蔽也釋其所以似廉也　爲簾恥也三秦記曰明光宮以金玉珠璣爲簾箔　蘞白蘞藥　薟蔓草說文又音斂　匳盛香器也又鏡匳也俗作奩　籢同上又音斂

磏赤礪石　薕薕蘆也說文作蠊海蟲名　蠊同上　獫大長喙又力劍切又音險獫狁也　螊蟲也長寸而白可食　𥝩禾名　轆車輛

𢧵𢧵打也　帘青帘酒家望子　驜驅也一曰長皃　覝察也　。砭以石刺病府廉切又方驗切二　砭古文　。銛利也說文曰臿屬纂文曰鐵有距施竹頭以擲魚爲銛也息廉切十三　暹日光進也　䬯木名　綅白經黑緯　纖上同　纖細又山韭也今通作韱　孅小也　攕細也　纖好手皃　襳細也　憸利口也　孅銳也　䆎髮也　毿毛飾又所銜切　思又思

俗作詹又姓楚詞有詹尹職廉切六　瞻視也　占視兆也亦姓陳大夫　占又章豔切　蟾蟾蠩蝦蟇也張衡靈憲曰羿請不死之藥於西王母恒娥竊之奔月宮遂託身於月是爲蟾蠩抱朴子云蟾蠩壽三千歲者頭上有角頷下有丹書八字玄中記云蟾蠩頭生角者食之壽千歲也　噡多言　㐆語也

疾利口也　。籤竹籤又驗也一曰銳也貫也七廉切十　臉臉膁　㶨鹽水和也　𪉟同上　槧削皮又才敢切　㦰又才感切

切　憸憸詖也　僉皆也咸也　劖劖切也　𢤽𢤽懺記出字林　譣譣詖　詹至也廉也曰詹事秦官也

。萟萟草覆屋又凶服者以爲覆席也又姓左傳魯季氏家臣苫夷失廉切三　蟾蟾光月彩也又職廉切　椽果名似柰而酸視占切三　擣

栝取也　䩞䩞衣也　鬋肩屏也處占切十一　䛖又尺涉切　姑姑好也　䪜䪜皃又丑兼切　蟾蟾蜍蝦蟇　襜襜褕也　䑎䑎臚　襝前帷曰襜

上　鞍鞍動皃　同上　蔣皮剝　綅衣色　妗妗姿善笑皃又許兼切　㤿㤿懘音不和也禮記作怗　鉆也　輴

。說文曰頰須也汝鹽切十二　髯上同　蚺大蛇　呥噍皃　枏梅也子如杏而酢　䛁多言　蛅蛅蟖爾雅曰螺蛅蟖郭璞云蛓屬也今青州人呼蛓爲蛅蟖　冄說文云毛冄冄也亦作冉　袡衣緣　𪚏龜有甲𪚏　𤵸皮剝又處占切　䛁䛖長舌

。黏黏麵女廉切三　粘俗　䬯南楚呼食麥粥　。炎熱也說文曰火光上也于廉切　。霑霑濕也又濡也清也張廉切三　沾水名在上黨說文他兼切　蘸黃也　。覘闚視也丑廉切二　䀡又丑豔切　姾姾妗喜皃　。淹漬也滯也久留也敗也央炎切六　菴菴蔄草又音諳　崦崦嵫山下有虞泉日所入又於檢切　醃醃鹽又醃菹也　郔邑名　閹男無勢精閹者

。懕懕愔意不安也丘廉切二　鈐鈐曲頭鑿　。䶢䶢齒差語齒廉切一　。尖銳也子廉切十三　殲盡也殄滅也　瀸漬也沒也洽也又泉水出微皃　懺拭也　䃎䃎啗不廉又將廉切啗子俱切　漸入也漬也又慈染切　蘵草百足　熸火滅　笺

刺也銳意也又持戈說文絕也　霰小雨又霑也　鑯說文曰鐵器也一曰鐫也　鋟以爪刻版也又所咸切　㦰漬也或作瀸

。潛水伏流又藏也亦水名又姓姓苑云臨川人昨鹽切九　朁於朁縣名屬犍爲又子林切　潛杭州今作潛　箔漂絮簀又音　灊水名在巴郡宕渠又古縣名在廬江又子林切　䁮閉目內思　燂周禮注云炙爛也　鬵古文　蟖蟖蠊蟲名　。鉗鑽頭亦作鉗晉律曰鉗重二斤翅長一尺五寸又羌複姓有鉗耳氏說文籋也巨淹切十一　鈐上同說文曰以鐵有所劫束也　衿以今縜巾衿

鉆持鐵者說文又敕淹切鐵鋤也一曰膏車鐵鉆　黚淺黃黑色又古黚陽縣在武陵又巨今切　拑脅持也　黔黑黃色說文曰黎也秦謂民爲黔首謂黑色也周謂之黎民又音琴　羬羊六尺爲羬　鳹鳥　鵮白喙鳥　雂上同　鍼虎人名又之林切　鈐兵鈐以閉房神府以備非常又鈐鑰星名說文曰鈐鑰大犂也　。懕安也一鹽切七　猒飽也又於豔切　檿上同　懕和靜　㤿稖稖苗美也　鬵魚名又魚檢切　舍怒也　。燅說文曰湯中爚肉也徐鹽切九　燖同上　燂　鬵並同上

燅火山　𪏡摛物出字林　桸木細葉　䉎小　。襳襳褷毛羽衣史炎切一　。𤈦字林云小熱也直廉切　䃔埤蒼云　𧫤言利美也又三　蘞赤黃色　訷人名字書無　。鍼巨鹽切又音針一

二十五添　益也他兼切四　沾說文曰水出壺關東入淇一曰沾益也　黇黃色　舔吐舌　䛖䛖譇　。髻髻鬑鬋髮疏薄皃丁兼切八　𢻱稱量　㚲㚲薄也　咕轉語　𡨁衣領又丁頰切　襜同上　聑耳小垂　䀡目垂又丁念切　。甜甘也徒兼切五　恬靖也　湉水靖　菾菜名　䓎藥名　。鬑鬑鬋勒兼切六　蘼蘼

秀了荻草熑熑朝說文曰火熑車網絕也溓大水中絕小水出也說文曰薄水也一曰中絕小水濂薄也熑火不絕皃
。謙敬也讓也苦兼切二𡚴𡚴堅持意又呼廉切。兼說文曰并也兼持二禾持一禾又姓衞公子兼之後古甜切七縑
絹也說文曰并絲繒也鶼比翼鳥稴青稻白米蒹荻未秀𦊅絲網鰜比目魚。嫌說文曰不平於
心一曰疑也戶兼切二稴稻不黏者又力兼切。鮎魚名奴兼切三䛖說文曰相謁食麥也拈指取物也。馦香氣許兼
切七𤷾𤷾病也䵛赤黃色嗛香美歉貪慾也又笑也𦅾堅持意又契兼切妗美也

二十六。咸皆也同也悉也亦姓姓苑云巫咸之後今東海有之胡讒切十一鹹不淡醎俗函函谷關名又函
書亦姓漢有豫章太守函熙又漢複姓漢末有黃門侍郎函治子覺又音含𩣺𩣺驪古縣名馬漢書只作咸諴和也鰜魚名
稴不作稻也椷杯也揻同上𨍯車聲。緘緘封古咸切七𦀢慳恪又堅持意口閉也瑊美石次玉玪
上同尲尲尬行不正也黬釜底黑也䵘說文曰雖皙而黑也古人名䵘字皙。攕女手皃所咸切十一摻上同詩曰
摻摻女手又所減切櫼木名似松爾雅又作黏杉上同櫼上同說文音尖楔也霎雨皃說文曰微雨也或作䨻又子廉切
𩃬微雨彡瞻見又所儳切𨍭車參鞍𨍭車聲華垂皃㺗犬容頭進也。猎犬吠聲乙咸切又乙陷切三㴸
㴸音深黑也又乙減切。岩巖也又嶃岩山高皃亦地名五咸切十顩面長皃又丘檻切黬釜底黑也又音緘
𧇊山羊𧇊熊虎絕有力也𧇊同上鹻鹵皃碞僭差又牛金切獑羊有力也諵和也又戲言也。𣢑
笑皃許咸切五蝛似蛤出海中也㰹喜皃又香兼切谽谽谺谷空皃䶃出頭皃。詀詀諵語聲竹咸切又尺涉
切四䶃䶃酟出面頭皃鵮鳥啄物也又苦咸切鹹鹹味。諵詀諵也女咸切二喃同上。讒譖也士咸切又
士銜切十三獑獑猢似猿而白又士銜切鏨小鑿又才三切饞不廉毚狡兔𪖙同上𪖙鼻高皃欃
檀木別名攙刺也又楚銜切𪕬鼠名又埤蒼云鼠皃㪨鳥㪨物也儳儳儳皃惡也又仕陷切郶宋地名。鵮
鳥鵮物苦咸切五㪨同上嵁嵁巖不平正皃㞡山崖空穴間皃鬑鬑顩長面

二十七。銜說文曰馬勒口中从金从行銜行馬者戶監切二甊瓦乾瓦屋也。巉險也鋤銜切八嶄嶄嵒山皃
𨞚刺也說文曰斷也一曰剽也艬合木船鑱吳人云犂鐵說文銳也又士懺切獑獑猢又士咸切毚又士
咸切嚵嚵氣說文曰小啐也一曰喙也又音懺。巖峯也險也峻廊也五銜切三礹上同㘙呻吟。攙攙搶祆星
爾雅作攙槍楚銜切又士咸切一。衫衫衣所銜切八𦅾帛青色又音裁髟屋翼也又長髮皃縿絳帛說文曰旌旗游也
三毛長芟刈草穇穇穇穗不實見齊人要術鬖又所銜切。監領也察也說文云臨下也古銜切又古懺切五礛
礛磃青礪𥉮視也鑑鑑諸以取月中水又明也𠞜細切。𨅪步渡水白銜切一。嵌巖山也口銜切一

二十八。嚴嚴毅也威也敬也說文曰嚴令急也亦姓本姓莊避漢明帝諱改姓嚴語驗切二𡾋射𡾋𩌏
胡被也虛嚴切五杴鍬屬古作㭠或作𣠄方言云青齊呼意所好為杴𤺥𤺥瘦物在猴也𥟍禾傷肥也薟
芊之辛味曰薟。醃鹽漬魚也於嚴切二腌上同。㪁㪁歆不齊丘嚴切又丘广切二𠪚山側空處也

二十九。凡常也皆也輕也非一也又姓周公子凡伯之後姓苑云晉陵人符咸切七帆船上幔也亦作颿又扶泛切仉
輕也又孚劒切舤舤船氾國名又姓出燉煌濟北二望皇甫謐云本姓凡氏遭秦亂避地於氾水因改焉漢有氾勝之撰書言種植之事
子輯為燉煌太守子孫氏家焉又音汎颿馬疾步杋木皮可以為索。芝草浮水皃匹凡切二𣢖多智慧也

廣韻下平聲卷第二

新添類隔今更音和切

緜名延切　[illegible]中全切　閍北盲切　平僕兵切　凡符芝切　芝敷凡切

廣韻上聲卷第三

多動 董第一獨用　之隴 腫第二獨用
古項 講第三獨用　諸氏 紙第四旨止同用
職雉 旨第五　諸市 止第六
無匪 尾第七獨用　魚擧 語第八獨用
虞矩 麌第九姥同用　莫補 姥第十
徂禮 薺第十一獨用　鞋買 蟹第十二駭同用
諧楷 駭第十三　呼猥 賄第十四海同用
呼改 海第十五　之忍 軫第十六準同用
之尹 準第十七　武粉 吻第十八隱同用
於謹 隱第十九　虞遠 阮第二十混很同用
乎本 混第二十一　乎墾 很第二十二
何滿 旱第二十三緩同用　胡管 緩第二十四
山板 潸第二十五産同用　所簡 産第二十六
先典 銑第二十七獮同用　息淺 獮第二十八
蘇鳥 篠第二十九小同用　私兆 小第三十
苦絞 巧第三十一獨用　乎老 晧第三十二獨用
古我 哿第三十三果同用　古火 果第三十四
莫下 馬第三十五獨用　余兩 養第三十六蕩同用
徒朗 蕩第三十七　古杏 梗第三十八耿靜同用
古幸 耿第三十九　疾郢 靜第四十
戶鼎 迥第四十一獨用　蒸上 拯第四十二等同用
多肯 等第四十三　云久 有第四十四厚黝同用
乎口 厚第四十五　於糾 黝第四十六
七稔 寑第四十七獨用　古禫 感第四十八敢同用
姑覽 敢第四十九　以冉 琰第五十忝儼同用
他點 忝第五十一　宜奄 儼第五十二
下斬 豏第五十三檻范同用　乎黤 檻第五十四
防錽 范第五十五

一董

○董 督也正也固也又姓飂叔安裔子董父實甚好龍帝舜嘉焉賜姓曰董出隴西濟陰二望多動切七 蝀 螮蝀虹也又音東 蕫 亦姓又竹器也 懂 懂憧心亂 蕫 草似蒲而細又藕根 𥟅 穲𥟅不上 𪔋 𪔋𪔋鼓鳴也 ○蠓 列子曰蠛蠓生朽壤之上因雨而生覩陽而死莊子謂之醯雞莫孔切七 蠓 物上白醭 鸏 水鳥又音蒙 濛 濛澒大水又莫紅切 幪 大皃 曚 曚曨日未明也 懵 心亂皃 ○孔 孔穴也又空也甚也亦姓殷湯之後本自帝嚳次妃簡狄吞乙卵生契賜姓子氏至成湯以其祖吞乙卵而生故名履字天乙後代以子加乙始爲孔氏至宋孔父嘉遭華父督之難其子奔魯故孔子生於魯曾康董切二 倥 倥偬事多 ○𢿜 揰擊先孔切三 䈘 箸桶 檧 又蘇公切 ○侗 直也一曰長大他孔切四 桶 木桶又音動 曈 曈曨欲曙又音童 捅 捅進前也 ○總 聚束也合也皆也衆也作孔切十五 揔 上同 惣 俗 嵸 巃嵸山皃 傱 衆立 鬆 鬆鬆角本亦作總 蓯 蓯蓉草皃 騣 爾雅云軌騣一名麥華 猣 犬生三子 揔 鳥飛竦翅上下也所謂鵲鵙醜其飛也 䁓 人窺視方言云南 熜 說文煴也曰然麻蒸也又青公切 廖 屋會又且公切 轗 關西呼輪曰轗 偬 倥偬 ○頍 說文曰丹沙所化爲

水銀也又澒傾大水胡孔切五鴻鴻濛又音紅蚕蚕蟲甲類咏鳴聲咏咏也汞水銀滓
蓊蓊鬱烏孔切九滃大水皃暡氣盛皃鎓鎓鎓多皃又音邕濃勜勜勜九屈強皃九
音軋䈵竹盛又音翁䐥䐥臭皃出字林塕塕埲塵起㷻㷻然煙氣繷奴動切一琫
佩刀飾也邊孔切四菶草盛綘小兒皮屨又巴講切俸屛俸又扶用切曨曈曨力董切九櫳
棒也又直隴切巃巃嵸竉孔竉籠竹器又龍聾二音攏攏略又拗攏謽詩也謂酒律儱
儱倲不調儱儱侗未成器也徿乘馬又牽也說文兼有也嗊羅嗊歌曲出吾幼童文呼孔切二懂
懵懂心神恍惚皃動躁也出也作也搖也徒揔切九迵古文酮酒壞又音同姛項直皃
眮瞋目詷訂詷訂音挻桶木器又他孔切挏推引也漢有挏馬官作酒又音同硐
安硐總硐皃馬融長笛賦菶蒲蠓切草盛皃又方孔切三唪大笑也埲塕埲塵起
二腫腫疾也說文癰也釋名曰腫鍾也寒熱氣鍾聚也之隴切六種種類也又之用切踵足後
又繼也趾也頫也說文追也一曰往來皃歱說文跟也偅相跡也喠喠喀欲吐寵寵愛也丑
隴切三𧻓小兒行皃埫埫塎不安隴說文云天水大坂也亦州漢汧縣後魏置東秦州又改爲隴州
因山名之力踵切三壟說文曰丘壟也方言曰秦晉之間冢謂之壟亦作壠書傳曰畝壟也𡍬塗也擁
手擁說文作擁抱也又擁劒蟲形似蟹崔豹古今注云一名執火其螯赤故謂之執火於隴切三𢸍上同壅
壅堨亦塞也障也又音邕宂宂散也亦官名續漢志曰先獵一曰大儺逐疫鬼宂從僕射將之逐鬼于禁中俗作宂而
隴切十二内上同穁稻稍傇不肖也一曰傛傇劣也或作傛茸又作搑茸毴鳥細毛也毹
上同軵推車或作搑𤘸水牛𪕗𪕗鼠㧈拒也亦作軵輯輕也搑推擣皃也
又而容切重多也厚也善也慎也直隴切又直龍直用二切四𢟩遟也襱袴也又來公力董二切又
作䘵鮦魚名又直柳切冢大也周禮天官冢宰說文曰高墳也釋名曰冢腫也象山頂之高腫起知隴切二
塚俗奉與也獻也祿也說文承也扶隴切二唪口高皃出埤蒼捧兩手承也敷奉切一勇

猛也說文作勈气也余隴切十五恿古文涌涌泉說文曰滕也一曰涌水在楚國甬草花欲發皃亦
甬道周禮云舞上謂之甬甬鍾柄也踊跳也又踊刖者以之接足晏子曰踊貴屨賤慂方言云慫慂歡也
𧼮說文曰喪辟𧼮也經典作踊同塎埫塎不安悀心喜也又出也埇地名在淮泗溶
水皃又音容蛹蠶化爲之傛說文曰不安也又音容俑木人送葬設關而能跳踊故名之出埤蒼
𧗳巷道出蒼頡篇恐懼也丘隴切又丘用切三忎古文也𢝫藺蕩尰足腫病亦作尰
時冗切三瘇上同出說文𢟩自要𢟩出聲譜拱手抱也又斂手也居悚切十八拲兩手共械
周禮曰上罪梏拲而桎𥐦水邊大石鞏以皮束物又縣名在河南亦姓左傳晉大夫鞏朔蛬蟋蟀
又巨容切孑孑孑井中小蟲也珙璧也廾說文曰竦手也篆文作𢪐弄具奐丞字並从此篆同而隸異也
𢪐說文曰揚雄說廾从兩手也㤨戰慄也又戶工切舉姓也𤭛瓴也𢫬抱持說文
擁也鞏輔也䱋鯤魚子也巩抱也說文作巩恐鞏類並从此栱爾雅云杙大者謂之栱輁
輁軸所以支棺悚怖也息拱切十竦敬也國語云竦善抑惡慫驚也聳高也說文曰生而聾
曰聳𦄷絆前兩足㩳執也駷何休云馬搖銜走也愯懼也亦作㩳從從從走意又先
項切𧝎禪衣洶洶溶水皃許拱切三詾詾𢤌也又音凶兇恐懼說文曰擾恐也左傳曰曹人兇
懼又音凶覂覆也或作𢇛又作泛此覂駕之馬非良者說文曰反覆也方勇切二𢇛上同湩都鵍切濁
多也此是冬字上聲一䳌莫湩切䳌鴖鳥又莫項切二朧豐大𣐊穫也渠隴切又渠恭切
雝小鳥飛也充隴切二喠氣急之皃憁說文曰惲也職勇切二𢝨上同又且勇切𧝎
子冢切禪衣又自拱切一三講講告也謀也論也說文曰和解也古項切四港水派傋𠈌傋不媚
皃又虛項切耩耕也𣏍杖也打也步項切八棒上同棓上同魏志云曹操爲北部尉門左右
縣五色棓各十枚玤周邑地名又珠次玉悻悻㤓很戾也蚌蛤也蜯上同䍋䍋鏵器出
埤蒼㤓悻㤓很戾烏項切一𠈌𠈌傋武項切二䳌䳌鴖鳥項頸項說文曰頭後也釋名曰項

磒也堅磒受枕之處又姓本姬姓國公羊曰爲齊桓公所滅子孫以國爲氏項燕爲楚將生梁梁兄子籍號霸王胡講切二

銗 說文云受錢器古以瓦今以竹又大口切 [封糸] 小兒皮屨巴講切一。傋 虛惝切又惝傋二 惝傋

四。紙 釋名曰紙砥也平滑如砥石也後漢蔡倫以魚網木皮爲紙又姓後魏書官氏志云渴侯氏後改爲紙氏諸氏切十六 帋 上同 只 語辭 坻 隴坂也又直尼當禮二切 軹 縣名在河內又字書云車輪之穿爲道紲子嬰於軹途是也 枳 木名周禮曰橘踰淮北而爲枳又居帋切 咫 咫尺賈逵云八寸曰咫 抵 抵掌說文云側手擊也 [氵只] 水名出枸扶山 砥 平也直也均也礪石也書傳云砥細於礪皆磨石也 坻 說文云坻著也 泜 著止 抧 開也 恀 怙也又音是 积 曲枝果也 駅 駅鴾鳥如烏赤足可以禦火見山海經。是 是非也說文曰直也又姓吳志云是儀本姓氏孔融嘲之曰氏字民無上乃改爲是焉又虜複姓四氏西魏有開府是云寶後魏書又有是連是婁是賁三氏承紙切十 氏 氏族又支精二音 媞 江淮呼母也又音啼 諟 理也正也諦也審也 恀 爾雅曰恀怙恃也一云恃事曰恀 徥 行皃又池爾切 杝 杝狼 禔 衣服端正 姼 方言云南楚人謂婦妣曰母姼也 𧿹 𧿹封也謂立也積聚也。靡 無也偃也又靡曼美色也說文曰披靡也文彼切七 [足靡] 行皃 灖 灖灖猶邐迤也 骳 骳屈曲也 [車靡] 乘輿金耳也又美爲切 𥨍 熟寐也又莫禮切 蘼 薔蘼藥名又亡爲切。彼 對此之稱甫委切五 猈 相分解也 柀 木名爾雅云柀煔 佊 埤蒼云佊邪也 [亻罷] 倦也 被 寢衣也又姓呂氏春秋有大夫被瞻皮彼切又皮義切二 罷 遣有罪又平陂薄解二切。毀 壞也破也缺也虧也許委切十 燬 水盛 檓 爾雅云檓大椒 毇 說文曰米一斛舂爲八斗 [竹毀] 上同 𡱂 又於詭切義見下文 譭 謗也譖也 [毀手] 手擊傷也 烜 周禮有司烜氏以陽燧取火於日以鑒取水於月 [毀女] 說文曰惡也一曰人皃 骫 骨曲又姓。委 委曲也亦委積又屬也棄也隨也任也又姓漢有太原太守委進出風俗通於詭切五 [丸咼] 說文曰鷙鳥食已吐其皮毛如丸又許以切 蜲 委黍負爾雅云蝍威委黍字或從虫出纂文 𦏳 羊相𦏳犩 跪 拜也去委切二 䠩 足刖。詭 詐也又橫財物爲詭遇也過委切十九 垝 垣毀也又作陒 陒 上同 郈 陸郈山名出山海經 攱 枕也 [金危] 戾鐑齒也說文曰臿屬一曰瑩鐵也 觤 羊角不齊也 恑 變也 蛫 蟹也 祪 毀廟之祖 庪 爾雅云祭山曰庪縣 衼 上同 洈 水名出南郡東洈山至華容縣入江也 蟡 長八尺一首二身似蛇以名呼之可取魚 桅 短矛或作 鼅 䳄 䳄子玉篇云布穀也 姽 靜說文曰閑體行姽姽也 桅 說文曰桅黃木可染 佹 戾也。髓 說文作髓骨中脂也息委切五 巂 越巂郡 䉶 草木弱皃 [食隋] 饝餅方言云餅 㵝 滑也。絫 說文曰增也十黍之重也力委切六 累 上同又良僞切 欙 似盤中有隔也又音縲 箄 法者箄可以網人心 厽 說文曰絫坺土爲牆壁 垒 說文曰絫墼也。技 藝也說文巧也渠綺切六 妓 女樂也 倚 立也 伎 侶也 錡 釜也又魚綺切 蚑 蟬也。倚 依倚也又姓楚左史倚相於綺切五 猗 猗犯猶窈窕也又於羈切 椅 椅柅又於宜切 旖 旖旎旌旗從風皃 輢 車輢。掎 牽一腳說文云偏引也居綺切七 剞 剞劂曲刀 庋 又音詭 庪 一足又作踦 踦 公羊傳曰相與踦閭而語閉一扇一人在內一人在外 奇 奔也又丘知九奇二切 敧 持去也又居宜切。綺 文繒又姓漢四皓有綺里季墟彼切七 婍 好皃 碕 碕礒石皃又起宜巨支二切 [走支] 行皃 㥓 減又去奇切㥓意也 觭 牛角又丘奇切 踦 瘁也羸也又於蟹切。螘 爾雅曰蚍蜉大螘小者螘魚倚切十二 蟻 上同 蛾 上同見禮 錡 三足釜一曰蘭錡兵藏又姓武王分殷人六族有錡氏後漢有錡嵩 礒 碕礒 齮 齧也 艤 整舟向岸 檥 上同說文榦也 羛 岌羛山 轙 說文曰車衡載轡者 羛 羛陽鄉名在魏郡 敼 說文曰三足鍑也一曰高皃 蘬 草也又姓左傳晉大夫蘬夫蘬伯韋委切九 䥫 滑米器也 鄬 地名 儰 不安也 隖 地名 蘬 花也 蔿 口咼門與之言又姓左傳楚有蔿 𧅗 榮也 闟 闟也國語曰闟門與之言又姓 䳌 說文云屋皃 觜 喙也即委切二 策 上同說文識也一曰藏也 蘂 花外曰萼花內曰蘂如累切四 遠 蘧氏代爲大夫 䅗 生皃 惢 草木叢生 𢘆 說文曰草木實𥳫𥳫也又人隹切 𦰡 葉也垂也又佩垂皃也 此 止也雌氏

切九跐蹈也又阻買切佌小舞皃玼玉色鮮又千禮切泚水清又千禮切𩢾馬名
佪小皃𧼮淺渡也𡘋直大也說文火介切䪨大聲也○豸蟲豸爾雅云有足曰蟲無足曰豸說
文云獸長脊行豸豸然欲有所司殺形池爾切十二褫奪衣易曰以訟受服終朝三褫之陊說文大山崩也
可切落也䊓黏也踶踶跂用心力皃莊子曰踶跂爲義傂差皃柂析薪又敕氏切
陁落也說文云小崩也觽角端不正說文敕豕切角傾也廌解廌又宅買切又作觽禔衣好
徥行皃朝鮮語也○徙移也斯氏切五璽說文曰王者印也所以主土从土爾聲壐籀文佪
佪小兒詩云佪佪彼有屖本亦作佌佌又音此[illegible]小皃又千禮切○酏酏酒移爾切九迆邐迆連接匜
杝匜有柄可以注水又音移衪衣中袘袖也胣引腸莊子云萇弘胣崔譔注云胣裂也又敕紙切箷
箷沙丘狀箷音邐扡加也又離也又弋支切或作拸[illegible]不憂事也又弋支切嫷嫷態邐邐迤
力紙切三峛峛崺㸚爻介布明也白象形也○躧躧步也又作蹝說文曰舞履也所綺切十[illegible]同上
灑灑埽又所買切纚纚髮者又纚長紳皃縰同上釃分也見漢書溝洫志說文曰下酒也
一曰釃也[illegible]躧屬屣履不躡跟曬視也簁簁箄竹器也○俾使也從也職也說文曰益也
并弭切十俾上同說文曰益也卑一曰俾門侍人鞞刀鞞又蒲迷補茗二切箄竹器又卑箆二音
䵗黍屬又蒲賣切髀股也又步米切崥山足萆爾雅曰萆鼠莞郭璞曰亦莞屬纖細似龍鬚可
以爲席[illegible]客捭扶持○爾汝也說文作𤕦麗爾猶靡麗也兒氏切四介義與爾同說文
曰詞之必然也又虜姓二氏介朱氏本北秀容人也居介朱川因以爲氏後魏書官氏志介綿氏後改爲綿氏也邇
近也迩上同○濔水皃說文歠也綿婢切十一弭弓末又息也亦無緣弓也㳽水流皃瀰
詩曰河水瀰瀰水盛皃也羋羊鳴一曰楚姓敉撫也愛也安也侎上同葞爾雅云葞春草本草
云芒草也蝆爾雅注云今米穀中蠹小黑蟲是也[illegible]力編又乃禮切[illegible]止也婢女之下也便俾
切二庳下也或作埤又音卑說文曰中伏舍也一曰屋庳○侈奢也泰也大也尺氏切十五姼姑姼

輕薄皃又美也又叱涉切[illegible]上同鉹甑也誃說文曰離別也㢋廣也國語曰俠溝而㢋我㢋
上同垑恃土地也懘又昌厲切炵盛也袳衣長亦作袲又宋地名袲上同豙
豕也恀恃也又音移哆張口又丑加昌者二切○弛釋也說文云弓解也施是切三豕豬也
陒壞也又音豸○紫間色也又姓出何氏姓苑將此切九訿訿毀訾上同呰窳也又子
西切泚水名在長沙跐行皃茈茈薑又茈草也呰口毀說文苛也𢫬捽也又子禮側
買二切○捶擊也之累切五箠策也[illegible]小危出說文[illegible]馬小兒又子垂切沝二水
又音資○揣度也試也量也除也初委切又丁果切二[illegible]試也○[illegible]悖豚或作貒隨婢切一○舓
以舌取物神帋切四䑛上同舐俗狏獸名似狐出則有兵○𢫬拳加人也側氏切又音紫二
跐蹈也又音紫○𣧑枝折匹靡切三紴水波錦文又補柯切披開也又偏羈切○諀諀訾
惡言匹婢切六庀具也疕瘡上甲亦頭瘍又卑履切佌佌離別之意訿具也吡訾也
出莊子[illegible]雞頭也芊捶切六[illegible]草木華初出皃芛爾雅云蕍芛葟華榮[illegible]揹棄又撞[illegible]
小豬亦作[illegible][illegible]瘡裂○惢疑也才捶切一○跬舉一足丘弭切四趌上同頍弁皃又舉
頭皃[illegible]跬蹻開足之皃○狔猗狔從風皃女氏切三旎旖旎掜掎掜○硊硊石皃魚毀
切四頠閑習容止姽好皃又過委切[illegible]布穀鳥○跪張跪亦作趍渠委切又去委切一○褫
敕豸切衣絮偏也又池豸二音一○[illegible]指也說文刺也陟侈切二[illegible]柠徵○[illegible]去涕也與倚切一○企
企望也丘弭切又去智切二跂蹻跂山海經云有跂踵國人行腳跟不著地如人之跂足也又去智巨支二切○[illegible]
周禮有華氏雉焌用荊華之類時髓切二嫢嫢不悅也○枳木名似橘居帋切又諸氏切一

五旨

旨說文云美也从匕曰又志也亦作𣅀見經典職雉切八指手指也又示也斥也恉意也
祁地名䀸訐發人之惡厎平也致也說文云柔石也砥砥礪也說文同上茋茋蘋
小苹○視比也瞻也效也承矢切三眡眎並古文○美好色說文曰甘也从羊从大羊在六畜主

給膳也美與善同意無鄙切五 嬍上同周禮地官云一曰嬍宮室 犛獸似牛 渼渼陂在京兆鄠縣
媄字樣云顏色姝好也 鄙陋也又邊鄙也方美切四 啚說文嗇也 娝姓出何承天纂文 痞
病也又音否 兕爾雅曰兕似牛郭璞曰一角青色重千斤徐姊切七 兕上同 兕古文 光俗
羠犍羊又以脂切 薙燒草又直履他計二切 芙蒿也 几案屬周禮司几筵掌五几九朝覲大
饗射封國命諸侯設左右玉几祀先王亦如之諸侯祭祀右彫
几筵國賓于牖前左彤几甸役右漆几喪事右素几吉事變几
凶事仍几或作机居履切九 麐爾雅云麐大麕旄毛狗足 麂上同 屼女屼山名弱水所出 机
說文曰木也山海經曰族蔨之山多松栢机桓 邔地名 犰獸名如兎喙蛇尾見則有煌災 屆赤鶆眉也
磈石隥聲也 姊爾雅曰男子謂女子先生爲姊將几切二 秭千億也亦秭歸縣在歸州袁山松云屈原
此縣人被放姊來因名其地姊與秭同音風俗通云千生万万生億億生兆兆生京京生秭秭生垓垓生壤壤生溝溝生澗澗
生正正生載載地不能載也 匕匕匙通俗文曰匕首劍屬其頭類匕短而便用故曰匕首卑履切十 妣爾雅
曰父曰考母曰妣又甫至切 秕穅秕 比校也並也爾雅曰北方有比肩民焉迭食而迭望蓋半體人也又毗
鼻邲三音 祉以豚祀司命也 沘水名出盧江灊縣入芍陂今謂之淠水也 枇禮記注云所以載牲體
朼上同 疕頭瘍 髀股外又旁禮切 軌法也車跡也說文曰車轍也居洧切十三 簋簠簋
祭器受斗二升內圓外方曰簋 朹古文 晷日影也又規也 厬厬泉或作漸爾雅云水醮曰厬謂水醮盡
也 漸上同 宄內盜也 匭匣也唐垂拱元年置匭於朝令上表者投之有延恩通玄招諫申冤等四
匭也 匭古文說文云匭匭皆古文簋字 頯小頭又巨追切 氿水厓枯土爾雅曰氿泉穴出穴出仄出也
衜衜跡 洧水名在鄭榮美切四 鮪魚名 痏瘡痏 蘱黃色 矢陳也誓也正也直也
說文曰弓弩矢也古者夷牟初作矢式視切四 夨又作笶並俗 菌說文曰糞也本亦作矢俗作屎 屎
俗本許伊切 雉爾雅曰雉絕有力奮謂最健鬬也又陳也度也王肅云城高一丈曰堵三堵曰雉直几切三 滍
水名在魯陽 薙芟草又辛荑辛夷別名又音替 死說文曰澌也人所離也息姊切一 牝扶履切又

毗忍切一 履踐也祿也幸也福也字書云草曰扉麻曰屨皮曰履黃帝臣於則所造又姓出姓苑力几切一 水
說文曰準也北方之行也釋名曰水準也準平物也式軌切一 壘說文曰軍壁也又重壘亦姓後趙錄有壘澄本姓裴
氏力軌切十四 蜼似猴仰鼻而尾長尾端有岐說文惟季切又音柚 雅上同 櫐藤爾雅曰諸慮山櫐
藟上同 纍水出 巢山兒 轠轠轤車屬 鸓飛生鳥名飛且乳一曰鼺鼠毛紫赤
色似蝠而長 藟葛藟藥草似艾或作蘽 誄銘誄誄壘也壘述前人之功德禮曰小史掌卿大夫之喪讀誄周
說文曰誄諡也 耒田器又盧對切 讄禱也 猵獸 揆度也求癸切五 楑木名又音
葵 悸悸也又巨佳切 䂓細也又聚惟切 湀泉出也說文曰湀辟深水處也 趡走也又魯地名
千水切三 踓蹠也 雅細計 柅絡絲柎易曰繫于金柅女履切又音尼一 癸辰名爾雅太歲在癸
曰昭陽古作癸又姓姓苑云出齊癸公後居誄切二 湀通流 否塞也符鄙切又方久切八 痞腹內結痛
圮岸毀又覆也 仳離也又方比切 殍也又音孚 帔裂 醋覆也或作蓭
歧方言云器破而未離南楚之間謂之歧又匹支芳鄙二切 嶊山兒徂累切一 嚭大也匹鄙切五
秠一稃二米又孚悲切 疕頭瘍 嶏崩也 歧又匹支符鄙二切 蕊草木實節生如壘切
三 秠說文曰草木實秠秠也 繠垂也 唯諾也以水切又音惟八 蓶草似馬韭而黃可食
鯖蟹子又他果切 壝埒也又音遺 瀢魚盛兒 嬀愚戇多態又尤卦切 揹棄也 雎
走也又千水切 歖歕歖驢鳴於几切一 濢汁漬也遵誄切四 噿鳥噿 嶉山狀 臎肥兒
黹鍼縷所紩周禮祭社稷五祀則用黹冕也豬几切四 敳刺 夂後至也 揥挃也 䋳
移蠶就寬楮几切一 𨁂止姊切一 睢恚視火癸切又火季切一 郈山名暨軌切一 跽長跽暨几切
切一 巋巋然高峻兒又小山而衆曰巋丘軌切二 蘬龍古大者曰蘬
〔六〕止停也足也禮也息也
待也留也諸市切十 時說文云天地五帝所基止祭地也右扶風有五時又時止切 沚釋名曰沚止也小可以止
息其上說文曰小渚曰沚 洔上同說文曰水暫益且止未滅也 茝香草字林云藥別名又昌待切 趾

足也址基址阯交阯郡劉欣期交州記云交阯之人出南定縣足骨無節身有毛卧者更扶始得起山海經云交脛國爲人交脛郭璞云脚脛曲戾相交所以謂雕題交阯也芷白芷藥名又芷陽縣名厎定也又厎柱也○市說文云買賣所之也周禮曰司市掌市之治教政形量度禁令大市日側而市百族爲主朝市朝時而市商賈爲主夕市夕時而市販夫販婦爲主古史考曰神農作市世本曰祝融作市時止切三恃依也又賴也畤又諸市切○徵五音配夏亦作徵見經典省陟里切又竹凌切三[illegible]致言也出方言[illegible]指也喜憙樂又聞喜縣在絳州漢武帝幸左邑聞南越破遂改爲聞喜縣禮記曰人喜則斯陶陶斯咏虛里切又香忌切三憙悅也又許忌切蟢蟢子蟲俗○紀極也會也事也理也識也亦經紀又十二年曰紀又姓出丹陽居理切四己身己爾雅曰太歲在己曰屠維妀說文云女字也㠯說也○以用也與也爲也古作㠯羊己切七㠯古文已止也此也甚也訖也又音似苡薏苡蓮實也又芣苡馬舄也又名車前亦名當道好生道間故曰當道江東呼爲蝦蟆衣山東謂之牛舌苢上同佁癡也說文讀若騃又夷在切攺大堅說文曰毅攺大剛卯以逐鬼鬽也○似嗣也類也象也詳里切十五侶上同祀年也又祭祀𥘺禩竝上同姒夏姓一曰娣姒長婦曰姒幼婦曰娣巳辰名爾雅曰太歲在巳曰大荒落耜耒耜世本曰倕作耜古史考曰神農作耜𦓔上同汜水名在河南成皋縣說文曰水別復入水也一曰汜窮瀆也詩曰江有汜洍說文曰水也一曰詩曰江有洍㳅上同攺又羊己切鈶鋌鈶麀鹿一歲曰麍一歲曰麀○史史籀說文作叏記事者也亦姓周卿史佚之後出建康又漢複姓五氏世本衞有史朝朱駒漢書藝文志有青史氏著書又有新豐令王史音吴有東萊太守太史慈晉有東萊侯史光踈士切四使役也令也又踈事切駛疾也又音去聲[illegible]香之美者○耳辞也說文云主聽也而止切五洱水名出罷谷山又而志切駬騄駬周穆王馬名[illegible]盛皃[illegible]鼠名○里周禮五家爲鄰五鄰爲里風俗通云五家爲軌十軌爲里里者正也五十家共居正也又姓左傳晉大夫里克又漢複姓有相里氏良士切十裏中里說文曰衣内也鯉魚名悝憂也詩云悠悠我悝又口回切李果名亦行李又姓風俗通云李伯陽之後出隴西趙郡頓丘渤海中

山襄城江夏梓潼范陽廣漢梁國南陽十二望㾖病也理料理義理又正也文也說文曰治玉也亦姓臯陶爲大理因官氏馬郎有理徵娌妯娌俚賴也聊也又南人蠻屬也郢亭名在西鄂一曰邑名枲麻有子曰枲無子曰苴也胥里切七葈胡葈𢘉不安皃又作偲𥬇竹萌也又音待葸質慤皃又畏懼也諰言且思之廙說文曰石利也○始初也詩止切一○歭說文曰踞也歭躇不前也直里切九跱上同峙具也又峻峙痔病也偫待也儲也具也又看所望而往洔水中高土又音止畤儲秲稻名庤詩曰庤乃錢鎛庤具也亦作偫○起興也作也立也發也又姓出何氏姓苑墟里切六邔縣名在南郡又渠記切杞木名又苟杞春名天精子夏名苟杞葉秋名卻老枝冬名地骨根又國名夏之後也亦姓杞梁是也屺山無草木玘佩玉芑白粱粟也○士說文曰事也數始於一終於十从一十孔子曰推十合一爲士又姓左傳晉大夫士蔿又漢複姓二氏古今人表有士思癸又士貞氏晉康公庶子士貞之後鉏里切五仕仕官柹果名戺砌也閾也𡰪上同○俟待也亦作竢又姓風俗通云有俟子古賢人著書又虜複姓二氏後魏書云俟幾氏後改爲幾氏俟奴氏後改爲俟氏又虜三字姓三氏俟力伐氏後改爲鮑氏俟伏斤氏後改爲伏氏周書太祖賜韓褒姓俟呂陵氏牀史切又音祈七竢上同涘水岸涯也騃趨行皃西京賦曰羣獸駓騃又吾駭切[illegible]繩纆𥏖不來也說文引詩曰不𥏖不來从來矣聲[illegible]說文同上○子子息環齊要略曰子猶孳也孳乳下之稱也亦辰名爾雅云太歲在子曰困敦又郚姓又漢複姓十一氏左傳鄭大夫子人九魯大夫子服氏子家羈莊子有子桑扈皇子告敖何氏姓苑有子乾子仲子工子華子臧子師等氏即里切八𡥉古文仔說文克也本又音茲虸虸蚄蟲耔擁苗本也秄上同梓木名楸屬杍工木匠或作梓○矣說文云語已詞也于紀切二𦯧葛也○擬度也魚紀切六儗僭也薿草盛皃又魚力切[illegible]盛也譺議也欺也調也又魚記切[illegible]禾盛○齒年也齒録也又牙齒昌里切二紕續苧一紕出新字林○恥慙也敕里切三祉福也祿也褫徹衣又奪衣又直追池耳二切○[illegible]割聲初紀切三[illegible]齒也[illegible]上同○滓澱也阻史切五笫牀簀又側几切

胏脯有骨曰胏易曰食乾胏[illegible]說文云芺菜也𠂔止也從市一橫止之出文字音義說文即里切○譩
恨也又應也於擬切又於其切二醷梅漿○伱秦人呼傍人之稱王篇云尒也乃里切二[illegible]指物皃也
七○尾首尾也易曰履虎尾又姓史記有尾生無匪切八亹美也爾雅亹亹勉也亹俗浘
水流皃又浘瀾海水洩處案莊子作尾閭字不从水娓美也說文順也又音美音媚梶人名鄭大夫蔡梶也
𥝖饋也𩛩微也○扆戶牖間也禮記云如綈素屛風畫斧文也於豈切六[illegible]痛聲偯哭餘
聲庡藏也僾僾俙看不了皃又烏代切靉靉靆不明皃出海賦又烏代切○豈安也焉也曾也
祛俙切二䓓菜似蕨生水中○蟣蟣蝨居狶切四幾幾何又既狶切穖禾穖[illegible]鬼俗吳人
曰鬼越人曰[illegible]又音祈○斐文章皃敷尾切七菲薄也微也又菜名又音妃朏月三日明生之名
悱口悱悱也騑馬名婓大也[illegible]鳥如梟也說文別也又平利切○匪非也易曰匪寇婚媾
說文曰器如竹筐今從竹爲筐篚字府尾切八篚竹器方曰筐圓曰篚棐輔也餥餱也一曰相請食
榧木名子可食療白蟲蜰爾雅云蜚蠦蜰郭璞云即負盤臭蟲又音肥蕜草也蜚蟲名咸蜚又扶沸切
○韙是也于鬼切十三煒光煒暐暐曄偉大也瑋玉名葦蘆葦椲木名
可屈爲盂韡華盛皃颹大風皃媁醜也愇字書云恨也鍏方言云臿宋魏之間
或謂之鍏[illegible]逆追○鬼鬼之爲言歸也居偉切一○虺蛇虺許偉切五[illegible]齊人云火[illegible]震雷
也虫鱗介揔名卉百草揔名又音諱○顗靖也樂也說文曰謹莊皃魚豈切二螘螘子蟲
○豨楚人呼豬亦作豨虛豈切五俙僾俙𪖐齂鼻又虛几切霼靉霼唏哀而不泣○磈
磈硊石山皃又危也於鬼切二嵬嵬崔山高曲下○膭膗多汁浮鬼切六[illegible]稻紫莖不黏也又扶畏切
樻船邊木也蟦蟦蠐別名又扶沸切腓陋也又作屝又符沸切[illegible]船艒釘艢
八○語說文論也魚巨切十二篽說文曰禁苑也籞上同又池水中編竹籬養魚圉
養馬又姓左傳有大夫圉公陽敔柷敔樂器釋名曰敔衙也衙止也所以止樂也圄囹圄周獄名又守也衙

行皃楚詞云導飛廉之衙衙又音牙齬齟齬不相當也或作鉏鋙說文曰齬齒不相值也鋙鉏鋙不相當也
[illegible]上同禦禁也止也應也當也說文祠也蘌蘌藇○呂字林云脊骨也說文作呂又作膂亦姓太
嶽爲禹心呂之臣故封呂侯後因爲氏出東平力舉切十三膂上同旅師旅說文曰軍五百人也亦姓漢功
臣表有旅卿封昌平侯俗作㫰[illegible]筲器祣祭山川名案論語只作旅穭自生稻也梠楣端連綿
木名說文楣也儢儢拒心不欲爲也出文字指歸侶伴侶櫖木名可爲箭笴郘亭名絽
絣也[illegible]晉大夫名○佇久立也直呂切九竚上同芧草也可以爲繩苧上同紵
麻紵杼說文曰機之持緯者又神與切羜生羔五月宁門屏之間禮云天子當宁而立眝說文
曰長眙也一曰張眼也○與善也待也說文曰黨與也余呂切又余譽二音七与上同𢍰古文歟
歎也又音余予郭璞云予猶與也又弋諸切藇蕃蕪亦作䕊又徐呂切懙說文曰趣步懙懙也
○鬻說文曰烹也章与切烹普庚切四煑上同陼丘也說文曰如渚者陼丘水中高者也渚
沚也釋名曰小洲曰渚渚遮也能遮水使旁迴也又水名出常山○汝尒也亦水名山海經曰汝水出天息山亦州名
春秋時爲王畿及鄭楚之地左傳楚襲梁及霍漢爲梁縣後魏屬汝北郡隋移伊州於陸渾縣北遂改爲汝州又姓左傳晉有
汝寬人諸切六肗魚不鮮茹乾菜也臭也貪也雜糅也又而恕切瓠乾菜𪏉黏也寱
楚人呼寐○暑熱也舒呂切五鼠小獸名善爲盜說文曰穴蟲之總名也黍說文云禾屬而黏也引孔
子曰黍可爲酒故以禾入水也[illegible]蠩蟦癙癙病○杵世本曰雍父作杵臼昌與切二處居也止也
制也息也留也定也說文又作処亦姓風俗通云漢有北海太守處興○貯居也積也丁呂切九[illegible]上同[illegible]
棺衣褚裝衣[illegible]說文曰幡也所以盛米也[illegible]上同著著任又張慮切直略切詝有所
知也䘢衧衣○諝才智之稱私呂切九胥上同又思余切偦上同稰熟穫醑麗酒
湑露皃糈說文云糧也又音所楈木也稰祭具○楮木名丑呂切三柠上同褚
姓出河南本自殷後宋恭公子石食采於褚其德可師号曰褚師因而命氏也又張呂切○女禮記曰女者如也如男子

之教尼呂切又尼慮切二 敉 粔敉 許 許可也與也聽也亦州名本爲許國大嶽之胤周武王伐紂所封漢爲潁
川郡周爲許州又姓出高陽汝南本自姜姓炎帝之後太嶽之胤其後因封爲氏虛呂切二 鄦 地名也出史記 巨
大也亦姓漢有巨武爲荆州刺史其呂切十八 拒 拒捍也又格也違也 秬 秬黑黍也 距 距雞距 䚨
上同 炬 火炬 粔 新字解訓曰粔粔膏環 虡 飛虡天上神獸鹿頭龍身說文曰鐘鼓之柎也飾爲猛獸
釋名曰橫曰枸縱曰虡 虡 上同俗作簴 鐻 上同 鉅 澤名又大也 苣 苣蕂胡麻 駏
駏驉 [艹豦] 苦[艹豦]江東呼爲苦蕒 [罒巨] 罟也 詎 豈也又音遽 岠 書傳云至也 [齒巨] 齗腫 所
說文云伐木聲也詩曰伐木所所又處所也詩曰獻于公所亦姓漢有諫議大夫所忠踈舉切七 所 俗 糈
祭神米也 齭 齒傷醋也說文音楚 疋 記也又山於切 盨 說文曰檐盨負戴器也 [貝疋] 齎財問十
楚 萇楚亦荆楚又州本漢射陽縣地春秋時屬吳秦屬九江郡晉爲山陽縣武德初改爲楚州又姓左傳趙襄子家臣
楚隆創舉切八 礎 柱下石也 齼 所齒傷醋也 齼 上同 𪓐 說文曰會五綵鮮兒引詩云衣裳𪓐𪓐
[衤戚] 埤蒼云鮮也一曰美好兒 憷 痛也出音譜 濋 水名 阻 隔也憂也側呂切二 俎 俎豆
齟 齟齬牀呂切二 鉏 鉏鋙不相當也 咀 咀嚼慈呂切六 沮 止也又七余子預二切 怚
驕也又子據切 袓 嬇也說文曰事好也又子邪切 跙 行不進兒 趄 雅出前也又前結切 扵 舉也
於許切二 膂 肩骨 舉 擎也又立也言也動也說文本作擧又姓出姓苑居許切十 莒 草名亦國名又
姓嬴姓之後漢有維氏令莒誦 櫸 木名 筥 筐筥 籧 飲牛筐 䢹 行兒 弆 藏也 柜
柜柳 郘 亭名在長沙郡 舁 共舉兒 敘 次弟爾雅曰敘緒也又姓徐呂切十一 緒 由緒說文
曰絲耑也亦姓 藇 姓也已上三字並出何氏姓苑 序 庠序又爾雅曰東西牆謂之序 漵 水浦也 抒
渫水俗作汿又神呂切 嶼 海中洲也 鱮 魚名 䣈 酒之美也本亦作藇詩云釃酒有藇 穥 予也
屐 屓屭 去 除也說文从大口也羌舉切又丘據切五 麮 麥粥汁 弆 藏也又音莒 [虫去]
蛄蚊 紶 繼入也又音踈 紓 緩也神與切又音舒三 抒 左傳云難必抒矣抒除也又音序 杼

橡也 野 田野承與切又與者切二 墅 田廬 皵 皴皵皮裂七與切一 苴 履中草子與切又子余切
三 咀 咬咀清嚼也又慈呂切咬音甫 䃊 碑䃊場外名也

九麌

麌 牡鹿又麌麌羣聚兒虞矩切三
俁 俁俁容兒大也詩曰碩人俁俁 噳 噳噳笑兒 羽 舒也聚也亦鳥長毛也又官名羽林監應劭漢官儀
曰羽林者言其爲國羽翼如林盛也皆冠鶡冠亦姓左傳鄭大夫羽頡又虜姓後魏書羽弗氏後改爲羽氏又音芋王矩切十
五 禹 舒也字林云蟲名又姓夏禹之後王僧孺百家譜云蘭陵蕭道遊娶禹氏女也 雨 元命包曰陰陽和爲
雨大戴禮云天地之氣和則雨說文云水从雲下也一象天門象雲水霝其間也 宇 宇宙也又大也說文曰屋邊也
易曰上棟下宇亦姓出何氏姓苑又虜複姓宇文氏出自炎帝其後以有嘗草之功鮮卑呼草爲俟汾遂號爲俟汾氏後世通
稱宇文蓋音訛也代爲鮮卑單于 㝢 上同 瑀 石似王也 祤 祤栩縣名在馮翊又況羽切 栩
栩陽地名又況羽切 鄅 鄅子國在琅耶其後以國爲姓 頨 孔子頭也說文云頭妍也又讀若翩 楀 木名
又音矩 萭 說文艸也 [羽阝] 亭名在南陽 聥 張耳有所聞入音矩 䨞 雨兒 聚 衆也共也
斂也說文會也邑落云聚慈庾切二 鄹 亭名在新豐 甫 始也大也我也衆也說文曰男子之美稱也字从父
用又姓風俗通云甫侯之後方矩切十九 脯 乾脯東方朔云乾肉爲脯禮記曰牛脩鹿脯田豕脯 斧 斧鉞周書
曰神農作陶冶斤斧 頫 說文低頭也太史公書頫仰字如此 俯 上同漢書又作俛今音免 府 官府說文
曰府文書藏也風俗通曰府聚也公卿牧守道德之所聚也又舍也亦姓風俗通云漢有司徒掾府悝 腑 藏腑本作
府俗加月 簠 簠簋又音膚 黼 白黑文也爾雅曰斧謂之黼謂畫斧形因名云 蜅 小蟹 莆 萐莆
堯之瑞草 蚥 爾雅曰蠸輿父守瓜郭璞云今瓜中黃甲小蟲喜食瓜葉故曰守瓜字或从虫 俌 俌輔也出埤蒼
㕮 㕮咀 父 尼父尚父皆男子之美稱又漢複姓三氏孔子弟子有宰父黑漢有臨淄主父偃左傳宋有皇父充
石宋之公族也後漢初有皇父鸞自魯徙居茂陵改父爲甫後漢安定太守儁始居安定朝那代爲西州著姓又徙居京兆又音
釜 䃚 碩䃚 蚥 蜛蚥蟷蜋別名 鯆 大魚 郙 亭名也在上蔡 武 止戈爲武又迹也曲禮曰
堂上接武又州名本自白馬互地魏文徙武都郡於美陽今好畤縣界武都古城是也後魏平仇池山築城置武都鎮即今州

是也亦姓風俗通云宋武功之後漢有武臣又漢複姓六氏漢有乘黃令武安萊出自武安君白起之後風俗通云漢武強侯王梁其後因封為氏世本云夏時有武羅國其後氏焉何氏姓苑有廣武氏出自陳餘之後又武成氏武仲氏又虜複姓西秦錄有武都氏文甫切二十四　舞歌舞左傳曰舞所以節八音而行八風也周禮曰樂師掌國學之政以教國子小舞也山海經曰帝後八子始為舞又姓出何氏姓苑　儛上同　嫵嫵媚　侮侮慢也侵也輕也　𦏶隱中網也　憮憮然失意皃說文愛也一曰不動也　⿰亻無上同　珷珷玞石次玉　碔上同　廡堂下也　蕪藸文　鷡鷡　潕水名在南陽　鵡鸚鵡鳥名能言　⿰母鳥上同　⿰忄某愛也說文撫也　膴土地腴美膴膴然也　瞴微視之皃　娬好也　敄彊也　𦨈長艇船也　⿱罒母雉網　𣞤蕃滋生長說文豐也隸省作無今借為有無字　°父說文曰父矩也家長率教者扶雨切十五　輔毗輔又助也弼也亦姓左傳晉大夫輔躒又智果以智伯必二其宗改為輔氏　⿰面甫頰面骨　⿰甫頁上同　腐朽也敗也說文爛也　⿰父鳥⿰父鳥越鳥　滏水名在鄴山海經云神箘之山釜水出焉　⿰馬父牡馬　㕮㕮咀嚼也又音甫　蚥蟾蜍別名　𤸱病腫也說文俛病也　秿禾積也　鬴說文鍑屬又覆鬴九河之一名　釜上同古史考云黃帝始造釜　⿰韋甫尻衣　°撫安存也又持也循也方武切十三　𢼂上同　弣弓把中也　⿰金付上同說文又方九切刀握也　拊拍也說文揗也　殕食上生白毛　綒絓綿　俌輔也又音甫　剖判也又普厚切　⿰糸無綠　⿱髟咅說文云髮皃又步侯切　䓓剖草　⿺走咅健也亦作韻　°柱廣雅曰楹謂之柱又姓出何氏姓苑直注切三　跓勇足　⿰山主天柱霍山為南嶽郭璞云即天柱山字俗從山　°詡和也普也遍也大也禮云詡謂敏而有勇況羽切十二　冔殷冠名　⿰口羽上同　姁呂氏春秋云姁姁然相樂也又漢高后字娥姁說文嫗也　栩柞木名說文云杼也其實早一曰樣樣音象　珝玉名　欨說文吹也一曰笑意又火于切　祤祋祤縣在馮翊　咻噢咻病聲　喣呈示　⿰阝句鄉名在安邑　煦溫也又香句切　°豎立也又童僕之未冠者又姓左傳鄭有大夫豎柎臣庾切四　竪俗　樹扶樹　裋敝布襦也　°庾倉庾又姓出潁川新野二望本自堯時為掌庾大夫因氏焉以主切十二　窳器空中亦病也　𥨍上同　扰剌也　𢙟懼也　蕍百蕍草　愈差也賢也勝也　瘉病也說文曰病瘳也　㼌微弱本不勝末　貐猰貐獸名龍首食人說文曰猰貐似貙虎爪食人迅走也　楰鼠梓似山楸而黑也　斞說文量也　°主掌也領也典也守也君也說文曰鐙小火主又姓出姓苑之庾切五　麈鹿屬華國志曰郪縣宜君山出麈尾　枓斟水器也　宔說文曰宗廟宔祏或作𥙑　炷燈炷又音注　°傴不伸也尪也荀卿子曰周公傴背於武切三　噢噢咻病聲　迂曲迴皃　°齲齒病後漢梁冀妻能為愁眉啼糚齲齒笑折腰步驅雨切三　踽踽又獨行皃　竘巧也又音口　°拄拄從旁指知庾切四　柱柱夫草一名搖車也　丶說文曰有所絕止而識之也　黈黈纊與上同　°乳柔也而主切三　擩擩取物也　醹厚酒　°窶貧無禮也其矩切二　貗爾雅云貒子貗　°數說文計也所矩切又所句所角二切二　籔窶籔四足九也　°矩法也常也俱雨切十一　榘上同說文又其呂切　踽獨行又驅雨切　枸木名出蜀子可食江南謂之木蜜其木近酒能薄酒味也　萬姓漢有萬章又音禹　聥張耳有所聞　⿰禾句曲枝果也　翑曲羽又求俱切　楀楀氏木名又音禹　蒟蒟醬出蜀其葉似桑實似椹又音句　椇枳椇　°取收也受也七庾切一　°縷絲縷力主切十三　𨻳羸𨻳縣名在交阯　僂傴僂疾也　褸襤褸衣敝說文衽也　簍小筐一曰汝南　嶁峋嶁衡山別名　謱謰謱委曲　慺姓出纂文　漊說文曰雨漊漊也一曰汝南人謂飲酒習之不醉為漊　鷜鷜鳥今云郭公也　𡟭女人惡稱　䔲草　蔞草可亨魚又力俱切　䋭絣前兩足相庾切二　積名草　䝒小母豬也雛禹切二　𧴫上同

十姥

姥老母或作姆女師也亦天姥山也又姓出何承天纂文莫補切六　⿰忄某愛也又　莽宿草又音蟒　䥈鈷䥈又音蟒　媽母也　峔山名在丹陽　楳音武　°土釋名曰土吐也吐萬物也文字栢歸無點他魯切四　吐口吐亦虜複姓三氏後魏書有吐奚吐難吐萬氏又虜三字姓二氏慕容廆庶長兄吐谷渾後魏所部居西零以西甘松之南極乎白蘭數千里其孫葉延曰禮云孫子得以王父字為氏遂以吐谷渾為氏又後魏書吐伏盧氏　稌稻　芏草名似莞生海邊可為席　°杜

甘棠子似梨又塞也澀也又杜仲藥名亦姓本自帝堯劉累之後出京兆濮陽襄陽三望漢有御史大夫杜周以南陽豪族徙茂陵始居京兆徒古切九 靯 靯韉別名一云靯𩍦 㘸 瓶也 塿 填也 敷 塞也閉也 肚 腹肚 ⿰者皮 桑皮又當古切 杜 杜衡香草似葵山海經云可以治癭帶之令人便馬馬亦善走都似細辛而氣小異字俗從廾。土 土田地主也本音吐 魯 鈍也又國名伯禽之後以國爲姓出扶風又羌複姓有魯步氏郎古切十七 櫓 城上守禦望樓釋名曰櫓露上無覆屋也說文云大盾也 滷 滷鹹 虜 虜掠又獲也服也 擄 虜掠或從手 ⿸广虜 庵舍 ⿰扌鹵 搖動 樐 彭排 艣 所以進船 鐪 釜屬 蓾 杜衡別名 ⿱艹魯 上同 鹵 鹵簿 [illegible] 令也 鑥 鑥以木爲刀柄 [illegible] 木名可染繒 ⿰魚虜 魚名 ⿱艹麤 草死爾雅曰蓾麤郭璞云作履苴草采古切二 ⿱艹麤 麤履。覩 見也當古切十一 睹 上同 䁨 同 暏 詰朝欲明 賭 戲賭 堵 垣堵又姓左傳鄭有堵叔又音者 肚 腹肚又徒古切 帾 帾幡也標記物之處也 居 美石又音怙 楮 木名又音褚 ⿰者皮 桑皮又音杜 ⿱啓目 梁公子名伉⿱啓目。古 故也又姓周大王去邠適岐稱古公其後氏焉蜀志有廣漢功曹古牧又漢複姓晏子春秋有晉勇士古冶子又虜三字姓後漢書有古口引氏公戶切二十一 鼓 說文曰郭也春分之音萬物郭皮甲而出故謂之鼓周禮六鼓雷鼓靈鼓路鼓鼖鼓鼛鼓晉鼓亦作皷 鼓 說文曰擊鼓也 瞽 無目 股 髀股 胋 上同 罟 網罟 蠱 疑也又蠱毒也又卦名蠱事也 估 市稅 盬 鹽池又左傳曰盬其腦杜預云盬㕮也又詩傳云盬不固也 鈷 鈷䥈 羖 羖攊羊說文曰夏羊牡曰羖 𦍩 俗 詁 詁訓 牯 牯牛 賈 商賈又古下切 夃 多債利也又古乎切 沽 屠沽 [illegible] 人名出漢書 𡖅 蘇 𥁕 器也說文作盬。五 數也又姓左傳有五奢亦漢複姓四氏漢有五鹿充宗風俗通云氏於職焉三鳥五鹿是也趙有將軍五鳩盧國語云楚昭王時有五參蹇姓苑有五里氏疑古切五 午 交也又辰名爾雅云太歲在午曰敦牂 旿 明也 伍 行五說文曰相參伍也周禮曰五人爲伍 仵 偶敵又伍仵皆姓出姓苑 簿 簿籍又車駕次第爲鹵簿裴古切二 部 部伍又部曲。粗 麤䴥也略也徂古切又千胡切五 麆 大也 駔 駿馬又徂朗切 伹 淺也 觕 牛角直下

祖 祖禰又始也法也本也上也又姓祖己之後出范陽則古切六 珇 珪上起又美好 組 組綬又綸組東海中草名 蒩 茅藉 菹 說文菜也 䩞 䩞勒名。虎 獸名說文曰虎山獸之君淮南子曰虎嘯谷風至又姓風俗通曰漢有合浦太守虎旗其先八元伯虎之後呼古切七 琥 發兵符有虎文周禮云白琥禮西方 戽 戽斗舟中漢水器又音戶 滸 水岸 䣕 地名 萀 虎丘名俗加廾 虝 蝘虎蟲俗加虫。隝 村隝亦壁壘說文曰小障也一曰庳城也安古切十 塢 上同通俗文曰營居曰塢戴延西征記曰蠡城川南有金門塢 鄔 郡名又姓鄔郡太守司馬牟之後因以爲氏 瑦 石似玉也 ⿰石烏 小障也出埤蒼 ⿰巾烏 頭巾 溩 水溩 ⿰言亞 相毀兒 ⿺走烏 走輕 ⿰車烏 車頭中也。苦 麤也勤也患也說文曰大苦苓也康杜切二 ⿱竹古 竹名。怒 恚也奴古切又奴故切五 弩 弓弩古史考曰黃帝作弩 砮 石可爲矢鏃又乃胡切 努 努力 ⿱弩虫 水弩蟲俗從虫。戶 說文云戶護也半門爲戶侯古切二十三 楛 木名堪爲矢榦書云荊州所貢詩䟽云東夷之所貢 扈 跋扈猶強梁也又有扈國名亦姓風俗通云趙有扈輒又虜三字姓有扈地干氏 怙 恃怙 鄠 縣名在京兆府本夏扈國秦爲鄠縣也 帍 巾也 祜 福也 昈 文彩狀又明也 ⿰山扈 山卑而大曰⿰山扈 岵 山多草木 苄 地黃 扈 說文曰九扈農桑候鳥扈民不婬者也春扈鳻鶞夏扈竊玄秋扈竊藍冬扈竊黃棘扈竊丹行扈唶唶宵扈嘖嘖桑扈竊脂老扈鷃鷃也 鳸 上同亦作鳸 ⿰雇鳥 同 ⿸虍扈 西京記云抱土含虒 婟 婟惜又音互 戽 抒也 居 美石又丁古切 洿 洿深兒 ⿱貪女 貪也 酤 一宿酒又音姑 滬 靈龜負書出玄扈水 簄 海中取魚竹名曰簄。普 博也大也徧也又姓後魏十姓獻帝次兄爲普氏亦虜複姓周書普屯威賜姓普屯氏又虜三字姓周書楊忠賜姓普六如氏後魏書有普陋如氏滂古切五 溥 大也廣也 誧 大也助也 浦 文字音義云浦風土記云大水有小口別通曰浦說文瀕也又姓晉有浦選起居注 烳 火行兒。補 補綴說文曰完衣也博古切三 譜 譜籍譜錄 圃 園圃說文種菜曰圃亦姓又博故切

十一。薺 甘菜徂禮切五 鮆 魚名常以春時出九江 鱭 上同 𤻮 病也方言曰生而不長也 呰 弱也又子西玆此二切。禮 說文曰履也所以事神致福也釋名曰禮體也得其

事體也又姓左傳有衛大夫禮孔盧啓切十六 礼古文 ⿱竹豊竹名 蠡 ⿱彖䖵吾縣名在涿郡又音蠡澤名 ⿰舟蠡小船補也 澧水名在武陵又水名出衡山亦姓出河氏姓苑 醴醴酒亦醴泉縣屬京兆府本漢谷口縣也屬馮翊至後魏置寧夷縣隋改醴泉因周醴泉官名也 鱧說文鱯也 鱺上同 ⿰魚蠡說文銅也 ⿰木蠡江中大船名 蠡簞也 劙刀劙又力移切 豊行禮之器 ⿰豊攴布也說文數也又音離 欐小舡

又力計切 體體身也又生也他禮切八 軆俗 醍醍酒又音啼 涕目汁 ⿰革豊⿰革豊鞾皃 挮去涕淚 緹纁又音啼 䟡橫首杖名 顊傾頭匹米切一 濟定也止也齊也亦濟濟多威儀皃又水名出王屋亦州本齊地泰屬東郡宋於此置碻磝戍後魏於此置濟北郡周武帝置肥城郡武德改爲濟州或作泲又姓出姓苑襄城人也子禮切又音霽五 批毀也又側買切 䍐手搦酒又作擠 癠生而不長 夘

車之制也說文音御 邸舍也又姓風俗通云漢上郡太守邸杜俗從互餘同都禮切十三 底下也止也也作底 詆呰也訶也 聜耳䏄 坻隴阪又支氏切 抵擠也擲也 牴角觸 觝上同 柢本也根也 弤埤蒼云舜弓名 ⿰氐支隱也 堤滯也 軧大車後也 弟兄弟爾雅曰男子先生爲兄後生爲弟徒禮切又特計切七 娣娣姒 悌愷悌詩作豈弟毛萇云豈樂也弟易也 ⿰舟弟⿰舟弟船 遞

更代也又亭繼切 題小⿰兒? 媞好人安詳之容皃又啼是二音 禰祖禰亦姓出平原魏有禰衡亦作祢餘同奴禮切十三 嬭楚人呼母又奴蟹切 𨷶智少力劣 苨薺苨 ⿰革尼⿰革豊鞾皃 泥泥泥 濔露也亦作泥 瀰大水也 坭地名 ⿱髟爾髮皃 薾華茂也 檷絡絲趺也 鑈上同

⿰革爾轡垂也 洗洗浴又姓先禮切又音銑二 洒上同又所賣切 泚水清也千禮切四 玼玉色 緀帛文皃 皉白色 啓開也發也別也刻也說文教也俗作啓康禮切十二 棨兵欄說文曰傳信也 綮戟衣一曰戟衣 卟問卜也又工兮切 䭫首至地也 稽上同又古兮切 晵說文云雨而晝姓也又姓後燕有將軍啓倫或作啓 闙埤蒼與啓亦同 启說文開也 䏿肥腸又口系切 ⿰亻衣開衣領也 ⿰車多至礙也 徯待也胡禮切八 謑恥辱 ⿱竹奚所以安重船又音系 ⿰舟奚

上同 涀水名在高陵 ⿱任言說文待也 工有所藏也 ⿰目奚目動 米穀實說文作米又胡姓莫禮切七 眯物入目中 ⿰糸米繡文如聚米出說文 洣水名在茶陵 ⿱艹⿰魚米蘇子菜 ⿳宀爿米寐不覺 鮇魚子 陛階陛也傍禮切八 梐梐枑行馬 髀髀股 ⿰骨坒上同 ⿱比土下也 ⿱艹坒蓮鼠莧見爾雅可爲席又必鼻切 ⿰牛坒牲牛馬行 ⿰亻坒佳儀開腳行也 ⿰口兮可也小也烏弟切二 ⿰言兮鷹聲 堄埤堄女牆研啓切六 ⿰見攴戰䫉聲聲 掜不從也 觬角曲 ⿰衣兒䙁衣飾也 晲明也亦作晲 ⿰户攴補米切二 ⿰白比明白

【十二】蟹水蟲仙方云投於漆中化爲水服之長生以黑犬血灌之三日燒之諸鼠畢至胡買切七 ⿰魚解上同 解說文曉也又解廌仁獸似牛一角亦姓自唐叔虞食邑於解今解縣也晉有解狐解揚出鴈門又虜複姓魏書有解批氏又佳買古賣二切 獬字林字樣俱作解廌廣雅作貀貀陸作獬豸也 澥渤澥 嶰山澗間又嶰谷名案漢書只作解谷 ⿰角解小觿 買說文市也莫蟹切五 嘪羊聲 蕒吳人呼苦蕒 ⿰氵買水名 ⿰買鳥鷤鳥名 芐戾也苦蟹切三 ⿱毄女意難

⿰月皆瘦皃 廌解廌宅買切三 豸 ⿰豸弟上同 嬭乳也奴蟹切二 妳上同 罷止也休也薄蟹切六 矲矲矮短也 猈犬短頭一曰案下狗也 ⿰金罷大鐵杖 備疲劣 ⿰罷力⿰罷力 ⿰罷力 惡怒 矮短皃烏蟹切三 ⿸广奇坐倚皃又作躷 躷上同 擺擺撥北買切二 捭上同鬼谷子有捭闔篇 解講也說也脫也散也佳買切三 ⿱艹解爾雅曰⿱艹解苦芺芜 檞松樠 灑灑水爾雅云大瑟謂之灑長八尺一寸廣一尺八寸二十七弦所蟹切又所綺切三 ⿰革徙履屬 躧躧躧 丫丫丫羊角開皃 華買切又工瓦切三 觟觟盾屬也說文苦圭切盾握也 柺老人拄杖也 ⿱夥手擙挲物出聲譜文夥切二 夥多也懷丫切又胡果切一 扮亂扮也花夥切一 ⿱竹拐竹具用之魚笱竹器也求蟹切二 拐手腳之物枝也

【十三】駭驚也又九河名一曰徒駭出爾雅孫炎云禹疏九河功衆懼不成故曰徒駭侯楷切四 絯大絲又音駭 侅無侅人名又音該 駴馬駴擊 楷模也式也法也說文曰木也孔子冢蓋樹之者又姓苦駭切四 ⿰角皆⿰角皆 ⿰犬皆⿰犬皆 鍇鐵好 騃癡也五駭切又音俟四 ⿸疒矣

疾疾 媉喜樂 䁤笑視 挨打也於駭切二 唉飽聲又於來切

十四。賄財也又贈送也呼罪切七 賄上同 脂腲脂大腫皃 燗熟皃又云罪切 悔悔吝 蛕土蛕毒蟲 㶽南人呼火也 。猥犬聲又鄙也烏賄切十 腲腲腇肥皃 嵔嵔䃬 鍡鍡鑸不平 㛱㛱婑好皃 碨碨磊石皃 䃬上同 㱬㱬婑不知人也 椳椳痿行病 郻郻郝不平 。磥衆石皃落猥切十六 磊上同 瘣痱瘣皮外小起 𡾴𡾴嵬山狀 礧礧硌大石 郲郲陽鄉名在桂陽 鑸鍡鑸 灅水名在右北平 𨞻郻郝不平 蘽蘽𡾴山狀又力水切 蕾蓓蕾花綻皃 儡傀儡戲 陾陾郵果實垂又力追切 𦡀𦡀腲腫皃 頛頭不正皃 櫑櫑劍古木劍也 。錞矛戟下銅鐏或作鐓徒猥切又徒對切五 瀢瀢沱水汎沙動皃 陮陮隗不平狀 鐓鍊鐵車轄 蓷草名 。辠文字音義云辠從自辛也言辠人蹙鼻辛苦之憂始皇以辠字似皇乃改爲罪也徂賄切三 罪上同 蕼蔂蕼山皃 。浼水流平皃武罪切六 潣上同 每雖也辭也頻也說文作每艸盛上出也 挴貪也 燘燘爛也又呼猥切 𧯼豆碎甚也 骽骽股也吐猥切八 腿俗 朏朏䫌癡癭皃說文五滑切無知意也䫌音隗 僓長好皃 腇腲腇 崣崣嵬山高皃 𣩩𣩩婑 椳椳桵行病 。瘣木病無枝胡罪切九 溾溾涹穢濁也 㱱㱱婑 讉列也王篇云譯也說文云中止也又胡對切 匯回也 廆晉有大單于遼東郡公莫容廆 蘬爾雅云蘬懷羊 又音瓌 輠車轉之皃 𨞻郻郝不平 。頠大頭說文曰頭不正也口猥切五 𡖬𡖬績多多皃 傀俗作傀儡子也 顝首大骨又口兀切 磈磈礧石也 。腲腲腲亦作朏都罪切五 埻木實垂皃 𨼇陾郵重皃 頧頭不正皃 諉諉諢詭言出聲譜 。餧飢也一曰魚敗曰餧奴罪切八 餒上同 浽浘浽 娞婑娞 䬐風動皃 鮾魚敗 腇上同 㼏傷瓜 。䯽陟賄切假髮髻也一 。頠頭也一曰閑習五罪切又五毀切七 䫌朏䫌說文音聵癡頭不聰明也 隗唯隗高也亦姓出天水後漢有隗囂 峞峞𡾴山皃 嵬山皃又五回切 䫥頭不正也又口猥切 𥗨衆石皃 。皠霜雪白狀七罪切八 滜新水狀也 𣿮上同 漼水深皃 璀玉名 𥼚辠物粗也 䊫赤米 鏙鏙錯鱗甲皃 。琲珠五百枚蒲罪切三 痱痱瘣 厞厞起令虛 。摧山林崇積皃子罪切二 洅說文云雷震洅洅本作代切 。倄痛而叫也于罪切一

十五。海說文曰天池也以納百川者亦州禹貢徐州之域七國時屬楚秦爲薛郡漢爲東海郡後魏爲海州亦姓呼改切三 醢肉醬亦作醘 橀榽橀木名以擬香人諺云上山斫檀榽橀先殫 。愷樂也康也左氏傳云八愷苦亥切九 凱上同 颽南風亦作凱 塏爽塏高地明塏燥也 暟美 鎧甲之別名 闓開也亦音開 䐩肉美 輆輆軩不平 。宰冢宰又制也亦姓孔子弟子宰予作亥切四 縡載也 𦖨半聾字林云秦晉聽而不聰聞而不達曰𦖨 載年也出方言又音再 。駘疲也鈍也駘蕩春色皃亦官名徒亥切又音臺十一 殆危也近也 待待擬俟也 怠怠懈 迨及也 𨽸上同 紿欺言詐見又絲勞也 箈竹筍 詒相欺 軩輆軩不平 𠹒言不上 。乃語辭也汝也奴亥切三 迺古文 鼐鼎大者曰鼐又奴代切 。改更也又姓秦有大夫改產古亥切三 頦頦頦又戶垓切 絠解繩說文云彈彄也 亥辰名爾雅云也歲在亥曰大淵獻亦姓戰國策晉有亥唐胡改切四 侅奇侅非常 㧡動 𧯇堅䝿神人 。啡出唾聲匹愷切一 。采事也又取也亦姓風俗通云漢有度遼將軍采皓倉宰切七 採取也俗 綵綾綵 寀寮寀官也 彩光彩 𩬄髮𩬄又七代切 𡺹根也 。茝香草也昌紿切一 。等齊也多改切又多肯切一 。穤禾傷雨也莫亥切又莫代切二 挴貪 。在居也存也昨宰切一 。俖不肯也普乃切二 朏說文云月未盛之明又音斐 。欸相然譍也於改切四 㢂藏也 毐嫪毐秦人名又音哀 挨擊也 。佁癡也夷在切一 。𡂝噫𡂝言不止也亥切一 。疓病也見尸子如亥切一 。釓連絲釣曰釓出字苑來改切二 唻囉唻歌聲又力諧切 。䑂肥也與改切二 𦡱上同 。倍子本等也薄亥切三 菩說文曰草也 蓓黃蓓草也

十六。軫動也車後橫木也又姓今吳縣有之俗從尔餘同章忍切二十三 縝結也單也又丑

珍切胗瘡胗皮外小起說文曰脣瘍也又音緊疹籀文畛田間道又音眞賑隱賑說文富也又之刃切㐱說文曰稠髮也引詩曰㐱髮如雲亦作鬒鬒上同槙木密又丁堅切紾軍衣或作縝縝同上眡告也診候脈又視也驗也袗說文云玄服也亦作袗裖上同厥𨍏轉厥厥喜悅兒轉音田眕目有所恨而止又厚重也𩔁顏色𩔁䫆慎事也黰黑兒駗馬色也縝繾也稹緻也又聚物𠘧新生羽而飛也辴大笑丑忍切一腎五藏之一也時忍切六蜃大蛤說文曰雉入水所化又時刃切祳祭餘肉說文云社肉盛之以蜃故謂之祳天子所以親遺同姓脤同上㰮指而笑也鋠玉篇云圓鐵忍強也有所含忍而軫切三荵說文曰荵冬草也爾雅曰茺隱荵郭璞云似蘇有毛涊水名在上黨矤說文曰況也詞也从矢取詞之所之如矢也式忍切六矧訠並上同哂笑也弞笑不壞顏頣舉眉視人嶙㠊嶙山高兒良忍切五僯慙恥兒䫰少髮撛門限也又牛車絕撛又力進切撛扶也紖牛紖直引切四肕引杖痕腫處說文音引䏖瘢也一曰遽也眲瞋怒目兒眹目童子也又吉凶形兆謂之兆眹緊紉急也居忍切四胗脣瘍也又之忍切䐜瘢並俗盡竭也終也慈忍切又即忍切二濜濜湞水流急兒𣠞埤蒼云盂也即忍切二盡曲禮曰虛坐盡前又慈忍切牝牝牡毗忍切又扶履切四臏去膝蓋髕骨形名臏同上猵獺屬又音邊齗齊也說文曰齗斷也宜引切五𥖅大齒脣齊齗犬爭兒听口大兒笉笑兒七忍切一窘急迫也渠殞切十僒上同莙牛藻也𡅏吐口兒𤨤玉名箘竹名菌地菌又姓出姓苑䐃腸中脂也蔨爾雅曰蔨鹿藿郭璞云今鹿豆也葉似大豆根黃而香蔓延生蜠爾雅曰貝大而險者曰蜠又音囷引爾雅曰引長也說文曰開弓也余忍切又徐刃切十四弘上同玉篇云挽弓也蚓蚯蚓又余刃切𦙶當脊肉也螾螾衍蚰蜒又餘刃切說文上同弞笑不大笑又壞顏吲音衍抮伸又布也濥水門又引水也說文曰水脈行地中濥濥也廴長行之兒戭長槍也又弋淺切縯

十七準

辪武王名鈏爾雅曰錫謂之鈏靷說文曰引軸也又餘刃切愍悲也憐也眉殞切十四慜聰也憫憫默亦憂也閔傷也病也又姓孔子弟子閔損敏疾也勞也聰也達也敃說文強也暋同上潣水流浼浼兒簢竹名可以為席爾雅曰簢祭中言其中空祭音塗或作𥴨𥴨同上[illegible]獸如牛也黽𦌑細罔𨏥車轍兔下華也鰵海魚泯水兒亦滅也盡也武盡切又彌鄰切十[illegible]細理僶僶俛笢竹膚黽黽池縣在河南府俗作黾又音緬澠上同又音繩𨀁民跡甲刡刡削[illegible]車轓兔下軛也脗脗合殞歿也于敏切七溳濜溳波相次也磒石落也隕墜也霣說文雨也齊人謂靁為霣一曰雲轉起也愪憂也荺爾雅云荺茭薰葦根可食者曰茭茭胡狡切

十七準準均也平也度也又樂器名狀如瑟長丈而十三弦隱九尺以應黃鍾之律之尹切又音拙四准俗埻射的周禮或作準純緣也又音淳尹正也誠也進也說文治也又姓出天水河間周有尹吉甫又漢複姓齊定王時有尹文子著書又漢書百官表曰內史周官秦因之掌治京師武帝更名曰京兆尹應劭曰河南尹所以治周地秦兼天下置三川守河洛伊也漢更名河南太守也世祖徙都雒陽改為尹余準切八䪒面斜也允信也狁獫狁駀馬逆毛玧充耳玉夋進也𧊒蟲名筍竹萌思尹切九笋俗[illegible]鷙詞鵻說文曰祝鳩也隼鷙鳥也說文同上箰律簨簨虡釋名曰所以懸鼓者橫曰簨簨峻也上高峻也縱曰虡虡舉也在旁舉簨也簨上同[illegible]亦同又作拘蝡淮南子曰蠉飛蝡動或作蠕而允切又而兗切一蠢出也爾雅云作也動也蠢不遜也尺尹切九𢧵古文腯肥也踳踳駮相乖舛也惷惷動兒朐漢朐䏰縣名在巴東郡地下濕多朐䏰蟲䏰音閏偆厚也富也又癡準切僢相背也𢿦亂也盾干盾也食尹切四揗摩也吮吮舐也楯欄楯偆厚也富也癡準切一輪束也力準切二輑上同𣯩毛聚而尹切一麇束縛丘尹切一螼蚯蚓也爾雅曰螼蚓螼蠶弃忍切三蜸皮厚兒趣行兒又去刃切賰賰賰富有式允切一脪腫起興腎切二𤸊上同濜濜湞

水勢鈕紉切一。屒重脣黏好說文伏皃一日屋宇珍忍切一
十八。吻口吻武粉切七 脗
上同 刎刎頸 抆拭也 伆離也又武弗切 勿[illegible]也 芴[illegible]芴 。粉傳物志曰燒鉛成胡
粉又曰紂作粉方吻切三 黺黺綵文 扮扮動又握也又房吻切 。憤懣也房吻切十四 ⿰忄奮
上同 扮握也 ⿸疒賁病悶 鼢字林云地中行鼠百勞所作亦作蚡 蚡上同 墳土膏肥也 魵
鰕又音忿 鱝鱝魚圓如盤口在腹下尾上有毒 弅莊子有隱弅之丘也 轒轒輼車名 膹切熟
肉也 ⿰巾奮盛穀囊蒲而裂也 坋說文曰塵也一曰大防也又步寸切 。忿怒也敷粉切又敷問切二
魵鰕別名 。惲謀也議也亦厚重也於粉切十 薀藏也說文曰積也春秋傳曰薀利生孽俗作蘊
蘊俗 韞韞櫝 縕枲麻 褞褞袿 輼轒輼車名 賱賱賭富也 醞釀也又於
問切 搵扗也 。齳無齒魚吻切五 齫上同 ⿱大云大也 喗大口 趣走皃又丘粉切 抎
有所失云粉切四 頵說文曰面色頵頵分皃 顛上同 瘨病也 趣走皃丘粉切二 麇左傳
云無勇麇之東縛也
十九。隱藏也痛也私也安也定也又微也又姓吳志有廷尉左監隱蕃於謹切十二
磤雷聲 癮癮胗皮外小起 ⿰糹㥯縫衣相著 㥯謹也 櫽說文括也 嶾嶾嶙山皃 𠃊
匿也 濦水名 㐆歸依也又於機切 ⿰車㥯車聲 。謹絜也慎也居隱切十一 斳黏皃 ⿰牛堇
牛馴也 槿木槿櫬也又名蕣一曰朝華一曰日及亦曰王蒸又曰赤堇 堇菜也說文作𡎺黏土也又音芹
𡎺上同 瑾清也 慬慤也 卺以瓢為酒器婚禮用之也 巹上同 ⿱艹近菜名 ⿰魚菫
角齊多皃又謹切二 亲草木眾齊本又音臻 。赾跛行皃丘謹切一 。近迫也幾也其謹切又其靳切二
瘽病也 。齔毀齒俗作齓初謹切又初靳切一 。听笑皃牛謹切一 。⿰虫憲蚯蚓也吳楚呼為寒⿰虫憲休
謹切又虛偃切一
二十。阮姓出陳留虞遠切三 ⿰元㔾小皃 邧秦邑名說文云鄭邑也
。遠遙遠也雲阮切二 䫀面不正 。偃偃仰又息也說文僵也又姓左傳舒庸舒鳩並偃姓於幰切十
二 㫃旗旌旒之 ⿰貝匽物相當也 鶠鳳也 郾縣名 褗衣領 堰壅水也又於建切

匽隱也 鄢鄭楚地名左傳曰晉侯鄭伯戰于鄢陵 鼴鼴鼠似鼠形大如牛好偃河而飲水也 蝘
蝘蜓別名又爾雅云蝘蜓守宮也 鰋魚名 。湕水名居偃切五 ⿺走建矛 劧劧吃語也 揵
難也舉也 蹇跛也屯難也亦卦名又居免切 。寋女字亦姓今蜀人有之其偃切四 楗楗閉 鍵
上同 ⿰亻蹇倨也 。言言言脣急皃去偃切一 。⿱言山語偃切四 巘山形如甑 齴露齒說文作齞
屵屵礹又大脣皃礹音綽 。幰蒼頡篇云帛張車上為幰虛偃切四 攇手約物 ⿰虫憲寒⿰虫憲又休
謹切 ⿰言憲⿰言憲搏很戾 。晚暮也無遠切七 娩婏娩媚也又亡件切 挽引也 輓上同 嫚
皮悅也又無頠切 㝃子母相解又音免 脕色肥澤又音曼 。反反覆又不順也府遠切六 ⿰車反
車耳曰⿰車反 阪大陂不平 坂上同 返還也 橎木名 。⿱龹豆黃豆求晚切四 圈獸闌又姓
後漢末圈稱字幼舉撰陳留風俗傳圈氏本氏於其國又其卷切 菌蕈也又求敏切 卷風俗傳云陳留太守
琅邪徐焉改圈姓卷氏字㚲音同 。婉順也美也於阮切二十 菀紫菀藥名又菀茂木也又姓左傳齊大夫
菀何忌 苑園苑白虎通云苑囿所以在東方者謂養萬物東方物所生也 踠體屈 蜿蜿蟺蚯蚓也亦
作𧊺 𧊺上同 畹田三十畝王逸云十二畝也 琬珪也 宛宛然說文曰屈艸自覆也又姓左傳
有宛春 惌說文同上又周禮注云惌小孔貌 倇勸樂 𩋎𩋎量物之𩋎也 鞔上同 䘼
襪也又安阮切 夗臥轉皃 ⿰韋宛䩩底履名 晼晼晚 ⿰目宛乖也又無媚也 ⿰片宛船木 ⿰言夗
熨也又於万切 。⿰禾卷相近皃去阮切六 綣繾綣謹慎也 䕰蘆荀也 ⿰衤卷也 ⿰米卷粉 ⿰黍卷
黏 。暅日氣況晚切又古鄧切七 暖大目 咺兒啼不止朝鮮云也 烜光明 愃寬心又音
宣 ⿰爰見大視 諼詐也 。飯餐飯禮云三飯是扶晚切又扶万切四 畚車畚 笲竹器所以
盛棗脩 ⿰舟頁無髮
二十一。混混流一曰混沌陰陽未分胡本切十六 鯶魚名 渾
渾元又戶昆切 緷大束 焜火光說文煌也 倱倱伅四凶之一春秋作混沌 棍木名 ⿰昆頁
頭面形圓也 睔大目又古悶切 梱木未破也 ⿰角昆角圓皃亦上同 ⿰酉軍醅酒相沃 ⿰阝縣大阜

掍同捆睴視皃煇煇煌光又音揮。翀飛起又走也普本切。忖思也倉本切三村
截也刌割也細切又。本本末又始也下也舊也說文曰木下曰本从木一在其下俗作本夲自音叨布忖切
六畚草器畚上同笨竹裏又蒲本切㡷戎姓苯苯蕁草叢生也。損減也傷也
蘇本切四瘁瘁痺惡寒䐜䐜屬膞切耿肉更煑也。劕劕減也茲損切六撙撙挫趨禮曰
恭敬撙節鄭玄云撙猶趨也噂噂沓譐同上蕁草叢生皃僔聚也。穩持穀聚亦安穩
烏本切三噫噫噂小口𠑡𠑡㒀。囤小廩也徒損切九笹籧篨也說文笹也盾趙盾人名
沌混沌坉同上庉樓牆遁遁逃又音鈍遯同上楯貯也又張倫支旬二切
。鱒說文曰赤目魚也才本切一。鯀禹父名亦作鮌尚書本作鯀古本切十二蔉大束衮天子
服緄帶也鯀說文曰魚也亦作鮌輥車轂齊等皃緷爾雅云百羽也蓘穮蓘壅養
苗惃惃亂丨上下相通硍石聲錕車釭。䁓䁓怨行無廉隅他袞切四肫肉
吨氣相衝也黗黑狀。閫閫門限也苦本切十壼居也廣也又宮中道𡈼又稛篆
成熟又縛衣也裍成就悃至誠頵禿頭又口混切梱橛弋門橛齫齫齦齒起皃硱
碖硱石落皃。怨惃怨行無廉隅盧本切四惀心思求曉事睔睔目皃碖碖硱石落皃
。獖守犬蒲本切四笨竹裏又晉書有兗州四伯豫章太守史疇以大肥為笨伯播車弓皃体麤皃
又劣也。濆愁悶也模本切又亡頓莫旱二切一。炳炳熱也乃本切一。總結也虛本切二惛
惛潰忽疾皃也

〔二十二〕

。很很戾也俗作很胡墾切二䓳䓳似薯花青白。墾力也
耕也治也康很切四懇懇惻至誠也又信也齦齧也豤豕食皃。頣頍後古很切二詪難語皃

〔二十三〕

。旱不雨胡笴切五㟂山名在南鄭皔白皃草草名䛞
大言。亶信也厚也大也多也穀也俗作亶多旱切又遮連切八疸病也嬗媛也笪持也笞也
又都達切疸黃病又音旦觛小觶又音但狚獦狚獸担笞也。坦平也安也明也

寬也他但切二閆闌也門傍之所以止扉。散散誕說文作㪔分離也又作散雜肉也今通作散又姓史記文
王四友散宜生蘇旱切又蘇汗切十一㪔散並見上注饊饊飯糤上同鏾弩牙緩也
繖繖絲綾今作繖蓋字箃箃篰姚支竹名傘傘蓋𢿥鳥形又思肝切𢿢𢿢扇。但
語辭又空也徒旱切十一蜑南方夷袒袒裼又除鴈切襢上同又陟扇切誕大也育也
欺也信也潬水中沙為潬今河陽縣南有中潬城䩥馬帶繵大帶亶說文云肉膻也僤
疾也本音去聲觛小觶。瓚圭瓚秬鬯宗廟之盛禮周禮云祼圭有瓚以肆先王藏旱切二趲散走又則
捍切攢祭笴箭笴古旱切又音哥十二簳上同皯面黑又工旦切䵟上同玕
亦同稈禾莖秆上同仠仠長𦼮草莖也矸研擊衦摩展衣也又音幹紆
上同。嬾惰也落旱切五懶俗糷飯相著也𥹝同讕謾讕。侃強直也又侃侃
和樂皃空旱切二衎信言又苦汗切。罕希也亦鳥網又姓左傳鄭有罕氏出自穆公以王父字為氏代為鄉
大夫又羌複姓有罕井氏說文作罕或作罕呼旱切七蔊菜味辛也厂說文云山石之崖巖灘水濡
而乾說文呼旰他丹二切暵日乾也又呼旰切熯火乾也熯上同又呼旰又善二切。鬢
款皃作旱切

〔二十四〕

。緩舒也又虜姓緩錏氏後改為緩氏胡管切十四澣濯也浣
上同綄候風羽出淮南子又音桓晥玉篇云晥明也又姓晉有西中郎將晥清睆目皆說文火睆切大
目也睍大視梡木名又束薪又苦管切棵斷木䝼䁬小有財也鯇魚名媛
山名晥縣名䈮籃篋也。短促也不長也都管切四拞上同斷斷絕俗作斷又徒
管切㩛轉簨。椀器物烏管切三盌同上腕腕腨小有肉。疃說文曰禽獸所踐處也詩
日町疃鹿場毛萇云町疃鹿迹也亦作畽吐緩切四暖上同瘓瘓瘓皃躖行速。算物之數也
蘇管切三匴器也冠箱也篹籮屬。管樂器也主當也又姓出平原周文王子管叔之後古滿切十二
筦同上脘胃府輨車轂端鐵盥洗也又公玩切琯玉琯又姓痯病也郭璞云賢

悹 人失志懷憂病也 悹悹憂無告也詩傳云悹悹無所依又音讙 輨 車轂具也 錧 車具 蜿

蟲名雨下 棺 也 梡櫳 卵 說文曰凡物無乳者卵生盧管切一 款 誠也叩也至也重也愛也苦管切八

欵 上同 欵 俗 窾 空也 鐵 鐵鏟 梡 虞俎名形有足如案 棵 斷木也 鱖

魚名 煗 說文曰溫也乃管切七 暝 上同 暖 同 煖 亦上同火氣 又音暄 餪 女嫁三日

送食曰餪 渜 陽也 稬 方言云沛國呼稻也 纂 集也作管切八 纘 子篹切 繼也又 纘 繼也

曰饌也 穳 聚也 篹 竹器 鄼 五百家也又五鄉爲鄼周禮曰四里爲酇五酇爲鄙又子旰切 篡 篹組 纂 本亦

儹 聚也 𦡤 作古文 伴 侶也依也蒲旱切三 扶 說文云並行也从二夫輦字从此 拌 棄也又音潘

滿 盈也充也亦姓出山陽風俗通荊䀆有滿氏音䀆變爲滿魏有滿寵莫旱切五 懣 煩悶 矕 古文 𥳑

鏋 竹器 金 粄 屑米餅也博管切五 粯 上同 䉛 牡瓦也 又音板 昄 均大也 鄹

字林云亭名在新豐 縂 篹切一 斷 絶也徒管切三 鍛 履後 帖也 緞 同上 攤 按也奴但切一 坢

平坦坢也 趘 走皃

二十五。潸

潸 淚下皃數板切又音刪一 綰 繫也烏板切一 版 說文判也布綰切六 板 上同 蝂 蝜蝂蟲 瓪 牝瓦 昄 大也又扶板切 鈑

金餅 酢 酢醉面皺 柞 柞醉面赤俗作醉 䤲 醉醉 㼧 醉醉 赧 赧愧也 靦 面

鷃 溫 𪈔 鷃鳥 𩔦 憨 慊 憫 慢又 僩 武猛皃一曰寬大 憪 寬閒大也 撊 猛也 捍

捍握 攔 大木也 睆 大目也户板切七 睅 目出 轘 車裂 鯇 魚名 鯇 又胡

板 𥮷 魚名 鰀 視皃 晥 明星 莞 莞爾而笑 阪 阪別名扶板切二 昄 大也又音 返 大也

本 鬆 鬆子麥麴類 鯇 魚名 繣 板切二 莧 草可染 戲 戲斷齒不正 戱 齒士板切二 蟃 蟲名

斷 五板切一 棧 齧齒也初板切一 販 目中白皃普板切一 撰 撰述 鐉 鐉鏟 篹 大篇 盤

二十六。產

產 生也又姓 何氏姓苑云彭城人所簡切十 鏟 大篇似笛三孔而短又姓 𥴦 或從

竹 摌 以手摌物 㹌 畜牲 嵼 嵼嵼 汕 魚浮水上 滻 水名在京兆 㦃 全德

又音 鏟 鏟 𩥄 馬名 限 度也齊也界也胡簡切五 硍 石聲 眼 䝠眼無畏視也 堅

剗 牛堅很不從牵 閒 門閾又作痕 鼎 並俗本只作限 䁣 武簡切一 簡 札也牒也略也釋名曰簡閒也編之

扁扁有閒也又姓左氏傳魯大夫簡叔蜀志簡雍 繝

傳云本幽州人姓耿後音訛改爲簡古限切七 繝 米 僴

武猛皃 襇 襇裙 柬 說文分別也一曰縣名在新寧 暕 日明陸曰 揀 擇 揀

剗 削初限切六 鏟 平木器也 弗 炙肉 弗也 羼 羊相廁也从羴 說文曰羊在尸下尸屋也一曰相

出前 産 全德 𦡼 皮 棧 閣也亦姓魏有任棧 城 棧 潸土限切八 嶘 山皃 嶘 同上

也 轏 車名士 孱 孱陵古縣名在武陵又士連切 僝 書傳云見也 說文云具也 輚 埋藏 云臥

車也亦兵車又儀禮注云轏柩車也 虥 虎竊毛謂之虥 眼 眼目也五限切一 醆 酒濁微清阻限切四

琖 玉琖小杯 盞 醆 並上同 㦃 全德 綰切二 𥕦 砩 䶔 粟齒聲起限切一

二十七。銑

銑 說文曰金之澤者一曰小鑿一曰鐘兩角謂之銑先典切十一 洗 姑洗律名

跣 跣足 毨 書曰鳥獸毛毨傳云毨理也毛更生整理 姺 古國名 燹 字統云野火也 筅

筅帚飯具 𣓉 同上 杇 棗木 茪 草名 鮏 魚名 腆 厚也善也忘也至也他典切十五 㥏

㾝㾝病也 圢 坦也 淟 淟涊熱風 町 町疃鹿迹 畽 上同 錪 小釜 靦 面慙 悎

說文曰青徐謂慙曰䀹 琠 玉名 蚕 爾雅曰螾蚓豎蚕郭璞云即蛩蟺也江東呼寒蚓 蹎 行跡 蹪

行 腆 富皃 睓 明也 典 玉篇云主也常也法也經也又姓魏志有典韋多殄切五 蕇 葶藶

頣 頰後也又古很切 錪 小釜又他典切 𥰅 大 𧍘 蝘蜓於殄切五 躽 身向前也 匽

視 宴 安也又烏見切 嬿 嬿婉又烏見切 殄 絶也俗作殄徒典切三 蜓 蝘蜓一名守宮博物

志云以器養之食以朱沙體盡赤重七斤擣物杵以點女人體終身不滅婬則點滅故号守宮漢武試之驗也又音廷 跈

蹈也 繭 蠶繭古典切十三 絸 古文 璽 俗 皾 皮起 趼 上同 栞 小束

俗 垷 涂塗泥又大坂在隴西 筧 以竹通水 襺 纏著衣也 𢷡 拭面 挸 上同 撵 古文

○峴峻嶺胡典切十三　臢肉急　哯小兒歐乳也又不顧而吐　晛日出好皃又乃見切　垷又古典切　蜆爾雅曰蜆縊女郭璞云小黑蟲赤頭喜自經死故曰縊女　俔譬也磬也又苦甸切　顈縷顈　蕈黑　睍小目白皃　䚲語　𢡟意　嫢細皃　○顯明也著也光也觀也又姓風俗通云有顯甫為周卿呼典切五　韅在背曰韅在胷曰靷在腹曰鞅在足曰絆　蜆小蛤　抮引戾　㬎衆明也微妙也從日中見絲今作縣又五合切　○搷塗也彌殄切四　芇相當也又亡弦切　丏不見也　眄斜視又亡見切　○撚以指撚物乃殄切四　涊淟涊　跈蹂跈又而善切　䟢蹈也　○編編綃方典切一曰次第也又畀連切十一　匾匾匾薄也　匽湯奚切　緶褰緶　編上同　萹萹茿草　稨

豆籩同上　惼性恔　碥乘車石也　扁扁署門戶　糄燒稻作米　○泫露光又泫然涕流皃胡畎切十四　鉉鼎耳說文云舉鼎也　琄玉皃　贙獸名似犬多力出西海一曰對爭也到一虎者　肙女牢也亦作　繯韋昭云繯繫也　旬說文云目搖也　[目縣]目童子又胡涓切　埍姑又姑泫切非也　鞙繫鞙刀鞙也說文曰大車縛軛靼也　鞙上同　䡀坑車也　軒軵同　騂上　馬一歲也　○く水小流也深尺廣尺曰く姑泫切八　畎上同　甽古文　𡿨古文　誸誘也　埍女牢　罥挂　羂上同　汱爾雅墜也又伏水也　○辮說文交也薄泫切七　編吳人呼蜀人　艑船　鹵呼䖺　扁姓也廣雅曰扁鵲是也又方典切　毹毹毵毛領　癟病也　骿骨蹁　蹁骨生皃　○犬狗有懸蹄者曰犬廣雅云殞虞碧獒猗獫韓盧宋猎並良犬苦泫切一　○𡎺不動牽狠　豩齧緊　𤛞穄別　䌸切四　豩也　緊名也　豎　豎天蚕蛐蜩　○齞開口見齒研峴切一

二十八獮

○獮秋獵曰獮獮殺也息淺切十三　獼上同　禰　鮮少也　尠上同見說文　魦俗　尟寡也　癬疥　燹字林云逆燒又音銑　𤢬上同　蘚苔蘚　蘚蛇蘚　鱻今人戶版籍　蘚蘚　麛屋廡　廯　蘚也蘭音牽上聲　○演廣也亦水長流皃以淺切　衍達也亦姓字統云水朝宗於海故從水行　縯長也　黃　嗔笑　戭大長戈　䗡土　爪　𢧈　𩬢槍　又𥈤戳　衍蟲名　𧗼蟲也　衕上同　○踐蹋踐慈演切七　譾也　餞酒食送人又疾箭切

俴淺也　瘥小痒　衍蹈也　俴跡也　展舒也整也審也適也說文作展轉也又姓魯孝公之子子展之後知演切十　㞡上同　搌束縛又丑善切　皽皮寬　輾輾轉又虞複姓後魏輾遲氏改為展氏　紾轉繩也又音軫　𢀡極巧視之又視戰切　嫸好皃　蝘蟲名　襢襢衣　氏　○膳耳門旨善切十七　剸以槌去牛勢　樿木名禮記用之為杓　顫說文曰倨視人也　饘　饘粥又側音擅　醆杯又側限切　皽皮寬又知善切　燀義見下文　襢束也　亶　鱣　䩥裸形無可蔽也　○鱣說文曰視而不止　䁴同上　檀木　擅鳥擊勢也　剸擊也　饘上同　嬗說文作嫸偏也　趁尼展切三　跈蹂跈也亦作碾　輾車轢物或作碾　反柔弱　○淺不深也士演切一　○闡大也明也開也昌善切九　燀說文曰炊也春秋傳曰燀之以薪又然也又章善切　繟寬也　繟綽名也　韝黃色　幝車敝詩曰檀車幝幝　嘽邑名　𤅊汶水　𧥦爲瀾　嘽寬也　繟寬綽也樂記曰其聲嘽以緩　緩偏緩又徐翦切八　遣送也縱也去演切八　繾繾綣不相離　鑓餅也　𡪿乾麪皃又黏也　○翦牛很不從引也　𦤎小塊說文作譽注見上　譽　館黏也　蹇跛也難也又姓秦有蹇叔九輦切十一　謇吃又止言　搴取也　攓上同　㩃偃攓傲也　搴攓　揵　䇓竹　寒醜長皃　攓縮　繾屈曲也　攓寠嵼山丑輦切　䡅爾雅釋草云輦薊　䡘魚名　䙴袴　○善良也大也佳也說文作譱吉也又姓呂氏春秋云善卷堯師常演切十一　譱見上注　譱古文又善音　墠除地　壇同　鱓魚名異苑云死人髮作也　蟺蚯蚓　單單父縣名亦姓出周　儃說文云作姿也　鄯州名本漢之破羌縣地屬金城郡後魏孝昌二年置鄯州又鄯善西域國也本名樓蘭又音擅　墡白土　磰上同　䰩大麥新熟作麵麰也　䊨　○翦齊也殺也勤也俗作剪即淺切十四　剪俗　揃揃搣　戩福祥也　錢銚　𡡓明皃又子離切　俴也　帴淺　䩫王蔧草名　鬋剪髮垂皃又姓　鬋　䈰竹名　箭竹名　搢俗　踐也　趲也　蹨蹍也續也執也人善切五　然燒也又大名　戁懼也又音赧　熯乾皃又漢音又音罕　僆意脃

也又式善切。綫緩也徐翦切一。輦人步輓車又姓出何氏姓苑力展切九　𪍿大麥䴵麵　燫小然火也　璉瑚璉　鄻地名在周　僆孿生子　摙擔運物也　蓮蓮芍縣名在馮翊又音憐　膦膦輭無力。齴齒露魚蹇切七　巘山峯　遃行皃　嵃巘嵃山形　讞議獄　瓛玉甗。甗器也周禮曰陶人爲甗甗無底甑也。件分次也其輦切四　𡾊𡾊嵯又音蹇　鍵管籥　鑳上同。辯別也理也慧也說文治也符蹇切五　𧦝俗　辡罪人相訟又方免切　辦別也說文判也又蒲莧切　諞巧佞言也又符沔切。緬遠也說文曰微絲也彌兗切十　沔漢水別名亦州名春秋鄖國之地戰國時屬楚秦屬南郡武德初平朱粲置沔州　汚俗　湎沈湎　愐思也　黽黽池縣名在河南府俗作澠又忘忍切　䩛勒䩛名也　偭背也　勔勉也　𢄼幕出玉篇。褊衣急方緬切二　辮交也亦曰急也　臇臛少汁也子兗切三　熼上同　𧒒蟲食。雋鳥肥也又姓漢有雋不疑徂兗切五　隽俗　𤺓大痒　吮軟也又徐兗切　蔫蘠蔫菜名。辡罪人相訟方免切又符蹇切四　䁵蔽目說文曰初生蔽目者　覸視皃　鴘埤蒼云鷹鷂二年色又云人姓。兗州名尚書禹貢曰濟河惟兗州武王封周公於曲阜爲魯公秦爲薛郡後魏置南兗州於譙城又置西兗州於定陶城隋改爲魯州武德初平徐圓朗復爲兗州又姓出姓苑以轉切十　渷濟水別名出王屋也　沇上同　抁動也　抗上同　䒕草名　駹馬逆毛　㕣山閒泥也　綄紖綄　䫑小風。臠肉臠說文曰臞也一曰切肉也力兗切四　孌美好　嬽從也　脟割也　轉動也運也陟兗切二　𣓁秉𣓁。卷卷舒說文曰膝曲也居轉切六　菤菤耳苓耳　輂爾雅曰革中辨謂之輂車上所用皮也辨音片　𨺍河東安邑聚名　捲捲衣　埢家土。圈說文曰養畜閑也渠篆切又求晚切三　蔨爾雅曰蔨鹿藿　𦯥耎也。耎柔也或从需餘也。輭同而兗切十七　軟俗　蝡蟲動　楆楆棗也　萸紅藍又木耳　碝碝石次王　瑌上同　愞愞弱又奴亂反　腝脯疾　䞕䞕小有財物也　耎說文曰稍前大也　㤜弱皃　𡰪弱也又尼展切　偄弱也耍也亦　𩌦柔韋又作𦾲見正典　䁥

城下田也　緛衣縫紩也。舛剝也說文曰對卧也從夊中相背夊中几切牛口瓦切昌兗切四　喘喘息說文曰疾息也　荈茗草名　歂揣也又初委切。膞切肉市兗切七　腨腓腸　鄟地名　𦈏說文曰小巵有蓋也　歂口氣引皃　踹跟也　蒷草名生處無魚。篆篆書持兗切七　瑑璧上文也　沌水名在江夏又徒混切　摶周禮百羽爲摶十摶爲縳縳音渾又音鯀　縳上同又作縛　隊道邊埒也　𡐦耕土卷也。剸細割也旨兗切九　剬上同　孨孤露可憐說文曰謹也又莊眷切　鱄魚名美也出洞庭湖　竱等也　膞切肉又市兗切　䦱開閉門利　圌囚刑圓出古今音字　𦉪小巵也又之累切。選擇也思兗切又思絹切又思管切三　𦋺署也　籑竹緣　撰述也定也持也士免切五　僎具也數也持也又子倫切　𩔇具也見也　鱔魚名　譔專教也又音詮　蜎爾雅曰蜎蠉郭璞云井中小蛣蟩赤蟲一名孑孑又姓漢藝文志有老子弟子楚人蜎淵著蜎子十三篇狂兗切一　蠉香兗切二　𧽊走皃。楩木名符善切又父綿切四　𢡜急也　諞巧言　扁又辨篇二音。免止也黜也脫也去也亦姓左傳衛大夫免餘亡辯切八　娩婉娩媚也又音挽　勉勖也勸也强也　俛俛俯　鮸魚名　挽生子挽身　冕冠冕　絻上同又音問。搌搌搖丑善切七　𨫼鋋物令長　㫃旌旗柱又幢幟二音　蕆備也一曰去貨　䖤神行　㢟安步行之又丑延切　䩶驂具又丑井切。鴘埤蒼云鷹鷂二年色披免切一。僐說文曰意膬也式善切三　嬗女恣態又奴見切　䁴視面色。𣃂旌旗之皃於蹇切三　𧾿走也　嫣長皃。邅移行除善切一。棧棚也一曰士免切變也

二十九　篠

篠細竹也先鳥切七　筱上同　鯈魚名　謏誘爲善也又小也　謏上同　䃤黑砥石也又思六切　𢹲打名。皎月光詩云月出皎兮古了切十二　璬玉佩　憿行縢脛布也　皢鐵文又呼了切　皛白也又匹白切　皦明也皎也又珠玉白皃　恔恔憭慧也　繳纏也又音酌　䦦喪之降殺　晈光明　校小袴　儌儌抄。鳥說文曰長尾禽總名也象形都了切九　𢂌絹布頭也　𢗔垂心　蔦樹上寄生　釕釕鈌帶頭飾出聲譜　扚扚擊

䄡裋衣　秎禾穗垂皃　𠄏懸皃　。了慧也訖也盧鳥切十四　蓼辛菜　瞭目睛明也

䮴驕長皃驕巨夭切　鄝地名　繚繚繞繚也　憭照察　舠王篇云小舩也　鐐火灸

憔拭也　磟磟𥓸垂皃　撩扶也又力凋切　潦水清又小水也　衧袴也　。朓月行疾出西方土了切三　窱窈窱深遠皃　䠷身長皃　。鐃鐵文馨皛切四　曉曙也明也慧也知也　皢白也

膮豕羹　。杳冥也深也寬也烏皎切十五　窅深目皃　窈窈窱深也靜也　偠便偠好皃　騕騕褭神馬日行千里　䮍上同　[illegible]跡長而不勁　葽廣雅云遠志也　旟旗類　鴢爾雅曰鴢頭鵁郭璞云似鳧脚近尾略不能行又音㓜

婹婹嬈細弱　冟合也　窅遠也隱也　宎說文宜也　宎說文曰戶樞聲也室之東南隅也　葯草長　。嬲嬈戲相擾奴鳥切九　嫋長弱皃　䠎㓜跡

儴儴偠　褭騕褭　嬈苛酷也又擾戲弄也又音遶　嬝嫋嬝　䃵䃵磟　擾擿也　皛明也胡了切五　淼水渺淼皃　芍鳧茈草又市若切　葯上同　[illegible]脩續譜云相誑也王篇音

。窕美色曰窕詩注云窈窕幽閒也徒了切八　䠷子　眺眺瞭中穴　誂弄也俗作挑說文曰相呼誘也　掉掉尾又動　嬥嬥嬥往來皃韓詩云嬥歌巴人歌也　挑挑戰亦弄也輕也　䃎磽

。磽山田亦作硗苦皎切二　硗上同　。湫湫隘子了切又子攸切五　剿戲也說文絕也　杪木忽高也　稀飾　𦺍凶首似蓰菜

三十。小微也私兆切三　魦小魚名　尐少草遠志也

。肇始也正也敏也長也治小切十一　肁開也又姓戰國策趙有大夫肁賈　兆十億曰兆說文分也姓也　趙少也久也字林云趍也亦州名春秋屬晉秦屬邯鄲郡後魏以廣阿城置趙州至齊改為趙州又姓本自伯益孫造父善御幸於周穆王賜以趙城因封為氏簡襄始大列為諸侯今出天水南陽金城下邳潁川五望　旐旐爾雅曰長尋曰旐郭璞云帛全幅長八尺釋名龜蛇為旐旐兆也龜知氣兆之吉凶建之於後察事宜之形兆也　狣犬有力也　䍜羊子　鮡魚名似鮎而大　駣馬四歲　垗葬地　𠧞灼龜坼出文字拓歸　沼池沼之少切三　落落子草　筱竹綠　。夭屈也於兆切四　殀殀也　芺爾雅曰鉤芺郭璞云大如拇指中空莖頭有臺似薊初生可食

仸仸僑不伸又尪弱皃　。𪒠意氣息皃高丑小切一　。少不多也書沼切又式照切三　芀草名　邵說文地名　。擾亂也順也說文作擾煩也而沼切七　擾上同　繞纏繞又姓左傳秦大夫繞朝　遶圍遶　嬈亂也　犪牛馴說文作犪牛柔謹也　猱爾雅注云即蒙貴也狀如蜼而小紫黑色可畜之健捕鼠亦作猱又諾高切　。摽落也又拊心也字統云合作此受符少切八　擙上同見說文今從票餘同　鰾魚鰾可作膠　慓急性　顠髮白又孚小切　𩯨上同　膘脅前又孚小切　莩莩草又零落也　。麨麳也尺沼切五　麨上同　弨弓反曲又昌招切　楢赤木名又音猶音酉

昭弄人昭目也　。縹青黃色也敷沼切八　醥清酒　犥牛黃白色　顠髮白　鷅鳥變色也　篻實中竹名　瞟埤蒼云一目病　膘脅前又音芆　。眇說文曰一目小也亡沼切十　渺淼瀰水皃　訬擾也一曰訬獪　䏚草細　淼水大水水　杪稍也木末也　秒禾芒　藐字書藐遠又亡角切　吵雉聲　篎笙管　。紹繼也又姓出何氏姓苑市沼切五　綤古文

佋佋介上　招袴上　覞玉篇云見也　。矯詐也說文曰揉箭箝也又姓左傳晉大夫矯文居夭切十二　鱎白魚別名　䚩角長　敿盾也　撟說文曰舉手也一曰撟擅也　嬌女字又居喬切　䀬目重瞼也　蟜蟲也又姓後漢有蟜慎字彥仲　譑說文曰多言　鄡國名　𡡉嫭身　蹻蹻也又其虐切　。表明也亦牋表釋名云下言於上曰表說文作衮上衣也古者衣裘以毛為表也又姓出姓苑陂矯切四　䙚上同　蔈古文　。褾大草名　褾袖端方小切四　覭字林云月有所察　標標杪木末　𡾰山頭　。藨草名可為蓆平表切八　殍上同　殍餓死又音孚　莩上同又音孚　受物落皃　歇吐也　貓獪也　貓似狐善睡　。鷕雉鳴也以沼切又羊水切七　溔浩溔大水皃　舀說文曰抒臼也　𣅵並上　抭同　骹肩骨　䁘眇瞭目皃　。悄悄悄憂皃親小切三　愀容色變也　釥好也又淨　。勦絕也子小切八　剿上同出說文　勦勞也又音巢　漅水名　鄛魯地　潐盪酒　膘又符小切　憔拭也　鐎

蹽𤢺長皃巨夭切一。繚

繚繞力小切九 燎 說文曰放火也左傳曰若火之燎于原 敹 長皃 璙 好皃 憭 慧也又音聊 燎 燎炙也 僚

朗也又音平聲 醲 醲醲面白 嫽 好皃。麃 蒼頡篇云鳥毛變色本作䳤滂表切又經典釋文云徐房表切劉普保切一

閿 隅也於小切一

三十一。巧 好也能也善也苦絞切又巧偽苦教切二 䲾 巧婦鳥案爾雅注云鷦鷯桃雀也俗呼為巧婦字俗從鳥。臮

動水聲下巧切說文音學六 㺒 事露又好巧切說文音孝 𦬗 草根亦竹筍也或作茭又音狡 佼 庸人之敏說文交也又古巧切

盠 溫器又公巧切 穀 竹筍。飽 食多也博巧切三 餜 餥 並古文。獿 擾亂奴巧切三 撓 撓亂又音蒿

夒 犬驚說文又奴交切。卯 辰名爾雅曰太歲在卯曰單閼晉書樂志云正月之辰謂之寅寅津也謂物之津塗二月卯卯茂也言陽氣生而孳茂三月辰辰震也謂時物盡震而長四月巳巳起也物至此時畢盡而起五月午仵長也大也言物皆長大六月未未味也言時物向成有滋味七月申申身也言時物身體皆成就八月酉酉緧也時物皆緧縮也九月戌戌滅也謂時物皆衰滅十月亥亥劾也言陰氣劾殺萬物十一月子子孳也謂陽氣至此更孳生十二月丑丑紐也謂終始之際故以結紐為名也莫飽切七 丣 古文 茒 菜也 緢 又絲名 泖 水名在吳華亭縣 貓 好皃又莫交切 昴 星名 茆 鳧葵說文作茆音柳。絞 縛也又姓出何氏姓苑古巧切十五

狡 狂也猾也疾也健也說文曰少狗也匈奴地有狡犬巨口黑身 佼 女字 攪 手動說文亂也 蔽 郭璞云江東呼藕根亦作茭又下巧切 筊 竹索也又音交 挍 挍授物也 鉸 鉸刀 盠 器也 姣 妖媚 烄 交木然也 敫 上同 盥 國也說文器也又胡巧切 䈆 竹筍 疛 腹中急痛俗作疠。爪 說文曰丮也覆手曰爪象形丮音戟側絞切八 叉 古文說文曰手足甲也

𧲿 狐獠 瑵 玉名說文曰車蓋玉瑵 笊 笊籬 𢂁 帊頭 抓 亂搔掐也 𦬼 草也。拗 手拉於絞切五 䳸 鵃頭鵃似鳥而脚近尾 𢂋 靴鞿怮亦從革 見 深目 狕 獸名。鮑 鮑魚又姓出東海泰山河南三望本自夏禹之裔因封為氏薄巧切四 骲 骨鏃 麭 西地 鞄 柔革名。齩 齧齩也五巧切一。𪑾 黠也士絞切二 僺 僺僺長皃出[illegible]譜

。爓 熱也

初爪切七 𩱿 煼 炒 並上同 謅 相弄 𩱿 乾也 吵 聲也李音眇。獠 夷別名張絞切又盧晧切二 獠 上同。敹 擊也一云攪也亦作數山巧切一

三十二。晧 光也明也日出皃也胡老切十六 昊 昊天說文作昦 昦 上同 暤 明也旰也曜也亦太暤又姓本出武落鍾離山黑穴中者見蜀録 鎬 鎬京 浩 浩汗大水皃又姓漢青州刺史浩賞又漢複姓魯人浩星公治穀梁 顥 大也又天邊氣說文曰白皃楚詞曰天白顥顥南山四顥白首人也今或作晧 灝 灝溔水勢遠也 鰝 大鰕 夰 說文放也昦天字從此本音杲 蒿 蒿侯莎 鄗 光武立鄗邑名 鄗 上同 𧇓 土釜亦作鏊 𦅾 網綴 滈 水名在京兆。抱 持也說文曰引取也薄浩切一。老 耆老亦姓左傳宋有老佐盧晧切十四 䝤 西南夷名 獠 上同 轑 車軸 橑 屋橑簷前木一曰蓋骨一曰欄也說文曰椽也 潦 雨水 藔 乾梅 栳 栲栳柳器也 欄 木名 顛 廣大皃 佬 憦佬心亂 嘐 嘐嘐無人 𪏆 黃色 澇 水名又力到切。討 治也誅也他浩切三 套 長也 槄 山楸又他刀切

道 理也路也直也衆妙皆道也說文曰所行道也一達謂之道徒晧切七 衜 𡬶 並古文 稻 秔稻禮記曰凡祭宗廟之禮稻曰嘉蔬又姓何氏姓苑云今晉陵人 駣 馬四歲又音兆 䆃 禾一莖六穗也出字林 𨱽 䠷跳長皃又奴晧切。堖 頭堖奴晧切九 腦 上同或從𡿺餘同 𠟉 亦同出周禮 惱 懊惱 碯 碼碯寶石 𨱽 跃跳長皃 𤞰 雌狢 𧳣 上同 㛴 相㛴亂也說文曰有所恨痛也

𡝐 兄嫂蘇老切七 嫂 上同 㛮 俗 燥 乾燥 埽 埽除 掃 上同 蓃 蓃蔌草。倒 仆也都晧切十一 擣 擣築 搗 俗 島 說文曰海中往往有山可依止也又音鳥 禂 牲馬祭也 𩧢 上同 檮 說文曰斷木也又音陶 禱 請也求福也 𤸫 病也 壔 高土 懤 憂也。草 說文作艸百卉也經典相承作草采老切七 艸 篆文隷變作艸 懆 憂心 慅 上同 騲 牝馬曰騲 嘈 嘈嘐無人 愺 愺佬心亂。早 晨也子晧切十二 澡 澡洗 藻 文藻說文同下 薻 水草也 𧒂 齧人跳蟲抱朴子曰𧒂蝨攻君卧不獲安 蚤 上同又古借為蚤暮字

鱢魚名似鯉雞足 璪玉名 璅石次玉者 棗果名史記曰楚莊王時有所愛馬啖以脯棗漢書曰安邑千樹棗等千戶侯又姓出潁川文士傳云棗氏本姓棘避難改焉 繰紺色曰繰 繅雜五綵文 。皁皁隸入櫓屬亦黑繒俗作皂皀昨早切四 草草斗櫟子 造造作又七到切 艁艁舟以舟爲橋說文云古文造 。暠明白也古老切十一 㮴木名 杲日出又明白也 槀禾稈人槀本草蒳之本 藁俗 夰說文放也 縞素也又音告 槀槀本藥名 臭大白澤也 菒乾草 碻女碻石似玉 。好善也美也呼晧切又呼号切二 𢽑人姓 。蓩毒草武道切又地名又亡毒切四 菽細草叢生 媢說文夫妬婦也音冒 冃重覆 。寶珍寶又瑞也符也道也禮記曰地不藏其寶又天寶晉灼云天寶雞頭人身又姓出何氏姓苑博抱切十五 珤古文 保任也安也守也說文作𠈃養也亦姓呂氏春秋云楚有保申爲文王傳也 𤓯古文 堢堢障小城 堡上同 褓襁褓 緥說文曰小兒衣 鴇鳥名亦作駂鴇 葆草盛皃又羽葆 駂郭璞云今烏驄 䎂彩羽 宲藏也 賲有也 缶相紏也 。襖袍襖烏晧切十四 镺镺䠷長也 懊懊惱 䐿藏肉又烏到切 芺苦芺 䴈麇子 媪女老稱 燠甚熱又音郁 夭禮曰不殀夭本又於矯切 怏怏正之皃 鄗邑名 蝹蟲名如猿常地下食人腦 䯉骨藏 鴃鳥名 。考校也成也引也亦瑕釁淮南子云夏后氏之璜不能無考是也又姓出何氏姓苑苦晧切十 攷古文 栲木名山樗也 槁木枯也說文作槀 祰禱也說文曰告祭也 洘水乾 熇火乾 丂氣欲舒皃 顥顥頊大頭 薧乾魚周禮曰辨魚物爲鱻薧注云薧乾也亦作槁又蒿里字音蒿 。䫯瓜蔓苗頭五老切二 頊顥頊大頭

【三十三哿】

哿嘉也古我切四 舸楚以大船曰舸 笴箭莖也又公旱切 𥳑笴笴出南中 。瑳玉色鮮白千可切三 𩯒髮好皃也又昨何切 硰硰石地名 。嚲垂下皃丁可切五 亸古文 哆語聲又昌者切下脣垂皃 癉勞也又怒也 𩑰醜皃 縒鮮潔皃也蘇可切又楚宜切三 娑騀娑 颭名又蘇哥切 䙋衣長皃 。爹北方人呼父徒可切九 柁正舟木也俗從㐌餘同 舵上同 陊下坂皃又落也 袉裾也 拕引也 沱灅沱沙水往來皃又徒何切 沲上同 詑輕也 。我己稱又姓我子古賢者著書五可切五 騀駊騀馬搖頭皃 䫏側弁也 𢧐差也 硪吸硪山高皃 。袉長舒皃吐可切又徒可切一 。櫑櫑柆樹斜來可切九 鄿鄿鈞出異字苑 欏裂也 砢磊砢石皃 儸儸懦懦也王篇又作儸儸 𥌰色光明出釋典 𣃁相擊也亦斫也 剆上同 䪼䪼哆脣垂皃 。橠橠檫木盛皃奴可切六 娜婀娜美皃 㛂成也 𢤱上同 那俗言那事本音儺 㝹衺衺衣好皃 。荷負荷也胡可切又戶哥切二 何上同 。𣢭大笑虛我切五 𠰘上同 㪃擊也 𣪏上同 𩑾傾頭皃又音訶 。可許可也又虜複姓三氏周太保主雄賜姓可頻氏梁有河南王可沓振又有可達氏又虜三字姓三氏後魏書可地延氏改爲延氏又并州刺史男可朱渾買奴前燕慕容儁皇后可足渾氏枯我切四 岢岢嵐鎮在嵐州 軻轗軻又音珂 坷坎坷 。閜閜砢欲傾皃烏可切七 椏𣛁椏樹斜 𣙝𣙝橠 婀婀娜亦作妸 娿人姓莊子有娿荷甘又音痾 旑旑旎旗皃又猗蟻切 袲袲衺 。左左右也亦姓齊之公族有左右公子後因氏焉又漢複姓二氏左傳宋公子目夷爲左師其後爲氏秦有左師觸龍晉先蔑爲左行其後爲氏漢有御史左行恢臧可切三 𣃳𣃳旌又子賀切 𠂇戾也說文曰左手也象形

【三十四果】

。果果敢又勝也定也剋也亦木實爾雅曰果不熟爲荒俗作菓古火切十一 菓見上注 猓猓然獸名 輠車脂角又音禍 鍋刈鍋又古卧切 划划刈 裹苞裹又纏也 蜾蜾蠃蟲也 惈蒼頡篇果敢作此惈 餜餅餜食 粿淨米 。埵土埵丁果切十五 鬌小兒翦髮爲鬌 挆稱量 𦁐冕前垂也 朵木上垂也 朶上同 綞綞子綾出字林 揣摇也又初委切 鍺車鐗 𨹧小崖 𨦔鈌也 𥠐禾垂皃又丁官切 㪜試也又初委切 𩋏屐跟緣也 褍衣正幅也 。鎖鐵鎖也俗作鏁蘇果切十二 瑣青瑣漢書儀曰黃門令日暮入對青瑣㨂拜名曰夕郎又瑣小皃 溑水名 葰葰人縣在上黨又蘇寡切 䈭竹名 䴛說文曰小麥屑之覈 鮹魚名 䂹小石 鄭亭名在河南 。惢心疑也又醉隨才捶二切 損

動也 貟 貝聲。墮 落也徒果切又他果切十四 垜 射垜亦作垛 甀 長沙呼甌也 種 嬾惰也
積 [illegible] 小竹名 篟 同 鞣 履跟緣也或作䋣 錆 車轄又犂 鐯出玉篇 惰 說文曰
不敬也 惰 上同 媠 美也說文曰南楚人謂好曰媠又吐臥切 鬌 又丁果切 鰖 魚子已生又他
果弋水二切 嶞 山高。妥 安也他果切九 媠 好也 隋 裂肉也又徒果切 鰖 魚子已生
崣 山長兒 墮 倭墮髻者也又徒果切 橢 器之狹長 墮 山兒 鵽 鳥名。麼 幺麼細小
亡果切三 䁯 䁯曬日無色 懡 懡㦗人慙。坐 釋名曰坐挫也骨節挫屈也徂果切二 𡋯 古文
妑 好兒五果切二 戹 木節也亦作戹。裸 赤體說文曰袒也郎果切九 躶 臝 臝
並上同 卵 又力管切 瘰 瘰癧病節結也 癳 上同 蓏 果蓏說文曰木上曰果地上曰蓏應劭云
木實曰果草實曰蓏張晏云有核曰果無核曰蓏 臝 蜾臝蒲盧郭璞云細要蜂也腰螟蛉之子於空木中七日而成
其子法言云螟蛉之子殪而逢蜾臝祝曰類我類我久則肖之。婐 婐妮身弱好兒烏果切三 倭 倭墮又烏弋切
[illegible] 多也 妮 奴果切二 扼 摘 跛 跛足布火切又彼義切四 簸 簸揚又布箇切 駊
駊騀馬惡行又音叵 破 破碓行不正也。叵 不可也普火切四 駊 駊騀 頗 又普波切 [illegible]
巔峩山兒。禍 害也胡火切七 祸 上同 夥 楚人云多也 綶 同上 [illegible] 說文云逆惡之驚詞
輠 車脂角又音果 過 過過也秦人呼過爲過也。火 河圖挺左輔曰伏羲禪於伯牛鑽木作火說文曰燬
也南方之行炎而上象形呼果切二 邩 玉篇云地名。顆 小頭果切三 堁 堀堁塵起也 敤
研理又音課。爸 父也捕可切一。脞 書傳云叢脞細碎無大略也倉果切二 硰 碎石 䂳 䂳石
地名作可切一

三十五

馬 說文曰怒也武也象頭髦尾四足之形尚書中候曰稷爲大司馬釋名曰大司馬馬武也大揔武事也亦姓扶風人本自伯益之裔趙奢封馬服君後遂氏焉秦滅趙徙奢孫興於咸陽爲右內史遂爲扶風人又漢複姓五氏漢馬宮本姓馬矢氏功臣表有馬適育漢溫志有諫議大夫乘馬延年何氏姓苑云今西陽人孔子弟子有巫馬期風俗通有白馬氏莫下切七 碼 碼碯石似玉 鄢 郁鄢縣名在犍爲 罵 罵詈又莫霸切

寫 穴寫在燕野 鴉 鳥 鰞 異魚名。者 語助也章也切三 赭 赤土 堵 縣名又姓左傳
鄭有堵狗又音覩。野 田野說文云郊外也羊者切五 埜 古文 也 語助辭之終也 冶 銷也
尸子曰蚩尤造九冶又妖冶亦姓左傳衛大夫冶廑 虵 羌複姓有虵𡍮氏又食遮切𡍮都結切。雅 正也
也說文曰楚烏也一名鸒一名鵯鶋秦謂之雅五下切五 疋 正也待也說文所菹切足也古文以爲詩大雅字又山呂切 雅 嫺雅
庌 廡也說文曰廡也周禮曰夏庌馬 厊 厊房不合 𤮖 酒器。檟 山楸古疋切十 榎
上同 嘏 大也福也 假 且也借也非眞也說文又作叚至也又姓漢有假倉 叚 借也 賈 說文姓也
出河東本自周 斝 玉爵禮記曰夏后氏以醆商以斝周以爵 瘕 久病腹內又古牙切 椵
伯之後又音古 [illegible] 好也。灑 灑水也砂下切一。啞
爾雅曰櫠椵郭璞云柚屬子大如盂皮厚二三寸中似枳食之少味
不言也烏下切三 瘂 𤸱 並上同。灺 燭夷徐野切三 担 取也 䵘 汙也 對慢
出文字指歸 下 賤也去也後也底也降也胡雅切四 丅 古文 夏 大也又諸夏亦州名秦屬上郡漢分
置朔方部晉末赫連勃勃於州稱大夏爲後魏所滅置鎮又改爲夏州又胡駕古下二切 廈 廈屋。寫 除也 夏 冬也
程也盡也又轉蕃姓彌 寫 別名 瀉 瀉水 魯 獸名 䵎 䵎䵎好兒。乜 鉏瓦切一
曰寫悉姐切四 且 語辭七也切又子余切一 啁 大笑許下切三 閜 大裂 西 說文曰覆也覆覈賈
類皆 社 社稷又漢複姓二氏風俗通云齊昌徙居社南因以從此爲氏何氏姓苑云右扶風有焉又有社北氏常者切
三 𥁵 器名 檒 宜檒善夢神見仙經 跒 跒踦行兒苦下切。跁 傍下切三 𨁾 短人立也
笆 竹名出蜀又音巴 捨 釋也書冶切五 舍 止息亦上同又音赦 騇 牡馬 䭙 飽䭙飫 餙
上同。姐 羌人呼母一曰慢也兹野切十一 担 取也又才也切三 飷 無食味也。把 持也執也博下切一
曰黃華。踝 足骨也胡瓦切十一 稞 淨穀 𡲰 青絲履又縄屨 𨍭 地名 𦵠 鮮明黃色 蘳 說文
又音壞 觟 牝牂羊生角者又楚冠名 鮭 魚似鮎也 䶍 大口又聲說文曰擊踝也 輠 轂頭
轉兒。寡 鰥寡說文少也古瓦切八 冎 剔人肉置其骨 剮 俗 𣎹 老人柱杖 偽

倘偶行皃 卝羊角皃 篗篙收絲具 觡觡觡牛角開 瓦古史考曰夏時昆吾氏作瓦也五寡切二 𤬪 郛衛地 若乾草又般若出釋典又虜複姓二氏周書若干惠傳曰其先與魏俱起以國爲姓後燕錄有步兵校尉若久和人者切又人勺切三 惹亂心也 唦應聲 鮓釋名曰鮓葅也以鹽米釀魚以爲葅側下切五 厏厏厊不合 譇譇訝詞皃 䈉炭籠也又音鹺 痄痄瘡不合 觰牛角橫都賈切又竹加切二 槎逆斫本士下切又仕加切二 厊厏厊 奲寬大也昌者切五 撦撦擊也 䰩醜 哆脣下垂皃又當可切 撦裂開 縿縿繫相著皃竹下切一 絮奴下切一 髁髁骨苦瓦切七 跨踞跨又苦化切 骻上同 侉侉衿抱也 銙帶飾 衣 跨步又口化切一 硰好啙黃又乇切又七火切一 䆉穲穀南人食之或云䅉婆丑寡切一 葰葰人縣名沙瓦切三 謏強事言語 傻傻俏不仁 姹嬌姹也丑下切又陟嫁切一 𥐧玉篇云𥐧磋不熟皃盧下切

三十六養

養育也樂也飾也字從羊食又姓孝子傳有養奮餘兩切七 痒皮痒 癢上同 瀁滉瀁水皃 蛘蟻名說文曰搔蛘也 勨勉也又音象 蠰蟲名 像似也徐兩切十一 象說文曰象長鼻牙南越大獸三季一乳象耳牙四足之形爾雅曰南方之美者有梁山之犀象 蟓桑上繭 橡櫟實 襐未笄冠者之首飾也 勨勉也又音養 鱌魚名似鮎白鼻長也 潒潒瀁遠也 蕮草 遪行也 嶑山名 獎勸也助也成也譽也屬也即兩切六 獎上同說文本作嗾犬厲之也 䈇剖竹未去節也又秦杖切 槳檝屬 㯳同 蔣國名亦姓風俗通云周公之胤又漢複姓漢有曲陽令蔣匠名又子羊切 兩說文曰再也易云參天兩地今通作兩良獎切八 兩二十四銖爲一兩 脼腆脼 㭾松脂 緉雙屨 蜽蝄蜽蟲名說文曰蝄蜽山川之精物也國語曰木石之怪夔蝄蜽亦作魍魎 魎注見上 勈勈勇也力拒 鞅牛羈也說文頸靼也於兩切十一 柍木名 秧秧穰禾稠 䬬飽皃 詇早知也 岟岟山足 駚駚驚馬皃 炴火光 眏無貲量謂無極限也 怏怏悵也又於亮切 紻冠纓 勥迫也勉力也其兩切五 彊說文云弓有力也或作強又姓前秦錄有將軍強求又其良切 弜弓有力也 誩競言 滰乾米之皃 仰偃仰也說文舉也魚兩切三 茚昌蒲別名 卬望也欲有所度 磢瓦石洗物初兩切六 𤕠上同 剏傷皮 搶頭搶地見史記又七良七羊二切 漺淨也 愴愴悢失意又音創 想思想也息兩切二 鯗乾魚腊也 掌手掌又姓晉有琅耶掌同前涼有燉煌掌據諸兩切三 仉姓梁公子仉啓後也 𤓯反爪 爽明也差也烈也猛也貴也踈兩切九 𡙧同 縔絞繩 鷞鷞鳩 塽塽塏高也 樉木名 𤕠 漺淨也又初兩切 𩔞皃 響聲也許兩切八 饗歆饗 蠁說文曰知聲蟲也 蚼上同 亯獻也祭也臨也向也歆也書傳云奉上謂之享 享上同亦作享 嚮爾雅兩階間謂之鄉本亦作鄉又音向 曏又音向 敞高也昌兩切七 惝惝怳驚皃 氅鶖鳥毛也 鷩上同 廠屋也出方言又音唱 𡍬踞也又主尚直庚二切 㦂惝寬也 繈絲有類又孟康曰鏹錢貫也俗作鏹居兩切五 鏹上注 襁襁褓負兒衣博物志云織縷爲之廣八寸長二尺以約小兒於背上 膙頭筋 憼敬也說文音景 丈說文曰十尺爲丈直兩切四 杖說文曰持也大戴禮曰武王踐阼爲杖之銘曰惡乎失道於嗜慾惡乎相忘於富貴呂氏春秋曰孔子見弟子抱杖而問其父母杖而問其兄弟曳杖而問其妻子尊卑之差也禮曰苴杖竹也削杖桐也 仗憑仗本又音去聲 痮病也 昶通也明也舒也丑兩切二 鋹利也 獷獷平縣在漁陽居往切又居猛切一 壤土也書傳曰無塊曰壤風土記曰擊壤者以木作之前廣後銳長尺三四寸其形如履臘節僮少以爲戲也逸士傳曰堯時有壤父擊壤於康衢藝經曰擊壤古戲又漢複姓孔子弟子有壤駟赤如兩切八 釀釀菜爲菹 䑋肥蜀人云 穰豐穰又汝羊切 蠰蟲名似雞而小 攘擾攘又汝羊切 躟躟躟行疾皃 䃰惡雌黃 賞賜也又吳姓有賞氏書兩切五 饟日西食 餳上同 饟周人呼餉食 曏少時也又火亮切 髣髣髴亦作彷彿妃兩切六 彷彷彿俗 仿說文曰相似也 紡績 鶭鶭鷨鳥蒼黑色常在澤中俗呼爲護澤 䲱上同 网网罟說文曰网庖犧所結繩以田以漁也世本曰庖犧臣芒所作五經文字作罔俗作冈文兩切十

二網上同罔上同又無也輞車輞棢上同惘惘然失志皃菌菌草誷
調誣室同上瞷耳疾蛧蛧蜽魍魍魎上同昉明也分兩切四倣學也放
上同旊周禮有旊人爲簋者蓋埏埴之工又音甫枉邪曲也亦姓今號州有紆往切四敱曲浸歎
俇人汪汪陶縣在鴈門又烏光切往之也去也行也至也于兩切二暀德也是也光也爾雅曰暀暀皇
皇美怳懒怳許昉切二詤夢中言也又火光切搶七兩切又初兩七羊二切二揍上同
也長大也又漢複姓晉有長兒魯少事智伯智伯絕之三年其後死智伯之難知丈切又直張切一上登也升也
時掌切又音尚二丄古文𨒟楚詞注云狂狂遑遽皃求往切一臩說文曰驚走也一曰往來皃俱
往切四迋欺怨僙載器也出埤蒼逛走皃[illegible]姓也養切一類醜也初丈切二傸
惡也

三十七

○蕩大也又水名出湯陰又姓宋之公族也徒朗切十二嵣山名漢高鳳隱
處婸淫戲皃簜大竹篃潒水大之皃又洗潒也像放像或作婸愓不憂盪
玉名說文曰金之美與玉同色者也盪滌盪搖動皃說文曰滌器也又吐浪切暘春也持米精也蕩
大竹嵣嵣嵣山皃顙額也蘇朗切四[illegible]木也磉同磉柱下石也廣大也
闊也古晃切二鄺姓出廬江榜木片北朗切六髈題髈𣭱毛𣭱罽文蚄陸居蝦蟆蒡
牛蒡菜䰃髮䰃亂毛○駔會馬市人又牡馬也子朗切三驡駃驡馬容髒骯髒體盤曩
久也奴朗切二灢泱灢水不淨皃海賦○沆沆瀣氣也胡朗切六骯骯髒體盤䟘亢伸脛也頏
直項之皃蚢貝大者如車渠爾雅作魧吭聲也○曭日不明他朗切十二儻倜儻不羈又他浪切
傷長皃𢤏𢤏慌失意皃矘矘䁭目無睛簜說文曰大竹篃也帑金帛舍又音奴
爣爣朗火光寬明䑗䑗䏃月不明也𤬪大瓜名又𤬪𤬪長皃𪏢白皢攩攩提打
○莽莫莽說文曰南昌謂犬善逐兔於艸中爲莽又姓前漢反者馬何羅後漢明德馬后恥與同宗改爲莽氏摸朗切又
莫古切十茻說文曰眾艸也壾吳王孫休子名見吳志[illegible]無睛[illegible]艴艴無色狀[illegible]

日無光[illegible]鈷鏻又莫古切蟒蛇最大者漭漭沆水大[illegible]崨嵣山皃黨釋名曰五百家
爲黨黨長也一聚所尊長也又輩也美也累也說文曰不鮮也多朗切五讜讜直言欓木名𨞇地名說文
作鄌䕞草名○朗明也亦姓出姓苑盧黨切七朖誏並上同俍俍傷長皃崀
嵻崀山空榔木名㝗㝗寬空虛○坱塵埃也烏朗切十姎女人自稱姎我又烏郎切映
映䁪不明泱滃泱水皃咉咉咽悲也醠濁酒英竹名玉篇云英無色也盎盆也
又烏浪切駚駚驡馬容軮軮軋聲也○慷慷慨竭誠也苦朗切七忼上同嵻嵻崀山空
骯骯髒體盤䡷車䡷之名㝩㝩㝗空虛懬大也又丘廣切說文又口謗切○㳹大水烏晃
切二瀇瀇水深廣皃○晃明也暉也光也亦作晄胡廣切七幌帷幔也晉惠起居注云有雲母幌櫎
兵欄榥讀書牀也滉滉瀁水皃攩攩打又吐朗切皝人名前燕慕容皝也[illegible]骯矣人云
髈回朗切二[illegible]艴艴無色○慌慌懭呼晃切七懭懭朗寬明也又苦晃切宂宂㝗也[illegible]
[illegible]睆目疾出新字林䏃䏃䏃月不明皃[illegible]日旱熱也詤夢言也○䴚鹽澤也各朗切四[illegible]
[illegible]並上同䟘亢伸脛也○[illegible]馬怒驚驡駒也五朗切一○奘大也徂朗切一○蒼莽蒼麄朗
切一○汻姓今涇州有之呼朗切三酐苦酒旰干鹵旰○懬大也寬也怨也丘晃切三軖軭軖
郶也爌爌朗寬明也又火光

三十八

○梗梗直也又梏梗藥名古杏切九挭挭槩大略
哽哽咽郠邑名在莒綆井索鯁刺在喉又骨鯁謇諤之臣埂堤封吳人云也骾
骨骾[illegible]蟲名○丙辰名爾雅云太歲在丙曰柔兆又光也明也又姓風俗通云齊有大夫丙歜兵永切九昞
亮也亦作昺怲憂也邴邑名在泰山又姓左傳晉有大夫邴豫又音柄炳炳煥明也秉執持
又十六斗曰藪十藪曰秉又漢書有秉漢窉爾雅曰三月爲窉本亦作寎又兄病辛命區詠三切苪著也蛃蛃蟲
名○警寤也戒也居影切八儆上同景大也明也像也光也炤也又姓齊景公之後後漢有景丹境
界也璥玉名蟼蛙屬檠所以正弓出周禮亦作檠憼也○影形影於丙切八璟

玉光彩出埋蒼 璄上同 鐛飽亦作饑 擏中擊 毴車毛 𠜃剌也 颷玉篇云高風風

省省署漢書曰舊名禁中避元后諱改爲省中又姓左傳宋大夫省臧所景切又息井切九 眚過也災也 瘖

瘦瘖 蛸減也 覞覞覷露也 閣閣府今爲省字 甈甑有耳瓶 渻水名亦丘名 鄁

永長也引也遠也遐也亦姓出何氏姓苑于憬切二 栐上同 栐木可爲笏 𦬒小風許永切一 皿

器皿武永切三 盌盌戶土穴也 盟盟也 憬遠也俱永切六 囧光也 煚火也 璟玉光

兠驚走兒 暻明也曲 景見悟也 杏果名廣志曰榮陽有白杏鄴有赤杏黃杏何梗切三 莕莕菜

荇上同 猛勇猛又嚴也害也惡也亦姓左傳晉大夫猛獲之後莫幸切六 䁅䁅盯視兒 蜢蚱蜢蟲

艋舴艋小船舴陟格切 鼆蛙屬 鄳縣名在江夏 礦金璞也古猛切七 鑛上同

鉀古文 𪍑𪍑麥 𪍑上同 獷大也又居往切獷平縣名在漁陽也 穬穀芒又曰稻不熟

浜浦名布梗切又布耕切三 併詐僞人也 𢶁𢶁急兒 盯盯䁅張梗切一 瑒祀宗廟圭名長一尺二寸徒杏切又音暢一

𪇓清潔鳥猛切三 囧囧澋水回旋也 䵷六合清朗 打擊也德冷切又都挺切一

冷寒也魯打切又魯頂切一 丱金玉未成器也乎礦切二 澋泂澋水回旋也 鮩鮩魚別名蒲猛切一

𥇦𥇦然舉目也苦礦切又音句一 檸木皮入酒浸治風擊梗切一

三十九。耿耿介也又耿耿不安也又姓晉大夫趙夙滅耿因封焉遂以國爲氏古幸切三 䎖芋莖也

䁅䁅猛視兒 䁅武幸切三 黽句黽魯邑名 黽蛙屬 幸吉而免凶說文作㚔也从夭从屰夭死之事故死謂之不𡴀胡耿切四 𡴀注見上 倖倖傲 䛭䛭䁅有耳 僨

俱也或作併羅列也蒲幸切四 鮩鮩鮬 𪓰上同 𪓰亦同 𤕰𤕰鰑蒲見普幸切一

四十。靜安也謀也和也息也疾郢切十 睜䁅睜不悅視也 彭清飾 竫立也思也

理也審也又姓齊靖郭君之後風俗通云單靖公之後 姘女人貞絜也 婧上同 穽坑也 阱上同

猙獸如狐有翼又音爭 竫安停 整正也齊也之郢切二 𢿫俗 逞通也疾也盡也

丑郢切六 騁馳騁又 徎禪衣 侱憒侱意不盡也 韁騁具又丑善切 睈視也又意不盡

郢楚地以整切三 浧泥也 梬梬棗似柿而小 痙風強病也巨郢切二 涇玉篇云寒也

潁水名在汝南亦州名禹貢豫州之境春秋時沈丘也秦爲潁川郡漢爲汝南郡之汝陰後魏置潁州餘頃切二

穎禾末也穗也又姓左傳有潁考叔 領理也錄也說文項也良郢切六 嶺山坂也裴淵廣州記云大庾始安臨賀桂陽揭陽爲五嶺與鄧德明南康記云別也

呤古文 柃木名可染 袊衣袊禮云左執領不從衣 蘋草名 頸項也居郢切又巨成切一 餅必郢切五 屏蔽也爾雅曰屏謂之樹又廣雅曰罘罳謂之屏風俗通云卿大夫帷土以簾以自鄣蔽

鉼鉼金謂之鈑周禮祭五帝則供鉼金 併併合和也又必姓切

𤕰索𤕰出食苑 頃田百畝也去潁切六 𩑺古文 𩕳也 檾竟 䔛草 𦻏草

井說文曰八家一井象構韓形罋之象也古者伯益初作井今作井見經典省又姓姜子牙之後也左傳有井伯子郢切二 並上同

邢地名 廮安也又廮陶縣名在趙州於郢切五 郢地名 癭瘤也博物志云山居之人多癭疾

𢼸𢼸闃氣 請乞也求也問也謁也七靜切又疾盈疾姓二切二 睛睛不悅目兒出字林又音精

省察也審也息井切六 渻說文曰少減也一曰水門又水出丘前謂之渻丘 睲睲睲照視

惺惺悟出字林 䏬姐几名 惺惺悟兒俗 眳眳睛井切二 慎憒慎意不盡也

徎雨後徑也文井切二 逞通也

四十一。迥遠也戶頂切五 同空也 炯光也明也 泂詩云泂酌 迥草名 熲光也又輝也古迥切八 炅光也又古惠切 炯火明兒又音熲

洞寒倉 穎籬名 餇餇餌 䁅目驚兒 蝐蝐螢似蛙 茗茗草莫迥切七

娗娗自持也 酩酩酊 瀴瀴涬大水兒 溟上同 眳眳睛 姳姳好 頂頂顚頭上說文顚也都挺切十三

頂上同 𩓞籀文 奵奵 耵耵聹耳垢 鼎說文云鼎三足兩耳和五味之寶器禹收九牧之金鑄鼎荊山之下

蕇蕇草 酊酩酊 濎濎濘水兒 葶葶藶毒草 葶補履又音丁 打擊也又都冷切 㞩展也 挺挺出說文拔也徒鼎切十二 艇

小船 ○鋌 金鋌 梃 木片 娗 長好皃 町 田畝又音汀 霆 疾雷又音庭 莛 草莖
又音庭 涏 涇寒 蜓 蟲名又徒典切 訂 平議 誔 詑言 ○珽 玉名說文曰大圭長三尺抒上
終葵首他鼎切十二 圢 平也 脡 脯胸 侹 長也直也代也 頲 直也 侱 徑也 壬
善也 町 田墟 艼 蔣也又禿鈴切 甼 田器 罜 罜罣小網 閅 門上閅關 ○洴 洴瀅小水
皃 徂醒切一 ○濴 洴濴鳥迴切一 ○謦 謦欬也去挺切一 ○顈 頂顈乃挺切五 聹 耵聹 [illegible]
似蛙 濘 泥也又乃定切 䕒 葶䕒 ○婞 很也胡頂切七 涬 溟涬大水皃 鯹 魚名 鋞
似鍾而長 脛 脚脛又胡定切 悻 恨悻 綷 絓綷 ○醒 醉歇出蘇挺切二 箵 箵笭篝籠
甲乃室補 鞸 鼎切一 ○褧 褧衣說文檾也口迴切六 檾 枲屬 苘 上同 烓 行竈又烏圭切 頴
禪衣 絅 ○剄 斷首古挺切二 烴 焦臭 ○頩 斂容匹迴切一 ○巊 巊溟山水烟涬切三
也 ○䰢 誙䰢 瀴 瀴涬大水皃 ○笭 篝笭籠也力鼎切三 罜 罜罣小網 冷 寒也又姓前趙錄有
徐州刺史冷道字安義又盧打切 ○竝 比也蒲迥切四 並 上同 鮩 白魚名也 併 立竝又必姓切
○詗 同明悟了知也火迥切一 ○䁝 直視皃也五剄切二 [illegible] 小皃

【四十二拯】

○拯 救也助也無韻切音蒸上聲五 拼 撜 上同見說文 䡙 軺車後登出字林 氶 晉譙王名 庱
亭名在吳晉陵丑拯切又恥陵切一 ○殑 殑殑欲死也其拯切一 ○殑 殑殑色庱切一

【四十三等】

○等 齊也類也比也多肯切一 ○倗 不肯也普等切二 𠞩 穆天子傳云西征至𠞩郭璞云國名也前
漢書有𠞩成侯 ○肯 可也說文作肎骨間肉肎肎著也一曰骨無肉苦等切二 肎 上同 ○能 夷人語奴等切
本又奴登切

【四十四有】

○有 有無又果也取也質也又也又姓孔子弟子有若又漢複姓有男氏禹後
分封以國爲姓出史記云久切九 右 左右也又漢複姓五氏左傳宋樂大心爲右師其後因官爲氏漢有中郎右師
譚晉賈華爲右行因官爲氏漢有御史中丞右行綽何氏姓苑有右閭右扈右南等氏 鴧 鳥名似雉 友 朋友
同志爲友 叉 說文上同出 [illegible] 器也又余救切 [illegible] 上同 栯 木名服之不妬又於六切 [illegible]

草名 ○柳 木名說文作桺小楊也从木丣聲丣古文酉餘倣此又姓出河東本自魯孝公子展之孫以王父字爲展氏至
展禽食采於柳因爲氏魯爲楚滅柳氏入楚楚爲秦滅乃遷晉之解縣秦置河東郡故爲河東解縣人力久切十四 罶
魚梁 罶 同上 懰 好也 珋 石之有光璧珋也說文本音留 飀 颲飀風皃 嬼 妖美又嫽嬼也
䉞 竹聲 [illegible] 似鼠而大又音留 熮 火爛 瀏 水清 綹 十絲爲綹 [illegible] 卯載柩車也 茆
鳧葵水草詩云言采其茆即蓴菜也又莫飽切 ○狃 相狃也女久切十一 紐 結也 鈕 印鼻又姓何氏姓苑
云今吳興人東晉有鈕滔也 杻 木名 莥 玉篇云鹿豆也 厹 爾雅云狸狐貒貈跡也 扭 扭手
轉皃 狃 習也 𦙫 食肉 䢢 地名 [illegible] 藺實亦作莥 ○丑 辰名爾雅曰太歲在丑曰赤奮若敕
久切三 杻 杻械 杽 古文 ○肘 臂肘陟柳切四 疛 說文曰小腹痛 㽘 上同 扭 扭按
也又音紐 ○朽 腐也許久切四 死 同上 疞 病也 殠 臭也 ○久 長久也舉有切七 九
數也又漢複姓二氏何氏姓苑云昔岱縣人姓九百名里爲縣
小吏而功曹姓萬縣中語曰九百小吏萬功曹列子秦穆公時
九方皋一名野善相馬也 玖 玉名 灸 灸灼也又居又切 韭 說文曰菜名也一種而久者故謂之韭象
形在一之上一地也俗作韮 㚢 女字也亦作姒 雀 姓出纂文 ○首 頭也始也書九切六 𩠐 同上
𦣻 人頭象形 手 手足 守 主守亦姓出姓苑 䪰 人初產子 ○醜 類也衆也釋名曰醜臭也
如物臭穢也又虜複姓西秦錄有下將軍醜門于弟昌九切三 䤽 瑞草也 魗 棄也惡也又市壽切 ○湫
湫水瀆也在九切又子由子小切二 愀 變色也又鍬小切 ○婦 說文曰婦服也从女持帚灑埽也房九切十五
[illegible] 負 擔也荷也又受貸不償曰負背恩忘德曰負也 萯 玉萯草 蝜 蝜蝂 阜 陵阜
釋名曰土山曰阜阜厚也言高厚也廣雅曰無石曰阜 𠂤 上同 鴭 鴭鳩別名也 偩 禮云禮樂偩天地之
情 草 香草 阜 盛也亦作隝 隝 同上 焯 焯熾 菩 香草又步乃切 蝜 鼠婦 缶
瓦器盆也史記云秦王趙王會于澠池藺相如使秦王擊缶是也詩疏云缶者瓦器也所以盛酒漿秦人鼓之以節歌方久切
八 ○缹 蒸缹 ○否 說文不也又房彼切 ○不 弗也說文作不鳥飛上翔不下來也从一一天也象形又甫鳩

甫救二切 鴀 鴀鶏 痞 病也 殕 物敗也 婄 好色也 糗 乾飯屑也孟子曰舜糗飯茹草又姓風俗通漢有糗宗爲嬴長去久切一 跊 踐也人九切十 楺 屈木 煣 同上 輮 車輞 沑 說文曰水吏也又溫也 禸 獸跡又女九切 葇 葇蘸菜不切也 稞 禾稞 韖 車軔 粈 粽粈

舅 夫之父也亦母之兄弟又姓左傳秦大夫舅犯其九切十 倃 說文毀也 臼 杵臼世本曰雍父作臼又姓左傳宋華貙家臣曰任 齨 臼齒齨亦馬八歲俗作駋 麔 牝麋 鴭 鳥名似鵂有冠 咎 愆也惡也過也災也從人各各者相違也 臼米 米糗 疚 病也 怨 怨咎 諮 毀也 紂 紂王號也方言云自關而東謂緻曰紂俗作紂除柳切六 紂 竹易根而死也 銅 銅陽縣在汝南又直衆切 葤 菓也 緊 姓也襄州有之又音籌 疛 小腹痛又腿後 酉 飽也老也就也首也又辰名爾雅曰太歲在酉曰作噩又姓魏有酉牧與久切二十一 丣 古文 誘 導也引也教也進也說文曰相訹呼也 羑 誧 上同並見 說文 牖 道也向也說文曰牖穿壁以木爲交窻也禮曰華門閨竇蓬戶甕牖 卣 中形罇又音由 槱 積木燎以祭天地 𥙊 上同 莠 草也 羑 羑里文王所囚處又有羑水並在湯陰又姓也 庮 久屋木也周禮曰牛夜鳴則庮鄭司農曰庮朽木臭也 蜏 朝生暮死蟲名 𡧉 字書云貧病也 歔 說文云言意也 琇 玉名又音秀 梄 柞梄木 鐀 遺也 輶 輕車又音由 𨡎 醲酒名 羑 水名 受 容納也承也盛也得也繼也殖酉切五 壽 壽考又州名楚考烈王自陳徙都壽春號曰郢秦爲九江郡魏爲淮南郡又梁爲南豫州周爲揚州隋平陳爲壽州亦靈壽木名生日南又姓王莽兗州牧壽良又漢複姓前漢燕王遣壽西長之長安蘇林云壽西姓也又承呪切 𨞪 水名在蜀亦地名也 璹 玉名又音馳 綬 組綬禮云天子玄公侯朱大夫純世子綦士緼應劭漢官曰綬長一丈二尺法十二月廣三尺法天地人也 滫 溲麪說文曰久泔也息有切四 糔 糔溲 醙 白酒 綇 絆前兩足又相主切 颼 颼飂於柳切三 䱂 魚名 懮 懮受舒遲皃 酒 酒醴戰國策曰帝女儀狄作而進於禹亦云杜康作元命包曰酒乳也又酒泉縣在肅州匈奴傳云水甘如酒因以名之亦姓也子酉切一 浚 浚麪亦作溲踈有切一 帚 少康作箕帚之九切五 箒 俗 鯞

鯫鯞魚名 睭 明睭 䝓 猛獸 㤱 小怒芳否切三 紑 鮮也又孚丘切 雬 霧雬 掫 持物相著側九切三 搊 搊扇別名 䖻 蟲名 穝 聚名士九切一 鞇 鞇東初九切二 䪌 上同 秠 爾雅曰一稃二米此亦黑黍漢和帝時任城生黑黍或三四實實二米得黍三斛八斗是芳婦切又匹几孚悲二切一

〔四十五〕厚 厚薄又重也廣也說文作𠪋曰山陵之厚也又姓出姓苑胡口切七 垕 古文 後 先後說文遲也又胡豆切 逘 古文 后 君也又姓漢有少府后倉又音候 郈 鄉名在東平又姓左傳魯大夫郈昭伯 呴 欲吐又呼后切 母 父母老子注云母道也蒼頡篇云其中有兩點象人乳形豎通者即音無莫厚切十四 牡 牝牡 某 詔前人之言也 拇 大拇指也 胟 上同 畝 司馬法六尺爲步步百爲畝秦孝公之制二百四十步爲畝也 畮 畆 並古文 莽 草莽 𤝞 猵猵獸名 痗 病痗 踇 踇偶山名 踇 行皃 鵡 鸚鵡能言之鳥又音武 部 部署也又姓出姓苑蒲口切十 培 培塿小阜或作㟝 犃 犃牯偏高又牛頭短 䏽 豕肉醬 瓿 瓿甊小甖 䍌 小缶 𪍿 麩𪍿餅 篰 牘也 蔀 蔀菜魚薺也易云豐其蔀王弼曰蔀覆曖鄣光明之物又音剖 婄 婦人皃又音剖 斗 說文作斗十升也有柄象形石經作斗當口切八 㪷 俗 枓 柱上方木 蚪 蝌蚪蟲也 阧 阧峻 陡 上同 抖 抖擻舉皃 襡 衣袖又音蜀 𪌉 𪌉麸天口切九 飳 上同 妵 人名左傳有華妵說文女字也 黈 冕前纊也 䳇 水鳥黑色又大口切 黈 好皃又黃木苗出 黈 兵奪黈黈 人物出字書 鈄 姓出姓苑 䱏 魚名 苟 苟且又姓出河內河南西河三望國語云本自黃帝之子漢有苟參古厚切十三 玽 石似玉 狗 狗犬 垢 塵垢 笱 笱屚縣名在交阯又魚笱取魚竹器 𦊴 上同 耇 耇老壽也 詬 詬恥也又呼候切 枸 枸杞 茩 薢茩 岣 岣嶁山巔 敂 破扣打也 豿 熊虎之子 藕 爾雅曰荷芙蕖其根藕五口切六 蕅 上同 偶 合也匹也二也對也諧也 耦 耦耕也亦姓風俗通云宋卿華耦之後漢有侍中耦嘉 髃 肩前髃也 㼴 瓦盎名 𢭃 衣上擊也 方垢切二 掊 擊也 㝅 乳也乃后切六 𣴘 說文水也 陾 衆陾 𡛋 婢女肥皃 㖩

吼食物出新字林 乳小兒 ○姿老姿蘇后切十五 叟上同 傁上同亦從叟餘倣此 嗾
使犬聲 [illegible]上同 瞍瞽瞍舜父 謏謏訹誘辭 擻抖擻舉也 藪藪澤爾雅有十藪魯大野
晉大陸秦楊陓宋孟諸楚雲夢吴越具區齊海隅燕昭余祁鄭圃田周焦護又十六斗曰藪 籔漉米器也 瞍
字林云聦摠名也 廋廣雅云隱也 棷薪也 駷馬摇銜走又思隴切 櫢車轂中空 ○吼
牛鳴呼后切七 吽上同 呴亦同 𤘘䕅牛子也 㸡同上 蚼蚼蟓名也又渠俱切 㖃
厚怒聲 ○剖判也破也普后切五 婄婦人皃 蔀小席又音部 䳝䳝鳥名 𩬅髮皃
○歐吐也或作嘔烏后切七又烏侯切 嘔上同 毆毆擊也俗作敺 𤙖特牛又呼口二音 凵
山名在溧陽縣 塸聚沙 樞次衣也又於侯切 ○塿培塿郎斗切十 嘍連嘍煩皃又力侯切
簍籠也周禮作簝 甊瓿甊罌 𩟺𩟺餜餅 嶁文字音義云山巔也 𣁎𣁎斗兵奪人物
出新字林 謱謰謱小兒語又力侯切 漊溝漊通水漊也 耬耕畦 ○走趨也子苟切又音奏一
○口說文曰人所以言食也亦姓今同州有之苦后切九 扣扣擊也亦作叩 𢭾𢭾捁 捁同上 釦
金飾 叩叩頭 訽先相訽可 叩鄉名 竘健也又驅甫切 ○䕓圓草褥也徒口切六 鋀
酒器也或作鍮 [illegible]說文同上 揄揄引 [illegible]水鳥又他口切 襡短衣 ○鯫魚名一曰
姓漢有鯫生又淺鯫小人仕垢切又七溝切一 ○趣趣馬書傳云趣馬掌馬之官也倉苟切又七屢切三 取又七
庾切 掫棸也又側溝切 四十六 ○黝黑也於糾切又於夷切七 怮憂皃 𩗺𩗺飀
風聲又於柳切 蚴蚴蟉龍皃 泑崑崙山下澤也 眑幽靜之皃 𣢊愁皃 ○糾督也恭也急也
戾也俗作糺居黝切四 赳武皃詩曰赳赳武夫 朻爾雅曰朻者聊又居幽切 [illegible]皃 ○蟉
蚴蟉龍皃渠黝切一 四十七 ○寑室也臥也七稔切九 寝上同見說文 寢上同見經
典 梫木名桂也 𤺊𤺊痛又皃醜也 寢說文曰病臥也 蔓覆也 鋟爪刻鏤版又子廉切
醋小甜 ○朕我也秦始皇二十六年始爲天子之稱直稔切六 𦩖古文 [illegible]魚名似鰕赤文出廣

雅 [illegible]蛇 栚說文曰槌之橫者關西謂之𣙷 顉顉頤醜皃 ○坅坎也丘甚切一 廩倉有
屋曰廩力稔切八 亩上同 懍敬也畏也 菻菻蒿 凜寒凜 顲顲然作色皃 啚
火舒 癛寒癛 ○罧積柴取魚斯甚切二 伈伈伈恐皃 ○踸踸踔行無常皃丑甚切三 鍖鍖銋
[illegible]顲頷自懍少皃 ○醰小甜也子朕切四 寖漸也漬也又子鴆切 [illegible]上也 朁
病也 ○荏菜也又荏苒如甚切十四 飪熟食 餁上同 䭃亦同又玉篇云飽也 稔年也亦歲
熟廣雅曰稔秋穀熟也 𣔊木弱皃 恁念也 袵文字音義云臥席也 肕肉汁 荏字書
云單席 棯果木名爾雅云還味棯棗 羊稍甚 銋鍖銋 腍味好 ○枕枕席又姓出下邳章
荏切又之賃切三 頣頭骨後 䫖頭銳長也 ○沈國名古作邥亦姓出吴興本自周文王第十子聃季
食采於沈即汝南平輿沈亭是也子孫以國爲氏式任切又文林切十四 邥古文 宷說文曰悉也知宷諟也
審詳審也說文同上又姓漢有辟陽侯審食其 瀋木名山海經云其汁味甘可爲酒 瞫竊視又姓
後漢書云武落鍾離山有黑穴出四姓瞫氏相氏樊氏鄭氏也 諗告也謀也深諫也又知甚切 魿大魚 魫
魚子 淰淰淰水動也禮運曰龍以爲畜故魚鮪不淰淰之言閃也 嬸志下也 眹瞳也 魫大魚 蕈草名
葚說文曰桑實也食荏切二 黮上同俗又作椹椹本音砧 ○甚劇過也說文曰尤安樂也常枕切二 訦
信也又市林切 瀋汁也昌枕切一 ○墋土也初朕切三 醦酢甚 磣食有沙磣 ○𢭃推𢭃尺稟
切一 ○噤寒而口閉渠飲切四 𩕒切齒怒也 襟寒極也 唫說文云口急也 ○錦釋名
曰錦金也作之用功重其價如金故字從金帛居飲切一 蕈菌生木上慈荏切一 ○僸仰頭皃牛錦切又音禁二
趛低頭疾行 ○𤻂寒病踈錦切三 瘮上同 槮木實名也 稟供穀又與也筆錦切一 ○
歙說文曰歠也於錦切三 飲上同 瀶大水至也於感切 ○品官品又類也衆庶也式也法也
二口則生訟三口乃能品量又姓出何氏姓苑丕飲切一 ○顩顩顉醜皃欽錦切二 顉曲頤之皃又五感切 ○
廞大喪襄也許錦切又義今切一 ○戡少斫也張甚切又音堪二 [illegible]深擊下擊上也說文曰 潭

潭潭水動搖皃以荏切又徒南切一。頗頗顉醜皃士瘁切一

〔四十八〕。感動也古禫切十一 䉈竹名亦草作箐 鰔魚名 灝豆汁 灨水名在南康又音紺 醰酒味淊也 贛水名 在豫 匵方言云箱類又云覆頭也又音貢 𧄍薏苡 礛石篋見封禪議 灨水名。禫除服祭名徒感切十六 䊤糝䊤滓也 霮霮䨴雲皃 黮黮黤雲黑又他感切 窞坎傍入也易曰入于坎窞 髧髮垂 菡菡萏荷花未舒 萏上同 倓安也 窞窞突說文深也 覘徐視 醰長味 嘾莊子曰太甘而嘾說文曰含深也 瞫買物先入直也 譚大也又姓 橝木名 。晻晻藹暗也冥也烏感切九 黭黭黯 揞手覆 唵手進食也 隌隌闇 罯魚網 黤青黑色也 檶檶跛又蹇也 澉大水至 。腩煑肉奴感切六 湳水名在西河又姓 萳竹弱 䎃羽弱 揇揇搦 萳草長弱皃 。襑衣大他感切五 監監醓亦作醓 䏙肉汁 嗿衆聲 黮黮黑也又徒感切 。歜昌蒲菹徂感切四 𢐗弓弦𢐗又作𢏽 鱤大魚又才 杦切 𠟛𠟛𠟛又劖剪出也 。慘慘慼也說文毒也七感切八 憯痛也 朁說文曾也 黲暗色說文曰淺青黑也又倉敢切 嫪說文婪也 傪好皃又音平聲 噆銜也又子盍切 䫩顉䫩搖頭又素慘切 。頷頷頷五感切三 嬐含怒皃 嵁嵁䖋山形 。昝姓也子感切三 寁速也 撍手動 。糂羹糂墨子曰孔子厄陳蔡藜羹不糂也或作糝桑感切八 糝上同 穇糝穇滓也 傪頷傪 摻摵摻搖動也 槮郭璞云叢木於水中魚寒入其裏因以箔取之 䫮頷䫮搖頭皃 粽 𧶠藏木瓜 。坎險也陷也又小罍也形似壺苦感切十 歁食未飽也 惂憂困也又恨也 輡輡轗 車行不平 錎字書云瑣連鏁也 轗轗軻多迍 埳埳陷 顑顑頷瘦也 竷舞曲名 臽小阱名也 。頷漢書曰班超虎頭燕頷說文曰面黃也胡感切十六 頜說文曰頷也 𡢃嬸害惡姓也 撼撼動也 淊水和泥或作涵 菡菡萏 欿欲得 蜭爾雅云蜭毛蠹 涵水入船又胡南切 肣牛腹又音含 弓說文曰嘾也草木之華未發圅然象形 启启嘾乳汁狀出莊子 㮀

蘊耳 萏花開 頷頤也又胡南切 嶮嶮崿 。壈坎壈盧感切八 燣黃焦 轗輡轗 浨藏梨汁也出字林 醂桃菹 顲面黃醜說文曰面顲顲也又力稔切 𣡕森皃 漤鹽漬果 。黕滓垢也黑也都感切十 眈虎視又丁含切 紞玉篇云多也又丁含切 衴埤蒼云被緣也 頕頷頤也醜也 丼姓也 瓬瓦屬 抌刺也擊也又音由 䈴箱屬又作䉈 䉈上同 。顑食不飽呼唵切一

〔四十九〕。敢勇也犯也說文作㪅古覽切七 㪅上同 𣪊籀文 𣪘古文 橄橄欖菓木名出交阯 澉澉𩚬無味 筸竹名實中 。𣸈果決勇也嘗敢切一 。覽視也又姓何氏姓苑云彭城人盧敢切六 爁火爁 擥手擥取 攬上同 欖橄欖 罱罱網 。𦵔說文曰䕲之初生一名薍一名鵻吐敢切八 菼上同 緂青黃色說文充三切白鮮衣皃 㰦上同 毯毛席 𦅸毛毾衣說文曰帛騅色也引詩曰毳衣如緂 裧俗 厱厱崄也又五今切 。膽肝膽都敢切六 紞冕前垂也說文曰冕冠塞耳者 䃫石䃫藥名出玉篇 黵大污垢黑 芫蕁芫藩又音沈 䳪應福鳥名 。噉噉食或作啖又姓前秦錄有將軍噉鐵徒敢切八 啖上同 啗上同 澹澹淡水皃淡音琰又恬靜又徒濫切 䔊竹名 淡淡淡水滿皃又薄味也又徒濫切 憺安緩又徒濫切 惔上同 。黲參日暗色倉敢切一 。𡺊鄉名在河東猗氏縣亦作𡺊謨敢切二 䭕吳人 呼喃見也 。𩟹澉𩟹子敢切一 。槧削版牘才敢切又七廉切七 鏨鏨鏨也又音暫 嵌開張 山皃出蒼頡篇 𢱢上同 。喊聲也呼覽切四 嚂上同 監上同 壏監土之堅也禮注云強壏地之堅者又音檻 。埯坑埳之穴掩是鳥敢切二 揜手揜物也 。㞼㞼崄側穴口敢切二 𧆸虎屬

〔五十〕。琰玉名周禮曰琰圭九寸以冉切十一 剡削也利也亦姓又時冉切 𨃖行疾 棪木名實似柰可食 餤餤餤火初著也 淡澹淡水皃又徒敢切 扊扊扅戶壯所以止扉或作剡移 淊潭淊水滿 夵上大下小 𥻂粇粗 𦅸續也 。斂收也又姓姚秦錄有輔國將軍斂憲良冉切十三 撿說文拱也 蘞白蘞藥名又力瞻切 蘝上同 瀲瀲灩水溢皃或作瀲 獫犬長喙也又音

險也濂薄冰也嬚女字鎌廉也又小食也羷羊角三觜羷也[illegible]縣蠶薄也[illegible]

善美之名[illegible]功勤之稱險危也阻也難也虛檢切八獫獫狁玁上同㛍㛍婞性不端良

又棄業切少氣也譣譣詖說文息廉切問也憸憸詖又胡被又[illegible]音杴嶮嶮巇

貶損也方斂切二[illegible]說文曰傾覆也或同上颭風吹落水占琰切一預預頒不平丘檢切二

嵰山高顩預顩魚檢切七广因巖為屋隒山形似重甗嬐嬐然齊也[illegible]鹼[illegible]

魚名出樂浪嶮嵰嶮山不平噞噞喁魚口上下皃儉約也少也儉鑣也又姓出姓苑巨險切二

芡說文云鷄頭也方言曰南楚謂之鷄頭北燕謂之䓈青徐淮泗之間謂之芡檢書檢印窠封題也又檢校

俗作撿撿本音斂又姓出姓苑居奄切二瞼眼瞼黶面有黑子於琰切八[illegible]檿山桑厭

厭魅也又於豔切魘睡中魘也又於協切厴蟹腹下厴擪持也又一牒切酓酒味苦也

冉冉冄行皃又姓孔子弟子冉有而琰切十姌長好皃也又奴簟切苒草盛皃又荏苒猶展轉也染

染色周禮染人掌染絲帛又姓石勤時有染閔[illegible]濡也䎃䎃弱羽也柟木名[illegible]味薄[illegible]

竹弱之皃媣諟也陝縣名在弘農亦州名周為二伯分陝之地即虢國之上陽也秦屬三川郡漢弘農之陝縣

後魏改為陝州失冉切八睒暫見閃出門皃[illegible]蕃姓亦作貟覢蒼頡篇云覢覢視皃[illegible]

水動皃夾盜竊懷物[illegible]不媚諂諂諛丑琰切二讇同上奄忽也止也藏也取也遽也

說文覆也大有餘也又姓左傳秦三良奄息衣儉切十七䨄雲狀郁國名掩掩奄闇闇闇掩

閉取也說文云斂也小上曰掩揜說文曰自關以東謂取曰揜一曰覆也裺衣縫緣也晻晻曖日無

光渰雲雨皃詩云有渰淒淒罨鳥網又於劫烏合二切弇蓋也[illegible]掩也媕女有

心媕媕也腌屋腌雀也崦崦嵫山日沒處醃掩光又於葉切漸漸次也進也稍也事之端先覩

之始也地理志有漸江今之浙江也慈染切十磛磛礹嶃說文曰艸相嶃苞也蔪漸埤蒼曰麥秀皃[illegible]

說文進也嚵小食又初減切[illegible]味薄鏨小鑿名螹說文曰螹離也槧說文曰牘

檏也憸憸詖七漸切二醶醋味䭊食薄味也子冉切一脥腹下謙琰切一剡縣名屬會

暫時染切一

五十一

忝辱也他玷切五㮇鄉名在濟北蛇丘縣栝說文云炊竈木

也銛取也又銛屬又音纖悿悿弱淰水流皃乃玷切四[illegible]弱也[illegible]亭名在鄭[illegible]

纖細又音冉點點畫多忝切五玷玉瑕[illegible]老人面黑子[illegible]斫鉆說文缺也簟

竹席徒玷切六扂閉戶[illegible]上同驔驪馬黃脊[illegible]潭滔水滿橝屋梠名又音潭嗛

猿藏食處苦簟切四歉食不飽又苦減切慊慊恨膁腰左右虛肉處稴禾稀力忝切三溓

薄水㼓瓜名鼸鼠名胡忝切二[illegible]犬吠又胡斬切憯憯懔青忝切又七感切一[illegible]竦身

皃兼玷切一[illegible]腦蓋也俗作[illegible]明忝切又云犯切二丛張口

五十二

儼敬也說文

曰昂頭也一曰好皃魚埯切七广因巖為屋[illegible]掩广癡庵陵庵礹礹嶃[illegible]曮

日行欦大崖丘广切三顩顩醜[illegible]小竹埯土覆於广切二旑旃旑

五十三

豏豆半生也下斬切八減減耗又古斬切[illegible]大齧物聲喊喊聲[illegible]

犬吠不止[illegible]健皃[illegible]椷塗也[illegible]瓦屋湛水皃又沒也安也亦姓後漢有大司農湛重徒減切

又直心切三[illegible]古文偡偡然齊整[illegible]漏也一曰小戶苦減切七[illegible]不安也[illegible]意[illegible]

食不飽[illegible]危面[illegible]長[illegible]不安[illegible]傍柱也鹼鹵也古斬切又七廉切四[illegible]

鹹也減損也又姓漢有減宣[illegible]竹名出玉篇瀺瀺灂士減切三嶄高峻又士減切嵁

嵁絕山皃臉臉䐑羹屬也力減切二醶醶醶醋味斬周禮曰秋官掌戮掌斬側減切一䐑

初減切二[illegible]酢味闞虎聲火斬切又苦暫切二欿笑也摻摯也詩曰摻執子之祛兮所斬切四

[illegible]犬吠又山檻切醦醋味蔪芟林木也黯黯然傷別皃說文云深黑也乙減切一

喊聲也呼嗛切一[illegible]捕魚網也女減切三罱同上淰水無波也又乃玷切[illegible]癡也丑減

切二[illegible]日光照也

五十四

檻闌也說文曰櫳也一曰圈胡黤切十艦禦敵船四方施

板以禦矢如牢。壏堅土。槧樿也。[illegible]
利也。濫泉正出也又盧暫切䡲網車轞車聲獵惡犬吠不止也撖姓出姓苑云今河內有之。顩長面
皃立檻切又五減切一。摲斬取山檻切二犙鑑犙犬聲。黤青黑色於檻切二䵘黃䵘人名說文曰䵘者忘
也而息。醶酢漿初檻切一。㺜小犬吠荒檻切二[illegible]開險谷皃。巉峻巉皃仕山檻切一

五十五。范姓也出南陽濟陽二望本自陶唐氏之後隋會爲晉大夫食采於范其後氏焉防錽切六範法也常也
式也前也軓說文云車軾前也周禮曰立當前軓笵說文云法也從竹竹簡書也犯干也侵也僭也勝也[illegible]蜂也
案禮云范則冠而蟬有緌字不從虫。錽馬首飾西京賦云金錽鑲錫亡范切三[illegible]腦蓋也俗作[illegible]又明忝切[illegible]
刃也。腇今河東謂淫腫爲腇府犯切一。凵張口皃丘犯切二[illegible]以手扱物。釩釩拂峯犯切一。[illegible]僩偤行
丑犯切二[illegible]跧足望

廣韻上聲卷第三

新添類隔更音和切

否並鄙切　貯知呂切　縹偏小切　摽頻小切　褾邊小切

廣韻去聲卷第四

蘇弄送第一獨用
蘇統宋第二用同用
余頌用第三
古巷絳第四獨用
支義寘第五至志同用
之利至第六
之吏志第七
無沸未第八獨用
魚據御第九獨用
愚[illegible]遇第十暮同用
莫故暮第十一
子計霽第十二祭同用
子例祭第十三
他蓋泰第十四獨用
古賣卦第十五怪夬同用
古壞怪第十六獨用
古邁夬第十七
徒對隊第十八代用
徒戴代第十九
方肺廢第二十獨用
職刃震第二十一稕同用
之閏稕第二十二
無運問第二十三獨用
許靳焮第二十四獨用
魚怨願第二十五慁恨同用
乎困慁第二十六
乎艮恨第二十七
乎旦翰第二十八換同用
乎奐換第二十九
古晏諫第三十襇同用
古莧襇第三十一
蘇見霰第三十二線同用
私箭線第三十三
蘇弔嘯第三十四笑同用
私妙笑第三十五
乎教效第三十六獨用
乎到号第三十七獨用
古賀箇第三十八過同用

古臥過第三十九　莫駕禡第四十獨用
余亮漾第四十一宕同用　杜浪宕第四十二
於敬映第四十三諍勁同用　側迸諍第四十四
居政勁第四十五　古定徑第四十六獨用
諸應證第四十七嶝同用　都鄧嶝第四十八
于救宥第四十九候幼同用　乎遘候第五十
幽謬幼第五十一　七鴆沁第五十二獨用
苦紺勘第五十三闞同用　苦濫闞第五十四
以贍豔第五十五㮇釅同用　他念㮇第五十六
魚欠釅第五十七　戶韽陷第五十八鑑梵同用
古懺鑑第五十九　扶泛梵第六十

一送遺也蘇弄切三　駷駷騣兒　凇水也東松　鳳爾雅曰鶠鳳其雌皇郭璞云瑞應鳥雞頭蛇頸燕頷龜背魚尾五彩色高六尺許孔演圖曰鳳爲火精說文曰神鳥也亦州在秦隴西郡地漢改雍州爲涼州魏其地沒蜀蜀平屬雍州本自白馬氐羌所居晉爲仇池國後魏置固道郡又爲南岐州又改爲鳳州馮貢切二　䎵古文　貢獻也薦也又姓漢有貢禹古送切十　贛　灨水名出豫章　虹縣名在泗州今音絳　羾至也甘泉宮賦云登椽欒而羾天門　陙從陙山名又戶工切　篢桮篢小桮名　竷又音感　櫝格木說文同上　贛別名　弄說文玩也盧貢切七　㑝愚也㑝贛　梇梇棟古縣名在益州　礱磨礱又音聾　哢鳥吟　屏屏屏　㛞名　涷瀑雨又水名出發鳩山多貢切又音東七　凍冰凍又音東　棟屋棟爾雅曰棟謂之桴　湩乳汁巨蒐民取牛馬湩以洗穆天子之足　𩊾𩊾䩊　𩧭𩧭𩧭駷兒　㨂獸名似羊一角一目出秦戲山又音東　控引也告也苦貢切六　倥

倥傯困兒　悾誠心又苦紅切　鞚馬鞚　空空缺又苦紅切　𥦅穿也出文字集略　○糉蘆葉裹米作弄切七　粽俗　䁓窺視兒　傯倥傯　㚇斂足又子貢切　鯼石首魚又子工切　緵小魚罟也又子工切　○瓮說文罌也烏貢切五　甕同上　罋瓶也說文曰汲缾也　齆鼻塞曰齆　○謥謥詷言急俗作謥千弄切二　憁憁恫　○洞空也又洞庭湖徒弄切十六　恫恫憁不得志　眮轉目　絧相通之兒　洞泠也　峒彌深　詷詷譀　胴大腸　慟哭哀過也　筒簫達又音同　駧馬急走也　衕通街也　迵過也說文迭也　戙船纜所繫　哃大歌聲出埤蒼又戶冬戶宋二切　○䪗鐘聲　痛病也傷也姓出姓苑他貢切一　○仲中也爾雅曰中籥謂之仲亦姓風俗通云凡氏於字伯仲叔季是也湯左相有仲虺又漢複姓四氏左傳衛大夫仲叔圉魯有仲顏莊叔宋有司馬仲行寅後漢有山陽仲長統直眾切三　蟲蟲食物又音沖或作𧑒　𪁙鳥名　○諷諷刺方鳳切二　風上同　○焪火乾物也去仲切三　𧩣𧩣多言也又詢問也　𨊴使役也亦作俑　○寢寐中神游說文云寐而有覺周禮以日月星辰占六寢之吉凶一曰正寢無所感動平安自寢二曰愕寢驚愕而寢三曰思寢覺時所思念之而寢四曰寤寢覺時所道之而寢五曰喜寢喜悅而寢六曰懼寢恐懼而寢亦作夢莫鳳切五　夢上同又莫中切　瞢雲夢澤在南郡亦作夢　鄸邑名在曹　蘉蘉趥疲行兒　趥蘉趥香仲切二　𨁲跳兒又丘幼切　○幪幪穀蓋中也莫弄切三　霿天氣下地不應曰霿　艨艨艟戰船又音蒙　趥行兒千仲切一　○䁤䁤賻撫鳳切二　麷熬麥　○𩣯𩣯𩣯不迎自來徂送切二　傯聚也　○中當也陟仲切又陟沖切二　衷又陟沖切　○哄唱聲胡貢切五　烘火兒　港港洞開通　闀兵鬬也又下降切俗作鬨　蕻草菜心長　○齈多涕鼻疾奴凍切二　癑痛也　○眾多也三人爲衆又姓左傳魯大夫衆仲之仲切又音終一　○銃銎也充仲切一　○𠞩鍤屬仕仲切一　○烘火乾也呼貢切二　戇愚人悍戇

二宋州也即閼伯之商丘也微子封宋二十餘世爲楚魏所滅魏得其梁陳留齊得濟陰東平楚得沛梁即地今郡地是也隋置宋州爾雅曰宋有孟諸之藪今爲睢陽縣地又姓取微子之所封遂爲氏出西河廣平燉煌河南扶風五望

蘇統切一。綜織縷子宋切三 猔豕牡 錝金毛。統摠也紀也又姓他綜切二 黇黃色 雺
地氣上天不應莫綜切一。硡石聲乎宋切二 [口動]大聲 【三】。用使也貨也通也以也庸也又姓漢有
用蚪為高唐令余頌切一。頌歌也詩云吉甫作頌穆如清風又姓出何氏姓苑似用切四 誦誦讀 訟
爭罪曰獄爭財曰訟 吅爭言也出文字音義又宣喧二音。俸俸秩也扶用切四 熢款書 縫
衣縫又房容切 摓灼龜視兆也說文父容切奉也。共同也皆也渠用切一。葑菰根也今江東有葑田方
用切亦作葑二 封又方容切。供設也居用切又居容切二 龏又九容切 雍九州名雍擁也東崤
西漢南商北居庸四山之所擁翳也又姓風俗通云文王子雍伯之後於用切又於容切三 灉河水決出還入為灉
又義容切 壅加土壅田。湩乳汁竹用切又都貢切三 堹池塘塍埂 諥言相觸也。縱放縱
說文緩也一曰舍也子用切又子容切二 瘲病也。蹱蹱蹱行不正也丑用切二 惷愚也又丑江切。[illegible]
毳飾而用切三 毦同上 [illegible]鮐魚。種種植也之用切又之隴切三 偅儱偅不遇皃 [illegible]
[illegible]。重更為也柱用切又直容切三 緟繒縷 𨈖婦人娠也。贚貧也良用切三 躘躘踵
儱儱偅。恐疑也區用切三 [illegible]古文 [illegible]藺蕩。從隨行也疾用切又才容切一。[illegible]
推也穠用切一 【四】。絳赤色又州詩譜云晉穆侯遷都於絳曾孫孝侯改為翼翼晉之舊都後獻公又命為絳邑
秦為河東郡後魏置東雍州周為絳州又姓古巷切五 虹又音紅 降下也歸也落也又音缸伏也 [illegible]
同上 洚水流不遵道。巷街巷又姓詩云巷伯胡絳切三 衖上同亦作衚 閧說文云鬭也孟
子鄒與魯閧俗作鬧。戇愚也陟降切一。幢直絳切六衝城戰車 憧戇憧兇頑皃又尺容切 [illegible]
同上 幢后妃車幰又宅江切 撞撞鐘又直江切 艟短船名。[illegible]直視丑絳切二 䚒視不
明也又丑江切。漴水所衝也士絳切一。胮脹臭皃匹絳切一。[illegible]不耕而種楚絳切一。淙水出
皃色絳切二 [illegible]捍船木也 【五】。寘止也置也廢也支義切八 忮懻忮害心說文很也 伎
傷害也詩云鞫人忮忒亦作伎 觶爵受四升或作觗觝 伿惰也又以智切 [illegible]快也 [illegible]多也 [illegible]

山名。避違也迴也毗義切一 惴憂心也之睡切三 腄朴擊 [illegible]同上 詈罵詈力智切六
荔荔支樹名葉綠實赤味甘高五六丈子似石榴出廣志又音隸 離去也又力知切 [疒麗]瘦黑又力計切
珕刀飾也又力計切 [illegible]篤 豉鹽豉廣雅云苦李作豉是義切六 [illegible]同上 [illegible]青州
人云彈[illegible] 鯷魚名重千斤郭璞云鮎之別名又音提音是 [面比]酏醯面皃出新字林 [illegible]黏皃。積
委積也子智切四又子昔切 [illegible]歐也 [illegible]草名 [illegible]羊相[illegible]積 賜與也惠也又姓世本云齊大夫
簡子賜之後斯義切六 [illegible]草盡也 澌盡也禮注云死之言澌也 [illegible]同上 儩同上 杫肉机
後漢之亂尚書郎無被枕杫也 為助也于偽切一。[illegible]賭也說偽切五 垝坫堂隅可致物 攱
瘦極又去奇切 攱戴物又居委切 [illegible]毀也。帔衣帔披義切三 秛禾租 襬衣也 賁
卦名賁飾也亦姓漢有賁赫彼義切又肥墳奔三音七 佊衺也論語云子西佊哉 詖諂詖又慧也佞也
賊益也 陂傾也易曰無平不陂又音坡 跛偏任又波我切 藣草名又旄牛尾舞者所執又音
陂 髲頭髮也南越志云開平縣出髮平義切六 被被服也覆也書曰光被四表又平彼切寢衣也 鞁
裝束鞁馬 [illegible]弓[illegible] 旇旌旗又衣服皃 [illegible][illegible]。累緣坐也良偽切一。寄寄附
說文託也居義切二 [illegible]肉 騎騎乘又姓燕有 魌鬼服又音奇 輢枕輢又於綺切 賥[illegible]具四 芰菱也奇寄切八
居義切二 [illegible]四 倚石杠聚石以為步渡 臂肱也卑義切一。芰
積也又前智切 㳎水 𢭏[illegible] 誠也 刺針刺爾雅曰刺殺也釋名曰書姓
前智切 史掌奉詔察州成帝更名牧哀帝復為刺史七賜切又七亦切十 刺名於奏白曰刺漢武帝初置部刺 朿木芒也 㯮俗 康偏康舍也 朿 庢
人相依庣 諫數諫也 莿草木針也 庛周禮車人為耒庛長尺有一寸鄭玄云耒下前曲接耜者 䵶
毛蟲也 誠謀也 易難易也簡易也又禮云易墓非古也 易謂芟除草木以豉切又以益切六 傷相輕慢也
貤物之重次也 伿惰也 又失智切 騷[illegible]面衣 [illegible]輕簡為敗 議謀也擇也評也語也
宜寄切六 誼人所宜也又善也 竩上同 巇正也止也 䤈酏䤈面皃出新字林 義仁義

釋名曰義者宜也裁制事物使合宜也又姓漢有義縱又複姓西戎義渠為秦所滅後因氏焉漢有光祿大夫義渠安國。譬 說文諭也匹賜切二 檗 蜀漢人呼水洲曰檗。漬 浸潤又漚也疾智切八 眥 目眥又在計切 羵 羵羵 𢪷 說文積也一曰械頰旁也 殨 骨也又獸死 髊 髊枯骨見呂氏春秋 骴 鳥獸殘骨 胔 上同又骨有肉也。智 知也又姓晉有智伯知義切三 𥏼 古文 潪 水名。倚 侍也因也加也於義切又於蟻切三 輢 車輢 陭 陭氏縣在上黨又於奇切。縋 繩懸也馳偽切七 膇 重膇病 槌 蠶槌 錘 稱錘或作鎚 腄 縣名在東萊 甀 小口罌 硾 鎮也呂氏春秋云硾之以石。吹 鼓吹也月令曰命樂正習吹尺偽切又尺為切三 龡 古文 炊 炊纆。戲 戲弄也施也謔也歇也說文曰三軍之偏也一曰兵也又姓魏志有潁川戲志才香義切二 嚱 聲也。企 望也去智切六 攱 頓也 跂 垂足坐又舉足望也 迻 避也 蚑 蟲行 吱 行喘息皃。縊 自經死也於賜切三 殈 物凋死又脚手小病 螠 螠女蟲案爾雅曰蜆縊女郭璞云小黑蟲赤頭喜自經死故曰縊女字俗從虫。翅 鳥翼施智切十三 翄 𦐊 並上同 施 易曰雲行雨施又式支切 馶 馬強 啻 不啻 鍦 短矛 蟴 爾雅曰蛅蟴強蛘郭璞云今米穀中蠹小黑蟲是也建平人呼為蛘子 𨿽 鳥名本又音支 郯 有大夔也 腄 几也 𧞤 雨衣 𪀦 鳥翢又居啟切 屣 履不躡跟孟子曰舜去天下如脫敝屣所寄切又所綺切五 灑 灑掃說文汎也 韆 靴屬 襹 襹褷毛羽衣皃 曬 暴也 觖 望也窺瑞切又音決一。餧 餧飯也於偽切四 萎 萎牛 䍴 羊相羵積 諉 禮記注益州有鹿麼。僞 假也欺也詐也危睡切一。毀 男八歲女七歲而毀齒況偽切一。恚 怒恨也於避切二 䧖 娡 說文曰不說也。睡 眠睡是偽切四 瑞 祥瑞也符也應也說文曰以玉為信又姓出姓苑 雅鳥別名又音垂 種 小積。䮔 強也居企切二 翨 鳥翮說文云鳥之彊羽猛者周禮翨氏掌攻猛鳥又音翅。枘 內也而瑞切一。𨚗 充豉切大度也一。䅗 禾四把也思累切二 䯝 滑也。娷 竹恚切飢鼙二 諈 諈諉累也 瓗 玉名以睡切四 纗 絃中絕也 𧫦 諸恨也 賢 賢嫷也。

諉 諈諉累也女恚切三 𢴳 內也又姓 𢏿 𢏿彼弓皃。瞡 規視也規恚切一。𧚫 爭義切衣不展也二 庪 庪皺皮不展也。嬀 呼恚切過也一。崎 跛也卿義切二 掎 跛也說文曰偏引也又居綺切

六至 至 到也說文曰鳥飛从高下至地也篆文象形脂利切十三 摯 國名亦持也又姓左傳周禮有摯荒 贄 執贄也周禮云以禽作六贄以等諸臣孤執皮帛卿執羔大夫執鴈士執雉庶人執鶩工商執雞本亦作摯 鷙 擊鳥 礩 柱下石又音質 𨧫 田器說文曰羊箠也端有鐵又先列切 鴲 雀鷙鳥 懥 怒也 𩸦 魚名 䩓 杠絲名亦作輊 𩋾 上同 𢃇 禮巾 𡠞 至也。位 正也列也莅也中庭之左右謂之位于愧切一。郿 縣名在岐州明祕切又音眉十 媚 嫵媚 魅 魑魅 鬽 上同 篃 竹名 蝞 蝞似蝦寄生龜殼中食之益人顏色 嚜 嚜𡟗小兒多詐獪 𥵪 筍冬生名 煝 焅熱 娓 從也又音眉尾。遂 達也進也成也安也止也往也從志也又州名又姓出姓苑徐醉切二十四 彗 帚也一曰妖星又音歲又四芮切 隧 延隧墓道也俗作墜 襚 贈襚 旞 羽繫旌上 璲 玉也詩曰鞙鞙佩璲鄭玄謂以瑞玉為佩 檖 陽檖木名一曰赤羅子似梨小酢可食詩云隰有樹檖 𣟌 上同 𤎼 說文曰塞上亭守𤎼者 隧 上同 燧 上同又論語云鑽燧改火 遂 田間小溝 𨍉 轊轊車也 鐆 陽燧可取火於日中 鐩 上同 穟 禾秀說文曰禾穗之皃 䕌 上同 䔹 王彗草 緣 佩玉緣也 𧰨 從意也 采 禾穟成皃說文曰禾成秀人所收从爪禾 穗 上同 篴 蘧篨 𨌋 韋或作轊 𥳓 囊組名。醉 說文曰醉卒也各卒其度量不至於亂也將遂切二 檇 左氏傳曰越敗吳於檇李又遵為切。邃 深遠也雖遂切九 祟 禍祟 誶 言也詩云歌以誶止 粹 易曰純粹精也 睟 視皃又潤澤皃 𣀔 說文云楚人謂卜問吉凶曰𣀔 賥 貨也 譢 讓也諫也告也問也 㒸 意思深也。類 善也法也等也種也說文云種類相似唯犬為甚从犬頪力遂切九 淚 涕淚俗作淚 瓃 玉器又力追切 䘑 說文血祭音律 垒 垒壁也出字林 蘱 爾雅曰蘱薡蕫郭璞云似蒲而細 纇 絲節也又 隸 臨也又力地切 𥛊 說文祭名。祕 密也神也視也勞也又姓西秦錄有僕射祕宜俗作秘兵媚切十五 毖 告也慎也一曰遠也 閟

閟閉 轡馬轡說文作轡 柲戟柄左傳有鉞柲 鉍上同 泌泉皃 鄪邑名在魯 費上同 眡直視也 ⿰必欠引洩 邲好皃 柒惡米又魯東郊地名說文作柒 桼上同 ⿱比女女子 匱竭也乏也說文曰匣也又姓何氏姓苑云今廬江人求位切十一 蕢草器也 臾上同今作蕢書皆從之 饋餉也 餽上同 繢織餘 櫃櫃篋 樻木名又腫節又口塊切 鞼繡韋也盾綏革也亦作韇 簣土籠 ⿰革鬼馬韁 °濞水聲匹備切六 嚊喘聲 ⿰月鼻肥盛 ⿸疒鼻氣滿 ⿰魚鼻敗皃又魚名 淠水名在汝南 備備具也防也咸也皆也副也慎也成也又姓風俗通云宋封人備之後平祕切十七 俻俗 葡說文具也 葡古文 奰怒也又曰迫也 ⿱罒大上同見經典省 ⿰月鼻壯大也 糒糗也 犕牛具齒 絥說文曰車絥也 鞴上同 ⿰革犬上同 贔贔屓壯士作力皃 ⿰木葡木名出蜀其穗可食 ⿰弓葡以筋帖弓 ⿰非鳥鳥如梟又非尾切 ⿰片葡又模 °媿慙媿俱位切六 愧 聭 謉並上同 騩馬色大淺黑 ⿰目鬼視 °帥將帥也曹憲文字指歸云佩巾也所類切又所律切二 率鳥網也又所律切 °喟大息也丘愧切又苦拜切九 嘳上同 樻樻梧木腫節可爲杖 ⿰骨貴腰加地也 ⿰髟貴髻屈髮也 腃筋節急也 ⿰衤貴紐也俗又作褻 ⿰方鬼葱也 ⿱艹韋地名在洛陽 °豷豕息也許位切二 燹火也字統音銑 °嗜嗜慾常利切六 ⿰食耆 ⿰酉耆並上同 視看視又音是 眎 眂並古文 °利吉也說文銛也亦州名華陽國志昔蜀王封弟於漢中号曰苴侯因命其邑曰葭萌秦滅蜀置巴蜀二郡先主改葭萌爲漢壽屬梓潼郡晉爲晉壽南齊分置東晉壽郡於烏奴今州城是又於其郡置西益州梁改爲秦州元帝又改爲利州又舍利獸名亦姓風俗通云漢有利乾爲中山相力至切八 𥝢古文 颲烈風說文音栗 莅臨也亦作涖 涖涖涖水聲 痢病也 䚕求也 隸臨立也 °膩肥膩女利切四 ⿰月疑上同出道書 瞖目深皃又一活切 ⿰酉耳重釀酒也 °屁氣下洩也四寐切二 ⿰米費上同 °劓割鼻漢文帝除肉刑劓者笞三百魚器切一 °致至也說文曰送詣也陟利切十五 懫止也 疐礙不行也又頓也詩曰載疐其尾疐跲也 ⿰扌疐 躓並俗礙也頓也說文跲也 䡔車前重也 輊上同 鷙馬脚屈也 ⿰貝致賑也亦貝也 ⿺走至趁也又於進也 懥怒也恨也 摯剌也又劫財也 質交質又物相贅又之日切 駤駤驥 °𢍏說文捎也

詰利切五 弃古文 結結多 層身欹坐一曰尾 𧓍蟄螽蟲名 °緻密也直利切十二 稚幼稚亦小也晚也又姓史記云湯後因國爲姓 遟待也又直尸切 稺晚禾 ⿰糸屖刺紩鍼縫也 ⿰魚致魚名 治理也又直之切 ⿰亻致會物 樴當也對也 ⿰言犀語謘 ⿰革致履襪底也 ⿰金致上同 °寐寢也臥也息也彌二切二 媢夫妬婦又音冒 °屎糞柄也又屎唸多詐丑利切八 ⿸尸犀上同 誺不知也 ⿱秝至叨鍪也 訵四陰知亦作呬 ⿱髟䖵分蠡 跮跮蹱作前卻 ⿰言致笑也 °冀九州名爾雅曰兩河間曰冀州續漢書安平國故信都郡光武師薊南行太守任光開門出迎今州城是又姓左傳晉大夫冀芮几利切八 ⿱北異上同見經典省 覬覬覦希望也 穊稠也 驥騏驥 ⿰馬豈上同 洎肉汁又音臮 懻強力皃 臮衆與詞也其冀切七 暨及也至也与也 ⿰魚既魚名鼻在額上又音忌 洎潤也及也 垍堅土 塈息也又仰塗也 泉水名 °悸心動也其季切五 ⿰亻癸左右兩視也 猤壯勇皃 痵病中恐也 瘁悸也 °翠字林云青羽雀又翠微亦姓急就章有翠鴛鴦七醉切三 濢濕下 臎鳥尾上肉 °二說文云地之數也而至切五 弍古文 貳副也亦攜貳變異也疑也敵也又姓後秦錄有後魏平陽太守貳塵 樲酸棗 髶髮飾 °恣縱也資四切二 欮說文曰戰見血曰傷亂或爲惛死而復生爲欮又七利切 °次次第也亦三宿曰次又姓呂氏春秋荊有勇士次非七四切九 ⿰次鳥鳥名似梟人面山居所經國必亡出山海經 佽利也代也遞也及也 髤以漆塗器 絘績所未緝者 ⿰次鳥鳥名 ⿰虫次蟲似蜘蛛 欮載見上文又資四切 ⿰髟次髮也 °懿美也大也溫柔聖克也又姓秦錄有吏部懿橫乙冀切七 饐食傷熟也 壹陰 欭噎欭歎也 鷧鸕鷧鳥 撎拜舉手左傳注云若今之揖 亄貪也 °四說文曰陰數也象四分之形息利切十四 亖籒文 𦉭古文 肆陳也恣也極也放也說文从隶極陳也又姓何氏姓苑有漁陽太守肆敏 𨽿上同 柶角匕大喪

用之泗水名在魯說文曰受沛水東入淮又涕泗也牭四歲牛貄爾雅云貍子貄[illegible]鼠名
說文曰㣇屬㣇羊至切俗作肄駟一乘四馬膵膟蓋肆華也說文曰赤肆也肂埋棺坎下器
器皿史記曰舜作什器於壽丘又姓出姓苑去冀切一季昆季也又少也小稱也亦姓左傳魯有季友又漢複姓四
氏晉有唐邑大夫季連齊有鬼方氏第六子名季連其後氏焉晉有祁邑大夫季瓜忽宋有季隨逢世本云周有八士季隨季
騧之後騧或作瓜又有魯大夫齊季季窺昔齊公子季奔于楚楚遂号爲齊季氏居悸切二覞視皃鼻說文曰引
气自畀也毗至切十比近也又阿黨也又房脂必履扶必三切枇細節痹足氣不生坒地相
次坒也亦音𨚗襣司馬相如著犢鼻褌𥙄以豚祠司命也顊首也𦡶盛也芘草名。
𥉻恚視也香季切三婎醜也又許葵切睢恣睢暴戾又許葵切痹脚冷濕病必至切六畀
与也庇庇蔭萆鼠莞可爲席𥙄以豚祠司命也比近也併也萃集也聚也秦醉切六
顇顦顇悴憔悴憂愁崒止卒穟稲禾黏也瘁病也地土地說文曰元气初分輕
清陽爲天重濁陰爲地萬物所陳列也元命包曰地者易也言養萬物懷任交易變化含吐應節故立字從大一一者爲地又
虜複姓有地連氏地倫氏徒四切二墬籀文𪖙鼻息也虛器切六呬呻也又火尸切屓贔屓
呬息也又丑致切陰知也豷夏后氏有澆豷寒浞子名霼說文云見雨而止息曰霼肄習也
㜸條也羊至切八殔釋名曰假葬於道曰殔說文云瘞也庛倉也貤重物次第勩勞也隶
本也及也又音代㣇說文曰㣇豪獸一曰河內名豕也又徒計切爾雅作䏲緣重多示垂示神至
切五謚易名又申也說文作諡諡上同又音益眎星也貤重物次第自從也用也
由也率也疾二切二嫉妒也音疾墜落也直類切三懟怨也鎚好銅半熟出尺類
切又昌律切一遺贈也以醉切又音惟十㶡㶡清侯出漢書王子侯表䊞忘也出廣雅蜼
爾雅曰蜼仰鼻而長尾蜼似獼猴鼻露向上尾長數尺末有岐雨中自縣於樹以尾塞鼻又余救切瞶目疾蟦
蠐螬蟹蟲名侐靜也詩云閟宮有侐火季切又火逼切一轛車橫軨追萃切一痓惡也

充自切一屍似皺皃也矢利切二訹訹忘皾栗體楚愧切一𤸎病皃釋類切二㽷方言
云深也趙魏間語【七志】志意慕也詩云在心爲志爾雅曰骨𩩲不翦羽謂之志職吏切七娡有莘氏之
女㱧娶之謂之女娡䓌遠䓌誌記誌痣黑子織織文錦綺屬又音職識標識見禮本音
式值持也措也捨也當也直吏切五植種也又示力切治理也又丈之切植植投貣
或寺寺者司也官之所止有九寺釋名曰寺嗣也治事者相嗣續於其內又漢西域白馬馱經來初止於鴻臚寺遂
也取寺名𨋈置白馬寺祥吏切五嗣繼也又姓風俗通云衞嗣君後孠古文飤食也飼上同𢧵
載毛蟲有毒七吏切四蚝螆𧉮並上同笥篋也圓曰簞方曰笥竹器也相吏切四伺
伺候也察也思念也又音司覗覗覘也試用也式吏切四弒大逆亦作殺幟
旗幟又音熾僿史記云小人以僿胾大臠也側吏切六椔木立死亦作檣事事刃又作
剚倳剚上同倳上同又置也鶅東方雉名又音菑吏說文曰治人者也力置切二𢡃
憂也字春秋說題辭曰字者飾也說文乳也又愛也疾置切六牸牝牛孳孳尾乳化曰孳交接曰尾
茡爾雅曰茡麻母郭璞云苴麻盛子者芓上同孖雙生子又音咨眙任視丑吏切五佁
佁儗不前𩲭鬼癡瘛忿戾誺不知餌食也說文粉餅也仍吏切十六䰍上同珥
珥飾衈聞刑書殺雞血祭名周禮注云割牲耳血及毛祭以爲釁衈毦氅毦羽毛餌也咡口吻刵
截耳佴次也誀誘也洱水名聑以牲告神神欲聽曰聑也㚷女字䏔筋腱𨟻
重釀眲耳目不相信也𤁀聽音不敢言也駛疾也疎吏切七使又色里切溲水名在河
南䝪郭璞曰今江東呼貉爲𧳜貗䮮列也𪗲山阜突也㝎穴也廁說文圊也釋名
曰廁雜也言人雜廁其上也又間也次也初吏切一異奇也說文分也羊吏切七異異哉歎也退也舉也潩
水名在河南密縣出文字音義食人名漢有酈食其又音蝕巳過事語辭又去也弃也成也𦐇連翅
草名廙恭也敬也置安置也驛也設也說文赦也陟吏切二𢐗青州呼彈弓侍近也從也

承也時吏切三 蒔種蒔 秲同上 事使也立也由也鉏吏切又側吏切二 餕玉篇云嗜食。忌忌諱又畏也敬也止也憎惡也亦姓周公忌父之後出風俗通渠記切十二 邔古縣名在襄陽 惎教也一日謀也說文毒也 [糸忌]連針 鱀魚名又音臮 鵋鵋鵙鵂鶹鳥今之角鴟 貄貍子也又音四 誋告也信也說文誡也 諅志也說文忌也周書曰上不諅于凶德 梞梞柎 畁舉也說文音其 帺繫也又音其 [竹思]竹名。熾盛也昌志切八 饎方言云熟食也說文云酒食也 [食巸]說文同上 糦大祭亦稷也說文同上 幟又音試音志 戠赤土 哆哆聲 埴黏土。意志也又姓於記切四 鷾鷾鴯玄鳥也出莊子 亄貪也又音乙 黖深黑。記記志也說文疏也居吏切一。憙好也許紀切二 嬉可嬉美姿顏也又音熙。[黑疑]恐也魚記切六 豙豕怒毛豎也出說文 嶷唭嶷無聞見也 譺喝譺 [髟疑]大髮 儗佁儗不前。亟數也遽也去吏切又紀力切三 唭唭嶷無聞見也 [既皿][既皿]居獸名似蝟而赤尾

八未辰名爾雅曰太歲在未曰協洽無沸切八 味五味酸鹹甘苦辛周禮瘍醫以酸養骨以辛養筋以鹹養脉以苦養氣以甘養肉以滑養竅 菋五味子藥名五行之精 [未頁]面前 梶鑪也亦作[尸木] 沬水名 鮇魚名 [山未]山名。貴尊也高也釋名曰貴歸也物所歸仰也說文作[臾貝]亦姓出自陸終之後風俗通有貴遷為廬江太守居胃切三 瞶極視 [亻歸]使也。胃腸胃說文作胃穀府也于貴切十七 謂言也告也說文報也 [忄胃]悱[忄胃]不安也 媦楚人呼妹公羊傳曰楚王之妻媦 [舟胃]運船 緯經緯又姓 彙類也說文作彙蟲也似豪豬而小爾雅曰彙毛刺是也 蝟說文同上 渭水名亦州名書曰終南敦物至于鳥鼠山名渭所出也秦伐義渠始置隴西郡後魏莊帝置渭州因水為名也 [火胃]火光 [魚胃]魚名山海經曰樂游之山桃水多[魚胃]魚似蛇而四足 [艹冀]獸似鼠 緭緭繒也 [艹貴]草木字也 [艹胃]草名 颵大風 圍繞也又音韋。魏魏闕又州名夏觀扈之國春秋時晉地秦為東郡隋為武陽郡武德初平竇建德改置魏州亦姓本自周武王母弟受封於畢至畢萬仕晉封魏城後因氏焉出鉅鹿任城二望魚貴切二 犩犪牛肉重千斤又魚歸切。沸詩曰觱沸檻泉箋云

觱沸者謂泉涌出皃方味切十一 疿熱生小瘡 芾毛萇詩傳曰蔽芾小皃 茀同上 誹謗人又音非 鯡魚子 [非羊]覆耕 濷湯濷 [礻弗]蔽膝 [言弗]言急 [足市]行疾。費耗也惠也芳未切又房未冰備二切六 髴髣髴 靅靉靅雲布狀也 樻木名 昲日光又物乾也 [米費]失氣 毇細米丘畏切三 [禾貴]樻細 [毀衣]俗。尉候也說文作㷉云从上案下也从尸又持火所以申繒也風俗通云火斗曰尉俗作熨又尉氏縣鄭大夫尉氏邑也亦云鄭之別獄又姓左傳鄭大夫尉止於胃切又紆物切十二 㷉出說文 熨俗見上注 慰安慰 畏畏懼 罻罻網 犚牛也 螱飛蟻 [䖵尉]同上 褽衣[illegible]也 [魚尉]魚名。諱說文誋也許貴切四 卉草揔名詩曰卉木萋萋又音虺 芔古文 [氵卉]水波汶也 [illegible]獸名說文曰周成王時州靡國獻[illegible]人身反踵自笑笑即上脣掩其目食人北方謂之土螻爾雅曰狒狒如人被髮迅走一名梟羊俗謂之山都今交州南康山中有之郭璞讚云狒狒怪獸被髮操竹獲人則笑脣蔽其目終乃號咷反為我戮扶沸切二十四 [illegible] 狒並同上 濷濷渭水溢 腓又音肥 怫怫愲又扶物切 菲菜可食又霏斐二音 屝草屨蕭帝臣於則所造也 蜚蜚蠦蟲也一名蠜即負盤臭蟲也又獸名山海經曰蜚如牛白首一目蛇尾行水則竭行草則枯見則有兵役郭璞讚云蜚之無名體似無害所經枯竭甚於鴆厲萬物攸懼思尔遐逝 [非蟲]同上 厞隱也陋也 翡赤羽雀也 [非韭]塵也 萉枲屬 [非巿]悲隱 痱熱瘡 [足非]刖足亦作剕 [非力]壯勇之皃 [禾費]稻不黏也 費姓也夏禹之後出江夏後漢汝南費長房孫盛蜀譜云益州諸費有名位者多又後魏書費連氏後改為費氏 蟦蠐蟦神蛇 [費目]目不明或作[目弗] 黂爾雅曰黂枲實禮曰苴麻之有黂又音肥 蟦蠐蟦蟲也。既已也盡也又姓吳王夫既之後居豙切七 曁諸曁縣在越州又其冀切 禨福祥 溉溉灌又古代切 [幸欠]幸也不便言也 旡飲食逆氣不得息也 蔇說文曰艸多皃。毅果敢也魚既切七 忍怒也 豙豕怒毛豎也 藙說文曰煎茱萸也 [illegible]同上 顡說文曰癡頭不聰明也 [竹毅]竹名 氣氣息也去既切說文本音欷五 炁同上出道書 气與人物也說文曰雲气也今作乞又去訖切 盵姓也出纂文 [既皿]

豎居獸似蝟毛赤也。歙 歔歙許既切十八 唏 唏也 塈 仰塗 㥓 大息也又苦愛切 氣 說文曰饋客芻米春秋傳曰齊人來氣諸侯 餼 槩 並上同見說文 鎎 怒戰 㤅 息也 熂 燹火 黖 黖菲黑也 靅 霼靅雲狀 摡 拭也 𥂕 獸名又音氣 豷 豕息 騎 馬走 犔 牛病 忥 靜也說文曰癡皃 醆 秋酒名其既切二 幾 未已又音機 衣 衣著於既切又音依一 馭 使馬也 語 說也告也又魚巨切

九御 理也侍也進也使也又姓左傳有大夫御叔牛倨切三 慮 思也又姓良倨切九 勴 助也 篋 舟中簣見方言 勴 助也導也 鑢 錯也 櫖 林櫖山林又山櫐也 驢 傳馬 𡾊 山名 罯 網罯 據 依也引也案也亦姓出姓苑居御切十 鋸 刀鋸古史考曰孟莊子作鋸 倨 倨傲 踞 蹲又踑踞大坐 椐 靈壽木名又居袪二音 鐻 樂器形似夾鐘削木為之出埤蒼說文与虡同 澽 乾水又音遽 艍 角似雞距 鋸 魚名 豦 獸大如狗似猴多顯舞好奮迅其頭能投石擲人出建平山又音渠 覷 伺視也七慮切六 䁦 上同 䖪 耕土起亦作粗 坥 蟥場又七余切 胆 蝇胆又七余切 蜡 周禮有蜡氏又音乍 㰦 欠故丘倨切九 去 離也又卻呂切 麮 麥汁 呿 臥聲 鼁 鼁䵶似蝦蟆居陸地 胠 脅也又去魚切 㞐 閉也又口莟切 𦯼 草名 鶋 鳥名 署 書也又部署也常恕切四 藷 藷薁又音諸 薯 薯蕷俗 曙 明曉也 恕 仁恕商署切四 庶 眾也冀也幸也也又庶幾也亦姓 樜 木名 潕 水名 著 明也變也立也補也成也定也陟慮切又張略長略二切二 箸 上同 翥 飛舉也章恕切九 𦑣 上同 鱇 犬麇又豕食 䗪 蟲名爾雅云䗪蠮螉剖母背而生或作䗪 庶 周禮有庶氏掌除毒蠱又音恕 蟅 螽也 蟅 螽也 斷 斫也 疏 記也亦作疎所去切三 揀 柴揀又色句切 㪺 明也 飫 飽也厭也賜也說文作䬾䬼食也依倨切十 餘 上同 瘀 血瘀 鄔 縣名在太原又音烏 醧 私醧 扵 扵擊 淤 濁水中泥也又音於 菸 臭草 棜 無足樽也 䙕 假麻也 箸 匙箸遲倨切四 筯 同上 瘀 痴瘀不達又丑御切 除 去也見詩 遽 急也疾也亦戰慄也窘也卒也其據切五 勮 勤務也又懼也疾也 詎 又其呂切 醵 歛錢飲酒又音渠又其虐切 遽 乾遽 絮 說文曰敝緜也息據切又抽據尼恕二切一 助 佐也益也牀據切三 耡 又士魚切 麆 爾雅云牝麇其子麆 怚 憍也將預切二 沮 沮洳漸濕亦作洳 詛 呪詛亦作禮莊助切二 阻 馬阻跡又莊所切 洳 沮洳說文作灘漸濕也人恕切三 茹 飯牛又菜茹也 如 又尒諸切 豫 逸也備先也辨也早也安也猒也敘也又州名尚書禹貢曰荊河為豫州釋名云豫州在九州中京師東常安豫也秦為三川郡漢為河南郡後魏置司州又改為豫州亦獸名象屬又姓晉有豫讓羊洳切二十 預 安也先也厠也樂也佚也猒也怠也 譽 稱美也又姓晉書有平原太守譽粹又音余 礜 礜石藥名蟲食之肥鼠食之死 鸒 馬疾行皃 輿 車輿又方輿縣名又音余 鸒 爾雅曰鸒斯鶪鶋郭璞曰雅烏也小而多羣腹下白 悆 悅也 麢 大鹿 欅 舁食者或作舉 藇 藷藇又音序 蕷 薯蕷俗 穥 穥穥黍稷美也 𡳐 履屬 忬 安也 歟 歎也又音余 悇 憂也懼 與 參與也 澦 灩澦水名 礜 高平 噓 吹噓許御切又音虛一 女 以女妻人也尼據切二 絮 姓也漢有絮舜 楚 楚利又木名出歷山瘡據切又瘡所切二 儊 儊不滑也 處 處所也昌據切又音杵二 豦 俗 絮 和調食也抽據切三 悇 憛悇憂也 瘀 痴瘀不達 屐 屩屬徐預切一

十遇 不期而會又姓何氏姓苑云東苑人風俗通云漢有遇沖為河內太守牛具切七 寓 寄也 庽 上同 媀 媀妬也女子妬男子 㾢 疣病 禺 獸名母猴屬也又音愚 鸆 䳟鼠鳥名 嫗 老嫗也衣遇切三 蓲 荎也 饇 飽饇 樹 木揔名也立曰又姓姓苑云今江東有之後魏官氏志樹洛干氏後改為樹氏常句切五 𦒻 老人行皃 澍 時雨又音注 尌 立也 侸 又音住 侸 同上 住 止也又姓出姓苑持遇切三 腧 築垣短板 逗 姓也出何承天纂文又音豆 附 寄附又姓晉書有附都符遇切十一 坿 白坿說文益也 祔 祭名亦合葬也 賻 贈死也助也 駙 駙馬都尉官名漢武帝置掌駙馬晉尚公主者並加之駙副馬也一曰近也又疾也 鮒 魚名 躹 躹躹著衣也 蚹 蚹蛇腹下橫鱗可行者又爾雅曰蚹蠃螔蝓即蝸牛也 跗 古之醫人俞跗出史記 鱄

小危有蓋胕肺胕心膂。注灌注也又注記也之戍切十六疰疰病罜小罟㹱黃犬黑頭

鑄鎔鑄又姓堯後以國為氏馵馬後左足白註註射出埤蒼又音駐炷炷燈澍時雨

又殊遇切霔霖霔⿰犭馬鄉名在河南⿰耳朱䏭顴又音赴祩詛也祝也⿰角主邑名⿰韋主

皮袴蛀蛀蟲。屨履屨方言曰履自關而西謂之屨九遇切十句章句又音溝音構蒟蒟醬

又音矩絇絲絇瞿視皃又音衢界目驚界然出埤蒼怐恐怐笱竹名邭

邑名眗左右視也。昫日光說文曰日出溫也北地有昫衍縣香句切六煦同上酗醉怒亦作

酌呴吐沫姁姁嫗⿰虫區幺蟲戍遏也舍也從人荷戈也傷遇切八腧五藏腧也輸

送也又式朱切⿺走俞馬趨前也鞧刀鞘隃鴈門躹射鍮毹毹毛。裕饒也道也容也

覓也羊戍切七裒同上覦覬覦又音俞諭譬諭也諫也又姓東晉有諭歸撰西河記二卷何承天云

喻音樹豫章人喻同上籲呼也又和也見書傳曻面衣。孺稚也爾雅曰蜀也說文曰乳子也一曰輸孺尚小也而遇切四鴽俗擩擩莖手進物也獳牛。赴奔赴爾雅曰至也說文曰趨也芳遇切十一⿰兔兔兔急疾也趕同上跦跦顴也又音赴豧豕聲簠簠簋又甫于方武二

切訃告喪也又至也⿺走咅僵也說文音匐仆僵仆說文曰頓也⿰足卜說文曰趣越皃娩

兔子曰娩又孚万切。務事務也又強也遽也趣也又姓列仙傳有務光亡遇切十四婺婺女星名霧

元命包曰陰陽亂為霧爾雅曰地氣發天下應曰霧釋名曰霧冒也氣蒙冒覆地之物也霚上同見說文鶩

馳也奔也驅也⿱敄羊六月生羔⿱敄隹雞雛蝥蝥蟲名亦作蟊⿱敄足長跪又拜䋷纀淹餘也⿱敄巾

髮巾嵍丘也敄說文強也鶩鳥名又音目。緅青赤色子句切又子侯切二足[illegible]足

物也本音入聲。懼怖懼其遇切四具備也辦也又姓左傳有具丙埧堤塘臞瘦又音臞。

芋一名蹲鴟廣雅云蜀漢以芋為資凡十四等大如斗魁其車轂鋸子旁巨青鳥等四等多子王遇切五雨

詩曰雨雪其雱又音禹羽鳥翅也又五聲宮商角徵羽晉書樂志云宮中也中和之道無往而不理商強也謂金性

之堅強角觸也象諸陽氣觸動而生徵止也言物盛則止羽舒也陽氣將復萬物孳育而舒生又音禹⿱雨羽說文曰水音也吁疑怪辭也。埾聚也才句切二聚又秦雨切。捒裝捒色句切又所擾切三數算數

周禮有九數方田粟米差分少廣商功均輸方程贏不足旁要也世本曰隸首作數又色矩色角二切均又音速愉

裁殘帛也。付与也方遇切六賦賦頌詩有六義二曰賦釋名曰數布其義謂之賦漢書曰不歌而頌曰賦又斂

也量也也稅也傅相也亦姓本自傳說出傳巖因以為氏出北地清河二望四⿱髟付露髻[illegible]兵名

切又音注九搏擊也又布莫切。娶說文曰取婦也七句切二趣趣向又親足倶倉苟三切。註解也中句

說文云陳樂也鉒置也又送死人物也駐止馬軴車軴住停手又長句切⿺辶馬不行

咮鳥聲亍步止也。驅區遇切又羌愚切二⿰牛區牛名[illegible]馬[illegible]注切三

敂敂勇朐膳也。閆直開也丑注切二⿸尸主同上尌思句切少也又息淺切一。屢

數也疾也良遇切二嘍嘍嘍吴人呼狗方言也

十一。暮日晚也冥也又姓出何氏姓苑莫故

切六慕思慕又虜複姓二氏前燕錄云昔高辛氏游於海濱留少子厭越以居北夷邑于紫蒙之野號曰東胡秦西漢

之際為匈奴所敗分保鮮卑山因山為號至魏初莫護跋率部落入居遼西時燕代多冠步搖冠跋好之乃斂髮襲冠諸部因謂

之步搖後音訛為慕容焉跋孫涉歸進拜單于尊諸華俗自云慕二儀之德繼三光之容以為氏歸子廆據遼東稱王僭號燕

後又有將軍慕輿虔募召也墓墳墓慔勉也簬竹名。渡濟也過也去也徒故切五斁

猒也一曰終也詩云服之無斁又音亦鍍金飾物也度法度又姓出後漢荊州刺史度尚又徒各切⿸度鳥

鸌鵝。路道路亦大也周禮曰合方氏掌達天下之道路爾雅曰一達謂之道路又姓本自帝摯之後出陽平襄城陳留

安定東陽河南等六望洛故切十三露說文曰露潤澤也五經通義曰和氣津凝為露也蔡邕月令曰露者陰之液也

又露見也亦姓風俗通云漢有上黨都尉路平潞水名又州名春秋時初為黎國後為狄境古赤亭也周為潞州隋為

韓州又為上黨郡唐為潞州開元中陞為大都督府又縣名在幽州輅車輅釋名曰天子乘玉輅以玉飾車也輅亦車

也謂之輅者言行於道路也鷺爾雅曰鷺舂鉏郭璞云白鷺也頭翅背上皆有長翰毛江東人取以為睫攡名之曰

白鷺縷 璐玉名 賂遺也 簬竹名 簵同上 蕗菸蕗藏蒙蕗 𤺘瘽𤺘痞病 瓐同上 罜路罜圈取魚具也 妒妒忌當故切十一 妬同上 秅禾束又縣名在齊陰或作秺 秺同上 奼美女 𦙶𦙶胍腹大 疕乳病 託奠酒爵也 蠹食木蟲也 𧑂古文 殬敗也 斁同上 菟菟絲草名又虜複姓後魏書有菟賴氏湯故切四 兔獸名崔豹古今注云兔口有缺尻有九孔論衡曰兔舐毫而孕及其生子從口而出說文曰兔踞後其尾形兔頭與㲋頭同 吐歐也又湯古切 鵵木鵵鳥有毛角 顧迴視也眷也又姓出吳郡古暮切十五 頋俗 雇本音戶九雇鳥也相承借爲雇賃字 稒稒陽縣在五原 故舊也事也常也又姓出姓苑 酤賣也又音姑 沽同上 痼久病 固堅也一也常也故也四塞也 錮錮鑄又禁錮也亦鑄塞也 痁小兒口瘡 鯝魚肚中腸 𦊰𦊰圈取魚具也 棝射鼠斗也 涸凝也閉也 誤謬誤五故切十四 悞同上 寤覺寤 忤逆也 啎同上 迕遇也 遻同上 晤明也朗也 悟心了 逜干迕 𥨚廣雅云𥨚竈名 捂斜柱也又枝捂也 娛娛樂也又五于切 聕聽也 護救也助也胡誤切十七 瓠瓠匏也又瓠子隄名亦姓淮南子有瓠巴善鼓琴 嫭美好 婟婟嫪戀惜也出聲類 頀大頀湯樂周禮作濩 互差互俗作乐餘倣此 濩布濩 𥫱所以收絲 冱寒凝 枑門外行馬 雘青屬 韄佩刀飾也 [illegible]誤也認也 鱯魚名 擭布擭猶分解也 [illegible]兔網 [illegible]草名 訴訟也毀也說文作𧦝告也桑故切十五 愬譖也說文同上 𧪽向也說文同上 泝逆流而上廣雅曰泝舟中抒水斗 遡說文同上 素列子曰太素者質之始也又空也故也帛也說文作䋛白緻繒也又虜複姓二氏後趙錄有宜陽公素和明又後魏書云素黎氏後改爲黎氏 傃向也 嗉鳥嗉 膆同上 [illegible]玉名 塑塑像也出周公夢書 塐塑土容出古今奇字 [illegible]譖愫 䝁牲白也亦作素 㩟暗取物也 祚福也祿也位也昨誤切七 胙祭餘 阼阼階東階 [illegible]魚醬 飵相謁食也 𧼐往也 秨禾稼兒又音昨 笯盛鳥籠也乃故切又音奴二 怒恚也又音努

布布帛也又陳也周禮錢行之曰布藏之曰泉又姓陶品列傳有江夏布興博故切六 圃園圃說文曰種菜曰圃又音補 佈佈徧也 抪抪持 㓐刀裁 蚹蟲也 汙染也烏路切四 惡憎惡也又烏各切 噁喑噁怒兒 謼相毀說文作謼 怖惶懼也普故切五 悑說文上同 鋪設也又普胡切 誧謀也 痡痡病痞病又音步 厝置也倉故切五 措舉也投也說文置也 醋醬醋說文作酢 錯金塗又姓宋太宰之後又千各切 𣳾水 絝說文曰脛衣也苦故切七 袴同上 庫貯物舍也又姓風俗通云古守庫大夫之後以官爲氏後漢輔義侯庫鈞亦虜複姓二氏周有少師庫狄峙又有庫門氏亦虜三字姓前燕錄有岷山桓公庫傳官泥 胯股也韓信出於胯下 酷酷醋 苦困也今人又苦車 跨踞也 捕捉也薄故切十三 哺口食在口也 步行步爾雅曰堂下謂之步白虎通曰人踐三尺法天地人再舉足步備陰陽也又姓左傳晉有步揚食采於步後因氏焉又虜三字姓三氏後魏書步六孤氏後改爲陸氏又西方步鹿根氏後改爲步氏北齊書有步大汗氏 鞴鞴鞁盛箭室 餔餔餔又作糒 鮬魚名 駁駁馬習馬案左傳曰左師見夫人之步馬字不從馬 舿船 郶郶鄉名 鵏鵏鳥 痡瘴瘻痞病又音佈 荹亂草說文曰亂藁也 𩣩馬名 謼號謼亦作呼荒故切又火姑切二 戽戽斗水器也 作造也臧祚切一

霽第十二

霽雨止也子計切八 隮升也又子奚切 躋同上 濟渡也定也止也又卦名既濟又子禮切 擠排擠又子西反 䰃婦人束小髻也又音祭音節 懠緝麻紵名出異字苑 穧穫也又音劑 帝說文曰諦也王天下之號也爾雅曰君也都計切二十三 諦審也 嚏鼻氣也 嚔俗 柢木根 蔕草木綴實 蝃蝃蝀 螮同上 揥摘取見詩 舭舭艦水戰船出字林 疐姓也漢有中常侍疐庳 疐疐抵也面雅東曰疐之謂去柢也 骶背骶也 僀僀後也 䙗兩手急持人也 䟡蹋也 𨀜大兒 僀儯 睇胅腹兒又當今切 趆趆走兒 蝭寒蟬又音啼 軧軧下也 渧埤蒼云渧漉隸也 嚌嘗至齒也在詣切十 劑分劑又子隨切 穧刈禾把數 𪗋醎也 眥目際又才

賜切 齊 火齊似雲母重沓而開色黃赤似金出日南又齊和又徂兮切 齌 吹鋪疾也 癠 病也 懠
怒也 䶒 䶒齘 替 廢也代也滅也說文本作普廢一偏下也他計切二十 普 普 㬱 並上同出
說文 鬀 說文曰鬄髮也大人曰髡小兒曰鬀盡及身毛曰鬄 剃 上同 戾 車輨 殀 殀殀 梯
梯枝整駿斂也 涕 涕洟 洟 鼻洟 𥝍 不耕而種 屜 屜履中薦也亦作屟𦈢 达 足滑 薙
除草 悌 寧悌心安 褅 補也 殢 極困 𣫖 唾聲 笑 車節也 第 次第說文本作弟韋
束之次弟也今爲兄弟字又漢複姓二氏後漢書第五倫傳云齊諸田徙園陵者多故以次第爲氏有第五第八等氏特計切
二十九 弟 見上注又音上聲 遰 迢遰又底隸切去也避也 髢 髲也 鬀 上同說文音剃 締
結也 睇 睇視 悌 孝悌又音上聲 娣 娣姒 禘 大祭五年一禘 軑 說文曰車轄也 釱
以鎖加足說文鐵鉗也又音大 鷤 鷤鴂鳥又音啼 棣 車下木又常棣子似櫻桃可食又姓王莽司馬棣並 杕
木盛兒 踶 蹋 題 又徒雞切 遞 更遞 題 視兒 㣆 說文曰脩豪獸也一曰河內名豕也
[illegible] 兩手急持人 揥 取也 諦 審諦 蔕 極也又丑邁切 鯷 鮎魚別名 鶗 鶗鴂鳥又
音啼 墆 墆貯也又墆翳隱蔽兒又徒結切 鍉 竹名 逮 逮及也又徒戴切 砌 階砌也七計切
八 切 衆也又千結切 [illegible] 視也 妻 以女妻人又七兮切 𢴣 挑取 聺 耳聽 [illegible] 目眇
[illegible] 耳聸 細 小也蘇計切六 [illegible] 古文 些 可也此也辭也何也楚音蘇箇切 栖 雞所宿也
又先奚切 埍 女夫 洎 水出汝南新鄭入潁 詣 至也五計切十一 羿 古能射人名說文曰帝嚳
射官也夏少康滅之 羿 上同 羿 說文曰羽之羿風亦古諸侯也一曰射師 睨 睥睨 指 枍指殿名
盻 恨視又下戾切 睍 傍視 [illegible] 破墨 垷 埤垷女牆也見埤雅 霓 虹又音倪 計 筭計
說文會也筭也又姓後漢有計子勳古詣切十二 係 連係 繼 紹繼俗作継 繫 縛繫又口奚胡計二切
薊 草名爾雅曰朮山薊又縣名又州開元十八年以漁陽縣爲薊州又姓後漢有薊子訓俗作薊 髺 綰髮 [illegible]
燕都 繫 爾雅曰杌繫梅說文云繫木也 檵 枸檵杞 蘻 狗毒草也 轚 舟中互亭而行也

毄 係也盡也 蒵 [illegible] 胡計切十四 膎 喉脈 胰 上同 系 緒也又姓楚有系益 繇
籀文 妎 心不了也說文妒也又音害 禊 祓除不祥也又禊飲 繫 易之繫辭 瘛 小兒病又尺制
切 傒 足 徯 徯 盻 恨視又五計切 閉 門扇又胡介切 稧 稧事稧秩 契 契約
苦計切又苦結切十 挈 刻也 罄 說文云器中盡 [illegible] 字林云腨腸 [illegible] 蠡 [illegible] 舟名
[illegible] 悷也又怖也 嫛 難也 類 恐也 瞖 省視 翳 羽葆也又隱也鄣也又鳥名似鳳於
計切十七 曀 陰風詩曰終風且曀 枍 枍指 [illegible] 靜也安也恭也 [illegible] 安也靜也 [illegible] 塵也 殪
死 瞖 目瞖 医 藏弓弩矢器 嫕 婉嫕柔順兒 蘙 蘙薈 縊 自縊 [illegible] 息 繄
是也 [illegible] 走絲也 [illegible] 塵也 諟 諟諦也 殹 擊中聲也 謎 隱言也莫計切二 㩝 裁也
閉 掩閉說文曰闔門也博計切五 閇 俗 嬖 愛也卑也妾也 箅 甑箅也所以蔽甑底
又必至切 [illegible] [illegible]毀也又補米切 彗 解也胡桂切十三 憓 愛也 潓 水名 惠 仁也
亦惠然順也又姓出琅邪周惠王之後果有惠施 蟪 蟪蛄 蕙 香草蘭蕙屬 槥 木名 繐 繐帳又音
歲 [illegible] 儶 儶倸 譓 多謀智曰譓也 鏸 銳也又三隅矛 [illegible] 羽 桂 木名叢生
合浦已南山峯間無雜木華葉長尺餘冬夏長青其花白山海經曰八樹成林又姓後漢太尉陳球碑有城陽炅橫漢末被誅有
四子一守墳墓姓炅一子避難居徐州姓香一子居幽州姓桂一子居華陽姓炔此四字皆九畫古惠切九 炅 見
炔 並見上注 筀 竹名 罣 挂也 畦 田也 [illegible] 殃殀極妖也死兒也 鴂 鶗鴂杜鵑也
嘒 聲急說文小聲也亦作嚖呼惠切三 嚖 同 暳 小星詩亦作嘒 媲 配也匹詣切七 [illegible]
上同 睥 睥睨 渒 水名在汝南 濞 水名又芳備切 [illegible] 水聲 [illegible] 研 [illegible]
管子 [illegible] 所以理 薜荔蒲 [illegible] 苗 計切五 [illegible] 薜 弋鳥具也 [illegible] 木名 麗 美也著也又姓出
苑郎計切三十三 戾 乖也待也利也立也罪也來也至也定也又很戾說文曲也从犬出戶下戾者身戾曲也 [illegible]
很侯 俗 隸 僕隸 隸 上同俗作隷 儷 伉儷 盭 綠色又綬名或作綟又云弼也 綟 草也

衣也 劙 割破 [麗刂] 同上 唳 鶴鳴 蜧 大蝦蟆也 莀 紫草 沴 妖氣說文曰水不利
也 荔 薜荔香草又羌複姓有荔非氏 捩 琵琶撥也 欐 梁棟之名也又師禮二音 𤄷 埤蒼云滯
瀌也 隸 札也 涖 沆也又力二切 悷 㦬悷多惡又憭悷悲吟也 栛 小棟一曰本木名一曰也
又鹿皮 蜦 神蛇又音倫 [㸚攴] 止也係也 珕 刀飾又力智切 [㸚目] 視竊也 [疒麗] 瘦黑又力
翅切 [麗見] 求視又師蟻切 [艹麗] 草木生亞土也 [麗風] 急風 離 漢書云附離著也 [木隶] 木名 。逮
胡竹名也杖也丑戾切一 。泥 滯陷不通詩云致遠恐泥奴計切又奴低切五 埿 俗 [亻罵] [亻罵]俺音慢又相
罵摩也 迡 近也 濘 濘陷 。[世欠] 氣越名呼計切三 奃 肥大 殢 殢極困也
十三。祭 享也祀也薦也至也察也子例切七 際 邊也畔也會也 穄 黍穄呂氏春秋曰飯
之美者有山陽之穄說文曰穈也穈音糜 鰶 魚名 [髟齊] 露鬐又音霽 [衛心] 寐言 穧 穫也又才計切
。歲 釋名曰歲越也越故限也從步戌相銳切四 槥 小棺又衛二音 [糸彗] 布縷細也 繐 同上
。衛 護也垂也加也亦州名郡所都也本衛國爲翟所滅齊桓公代翟遷衛于河南秦屬東郡魏文置朝歌郡晉爲汲郡
東魏爲義州周武改爲衛州亦官名漢書曰衛尉秦官掌宮門衛屯兵又姓周文王子衛康叔之後國滅因氏焉出河東陳留
二望又精衛鳥名山海經云狀如鳥白首赤喙其鳴自呼取西山木石以填東海于歲切十三 軎 說文曰車軸耑也从
車象形 轊 上同 璏 劍鼻王莽碎王劍璏 [竹衛] 竹名 [豕衛] 豚屬 [象衛] 上同 槥 小棺 彗
日中必彗 [衛心] 寐言 [衛言] 上同 [衛韋] 牛蹄 熭 曬乾 。芮 草生狀又姓周司徒芮伯之後而銳切六
汭 水曲說文曰水相入皃 枘 柄枘 蜹 蚊蜹又音蟄 笍 竹名 鈉 銳鈉 贅 贅肉
也又最也聚也又贅衣官名也之芮切二 𣪠 卜問吉凶 。啐 小歠也山芮切一 。毳 細毛也又姓出姓苑
此芮切又楚稅切十二 韢 囊屬以盛賊頭又音遂 脃 說文曰小耎易斷也 膬 上同又七劣切 脆
俗 帨 佩巾又音稅 竁 葬穿壙也又楚稅切 𣃔 斷也 [虫毳] 蟲名 [刂毳] 小割 [毳] 重檮
又楚稅切 [氵毳] 飲也 。銳 利也又姓姓苑云升平中鮮卑有御史中丞銳管以芮切六 銴 銅生五色 叡

聖也 睿 同上 莌 草生狀 蜹 毒蟲又而稅切 。綴 連綴陟衛切又丁劣切十一 醊 祭也
畷 禮注云井田間道吳都賦云畛畷無數又張劣切 笍 小車具也 [礻叕] 重祭 啜 嘗也 餟
說文曰祭酹也司馬頵曰漢志作腏字通 腏 上同又皮腏著也 錣 針也 卂 釣也 輟 車小缺也
。稅 斂也舍也又姓盛弘之荊州記云建平信陵縣有稅氏舒芮切九 說 說誘 裞 衣送死也又禮注云
日月已過乃聞喪而服曰稅又他活切又他外切 蛻 蛻皮又他臥切又他外切 帨 佩巾也又音脆 [執巾]
說文曰禮巾也 涗 溫水又清也 [食兌] 小餟也又郎外切 [食雋] 同上 。獘 困也惡也說文曰頓仆也
俗作斃毗祭切五 斃 死也說文同上 幣 帛 㡀 說文曰敗衣也从巾象敗衣之形又匹世切 敝
說文曰㡀也一曰敗衣也又姓左傳齊有敝無存 [毳] 重檮楚稅切四 𣃔 斷 竁 葬穿壙也 毳
細毛 篲 埽帚爾雅曰前王篲本亦從艹祥歲切九 [竹彗] 古文 鏏 大鼎 彗 星名又音遂 [鼎彗]
小鼎 槥 小棺 軎 車軸頭也又音衛 轊 同上 [忄彗] 布巾 。蔽 掩也必袂切四 鄨 縣名
在牂牁又音鼈 鷩 爾雅曰鷩雉郭璞云似山雞而小冠背禮云王享先公饗射則鷩冕又音鼈 彆 弓彆。
劌 傷也割也居衛切六 鱖 魚名大口細鱗有班文一曰婢魚也 刂 剖劌斷 屈 割也 躗 爾雅云躗
洩苦棗東亦作蹶 蹶 行急遽皃曲禮曰足無蹶又居月切 [衛牛] 跟衛牛展足 。袂 袖也彌弊切一 憏
殘帛所例切三 鎩 矛戟類又所戒切 蔱 椒蔱又所八切 。掣 掣曳尺制切又尺折切八 瘛 小兒
驚 懘 怗懘音不和也怗懘樂記作帖 痸 郭璞云癲病 [疒掣] 上同 [忄吉] 說文曰小怒也 [列金]
除利也 猘 狂犬別名 。制 禁制又斷也止也勝也說文作利裁也从刀从未物有滋味可裁斷也征例切十八
利 見上注 [制月] 魚醬亦作䱥 淛 水名 製 製作又裁也 [目制] 入意曰闇也 晢
星光也亦作晣又音折 [竹析] 方言云自關而西謂簟或謂之[竹析] [意] 婦孕病兒 [子析] 蝗子 鯯 魚名
可爲醬 晢 目光也又丑世切 狾 狂犬 [豸折] 寻也 [革折] 刀鞞 [食?] 臭敗之味 [illegible] 古人
姓 迣 迾也度也 。逝 往也行也去也時制切十三 忕 忕習 觢 牛角豎也 噬 齧噬

誓 誓約 斷 古文 筮 龜曰卜蓍曰筮巫咸作筮筮決也 簭 上同見周禮 澨 水名書曰
過三澨 ○鍪 車槥結一曰銅生五色又音銳 遾 逮也 逝 踰也 㓨 割肉也 ○曳 牽也引也餘制
切二十九 裔 邊也苗裔也又容裔也說文曰衣裾也俗作裔 玴 石之次玉也 勩 勞也 泄 水名
在九江又音薛 洩 上同 㾜 病也 鴺 鳥飛 栧 檝栧 詍 多言 㥏 明也一曰習也 𢡟
鳳六翮 韖 以馬鞍贈亡人 跇 超踰又丑例切 亻 袘明也又身兒 袣 長被又衣長兒 褹
自穢稻名 䳛 鳥名 㴛 容㴛水兒 衎 合板衎縫也 抴 數也 娎 婦人病胎也 筻 長也 㹭
狸子 ノ 至地 藻 蒸也又藝藻也 㪿 裂也 呭 呭樂說文曰多言也亦作呭 蒔 草名 ○
緆 急也一曰不成也於罽切五 瘞 埋也 餲 又於葛於介二切 腸 腸臆 蕩 清也又音
讛 語 ○藝 才能也靜也常也準也又姓出姓苑魚祭切八 埶 說文種也周禮音世 蓺 同上 寱 睡語
𧬴 同上 藝 亦同 槸 樹枝相摩 𥝠 字林云複穗也 ○滯 廢也止也凝也直例切七 彘
豕也又姓左傳有彘恭子 蹛 蹛林又音帶 鎣 除利也 瓅 玉也劍鼻 茜 草補 鍄
魚名 ○例 比也皆也力制切二十五 厲 惡也亦嚴整也烈也猛也又姓漢有魏郡太守厲温 礪 砥石 勵
勸勉 禲 無後鬼也 癘 疫癘 痢 同上 鮤 魚名又音列 濿 以衣渡水由膝已上為濿亦作
厲詩曰深則厲淺則揭說文又作砅 砅 履石渡水也 上同義見注 蠣 牡蠣蚌屬 蠇 上同 欐 木名
驪 馬馳 駉 上同 秝 黍穰 糲 上同 貝貨 糲 麤也又力達切 𧕖 巍也 犡
牛白 栵 栭栗又音列 㤡 作裂 懘 帛餘亦恐人 㤠 清水又音列 𢢞 息也又 上同 𢘠 上同 蠣
春 㭞 音列 𢤱 作裂 㥛 例切六 廲 上同
蔿車 愒 爾雅貪也說文息也 揭 褰衣渡水由膝已下曰揭 䩭 爾雅康瓠謂之甈郭璞云瓠壺也 貰
草 說文息也 揭 膝已下曰揭 甈 賒也
誼曰寶康瓠是也 ○世 代也又姓風俗通云戰國時有秦大夫世鈞舒制切三 勢 形勢 貰 貰也 賒也
又時 ○猘 狂犬宋書云張收嘗為猘犬所傷食蝦蟆鱠而愈居例切八 𦆂 氈類織毛為之說
夜切 猘 傷食 𦇧 文曰西胡毳布也 說
罽 上同說文曰魚网也 瘃 亦同 瀱 泉出兒 訐 持人短又居列切 彐 彙頭說文作彐

云豕之頭象其鋭而上見也 蔮 似芹 𦿒 亦白刷亦作 𦿌 又倒切又音帶 ○偈 偈句其憩切一
○啜 嘗也嘗芮切又臣劣切一 ○跇 跳也踰也丑例切十二 趩 上同 傺 侘傺 侘 敕加切 㥦
習 㤠 困劣 衎 衎也 㤠 衎 㤠 䜿 㤠 也 㮞 敝也又丑列切 掣 佩飾 䟶 跳躍兒 踆 渡
也 ○脨 視也 ○鏑 曲刀也削竹除芮切一 ○劓 去鼻也牛例切一 ○蕝 束茅表位子芮切三
蠿 蟲名又 挈 裂也 ○瀱 魚游水也匹蔽切一 ○㥏 𢘠短兒丘吠切一 ○𦞢 短兒呼吠切一

十四○泰

大也通也古作太他蓋切四 忲 奢也又大二音 太 甚也大也通也周禮
曰太史掌建邦之六典宋書曰太史掌曆數靈臺掌候日月星
氣焉經典本作大亦漢複姓六氏漢有尚書太叔雄古今人表
有太師亭何氏姓苑云太征氏下邳人太祝氏又有太室氏
人太士氏來嘉人又有太室氏太祝氏 汰 太過也 ○蓋 覆也掩也
張帛也禮記曰敝蓋不棄為埋狗也又發語端也說文曰苫也俗作盖古太切三 匃 乞也 丐 上同本又音緬
○艾 草名一名冰臺又老也長也養也亦姓風俗通云龐儉母艾氏五蓋切三 豥 豕 䳼 巧婦別名
○藹 晻藹樹繁茂又姓晉南海太守藹奐於蓋切十 壒 塵也 䅬 香也 靄 雲狀又於葛切 𤎖
日 藹 覆也清也微也說文蓋也 䁘 死也 𥅧 清謹 䅬 𪇔小鼠相銜而行 曖 暖色 ○
柰 果木名廣志曰柰有青赤白三種俗作㮈奴帶切五 奈 如也遇也那也本亦作奈又奴箇切 渿
多 鰊 魚名 渿 說文曰沛之也 ○大 小大也說文曰天大地大人亦大故大象人形又漢複姓五氏晉獻
毛 公娶大狐氏楚襄王時有黃邑大夫大心子成史記秦將軍大
羅洪周禮大羅氏掌鳥獸者其後氏焉又有大叔氏又大庭氏古天子之號
其後氏焉又有大叔氏又大庭氏古天子之號
又虜三字姓周書蔡祐賜姓大利稽氏周末有尉回將軍大莫
干主稽後魏書南方大洛稽氏後改為竟徒蓋切八 汏 濤汏說文曰浙𥳁也 軑 車輨也 鈦 鉗也又大計切
駄 馬也 默 黑跡 忕 奢忕 伏 海中 地名在 ○害 傷也胡蓋切四 夆 相遮也 妎
字林云疾 恄 快也 ○帶 衣帶說文曰紳也男子鞶革婦人鞶絲
妎 妬也 象繫佩之形帶有巾故从巾易曰或錫
之鞶帶又蛇別名莊子云蝍蛆甘帶也當蓋切七 𨂃 倒𨂃 癘 癘下病也 蹛 蹛林又音滯 蹛 勾奴傳有蹛

𢅤 𢅤方山名 艜 艜艇船也 摕 捷也 貝 說文曰海介蟲也居陸名猋在水名蜬象形古者貨貝而寶龜亦州名春秋時屬晉七國屬趙秦爲鉅鹿郡漢爲清河郡周置貝州以貝丘爲名博蓋切十四 沛 郡名又姓出姓苑又匹蓋切 邶 上同 鋇 鋇鍒鋌也 芾 小皃又方味切 䟺 步行蹣跛 狽 狼狽 犻 牛二歲也爾雅云體長犻 伂 顛伂之亦作沛 魳 魚名食之殺人 茷 草木葉多 毻 毻毻多毛 䀾 目不明皃又音霈 ⿰赤市 行皃 霈 霶霈沛普蓋切五 浿 水在樂浪 沛 流皃亦滂沛又水名出遼東又音 䀾 眜昧目不明也 怖 恨怒 會 合也古作㑹亦州秦屬隴西郡漢分爲金城郡周爲防隋爲鎮武德初平李軌置會州又姓漢有會栩黃外切又音儈五 㬬 說文曰日月合宿爲㬬 達 說文云無違也 禬 除殃祭也又古外切 繪 繪五采也 兌 突也又卦名說文本作兊說也又姓杜外切五 䩣 補靴 綐 細紬 銳 矛也又弋稅切 𡵓 山名 儈 合市也晉令儈賣者皆當著巾白帖額言所儈賣及姓名一足白履一足黑履古外切十八 膾 魚膾說文曰細切肉也 鱠 上同 襘 說文曰帶所結也 禬 福祭 檜 柏葉松身又古活切 ⿰扌會 水置石投敵也 巜 說文曰水流澮澮也方百里有巜廣二尋深二仞 澮 說文曰上同爾雅曰水注溝曰澮又木名在平陽 鄶 國名在滎陽 廥 芻藁藏也 ⿰骨會 五綵束髮說文曰骨擿之可會髮者詩云⿰骨會弁如星 鬠 上同 劊 斷也 會 會稽山名又黃外切 ⿱臣會 精膏 擔 獪 狡獪小兒戲 最 極也俗作㝡祖外切三 悴 五色采也 蕞 蟲也又山芮切 譮 說文曰聲噦 眾聲呼會切六 翽 鳥飛聲 鐬 鈴聲 濊 水名在譙又音喚 濊 說文曰水多皃 䭝 麤糠苦會切一 酹 以酒沃地郎外切五 頪 說文曰難曉也一曰鮮白 ⿰采毛 馬色班也 餯 門祭 𣩳 疫病又力臥切 外 表也遠也五會切一 祋 殳也丁外切一 祋 祋栩縣名在馮翊又 懀 惡也烏外切七 濊 汪濊深廣又呼會切 薈 草盛 嬒 婦人名也 ⿰鼻會 息也 瞺 目眉 黵 淺黑色 蕞 小皃才外切二 蕞 蕞𦺰 䃶 小石光外切三 殨 病瘦 䁿 䁿眹之間 襊 衣游縫也麤最切三 𨇖 行𨇖 竅 寒外道也 旆 旗也繫旐曰旆蒲蓋切三 䟺 行不頪頭

正也 軷 祭道神又蒲葛切 磕 硍磕石聲苦蓋切九 鶡 鶡鴠鳥又音曷 轄 車聲 愒 貪也公羊傳云不及時而葬曰愒愒急也 溘 船著沙也 ⿰禾害 子屬 㝁 擊也 𢻌 伐也擊也 郃 地名 蔡 周蔡叔之後也倉大切三 ⿱艹䍃 龜也亦國名又姓出濟陽古文 鷍 鷍鳩鳥 賴 蒙也利也善也幸也恃也又姓風俗通云漢有交阯太守賴先落蓋切十四 籟 簫三孔也 癩 疾也說文作癘惡疾也今爲 瀨 湍瀨 糲 麤米又力達切 襰 壞墮 藾 蒿藾 𧄌 上同 犡 牛名說文曰牛白脊 鰊 魚名 躪 跋躪行皃 爄 火之毒 鶇 鳥名 囇 囇聲 餀 食臭呼艾切五 䳌 上同音譜 獺 獸名出 疿 疫病 鮬 魚名 蛻 他外切五 蛻 蛇易皮又音稅 駾 奔突也詩云昆夷駾矣 毻 鳥易毛 祱 送死衣也又音睡 眛 眛眛目不明 沬 水名 眛 也莫貝切三 林 木名 嘬 春小嘬也七外切一

十五卦 卦 說文曰筮也易疏云挂也懸挂萬象於其上八卦者八方之卦也乾坎艮震巽離坤兌古賣切六 挂 懸挂又剛挂弩矢鏃名潘岳射雉賦云出剛挂以潛擬 掛 俗 詿 誤也又胡卦切 觟 角皃 罣 罣礙又胡卦切 懈 懶也怠也古隘切六 解 除也 繲 繲浣衣出埤蒼 廨 公廨 薢 薢茩藥名 瘥 病也 隘 陝也陋也烏懈切六 鰯 古文 阸 阻塞又阸僻山形或與隘同 瘢 病聲 䅭 稻小把也 䯤 監記人物 邂 邂逅 解 曲解亦縣名在蒲州又古賣古買胡買三切 賣 說文作賣出物也莫懈切一 畫 釋名曰畫挂也以五色挂物象也俗作畵胡卦切又胡麥切九 諣 礙也 罣 上同 絓 絲結 澅 水名在齊 鮭 鮮黃色 繣 繣徽乖違也 纗 弦中絕也 嫿 嫿嫿多態也 差 病除也楚懈切又楚宜楚皆初牙三切七 瘥 上同又音醝 衩 衣衩 杈 杈把平田具也又音叉 浾 浾 訍 訍持短又疑心 誈 異言也 睚 目際又睚眦怨也五懈切又五佳切 誒 怒言火懈切又胡禮切一 庍 方卦切到別 粺 精米傍卦切四 稗 草似穀 𥞩 黍屬又音俾 把 田具本又音琶 㾦 疾也士懈切二 眦 睚眦 派 分流也俗作派匹卦切七 𠂢 說文曰水之衺流別也 絥 未緝麻也

說文曰散絲也 林 麻紵 [illegible] 說文曰水在丹陽 [illegible] 藤屬蜀人以織布出埤蒼 朩 分枲皮也又匹刃切。債 徵財側賣切一。婜 難也苦賣切又音契二 鄁 鄉名 曬 暴也所賣切又所寄丑離二切五 𪎭 不黏之皃或與曬同 𨣴 簀酒 汛 水皃說文灑也本又音信 洒 洒埽又先禮切。諣 疾言呼卦切一。嶭 阸嶭山形方賣切一。膪 亦作臁腏肉也竹賣切又竹亞切䐑膗肥皃二 僀 僀步立皃出聲譜

十六。怪

怪 怪異也古壞切八 恠 俗 硂 硂石似玉 蔽 草名 數 毀也 壞 上同又胡怪切 𤼽 大皃 𢭃 訬也。噫 噫氣烏界切二 呃 不平聲。瘵 病也側界切三 祭 周大夫邑名又姓周公第五子祭伯其後以為氏 𨞚 說文曰周邑也。誡 言警也古拜切二十三 戒 慎也具也備也警也易注云洗心曰齋防患曰戒 界 境也垂也 介 大也助也佑也甲也閡也耿介也說文曰分畫也俗作分又姓介之推也 屆 至也舍也說文曰行不便也一曰極也 疥 瘡疥 玠 大珪長尺二寸 𠆙 獨居 𢂐 幘也 砎 硬也 魪 比目魚也 尬 尷尬行不正尷音緘 价 善也又佮价也 𩭐 髻結 悈 飾也司馬法曰有虞氏悈於中國 鴧 鴧雀也似鶡而青出羌中 艐 爾雅云至也亦云古屆字 䀘 怒也 芥 辛菜名又草芥 衸 布衣幅也又胡介切 丰 草介 夼 夼到 𩣏 騎馬馬尾結也。褹 紩布襦女介切二。譮 怒聲許介切九 欸 上同 𠰵 喝𠰵 齂 鼻息 噧 高聲皃又多言 譪 譈譪 屆 臥息 𡗜 說文曰大聲也 恝 說文曰忽也孟子曰孝子心不若是恝。械 器械又杻械胡介切十一 韰 葷菜也葉似韭 薤 俗 齘 類齘切齒怒類于禁切 閞 門扇 瀣 沆瀣北方夜半之氣又胡代切 𠐯 俠也 韰 韰惈猶果敢也 𢡃 雌俗 衸 補滕褶也說文袮也 𣳚 水名。聕 不聽五介切四 譺 誡譺 𢤷 忦懘恪人也 蝝 蟲名䗚食草木葉也。蒯 茅類又姓出襄陽漢有蒯通或作𠜾苦怪切九 喟 歎也又丘愧切 嬇 女字 𣪠 太息 𥷊 箭竹名也 簣 籠也 嘳 譏他人也 蕢 杜蕢蕢尚並見禮記 墤 俗云土塊本音隤 𢷏 周禮曰大祝辨九𢷏一曰稽首二曰頓首三曰空首四曰振動五曰吉𢷏六曰凶𢷏七曰奇𢷏八曰褒𢷏九曰肅𢷏

搏怪切三 拜 上同 扒 拔也詩云勿翦勿扒案本亦作拜。湃 滂湃普拜切二 浿 水名在樂浪 壞 自破也胡怪切三 𡏰 古文 蘾 蘾烏蘾草。聵 聾也五怪切三 𦗿 說文同上 顡 說文曰頭蒯顡。𢟪 病也說文憊也蒲拜切八 憊 𤺺 並同上 韛 韋囊吹火 橐 同 𦨣 船後𦨣木 棑 木名 㵐 水波。盻 盻眼久視莫拜切三 𧲝 𧲝𧳐頑惡 韎 東夷樂也。𩭭 𧲝𧳐火怪切五 𨘢 過也 𧗿 木名皮可牽船 㵤 水聲 咶 鼻息。鎩 翦翮說文曰鈹有鐔也所拜切又所八切四 𧝓 衣衸縫也 殺 殺害又疾也猛也亦降殺周禮注云殺衰小之也又所八切 翲 上同亦見周禮。痎 熾也盛也苦戒切四 烗 上同 劾 勤力作也 指 鼓名又客皆切。顡 顏惡也凷怪切說文五怪切癡頭不聰明也一

十七。夬

夬 決也亦卦名古賣切三 獪 狡獪 𥳑 𥳑竹名。快 稱心也喜也可也又姓漢有快欽苦夬切五 噲 咽也又人名漢有樊噲又姓孝子傳有噲參鵠銜珠與之 穭 麤糠 駃 駃馬日行千里 璯 姓也晉有璯錢。邁 行也遠也莫話切四 勱 勉也強也 𧬄 誇誕又火犗切一。佅 傑佅。話 語話說文作譮合會善言也下快切一。敗 自破曰敗說文毀也薄邁切又北邁切四 𣪃 籀文 退 散走 唄 梵音。𪐏 淺黑色鳥快切又烏外切三 𪖐 喘息聲又烏外切。懀 惡見。嘬 一舉盡臠曲禮曰無嘬炙楚夬切四 𪙉 南方呼齧也 歠 齧 毳 上同。犗 犍牛古喝切二 𧜾 衣上也亦作襘。蠆 毒蟲丑犗切二 䔦 極也劣也又蔕芥。喝 嘶聲於犗切五 餲 飯臭又於罽切 嗄 聲敗又所嫁切 餀 通食氣也 欬 上同。𠰠 喝嘶所犗切一。𦤎 大臭又事露也除邁切一。𧬄 譈𧬄火犗切譈火譈切二 𦤀 𦤀鯦臭皃。咶 息聲火夬切一。敗 破他曰敗補邁切又音唄一。啐 咍也倉夬切一。寨 羊栖宿處豺夬切二 砦 山居以木柵。𢿽 繞然何犗切一

十八。隊

隊 群隊徒對切十二 𩅰 𩅰𩅰雲狀 薱 草盛 憝 怨也惡也周書曰元惡大憝 懟 上同 譈 亦同 鐓 矛下銅也曲禮曰進矛戟者前其鐓 錞 上同 碌 礧碌物墜也 𩪘 𩪘𩪘愚人 䢞 墜也 濧 清也濡也。佩 玉之帶也說文曰大帶佩也从

人从凡从巾佩必有巾巾謂之飾禮曰凡帶必有佩玉蒲昧切十二珮玉佩俗孛星也又蒲沒切鄁
紂之畿內國名東曰衛南曰鄘北曰鄁邶上同偝向偝誖言亂又補內蒲沒二切悖心亂
又蒲沒切背弃背又姓也又補妹切軰埤蒼云珠百枚曰軰繇櫂貢珠百軰軰貫也又云珠五百枚也亦作
琲又蒲罪切袚拂取茷爾雅曰茷山葧案本亦作葧葧音勃○妹姊妹莫佩切十一昧暗昧
眛目暗每數也又武罪切痗病也又音晦瑁瑇瑁亦作帽蝐又莫沃切黴點黑又武
悲切莓莓子木名似葚又莫杯切𦋻鳥網脢背肉也又莫杯切穤禾傷雨則生黑斑也○
配匹也合也滂佩切四朏向曙色也妃妃偶也又匹非切嶏崩聲○誨教訓也荒內切
十一悔改悔晦冥也又月盡也𣫁易卦上體靧洗面頮上同秏稻名出南海又
火号切痗病也𩈣面肥也詯休市洄大清說文曰青黑皃今作潧○對荅也當也
配也揚也應也古作對漢文責對而面言多謂非誠對故去其口以從土也都隊切六對見上注碓杵曰
廣雅曰磓碓也通俗文云水碓曰轓車杜預作連機碓孔融論曰水碓之巧勝於聖人之斷水掘地轛車箱考工記云
立曰轛橫曰軾轛上同𠐑𠐑市○倅副也七內切五淬染也犯也寒也焠作刀鋻也大官
書曰火與水合爲焠䃔䃔磨啐嘗入口又先對切○晬周年子也子對切十七祽月祭名也𪓐
說文曰會五綵繒也綷上同悴亦同捘推也夋失容節拜又子臥切○䬐櫆櫆痱風苦熱
烏繢切三㞐隱翳隈字林云映隈也○退卻也說文作復他內切五復上同𨓳古文㥏
肆也又他沒切㞜𨔶屬○憒心亂也古對切十幗婦人喪冠又古獲切刉刉刃使利慖
恨也䵋黃色又于鄙切𦟛瞶忽痛也簂筐也亦作幗篌篷也𪏴病皃蔮儀禮
注云滕薛名蔮爲頍○潰逃散又亂也胡對切十三迴曲也又音回又作匯繢畫也嬇女字殨
肉爛闠闤闠市門蕢草名呂氏春秋云菜之美者有雲夢之蕢螝蟲蝠詯胡市膭肥大
僓長也讃覺悟說文曰中止也司馬法曰師多則民讃讃止也詗市詗○塊土塊苦對切三凷

上同說文曰墣也禮曰寢苫而枕凷堁塵起又於臥切碎細破也蘇內切五䃕說文破也誶
告也啐送酒聲繀織繀說文曰著絲於筟車○內入也奴對切一纇絲節也盧對切十四
也耒耒耜世本曰倕作耒古史考曰神農作耒說文云耕曲木也儽極困也擂擂鼓酹酹酒
蘱草名似蒲一云似茅𠡑推也䒹耕多草𥢌稻名壘壘塊土皃礌礌石
重郲郲陽縣漢書作耒銇鐼也錖平板背脊背補妹切三輩等輩又比也類也俗
作輩誖亂也磑磨也世本曰公輸般作之五對切蚚爾雅曰強蚚胡輩切又音析一
○十九代更代年代亦州名春秋時屬晉其後趙襄子以銅斗擊殺代王取其地至秦隸太原郡漢置雲
中鴈門代郡魏爲州又姓史記趙有代舉徒耐切十三岱泰山黛眉黛黱上同逮及也又徒
帝切埭以土堨水𡋯上同帒囊屬袋上同𣉈甘也酨酢也又昨代切瑇又徒
瑇瑁亦作蝳蝐異物志云如龜生南海大者如蘧篨背上有鱗鱗大如扇有文章將作器則煑其鱗如柔皮俗又作玳又徒瑁
切靆靉靆雲狀載年也事也則也乘也始也盟辭也又姓風俗通云姬姓之後作代切又材代切六再
重也兩也縡事也出字林𢦏古國名𩞀說文曰設飪也𪏙漆𪏙穤禾傷雨莫代切
又莫亥切二脄背側肉也賽報也先代切四簺格五戲說文云行棊相塞故曰簺也塞邊塞
又蘇則切𡨴實也貸借也施也假也他代切四儓儓儗癡皃態意態亦作𢡟𥈵
曖𥈵不明溉灌也又水名出東海桑瀆騈覆甑山古代切六槩平斗斛木摡滌也詩云摡之
皃出王篇釜𢿌深堅意又偶也僟也扢磨也慨慷慨苦蓋切六愾太息欬欬瘶鎧
甲也管子曰葛盧之山發而出黃金蚩尤制以爲鎧也闓開也又音開嘅嘆也礙止也距也五溉
切七硋上同㝵兂㝵也閡外閉儗儓儗𩢬駿礙𣐶水曲頭不出又音礙
愛憐也說文作炁行皃烏代切九炁惠也𢟪古文曖日不明又晻曖暗皃僾
隱也爾雅作薆靉靉靆雲狀薆草盛薆薆瑷珠瑷王篇云美玉也瀣沆瀣氣也胡槩切三

悈患苦 勀椎勀 ○耐忍也奴代切七 䗊小蚤蟲也 鼐大鼎鼎 能技能又能何氏姓苑
云長廣人 佴姓也山公集有佴湛 䏻日無光也 㓯頷也又如之切 ○戴荷戴又姓出齊北本自宋
戴穆公之後風俗通云凡氏於謚戴武宣穆是也都代切一 ○賚與也賜也洛代切九 𧀱查也又音來 睞
傍現 徠勞也 勑上同 瘷惡病 誺誤也 䚕內視 逨就也又音來 ○菜草可
食者皆名菜倉代切五 埰古者卿大夫食采地郭璞云采地莽之因以名 採木名 𩭿髮也 䐆
大腹 ○載運也昨代切七 裁製衣 纔僅也 在所在 截醋醬 栽築牆長板 瀐
測也 ○儗僾儗癡也海愛切又音礙一

二十廢

○廢止也大也方肺切九 癈固病 [illegible]
賦斂 撥木似柚也 祓福也除惡祭也又數物切 蕟蘆蕟 䕼上同 鏺說文云弋射收繳具
也 砩以石遏水曰砩 肺金藏方廢切四 柿所木札也 怖怒也 胇晦也又音代
穢惡也於廢切六 薉荒薉說文蕪也 濊濊貊夫餘國名或作穢貊又汪濊又烏外切 獩見上注
饖飯臭 䮹驖䮹馬怒 ○吠犬聲符廢切四 茷草葉多也又方大切 魰魚名 鼣鼠名
如大吠也 ○喙口喙許穢切又昌芮切六 瘃困極也詩云昆夷瘃矣本亦作喙 㱘同上 趨行走
之 㣇飯臭兒 顪頰也 衛牛觸人穢切一 ○刈刈穫魚肺切八 乂才也 汉水名
恣困患爲戒 鳰爾雅云桃蟲鷦其雌鳰俗呼爲巧婦亦作䳜又音乂 艾治也見詩 㤱虎兒 [illegible]
才人名

二十一震

○震雷震也又動也懼也起也威也草刃切十一 振奮也裂也舉也整也
救也又之人切 賑贍也 娠妊娠又音身 侲侲子逐厲鬼童子也 挋說文云給也一曰約也又
爾雅曰挋拭剔清也 袗玄服 須須類頭少髮說文曰顏色頤麟順事也頁皆在左 踬動也 郰
地名又音辰 鷐鷐鷐 ○信忠信又驗也極也用也重也誠也又姓魏信陵君無忌之後又漢複姓何氏姓苑有
信都信平二氏息晉切十一 訊問也告也 訙上同 迅疾也又私閏切 囟說文曰頭會腦蓋也
顖上同 卂疾飛而羽不見 汛說文灑也 𤞞小獸有臭居澤色黃食鼠 奞奮奞毛

阠八陵名爾雅曰東陵阠又所臻切 ○刃刀刃而振切十一 認識也 肕牢肕 靭柔靭
亦與肕同 仭七尺曰仭 軔礙車輪木 牣滿也詩曰於牣魚躍 杒木名 訒難言 忍
枕巾 眹眩㵭 ○胤繼也嗣也亦姓羊晉切十一 酳酒漱口也 靷引軸 引又羊忍切 𨍧
小鼓在大鼓上擊之以引樂亦作𨍧 濥說文云水脈行池中濥濥然 胂脊肉又直忍切 抻伸也 洕
小水 鈏鐵鈏 軸車名 ○遴行難也又姓良刃切二十八 吝悔吝又惜也恨也俗作𠫤 悋
鄙悋本亦作吝 磷薄石 閵閵鸚鳥名似鴝鵒而黃 䈁竹名堅中 粦說文作粦鬼火也兵死及
牛馬血爲之 燐同上 藺草名莞屬亦縣名在西河又姓出西河本自有周晉穆公少子成師封韓韓獻子玄
孫曰康食邑於藺因氏焉 轔轔轢車踐 轥同上 𧒽螢火 䫐須類頭少髮 𪋰一曰乙獸名
似麞身黃尾白 麐牡麟又音鄰 躙也 蔺草名 瞵視不明兒 橉木名 鏻健鏻
瓱器也 賯貪也 䦧蟲也 䦟火兒 暽田壟 撛扶也又力盡切 剦水在石閒
躙蹂躙 ○儐儐相也說文導也必刃切七 擯擯斥 殯殯殮 鬢頰上髮也 覞不相
見也 䁲同上 覰觀見又匹人切 ○陣列也直刃切五 陳經典 陣上同見通用 診俗今
候脈又之忍切 𩑶登也 ○慎誠也謹也亦姓古有慎到著書又漢複姓家語魯有慎潰氏奢侈踰法時刃切三
㥲古文亦姓 蜃蛟蜃又縣名 ○眒張目刃切三 阠東方陵名 抻抻物長也 敐
香蕢可食去刃切又苦見切三 趣行兒 臤堅也 ○費財貨也會禮也琛費又徐刃切又疾刃切六
燼燭餘 𤎩同上 藎進也詩云王之藎臣一曰草名 濜水名 壗石似王 ○慭且也
一曰傷也又曰閉也魚覲切三 猌犬張斷怒兒 浕淬也 ○晉進也又州名堯所都平陽禹貢冀州之城
春秋時晉地秦屬河東郡後魏爲唐州又爲晉州爾雅晉有大陸之藪今鉅鹿是也亦姓本自唐叔虞之後以晉爲氏魏有晉
鄙即刃切十 𦤎說文上同 搢搢紳之士搢笏而垂紳又插也 縉淺絳色又古有縉雲氏 蠈
蟲名又蛤蠈 進前也善也升也登也又姓出何氏姓苑 栒凡織先經以栒梳絲使不亂出埤蒼 瑨

美石次玉璡上同又音津墪羊名又亭名。衅牲血塗器祭也許覲切二釁上同又罪也瑕
釁也亹俗鎮壓也周禮有四鎮揚州之會稽青州之沂山幽州之醫無閭冀州之霍山又姓出姓苑陟刃切
三瑱玉充耳又吐甸切塡定也亦星名又音田僅餘也纔也劣也少也渠遴切十一覲
見也殣埋也瑾美玉名饉無穀曰飢無菜曰饉勤少也廑小屋瘽病也墐
塗也詩曰塞向墐戶劐劐割也又去權切歏欠歎。櫬空棺也初覲切七瀙水名嚫
親施䞋上同襯近身衣儭裏也齔說文曰毀齒也男八月而齒生八歲而齔女七月而齒生
七歲而齔俗作齓又初忍切。印符印也印信也亦因也封物相因付又漢官儀曰諸王侯黃金璽橐駝鈕文曰璽列侯
黃金龜鈕文曰章御史大夫金印紫綬文曰章中二千石銀印龜鈕文曰章千石至四百石皆銅印文曰印又姓左傳鄭大夫
印段出自穆公子印以王父字爲氏於刃切四鮣魚名身上如印[illegible]跌又音致[illegible]氣行疢病也
俗作疢丑刃切二趁趁逐俗作趂。朮麻片撫刃切三[illegible]關也[illegible]暫見親親家七遴
切又七鄰切四寴屋空皃說文至也儭至也又畏也瀙水名。螼螼蚓一名蜸蚕蚯蚓也羌
印切蜸苦典切一。呁唁也九峻切二詢欺言

二十二

。稕束稈也之閏切六𦳝
上同諄告之丁寧眴目眴上同訰訰訰亂也。陖高也長也險也峭也速也私閏切十
三峻上同濬深也浚水名在衛亦浚儀縣名陖亭名在馮翊說文曰陗高也埈
上同迅疾也又音信鵕鵕鸃似鳳說文曰鷩也漢初侍中服鵕鸃冠𢏡弓蕭奞奮奞鳥張
羽毛也賰賰益晙早也又音俊迿出表詞也。殉以人送死辭閏切四徇自衒名行
侚以身從物徇巡師宣令又從也或作侚。儁智過千人曰儁又羌複姓有儁蒙氏子峻切十二俊
上同晙早也餕食餘畯田畯農夫詩傳曰田大夫也駿馬之俊周穆王有八駿驊騮騄駬赤
驥白兎騰黃踰盜驪山子又音峻㕙㕙古東郭之㕙兎名又音逡[illegible]石鼠出蜀毛可作筆雋人中
最才焌然火[illegible]獮之韋袴說文曰柔韋也又音窔[illegible]上同又而隴切。舜虞舜仁聖盛明曰舜

說文作[illegible]艸也楚謂之葍秦謂之藑又地連華象形舒閏切八[illegible]見上注蕣木槿瞬瞬目目動也
瞚眴並上同眣亦同見公羊傳鬊毛皃禮注云亂髮也。閏閏餘也易曰五歲再閏史
記曰黃帝起消息正閏餘漢書音義曰以歲之餘爲閏如順切三潤潤澤也又益也肕漢朐肕縣名地下濕
多朐肕蟲胊晉春蠢。順從也食閏切二揗說文摩也

二十三

。問訊也又姓今襄州有
之云運切十一。璺破璺亦作璺方言曰秦晉器破而未離謂之璺絻喪服亦作免汶水名紊
亂聞名達詩曰令聞令望莬新生草也脕上同詩曰緇衣柔止鄭玄云柔謂脃脕之時抆
拭也鼤鼠文娩生也又音免。運遠也動也轉輸也國語云廣運百里東西爲廣南北爲運又姓出姓
苑又漢複姓二氏史記云秦後以國爲姓有運奄氏後漢梁鴻改姓爲運期氏王問切十六暈日月傍氣餫
野餉韗理鼓工考工記云韗人爲皋陶皋陶鼓木也又況万切韗上同鄆邑名又州名魯大昊之後
風姓禹貢兗州之城即魯之附庸須句國也秦爲薛郡地漢爲東平國武帝爲大河郡隋爲鄆州亦姓魯大夫食采於鄆後因
氏焉貟姓也前涼錄有金城貟敞唐有棣州刺史貟半千鳿鳥名似鳥一名同力忶心悶鶤
雞三尺曰鶤又音昆[illegible]云物數亂也韻韻和[illegible]衆視[illegible]上同殞病也又尤粉切緷
說文緯也。訓誡也男曰教女曰訓又姓許運切五爋火乾物臐羊羹葷葷香又許云切鐼
鐵類。湓含水噀也匹問切四忿怒也魵小魚瀵水浸也又音奮糞穢也方問切八糞
上同坌坌埽除也拚上同見禮僨僵也奮揚也鳥張毛羽奮奞也又姓左傳楚有司馬奮揚
瀵水名有三眼一在蒲州泉眼大如車輪濆沸涌出一在同州界夾黃河一在河中央皆潛通大小並相似但深不測
又音湓殯殯也。醞醞釀於問切又於刎切四慍怒也縕亂麻薀習也俗作蘊又音上
聲。攗說文拾也居運切五捃上同皸足坼又居云切[illegible]豕求食也又攈物切[illegible]小野
豕名。郡說文曰周制天子地方千里分爲百縣縣有四郡故春秋傳曰上大夫受郡是也至秦初置三十六郡以監其
縣釋名曰郡羣也人所羣聚也渠運切一。分分劑扶問切又方文切五[illegible]瘨痱瘖悶幩滿而巾裂粉

穦粉㯻也。坋 塵也又房粉切

二十四焮 火氣香靳切六。炘 上同。㾁 瘡中冷。庍 脪 並上同。脪 說文又曰瘡肉反出也。靳 靳固又姓楚有大夫靳尚居焮切五。斤 爾雅曰明明斤斤察也又居勤切。抻 覆巾名。㨷 說文拭也。劤 多力皃。近 附也巨靳切又巨隱切一。𠎫 依人也於靳切八。𢤱 上同。隱 隈隱之皃又於謹切。檃 屋脊又棟也。㥯 所依據也。㥯 說文謹也。濦 水名又於靳切。𢅏 㥯裏相著。垽 爾雅曰澱謂之垽吾靳切一

二十五願 欲也念也思也說文云大頭也魚怨切四。顯 上同說文云顛頂也。傆 說文黠也。愿 敬也善也謹也。怨 恨也說文恚也於願切二。䛄 從也說文慰也又於阮切。販 買賤賣貴也方願切二。畈 田畈。券 券約說文契也釋名曰券綣也相約束繾綣為限也去願切六。絭 束腰繩也。勸 獎勸也勉也助也教也又姓。虇 萌筍又蘆牙。綣 繾綣志盟又去阮切。韏 曲也又革中辨也說文又九萬切。万 十千又虜三字姓二氏西魏有柱國万忸于謹周書唐瑾樊深並賜姓万紐于氏無販切十八。萬 萬舞字林云萬蟲名也亦州名自漢及梁猶為朐䏰縣地後魏分置萬川郡及魚泉縣武德初割信州南浦置浦州貞觀改為萬州又姓孟軻門人萬章。輓 輓車也亦作挽本又音晚。蔓 瓜蔓又姓左傳楚有蔓成然。曼 長也。蟃 蟃蜓蟲。鰻 魚名。鄤 蜀有鄤鄉。嫚 篆文云姓也古萬字。僈 僈㝈獸長百尋說文曰很䝪也爾雅曰貙僈似貍。𧳜 貙僈似貍或作此𧳜。鬗 姓梁公子鬗木之後。絻 挽舟繩也。贎 贎貨。𨍴 戰車以遮矢也。𤿍 皮悅又無遠切。脕 肌澤。鬗 髮長。飯 周書云黃帝始炊穀為飯符万切六。飰 上同俗。餅 又作飰。閞 門欂櫨也。粄 粉粄。𩺡 泉水。蛢 蟲名。嬔 嬔息也一曰鳥伏乍出說文曰生子齊均也或作嬎芳万切十。疲 吐疲。畚 一宿酒。奔 上同。歎 又小春。㤆 急性。娩 說文云兔子也娩疾也。尥 說文云其義闕。攣 量也又居願切。汳 水在睢陽。建 立也樹也至也又木名在弱水直上百仞無枝又姓楚王子建之後漢元后傳有建公又州名居万切二。𧻪 𧻪也。堰 堰水也於建切十。鄢 地名在楚。郾 上同。䞁 引與為價又於面切。傿 上同。褗 郭璞云衣領也。㰽 大呼用力。漹 水名在襄陽宜城入漢江也。嫣 長皃。𡚼 說文曰大皃也。獻 進也禮云大曰羹獻又姓風俗通有秦大夫獻則許建切四。憲 法也又姓。𧾍 走意。瀗 水名。楥 鞾履楥又法也虛願切四。楦 俗。韗 攻皮治鼓工也亦作鞾又音運。䩙 俗。健 伉也易曰天行健渠建切二。腱 筋本也。𣀓 小舂也亦作𩐼又方万切一。遠 離也于願切一。𤬪 瓟也語偃切二。甗 鬲屬。圈 邑名臼万切一。𤛓 晚物也說文曰抒滿也居願切二。絭 弦也

二十六慁 悶亂也說文憂也一曰擾也又禮云儒有不慁君王慁猶辱也亦作惛胡困切四。溷 濁也。倱 全一。圂 廁也一云豕所居也。頓 說文云下首也亦姓魏志華佗傳有督郵頓子獻都困切三。扽 撼扽。敦 豎也又都昆徒官二切。巽 卦名說文具也亦作巽蘇困切六。顨 說文云巽也比易顨卦為長女為風者。潠 潠水。噀 上同。遜 遁也從也。愻 順也。困 亂也逃也病之甚也悴也極也苦悶切四。𣏕 古文。涃 水名。顐 耳門又苦根切。嫩 弱也奴困切四。媆 上同。腝 肉腝。抐 揾抐按物水中。揾 烏困切二。𩟿 相謁食又於恨切。悶 說文曰懣也易曰遯世無悶莫困切二。懣 煩也又莫緩亡損二切。鐏 說文曰柲下銅也曲禮曰進戈者前其鐏徂悶切五。孨 人名魏晴張孨又至也。栫 大名。𦨣 舩底孔也。鱒 魚名又魚入泥。睔 大目露睛古困切七。睴 視皃。琯 出光也又音管。琿 俗。鄆 水名。諢 諢摩人也。讃 順言謔弄皃出聲譜。噴 吐氣普悶切三。歕 上同。湓 水聲。鈍 不利也頑也徒困切五。遁 逃也隱也去也。遯 上同。鶨 癡鳥。顐 頛頓。寸 說苑曰度量衡以粟生之十粟為一分十分為一寸十寸為一尺家語云孔子曰布指知寸倉困切二。鑴 瓦器又千見切。坌 塵也亦作坋蒲悶切二。湓 水聲。顐 禿也五困切二。諢 玉篇云弄言。論 議也盧困切又虜昆切三。淪 水中曳船曰論。碖 大小勻皃又盧本切。奔 甫悶切又音犇一。惛 迷忘也呼悶切又呼昆切一。焌 然火周禮云遂龡其焌子寸切三。䰅 委髮也。捘 左傳曰涉佗捘衞侯之手

二十七恨 怨也胡艮切一。艮

卦名也止也說文限也古恨切四 茛草名 琅石次玉 詪語也 䭓飽也五恨切一 饐
饐䭓飽也烏恨切一 〔二十八〕翰鳥羽也高飛也亦辭翰說文曰天雞赤羽也又姓左傳曹大夫翰胡
侯旰切二十五 捍抵捍 扞以手扞又衛也 鼾睡鼾 螒螒天雞爾雅注云小蟲黑身赤頭一名莎
雞 垾堤垾 豻野狗又音岸 釬釬金銀令相著亦作銲 汗熱汗 悍猛悍 瀚
瀚海北海 閈里也居也垣也說文曰閭也汝南平輿里門曰閈 䩗射䩗以皮䩗臂 駻馬高六尺說文
曰馬突也 雗雗雞鸛鸘別名 鶾馬毛長也 馯姓也 䕨苴名又音寒 䏷臏䏷刀箭瘡藥
出古兵格 忓善也 弙拒也又關名在巫縣 矸碓也 𣯷長毛 皯說文上也 鰔魚名
炭火炭又姓西京雜記有長安炭虯他旦切六 歎歎息 嘆上同 㵄㵄漫水廣皃出字林 𢿏
𢿏𢿏無文章皃 嫨嫨無宣適也 按抑也止也烏旰切七 案几屬也史記曰高祖過趙趙王張敖自持
案進食又曹公作欹案卧視書又察行也考也驗也 洝說文曰渜水也 晏晚也又於諫切 荌草也 郊
里名 案鞍禾 旦早也得按切八 疸黃病 䳠鷐鷐鳥名 觛小觶又丁但切 狚獵狚
獸名似狼 悬傷也 笪笞也 亶舍 憚小難也又忌惡也徒案切六 彈行丸又徒丹切 澶
澶漫 僤疾也周禮云句兵欲無僤 但徒亶切 撣撣觸也又徒干切 旰日晚也晏也古
案切十一 榦楨榦築 倝說文曰日始出光倝倝也俗作翰 幹莖幹又強也又姓 杆
檀木 䨏赤色 盰說文曰目多白也一曰張目也 骭脅也 澖澖澖水流疾皃 忏
布袋 矸淨石 岸水涯高者五旰切九 犴獄也又五干切 豻野狗 頇頭無髮也 駻
駻駻馬行又馬白額至脣 雁說文云火色也讀若鴈 𡾏厝也 喭弔失容又五弁切 鬝長文
侃正也苦旰切又苦旱切六 偘同上 靬乾革 看又苦干切 衎樂也 䳚鷐鳴鳥名
漢水名又姓姓苑云東莞人呼旰切九 暵日氣乾 㬳耕田 熯火乾又人善切 罕罕抱
縣在河州亦作罕抱音扶 㘕呼也 灘水濡乾也 蔊冬地 厂山石之崖 爛火熟又明

也郎旰切七 爤上同見說文 瀾波也又音蘭 𢒼𢒼彰文章皃 糷飯相著爾雅曰摶者
謂之糷 鑭光 讕逸言又蘭嬾二音 攤按攤也奴案切又他丹切六 灘水奔又他丹切
難患也又奴丹切 䕼編也 𩁷說文曰安𩁷溫也 幔巾幔又塗著也 粲鮮好皃又優也
祭也明也亦作𥻦又姓出姓苑蒼案切六 㛑詩傳云三女為㛑又美皃好詩本亦作粲說文又作奴 燦明淨
皃 璨美玉又璀璨 𦵠草可為席 鸑鳥名 繖蓋也蘇旰切又蘇旱切六 散分離也布
也說文作㪔分離也㪚雜肉也今通作散又蘇旱切 散見上注 帴二幅說文曰帴文帬也 𥬨說文曰竹器也
㪔說文曰𢽾㪔也一曰飛散也 賛佐也出也助也見也說文本作賛則旰切十一 讃稱人之美
鄼縣名在南陽 饡羹和飯也 趲散走 濽水濺 屭食也 𡢕女從 鬢髮光
澤 襸衣好 攅訟也 𡤛不謹也一曰美好皃徂賛切五 𦟛禽獸食餘 殩上同 穳
禾肥死又在丸切 囋譏嚽嘲也也才葛切 〔二十九〕換易也胡玩切九 逭逃也
轉也步也周也 䟿上同 肒胞也 垸漆骨垸也 䯘同上 悹憂遠不可知也 睆肒脘
轉目又大目皃 瘓癱瘓蜀也 穳鋋也子筭切二 鑽錐鑽 惋驚歎烏貫切六 腕手腕 䑐
上同 捥亦同 睕大目 琬琬圭又於阮切 貫事也穿也累也行也又姓漢有趙相貫高古玩
切二十八 矔張目 祼說文曰灌祭也 館館舍也周禮五十里有市市有館館有積以待朝聘之客
俗作舘 瓘王外左傳曰瓘斝玉瓚杜預云瓘珪也 鑵汲水器也 㿿病也 痯上同 灌
水名在廬江又聚也澆也漬也又姓漢有灌嬰 鸛鸛雀鳥 鸛同上 樌木叢生也 鏆鐶 爟
楚人云火 懽憂無告也 錧車軸頭鐵一曰江南人呼犁刃 爟烽火說文曰取火於日官名舉火曰爟周
禮曰司爟掌行火之政令 遦行也 冠冠束白虎通曰男子幼娶必冠女子幼嫁必笄又姓列仙傳有仙人冠先
又音官 觀樓觀釋名曰觀者於上觀望也說文曰諦視也又音官爾雅曰觀謂之闕亦姓左傳楚有觀起 涫
佛也 悹憂也 悺同上 盥說文曰澡手也从臼水臨皿也春秋傳曰奉匜沃盥 棺殯屍又音官

毌穿也 婠好皃 裷袴別名 ○竄逃也誅也放也藏也匿也從鼠在穴中七亂切五 鑹
小矟 爨炊爨又姓華陽國志云昌寧大姓有爨習蜀志云建寧大姓蜀錄有交州刺史爨深 㸑㸑孝泰人云饡
喪家 穳鋋也本音鑽俗為槍穳字 ○玩弄也五換切五 貦上同 翫說文習也 妧好皃
食 忨忨貪 ○段分段也又姓出武威本自鄭共叔段之後風俗通云段干木之後段氏有出遼西者本鮮卑檀石槐
之後晉瞬段匹磾徒玩切三 毈卵壞 椴木名 ○亂理也又兵寇也不理也俗作乱郎段切四 𤔔理
絕水渡也亦作亂 𢿙煩也 𤔔也 ○鍛打鐵丁貫切六 腶腶脯 碫礪石 斷決斷
俗作斷斷 瑖石之似玉 踹足踹 ○彖易有彖象通貫切四 褖后衣 貒野豚 湪水名
喚呼也火貫切八 嚾上同 嚾說文 出 煥火光 奐文彩明皃又姓 渙水散
又音鶨 瞣國在流沙東 喛恚也又虛元切 ○筭計也數也說文曰筭長六寸計歷數者也又有九章
術漢許商杜忠吳陳熾魏王粲並善之世本曰黃帝時隸首作數蘇貫切四 蒜葷菜也張騫使西域得大蒜胡荽
笇竹器 祘明也 ○縵說文曰繒無文也漢律曰賜衣者縵表白裏莫半切十 慢惰慢 漫
大水 𢿚澉數 槾不蒔田也 獌狼屬又音萬 𧳜上同 墁所以塗飾牆又莫干切
鏝上同又鏝刀工人器 謾欺也又莫干切 ○半物中分也博慢切七 絆羈絆 靽上同 姅
傷孕 䮾䮾駻馬行 料五升 𠯗吸哆失容 ○判剖判又分也普半切八 泮泮宮禮記作頖
頖見上 沜水涯 胖牲之半體 姅音半傷孕人 冸冰散 牉牉合夫婦也本
亦作判周禮云媒氏掌萬民之判 ○叛奔他國薄半切四 婺嫸婺無宜適也 畔田界也 伴
伴奐見詩 ○偄偄弱也奴亂切五 愞上同 稬稻稬也 渜俗餘汁也 麇說文曰麂麛也
攢聚也在玩切一 ○𨧫燒鐵灸也口喚切二 鱹魚撞罾聲 三十○諫諫諍直言以悟
人也又姓風俗通云漢有治書侍史諫忠古晏切三 澗溝澗爾雅曰山夾水澗亦作磵㵎 鐗車間鐵也 ○
鴈禮曰孟春之月鴻鴈來賓白虎通曰贄用鴈者取其隨時五晏切六 鳫同上 雁說文鳥也出 贗

僞物 偐上同 犴逐獸犬 ○晏柔也天清也又晚也又姓左傳齊有晏氏代為大夫烏澗切五 騴
馬尾白也 䁙目相戲也 鷃爾雅曰鳸鷃郭璞云今鴳雀 鴳同上 ○訕謗也所晏切又所姦切七 汕
魚乘水上 㹽獸名似狼說文曰惡健犬也 罺取魚網也 疝病也又所姦切 柵籬柵又革切
麨餅麨 ○骭脛骨下晏切又音旰二 婝慢也 ○慢怠也倨也易也俗作僈謨晏切五 嫚
侮易 謾欺謾 縵緩縵 䮛牛馬病又莫駕切 ○綰鉤縶烏患切三 䝹支財貨出文字指歸
䣁面曲皃 ○患病也亦禍也憂也惡也苦也又姓出何氏姓苑胡慣切九 閞古文 擐擐甲 宦
仕宦亦閹宦又學也左傳云宦三年矣 轘車裂人又音還 豢穀養畜又牛馬曰芻犬豕曰豢 犍獸名
似羊無口出山海經 槵無槵木名 繯縞文 ○慣習也古患切六 丱總角也幼稚也 摜摜帶
倌主駕官也又音官 串穿也習也 矔矔䁪轉目 ○孿雙生子亦作孿生患切又所眷切二
涮涮洗也 ○篡奪也逆也初患切一 ○𤔔叕亂五患切一 ○輚臥車又寢車亦作轏士諫切三
棧木棧道又士限切 虥虎淺毛又士限切 䗃谷在上艾 蝬蟲名 ○襻衣襻普患切一 ○奻
訟也女患切一 ○鏟削木器初鴈切又初限切三 𩡩穀麥䴵也 羼羊相間也 ○㬝赤色也丑晏切三 䮗
牛馬病 三十一○襇襇裙古莧切六 犴逐虎犬 間廁也廁也代也迭也送也隔也又音平聲 覵
視也 䁗醜也 研衣古 ○莧菜名侯襇切三 䒓菫餘也 粯粉頭粯子 ○辦瓜瓠辦也蒲莧切五
辦具也周禮曰以辦民器又步免切 辧俗 瓣小見 釆說文云辨別也象獸指爪分別也 ○盼
美目盼 辦小兒白眼視也 ○幻幻化胡辦切一 ○蕑人姓出上莧切一 ○袒衣縫解又作綻丈莧切三 綻
上同 組補縫 ○扮打扮晡幻切一 ○鱞鱞視古幻切一 三十二○霰雨雪雜又作霓霹釋名曰霰星
也水雪相摶如星而散說文云霰稷雪也蘇佃切九 霓霹並同上 𢿣散也 㪚舍也亦作𢿫 先先後
猶娣姒又姓出河東又蘇前切 汛灑汛又所隘息進二切 軐轉軐車迹也 𥫗紡𥫗也 ○蒨草盛倉甸切十
三 茜草名可染絳色 輤載柩車蓋大夫以布士以葦席 綪青赤色 倩倩利又巧笑皃 芊芊菓

草木相雜皃 諑 諑散 棈 木名 幯 幨也又幧頭 綪 襀也 鑴 紡緟說文曰夌器也又七銚切 艄 青
輕舟 篟 青竹 ○絢 文彩皃許縣切八 絃 上同 敻 營求也又休娉切 眴 目動又音舜 駽
青驪馬也 趨 走皃 拘 擊也 讂 流言有所求也又古縣切 ○縣 郡縣也釋名曰縣懸也懸於郡也古作寰楚莊
王滅陳爲縣縣名自此始也又姓孔子門人縣單父黃練切十五 寰 古文 袨 好衣 眩 瞑眩書曰若藥弗瞑眩厥疾弗
瘳 炫 明也火光也 衒 自媒 衙 上同 賐 行賐 䝮 獸名又音泫 頊 顯後 迿 出表
㖸 姰 任也又相倫切 玹 玉名 旬 目搖 眴 上同 ○䀏 視皃古縣切十一 讂 流言
甋 盆底孔 䤘 說文曰䤘酒也䤘音歷 羂 鳥羅 罥 綰也 懁 急性 衝 車搖 繯
躍也 狷 急也又音絹 𤨻 辭也 ○電 陰陽激耀釋名曰電殄也言見則殄滅也堂練切十八 殿
宮殿風俗通云殿堂象東井形刻爲荷芰荷芰水物所以厭火又都甸切 奠 設奠禮注云薦也陳也書傳云定也 畋
平田 澱 澱滓亦藍澱也 淀 陂淀泊屬 甸 郊甸書曰五百里甸服 佃 營田 鈿 寶鈿以寶
飾器又音田 闐 于闐國在西域或作寘又音田 侹 美好皃 䵺 藍䵺染者也 塡 塞
寘 上同 壂 堂基 㒹 待也又音項 屍 髀也 趚 走也 ○瑱 玉名說文曰以玉充耳也
詩曰玉之瑱也他甸切又音田四 䡘 同上又音田 滇 滇㴐大水 睼 迎視又音啼 ○練 白練
又姓何氏姓苑云南康人郎甸切十五 湅 水疾流皃 鍊 鍊金 揀 揀擇 楝 木名鵷鶵食其實
瓞 瓞瓜 鰊 魚名似鱺 𠉂 釋采成也 萰 草名 堜 堜塘堰名在吳郡 湅 熟絲也周
禮曰慌氏湅絲 潄 潄熟 𣀔 撻打物也 𣂯 𣂯奧𣂯 𤡘 木解理也 ○見 視也又姓出姓苑古電切
又胡電切二 堅 堅鐵 ○睍 日光奴甸切四 𦧆 上同 嬿 姓也 閑 水也 俔 說文曰
譬也譬也 牽 牽挽也又苦堅切 苦甸切八 蔌 爾雅曰蔦蔌又去刃切 蜆 爾雅曰蜆縊女郭璞曰小
黑蟲赤頭喜自經故曰縊女又音峴 𣟩 木 橫 橫𣟩 涀 水名 汧 泉出不流 緊 絃也又口典切 ○
見 露也胡甸切四 現 俗 涀 水名 𨔛 無也 ○硯 筆硯釋名云硯研也研墨使和濡也吾甸

切六 ○研 磨研又音平聲 覎 正也行不 犴 逐虎犬也 豣 爾雅云麠絕有力豣 趼 研骨
宴 安也息也於甸切十三 驠 馬名 燕 說文云玄鳥也作巢避戊巳 鷰 俗今通用 醼
醼飲周禮云以饗燕之禮親四方之賓客詩云鹿鳴燕羣臣嘉賓也古無酉今通用亦作宴 讌 讌會本亦作燕 嬿
嬿婉並也又於典切 曣 呑也 咽 上同 曣 星無雲出說文 㳂 大水皃 鄢 邑名 䁙
視也或作䁙 ○薦 薦席又薦進也說文曰獸之所食艸古者神人以廌遺黃帝帝曰何食何處曰食薦夏處水澤冬處松
柏又姓出姓苑作甸切二 䕲 食 麪 束皙麪賦云重羅之麪塵飛雪白莫甸切八 麵 同上
甸切又音買切二 瞑 瞑眩 眄 斜視 㴐 滇㴐大水皃 丏 合 䤄 䤄眩汗血 䊓 米 ○片 半也
判也析木也普麵切三 胖 半體 辨 爾雅革中絕謂之辨革也本亦作辦 荐 重也乃也
再也在甸切七 洊 水荒曰洊亦再也易曰洊雷震 𦏹 重至又䍎有高士張䍎戴焉之鳥巢其間隂者又徂問切
甸切七 栫 栫圍也左傳云栫之以棘 瀳 水名 䄎 帶 䦈 小門次 餰 縣切四 𥏜 廣雅
云衣衿 ○褑 袖曲處 喭 歡也 嗩 甘不育 小蟲又空也 ○殿 軍在前曰啓後曰殿又
曰最下功曰殿都甸切又堂練切三 唸 唸吚呻也亦作殿屎經典又作殿屎 㕘 注 見止 ○𪓐 在背曰𪓐
亦作𪓐呼甸切一 三十三線 ○線 線縷也周禮云縫人掌王宮縫線之事以役女御縫王及
后衣服私箭切四 綫 細絲出文字指歸說文同上 䜶 思也 鮮 姓也本又音平聲 戰 懼也恐也
又姓之膳切十二 顫 四支寒動 繕 補也 鄯 鄯善西域國名 擅 專也 膳 食也
饍 同上 僐 姿態 禪 廣雅云禪讓傳受 襢 古文 單 單父縣名亦姓 𩒾
器 綠 韃 同上 嬗 說文緩也一曰傳也漢書霍去病子名嬗 彥 美士爲彥魚變切六 唁 弔失國也說文曰
弔生也詩曰歸唁衛侯 喭 上同 齴 齴齒 諺 俗言 這 迎也 譴 問也責也怒也讓也亦姓
去戰切五 遣 人臣賜車馬曰遣又去演切 韃 帶 䇟 書誥 繾 又去演切 絹 繒也
廣雅曰䌸總鮮支縠綃也吉掾切五 狷 褊急又古縣切 鄄 鄄城縣在濮州 㯞 㯞青木皮葉可作衣似綃

出西域烏耆國 覞 視也。瑗 玉名于眷切又于願切五 援 接援救助也亦姓 媛 淑媛 褑
佩帶 院 垣院。面 向也前也說文作面顏前也俗作靣彌箭切二 偭 說文曰鄉也引禮少儀云尊壺者偭其
鼻。釧 鐶釧續漢書曰孫程十九人立順帝各賜金釧指鐶尺絹切四 毳 罽也又初稅切 穿 貫也又音
川 諯 相讓也。掾 官名以絹切四 緣 衣緣 彖 弓彖 䫻 再揚穀小風也。又 騴
馬土俗陟扇切三 襢 周禮王后之六服其一曰襢衣 𧞤 上同。堧 城下田人絹切又而兗切一。
箭 箭竹高一丈節間三尺可為矢爾雅曰東南之美者有會稽之竹箭子賤切九 箾 古文 鬋 女鬢垂皃
葥 草名 湔 水名在蜀 榗 木名 籛 陸終子名又子田切 濺 濺水又作灒子田切 煎 甲煎
又將仙切。硟 展繒石昌戰切一。扇 崔豹古今注舜作五明扇說文扉也式戰切六 煽 火盛皃又音羶
傓 熾盛 蝙 蝘動翅也說文曰蝘醜蝙 萹 草名 篇 竹。躽 怒瞋於扇切三 䁄 視皃
又於殄切 堰 堰埭。眷 眷屬說文顧也居倦切十五 睠 上同 捲 西捲縣名在日南 弮
曲也又書劵今作卷 卷 上同 桊 牛拘 帣 囊也亦三石為一帣 絭 連弩三十絭共一臂 犈
爾雅云牛腳黑犈又音權 觠 爾雅云羊屬角三觠羲郭璞云觠角三匝 𧯷 黃豆又求晚切 餋 祭名 蜷
蜷蠋蚰蛛別名 𢍏 說文曰摶飯也隸省作夫春字類從此俗作弅 勬 勸也又居員切 倦 疲也猒也懈也
說文又作券勞也或作勌渠卷切五 綣 緣辮縫也 韏 上同 襈 重繒 淃 水名。戀 慕也力卷
切四 灓 又音亂 䜌 何承天云姓也漢有䜌秘為南郡太守 孌 順也。猭 獸走皃丑戀切二
鶨 鳥名又音彖。變 化也通也易也又姓出姓苑彼眷切一。篹 篹車軸所眷切二 孿 一乳
兩子亦作孿又生患切。縓 絳色七絹切又七全切三 諯 相責 䀏 更視皃說文作𧿬相顧視而行也
又弋絹切。卞 縣名在魯又姓出濟陰本自有周曹叔振鐸之後曹之支子封于卞遂以建族皮變切十五 拚
擊手 抃 上同 弁 周冠名 覍 上同 汴 水名在陳留亦州名秦屬三川郡漢為陳留郡留鄭邑為
陳所并遂名之東魏置梁州周改為汴州 犿 大鬭声 閞 門欂櫨又音飯 昪 日光皃 匥 笥也

𦬷 雀草 笲 竹器 玣 王名 忭 喜皃 頖 冠傾。漩 回泉辝戀切九 鏇 轉軸裁器
縼 長繩繫牛馬放 𢬵 上同 旋 遶也 嫙 好皃 𤡿 羊獸也 趣 大也 𦟜 脘短者
選 息絹切八 潠 歕口含水潰也 䍝 羊也 𦊔 習獸足網 蹼 上同 繏 索也
渲 小水。籑 說文曰具食也七戀切九 饌 上同 䐪 上同見儀禮 襈 緣也 僎 具也
譔 專教 𤨕 珍瑑 僝 見也具也 巴 具也 孨 謹也莊眷切一。傳 訓也釋名曰傳傳也
以傳示後人也直戀切又直專丁戀二切二 縳 縳繞也。賤 輕賤又姓風俗通云漢有北平太守賤瓊才線
切三 諓 巧讒皃 餞 酒食送人。羨 貪慕又餘也又姓列仙傳有羨門似面切二 𨗨 遶也。
騗 躍上馬匹戰切二 偏 又音篇。揰 縣繩望時釧切二 叀 說文曰專小謹也。輾
水輾女箭切二 碾 上同。囀 韻也又鳥吟知戀切三 傳 郵馬釋名曰傳傳也人所止息去後人復來轉
轉相傳無常人也又直專直戀二切 轉 流轉又張兗切。衍 水也溢也豐也于線切又以淺切八 莚 蔓莚
不斷 羨 延也進也 狿 獌狿大獸名長八尺 延 曼延不斷其進也 涎 洎涎水皃 䢭 移也
㕨 犬笑。便 利也婢面切又音平聲一。邅 逐也持碾切又張連切二 纏 纏繞物也。𨓈 疰𨓈
惡病也連彥切二 𨔊 接連之皃。𢍬 祭祀區惓切三 絭 臂繩 𨆥 罥網。剸 切肉皃之囀切二
徧 周也說文帀也方見切二 遍 俗

三十四嘯

嘯 說文曰吹聲也蘇弔切五 歗
籀文 𢹸 打也 𦡱 切肉合糅 熽 火皃。糶 賣米也他弔切十 粜 俗 眺 視也 覜
周禮曰大夫衆來曰覜寡來曰聘 趒 越也 咷 叫咷楚聲又音桃 頫 薛綜云低頭聽本又音府 窱
叫窱深邃皃 鋽 銚鋽 絩 綺絲數也。弔 弔生曰唁弔死曰弔多嘯切又音的七 伄 伄儻不當
皃 瘹 瘹星狂病 釣 釣魚淮南子曰詹公釣千歲之鯉詹公古善釣者呂氏春秋曰太公釣於滋泉以遇文王
窵 窵窅深也 蔦 寄生草。𨒣 至也又音的。叫 呼也古弔切十二 訆 說文曰大呼也
徼 循也小道也 躈 行膝又古鳥切 謷 訏也又痛聲也 激 水急又古歷切 噭 噭噭深聲

嗃犬𡏖說文曰高聲也一曰大呼 徼狼子 敫歌也 鷩爾雅云鷩鶚似鳥而蒼白色 鶚 轎

轎車轄 尿小便也或作溺奴弔切二 屎古文 藋蘜藋也徒弔切七 銚燒器又音姚 掉

振也搖也又徒了切 調選也韻調也又音苕 莜草田器又音苕 𥁕上同 嬥嬥嬈不仁又徒了切

。竅穴也苦弔切二 撽旁擊亦作撽 。顟顤顟長頭力弔切九 尥牛[illegible]交 嫽嫽悷又音

僚 料料度量也又音僚 嘹病呼 鐐美金又音僚 璙玉名 䍡魚網 炓大光

顤五弔切五 獟狂犬 澆韓浞子方又音梟 [illegible]仰鼻又牛救切 嘄叫也 窔隱暗

窔亦作𡨕東南隅謂之窔俗作窔烏叫切二 窅窅篠幽深皃又音杳 歗說文云悲意也火弔切二 嬈

嬥嬈不仁又而沼切 婹婹姣喜皃

三十五。笑 欣也喜也亦作笑私妙切五 咲

俗 肖似也小也法也像也 韒刀韒 鞘上同 。照明也之少切三 炤上同 詔上命

釋名曰詔照也照人暗不見事以此示之使昭然也又告也教也 [illegible]視也界也 卲卜問也又音邵 燿

熠燿說文照也弋照切十七 鷂鷙鳥也莊子曰鷂爲鸇鸇爲布穀此物變也 搖搖動又音遙 覞

普視說文曰並視也 䁘上同 耀日光也光耀 曜又照也 [illegible]視誤也 [illegible]上同 趯

行不正也 [illegible]遺玉又音由 [illegible]屋上薄也 趭走也 [illegible]一名負雀 蓔葽繞也又帝女花也

艞對艞江中大船 論誤言皃 。要約也於笑切又於招切三 葽草盛皃又於招切 約

又於略切 召呼也直照切一 。邵邑名又姓出魏郡周文王子邵公奭之後寔照切七 召上同 劭

自強也 卲卜問也又音韶 [illegible]倒懸鉤也 [illegible]小食又尺邵切 邵高也 。嶠山道又山銳而

高渠廟切又音喬二 轎軺車也又音喬 。剽強取又輕也匹妙切十一 彯彯畫 瞟置風日中令乾

漂水中打絮韓信寄食於漂母又撫招切 僄僄狡輕迅 翲飛皃 驃聽䮙出字林 勡

刦也 摽摽落 嫖身輕便也 慓急疾 。噍噍嚼也才笑切又子幺子由二切四 誚責也 顠

刈也 趬走也 。妙好也彌笑切三 玅上同 篎爾雅云小管也 。陗山峻亦作峭七肖切八

峭上同 簌竹簫洛陽亭長所吹又七流切 𡼲波峻 哨壺口黯者名也 俏俏醋好皃 帩

帩縛 䵲黠䵲 尞說文曰祡祭天也凡從尞者作尞同力照切八 燎照也一曰宵田又放火也又九小切

𡑫周垣 𤻲𤻲病說文治也 療上同 熮火皃 膫炙也 鷯爾雅云鷯一名鷯其雄曰

鷯又音僚 。趬行輕皃丘召切五 [illegible][illegible]不安 [illegible]玉篇云高屋 譑譑弄 趫高趫 。

[illegible][illegible]牛召切一 。醮祭也子肖切十一 𥜞上同 釂飲酒盡也 𥌒白色 潐盡也

爝火也 𩈯面不光 僬行容止皃禮曰庶人僬僬 趭走皃 穛物縮小又作𤐆 [illegible]

目瞑 。廟皃也齊職儀曰周有守禮之官掌先王之宗廟也亦作庿眉召切二 庿上同 。驃驃騎官名又馬

黃白色毗召切又卑笑切又匹召切一 。少幼少漢書曰少府秦官掌山海池澤之稅以給供養又漢複姓五氏說苑

趙簡子御有少室周曾惠公子施叔之後有少施氏家語魯有少正卯孔子弟子有少叔乘何氏姓苑有少師氏失照切又失

沼切二十 燒放火又失照切 。脁祭也丑召切一 。裱領巾也方廟切二 俵俵散 。[illegible]尾起

也巨要切又巨堯切一 。饒益饒人要切又人招切二 繞卷取物皃

三十六。效 具也

學也象也又效力效驗也胡教切八 効俗 校校尉官名亦周禮校人之後又音敎 斆學也書曰惟斆

學半 恔快也出孟子 傚效也詩曰是則是傚毛萇云言可法傚也 [illegible]誤也 詨詨叫 。敎

敎訓也又法也語也元命包云天垂文象人行其事謂之敎敎之爲言傚也古孝切十一 效古文 窖倉窖 校

檢校又考校 鉸鉸刀又裝鉸 酵酒酵 覺睡覺又音角 膠膠黏物又音交 較不等

又音角 斈又音交 珓杯珓古者以玉爲之 。孝孝順爾雅曰善父母爲孝孝經左契曰元氣混沌孝 哮喚也又音虓 涍水名在南

陽 在其中天子孝龍負圖庶人孝林澤茂又姓風俗通云齊孝公之後呼教切六

嗃大嗥又呼各切 詨上同 鷎[illegible]鷹屬又音敎 。罩竹籠取魚具也都教切五 篧上同

罩說文曰覆鳥令不得飛走也 [illegible]趙趙跳皃 鵫鵫雉今白雉也 。豹獸名崔豹古今注曰豹尾

車周制也象君子豹變尾言謙也古軍正建之今唯乘輿建焉廣志曰狐死首丘豹死首山又姓風俗通曰八元叔豹之後北

敎切五　𧩯謈譟惡也　儤儤直吏官　爆火裂又音駮　𪕭鼠屬能飛食虎豹出胡地又音酌
敲擊也苦敎切又苦交切三　礉礉磽又口交切　巧巧僞山海經曰義均始爲巧倕作百巧也又苦絞切
皃儀皃莫敎切七　䫉說文同上　貌籀文　䩊引也　㡌幗也　緢旄雜絲也說文音苗
覒綵雜文也　奅起礮亦大也匹皃切六　窌上同說文窖也　炮灼皃又步交切　拋拋車
又普交切　皰面生氣也又旁敎切　礮礮石軍戰石也　趠行皃丑敎切二　踔倭跳　稍均也
小也說文曰出物有漸也所敎切七　䝤豕食又雨濺也　揱或作揱　木上小　同上　娋小娋侵也
䣊大夫食邑　𦓝擾種　棹檝也直敎切四　櫂上同　濯浣衣又直角切　焯火急煎皃
橈木曲奴敎切又如昭切四　淖泥淖　吏不靜又猥也擾也　閙上同　抓爪刺也側敎切
三　瘬縮也小也亦作瘷　笊笊籬　靤面瘡防敎切五　皰面生氣也　鞄持皮　鉋
鉋刀治木器也　骲手擊　抄略取也初敎切八　鈔上同　縐惡絹也又初爪切又側救切　耖
重耕田也　仯仯仯小子　觘角上浪也　䑬船不安也　罺小網　靿靴靿於敎切五　袎
襪袎　㑃很也房也出字林　箹竹節又於角切　䡜車有䡜　樂好也五敎切又岳洛二音三
磽磝磽又五交切　𩴠醜皃　巢棧閣也士稍切又士交切一

三十七号

号號令
又召也呼也謚也亦作号胡到切六　號上同又平刀切　𤩀石似玉也　𡑈土釜　諄相欺　婥
女字　導引也徒到切十四　翿舞者所執　纛左纛以犛牛尾爲之大如斗繫於左騑馬軛上　悼
傷悼　蹈踐也　盜盜賊　燾覆也又徒刀切　幬上同　𦽄嘉禾一莖六穗　儔隱也　䠷
長皃　𦒱年九十或作𦒱　檮黏也　纙不青不黃　到至也又姓出彭城本自高陽氏楚令尹屈到之
後漢有東平太守到質都導切六　禱祭也請也文字音義云得福曰祠求福曰禱又當老切　倒倒懸又當
老切　受姓也出河內　𧜂衣背縫　菿大也　誥告也謹也古到切七　郜國名在濟陰又
姓晉有高邑長郜攺　告報也說文作告又音梏　縞白練又音蒿　膏高車又音高　槁若木

烄交木然也　傲慢也倨也說文作傲餘傲此五到切八　嫯慢也　顤頭長　鏊餅鏊　鷔
馬名　奡陸地行舟人也　謷志遠皃　𩿨贅鳥魚鳥狀也　冃說文曰小兒蠻夷頭衣也莫報切十
九　帽頭帽　耄老耄亦作耄見經典省　蓩上同見說文　芼菜食又擇也搴也謂拔取菜也
芼以蘋藻亦爲羹亦草覆蔓　眊目少睛　瑁圭名天子所執　玥古文　冒覆也涉也又莫北切　䀤
低目細視　旄佝足旄毛　毛毛鷹鷂鷂　媢夫妬婦出說文　鶜鳥輕毛也　㧇手扶之也　毷
邪視也亦作眊　毣鳥毛盛也　紌刺也綃帛起如刺也　㮘說文曰門樞之橫梁　嫪悋物又姓
郎到切八　澇淹也又水名或作潦　潦上同　勞勞慰又郎刀切　僗俗　[illegible]急皃又
音牢　癆癆瘌惡人說文曰朝鮮謂飲藥毒曰癆　𦅍麻莖大也又施絞於編也　操持也又志操七到切
又七刀切七　造至也又所早切　艁古文　慥言行急　敊米穀雜　糙上同　鄵
鄭地名　暴侵暴猝也急也又晞也案說文作㬥疾有所趣也又作暴晞也今通作暴亦姓漢有繡衣使者暴勝之薄
報切九　虣上同周禮曰以刑教中則民不虣　曝曝乾俗　瀑瀑雨　勽說文覆也　菢
鳥伏卵也　袌衣前襟又云今朝服垂衣又薄高切　[illegible]姓也出姓苑　𪇆鳥名又博木切　報報告
又下婬曰報博耗切一　漕水運穀在到切二　𢷰手攪也　奧深也內也主也藏也爾雅曰西南隅
謂之奧烏到切十一　懊懊悔　䐿藏肉埤蒼云鳥胃也　䭴姤食　隩說文曰水隈崖也　燠
燠釜以水添釜　𧭗語也　趺長也　墺四墺四方土又於六切　䲟小鰌名　澳澳深又水
名　喿羣鳥聲蘇到切九　譟羣呼　噪上同　瘙疥瘙　𤺕上同　髞髝髞　埽
埽灑說文棄也又桑道切　掃上同　懆情性躁皃　鎬鍋車苦到切五　犒上同　稾稾飫書篇
名　靠相違也　䯧顤顤大頭　竈淮南子曰炎帝作火死而爲竈則到切三　躁動也　趮
疾也　秏減也亦稻屬呂氏春秋云飯之美者南海之秏又姓出何氏姓苑俗作耗呼到切四　好愛好亦璧孔也
見周禮又姓出募文又呼老切　㚪姓也或作好　歊歊縮也　腝臂節那到切三　䠷長皃　腦

㵶皮也

〖三十八〗箇 箇數又枚也凡也古賀切三 个 明堂四面偏室曰左个也 個 偏也。賀 慶也擔也勞也加也亦姓出會稽河南二望本齊之公族慶封之後漢侍中慶純避安帝諱改為賀氏又虜複姓九氏北俗謂忠貞為賀若魏孝文以其先祖有忠貞之稱遂以賀若為氏周書賀蘭祥傳曰其先與魏俱起有紇伏者為賀蘭莫何弗因以為氏賀拔勝傳云其先與魏俱出陰山代為酋長北方謂土為拔為其總有地土時人相賀因為賀拔氏後自武川徙居河南也南燕錄有輔國大將軍賀賴盧後魏書有賀葛賀婁賀兒賀遂賀悅等氏胡箇切四 𧞣 被袖也 柯 同上 濄 水名。佐 助也則箇切六 左 左右又作可切 旇 副也 𨑡 行不正也 袏 襌衣 作 造也本臧洛切。跢 小兒行也丁佐切四 癉 勞也 痑 病也 哆 語助聲。邏 游兵也郎佐切三 纙 婦人衣 𤼐 病也。坷 坎坷不平也口箇切四 軻 轗軻不遇也孟子居貧轗軻故名軻字子居又苦哥切 蚵 爾雅商蚵蟲一名蛴又胡哥切 艘 船著沙不行也。餓 不飽也五个切一。馱 負馱唐佐切二 大 又唐蓋切。奈 奈何奴箇切二 又奴帶切 那 語助又奴哥切。呵 噓氣呼箇切二 欨 欨欨大笑。拕 牽車吐邏切一。些 楚語辭蘇箇切又音細一。

〖三十九〗過 誤也越也責也度也古卧切七 裹 包也又音果 鐹 鎌也亦作划 划 上同 蝸 蝸蠰也即蟷蜋 濄 水名 𩝢 食也出王篇。和 聲相應胡卧切又音禾三 盉 調味 咊 和也。挫 摧也則卧切三 夎 拜失容又詐也經典作莝 侳 安也有也。課 稅也試也第也苦卧切七 堁 堀堁塵起皃 敤 研治也 髁 髁骨也 㞀 上同 㾏 禿瘰 科 滋生也又音窠。唾 說文云口液也湯卧切七 涶 上同 毻 鳥易毛也 蜕 蛇去皮 媠 好皃 綞 落毛 𧜉 無袂衣也。播 揚也放也棄也說文曰種也一曰布也又姓播武殷賢人補過切五 𢿝 古文 譒 敷揚又布火切 番 獸走 譒 謡也。剉 破也麤也麤卧切三 莝 斬草 銼 蜀呼鈷鉾。磨 磑也摸卧切又莫禾切四 礳 上同 塺 塵也 摩 按摩又莫禾切。愞 弱也或從需下文同乃卧切又乃亂切四 堧 沙土又而緣如兖二切 稬 秫名 𤲬 城下田又隍池內也。破 破壞又虜三字姓三

氏北齊書有破六韓常後魏書有北塢賊破六汗拔陵又西方破多羅氏後改為潘氏普過切二 頗 又普禾切。座 牀座徂卧切二 坐 被罪又藏果切。臥 寢也釋名曰臥化也精氣變化不與覺時同也說文曰休也从人臣取其伏也吾貨切一。諎 諎磨千過切二 措 拭措。貨 財也蔡氏化清經曰貨者化也變化反易之物故字有化也呼臥切一。惰 惰懈也徒臥切四 嫷 嬾婦人也 䙐 無袂衣也 𧳜 猪別名。縛 符卧切一。臝 瘰病也魯過切七 攞 擊物不訓也又之名 纙 不均也 𤼐 畜產疫病 𤻶 膝病 摞 理也 儽 儽弱也。挆 木本都唾切四 㛆 量也 剁 斫剉也 挅 落帆。磋 磨磋治象牙七過切一。脞 脅膏也先卧切一。侉 痛呼也安賀切一。涴 泥著物也亦作汚烏臥切又烏官切又於阮切一。

〖四十〗禡 師旅所止地祭名莫駕切九 榪 牀頭橫木 鬕 婦人結帶 瘍 牛馬病又音慢說文曰目病一曰惡气著身也一曰蝕創 罵 惡言 䣕 縣名在犍為又音馬 謣 增益又言多 隅 巧也 傌 齊大夫名。駕 行也乘也說文曰馬在軛中也古訝切十二 稼 稼穡種曰稼斂曰穡 嫁 家也故婦人謂嫁曰歸 瘕 腹病 架 架屋亦作枷禮記曰不同椸枷 嘏 擧閣 價 價數 假 假借也至也易也休假也又古雅切 幏 蠻夷賓布 𢉣 庱屋間也 賀 賀滕不密 賈 賈人知善惡。亞 次也就也醜也衣嫁切十 俹 倚俹 晉 姓也 欧 歐欧驢鳴 歐 乙利切 稏 䆉稏稻名 䯉 䯉膣肥兒 啞 啞啞鳥聲 婭 爾雅曰兩壻相謂為亞或作婭 迓 大第 西 覆也覆奲覆賈從此又許下切 嚇 笑聲呼訝切八 罅 孔罅 唬 虎聲 諕 詐 謼 詐誇 𡎹 地名在晉 謑 怒言 㗿 赫也熱也乾也 喝 詬喝責怒。迓 迎也吾駕切六 訝 嗟訝亦作迓 訝 上同 犽 獸名 齖 齖齗不相得也 枒 木名一云車輞合處 砑 砑碾。詫 誑也丑亞切三 侘 侘傺失志見楚詞 謏 相誤。吒 吒歎說文曰噴也叱怒也陟駕切十二 咤 上同禮記曰無咤食 姹 美女又丁故切 炸 火聲 哆 哆吳張也開也 奓 大口又陟加切 膆 膪膆相黏 䐤 䐤步肥也 膪 膪膪肥也 蓕 蓕苴黃茎別名 詫 祭奠酒爵又丁故切 闆 上同。詐

偽也側駕切六溠周禮職方氏云河南曰豫州其浸波溠春秋傳云楚子除道梁溠咋咋語聲笮
笮酒器也醡壓酒具也出證俗文榨打油具也出證俗文○乍鋤駕切五䄍年終祭名或作蜡廣
雅曰夏曰清祀殷曰嘉平周曰大蜡秦曰臘也蜡上同齰齰齚詐說文曰慙語也○謝辝謝又姓
出陳郡會稽二望辝夜切三榭臺榭爾雅曰有木者謂之榭㴬水名○髂署骨枯駕切六䯊
上同疴小兒驚誒誒詬巧言才也欸大笑坷歎聲○暇閑也書曰不敢自暇俗作暇胡
駕切四夏春夏又胡雅切下行下又胡雅切芐蒲苄草○褯小兒褯慈夜切五藉
以蘭茅藉地又慈亦切躤踐也䥫鏡䥫䣢亭名在貝丘也○夜舍也暮也君子有四時朝以聽
政晝以訪問夕以修令夜以安身又姓羊謝切三射僕射鵺鳥名似雉○赿怒也一曰牽也充夜切又
丑格切二斥有斥山之文皮焉又音尺○蝑鹽藏蟹又司余切四卸
卸馬去鞍瀉吐瀉又音寫䈗笪䈗柘木名亦姓之夜切七樜上同鷓鷓鴣鳥似雉南
飛䗪蟅螂蟲名亦作蟅也嗻多語之皃炙炙肉周書曰黃帝始燔肉爲炙又之石切蔗甘蔗
○唶歎聲子夜切二借假借又將昔切○舍屋也又姓古作舍始夜切五赦赦宥騇牡馬
涻水出北鄉山也厙姓也出姓苑今合括有之又昌舍切射射弓也周禮有五射白矢
參連剡注襄尺井儀又姓三輔決錄云漢末有大鴻臚射咸本姓謝名服天子以爲將軍出征姓謝名服不祥改之爲射氏名咸
神夜切又音石又音夜僕射也四䠶上同見說文麝獸名爾雅曰麝父麕足又華山之陰多麝貰
貰賖也貸也○霸國語曰霸把也把持諸侯之權又姓益部耆舊傳有霸相必駕切七覇俗弝弓弝
欛刀柄名靶轡革灞水名壩蜀人謂平川爲壩帊帊幞通俗文曰帛三幅曰帊
衣幞也普駕切二怕怕懼○摦寬也大也胡化切七吴大口華華山西嶽亦州名春秋時秦晉
之公境後魏置東雍州改爲華州又姓出平原殷湯之後宋戴公考父食采於華後氏焉華同上樺木名鱯
魚名似鮎白大檴亦木名又胡郭切○化德化變化禮記曰田鼠化爲鴽紀年曰周宣王時馬化爲狐又姓呼

霸切六匕變也從到人譌疾言傀鬼變魤魚名𣏽木名皮可爲索○跨越也
又兩股間苦化切三胯兩股間也㐄一步也又口瓦切○誜桂也所化切二傻傻俏不仁○
眣獸名似狼白駕切六杷田器又白巴切䱺海魚䎬色不真也跁跁跒短人𥝰
杷稏稻名䏧臑也乃亞切二絮絲結亂也○宜斜逆也遷謝切二趄趑脚立也○嗄老子
曰終日號而不嗄注云聲不變也所嫁切又於介切三茸姓也沙周禮云鳥皫色而沙鳴注云沙嘶也又所
加切○坬土埵古駕切二誤相誤也○蛇水母也一名蟦形如羊胃無目以蝦爲目除駕切二秅
開張屋皃○宒泥宒屋五化切一○攨吳人云牽亦爲攨也烏吳切三窊窊下處也𨂔踞踏地用力

四十一○漾水名在隴西餘亮切十二恙憂也病也又噬蟲善食人心也羕長大也
颺風飛煬炙也向也暴也㨾式樣養供養眻美目皃諹謹也讙也𩞄
餌也㺊㺊獸如師子食虎豹及人瀁水溢蕩皃○亮朗也導也亦姓出姓苑力讓切十五諒信也
相也佐也又姓後漢有諒輔掠笞也奪也取也治也悢悢悢悲也緉履屐雙也𤙢牛色雜也
兩車數踉跟蹡行不迅也量合斗斛就字統云事有不善曰就薄䬆北風又音涼
晾目病眼上同哴啼也涼薄也又呂張切○狀形狀鋤亮切一○讓退讓責讓
又交讓木名兩樹相對一枯則一生岷山有之人樣切三欀道木攘文字指歸云揖攘又音穰懹憚也
○餉餉饋式亮切十傷未成人或作殤又音商○向人姓出河內本自有鄉宋文公支子向文旰旰孫戌
以王父字爲氏又許亮切蠁桑蠁桑蠶也鄉少時也不久也慯憂也瘍上同饟爾雅
曰饁饟饋也又自家之野曰饟蠰食桑蟲似天牛珦玉名○帳帷帳釋名曰小帳曰斗帳形如覆斗也漢
書曰東方朔云陛下誠能用臣朔之計推甲乙之帳知亮切五脹脹滿瘬上同漲大水又陟良切張
張施又陟良切○悵失志丑亮切十暢通暢又達也亦姓陳留風俗傳曰暢氏出齊鬯七鬯又香草
韔弓衣韔上同蕩草盛𨒙逮也日長也遠遠也又丑兩切畼不生也𥟒穡也

悵失志。向對也窻也說文曰北出牖也从宀口詩云塞向墐戶許亮切八珦玉名又鄉
又音餉闀門頭也說文曰門嚮也蠁蛹中蟲也又許兩切薔薔芼食響非美言也𩫖
與向通用。仗器仗也又持也直亮切三長多也又直良切瓺瓺也又音腸。釀醞酒女亮切三
攘雜也蘘菜也又如養切。匠工匠漢書曰將作少府秦官掌理宮室又姓風俗通云凡氏於事巫卜陶
匠是也疾亮切三𧻓行皃𪀔自關以東謂桑飛爲女鷵郭璞云工雀今謂之巧婦也。障界也隔也
又步障也王君夫作絲布步障三十里石崇以錦障五十里以敵之之亮切五𢉅同上漳塞嶂峯嶂
瘴熱病。尚庶幾亦高尚又飾也曾也加也佐也韻略云凡主天子之物皆曰尚尚醫尚食等是也又姓後漢高
士尚子平又漢複姓有尚方氏時亮切四上居也猶天子也又時兩切上古文償備也還也又音常
。壯大也側亮切三裝行裝又側良切𣴎𣴎米。怏情不足也於亮切四䬬飽也詇
智也又早知也蚾青面。弶張取獸也其亮切又魚兩切一。唱發歌又導也亦作謂倡尺亮切四誯
籀文廠露舍倡導引先又音昌。剏初也說文曰造法剏業也初亮切四創上同又初良切愴
悽愴滄寒也醬說文作𨡰醢也漢書武帝使唐蒙風曉南越南越食蒙蜀蒟醬子亮切四𥂕籀文𨢵
古文將將帥。𨋳轎𨋳魚向切二仰又魚兩切。訪謀也數亮切三妨妨礙又敷方切邡
邑名。妄虛妄又亂也誣也巫放切六望看望說文曰出亡在外望其還也亦祭名又姓何氏姓苑云魏興人
又音亡朢弦朢說文曰月滿與日相朢以朝君也又音亡忘遺忘又音亡汒谷名在京兆也𧬄
責也。況匹擬也善也矧也說文曰寒水也亦脩況琴名又姓何氏姓苑云今廬江人許訪切四况俗貺
山名貺賜也與也。誑欺也居況切四𢘍𢘍惑也俇往也又遠行也𥄧乖也。迋
往也勞也于放切五旺美光暀上同𢘍誤人王霸王又盛也又于方切。放逐也去也
甫妄切四舫並兩船又音謗趽曲脛馬名雂鳥名。相視也助也扶也仲虺爲湯左相漢書曰相
國丞相皆秦官金印紫綬掌丞天子助理万物亦州名春秋時屬晉秦卽鄴郡地魏初以東部爲陽平郡西部爲廣平郡兼魏

王都爲三魏後魏置相州取河亶甲居相之義周自故鄴移於安陽城也又姓後秦錄有馮翊相雲作德獵賦又漢複姓三氏
前趙錄有衛將軍相里覽又務相成廩君之姓也晉惠時空相機殺平南將軍孟觀息亮切又息良切一。彊屍勁硬也
居亮切一。哴哴哴小兒啼也丘亮切三晾晾目病羻陳桓子名。蹡踉蹡行不正皃七亮切一
。狂輕爲也渠放切二誑謬言。防守禦也符況切一

【四十二。宕】洞室一曰
過也亦州名禹貢梁州之域秦漢魏晉諸羌處之後魏內附置蕃鎮周爲宕州也徒浪切七踼跌踼行失正又音唐
碭石又山名又縣名在梁郡又音唐逿過也蕩蘭蕩毒藥𡇹碎石聲嵣嵣碭山皃
。浪波浪謔浪游浪又姓晉永嘉末張平保青州爲其下浪逢所殺來宕切又魯當切五閬高門又閬中地名在
蜀又閬風崑崙峯名也。埌冢也蘭蘭蕩蒗蒗蕩渠名在譙吭鳥咽下浪切三行次第
笐衣架。盎盆也又姓出姓苑烏浪切一醠濁酒。枊繫馬柱吾浪切三䭺馬怒又五
郎五朗二切岇山名在越剡縣界。葬葬藏也則浪切一。傍蒲光切又蒲郎切二徬徬附
。藏通俗文曰庫藏曰帑但浪切又但郎切三奘說文曰駔大也𨍉修車。讜言中丁浪切六儅
不中瓽大甕一曰井甃說文云大盆也又姓姚弋仲將瓽耐虎當主當又底也亦音璫擋擋攩闣
閌閬人。抗以手抗舉也縣也振也苦浪切十二閌閌閬門高炕火炕犺犺犺不順伉
伉儷敵也又姓漢有伉喜爲漢中大夫出風俗通亢高也旱也亦姓出姓苑蚢蟲名爾雅云蚢蕭繭砊
砊硠石聲邟邑名𪏰黃色阬門也又口庚切頏咽頏。螃蟲名似蝦蟆補曠切四搒
棹船一歌舫舫人習水者也謗誹謗。儻倖也他浪切六攩排攩湯熱湯也又他郎切
蕩蒗蕩渠又土郎徒朗二切盪盪行又度朗切鐋工人治木器。曠空明也遠也大也久也又
姓苦謗切五爌上同矌目無眸也壙墓穴纊絮也又細緜也禹貢豫州厥貢厥篚纖纊又作
絖。儾緩也奴浪切三灢泱灢濁壤塊壤塵也。喪亡也蘇浪切又音桑二𠷎上同
攩廣雅云搥打也胡曠切四擴上同潢釋名曰潢書也又音黃暀暀明。桄織機桄古

曠切又古黃切二 光上色又古黃切 。鋼古浪切又古郎切二 。掆捎掆舁也出字林 。荒草多

皃呼浪切一 。漭漭浪大野莫浪切三 吂老人不知 峼峼嵣山皃 。汪水臭也烏浪切二 醠濁醠酒

四十三 。映明也隱也於敬切四 暎上同 眏頭飾 詇早知也又音快

。敬恭也肅也慎也又姓陳敬仲之後出風俗通後漢有揚州刺史敬歆居慶切四 竟窮也終也又姓出何氏姓苑

鏡拾遺錄曰穆王時渠國貢火齊鏡廣三尺六寸暗中視如晝人向鏡語則鏡中響應之晉鎮南大將軍甘卓照鏡不覩其頭視庭樹而頭在樹上 獍獸名食人 。競爭也強也逐也高也遽也渠敬切七 竸俗 誩爭言 倞強也 蘔蘔子蟲名 儆儆慎又音警 曔明也

。慶賀也福也亦州名周之先不窋之所居春秋為義渠戎國城本漢郁郅縣魏文置朔州隋為慶州州立嘉名也亦姓左傳齊大夫慶封又漢複姓有慶師慶忌慶父三氏出姓苑丘敬切一 。更易也改也說文作㪅古孟切又古衡切一 。命使也教也道也信也計也召也眉病切一

。病憂也苦也說文曰疾加也皮命切四 評平言又音平 坪地名說文作坪地平也 枰獨坐版牀一曰枰博局又音平

。孟長也勉也始也又姓出平昌武威二望本自周公魯桓公之子仲孫之胤仲孫為三桓之孟故曰孟氏莫更切四 䀄䀄盯瞋目 萌萌悵失道皃又音忙悵猪孟切 盟盟津又音明 。蝗蟲名戶孟切又音皇三 潢說文曰小津也一曰以船渡也 横非理來又音宏 。柄本也權也柯也陂病切六 棅說文同上 怲憂心也 邴邑名又姓左傳魯大夫邴洩 鈵堅鈵 寎驚病

。詠歌也為命切五 咏上同 泳潛行水中 禜祭名周禮禜門用瓢齎又永兵切 醟酗酒

。行景迹又事也言也下更切又胡郎胡浪胡庚三切三 絎刺縫 胻脛也 。瀴瀴瀙冷也於孟切一 。瀙冷也楚敬切一 。倀蹱倀失道猪孟切又丑良切五 趟趟趟行皃 偵廉視 憕開張 韔書繒也出文字指歸 䩠張皮也 。牚邪柱也他孟切一 。榜榜人船人也北孟切三 趟走也

跰史記云歲星晨出為跰踵 。鋥磨鋥出劍光或作碭除更切三 瞠任視 碭塞也 。生所敬切又所京切三 鼪鼬鼠 貹財富 。迎逆也魚敬切一 。膨脹也蒲孟切一 䛭瞋語許更切一

四十四 。諍諫諍也止也亦作爭側迸切一 。迸散也北諍切一 。宖小水皃烏橫切一

倂皆也俱也蒲迸切二 䨻雷䨻䨻聲 。䙬文字集略云襬錯縷郭璞江賦云䙬以蘭紅甖烏迸切二 嫈小心態

鞕堅牢五爭切二 硬上同 。轟衆車聲也呼迸切又呼宏切二 輷同

四十五 。勁勁健也居正切一 。倩假倩也七姓切又七見切二 凊溫凊 。政政化釋名曰政正也下所取正也亦姓出姓苑之盛切四

正正當也長也定也平也是也君也亦姓左傳宋上卿正考父之後魏志有永昌太守正帛又漢複姓漢有郎中正令宮又之盛切 証諫証 鴊雞也又之盈切 。聖生也通也聲也風俗通云聖者聲也言聞聲知情故曰聖式正切一 。鄭鄭重慇懃亦州名秦屬三川郡史記管叔鮮之所封也宋武置司州於武牢後魏為北豫州周為滎州隋罷滎州於管城置鄭州又姓滎陽彭城安陸壽春東陽五望本自周宣王封母弟友於鄭及韓滅鄭子孫以國為氏今之望多滎陽直正切三 呈自媒衒又音程 䞓覴䚦也 遉遉候也丑鄭切二

偵偵問 䚷覘也 。性性行也息正切二 姓姓氏說文云姓人所生也古之神聖母感天而生子故稱天子女女生聲又姓漢書貨殖傳臨菑姓偉貲五千万 。令善也命也律也法也力政切又力盈切又歷丁切二 詅自衒賣也 。聘聘問也訪也匹正切三 娉娶也 俜伶俜也 。夐遠也休正切四 詗自言長也 醟酗酒又為命切 瞁直視皃 摒摒除也畀政切三 併兼也並也皆也

并專也 。偋偋隱僻也無人處字統云廁也防正切又蒲徑切二 屏上同 。淨無垢也疾政切八 瀞古文 穽陷穽又音靜 䝼賜 靚裝飾也古奉朝請亦作此字 請延請亦朝請漢官名張禹首為之又秦盈切 婧竦立 䪫䪫首說文好皃 。盛多也長也又姓後漢西羌傳有北海太守盛苞其先姓奭避元帝諱改姓盛承政切又音成三 𡏖墭器 晟明也熾也器也 。詺詺目或作名彌正切一 。輕墟正切又去盈切一 。欽含笑也許令切二 䩄面䩄也 。精強也子姓切又音旌一

四十六 。徑步道古定切七 經經緯又古靈切 逕近也 𠰵倭聲也 俓直也 䮫陽也 桱桱木似杉而硬 。寗邑名亦姓說文作甯所顧也乃定切四 佞諂也一曰才也俗作侫 濘泥濘 鸋

爾雅鶉鳩鶌屬也楚詞云鶤鷄之鳴。腥豕息肉肉中似米蘇佞切又音星三醒酒醒又蘇丁先頂二切睲

目。脛腳脛釋名曰脛莖也直而長似物莖也胡定切二踁上同。定安也亦州名帝堯始封唐國之

城秦爲趙郡鉅鹿二郡漢爲中山郡後魏置安州又改爲定州以安定天下爲名徒徑切四掟天掟出道書廷

朝廷又音亭。錠錫屬。矴矴石丁定切九釘又得亭切訂字林云逗留也定題額詩云

定方之中定營室也又徒徑切飣貯食奠上同肛亦同頲題頲錠豆有足曰錠無足曰

鐙。罄盡也說文曰器中空也苦定切七空說文空也磬磬石樂器周禮曰磬人爲磬殸

籀文麢爾雅云鹿絕有力又堅牽二音𨂴一足行鑿金聲。聽待也聆也謀也他定切又音廳

三汀汀瀅不遂志又音廳侹侹侹直也代也儆也。靘靘靘青黑千定切二䝼捽也。靚

莫定切二瞑夕也。鎣鎣飾也烏定切四瑩上同說文曰玉色一曰石之次玉者濙志恨也

瀅小水。零零落郎定切又魯丁切三擰捍空兒又魯丁切令令支縣在遼西郡

〖四十七〗。證驗也諸應切二烝熱又音蒸。孕懷孕以證切七䵓面黑子賸

增益一曰送也又物相贈媵送女從嫁倂倂送行也䲔小魚賸大視又雙也。乘車乘

食陵切七 也寶證切又 鱦魚子䑉孕又音䙒孕也嵊山名在剡縣也賸孕又音

剩長也。認認物而證切又而振切四扔強牽引又音仍芿草不翦扔上車又木

名。應物相應也說文作應當也於證切又音膺三譍以言對也䧹上同。甑古史考曰黃帝

始作甑子孕切四𤮐上同䰝籀文䙒襦。興許應切又許陵切三䗅腫起嬹

悅也喜也。勝勝負又加也克也亦州名春秋時戎狄地戰國時晉趙地漢雲中五原也隋置榆林鎮屬雲州唐武德中

改爲勝州詩證切又詩陵切四賸美目藤苣藤胡麻縢繩縢也瞪直視兒陸本作貽丈證切又證切

三黵米黑壞黰雲色䭢馬食穀多氣流四下也黑甑切一。凭依几也皮證切又皮陵切

二䨚霣霣雷雷聲也。稱愜意又是也等也銓也度也俗作秤云正斤兩也昌孕切又昌陵切二秤

俗。凝牛餧切又牛夌切一。丞縣名在沂州臣衡所居常證切又音承一。覴直視丑證切一。殑

釋典殑伽其餧切又其陵切一〖四十八〗。嶝小坂都鄧切八鐙鞍鐙隥梯隥橙

几。凳牀凳出字林䔲䔲夢䔲䳓祭食磴巖磴。贈玩也好也相送也昨亘切二䵩

䵩贈。亘通也遍也竟也出方言古鄧切六堩路搄急引又古登切縆急張亦作緪鮔

魚名。䂩石蓮兒。蹭蹭蹬千鄧切二𠟍刀割過也。鄧國名周爲申國平王母申后之家戰國時

地楚昭襄王取韓置南陽郡釋名曰在楚地昭襄王取韓置南陽郡釋名曰在南中而居陽地故以爲名始皇三十六郡即其

一焉隋以南陽爲縣改爲鄧州取鄧國名之又姓出南陽安定二望殷王武丁封叔父於河北是爲鄧侯後因氏焉徒亘切六

蹬蹭蹬僜倰僜不著事𣨷殑𣨷困病䮴行欲倒也幐囊屬懵悶也武亘切五

鱛魚名懜不明鐙重鏍夢夢夢新睡起。𥦗束棺下之說文作堋喪葬下土也方隥切

二堋上同又壅江水灌溉曰堋。倗輔也父鄧切一。倰倰蹬行兒魯鄧切二殑倰蹬。增

剩也子鄧切一。𥷑𥷑夢睡覺思贈切一。澄小水相益台鄧切一〖四十九〗。宥寬也于救

切十六又又猶更也佑佐也助也右左右又于久切祐神助盇杅水器也盇

上同酭報也䪻說文顫也痏同上囿說文曰苑有垣一曰禽獸有囿又于目切姷偶也

忧動也䞥走兒侑勸食爾雅曰酬酢侑報也䒴草名。救護也止也又姓風俗通漢有諫

議大夫救仁居祐切十一灸灼也又居有切廐馬舍釋名曰廏聚也生馬之所聚也又灸廐並姓出姓苑俗作

廏究窮也深也謀也盡也㝌說文云貧病也疚病也𣪘強擊𩚏說文飽也詸

文字音義云止也禁也助也猶爾雅云猶如麂善登木又音由音柚遨恭謹行也。胄胄子國子也說

文曰胄也又姓出姓苑直祐切十三胄介胄說文曰兜鍪也䩜古文酎三重醸酒宙宇宙繇

卦兆辭也籀史籀周宣王太史名造大篆伷系也䛆詶也疛心腹疾也𤻲同上駎

競馳馬也懤愁毒。晝日中又姓晝邑大夫之後因氏焉出風俗通陟救切三。咮鳥口又鬪卓二音

嚋上同。狩冬獵舒救切五 獸説文曰守備者周禮曰獸人掌罟田獸辨其物名字林曰兩足曰禽四足
曰獸 守太守 首自首前罪 收穫多 臭凡氣之揔名俗作臰尺救切二 殠臭腐 岫
山有穴曰岫似祐切四 峀籒文 袖衣袂也亦作褎 褏 牰牛黑眥 齅以鼻取氣亦作嗅許
救切四 嘼嘼産亦作畜 珛玉朽 。呪呪詛職救切四 [illegible]髮多 禂木禂船 篙木也 祝
三 說文曰祭主贊詞又音粥 舊故也亦姓出何氏姓苑巨救切三 柩尸柩禮注曰在棺曰柩 匶
古文 瘦瘦損說文臞也所祐切四 瘦上同 漱漱口 鏉鐵生鏉 皺面皺俗作皺側救切
五 瘷縮小 皺并皺 縐衣不申又絺之細者 腏字書云腏脾也 副貳也佐也又虜姓後
魏書副呂氏後改爲副氏敷救切七 仆前倒 鬄假髻又敷六切 覆蓋也又敷六切 癁病重發也
恒小怒也 福衣一福今作副 簉簉倅一曰齊也初救切三 䈇上同又草根 遚不進
富豐於財又姓左傳周大夫富辰方副切四 輻輻湊競聚 鍑釜而大口一曰小釜 葍
爾雅曰葍葍大葉白華根如指正白可食詩云言采其葍葍音福 畜六畜丑救切又許竹丑六二切二 畜許宥 俞
漢姓有司徒掾俞連又羊朱切 。溜水溜力救切十九 廖姓周文王子伯廖之後後漢有廖湛 霤中霤
神名 嬼美好 鷚鷚雞子一曰鳥子 餾餾飯 瘤腫病也出文字集略 窌地名左傳云與
之石窌 留宿留停待也宿音秀 塯墣土 僇癡行 廇屋梁也 畞百畝之田
榴祝榴 飀高風又古國名在南陽湘陽 勠併力又力竹切 翏高飛又力幺切 塯
瓦飯器也 罶力回切 。秀出也榮也息救切五 繡五色備也尚書大傳曰未命爲士不得衣繡又
姓漢書游俠傳有馬領繡君賓 螑蟲名 琇王名 宿星宿亦宿留又音夙 。僦僦賃即就切三
稍稍稔實又稅也 媰醜皃 驟馬疾步也奔也鄒祐切三 僽任人也 㥮惡言
罵 。就成也迎也即也說文曰就高也从京尤尤異於凡也又姓後漢書黎頼氏改爲就氏疾僦切四 鷲鳥名
黑色多子 殧殧殄又子六切 就山名又嶺名 。糅雜也女救切五 鈕雜飯亦作粗 粈

嘉膳 猱爾雅曰猱蝚善援又奴刀切 狃習也就也又狐狸也 。復又也返也往來也安也白也告也扶
富切又音服八 復古文 瘦再病 伏鳥菢子又音服 椱機持繒者 䪁兩鼻間也 覆
伏兵曰覆 複重複 。犺獸名似猨余救切十四 貁上同 鼬鼠名似鼠 槱積薪燒之 柚
似橘而大廣志曰成都抽大如斗爾雅注柚似橙而醋出江南 蜼似獮猴鼻露向上尾長四五尺有歧雨則自縣於樹
以尾塞鼻又以季切 褎盛服飾盛皃 油藋子桐花曰油 猶獸似麂善登木 鼬鼠 櫾木名
輶輶車又音由 牰牛黑眥 蜏不知晦朔又音酉 授付也又姓出何氏姓苑承呪切六
詶荅也又市州切 嗳口嗳 壽壽考 售賣物出手 綬綵衣皃 鞣車輞人又切四
蹂蹂踐 煣蒸木使曲也 鞣絮皮又音柔 。苺覆盆草也云救切一 齅仰鼻舁救切一
鼿鼿齅仰鼻丘救切一 。趥進也七溜切一 【五十候】 。候伺候又姓周禮有候人其後氏焉胡
遘切十五 鮜魚名 郈地名在晉 逅邂逅 詬詬罵 睺半盲 后君也皇后也 後
方言云先後猶娣姒 堠今封堠也 鱟郭璞注山海經云形如車文青黑色十二足長五六尺似蟹雌常負雄漁
者取之必得其雙子如麻子南人爲醬 鍭爾雅曰金鏃翦羽 厚薄厚 逅寒行又胡口切 睺
瞜貪財之皃 㪗石蜜膜也 。寇鈔也暴也又姓出馮翊河南二望陳留風俗傳云浚儀有寇氏黃帝之後風俗
通云蘇忿生爲武王司寇後以官爲氏苦候切十 滱水名在代郡 怐怐愗愚皃 扣扣擊 鷇
鳥子亦作鷇生而須哺曰鷇自食曰雛 嫛嫛瞀無暇 㲄說文曰未燒瓦器也 簆織具 瞉瞀
詬巧言又罵 。茂卉木盛也古作楙莫候切十五 貿交易也市賣也又姓出姓苑東莞人 鄮縣名
在會稽亦姓出姓苑 戊辰名 愗怐愗 袤廣袤東西曰廣南北曰袤 楙爾雅曰楙大瓜實如小瓜
味酢可食 懋美也勉也 瞀瞀瞀 菽細草叢生 姆女師說文作娒 苺苺子即覆盆
草名 冃重覆又云保切 雺天不應地氣發 仆倒也匹候切又匐覆二音五 踣上同 [illegible]
僵也 㪗語而不受 豧豕息 。豆穀豆物理論云菽者衆豆之名也又姓後魏有將軍豆代田徒候切十六

竇空也穴也水竇也又姓出扶風觀津河南二望風俗通云夏帝相遭有窮氏之難其妃方娠逃出自竇而生少康其後氏焉 窬禮曰蓽門圭窬又音俞 逗逗遛又住也止也 酘酘酒 荳荳蔻 脰項脰 郖地名 梪籩豆或作梪古食肉器也 餖飣餖 浢水浢 𥛱祭𥛱 毭毭罽 䪷車鞁具 窬木名 𡜟嫗𡜟語帖也 。鬥說文曰兩士相對兵仗在後象鬥之形凡從鬥者今與門戶字同都豆切九 鬭鬭競說文遇也又姓左傳楚有大夫鬭伯比 鬪俗 噣鳥口或作咮又丁救切 䛠䛠譳不能言也 䝌䝌尾張衡東京賦云日月會於龍䝌 斣斣也用力走也又相易物俱等 襡衣袖又時燭切 𩛷餖飣 搙說文曰薅器也蓐文曰搙如鏟柄長三尺刃廣二寸以刺地除草奴豆切六 鎒上同亦出說文 耨上同五經文字云經典相承從耒衣故不可改 穀乳也 擩擩擩不解事 譳詛譳 。瘶欬瘶蘇奏切七 嗽上同 欶上氣 漱漱又音瘦 鏉鏽利 諏讓諏怒言也 嗾使狗 奏進也說文作𡗩則候切二 走釋名曰疾趨曰走又祖苟切 。透跳也他候切又書育切五 咅說文作咅相與語唾而不受也隸變如上下或作敃 。漚久漬也烏候切三 𧝩頭衣 𣪠地名又市由切 。遘遇也古候切二十 構架也合也成也蓋也亂也 媾重婚 覯見也 姤卦名姤遇也又偶也 購購贖 䝼稾給 雊雉鳴 彀張弓 𤛗取牛羊乳亦作𤛗 句句當又姓華陽國志云王平句扶張翼廖化並為大將軍時人曰前有王句後有張廖俗作勾 軥軥楀挽車也 𡫏夜也 搆搆擩 怐怐愗愚皃又苦候切 煹也舉火 𥓓甃井也又罰也 𦖄數也 㝅說文曰乳也一曰穀聲也 鴝鴝綿 輳輻輳亦作湊倉奏切八 腠膚腠 湊水會也聚也 嗾使犬 𪉳南夷名鹽 蔟太蔟律名又倉谷切 楱橘屬 豰溫豕 。陋踈惡也說文曰阨陝也盧候切十三 漏漏刻說文曰漏以銅受水刻節晝夜百刻爾雅曰西北隅謂之屋漏又禹耳三漏 鏤彫鏤書傳云鏤剛鐵也又鏤漏並姓出何氏姓苑又力誅切 屚說文曰屋穿水下也从雨在尸下尸屋也一曰笱屚縣名在交阯 瘻瘡也 䕌蔰蘆 賺賺瞜貪財 鏂鏉鏂 蔄姓也 數數欧小兒兇惡 謱謱詬忽怒 劅劅剅細切 僂傴向短醜皃 。蔻荳蔻呼漏切十 豿豕聲 頾字統云勤作 詬怒也 訽上同 吼聲也又呼後切 敂數敂 呴恥辱 佝傋佝 怐上同 。䏶豕肉醬也蒲候切二 韝皃衣 。偶不期也五遘切一 。𠠐細切才奏切三 楱鎘楱鐵齒把名 𨄔醉倒皃出埤蒼

五十一 。幼

幼少也伊謬切一 。謬誤也詐也差也欺也靡幼切二 繆紕繆又姓漢書儒林傳有申公弟子繆生 。䠗䠗蹌行皃丘謬切一 。䟫䟫蹎醜行之皃巨幼切一

五十二 。沁

沁水名在上黨亦州名本漢穀遠縣後魏置沁源縣武德初置州因沁水以名之七鴆切四 沁沁冷 吣犬吐 篸篸墨工人具 。浸漬也漸也子鴆切四 濅上同出說文 寑上同出字林 祲祆氣也又子心切 。妊妊身懷孕汝鴆切五 紝織紝亦作絍𦀌 鵀戴鵀鳥 任已上四字並又音壬 衽衣衿 。鴆鳥名廣志云其鳥大如鶚紫綠色有毒頸長七八寸食蛇蝮雄名運日雌名陰諧以其毛歷飲食則殺人直禁切三 沈又直壬切 𤬐青皮瓜名 。枕枕頭也論語曰飲水曲肱而枕之之任切又之稔切二 針又之林切 。舲牛舌下病巨禁切十 齡 紟並上同 噤說文曰口閉也 𦨣蜀人呼舟 紟給帶或作襟又音今 鈙說文云持止也讀若琴亦作襟 㯲寒禁 笒笒籤 齽齒向裏 。禁制也謹也止也避王莽家諱改曰省又姓何氏姓苑云今吳興人居蔭切三 僸北夷樂名又居林切 㯲格也 。賃傭賃也借也乃禁切一 。蔭說文曰草陰地也於禁切七 𥞚上同 窨地屋 喑聲也 瘖心中病亦作癊 癊庇癊 飲又於錦切 。滲滲漉所禁切二 罧爾雅曰槮謂之涔郭璞云今之作罧者聚積柴木於水中魚得寒入其裏藏隱因以薄圍捕取又息甚切槮與罧同也 。闖馬出門皃丑禁切二 䑰私出頭視 。譖讒也毀也莊蔭切一 。讖讖書釋名曰讖纖也其義纖微而楚譖切一 。吟長詠宜禁切一 。揕擬擊史記曰右手揕其胸知鴆切二 鈂掘也鈂又赤黑色 。臨哭臨又偏向良鴆切又音林二 𠐩臨僋頭向前 。甚太過時鴆切二 僋𠐩僋 。䫴䫴齡切齒怒皃于禁切二 𪔌鼓聲皃兵

書○深 不淺也式禁切又式今切二 ⿸广深 大屋

五十三 ○勘 校也苦紺切七 衉 疑血 䖘 上同 ⿰鹵甚 鹹味 轗 轗軻坎壈也 竷 擊章也 磡 巖崖之下 ○紺 青赤色也古暗切五 淦 新淦縣在豫章 ⿱艹贛 薏苡別名 灨 縣名記云章貢二水合流因其處立縣便以為名在南康郡亦作贛 贛 贛榆縣在琅邪郡 ○憾 恨也胡紺切七 琀 送死口中玉亦作含 浛 水和物 唅 哺唅 蛿 有毛之蟲 莟 菡莟心欲秀也 䐄 食肉不猒 ○暗 日無光又默也深也貧也不明也烏紺切二 闇 冥也說文曰閉門也 ○僋 僋倸癡皃他紺切八 ⿰氵闇 ⿰氵闇汎水浮皃 撢 深取 西 無光又舌出皃又吐念切 傝 傝偡不自安又吐盍切 䐺 食味美 憛 憛悇懷憂 誩 競言也又渠仰渠政二切 ○倸 僋倸蘇紺切四 閰 閰覆蓋也 ⿱穴罙 憛⿱穴罙 㥏 失志 顡 鎮顡搖頭皃 ○謲 相怒也七紺切三 參 參鼓俗作參 ⿰田參 田隴也 ○醰 酒味不長徒紺切又音譚五 ⿰貝覃 買物預付錢也 潭 沈水底沒潭 瞫 括也又徒南切 ⿱贛皿 羊血凝 ○儑 傝儑五紺切一 ○馾 冠幘近前丁紺切三 酖 頭劣皃 鴆 鴆鳥 ○妠 取也奴紺切一 ○顲 面色黃皃郎紺切三 僋 僋伸皃又僋倸不淨 㶖 㶖濶浮皃 ○顑 面虛黃色呼紺切二 䭑 食不飽也 ○篸 以針篸物作紺切二 撍 手撼

五十四 ○闞 闞邑亦視也又姓左傳齊大夫闞止苦濫切五 瞰 視也 矙 日出皃 嚂 可也又工覽切 ⿰鹵敢 味苦 ○濫 叨濫汎濫盧瞰切九 ⿰監刂 利刀 ⿰酉監 ⿰酉監鷠說文曰泛齊行酒也 纜 維舟吳書曰甘寧常以繒錦維舟去輒割棄以示奢 爁 火皃 㜮 貪也失禮也過差也俗作從水 懢 貪也 ⿱穴監 ⿱穴監窞不平 嚂 食皃 賧 夷人以財贖罪吐濫切七 ⿰鹵監 ⿰鹵監⿰鹵臽無味 ⿱穴炎 藍⿱穴炎不平 ⿰鹵炎 無味 睒 候視 澉 味薄 舕 舚舕舌出 ⿰鹵臽 ⿰鹵臽⿰鹵監無味古暫切二 ⿰鹵敢 味苦 ⿰貝甘 乞戲物或作⿰貝斂呼濫切三 ⿱艹濫 爪蘸也出說文 ⿰土虎 虎怒 ○憨 害也果決也下瞰切又呼甘切六 ⿰犭敢 犬吠聲 譀 誇誕東觀漢記曰雖誇譀猶令人熱又呼甲切 ⿱甚虫 爪蟲 䐄 炙令熟或作⿰豸臽 ⿰豸臽 上同 ○憺 恬靜徒濫切又徒敢切八 惔 上同 澹 水搖動皃 腅 相飯也或作啖 淡 水味 啗 噉也食也 啖 誑也 倓 安也靜也恬也亦作憺 ○暫 左傳云婦人暫而免諸國暫猶卒也藏濫切三 蹔 上同 鏨 鑿石又音暫 ○擔 負也都濫切二 甔 甔石大罌又都甘切 ○三 三思蘇暫切又蘇甘切一

五十五 ○豔 美色也以贍切九 艷 俗 爓 光也 焰 上同 燄 火華也 掞 豔也 鹽 以鹽醃也本音平聲 灩 上同 灩 瀲灩水波動皃 ○贍 賙也時豔切一 ○染 而豔切又如琰切二 髯 髯領毛又人占切 ○厭 論語曰食不厭精於豔切五 懕 快也又於驗切 猒 飽也又於廉切 饜 上同 ⿱厭女 ⿱厭女美女 ○窆 下棺方驗切又方亘切二 砭 石針說文曰以石刺病也又甫兼切 ○驗 證也徵也效也說文云馬名也魚窆切三 噞 噞喁魚口 撿 證也 ○閃 說文曰闚頭門中也舒贍切又舒斂切四 炶 火行皃 苫 以草覆屋 掞 舒藻 ○㘋 㘋嗽不廉子豔切又子廉切一 ○塹 坑也遶城水也七豔切四 壍 上同出說文 槧 插也論衡曰斷木為槧槧釋名曰槧版長三尺者也 嶄 嶄也言嶄嶄然長也又七廉切又才敢切 ⿱斬女 厭⿱斬女美女皃 ○殮 殯殮力驗切七 斂 聚也又力瞼切 瀲 灩瀲一曰水波也亦作澰 爁 爁焱火延 ⿰貝僉 市先入直也 ⿱雨僉 小雨 獫 長喙犬名 ○覘 候也說文云闚視也春秋傳曰公使覘之丑豔切二 貼 視也 ○⿰足詹 音譜云馬急行昌豔切八 幨 披衣或作襜 襜 䘰 竝上同 韂 鞍小障泥 韂 上同 ⿰土詹 蔽也 ⿵門詹 闒闓 ○憸 快也於驗切亦作㥝二 俺 大也 ○潛 藏也慈豔切一 ○占 固也章豔切又職廉切一

五十六 ○㮇 火杖他念切六 舚 舌出皃 忝 辱也又他玷切 冄 亭名在京兆 煔 火光 西 曰舌皃 ○念 思也又姓西魏太傅念賢奴店切二 ⿰糸念 字林云撓船茂也 ○店 店舍崔豹古今注云店置也所以置貨鬻物也都念切十一 坫 壇也屏也 沾 水名在上黨說文他兼切 痁 病也又式詹切 墊 下也又墊江在巴陵又徒協切 ⿱雨執 早霜寒 唸 呻吟 ⿱穴執 窮也說文曰屋傾下也 埝 下也 ⿱耂占 老人面黑皃 䀡 目垂皃又丁炎切 ○⿰石韱 ⿰石韱磹電光先念切二 ⿰禾韱 禾草不實⿰禾兼⿰禾韱之皃 磹 徒念切二 ⿺走支 支也出通俗文 ⿺走念 疾行皃紀念切一 酓 苦味

於念切一。○僭擬也差也子念切一。○䁳閉目思也漸念切一。○兼古念切又古嫌切二　鮎魚名。○傔傔從苦念切一。○稴稴穢力店切一

五十七。○釅酒醋味厚魚欠切二　䶠齒皃。○脅妨也許欠切二　嬐好皃。○㰹厓下也丘釅切二　砼似瓶有耳　芡草木無蔓也丘劒切一

五十八。○陷入地隤也戸韽切五　鮨魚名又古念切　臽小坑　䐄說文云食肉不猒也又腤脂也　鋡車鏍。○韽下入聲俗作韽於陷切四　掐犬吠又乙咸切　淊水沒　揞吴人云拗也。○蘸以物内水莊陷切一。○䶣鹹多陟陷切三　站俗言獨立又作𨁈　阽江岸上地名也出活州記。○歉歉喙口陷切又口感切二　顜顜顲面長皃又公陷切。○賺重買伃陷切三　詀被誑。○譧俗。○儳輕言仕陷切三　隵陷也　韂[illegible]之短也。○䶣鹹味公陷切二　顜顜胡剃面也。○諵尼賺切一。○顑顑長面也玉陷切一

五十九。○鑑鏡也誡也昭也亦作監格懺切又古衘切五　鑒上同　監領也亦姓風俗通云衞康叔爲連屬之監其後氏焉又古衘切　矙瞻也　劖利也又細切也。○懺自陳悔也楚鑒切六　儳雜言又食陷切　摲投　[illegible][illegible]屬　[illegible]小犬聲。○嚵試人食。○[illegible][illegible]高危皃子鑑切三　[illegible]長面皃又昨三切　[illegible]以物内水中出音譜。○釤大鎌所鑑切三　䀐暫見　𢒼相接物也又利也出字諟。○[illegible][illegible]許鑑切三　譀譀譪　[illegible]大呼　闞聲大鑑切二　埿深泥也蒲鑑切二　[illegible]上同。○[illegible]大䖝似猛續漢書云盜伏於[illegible]下胡懺切　[illegible]大櫃又下斬切。○鑱鑱士具士懺切又士衘切六　韂[illegible]䩞　欃水門又作[illegible]　[illegible]似鵰而斑白出音譜　讒譖也又士衫切　艬船艬。○黬叫呼仿佛黬然自得音黯去聲一

六十。○梵梵聲扶𣲖切三　帆船使風又音凡　颿上同說文曰馬疾步也　汎浮皃　泛浮梵切八　汎上同　㲳軽也　盌杯也　盟同上　氾濫也　芝草浮水皃又匹凡切　姂好皃　劒釋名曰劒撿也所以防撿非常也廣雅曰龍泉太阿干將鏌鋣斷蛇魚腸純鈎湛盧豪曹鏌鋣屬鏤干將斷蛇魚腸純鋼燕支葵倫屬陳于隊堂谿墨陽巨闕辟閭並劒名也崔豹古今注云吴大皇帝有寶劒六一曰白虹二曰紫電三曰辟邪四曰流星五曰青冥六曰百里列子云孔周有三劒一曰含光二曰承影三曰宵練吳王賜子胥屬鏤之劒而死周穆王有銀鋙劒切玉如泥居欠切一。○欠欠伸說文曰張口气悟也今借爲欠少字去劒切二　伩俗。○俺大也於劒切八　㤿甘心　淹[illegible]也又漬絲一淹也　揜劒羽　婄誣挐　裺衣寬　諳論匿　貶貶口墟名在富春清上也

廣韻去聲卷第四

新添類隔更音和切

裱賓廟切　窆班驗切

廣韻入聲卷第五

屋第一 烏谷 獨用　沃第二 烏酷 燭同用
燭第三 之欲　覺第四 古岳 獨用
質第五 之日 術櫛同用　術第六 食律
櫛第七 阻瑟　物第八 文弗 獨用
迄第九 許訖 獨用　月第十 魚厥 沒同用
沒第十一 莫勃　曷第十二 胡葛 末同用
末第十三 莫割　黠第十四 胡八 鎋同用
鎋第十五 胡瞎　屑第十六 先結 薛同用
薛第十七 私列　藥第十八 以灼 鐸同用
鐸第十九 徒各　陌第二十 莫白 麥昔同用
麥第二十一 莫獲　昔第二十二 私積
錫第二十三 先擊 獨用　職第二十四 之弋 德同用
德第二十五 多則　緝第二十六 七入 獨用
合第二十七 胡閤 盍同用　盍第二十八 胡臘
葉第二十九 與涉 帖同用　帖第三十 他協
洽第三十一 侯夾 狎同用　狎第三十二 胡甲
業第三十三 魚劫 乏同用　乏第三十四 房法

一　○屋 舍也具也淮南子曰舜築牆茨屋風俗通曰屋止也亦虜複姓後魏書官氏志云屋引氏後改為房氏烏谷切七　屋 籀文　𡲬 古文　剭 鄭玄注周禮云剭誅謂所殺不於市而以適甸師氏又音握　鄏 地名　黳 墨刑名又音握　𩩍 骨膏肥皃　○獨 說文曰犬相得而鬬也羊為羣犬為獨一曰獨狢獸名如虎白身豕鬣馬尾出北嚻山俗音欲亦單獨又虜複姓有獨孤氏後魏書云西方獨孤渾氏後改為杜氏徒谷切三十　黷 垢也蒙也黑也　讟 誹謗　髑 髑髏　𩓩 同上　殰 殰胎　讀 讀誦　櫝 函也又曰小棺　牘 簡牘　儥 見也動也又音育　𤵸 字書云怨痛也　𣫞 卵敗　碡 碌碡田器　遺 遺也　騳 騳騳野馬也　皾 滑也　𤞊 獸名如鼠　欘 韣藏又音蜀　韣 弓衣又之蜀切　瓄 圭名　瀆 說文曰溝也一曰邑中溝爾雅曰江河淮濟為四瀆　隫 說文曰通溝以防水　𧸝 古文　韇 箭箙　嬻 媟慢　犢 牛犢　鸀 鸀鳿鳥也　罜 罜麗魚罟　𠐊 𠐊倲短醜皃　匵 匵匱　○穀 五穀也又生也祿也善也說文曰續也百穀之總名今經典省作穀餘從㱿者並同古祿切十七　穀 俗　轂 車轂　穀 木名　瀔 水名　谷 山谷亦善也窮也又姓漢有谷永又欲鹿二音　㱿 王名又音角　鷇 布穀鳥按爾雅只作穀　𣩒 𣩒殊死皃出廣雅　𪕷 鼠名　𧯷 豆名　𧤗 𧤗觫多也　𣪢 足跗　㺒 獸如赤豹五尾又音欲　𥄵 目動　𥈭 大目　㕺 鳥名又作唃　○縠 羅縠胡谷切十四　槲 木名　斛 十斗又虜複姓二氏後魏有尚書斛斯延齊有丞相咸陽王斛律金　螜 螻蛄　𧂧 水菜可食　礐 說文云石聲也　觳 周禮注云受二斗又苦角切　蔛 石蔛草　𩞄 酒濁　瀔 水聲　𪘏 齒聲　壆 瓦坏　䉶 箱觳　焀 火皃　○哭 哀聲空谷切八　㲄 朱燒瓦　𣫞 卵也　𪍿 餅麴　𨺳 大阜　[illegible] 泉未續者　𡊋 土墼　𪋋 麻縠　○禿 說文云無髮也从人上象禾粟之形文字音義云蒼頡出見禿人伏於禾中因以制字又國語云史伯曰祝融之後八姓己董彭禿妘曹斟芊是也又虜複姓有禿髮氏其先壽闐之在孕其母胡掖氏因寢而產於被中鮮卑謂被為禿髮因而姓焉禿髮烏孤以後魏元興元年稱王遷于樂都號涼及國滅入魏賜姓源氏他谷切五　秃 籀文　𧨷 詆誎狡猾　𢬷 杖指　鵚 鵚鶖鳥也　○𣪍 穀𣪍丁木切八　啄 啄木鳥　䐁 尾下豕也　𡰪 俗　𧜡 衣至地也說文音斲　𢼸 擊聲　笁 竺厚　剢 刀鋤　速 疾也召也戚也徵也桑谷切十八　遬 籀文　𧬻 古文　蔌 郭璞云菜茹之摠名也詩云其

蔌繼何傳謂菜肴也 餗鼎實 鬻同上說文 蝀螟蝀蟲 樕槲樕木 㲉㲉㲉動物㲉丁
木 倲儱倲又音東 棟赤棟木名 遬蹩鹿跡也 遫白茅也 㯈殞㯈 嗽吮也
切 鍊鏑鍊多也 棴棴常樹名 涑水名在河東 祿俸也善也福也錄也又姓紂子祿父之後盧谷
切四十七 鹿獸名國語曰周穆王征犬戎得四白鹿四白狼而素服不至又姓風俗通云漢有巴郡太守鹿旗 漉
滲漉又瀝也說文浚也一曰水下皃 淥同上 觻觻得縣名在張掖 睩視皃 䚄笑視視皃 龣
東方音 轆轆轤圓轉也或作樚 䡐上同 甗甗甗 艫舟名 琭玉名老子曰琭琭如玉注
云琭琭喻少 簏箱簏說文云竹高篋也 箓說文同上 螰蟆螰蟲螰蛄也 䍡罜䍡 麓
山足穀梁曰林屬於山曰麓 菉古文 碌多石皃 盝去水也瀝也竭也或作漉 盝上同 騼
野馬 䃙䃙䃙又音六 簶弧簶箭室也出音譜 䂖䂖聽似蜥蜴居樹上輒下齧人上樹垂頭聽聞哭聲
乃去出字林 谷漢書匈奴傳有谷蠡王蠡音離 娽埤蒼云顓頊妻名說文云隨從也史記毛遂入楚謂十九
人曰公等娽娽可謂因人成事耳又力玉切案史記亦作錄 䁖瞜䁖眼淨也 摝振也周禮曰摝鐸鄭玄云
掩上振之爲摝 禄祭也 𦋺捕魚具也 䣞吳王孫休三子名 騄獸 麍白賈逵曰麍庚也
角角里先生漢時四皓名又音覺 逯見鬼 录刻木也本也亦 濼水名又音朴 鏕鉅鏕
郡名案漢書只作鹿 趚趚趚局小 𥉂水上飛也 轒車聲 𦮵菽聲 䨳大雨 蔍蔍葱
草 鄜地名 嗀歐聲呼木切七 㲉獸名似豹而小食獼猴又名黃䳢案說文作㲉犬屬䳢巳上黃䳢巳
下黑食母猴 熇熱皃 臛羹臛又火各切 㲉日出赤皃 𣪠上同 嚛大歡聲 族
宗族昨木切三 銼銼鑹釜屬 鏊鏊鏤花葉又音昨 瘯瘯瘰皮膚病也千木切六 䃚碌䃚石皃
蔟蠶蔟又千候切 趗趗趗局小皃 梀短椽說文丑錄切 簇小竹 鏃箭鏃作木切二
鏷姓也出彭城 暴日乾也蒲木切十二 曝俗 瀑瀑布水流下也 蠂蠂蝀蟲名 毴
毴毛不理也 樸爾雅云樸樕心又音卜 僕侍從人也 䑑古文 㯷短人又倉候切 菐

瀆菐 夌行皃 穙穙穙也 扑打也普木切十一 醭醋生白醭 濮齊魯閒水名左傳云
公會齊侯于濮 墣說文云塊也又匹角切 穙草生穊也 鼥鼥鼢鼠名 攴擊也凡從攴者作文
同 撲拂著 䬉骨鏃名也 黙淺黲黑也 鵏鳥也 卜卜筮龜曰卜蓍曰筮又姓孔子弟子
卜商博木切十四 濮水名出陳留郡入鉅野亦州名古昆吾之墟左傳齊桓公會諸侯於鄄今鄄城縣是後漢獻帝
時兗州刺史治於此後魏爲濮陽郡隋初置濮州又姓出何氏姓苑 㒒彭㒒蠻夷國名 轐車伏兔 𡡞
昌意妻也 樸樕樸叢木又音僕樸樕小木也 獛獛鉻南極之夷尾長數寸巢居山林出山海經 蹼足指
閒相著爾雅云鳧鴈醜其足蹼 纀爾雅曰裳削幅謂之纀郭璞云削殺其幅深衣之裳 襆上同 䰒䰒鬢
䪁䪁絡頭繩 鳪鳪雉 鸔鳥鸔水鳥似鶂而短頸腹翅紫白背上綠色又音剝 木樹木說文曰木
冒也冒地而生東方之行又姓木華字玄虛作海賦莫卜切十三 沐沐浴說文曰濯髮也禮記曰頭有創則沐又姓
風俗通曰漢有東平太守沐寵又漢複姓有沐簡氏何氏姓苑云今任城人 杒杒桑 毣思皃一曰毛濕也
鶩鳧屬 霂霢霂 𨏒車轅名也 𥿋轅上絲也 蓩毒草 艒小艒 鞪說文曰車
軸束也 楘屋架五楘詩曰五楘梁輈傳云楘歷錄也 蚞蟆蚞蟲 福德也祐也方六切十七 腹
腹肚 複重衣 幅絹幅又姓也 輻車輻 偪優偪 葍葍蒻爾雅曰葍蔔又葍蘋茅
蝠說文曰蝙蝠伏翼也崔豹古今注云一名仙鼠 箙實竹 鍑說文云釜而大口者或作鍢又音富 鶝
戴勝別名 踾踾蹴聚皃 輹車軸縛也 菐瀆菐 偪偪陽宋國 楅束以木逼於牛角不令牴
觸人 蔔草名 伏匿藏也伺也隱也歷也釋名曰伏者何金氣伏藏之日金畏火故三伏皆庚日又姓出平昌本
自伏犧之後漢有伏勝文帝蒲輪徵不至房六切三十三 復返也重也亦州名古竟陵縣春秋時屬楚秦屬南郡隋爲
江陽郡或德初爲復州 虙古虙犧字說文云虎皃又姓虙子賤是也 服服事亦衣服又行也習也用也整也
亦姓漢有江夏太守服徹 䑧古文 茯茯苓 馥香氣芬馥 鵩不祥鳥 鞴韋囊步叉 蕧
旋蕧藥名 輹車輹兔 𨋬上同 澓澓流又姓漢宣帝時有東海澓仲翁 椱織椱卷繒者 洑

洄流 䑛盛弓弩器 鞴同上 輹車笭間皮篋也 㾐音譜云病重發也 鶪鶪鷗即戴勝也
駚馬也 寝地室 栿木出岨崘山也 复行故道也說文作复 畐滿也 鞦車具 絥
䏂並上 菔蘆菔萊也 匐匍匐伏地皃又蒲北切 鰒海魚名 𧖴見鬼皃 栿
梁。縮斂也退也短也亂也所六切十三 莤說文曰禮祭束茅加于祼圭而灌鬯酒是爲莤象神歆之也一
曰榼上塞也 飅風聲 趚趚趚體不伸也趞渠六切 樎櫪馬 謖起也 翻飛鳥
擊聲 蹜文字音義云鳥飛其飛掌蹜在腹下也 摍抽也頗叔子納鄰之婺婦執燭燭盡摍屋以繼之 蟰
蟰蛸蛜蝛 摵到也又子六切 謏小也又蘇了切。六數也力竹切二十二 陸高平曰陸又高也厚
也亦陸離參差也又姓出吳郡河南二望本自古天子陸終後 戮刑戮說文殺也爾雅病也 剹同上 勠
勠力併力也又音留 稑種稑先種後熟曰稑 穋同上 鵱鵱鷜野鵝 蓼蓼莪詩傳
云蓼長大皃 蓼同上 騄騄良健馬 鯥魚名似牛蛇尾出山海經 陸蔏陸 磟磟碡 蝰
魁蛙 淕凝雨澤也 輚轐輚車箱 坴大塊 𡴆地蕈也 踛翹踛也 僇癡行又音溜
稑見也。逐追也驅也從也疾也強也走也直六切十二 軸車軸 碡磟碡田器又音祿 妯
妯娌 舳舳艫 鱁鱁鮧 蝷馬蚿蟲 筑水名出房陵漢有筑陽縣蕭何妻封邑也 遂馬尾
草 柚杼柚機具又由舊切 騄馬騄獸名 遂竹名。蘜草名禮記季秋之月蘜有黃華說文曰大
蘜蘧麥也居六切三十三 鞠推窮也養也告也盈也禮記曰天子乃薦鞠衣於先帝鄭玄云鞠衣名蓋黃桑之服又姓
出東萊平原二望漢有尚書令鞠譚又音麴又渠六切又蹋蹴 蘜爾雅曰蘜治蘠郭璞云今之秋華菊也 蘜
說文曰日精也以秋華 㦨謹慎 𢬴說文撮也 掬同上 匊在手物 鞫說文曰窮治辠
人也 𡥚同上 鞫同上 竆說文窮也 竆同上 𤡉石鞫獸名食猴 鵴說文曰鴶鵴鳲
鳩爾雅作鴶鵴郭璞云今之布穀也 鵴同上 阮曲岸水外曰阮 坸同上 𥈠韭蛙 鮈郭璞
云魚名有兩乳 梮爾雅曰柏梮禮云㮯曰以梮 𡸖山高皃 臼兩手捧物 鴄鳥名 餾

韣也 諊法用 鬻亂髮 踘踘蹴也 閴閑閴 梮木名 跼尼也 淗水文 趜
困人又巨竹切。麴麴蘗又姓出西平漢有麴演驅六切五 𥳇上同說文曰酒母也 鞫同上 鞠
姓也又居六切 匔曲脊又渠六切。熟成也殊六切八 孰誰也 淑善也 塾門側堂 䳷崔彩古
今往云臣來朝君至門外更詳熟所應對之事塾之言塾也 闍同上 璹玉名 婌後宮女官名 䳷
石聲。俶始也厚也作也動也昌六切五 柷柷敔柷作樂也俗作柷又音祝 琡璋大八寸曰琡又音祝
踧至也 埱氣出於地一曰始也。育養也長也余六切二十四 毓稚也本亦同上 鬻賣也
亦作粥亦姓周有鬻熊爲文王師案說文鬻本音麋饘也 粥同上 鬻說文鬻也 緕青經白緯緕陽所織
𧶠賣也重也長也動也說文衒也或作儥 儥同上 棛車覆欄也 錥鋗錥溫器 煜火光
又燿也 焴同上 昱日光 雈爾雅云雈山韭 淯水名出攻離山 蜟復蜟蟬未蛻者出論
衡 𠬞兩手捧物說文音匊 堉壯土肥也 喅音聲 𤰈生田 䁺望也又目明也 逳
步也轉也行也 𦯡草名也 驧馬跳躍也說文曰馬曲脊也渠竹切十二 䮘同上 趜
趜趞 𩷯魚名 鵴鵴鳩鳲鳩又音菊 䳇同上 鞠蹋鞠以革爲之今通謂之毬子又菊麴二音
㲘皮毛丸也 蝌說文曰蝌鼀詹諸以脰鳴者也 踘蹋踘也 𧮯谷名在上艾 匊曲脊
皃。鼀蝌鼀七宿切三 蹴蹴踏 殧殄也。肉骨肉如六切俗作宍三 衄鼻出血俗作衄
又尼六切 鮛魚子一曰魚名。粥糜也之六切五 喌呼鷄聲亦作咮 祝巫祝又太祝令官名周禮
曰太祝掌六祝之辭以事鬼神祈福祥求永貞亦音呪又姓後漢有司徒中山祝恬 柷柷敔又音俶又爾雅曰祝
州木髦柔英本亦作祝 琡璋大八寸又音俶。叔季父亦姓左傳魯公子叔弓之後光武破虜將軍叔壽又
漢複姓二氏後漢有犍爲叔先雄左傳魯有大夫叔仲小式竹切十三 儵青黑繒 倏倏忽大走疾也 透
驚也又他豆切 虪爾雅云虪黑虎又音育 倐疾也長也 鮛爾雅曰鮥鮛鮪郭璞云鮪鱣屬也大者名
王鮪小者名鮛鮪 掓拾也 𢞦疾也 儵飛疾之皃又音蕭 尗豆也 菽同上 潚

水波。蓄 蓄冬菜也許竹切又丑六切十 稸 上同 畜 養也說文曰田畜也淮南子曰玄田為畜又丑六許救二切 𤲃 畜上同說文云魯郊禮畜从田从茲茲益也 㜅 媚也 鄐 晉邢侯邑又姓漢有鄐熙為東海太守 蓫 羊蹄菜又丑六切 遂 上同 慉 起也詩云不我能慉 䁍 細視。竹 說文作个冬生草也象形下垂者箁箬也史記曰渭川千畝竹其人與千戶侯等亦姓本姜姓封為孤竹君至伯夷叔齊之後以竹為氏今遼西孤竹城是後漢有下邳相竹曾張六切六 竺 天竺國名又姓出東莞後漢擬陽侯竺晏本姓竹報怨有仇以胄始名賢不改其族乃加二字以存夷齊而移於琅邪莒縣也又冬毒切厚也俗作竺 筑 筑似箏十三弦高漸離善擊筑說文曰以竹為五弦之樂也又爾雅曰筑拾也又音逐水名 築 擣也 篁 古文 茿 萹茿也似藜赤莖生道傍可食。蹙 迫也促也近也急也子六切十七 踧 踧踖行而謹敬 [虫就] 蝍[虫就]蚑螻也 㕡 說文嘆也本音寂 慼 慼俗慼也 噈 欶噈口相就也 摵 到也 槭 木可作大車輮 殧 死也 歠 取氣皃說文本才六切歐歔也 [竹戚] 笡也 縬 縮也又縬文也又側六切 𢽎 𢽎悲皃 䐹 䐹腺膏澤也 顣 顣頞鼻頭促皃 [衣戚] 好衣皃 蹴 蹋也又七六切。珿 齊也初六切六 矗 直皃又敕六切 𨅔 廉謹皃 閦 衆也出字統或作閦 䟞 小豆 𪍴 飛皃。朒 朒朓而月見東方謂之縮朒女六切八 恧 慙也 聽 上同 忸 忸怩 衄 鼻出血又挫也又音肉 蚴 蚴蜓即蚰蜓也 䋴 刺 沑 濉沑水文聚 縬 縬文也側六切二 𡏮 塞也。蝮 蝮蛇又姓乾封元年改武惟良為蝮氏芳福切八 覆 反覆又敗也倒也審也又敷救切 蕧 蕧盆草 䯱 廣雅曰假髻也 副 剖也又敷救切 𡐝 地室 𥨍 同上 葍 葍蕾草名又音富 郁 文也亦郁郅縣在北地又姓魯相有郁貢又虜三字姓二氏後魏書云蠕蠕姓郁久閭氏又北方郁原甄氏後改為甄氏於六切二十 戫 有文章也 彧 上同 燠 熱也又音奧 栯 栯李又音有俗作椰 噢 噢咿悲也 墺 墺壤 䐩 鳥胃 薁 蘡薁 澳 隈也水內曰澳 隩 上同又音奧 䉛 可以漉米 㰲 愁皃 鄭 姓出姓苑 䵹 黑 䩭 䳼 羗裘之縫又千逼切 䋴 褻䋴盛皃 懊 貪也愛也又音奧 彧 吹氣也 喐 喉聲 䱢 溫

肅 恭也敬也戒也進也疾也又州名古月氏國地漢匈奴昆邪王殺休屠王并其衆來降遂置酒泉郡後魏以酒泉為甘州隋分福祿縣置肅州亦姓出姓苑息逐切二十三 宿 素也大也舍也說文作㝛止也左傳曰一宿為舍再宿為信又姓風俗通云漢有鴈門太守宿詳又虜複姓後魏末有賊帥勤宿明達又虜三字姓後魏書宿六斤氏後改為宿氏又息救切 蓿 苜蓿史記云大宛國馬嗜目蓿漢使所得種於離宮 夙 早也說文作𡖋早敬也从丮持事雖夕不休早敬者也丮音戟又姓魯大夫季孫夙之後 㑉 佡 並古文出說文 玊 朽玉又琢玉工又姓後漢有玊況字文伯光武以為司徒 鷫 說文曰鷫鷞也五方神鳥也東方發明南方焦明西方鷫鷞北方幽昌中央鳳皇 鶐 上 蟰 蟰蛸俗呼喜子詩曰蟰蛸在戶又音蕭 驌 驌驦馬名 𦒋 翽翽鳥羽聲又音縮 䬕 風聲 鱐 魚腊 䃤 黑砥石又音蓧 𤨏 朽玉又姓也 潚 深清也亦姓漢有潚河 橚 木長皃 摍 擊也 䑿 舳䑿船名 偑 傴偑不伸 璛 姓也 𢿣 打也。目 釋名曰目默也默而內識也說文曰人眼象形重童子也莫六切十一 睦 親也敬也又和睦也亦西胡姓 穆 和也美也敬也厚也清也又姓漢有穆生 苜 苜蓿 䀲 爾雅注 牧 養也放也使也察也司也食也說文曰養牛人也又姓風俗通云漢有越巂太守牧根 坶 坶野郊近地名古文尚書作此坶說文作坶 繆 禮記有繆公又姓也又靡幼切 菖 菖蓿菜 㣿 說文曰細文也今作㣿同 痻 痻病。圑 圑圑于六切又于救切二 唷 吐聲。蓄 蓄冬菜詩曰我有旨蓄鄭玄云蓄聚美菜以禦冬月乏無時也本亦作蓄丑六切十 稸 同上 滀 水聚 苖 蓨苖也又他六徒歷二切蓨音挑又音剔 蓫 羊蹄菜 遂 上同 𢻰 病皃 儵 傴偑不伸 鄐 地名在晉 矗 直也齊也。砡 𥓋頭皃 䱎 魚名 歜 說文曰歜歜也才六切

[二 + 聿]。沃 灌也說文作渓又姓太甲子沃丁之後出風俗通烏酷切七 鋈 白金 鸄 魚名又音候 胃 胃膜又音屋 瞖 目瞋 䐿 治角也又戶角切 鸆 馬腹下聲。毒 痛也害也苦也憎也說文作毒厚也害人之草往往而生徒沃切八 毐 見上注 䓯 萹竹草 蝳 蝳蜍 瑇 瑇瑁又音代 纛 左纛又徒到切 幬 上同 碡 碌碡田器。篤 厚也說文曰馬行頓遲冬毒切十一 竺

地名說文厚也督率也勸也正也說文察也一曰目痛也又姓風俗通云漢有五原太守督瓚俗作督裻衣背
縫也䄷𪇆並上同鋈鑊舌䜘瓡敊硻磬砿玉篇云落石也裻新衣聲又先篤
切启尻居俗酷虐也說文曰酒味厚也苦沃切六焅熱氣𥝩禾熟嚳帝嚳高辛
氏也說文曰急告之甚也硞碌硞石狀峼山皃鵠鳥名又姓姓苑云今東海人胡沃切八䧿
鳥白也翯鳥肥澤也詩云白鳥翯翯又音學隺高也熇灼也䯉鼻高皃閣門聲
礐石礐僕僮僕說文曰給事者也漢書曰太僕秦官掌輿馬亦姓風俗通云漢有渾梁侯僕多又虜複姓後魏
書僕蘭氏後改為僕氏蒲沃切六𥈗古文鏷鏷鏻矢名案左傳曰曾莊公以金僕姑射南宮長萬字不從金
䗱䗱蠃又䗱蝏蟲轐車伏兔也鸔鸔鸔飆雨聲先篤切二裻新衣聲梏手械
紨所作也古沃切九牿牛馬牢也䧿䳟鵠鳥名似鶴𥞊禾皮又地名告又音誥告上曰告發
下曰誥郜國名又音誥祰說文云告祭也𨺗說文云大阜也𪗫治象牙也瑁瑇瑁
莫沃切又莫代切五𣕚門樞橫梁媢夫妬婦艒艒𦩷船名萺草也熇熱也火酷切四
臛羹臛又音郝嚛食新也㰵氣出皃又音躅褥小兒衣一曰小兒也內沃切又而蜀切四傉
虜三字姓有庫傉官氏耨釋典云阿耨搙捻搙傶邑名又姓將毒切三𣫚穿也鋅
姓也襮黼領沃切三犦犎牛出合浦郡鸔鳩鳥鸔水鳥名濼水名在濟陽盧毒切又力各切一
㸿白牛五沃切又音岳一

三

燭燈燭也禮曰嫁女之家三日不息燭世本曰石季倫以蠟燭炊又姓
左傳秦大夫燭之武之欲切十三屬付也足也會也官衆也儔等也經典作屬又音蜀屬俗矚
視也𦇧綴帶也噣託也鸀鸀鳿鳥𧾷蜀小兒行皃歜吹氣也噣噣喁鳥名蠾
蚤也方言云鼅鼄自關而東趙魏之郊或謂之蠾蝓又音蜀䎌弓衣又六欲切蠋蠋蝸玉白虎通曰
玉者象君子之德燥不輕濕不重是以君子寶之禮記曰執玉不趨又烈火燒之不熱者真玉也說文本作王隸加點以別王
字魚欲切四獄皐陶所造說文确也从犾从言二犬所以守也鳿鸀鳿鳥頊人頊頫又音勗

旭說文曰日旦出皃一曰明也許玉切五頊顓頊高陽氏也又謹敬皃勗勉也䫘顒䫘出聲
譜䴵上同輂禹所乘直轅車說文曰大車駕馬也居玉切十二桊纏臂繩也又居願切鋦
以鐵縛物挶持也𦥑斂手梮輿食器也𨏥說文曰直轅車𨏔縛也𦦉舉食者名𦦉
𩋫暴子纏連者說文約也拲兩手共桔又巳奉切𥾊素屬𦥯曲角局曹局又分也說文促也渠
玉切五跼跧跼又曲也俛也促也駶馬立不定侷侷促短小𦓐耕也蜀巴蜀說文
曰葵中蠶也淮南子云蠶與蜀相類而愛憎異也亦作蠋市玉切十二韣弓衣又徒谷切蠾蠾蝓蜘蛛欘
木似柳葉大也襡玉篇云長襦也連署衣也襩上同𠍿㑘倲動皃襡短衣又大口切屬
附也類也又音燭屬俗瓙瓙玉鐲溫器又直角切觸突也尺玉切四𤛛古文歜
怒氣亦人名齊宣王時有高士顏歜或作斶說文曰陳臅狼臅膏也辱恥辱又汚也惡也又姓出姓苑而蜀切十一
蓐草蓐又薦也說文曰陳草復生也一曰蔟也褥氈褥鄏郟鄏地名在河南縟文采溽
溽暑濕熱𢧵矛戟技也媷懈惰嗕蠹嗕嫉皃又西羌名䢰黑垢鼏鼎束
縛也又姓本自踈氏避難除足姓束左傳晉有束晳書玉切二倲倲偶欲貪欲也余蜀切九浴洗浴
說文曰洒身也洒先禮切鵒鸜鵒鳿同上鋊炭鉤又銅屑也漢書曰磨錢取鋊輍車枕前也
慾嗜慾豂獨俗獸谷山谷爾雅曰水注谿曰谷說文曰泉出通川爲谷亦虜三字姓吐谷渾氏又音
穀躅躑躅直錄切三蠋同上蠾蠾蛸蟲名錄采錄說文曰金色也又錄事職官要錄云總錄
衆事力玉切十七淥淥水名在湘東又姓何氏姓苑有淥圖為顓頊師覾眼曲視也綠青黃色永
徽二年始七品六品服綠飾以銀八品九品服青飾以鍮石至文明元年又改青服碧色醁美酒騄騄駬駿馬
名娽隨從又音鹿菉草菉蓐逯謹也又姓風俗通云漢有大司空逯並後趙錄有金紫光祿大
夫廣平逯明西征記有逯明壘云是石勒十八騎中人鯥魚名籙圖籙碌碌石綠色本又音祿趢
恭錄也𧩓謹也趢趢趗行皃睩目睩暗𣀣剝聲又曲委曲說文作㔿象器曲受

物之形又姓晉穆侯子成師封於曲沃
後氏焉漢有代郡太守曲謙丘玉切四 鮦魚名 苖蠶薄漢書周勃織薄
苖爲生亦作苖 匤匤匪也 瘃寒瘡也陟玉切七 瘃上同 孎謹也又陟角切 斸斫也
又钃也 钃上同 欘枝上曲一曰斤柄 豖豕行皃又丑足切 足爾雅云趾足也又滿也止
也從口止即玉切又將喻切二 哫楚詞云哫訾慄斯王逸謂承顏色也 贖說文貿也神蜀切又音樹三 鸀
鸀鳿也又似足切 𡕬姓也梁四公子𡕬䰇之後 幞帊也又幞頭周武帝所制裁幅巾出四腳以幞頭乃名焉
亦曰頭巾房玉切二 襆上同 促近也速也至也迫也七玉切六 誎飭也 趗趗速 踀迫也
𤎂弗𤎂炙具 𤞞宋良犬又七雀切 續繼也連也又姓舜七友有續牙似足切四 俗風俗說文
習也 藚藚斷藥名一曰牛脣又名水舄 鸀白鸀鸀也 粟禾子也淮南子曰昔蒼頡作書而天雨粟又姓
袁紹魏郡太守粟舉相玉切七 𥹉說文 慄上同見慄斯 涑水名在河東又蘇侯切 𣰈𣰈毹
蜀毛 玉西番國名亦姓又香救切又新菊切 剭細切 𩍓絡牛頭封曲切一 梀梀𣗥木名丑玉切
切七 亍彳亍 𥻸字書曰𥻸粷米 趢趢趗皃行 豖豕行皃又知足切 𡊅牛馬所蹈
之處 豖說文曰豕絆足行豕豕也 [四]覺曉也大也明也寤也知也古岳切又古孝切十八 斠
平斗 角芸也競也觸也說文曰獸角也又角抵戲漢武帝故事
斛 曰未央庭中設角抵戲角抵者六國時所造也使角
力相抵觸亦大角軍器徐廣車服儀制曰角前世書記所
不載或云本出羌胡以驚中國之馬也又姓後漢有角善叔 桷
椽也 較車箱又直也略也又古孝切 較說文曰車騎上曲銅也 玨二玉相合爲一玨 㲉
上同 䮯馬腹下聲 觷飾杖頭骨又胡歷切 榷以木渡水今之略彴也 捔掎捔 搉揚搉
大舉又音確 𥉗明也 梏直也又古沃切 傕後漢有李傕 騅馬白額 䶂樂器
嶽五嶽也五角切八 岳上同 樂音樂周禮有六樂雲門咸池大韶大夏大濩大武又姓出南陽本自
有殷微子之後宋戴公四世孫樂莒爲大司寇 鸑鸑鷟鳳屬國語曰周之興也鸑鷟鳴于岐山俗作嶽鳥 頢說文
云面前岳岳也 觷爾雅云角謂之觷治角也或作㰒又音學 捔抨捔 㹊說文曰白牛也 浞水濕

士角切十二 丵叢生草 鋜足鎖 灂瀺灂 鷟鸑鷟 捔攙捔組織亦作敵 嶨
山下有水冬無水 篧魚罩音捉 汋說文曰激水聲也一曰井一有水一無水爲瀱汋 齱齒相近皃
嶌速也或作遫 簎取魚箔也 捉捉搦也側角切七 穛早熟穀 𥽷上同 穱
稻處種麥 斮斬又側略切 籗魚罩 蕉藥毒 朔月一日又幽朔也命和叔宅朔方北方也又姓
何氏姓苑云南陽人俗作朔所角切十二 欶口噏也 嗽上同 稍矛屬通俗文曰矛丈八者謂之稍
槊上同 蒴蒴藋藥也 數頻數 箾說文曰以竿擊人又舞者所執又蘇彫切 𦄦絨也 𣛭
木名 揱纖也又長臂皃又音消 罬罦罬 斲削也竹角切十九 涿郡名 諑訴也
王逸注楚辭云諑猶譖也 㧻擊也椎也 琢治玉 孎謹孎 卓高也又姓蜀有卓王孫 桌
古文 𠦝說文曰特止也 啄鳥啄也又丁木切 斀說文云去陰形 啅衆口 噣鳥生子能
自食 𧱝龍尾 豚上同 倬大也 晫明也又敕角切 𢻮打也 菿說文云草大也本音
到又陟孝切 剝落也削也割也傷害也北角切十四 駁六駁獸名似馬鋸牙食虎豹 駮馬色不純
𣪛指聲 𦢊皮破 曝李頤注莊子云曝放杖聲又孚邈切 𦚹筋手足指節之鳴者亦作肑 肑
上同 爆火烈又北教切 鸔鳥鸔鳥又鸔博沃切 髉髇骲 𤿎皮起 𦢷亂雜 趵
足擊 邈遠也亦作邈莫角切九 藐紫草 𧟂說文美也 眊目少精 皃皃人類狀本莫
教切 毣好皃 瞀目不明也 𢱧打也 䀛美目 雹說文曰雨冰也蒲角切二十 䨔
古文 擈相擈亦作撲 跑秦人言蹴 駮獸名似馬一角 駁上同 骲骲箭 鰒魚名
䈏竹名 瓝瓜瓝也 瓟上同 瓝上同出說文小瓜也 暑嗃暑大呼說文作暑云大呼自
冤也 犦犎牛又甫沃切 豰說文云小豚也 窇廣雅曰窖也 約帶也 𦢊車弊肉胅起
懪煩悶也 㩧擊聲又匹角切 璞玉璞匹角切十五 㩧擊聲又蒲角切 樸木素 朴
上同又厚 𤛾牛未虡 攴楚也又普木切小擊也 墣說文塊也淮南子曰水勝土也非以
朴藥名

一墣塞江 圤上同 颮颮颮紛紛衆多皃 鞄攻皮之工 㬥自寬本蒲角切 炇火裂 覌

玉篇云父視 玨玨批 貞卜財盈 㱿皮甲又說文曰从上擊下也一曰素也苦角切十九 㱿打㱿

頭 愨謹也善也愿也誠也 搉擊也又音角 確靳固也或作碻 碻同上 皵㲉皵皮乾

㲉鳥卵 㲉盛脂器也 燩廣雅云火乾物 礐爾雅云山多大石礐 礐同上 塙高也

歡同上 歆至也高也 硞固也 肯說文曰象隸省作肯 埆墝埆不平 圁

鞭聲 濁不清也又姓漢書貨殖傳云濁氏以胃脯而連騎直角切十六 擢拔也抽也出也 濯澣濯又姓

風俗通云翟鞮之後 鵫白鵫鳥 嬥直好皃 藋蒴藋 鐲似鈴又音蜀 斸爾雅云拘

斸謂之定斸鉏也拘音劬本亦作斫斸斸斸陟玉切 𤢂獸名 鸀小鳥似烏赤喙出西方 蠗小蟹名

鸐山雉長尾 蠾龍蠾 𢥞不安 霍大雨霍霍 戳築也舂也本又敕角切 渥霑濡

於角切十七 握持也 偓偓促又姓列仙傳有偓佺 箹小籥 幄大帷三禮圖曰在上曰帟四旁

及上曰帷上下四旁悉周曰幄 楃說文曰木帳也 喔雞聲又喔咿強顏皃 鷽山鵲又音學 葯

白芷也 腛厚脂 黳刑也又作剭 齷齷齪齒相近 媉好皃 葹英蘱 龏蘋藏

也 嚳誥聲也 鷽馬腹下鳴 搦持也女角切又女厄切六 掉正也又杖吊切 𢸊屋角一曰

調弓也 觩同上 搙搵也 觻也 趠遠也一曰驚走又作趠敕角切五 趠同上 晫

明也 踔跛也 戳授也刺也戳枝也痛也敕丑六切 犖駁犖牛雜色又卓犖也呂角切三 礐礐礭

石相扣聲 嚛啅嚛有才辯俗 學說文與斅同覺悟也斅今音效又姓出姓苑胡覺切九 确說文磽确

曰礐石也 嶨山多大石又音殼亦作礐 嚳敲 鷽山鵲赤喙長尾知來而不知往 㶅洄泉

治角之工 䧨鳥白又鳥肥 翯鳥肥澤 吒怒聲許角切十 豞豕聲 𧪨急束 翯

澤 㲉歐吐左傳褚師聲子襪而登席公怒辭曰臣有足疾君將殼之說文從口 藐草聲 謞讒慝

瀥瀥瀑水涌 醳醋味 㵐水皃 娖謹也測角切八 碌礫碌 躅齒相近聲 娕

恭謹皃 擉司馬彪注莊子云擉鼈刺鼈又音踔 齱漢書云握齱急促也 笮箸火帶 齪具闕孔

五質

質朴也主也信也平也謹也正也又姓漢書貨殖傳云質氏以酒削而鼎食注云理刀劍也之日切又音致

十五 晊大也 郅郁郅古縣名又姓漢有郅都 桎桎梏在足曰桎 櫍椹行刑用斧櫍 蛭

水蛭博物志曰水蛭三斷而成三物 騭騭馬又書曰惟天陰騭下民傳云騭定也 劕劕劑券也長曰劕短曰劑

周禮作劕劑 銍縣名 䐭䐭䏶箭瘡藥 鑕斧也 嚌野人之言 懫止也 礩柱下

石也 侄堅也又牢 日說文曰實也太陽精不虧从口一象形人質切五 馹驛傳也 衵女人

近身衣又女乙切 㠴枕巾也 臸到也 實滿也誠也神質切一 秩積也次也常也序也書曰

望秩于山川直一切十二 紩縫紩 帙書帙亦謂之書衣又姓出纂文 袠同上 柣門限 眣

眣眣飛皃 姪兄弟之子又音迭 妷同上 豑說文曰爵之次弟也 鉄帆索 趃走皃 戜

大也 悉說文云詳盡也息七切九 厀脛節也 膝同上 蟋蟋蟀蛬也 藤牛藤又作

蒸本草作膝 蒁同上 糔糔糱聲 僁僁僁動也 窸从穴出也 一數之始也物之極也

同也少也初也又虜三字姓後魏書一那蔞氏後改為蔞氏於悉切三 弌古文 壹專壹又合也誠也輩也醇也

也又虜三字姓後魏書云壹斗眷氏後改為明氏 七數也親吉切十 漆水名在岐又姓古有漆沈為魯相何

氏姓苑云今豫章人又漢複姓孔子弟子漆彫開 柒俗倣此 䣛地名在齊 鶔鳥名 桼膠桼

說文曰木汁可以髹桼物从木象桼如水滴而下也經典通用漆 蕀俗 㯃木名可為杖也 蔡草似蘇也

榛秦有榛娥臺 匹偶也配也合也二也說文云四丈也从八匚八揲一匹俗作疋譬吉切四 鵯鶅鵯

鳥 𠯁唾呃呃 肶肶牝 吉吉利又姓出馮翊尹吉甫之後漢有漢中太守吉恪居質切八 趌

趌趨怒走也 狤狂也 拮拮据手病詩傳云拮据撠挶也又音結 趩走意 郶郶成山 佶

水 𪑩黑皷 暱近也尼質切七 昵同上 衵近身服 𪏮膠黏 𩐊同上 𧓕

小蝨 𢤌媿𢤌 逸過也縱也奔也說文曰失也从辵从兔兔謾也善逃也夷質切十二 佚佚樂 佾

八佾之舞佾行列也　溢滿溢　軼車過又突也又同結切　鎰國語二十四兩爲鎰又禮曰朝一溢米

注謂二十兩曰鎰　泆淫泆　齸廣雅云麋鹿受食處　劮劮豫也　昳眣也　駃馬走疾　駃

鋪鼓鳥也　詰問也責讓也去吉切四　蛣蛣蟩蛣蜣又蛣蝠蝎也　䮗馬色　趌趌趨怒走也又

音吉　。欯笑也許吉切五　欪訶也又丑律切　咭笑又巨吉切　恄怖也　佶行也　。抶

打也丑栗切四　咥笑也　眣目不正也　跮蹠也又丑利切　栗堅也又果木也漢書曰燕秦千樹栗

其人與千戶侯等又姓漢長安富室有栗氏力質切十九　㮚上同說文作此　䰕古文　慄戰慄懼也　溧

溧水縣在宣州　颲颲颲暴風　剽斷也削也　鷅鶹鷅流離鳥　凓凓冽寒風　篥觱篥胡樂

麜麢麜牡麜牡麜麋也　軔判也　瑮王之英華羅列皃　⿰糸栗蒸栗色綵　塛塞也　搮以手

理物　⿱艹栗草名　嘌嘌栗言不了也　⿰山栗山　。窒窒塞也陟栗切又丁結切十二　挃撞挃　庢

盩厔縣在京兆　銍刈也說文曰穫禾短鎌也又古縣名在譙　秷刈禾聲　侄傺侄愛觸忤人也　跌

手拔物也　㗌㗌咄吐呵也　⿰齒至齧聲　⿺辶至近也　螲螲蟷蛣也　⿰矢至短也　。疾病也急也秦悉

切十一　疾籀文　嫉嫉妬楚詞注云害賢曰嫉害色曰妬　蒺蒺蔾　㑵廣雅云賊也　螏

爾雅云蒺蔾蝍蛆郭璞云似蝗大腹長角能食蛇腦亦作螏蟄　揤揤栻　愱愱毒苦也　槉屋枅　⿰口疾

[illegible]　⿰言疾語急　。𠠝割聲也留栗切四　𠞊上同　⿰齒率齧也　⿰言率[illegible]⿰言率陰私語也　。失錯也縱也式質切三　室

房也易曰亢居而野處後世聖人易之以宮室釋名曰室實也人物實滿其中也周書曰黃帝始作宮室呂氏春秋曰高元作

宮室　⿰革室刀鞘　。堲夏后氏堲周葬也資悉切八　[illegible]鼠聲　唧啾唧聲　汁水潸

也　抶抶擿　蝍蝍蛆別名　蝍蝍蛆又音即　楖楖栗木名　蜜蜂所作食山海經云穀城之上

足蜂蜜之廬亦蟲名彌畢切九　蠠上同　謐靜也慎也安也　醓飲酒俱盡　榓木榓樹名　𥁕

式器　宓安也默也寧也止也　淧淧溢也　瞌瞌瞌不測也　。必審也然也說文曰分極也从八

弋弔吉切二十七　畢竟也說文作畢曰罔也又姓出泰山本畢公高之後晉有畢卓　篳織荊門也說文曰藩

落也春秋傳曰篳門圭窬　蓽上同　韠胡服蔽膝說文曰紱也所以蔽前也下廣二尺上廣一尺其頸五寸一命

縕韠再命赤韠俗作韡　⿰王畢上同　⿺走畢漢書曰出稱警入言⿺走畢顏師古曰警者戒肅也⿺走畢止行人也　蹕

上同　滭滭沸泉出皃亦作觱見詩俗作觱　⿰畢戈盡也　鷝鷝鴝鳥名白面青色　觱觱篥或作篳說

文作觱云羌人所吹角屠觱以驚馬也　珌佩刀上飾　⿰冫畢寒風　熚火皃　⿰女畢廣雅云毋也　彃

射也　⿰木畢木名　縪冠縫也說文止也　鮅爾雅曰鮅鱒郭璞云似鱒子赤眼　饆饆饠餌也　⿰金畢

簡⿰金畢爾雅曰簡謂之畢注謂簡札也俗從金　𠦒弃糞器說文方干切箕屬　⿰山畢道邊堂⿰山畢如墻也　⿰畢攴畫韋

曰鞸　⿰示畢竈上祭　罼兔罟　。姞姓一曰字史記云姞氏爲后稷元妃巨乙切五　佶正也閑也　鮚

說文云蚌也漢律會稽獻鮚醬二升　趌直行　狤狂狤　。邲地名在鄭又美皃毗必切二十一　比

比次又毗妣鼻三音　柲偶也　馝香也又虜複姓後魏書馝邦氏後改爲邦氏　苾說文曰馨香也詩曰

苾苾芬芬　⿰革必車華　佖有威儀也　鮩魚名　駜馬肥　坒相連　飶食之香者　縪

給也又必覓切　鮅魚名　怭慢也　泌水泱流又必媚切　⿰酉必飲酒俱盡　⿰虫必黑蜂　吡

嗚吡吡亦作㗉　⿰必欠吹⿰必欠　㗉言不了　妼女有容儀　。⿵風必大風也于筆切五　⿱曰川說文曰水

流也　汩上同　蒁草名　抶擊皃　。率循也領也將也用也行也說文曰捕鳥畢也象絲罔上下

其竿柄也俗作㪖所律切十　帥佩巾又將帥亦姓本姓師晉景帝諱改爲帥氏晉有尚書郎帥昺又所類切　蟀

蟋蟀　⿱率虫上同　䢦先導　𠞊割也斷也出埤蒼　⿰衣率裾⿰衣率短衣　⿰口率⿰口率飲酒皃　⿰亻率行皃

衛循也說文曰將衛也　。叱呵叱也又虜複姓九氏見錄有將作大匠叱干阿利西魏有開府叱奴興南陽公叱

羅協後魏官氏志有叱呂氏叱門氏叱利氏叱李氏叱列氏叱盧等氏亦虜三字姓周有侍中叱伏列龜其傳云代郡西部人昌栗切一

書　。幽[illegible]聲在叱切一　。密說文云山脊也又靜也亦州名古姑幕城秦琅邪郡隋爲密州因水以名之又姓漢有尚

書密忠又漢複姓三氏何氏姓苑云密茅氏琅邪人又有密革氏密須氏俗作宻美畢切十　峃山形如堂　蔤

荷本下白　宓埤蒼云秘宓又音謐　滵滵汩水流皃　沕塵濁　樒香木　⿱宓日不見皃　⿰密鳥

鳥名 [illegible] [illegible][illegible]不可測量也。弼 輔也備也房密切十 弻 上同説文作此 [illegible] [illegible] 並古文 拂 拂秜禾重生 [illegible] 輔也 駜 馬肥 胇 胇肸大皃 邲 地名 佖 威儀備也。乙 辰名爾雅云太歲在乙曰旃蒙亦姓前燕有護軍乙逸又虜複姓三氏後魏獻帝命叔父之胤曰乙旃氏後改為叔氏前燕錄有高麗王乙弗利後魏有都督乙干貴又虜三字姓有乙速孤氏於筆切三 鳦 燕也説文本作乙燕乙玄鳥也齊魯謂之乙取鳴自呼象形本鳥轄切或从鳥 [illegible] 貪也。耴 贅耴魚鳥狀也魚乙切又女涉切七 聉 無知意也 [illegible] 斷也 [illegible] 水流皃 圪 高皃 [illegible] 舟行 劜 動劜 筆 秦蒙恬所造爾雅曰不律謂之筆韓詩外傳周舍為趙簡子臣墨筆操牘從君之後伺君過而書之鄙密切九 潷 去滓 鉍 矛柄 柲 柄 泌 泌瀄水流 [illegible] 方言刺也亦作秘 咇 咇嚀多言 㻶 青白玉管天之所授 蹕 走也 茁 草牙也徵筆切又鄒律莊月二切一 肸 肸蠁俗作肹羲乙切一。暨 姓也吳尚書暨豔居乙切又其既二音一。蛭 蛭蝚丁悉切又之日切一。獝 狂也況必切一

〈六〉術 技術説文曰邑中道也又姓食聿切十一 述 著述説文循也又姓風俗通云魯大夫仲述之後也 秫 穀名 朮 上同 沭 水名在琅邪今休陽縣在海州 噊 爾雅曰危也又音聿 袕 爾雅袕謂之褮謂衣開孔也褮音瑩 潏 爾雅曰小沚曰坻人所為潏謂人力所作又音聿音譎 鱊 小魚名爾雅曰鱊鮬鱖鯞又音聿 驈 黑馬白髀又音聿 蟜 蟜蟥也又音聿。橘 果名周禮云橘踰淮而北為枳居聿切八 蕎 草名 繘 汲綆又餘律切 趫 走意 趫 上同 [illegible] 晉也 肞 姓也出韻譜 [illegible] 月在乙也。崒 山高慈卹切四 踤 推踤又觸也駭蹋也 譎 讓也 捽 把捽。聿 循也遂也述也説文曰所以書也楚謂之聿吳謂之不律燕謂之弗秦謂之筆餘律切二十一 鴥 飛快 燏 火光 遹 述也自也一曰遵也 鷸 鳥名 驈 黑馬白髀又音述 繘 汲綆又音橘 [illegible] 疾風 潏 水流皃 矞 説文曰以錐有所穿也一曰滿也 霱 霱雲瑞雲太平亦作矞 蟜 蟜蟥也 建 行皃 茟 草木初生 欥 詞也 鱊 小魚名 噊 鳥鳴 繂 律長 銉 針銉 [illegible] 飛[illegible] [illegible] 融出 卒 終也盡也子聿切又倉沒切又則骨切五 [illegible] 終也 [illegible] 鯈鮪別名 欶 飲也玉篇云吮也 啐 聲窣律。卹 分賑辛聿切十五 恤 憂恤 戌 辰名爾雅太歲在戌曰閹茂又滅也 訹 謏訹誘也謏蘇了切 珬 珂屬 謐 靜也又音盡 [illegible] 小鳥名 賉 賑賉 泧 水流泧泧 [illegible] 口鳴[illegible][illegible] 蛓 海蟀 鉞 鋸聲 欰 鳴欰 [illegible] 不能行也 [illegible] 頓下。律 律呂又律法也呂卹切八 寽 持取今寽禾是 繂 繩船上用亦作繂 膟 腸間脂説文曰血祭肉也又作膟 [illegible] 音譜云草子甲 葎 蔓草有刺 [illegible] 竹笲也 [illegible] 鳴也亦作啐。黜 貶下也亦作絀丑律切八 怵 怵惕 趉 走也 炪 火光 跊 獸跡 㤕 憂心也又音窋 [illegible] 獸名 欪 訶也又許吉切。㤕 憂心也竹律切八 窋 物在穴皃又丁骨切 絀 縫也 [illegible] 短皃 㑁 同上 [illegible] 走皃 [illegible] 面短皃 泏 水出皃。朮 藥名直律切三 苿 同上 炢 煙出。出 進也見也遠也赤律切又赤季切一。焌 火燒亦火滅也倉聿切一。[illegible] 吳人呼短叕側律切二 貀 雞見出殻聲 崛 危崛皃魚勿切二 [illegible] 飛去皃許聿切四 惐 狂也 [illegible] 小風皃 眣 深目皃

〈七〉櫛 梳也阻瑟切六 楖 上同見周禮 瀄 瀄汩水聲 [illegible] 哎嚌 [illegible] 秜秜禾重生秜音弼 擳 擳柽擳櫛切六 瑟 樂器出本日庖犧作瑟所櫛切六 飋 飋飋風也 蟋 蟋蟀又音悉 蝨 蟣蝨淮南子云大廈成而燕雀相賀湯沐具而蟣蝨相弔俗作虱 璱 玉鮮絜皃今為之璱璱者其色碧也 [illegible] [illegible][illegible]色也亦作[illegible]。[illegible] 齒聲側瑟切一

〈八〉物 萬物也又旗名周禮雜帛為物説文曰牛為大物天地之數起於牽牛故从牛勿文弗切九 勿 無也莫也説文曰州里所建旗也象其柄有三游雜帛幅半異所以趣民故遽稱勿勿又作㫚 㫚 上同 芴 土瓜 岉 崛岉高皃 伆 離也又武粉切 [illegible] 遠也 昒 尚冥也又音忽 沕 沕穆微也。弗 説文撟也分勿切二十 紱 綬也 黻 黼黻 綍 大索葬者引車 紼 上同 芾 草木盛也 市 説文曰韠也上古衣蔽前而已市以象之天子朱市諸侯赤市大夫葱衡从巾象連帶之形經典作芾 韍 同上 不 與弗同又府鳩方又二切 邞 姓也漢有九江太守邞修 翇 説文曰樂舞執全羽以祀社稷也周禮作帗 柫 連枷打穀者出方言 [illegible] 大也 髴 婦人首飾 犮

寒冰皃 帗毛毲也又音撥 颰風皃 第輿後第也 㷉煋㷉鬼火說文作𤊬 由鬼頭 鬱香草又氣也長也幽也滯也腐臭也悠思也說文曰木叢生者又姓出姓苑紆物切十二 欝俗 灪灪㶓大水 爩煙氣 餐飴和豆也 黦黃黑色也 礶鬱礶小石 苑藥草又音苑 尉說文作尉从尸又持火所以申繒也亦姓古有尉繚子著書又虜複姓有尉遲氏其先魏氏之別尉遲部因而氏焉後單姓尉唐有將軍尉遲敬德又於魏切 熨火展帛也說文本作尉見上注 蔚草名又曰無子蔚也亦州名春秋時屬晉後入趙秦滅趙爲代郡東魏置北靈丘郡周宣帝置蔚州也 鬱說文云芳草也 亥無左臂也九勿切又九月切十 孑上同說文作此 ⿰糸屈衣𦎐 厥夏曰獯鬻殷曰鬼方周曰獫狁漢曰匈奴魏曰突厥出漢書音義又音蕨 屈屈產地名出良馬亦姓楚有屈平又音詘 鶌爾雅曰鶌鳩鶻鵃郭璞云似山鵲而小短尾青黑色多聲 趉走皃 豩豕豩土也 ⿰屈刂剖⿰屈刂曲刀 ⿰足屈律⿰足屈多力 屈拗曲亦姓又虜複姓屈突氏又羌複姓有屈男氏區勿切三 詘辝塞 ⿰虫屈蛣⿰虫屈蟲 倔倔強物切九 ⿰足屈足多力也 崛山短而高 屈短尾鳥 ⿰衣屈衣短 ⿱屈犬短尾犬 堀說文曰突也引詩曰蜉蝣堀閱 豩豕豩地 掘掘地

佛弁子曰漢明帝夢神人身有日光飛在殿前以問群臣傅毅對曰天竺有佛將其神也學記曰其施之也悖其求之也佛符弗切九 怫佛鬱 坲塵起 岪山曲說文作岪山脅道也 咈戾也 ⿺走弗走皃 刜斫也擊也 𣪒王篇云理也 炥火皃 颮疾風許勿切六 ⿺風彖俗 欻暴疾起也 嗷訶數 ⿰火彖火熛起皃 颮風聲勿切六 ⿰扌胃擲也 ⿸厂咸羌人吹角 抗揘抗 䀏暍暍見 ⿰彳胃行也 拂去也拭也除也擊也敷勿切十三 帗韜髮 ⿱山⿸广比崩聲 茀草多 祓祓除災求福亦絜也又音廢 艴淺色 刜擊也斫也 乀左戾曰乀 鬚額前飾也 鬀鬅鬀亦作 彿仿彿 佛俗 ⿰足弗跳也 崛危崛山皃魚勿切一

九迄

迄爾雅云至也許訖切九 仡壯勇皃又魚訖切 釳乘輿馬上插翟尾者曰方釳釳鐵也廣三十又魚訖切 肸肸蠁又許乙切 忔喜也 芞爾雅曰藕車芞輿郭璞云藕車香草又音乞 訖語聲 ⿱艹囟吳王孫休長子字也

汔水涸盡 訖止也居乙切五 吃語難漢書曰司馬相如吃而善著書也 扢摩也 暨姓也吳有尚書暨豔 ⿰魚乞魚游 疙癡皃迄切五 屹屹崪山皃 圪高土 ⿸虍乞虎皃 仡壯勇皃 趌行皃其迄切二 ⿰幾乞鐖也 乞求也說文本作气音氣今作乞取之乞又虜複姓晉有乞伏國仁太元十年稱秦王於金城去訖切三 芞又許訖切 契契丹夷名出字林

十月

月范子計然云月者尺也尺者紀度而成數也王子年拾遺錄曰水精爲月魚厥切十一 刖絕也斷足刑也又五刮切 跀 䟤並上同見說文 軏車轅端曲木也又五骨切 抈折也 扤動也又五骨切 枂[illegible] 鈅兵器 玥神珠 朏山也 伐征也斬木也又自矜曰伐房越切十四 筏大曰筏小曰桴乘之渡水 罰上同 罰罪罰元命包曰网言爲詈刀詈爲罰罰之言网陷於害 閥閥閱自序 垡耕土 橃木橃說文曰海中大舡也 昁米春 瞂盾也或作戭 拔爾雅云拔龍葛也似葛蔓生葉細莖赤也 茷茷茷皃 藅蘩藅草 坺地名 醱酒一醱也 越墜也于也於也遠也走也逾也曰也揚也說文度也亦吳越又姓勾踐之後又虜三字姓後秦錄有北梁州刺史越質詰歸王伐切十六 ⿺辶戉說文踰也 粵辭也 戉說文曰大斧也司馬法曰夏執玄戉殷執白戚周左杖黃戉又作鉞 鉞上同 ⿰糸戉紵布文曰采彰也一曰車馬飾 樾樹陰 蚏彭蚏似蟹而小 曰辭也於也之也 ⿰土戉竚立也 ⿰女戉輕也 璏劒鼻玉 ⿱髟戉暴乾 ⿰木戉木名 ⿰虫戉蠛蠓蚌出魏書 泧水大 厥其也亦短也說文曰發石也又姓京兆人也漢賜衡山王妾厥氏居月切十九 ⿰足⿱古文古文 蹶失脚又走也速也嘉也說文僵也一曰跳也亦作蹷又其月切 蹷說文上同 趣跳 趉同上 瘚逆氣 劂刻刀 蕨蕨菜 蟨獸走之則顛蟨蛩蛩前足高不得食而善走蟨常爲蛩蛩取食蛩蛩負之而走也 蟨蟨蟨蟲 ⿸麻欠又其月切 礹發石 勥強力 欮發也 撅撅撅物也 鱖魚名 孑短也 亅說文曰鉤識也从反亅象形 婯嫙婯婦人皃於月切四 餮飴和豆又作䭇說文作饐 噦逆氣又乙劣切 黦黃黑色說文作黦黑有文也 觼似角發物其月切十三 鷢白鷢鳥一名揚鳥似鷹尾上白[illegible]

橜說文杙也一曰門梱亦作橛撅採撅亦捋蒲三采名蹷又音厥掘穿也赶舉尾
走也⿸厥心強也蹷磨蹷趉行越橛橛株山名⿸厥月尾本丨說文曰鉤逆者謂之丨象
形闕門觀也廣雅曰象魏闕也釋名曰闕在門兩旁中央闕然爲道也又夫也過也不供也又姓出下邳漢有荊州刺
史闕翊去月切三瀱水名在義陽⿰糸屈⿰糸屈狄衣周禮作闕禮記作屈髮頭毛也說文根也又姓漢
有東海人髮福治詩又有不毛之地莊子謂之窮髮方伐切六⿰首犮說文同上⿰犮頁古文發發起又舒也明
也舉也闕也揚也說文曰䠶發也颰疾風沷寒水又音弗○韈足衣漢張釋之與王生結韈望發切
五韤襪竝同上⿱目又舉目使人⿰亻蔑貊東北夷名似高麗○⿵風戉小風許月切六
跋走皃泧水皃狘獸名又走皃⿰羽戉飛皃⿰山戉山皃○謁請也告也白也又姓風俗
通云漢有汝南太守謁渙於歇切五閼爾雅云太歲在卯曰單閼又於葛於連二切暍傷熱亦作焆暍[illegible]
說文曰屋迫也黦色壞也又於月切又紆物切○歇氣洩也休息也又竭也許竭切五蠍螫人蟲
猲猲獢短喙犬也⿰犭歇同上⿰舟歇⿰舟歇艎大船○訐面斥人以言論語注云訐謂攻發人陰私也居竭切
又居列切六⿺走曷走皃羯犗羯揭揭起說文曰高舉也⿰扌歇俗鍻金鍻○擖揩擖
物也本亦作揭其謁切五揭同上竭盡也碣碣石海中山名今爲碑碣字李斯造楬表楬閥閱
目序名○怫恨怒拂伐切一○钀馬勒旁鐵語訐切一

〔十一〕没

○没沉也又虜三字姓有沒路
眞氏出後魏書莫勃切六殁死也說文終也又作歾⿰王殳王名⿰𠬛頁內頭水中又烏沒切𠬛說文
曰入水有所取也菝草也○⿱日又入水又出皃土骨切一○骨說文曰肉之覈也尸子曰徐偃王有筋無
骨亦見史記又姓古忽切十六縎縎結鶻鶻鵃又搰猾二音滑滑稽謂俳諧也⿰馬骨⿰馬骨駃獸出
北海啒憂也淈說文濁也一曰滑淈又水出皃汩汩沒愲心亂蓇不實草榾
[illegible]病㾶同上榾枸榾木也⿱艹屈刷也或從竹扢摩也⿱出金出也○勃卒也又姓世本
宋右師之後又梁武帝改豫章王綜姓勃氏蒲沒切二十三渤渤澥海名又水皃⿰馬孛⿰馬孛馬獸名似馬牛尾

一角又音霍䰯說文曰吹釜溢也餑麵餑垺塵起馞香本悖逆也又音背⿰禾孛
⿰禾孛稡禾所秀不成聚向上皃郣郡名浡浡然興作⿰孛毛⿰孛毛毛短愂昏亂⿰孛攵⿰孛攵卒旋放
之皃誖言亂⿰火孛煙起皃桲榅桲果似樝孛星也又悖氣艴艴然不悅⿰扌孛
拔也脖胅臍葧藜母鵓鵓鴿鳥咄呵也當沒切四柮榾柮木頭又五括切⿰馬出
騧駃獸出北海[illegible]鳥鳴豫知吉凶也○宊出皃也他骨切六棁大杖也又音拙𠫓不孝之子說文
曰不順忽出也篆文从到子㐬說文同上或从到古文子⿰忄隶⿰忄隶忽不悵也說文肆也⿰足隶踈也踈踕
前不進也突觸也欺也說文曰犬从穴中暫出也一曰滑也陀骨切十四揬搪揬腯說文曰牛羊曰
肥豕曰腯鼵鳥鼠同穴其鳥曰鵌其鼠曰鼵鼵如人家鼠而短尾葖爾雅曰葖蘆葩郭璞云葩宜爲蘆菔蘆菔蕪
菁屬紫華大根俗呼雹葖鶟鶟鶘鳥名似雉青身白首堗竈堗漢書作突云曲突徙薪亡恩澤䑽艒䑽
釖船鈯鈍也又小刀也⿰耒突耕耒開也⿰木突瑱揁又傳也凸凸出皃㐬說文本他忽切
義見上文鎾覆鎾⿰𠬛頁內頭水中烏沒切九腽腽肭肥殟心悶嗢咽也又虜複姓後魏
書有嗢盆氏又虜三字姓嗢石蘭氏⿰昷欠說文曰咽中息不利也本一滑切榲榲桲果似樝也搵手擦
物皃淴水出聲馧馧馞大香○忽倏忽又滅也忘也輕也又一蠶爲一忽十忽爲一絲呼骨切十七
昒尚冥也㾡狂病又音欻匫古器寣睡一覺笏一名手板品官所執天子以玉
諸侯以象大夫魚須文竹士木可也釋名笏忽也有事書其上以備忽忘乾急擲也擲呼結切曶說文曰出
乞詞也篆文本作図象乞出形也⿺辶曶遠也⿰口曶憂皃⿰木曶高皃⿱髟曶寢熟緫微也⿱曶豕豕屬
惚恍惚亦作忽⿵風曶疾風皃⿸疒曶睡多○兀高皃又姓後漢改樂安王元覽爲兀氏五忽切十六
扤搖動杌樹無枝也屼巏屼禿山皃又五屼山名在犍爲矹硉矹不穩皃閅閑括
也又云卒者𪖙鼻也⿰舟刖說文曰船行不安也⿰舟兀俗卼臲卼不安也⿸疒出說文曰病
也⿸疒兀俗軏輗軏又音月⿰虫兀蛤蟹刖刮刖又音月芄艾芄○⿰音孛按物聲或

作崪沒切五 普 昢 出明旦日出皃 哱 吹氣聲 婷 婷乳女字 馞 香皃 ○䭶 箭射勒沒切五

踤 踤踤前不進也 硉 硉矹 矹 崖狀 㲄 㲄㪉不穩又不利也 窟 窟究苦骨切十五

顝 大頭皃 㳶 㳶溰 頊 白秃 矻 用心矻矻 堀 說文突也 㪉 揚塵又音掘 㪉 㲄㪉不穩 塩 土塞 𪘁 說文

日目突出也本胡八切 㧾 擊也 圣 汝穎閒謂致力於地曰圣 胐 胐臀俗又作䐊 ○訥 訥內骨切五 向 又女

力作 崛 崛屼秃山皃 䶕 䶕目突 胐 又作腯 訥 謇訥 向 向口

滑切 肭 膃肭 𦞦 𦞦水中出 殁 殁殁也 窣 勃窣穴中出 𪍿 也蘇骨切七 麥 𪍿 同 上

五 毦 毛毦 鶻 鶻鶻鳥 屑 動也先說文 窣 悉遠也又子沒切又將律切 ○猝 倉猝暴疾 卒 倉沒切

𣗥 枊以𣗥 𣗥 𣗥 𣑂 𣑂𣑂 𣑂 角始生 𡴀 㟷 山皃 𣑂 骨 小 㱯 𡴀 又𡴀 書云食

沒切五 榾 榾柮 柮 不潰也 栗 春栗 𪘐 齕也又胡結切 紇 絲下也又孔子父名 又虜複姓三氏北齊

開府紇奚永樂又有紇于氏紇骨氏又虜三字姓後魏有賊師紇豆陵伊利又胡結切 淈 淈泥又古忽切 搰

字姓後 掘地也 扢 摩也 果子榾也 榾 出聲譜 聉 耳聾 扣 動 鶻 鳥名鷹屬

骨切十 搰 手推 搰 也 痛 樘 慴露出見字林 滑 滑亂也列子 卒 說文隸人

又骨滑二音 䯡 䯡 𩪘 𩪘病 淬 給事者衣爲卒卒衣有題識者藏沒切又將聿切三 倅 百人爲倅周禮作卒 䘹 𧚥 [十二]曷

何也胡葛切十一 褐 說文云編枲襪也一曰短衣 毼 毛布 鶡 鳥似鷄也鬭必至死 蝎

蟲名爾雅曰蠍蛣蜛又曰蝎桑蠹 鞨 靺鞨 餲 餅 顒 頋頭也 鶡 鶡鴞 骭 骭骨 楬 楬

木轉 ○䫄 許葛切八 𩓨 又音𩓨 歇 訶也 喝 喝聲 猲 恐又音歇

兒 鶡 犬臭 皛 白色皃 曷 熱 䜣 香氣又呼盖切出字林 怛 悲慘 ○怛 當割切十 䵣

驚 姐 姐 已 咀 呵 妲 妲妃 紂妃 炟 火起 䵣 又 在五原 狚 獦狚獸名似狼而赤出山海經

𤕟 甘 竹曹 罩 𥳍 𡴀 靼 柔革也 又之列切 闥 門內 他達切十三 撻 撻 𤳭 打

躂 跌 足 達 滑 躂 泥 獺 水狗 鱳 魚名 𡳾 文字音義云蹈也從反止 羍 小羊也亦作羍

幸 上同 達 佻達往來皃又唐割切 汏 過也 噧 多言也 ○遏 遮也絕也止也烏葛切十二

鶡 鼻 頞 同上 堨 擁堨 閼 止也塞也又於連切 胺 肉敗臭論語作餲食臭也 餲

食傷臭又於介於罽二切 靄 雲狀又於蓋切 㝁 小語 歐 大呼用力 㕎 屋迫 ○剌 僻也戾也

盧達切十六 揧 研破 辢 辛辢 莿 莿蔦 瘌 瘌瘌不調 攋 撥攋手披也 䨣 霢䨣

瘌 疥癩音賴 㾪 廣雅曰痛也 亦獄室也 轢 車轢又著二音 剌 弗著 郲 齧聲 㦁

玉 鬎 目不正 鬎 木名 蝲 蝲蝲蟾 渴 飢渴又虜複姓二氏後魏書渴

名 爲單氏亦虜三字姓後魏北方渴燭渾氏後改爲朱氏 苦曷切八 𢧵 古文 瘍 病也 鶡 鶡鳴 嵑

渴燭 𧧹 𧧹山皃 磕 石聲 散 肩髆 稭 禾長也 ○達 通達亦姓出何氏姓苑又

爲達奚氏又達勃氏後改爲褒氏周文帝達步妃生齊煬王憲唐割切二 達 虜複姓三氏後魏獻帝弟

吧 才割切又五 繓 結切四 嗐 或作啐 嘈 嘈嗐鼓聲 巘 上同 巘 擊也 嶭 五割切又五結切十三

車載 屵 高山狀 枿 伐木餘枿 𣙽 頭戴皃說文曰伐木餘也 㒞 作蘖

古文 吘 從口 喭 說文讀也又才割切 𠷓 文曰語相訶距也 噆 吘 嘈 嗷 咒 說文曰 歺 剡骨之殘也凡

從歺者今亦歺 頢 無髮 鬝 䯏餘曰鬝 葛 葛藟廣雅云苑童寄生葛也一名寓

木又名寄屑亦姓後漢有葛襲桃 葛 枝竹名 獦 獦獵狟獸也 割 剝也害也斷也

也 駖 馬走 匃 乞也亦作丐又音蓋 轕 轇轕戟形也又轇轕驅馳皃 鄗 鄉名在南陽

穬 禾長 渴 水名又瀓瀓波勢也 躠 跋躠行皃桑割切九 薩 釋典云菩薩普也薩濟也能

普濟衆 擞 抹擞公羊傳曰宋萬臂擞仇牧碎首何休云側手曰擞 桀 放也若桀桀是也說文曰

生也 𣙽 察 聲 攃 攃攃 𥲢 葛藟 桃 枝竹也 䢘 失 䢘䢘 𩐋 俗云 𩐋 𩐋 ○攃 足動

桼 散 𥬰 音 聶 擦 鬆 察 蔡 石頭 𥬞 手按 攃 刈 切三 擦 也 蛆 蟲 蝨 ○

𥳍 竹 𩐋 篜 𥱺 蔡 桼 蔡 瘛 蔡 淮南子 𥳍 桼 聲七 蔡 錄 縻

藒葜似蕨生水中孑割切二　十三○末木上也無也弱也遠也端也亦姓姓苑云本姓秣氏後去
禾又虜三字姓後燕録襄城公末那樓雷莫撥切二十七　眛星也易曰日中見眛案音義云字林作眛斗杓後星王肅
音妹　頢頢顝健也　昒遠視又不正視又莫拜切　麩麪也　醆醬也　餘馬食穀也　秣
上同　䇞捕鱝竹器　靺靺鞨蕃人出北土　韎韎韐大帶　首說文曰目不正　粖糜也又云
結切　鬗上同　䊲米和細屑　鮇魚名　眛目不正也　抹抹摋摩也　妹妹嬉桀妻　佅
佅僸佅兒又西夷樂名　怽忘也　抹切也　濊塗拭也　鴹鳥名　沫水沫一曰水名在蜀又武
泰切　艴艴色不深也　袜袜肚○枂去樹皮又柮枂柱頭木五活切一○柮藏活切一○撥
理也絶也除也北末切十六　癶足刺癶也　袚蠻夷蔽膝　茇草茇　鉢鉢器也亦作盋顏師古注
漢書曰盋食器也　盋上同　鴔鳥名又音拔　鱍魚掉尾也　迏急走也　䰀䰀鬢多兒
襏襏襫蓑雨衣也　帗一幅巾　怖意不悅兒　䑺大船名　驋馬怒　筏箄筏○
鬢姉末切六　撥逼撥　潑潑濺　剗刺剗不淨也　䟦䟦蹙行兒出新字林　瀐水湍
頭起○括檢也結也至也古活切二十一　活水流聲又乎括切　㶷同上　髺結髺　檜木名
柏葉松身又工外切　栝上同見書　聒聲擾　苦說文曰苦蔞果蓏也　葀葀藪同上　鴰鶬鴰
韓詩云孔子渡江見之異衆莫能名孔子嘗聞河上人歌曰鶬兮鶬兮逆毛衰兮一身九尾長兮鶬鴰也　菭爾雅曰菭
㮣舌郭璞云今㮣舌草春生葉有似於舌　适疾也　銽斷也　佸說文曰會也曰佸　頢小頭兒
劊斷也　䓣䓣菝瑞草　䯏骨端　懖愚懖無知說文曰善自用之意也引商書曰今汝懖懖　𦗭
古文　筈箭筈受弦處　闊廣也遠也疏也苦括切六　蛞蛞蝼蝦蟆子名　箬箭筈又音括　适
疾也又音括　跍就跍　𤬪瓜𤬪○活不死也又水流聲戶括切八　𣿮水流聲　祜祠也
越鄭玄云瑟下孔又云蒲為席又音粵或作䞨　鬠似組束髮　佸會　秳舂穀不潰也　姡
姡靦也又音刮○奪左傳曰一與一奪徒活切八　奪同上　敓強取也古奪字古周書曰敓攘矯虔亦姓

脫肉去骨亦姓出姓苑又土活切　挩解挩　莌活莌草生江南　痥馬脛傷也　鮵爾雅曰鱧
大鮦小者鮵○豁豁達呼括切八　𧯼同上　奯大開目也　濊水聲　瀎上同　泧泧濊
斜飲水　眓說文曰視高兒○斡轉也烏括切九　焥火煙出兒　𩈹日開兒　捾搯取
也　斜上同　嬒方言云嬒可憎也或作㩪又烏外切　䁡目深黑兒　睕小嬾媚也　取說文
云指目也○繓結繓也子括切三　撮撮挽牽也又七活切　攥手把○鏺兩刃刈也
普活切說文又讀若撥十三　撥芟撥　䟦蹋草聲　拂推拂　醱酒氣　醱
醱醅酘酒　潑水潑　瞢目瞢眛不明兒　鱍魚掉尾又音撥　袚衣袂也　㿟無色　𦍧
秳羊　嚉譊嚉人言○侻侻可也一曰輕他括切五　挩除也誤也遺也又解挩或作脫　脫骨去肉又
徒活切　莌又徒活切　梲大棒亦木梲又音拙○捋手捋也取也摩也或作寽郎括切五　𠟭削𠟭
也　蛶蛶蝆蟲又音劣　𤘿駁𤘿　桴木名又音劣○掇拾掇也丁括切八　剟削也擊也
鵽鵽雀又當刮切　𦟶挑取骨間肉也　祋祋祤縣名又都外切　咄又都骨切　裰補裰破衣
也　敠敁敠知輕重也又敠數食不嗅自來○撮六十四黍為圭四圭為撮撮手取倉括切二　襊緇布
冠詩作撮○跋跋躠行兒又躐也蒲撥切二十五　跡行兒　趉上同　䞦同上　魃旱魃　废
舍也　軷將行祭名　酦酒氣　馛香氣　炦火氣　颰風兒　癹除草說文音撥　妭
鬼婦文字指歸云女妭禿無髮所居之處天不雨說文曰婦人美兒　犮犬走兒　䥽弋鳥具說又音廢　拔
迴拔又虜複姓三氏後魏有都督拔略昶出賀拔勝傳又有夏州刺史拔也惡蚝官氏志有柯拔氏又虜三字姓後魏書拔列
蘭氏後改為梁氏又蒲八切　胈韋昭云胈股上小毛也夏禹治水腓無胈脛無毛　鈸鈴鈸　鴱鳥名
似兔　駊駊騀蕃中馬也　菝菝葀瑞草　坺一臿土也又音伐　䨒雲氣　茇草木根也　𣪍
肩髆
十四○黠黠慧也又堅黑也胡八切四　齫齫齸　髂骨聲　鶷麻莖　閕門聲○札
簡札釋名曰札櫛也編之如櫛齒相比也又牒也署也側八切六　𣧑癘疾　蚻小蟬　紮纏弓弝也　鳰

馬雜蒼色。扎扎拔也出家語。拔拔擢又盡也蒲八切又蒲撥切三菝菝葜狗脊根可作飲犮
犮特短人。瓠勁也恪八切十二擖說文刮也一曰撻也劼用力又固也愼也勤也鬝禿鬝
也𩬧上同判巧判刮剝刮硈石狀說文堅也一曰突也菰菝菰草𥏑犮結
短人咭鼠鳴故擊也。滑利也亦州名春秋時爲衛國秦爲東郡後魏以東郡屬司州周改爲滑州因滑
臺以爲名又姓風俗通云漢有詹事滑典又音骨滑稽也戶八切八猾狡猾書傳云猾亂也䱻魚名鳥翼出入
有光音如鴛鴦見則天下大旱出山海經磆磆石藥螖蟚螖似蟹而小麧麧名趨走趨鶻
鶻鳩又音骨。八數也博拔切十馴馬八歲扒無齒把也捌上同扒破聲玐
玉名鈏金類唎唎唎鳥玐玉聲釟治金窡說文曰穴中見也丁滑切五窫
說文曰口滿食娺婠娺好兒鵽黃雀聉無所聞也。婠烏八切六斛斛取物也嗢
咽也又鳥沒切歇說文曰咽中息不利也宊手宊爲穴嗗飲聲豽獸名似貍蒼黑無前足善
捕鼠說文作貀女骨切四貀上同吶言逆下也又女骨切肭膃肭肥兒齾齒利又磣齾初八切
七蔡草蔡察監察也諦也知也至也審也案說文云察覆也詧言微親詧也今通用亦姓出何氏姓苑詧
上同櫒木名𥌫視𥌫䁾羅䁾鬼亦作歷。劀說文曰刮去惡瘡肉也周禮曰劀殺之齊古滑切三
劀俗鱊魚名戛揩也常也禮也說文戟也古黠切十八扴揩扴物也圿垢圿稭
說文曰禾稾去其皮祭天以爲席也鶷鶷鶻鳴鳩楔櫻桃又先結切秸秸稾䯣䯣骸小骨鞂
草蘇砎礣砎小石忦恨也嘎嘎嘎鳥聲契刮也利也鵊鵊鵰鳥又音絜袺執衽
又音結搳鼓也磍轄磍搖目吐舌又感怒兒頡漢書有羛頡侯。軋車輾鳥黠切十圠
山曲揠拔草心也嫼嫉怒猰猰貐獸名食人迅走㹤上同穵說文云空大也䁄
目相戲兒䰳魥䰳魚名窫窫窳國名。殺殺命說文戮也所八切七煞俗鎩鳥羽病又
長刃矛也㵥水也帴二幅蔱茱萸樧似茱萸而實赤又山列切。傄傄僣健兒莫八切七

䀣惡視齂氣息䯟䯟骪小骨黷黑也䀘視䀘礣礣砎小石。傄呼八切二
䀫視也埤蒼云怒視兒痆瘡痛女黠切三瘵上同𧞲奴人衣。鼿屈也五骨切三聉
無知之意聵無耳吳楚語也。勖力作也口滑切又音窟一。汃西極水名普八切四齓齒聲矶
石破聲轚車破聲。茁草初生滑切一〔十五〕。鎋車軸頭鐵胡瞎切十五舝
上同出說文轄上同說文車聲也一曰轄鍵也䶗齒聲鶷鶷鶷鳥名似伯勞而小砎礣砎
硬也礣慕轄切蠽螻蛣別名瑎石似王也萻野蘇𩟄因突出也縖束物也饎
食飽𥱼拾箸劼用力㪱手㪱鶡乙鎋切五闔門扇聲圕騧駝鳴也咀
相呼聲又當轄切𠃜亂𠃜。齾器缺也五鎋切四聐聐顙無所聞也鬠禿鬠齺山中
絕兒。剎剎柱也初鎋切一𦯢掃地惡草。𥳎木虎止樂器亦名敔也枯鎋切四楬上同見禮
磍剎也趏走兒。瞎一目盲亦作瞎許鎋切四齰齒堅聲鬠鬠鬟禿兒勂力作
勂勂。獺獸名他鎋切又他達切一。刮刮削古頒切五鴰鶬鴰鳥毛逵九尾又音括劀利也又古
滑切祮禳祠名趏走兒又枯鎋切。頢短面兒也下刮切七顝言不了又不淨髺繒細
敌盡兒舌塞口說文作昏話括之類从此姡面姡咶息也。𩔣頷頢強可兒丑刮切二
顡顡頒。鵽爾雅曰鵽鳩寇雉郭璞云鵽大如鴿似雌雉鼠腳無後指岐尾爲鳥憨急羣飛出北方沙漠地下刮
切又丁括切三窡穴中出兒錣策端有鐵。刷刷拭也數滑切又所劣切一。刖去足亦刖危
之兒五刮切又音月四明說文曰墮耳也歾獸食殘兒訮詞也。𪐗黑也初刮切二𠠌
斷也又之芮切。礣礣砎莫鎋切四帓帓帶帕帕額首飾攙打攙。妠婠妠小兒肥兒女刮
切三𤬪甑也亦作蚻䘖下人帶襦名。捌方言云無齒把百鎋切二㭙木名。鸛鸛鸛
鳥名似梟古鎋切四擖刮聲也又揵也架也折也𩬧禿兒㹤雜也。鑡秦人云切草查鎋切三
積農具也氿氿氿水流也哳嘲哳鳥鳴也陟鎋切四㤞㤞好出證俗文𧵩𧵩貨

也昳目露皃出聲類。髻細毛也而轄切

十六。屑

屑動作屑屑又清也𠢴也顧也勞也說文作屑先結切十一楔木楔揳攢揳不方正也𨆰躠𨆰旋行榍木名說文限也糏米麥破也僁動草聲又云鷙鳥之聲又僁僁呻吟也亦作偦偰㑢偰淨也㴮㴮𣽁水莦草膌膌中脂揟揲揟。切割也刻也近也迫也義也說文㓞也千結切八嗏小語𩩲齧竊盜也又淺也柣爾雅曰柣謂之閾又音秩沏水聲䟙䟙跌詧說文曰言微親詧也又音察

。結締也古屑切十五絜說文曰麻一耑也潔清也經典用絜鍥鎌別名也鐭上同桔桔梗㮮㮮槔汲水具也趌走皃鴶鴶鵴鳥名又古轄切袺詩傳云執衽曰袺拮手口共有所作詩曰予手拮据狤狤𤟹獸名魝割治魚也奊頭傾皃𧍞蛣𧍞蟲名。節操也制也止也驗也說文曰竹約也子結切十三卪說文曰瑞信也凡從卪今作卩癤瘡癤蝍蝍蛆蜈蚣又音節楶屋梁上木瀐小灑𤏳燭餘岊高山皃𩭤說文曰束髮少小也鯽魚名㦢㦢拭𠬝說文治也本房六切𧝓小衣。血釋名曰血濊也出於肉流而濊濊也呼決切十二䀏瞠䀏惡皃𥨍穿皃𥥍上同闃闃無門戶也穴穴寥空皃疦瘡裏空也又音玦瞲驚視皃決莊子云決起而搶榆枋決小飛皃䛎怒呵𦸈草皃坹穴也

闋終也若穴切四湀爾雅云湀闢流川又揆圭二音鈌器破𨳚闋闋無門戶也。玦珮如環而有缺逐臣賜玦義取與之訣別也古穴切二十六潏泉出皃又水名在京兆又音聿䀗目患譎譎詐訣訣別觼環有舌也𧣾上同說文鐍亦同又扃鐍出莊子駃駃騠良馬生七日超母也䒽䒽明菜花黃芵上同趹馬疾行也鴂鶗鴂鳥名關西曰巧婦關東曰鶪鴂春分鳴則眾芳生秋分鳴則眾芳歇鈌刺也又乙穴切𦤎獸名似狸泬流行也廬江有泬水出大別山又斷也破也俗作決觖觖望怨望也又羌瑞切騤爾雅馬回毛在背曰騤驨音光亦作闋廣抉挑也又小盂也疦說文瘍也蚗蛥蚗蟪蛄蟲名趹足疾憰憰妄語也𧜽衣袖肤孔肤

抉繳弦彄也。穴窟也冊穴山名鳳皇所出胡決切四坹空深皃𥿺說文纏一枚也袕鬼衣又長衣也。抉抉出於決切六𥥛穿皃妜娟也焆火光也䁥目深皃窫說文曰深抉也。姪姪娣公羊傳云兄之子徒結切三十五眣目出昳日昃胅骨胅凸高起垤蟻封又曰冢前闕也耋老也八十爲耋亦作耊迭遞也更也道也跌跌踼又差跌也絰縗絰驖馬赤黑也嵽嵽嵲高山軼車相過又音逸𩣡馬行疾也闋闉闋鄭城門也左傳作桔秩瓞瓜瓞咥笑也又齧也易云履虎尾不咥人亨又火至丑栗二切墆貯也止也

戜利也又國名在三苗國東出山海經苵爾雅曰蕛苵郭璞云蕛似稗布地生穢草蛈爾雅蛈蜴注云蛈蝪大眼最有毒今淮南人呼蛈子鴃爾雅云鴃鶹飾叔荎刺榆又音治𪘂齧堅聲又作一切挃擿也恎惡性詄忘念摕捎取鵄鳥名㗧𡾟𡾟嵽山皃泆泆蕩砆砲砆趃大走怢怢怢不自安也。鐵說文云黑金也神異經云南方有獸名曰齧鐵大如水牛色如漆食鐵飲水其糞可作兵器其利如鋼也又虜複姓赫連勃勃改其支庶爲鐵伐氏云庶朕宗族子孫剛銳如鐵皆堪伐人也又作䥫俗作鐵他結切八銕古文僣僣俀狡猾餮貪食說文作飻貪也飻上同蛈爾雅曰王蛈蜴郭璞云即螲蟷似鼅鼄在穴中有蓋今河北人呼蛈蜴𢹂插𢹂皃出字林驖馬赤黑也。纈綵纈胡結切二十一𨳨𨳨闋義見闋字擷捋取又虎結切㨙縛頡頡頏詩傳云飛而上曰頡飛而下曰頏說文曰頡直項也又姓風俗通有頡衞古之賢者頁頭也齕齧齧也又乎沒切紇絲下也又乎沒切襭以衣衽盛物也絜爾雅河名即九河之一也又古節切瞸瞸瞸目赤蒵龍古草也𩕄鼠名又胡狄切翓翓翓飛上下𦡲膜𦡲㸷牛很又口殄切𡗟頭邪籺屑米闅門聲𢿙麥𢿙不破𢾦邀𢾦。涅水名出東郡又水中黑土奴結切十二捏捏捺𦯬菜似蒜生水邊坦塞也圼上同篞爾雅云大管曰簥其中曰篞小者曰䈼苶苶然疲役又乃叶切䂼礬石別名𤸎疾病𠹗𠹗呵脭腥也菍草也。截廣雅云盛也斷也或作截餘倣

此昨結切七𨔲傍出前也岊山峯又子結切嶻嶻嶭山名又藏活切蠘蠘似蟹生海中巀
草巀𩜯食○齧噬也亦姓莊子有齧缺五結切十三霓虹又音倪蜺寒蜩又音倪嵲
嵽嵲槷危槷臬禮注云門橜也爾雅云在牆者曰楎在地者曰臬嶭巀嶭又五割切鼿鼿䑠
不安書作杌隉隉注見上梘梳梘苜山高皃說文作苜本音孽闑門闑中也巘屼巘
山皃○蔑無也說文曰勞目無精也从苜戍人勞則蔑然也莫結切二十三懱輕懱䁾目赤說文
云目眵也俗作䁾搣搣搣不方正也蠛蠛蠓篾竹皮幭帊幭鱴魛鱴魤今鮆魚也紘細也
出蒼頡篇䘊汙血也出說文礣礣止小也止即列切儴儴儯多詐瞺汗面莧火不明皃
覞不相見皃鸌工雀穖莊子謂之禾也䳇鳥名㵥濊滅粫糒粫瞶
嘲頡粖糜也又莫達切䴑上同○彆弓戾或作𢏼方結切九䈲鞁又普蔑切閉闔也
塞也俗作閉又博計切鞴名刀飾奯大也蔽縱綿紉帶捌捌杁也褙裱袖襑袂
也勀大力之皃○噎食塞又作咽烏結切六饐糉屬窫靜也又音翳蠮蠮螉狚
獸名似牛白首四角出山海經咽哽咽○猰猰犺不仁苦結切九頡顛頡短皃挈提挈又持也
𨉇𨉇瓶受一斗也奊奊𡗡多節目也奊練結切契契闊又苦計切栔爾雅云栔滅殄絕也鍥
刻也又斷絕也又古屑切蛪蛪蠅蟲又蛪蚼似蟬而小○奆肥狀虎結切六纈急繫擷又胡結切
𢵷𢵷束又下結切楔楔櫼覓見○撇小擊又略也引也亦作撇普蔑切十丿左戾撇
撇然瞥暫見亦作覕又芳滅切馞小香也䉲韻略云馭右又方結切媻輕薄之皃
䬃䬃小風皃鐅鐅刃瞥瞥日落勢也○𨂽𨂽躠旋行皃一曰跛也蒲結切十四棍
反手擊也顛顛䫄𤸱戾𤸱不正馝音瞥咇咇語也又口香苾菜名說文曰馨香
香也又頻必切馝香胇胇奆肥也餤食蛂蛂蟠蛢甲蟲也椒椒支㦒醜氣
𧝁𧝁衣亦作襒○窒塞也丁結切七膣膣肶蛭水蛭又音質咥咥咥

蛇蛭氏蕃姓闉門閉囯下入○奊奊𡗡多節目也練結切七戾罪也曲也戾至盭並又力計切
捩拗捩出王篇綟麻綟唳嘹唳鳥聲盭綬色矢左曰矢也

十七○薛

薛國名亦姓出河東新蔡沛國高平四望本自黃帝任姓之後奚仲居薛歷夏殷周六十四
代為諸侯周末為楚所滅後遂氏焉說文作薛艸也私列切十九𥡛田器紲繫也左傳曰臣負羈紲杜預云
紲馬韁也亦作緤俗作紲緤上同褻衷衣辥說文辠也凡從辥者經典通作薛泄漏泄
也亦作洩又姓左傳鄭大夫洩駕又餘制切渫治井亦除去又姓渫子古賢者出韓子禼字林云蟲名也
又殷祖也或作偰又作契卨古文媟狎也慢也說文嬻也齛亦作齥爾雅云羊曰齛䛁
潰潰注暬晦也紲堅結㡜殘帛又音雪痸作瘈痸也亦作𣃞斷也列
行次也位序也又陳也布也說文作𠛱分解也亦姓鄭有列禦寇著書十八篇良薛切二十𠛱上同迾遮遏
蛚蜻蛚蟋蟀鮤刀魚也一名鱴刀今鱭魚也烈光也業也又忠烈又猛也熱也火也洌水清
也寒洌寒也裂擘裂破也左傳曰裂裳帛而與之茢禮記云桃茢可以為帚除不祥說文芀也
颲風雨暴至鴷啄木栵細栗爾雅云栵栭今江東呼為栭栗楚呼為茅栗也㤠憂心
埒埤蒼云次第駠馬𡋭膝也㲱水流皃姴美也栵說文曰稷也
智也陟列切五悊並上喆古文蜇螫也亦作蛆○傑英傑特立又俊也
切十四桀磔也又夏王名竭盡也舉也碣說文曰特立之石也又東海有碣石山楬有所表識
說文磔也春秋傳曰楬而書之榤雞栖於榤揭高舉又揭詩二音渴水盡也嵥嵲嵥高皃
傑水儌迴出海賦櫭木釘名偈武也杰梁四公子名㸃杰也揭強暴熱
曰熱爇也如火所燒爇如列切二苶疲役皃○晢光也旨熱切九晣上同浙江名在東陽
曰𣂚折拗折又虜複姓南涼禿髮傉檀立其妻折屈氏為皇后又常列切䩞柔革鞮古文
俗脈皮脈也晰目明○舌口中舌也山海經云長舌山有獸名長舌狀如禺而四耳出則郡多水又

姓左傳越大夫舌庸也食列切四 揲數蓍又思頰切 蛥蛥蚗蟪蛄別名 鞨治皮亦作剫 折斷而猶連也說文斷也又作斲常列切一 孽臣僕庶孽之事謂賤子也猶樹之有孽生也說文曰庶子也魚列切十二 櫱𥻆櫱說文曰牙米也 讞正獄說文作灋議辠也與法同意 [illegible]上同 蠥妖蠥說文曰衣服謌謠艸木之怪謂之祅禽獸蟲蝗之怪謂之蠥 蘗俗 闑門中礙也 嵲山高皃說文作嶭危高也又藝哲切 钀馬勒傍鐵 櫱櫱餘又姓何氏姓苑云東莞人本姓薛避仇改之 龞龞髮脊上龞又丁篋切 䡸高皃 滅盡也絕也亡列切二 搣手拔又摩也批也捽也 朅說文去也丘竭切又去謁切五 揭高舉也又擔也 藒藒車香草 愒息也 㓞王篇云㓞界也 鷩雉屬似山雞而小周禮有鷩冕並列切七 鼈魚鼈俗作鱉鼈 虌蕨菜 鄨水名在牂牁 [illegible]大阜 憋急性皃 [illegible]鵂鶹 絕斷也作絕非情雪切一 蕝束茅表位子悅切又子芮切三 𢇍𢇍斷物也 [illegible]隔絕 雪凝雨也元命包曰陰凝爲雪釋名曰雪綏也水下遇寒氣而凝綏綏然下也又拭也除也相絕切四 [illegible]上同 出說文 [illegible]縷桃花今製綾花 [illegible]滅搟 [illegible]皮破丑悅切一 悅喜也脫也樂也服也經典通用說 說又姓後燕錄有悅綰弋雪切七 說姓傅說之後又失爇始銳二切 閱簡閱也又閱閱 蛻蟬去皮也 娧姚娧美好又他會切又他卧他外舒芮三切 [illegible]草名似芹 莌草生而新達曰莌也 缺少也說文曰器破也傾雪切二 蒛蒛葐草也 噦逆氣乙劣切一 爇燒也如劣切五 焫上同見禮 蜹蚊蚋又如銳切 挗括也 㕯言遲聲 說告也釋名曰說者述也宣述人意也失爇切又說稅二音一 拙不巧也職悅切十一 炪說文曰火光也 [illegible]短也 梲梁上楹 蝃蝃蛛 準應劭云準頰權準也李斐云準鼻也又章允切 [illegible]頭短 [illegible]短皃 [illegible]倔[illegible] [illegible]面秀骨 [illegible]醎菹 [illegible]蟲 歠大飲昌悅切二 啜茹也 輟止也已也陟劣切十五 畷田間道又竹芮切 惙疲也憂也 餟祭酹也又竹芮切 罬捕鳥覆車罬一名罦 剟說文刊也 醊醊連祭也 啜言多不正 䟾跳也 綴連補也又竹芮切 掇拾取又丁括切 腏骨間髓也 [illegible]車具 叕

連也 蠿茅蜘蛛說文曰蠿蟊作罔蛛蟊也又壯殺切 劣弱也鄙也少也力輟切十三 [illegible]上同 埒馬埒亦庢也遂也堤也爾雅山上有水埒又孟康云等庳垣也 [illegible]躐埒跳躍見出字統 鋝說文曰十一銖二十五分之十三周禮曰重三鋝又音刷 脟脅肉 [illegible]牛白脊出字林 蛶爾雅曰蛶螭何 [illegible]毛色班也 浖隈隅也 哷鷄鳴 桴木名又音捋 禾禾麥知多少 瞥暫見亦作覕說文曰過目也又目翳也芳滅切又芳結切四 潎漂潎又匹蔽切 憋怒也又畢列切 癟枯病 別異也離也解也說文作剮又姓何氏姓苑云揚州人皮列切又彼列切二 [illegible]大[illegible]山名書亦作別 轍車轍直列切五 徹通也明也道也達也又丑列切 撤發撤又去也經典通用徹 澈水澄 [illegible]也 [illegible]分[illegible]一云分契 [illegible]方別切五 [illegible]上同 莂種概移蒔也 扒擘也 別分別 㕞埽也清也所劣切四 刷上同 [illegible]鳥理毛也 啐小飲 孑單也居列切六 訐訐發人私 釨句孑戟也 趉趉趉跳皃 [illegible]長禾 揭揭起 設置也陳也合也識列切二 蔎香草 吶吶吶聲不出女劣切又女滑切 [illegible]舉目使人許劣切六 [illegible]小風皃 [illegible]盡也 烕滅也 [illegible]小飛鳥 吷飲也說文與歠同 妜鼻目間輕薄曰妜妜也於悅切一 蹶有所犯灾紀劣切又居月又居衞二切五 [illegible]豕發土也 [illegible]角觸 [illegible]跳 𦊣罥也又陟劣切 茁草生皃側劣切又側滑切二 [illegible]短黑皃也 [illegible]栗而易破七絕切四 絟細布別名 [illegible]石破 [illegible]斷絕 蠿茅蠿似蟬而小姊列切八 蠽上同 [illegible]小鷄 [illegible]說文少也 [illegible]拙摘去也 [illegible]木死 [illegible]說文曰東髮少小也 吷鳴吷 [illegible]菜萸山列切又音殺一 焆煙氣於列切二 [illegible]怒 屮草初生皃丑列切七 撤抽撤 哲智也周禮有哲蔟氏 徹通也 [illegible]斂 联司馬法曰小罪联联謂以箭貫耳 [illegible]船行 [illegible]喜見計列切二 焎火氣 啜說文曰嘗也爾雅曰茹也禮曰啜菽飲水殊雪切一 剸割斷 [illegible]聲[illegible]切一 [illegible]絕切二 蜥江蜥似蟹蜥生海中 掣挽也昌列切又昌制切二 瘛瘛瘲癡小兒病又昌制切 [illegible]亦作搜扗也羊列切又余世切一 閱城門中板也土列切

十八。藥 說文云治病艸禮云醫不三世不服其藥又姓後漢有南陽太守河內藥崧以灼切三十一

躍 跳躍也止也進也 礿 祭名 禴 上同 蘥 燕麥 鑰 關鑰 鬻 內肉及菜湯中薄出

之 瀹 漬也上同又 [illegible] 上同亦水名在比陽亦作濼 [illegible] 水名 爚 煜爚光明 櫟 櫟陽

縣名在京兆又音歷 龠 量器名 葯 白葯縞也 岸 岸上見也說文作屵 敫 光景流皃 籥

樂器郭璞云如笛三孔而短小廣雅云七孔 [illegible] 幕[illegible]屋也出新字林 [illegible] 矔[illegible]視皃 [illegible] 蛸[illegible]螢火別名

纅 絲色 鸙 鷚鸙鳥 嬫 嬫媄之皃 [illegible] 二几仰[illegible]也 趯 趯趯行皃 [illegible] 淫[illegible]病也 闟

門闟 覦 視不定 [illegible] 登也履也 [illegible] 出走也 [illegible] 若[illegible]風吹水皃 略 簡略謀略又求也法

也要也又姓何氏姓苑云零陵人離灼切九 [illegible] 紩 擽 擊也字統云 掠 抄掠劫人財物 [illegible]

爾雅云利也晉有褚䂮 [illegible] 上同 蛒 渠蛒蜉蝣朝生暮死亦作[illegible] 略 說文曰眄也方言云視也 [illegible]

約誓歎美也。腳 釋名曰腳卻也以其坐時卻在後也居勺切五 脚 俗 蹻 走蹻蹻皃 卻 節也

又去約切 屩 草履也。灼 燒也炙也熱也之若切十六 斫 刀斫又漢複姓有斫胥氏何氏姓苑云今

平陽人 彴 橫木渡水 [illegible] 痛也 勺 挹取也又周公樂名又音杓 酌 酌酒又益也挹也行也取也

也靁 繳 繒繳說文作繁生絲縷也 焯 火氣 [illegible] 五穀皮又音梏 妁 媒妁說文曰酌也斟酌二

姓也又音杓 譙 欺也 [illegible] [illegible]玉篇云盛米具 豹 獸名 鼩 鼠屬 礿 玉篇云禪衣 [illegible]

齊地名。爍 灼爍書藥切七 鑠 銷鑠 猲 犬驚也 [illegible] 美好 爚 爍爚光皃又音藥 [illegible]

美目 [illegible] 動也又音爍 若 如也順也汝也辞也又杜若香草亦姓魯人也又虜三字姓後魏書若口引氏後改

爲寇氏而灼切十一 弱 劣弱 鄀 地名在襄陽 箬 竹箬 蒻 荷莖入泥之處又菜名 掿

楉 榴安石榴也 溺 水名出龍道山其水不勝鴻毛又奴歷切 [illegible] 脆腝說文曰肉表革裏也 惹 諵惹 叒

搏桑叒木 [illegible] 足下又。綽 寬也昌約切四 繛 古文 婥 婥約美皃 [illegible] 大脣皃又魚偃

切。約 約束又儉也少也又姓韓子有古賢者約續於略切又於笑切二 葯 白芷葉。卻 退也去約

切四 却 俗 郤 地名在河東 瘧 瘧食瘧疾。虐 酷虐說文作虐殘也魚約切三 [illegible] 大脣

皃又音綽 瘧 病也。妁 媒妁市若切又音酌六 勺 周禮梓人爲飲器勺一升又漢複姓朗人六族有長

勺尾勺二氏又音酌 汋 灂汋又上角切 杓 杯杓 仢 仢約流星 芍 芍藥蕭該云芍藥香草可和食

芍張略切藥良約切又芍陂在淮南七削切又蓮芍縣名在馮翊之若切又蔦芍草名胡了切。㲋 說文曰獸也似兔青

色而大象形頭與兔同足與鹿同丑略切六 [illegible] 上同 婼 叔孫婼魯大夫說文曰不順也 逴 略逴行皃

辵 說文云乍行乍止从彳止聲 蠚 蟲行毒亦作蠚又火各切。削 刻削息約切一。斮 斬也側略

切一 爵 封也禮含文嘉曰殷爵三等周爵五等白虎通曰三等法三光五等法五行也淮南子曰爵祿者人臣之銜轡

也文字音義曰爵量也量其職盡其才也又禮器周禮曰享先王以玉爵即略切七 [illegible] 古文 雀 鳥雀禮記云雀

入大木爲蛤 爝 炬火莊子云日月出矣而爝火不息又音爵 燋 火未然也 [illegible] 捎也 [illegible] 鼠似

兔而小也。皭 晴也埤蒼曰白色也在爵切三 嚼 噍嚼 爝 炬火。鵲 淮南子云鵲知太歲之所字林

作䧿七雀切 舄 人姓纂文云古鵲字 趞 行皃 [illegible] 宋國良犬 碏 敬也又人名衛大夫石碏 芍

陂名在壽春 皵 皮皵爾雅云措皵謂木皮甲錯 踖 陵也踧也 諎 驚也 䱜 魚名出東海。

噱 嗢噱笑不止其虐切九 蹻 舉足高又居勺切 [illegible] 須臾亦倦也 [illegible] 天神蟲又丘良切

谷 說文曰口上阿也一曰笑皃 [illegible] 臄 說文並同上 醵 合錢飲酒 [illegible] 腰腰大笑也

嬳 作姿態也憂縛切四 嬳 同上 彠 度也又乙虢切 臒 大也善也。縛 繫也符钁切一

矆 大視皃許縛切四 [illegible] 同上 彏 引弦急皃又居縛切 戄 驚戄又曰遽視 籆 說文曰收

絲者也亦作籰五縛切五 [illegible] 同上 [illegible] 蒦子菜 [illegible] 筌取魚器也 躩 行不住躩天下。

玃 大猨也說文曰大母猴也居縛切十一 貜 上同說文曰穀玃也 趯 大步 钁 說文曰大鉏也

方言云關東名曰鹵斫也 攫 搏也 矍 說文云隹欲逸走也从又持之矍矍也一曰視遽皃 [illegible] 健皃 彏

引弦急皃 躩 盤辟皃 [illegible] 三首鳥 [illegible] 車輞 芍 芍藥香草張略切七 著 服衣於身又直

略張豫二切　礤說文云斫也　櫡說文曰斫謂之櫡　鐯鐝也　斮上同　擆置也擊也
著附也直略切一。矍說文云足矍如也丘縛切二　彏往也。戄大視具籰切五　[illegible]大步
又居縛切　籰健兒又居縛切　[illegible]鄉名　貜大貜又居縛切　逽走逽女略切三　閣閪閤牽引
也　踖踐也。𩃬美雨乎縛切一。謔戲謔虛約切一
十九。鐸太鈴也軍法用之又
本鐸金鈴木舌釋名鐸度也號令之限度也又姓左傳晉大夫釋過寇徒落切十五　剫治木也說文判也爾雅曰木謂
之剫　度度量也又音渡　㦽忖㦽　踱跳足蹋地　凙楚詞云冬冰之各凙　襗褻衣　頊
頊顡　謾欺也　韄鞾韄履也　䐦肶䐦無檢限也　㤞微也亦作㤞　嚄口嚄嚄無度
仛他　䡞轉䡞輅　莫無也定也說文本摸故切日且冥也从日在茻中茻音莽又州名開元十三年改鄚
州去邑亦姓楚莫敖之後又虜複姓五氏西秦錄有左衛將軍莫者羖羝南涼州刺史莫侯悌眷後魏末有亂寇莫折念生又
有莫輿氏莫盧氏又虜三字姓周太祖賜虜寧揚纂姓莫胡盧氏也慕各切十六　幕帷幕又姓　鄚縣名在河
間又姓　膜肉膜　鏌鏌鎁劍名　摸摸㩉又莫胡切　漠沙漠又施也茂也　瘼病也
寞寂寞說文作嗼　瞙目不明　嗼字統云嘖　塻舍塻亦塺塻　𣨼死也說文作蓦云死宋基
也　度定也見文　勤動　落零落草曰零木曰落又始也聚落也左傳注云宮室始成祭之
爲落亦姓出姓苑又漢複姓二氏漢有博士落姑仲異益部耆舊傳有閬中落下閎善歷也盧各切三十四　絡絡絲
又姓　烙燒烙　洛水名書曰導洛自熊耳漢書作雒　珞瓔珞　酪乳酪　樂喜樂又五
角五教二切　零說文云雨零也　轢陵轢又音歷　落籠落　硌磊硌　駱白馬黑鬣曰駱
又姓出東陽吳有駱統　雒大白　輅生革　剫去皮節又剫也　鉻說文鬄也　馲馲駝又音
託　驝上同　鮥魚名又五格切　䶅鼠名又下各切　雒字林鵋鵙鳥又姓駱絡雒並出姓苑　格
櫟檪出音譜　謋謋讀狂言　躒晉大夫名輔躒本又音歷　鵅鳥鸔水鳥　𤻲治病又音料　狢
狚也　䀩大見　挌打也　鸔似鷃黑文赤頭　濼水名在濟南又音祿　格𢐀格　略大目

𨏹轢車聲　託寄也他各切十八　袥開衣領也　橐無底囊　魠魚名　籜竹籜
㯓擊柝漢書曰宮中衛城門擊刀斗傳五更衛士周廬擊柝也亦作析　橐上同　拓手承物又廣複姓二
氏周書王秉王興並賜姓拓王氏又有拓跋氏初黃帝子昌意少子受封北土黃帝以土德王北俗謂土爲拓謂后爲跋故以
拓跋爲氏跋亦作拔或說自云拓天而生拔地而長遂以氏焉後魏孝文大和二十年改爲元氏也　馲馲駝　驝上
同　踈踈弛不遵禮度之士　蘀落葉　䏳胙䏳也澆也　侂寄也　飥餺飥
魄落魄貧無家業出史記本音拍　沰磓也又滴　矺儀禮注云王棘矺鼠　作爲也起也行也
役也始也生也又姓漢有涿郡太守作顯則落切又則邏臧路二切六　迮起也又仄格切　柞木名又音昨
糳精細米也說文曰糲米一斛舂九斗曰糳　鑿詩曰白石鑿鑿　㖡噭㖡又祖郭切　錯鑢別名又
雜也摩也詩傳云東西爲交邪行爲錯說文云金塗也倉各切七　厝礪石　䱜魚名　逪說文云迹逪也
剒爾雅云犀謂之剒　縒縒綜亂也　莋草聲　各說文云異詞也古落切五　閣樓閣亦舉
閣漢宮殿疏曰天祿閣麒麟閣蕭何造以藏秘書賢才也又姓急就章有閣并訢　格樹枝　胳胳腋　袼
袼袖也又格　恪敬也又姓晉有中郎令恪啓苦各切三　愙並上同　咢徒擊鼓謂之咢
詩云或歌或咢說文作㖾譁訟也五各切二十五　愕驚也　鄂國名在武昌又姓漢安平侯鄂君　諤
謇諤直言　𠝏劍刃也　蚅說文曰似蜥蜴長一丈水潛吞人即浮出日南　蝷上同　遻
心不欲見而見曰遻　萼花萼　鍔劍端　𨝛文山　崿崖崿　鶚鳥名　鰐魚名　噩
爾雅曰太歲在酉曰作噩亦作咢　咢口中斷咢　㗁上同出字統　顎嚴敬曰顎　巖山峯　鑩
以鐵作鉤物也　偔多也　堮圻堮　壆上同　𢚦也　㴬水名　鞹面大兒匹各切十五
奤俗　𤄷陂濼　霸上同　粕糟粕　膊說文曰薄脯膊之屋上　膊割肉　䪙
車覆軛　搏擊也　胉脅也　薄薄苴大蘘荷名　簙簙齒相簙簺也　欂欂櫨也
春也　𦏁飛去也又步各切　惡不善也說文曰過也烏各切又烏故切四　悪俗　堊白土　蝁

蚍名。泊止也傍各切十一亳國名春秋時陳地漢爲沛之譙縣魏爲譙郡晉爲南兗州齊爲亳州箔
簾。薄厚薄說文曰林薄也又姓漢文帝毋薄氏礴盤礴簙蠶具䪙䪙韐韠也鑮似鍾
而大踄蹈也鱄魚似鯉一目也餺餺飥亦作䬪。臛羹臛呵各切又火酷切十一鄗
縣名漢光武改爲高邑壑溝也谷也坑也虛也㕡上同蠚螫也亦作蠚謞讒慝郝
姓也殷帝乙時有子期封太原郝鄉後因氏焉鰝爾雅云大鰕也出海中似蝗長二三尺青州有之熇熱皃
又火沃切嗃嚴厲皃易云家人嗃嗃矐重目又失明也。索盡也散也又繩索亦姓出燉煌蘇各切又
所戟切六㩍摸㩍溹水名在滎陽又所戟切䪘䪘韡萦草名榡白榡水名。涸
水竭也下各切十一鶴似鵠長喙左傳曰衛懿公好鶴有乘鶴軒貈說文曰似狐善睡獸也穆天子傳曰天子
獵於滲澤得玄貈以祭河宗周禮曰貈踰汶則死此地氣然也貉狢並上同洛洛澤冰皃佫
人姓出纂文䮤說文曰死名一曰馬白額䀉望也秴似黍而小鼦鼠出胡地。昨昨日
隔一宵又羌複姓有昨和氏在各切二十酢酬酢蒼頡篇云主荅客曰酬客報主人曰酢莋縣名在越巂
怍慙怍鑿穿鑿鑿鑿也古史考曰孟莊子作笮竹索西南夷尋之以渡水筰上同柞
木名又音作牸山牛岝岝㟀山高䈚地名在蜀亦姓出蒼頡篇飵楚人相謁食麥饘曰飵
䌟草繩帓帓幭䋏緬也秨禾稼動搖砟石上又人名苲茹草又士革切鈼
鎒也吳人云也。博廣也大也通也從十尃亦州名春秋時齊之聊攝也秦爲東郡地隋爲博州因博平縣以名焉又姓
古有博勞善相馬也補各切二十髆胷髆搏手擊爆迫於火也鎛鐘磬上橫木也又田器也
詩曰庤乃錢鎛嚩嚩嗼嗼皃嗼姊入切䶈上同襮衣領鑮大鐘簙六簙棊類出說文世
本曰烏曹作簙書本多單作博䗚䗚蟭蟷蜋卵也猼犬名䍸䍸訑獸名似羊九尾四耳其目在背出山
海經訑徒何切欂欂櫨枅也䡔車下索也溥水名鼶鼶鼠名餺餺飥䙏短袂衫
簙蠶具名吳人用。諾說文應也奴各切一。霍揮霍爾雅曰霍山爲南嶽又姓武王弟霍叔之後虛郭切又

十二靃地名說文曰飛聲也雨而雙飛者其聲靃然霩雲消皃䁨驚視藿豆葉又香草
矐目開彍張也說文曰弩滿也又郭鄺二音彉上同攉攉盤手戲㶅㶅泋衆波聲
劐裂也癨吐病。郭城郭也釋名曰郭廓也廓落在城外也世本曰鯀作郭亦姓出太原河南潁川東郡
馮翊五望本自王季之後又云氏於居者城郭園池是也案說文作𩫏𩫏爲居𩫏作郭爲郭氏也古博切十𩫏𨞺
並見上注崞縣名在代州又山名椁禮曰殷人棺椁又木名槨上同彍弓張說文曰弩滿也
彉上同埻埻端國名又音蟈𦗼耳𦗼。艧舟也烏郭切六蠖蚇蠖屈伸蟲名𩞄
味薄臒羹肉玉篇云善肉鸌水鳥嬳恐嬳。穫刈也胡郭切十鑊鼎鑊㦜心動
也檴檴落木名爑爑熱濩說文曰雨流霤下皃擭柞擭阱淺則施之䨼䨼靃大雨
㢓廓㢓𢋆廓㢓空遠。廓空也大也虛也亦州名漢西羌地前涼湟河郡周爲廓州也苦郭切六鞹
皮去毛漷水名在魯又許虢切劆解也裂也籗爾雅注云捕魚籠亦作籗又仕角切嚉敲嚉
嚉聲也。瓁扑瓁五郭切一。䃶𥗼䃶石聲盧穫切𥗼音廓一。嘄嗚嘄嘄亦作嗷祖郭切一

二十。陌阡陌南北爲阡東西爲陌莫白切十八帞頭巾袹袹複嗼靜也獏
上同貘食鐵獸似熊黃黑色一曰白豹蛨蚝蛨蟲貊蠻貊佰一百爲一佰也驀騎驀
狛犵狛驢父牛母亦作馲駋駋上同嗼詩云盈盈一水間嗼嗼不得語貉北方獸洦
水淺拍擊也趏超越鉑鉑刀軍器。磔張也開也爾雅曰祭風曰磔陟格切十一蚝
蚝蛨舴舴艋小船犵犵狛䴈䴈鳥鷄屬馲馲駋䪞頭顱腦蓋䵖黏皃嫡
孎嫡𥥍窟也杔杔櫨壁酒器也。白西方色又告也語也亦姓秦帥有白乙丙傍陌切五帛幣帛
尚書大傳曰舜修五禮五玉三帛又姓出吳神仙傳有帛和舶海中大船鮊魚名䒿草爾雅曰帛似
帛俗從卅。伯長也又侯伯周書曰率衆時作謂之伯亦姓左傳晉有大夫伯宗又漢複姓二氏韓子有伯夫氏黑家流
莊子有伯成子高博陌切八迫逼也近也急也附也敀上同百數名又姓秦有大夫百里奚柏

木名五經通義曰諸侯墓樹柏又姓晉趙王倫母曰柏夫人亦作栢 洦 洦湘淺水 䒰 藍之別名 皛 甑皛井梵。劇 增也一曰艱也又姓史記燕有劇辛奇逆切六 屐 履屐 輾 車輾 谻 倦谻 ⿰忄卻 勞也 ⿰口劇 戲⿰口劇 戟 刃戟說文作戟有枝兵也釋名曰戟格也傍有枝格也典略曰昔周有雍狐之戟屈盧之矛孤父之戈几劇切八 撠 持也 蕺 大蕺藥名 ⿰犭戟 ⿰犭戟獸 谻 相踦 丮 持也 ⿰忄卻 勞也又其戟切 ⿱髟戟 鬚⿱髟戟。索 求也山戟切又蘇各切六 索 上同 𧼔 僵仆 溹 水名 ⿰石索 碎石㗭聲 ⿰米索 煑米多水。柵 村柵說文曰竪編木冊戟切三 齰 磨且 簎 刺也國語曰簎魚鼈也。嚄 嚄嘖大喚胡伯切二 ⿰口舊 ⿰口舊⿰口舊誇皃。嘖 側伯切八 迮 迫迮 窄 狹窄 笮 矢箙又屋上版又迫也又姓吳有笮融亦作筰 ⿰氵昔 遮水 諎 大聲亦作唶 舴 舴艋 蚱 蚱蟬。齚 齧也鋤陌切五 齰 上同 咋 咋咋多聲咊烏交切 ⿰氵作 瀺作水落地聲 岝 岝㟧山皃。隙 壁孔也怨也閑也綺戟切七 郤 姓出濟陰河南二望左傳晉有大夫郤獻子俗從卻 綌 絺綌 ⿰亻郤 廣雅云勞也極也疲也又大笑 ⿰谷京 嫌恨 ⿱⺌京 西方小兒 ⿰口郤 火笑。額 釋名曰額鄂也有垠鄂也說文作頟頟顙也五陌切六 頟 上同 ⿰魚契 ⿰魚各⿰魚契魚名 峉 岝峉或作峉 詻 鄭玄云詻詻教令嚴 䩣 補履。逆 迎也卻也亂也范曄漢書周防字偉公少孤微常修逆旅以供過客而不待其報宜戟切六 屰 說文曰不順也 縌 佩縌也 ⿰口嚴 說文云呻也 ⿰糸屰 紱維 ⿰口屰 嘔⿰口屰。客 賓客苦格切四 喀 吐聲 ⿱毄客 堅也 揢 手把著也。啞 笑聲烏格切二 ⿰食虎 飢。虩 懼也許郤切一。坼 裂也亦作坼餘傚此丑格切六 ⿺走席 半步 ⿰乇頁 腦蓋 ⿰片皮 皺皯 ⿰片斥 牖開 ⿰斤片 新 。⿰革蒦 佩刀飾乙白切二。拍 打也普伯切十 魄 魂魄 怕 憺怕靜也 皛 亦打出蜀都賦又胡了切又莫百切 敀 也大打 ⿱兔兔 疾也又音赴 珀 琥珀 ⿺走百 風入水皃 ⿰片辰 ⿰片辰破物也 ⿰氵百 淺水。赫 赤也發也明也亦盛皃又虜複姓有赫連氏其先匈奴右賢王去卑之後劉元海之族也勃勃以後魏天賜四年稱王於朔方國號夏勃以子從母之姓非禮也乃云王者繼天爲子是爲徽赫實與天連因改姓曰赫連氏呼格切五 焃 火也 嚇 怒也 ⿰忄鬩 ⿰忄鬩⿰忄虎赤紙 ⿰目赫 目赤。垎 土乾也胡格切四 ⿺走各 ⿺走各⿺走𧺆倒地 ⿰木客 鞍⿰木客 ⿰車客 輓車當胷橫木。格 式也度也量也書傳云來也爾雅云至也亦格五簺屬行箭但行梟以格殺漢吾丘壽王善之又姓東觀漢記有侍御史東平相格班古伯切十四 佫 至也亦作假 茖 山葱 骼 骨骼 觡 鹿角 鮥 鮥鰅魚名 鵅 鵋鵅鳥名 挌 擊也鬪也

⿰各戈 止也正也 ⿰各攴 擊也鬪也亦作⿰各斤 蛒 蟦蛒別名 ⿱麥各 碎麥 敋 擊也 ⿰魚格 海魚似鱷肥美 鉻 陳公鉤也。謋 謋然虎伯切八 諕 上同 漷 水名在東海又音廓 砉 又呼狊切出莊子 ⿰朝羽 ⿰朝羽飛疾也 ⿰氵害 潚⿰氵害波激水也 硅 硅破 ⿰忄害 心驚。宅 居也說文云宅託也人所投託也釋名曰宅擇也擇吉處而營之也瑒伯切十三 厇 古文 擇 選擇 澤 潤澤又恩也亦陂澤釋名曰下有水曰澤又州名秦爲上黨郡後魏爲建興郡周爲澤州取濩澤以名之亦姓出姓苑 鸅 鸅鵅鳥名毛備五色 翟 陽翟縣名亦姓唐有陝州刺史翟璋又音狄 蘀 蘀藒藥草車前別名 檡 檡棘善理堅刃者可以爲射決出儀禮 ⿱罒鳥 鸅鸆即護田也 韠 韠韄刀飾 蠌 蜻蠌 襗 衫襗 ⿴行睪 土得水也。虢 國名周封虢仲於西虢秦屬三川郡義寧元年爲鳳林郡武德初爲鼎州又爲虢州亦姓左傳晉大夫虢射也古伯切五 敋 平打之類 ⿰氵虢 水裂 ⿰言虢 ⿰言虢⿰言虢多言皃 唬 鳥啼。擭 手取也一號切五 濩 濩澤縣在澤州又音護 ⿱艹獲 視遽 韄 刀飾把中皮也 ⿰山蒦 陂名又村名在吳王舊城側也。蹃 踐也女白切二 搦 捉搦 又正也。⿰虫卻 天神蟲名擭切二 ⿰广刂 解本。欂 欂櫨戶上木弼戟切二 ⿱艹溥 說文曰壁柱也

二十一〇麥

白虎通曰麥金也金王而生火王而死又姓隋有將軍麥鐵杖嶺南人俗作麦莫獲切八 衇 說文曰血理之分衺行體者又作𦜝經典亦作脉周禮曰以鹹養脈釋名曰脈幕也幕絡一體也 脈 上同 ⿰血辰 籀文 霢 霢霂亦作霡 䀡 說文曰嬈視也 覛 爾雅云相也說文本莫狄切衺視也 ⿰貝辰 籀文。獲 得也又臧獲方言云荊淮海岱雜齊之間罵奴曰臧罵婢曰獲亦姓宋大夫尹獲之後胡麥切八 畫 計策也分也又胡卦切 嫿 分明好皃 劃 錐刀刻 鱯 魚名 彠 度也又烏號切 ⿰口畫 ⿰口畫嘖叫也 咟 上國。蟈 螻蟈蛙別名古獲切十六 馘 截耳又馘也或作聝 聝 上國 幗 婦人喪冠

膕曲腳中也 膕同上 埻埻端國名出山海經 摑打也亦作敋 漍水名 擨挺擨

碱碱破 慖悖也 啯口啯 啯煩也 颰颰颰赤氣熱風之怪 譌譌嚄疾言 蜮 鰔大鰔

血 檗黃檗俗作蘗博厄切五 擘分擘 薜爾雅云山芹當歸 擗豆中小硬

者出新字林 檗飯半生皃 繴繴綸為帶蒲華切四 䌟 罼罝也 䍦車䍐 欂欂櫨又木名也

字林 賾探賾士革切七 鰿爾雅曰貝小者鰿郭璞云今細貝亦有紫色者出日南又音迹 笮 䔎茹菜又音籍

賾容貌常人 措取物也 積以又切 積種也 嘖叫也 責求也側革切十二 䪢

頰頭不正皃 讀讀怒說文同上 簀牀簀 幘冠幘漢書曰幘古卑賤執事不冠者所服之說文曰髮有巾曰幘 嘖大呼

聲 債負財也 蹟小貝也 膭膭子魚子出新字林 嫧鮮好 咋大呼

大聲 趚急走也出字林查獲切二 趞黠皃出方言 策謀也籌也釋名曰策書教令於上所以驅策諸下也又馬箠也楚革切十四 冊簡冊說文曰符命也諸侯進受於王也象其札一長一短中有二編之形 䇲

古 嫧健急 齰齒相值也 筴筴也 冊也 措矛也 䈿 憡痛 皟

文 嫧 正 淨也 憤介也 𧶠取也 揀扶揀 柵豎木立柵又村柵 擊 華切六 𪗿

說文曰 槅同上 繣紩也又 𥓊破聲 謮謹也 劃切二十一 繣

裹裏也 徽繣 繬 不慧又憒 劃劃作事 掝掝掘土

乖違 聲辯快出音譜 劃又音畫 捇又裂也 掝

裂 咄大笑聲又 鞭 口華切 中也 赤 于䮷切 憽

裂帛 聲 䪌辛䪌 目病 涸涸水出西谿 門 淢小 閾門限 淢兒 䬃

熱 𠜱刀破 㶸實也下華切九 緻衣緻衣領中骨又音酌 䃷石地 翮羽 䳑鳥

木 核果中核崔豹古今注云烏孫國有青田核莫測其樹實之形至中國者得其核耳大如六升瓠空之以盛水俄而成酒味甚醇厚 燒 䵨麥 湖州義興縣名在常 萬蒲臺 隔塞也古核切十六

膈 搹搹捉也出儀禮 鬲縣名在太原又鬲津九河名又姓郕鬲末賢人膠鬲之後又音歷鼎屬也

槅車槅 革改也獸皮也兵革也亦姓漢功臣表有𢾺棗侯革朱 篇篇子竹障出通俗文 㦸智也

諽謹也 䩐鞥首 虩虎聲 霢雨也 䮷瞡䮷 翮翅也 鰝魚也 嗝雉鳴

摘手取也陟革切又他歷切九 謫責也又丈厄切 讁同上 𢡄大怒張耳 楬棘𧏽楬或作

植 皀硬皀 䵂黏䵂 厇張厇 磔磓也 㕟災也說文隘也於革切十四 厄同上

搤持也握也捉也 扼同上 軛車軛 阸限也礙也又危也迫也塞也 貖爾雅曰豕絕有力貖又云貖大五尺為貖

呃呃喔鳥聲 䶦鼠屬 鼳同上 蚅蚅烏蠋大如指似蠶 餩飢皃

啞笑聲 覗覗視 ○ 栜木名山責切十四 溹小雨 痳瘮痳寒皃 霰霰 摵

殰落皃 愬驚懼皃又音素 挨鶖挨捕鳥 揀揀擇取物也 索求也取也好也 𥿮同上

溹溹溹雨下皃 䩹堅硬 虩虎虩驚皃又許逆切 㴓說文曰所以攤水也 ○ 撠射中聲也

普麥 檗飯半生熟 爾雅云 虉綬 虉小草雜色似綬五革切又五狄切四 䳘

鶪又音鶪 鞹頭履 彍彍弓補也 礐礐硞水石聲力摘切二 䃺䃺礰打草田器出字林

○ 㩇裂聲也 擭擊聲也摑切一 ○ 㩢㩢著又捎㩢也出通俗文砂獲切一 ○ 趪趪趪足長皃求獲切一 ○ 广

疾也尼戹切 又仕莊切三 餝餈餅餌名 聑耳目不相信出列子

二十二 ○ 昔往也始也一昔之期明日也說文作𦠉乾肉也又姓漢有烏傷令昔登思積切十四 𦠉籀文 腊乾肉見經典

惜㥢惜說文痛也 潟鹹土 磶柱下石 舄履也崔豹古今注云以木置履下乾腊不畏泥濕故日舄

鞨上同 蒵車前草 䳭說文鬍長鬚也 䏗骨間也 楮鳥 水 焟火乾 棤

皮甲錯也 ○ 積聚也資昔切又資賜切十八 脊背脊釋名曰脊積也積續骨節終上下也說文作𦟘背呂也

踖踧踖小步 借假借也又資夜切 迹足迹 跡同上 速籀文 踖踧踖敬皃又秦昔切

昔 鶺鶺鴒一名雝鶏又名錢母大於燕頸下有錢文亦作鶺 鰿爾雅曰貝小者鰿郭璞云今細貝亦有紫色者出日南

蜻同上 鯖魚名 鯽同上 蹟詩傳云不蹟不循道也 瀸小水 積

襞也 磧 磧䃉 厝 縣在臨邛 益 增也進也伊昔切八 謚 笑皃 嗌 喉也漢宣帝崩昌邑王至京師不哭云嗌痛 郝 地名 齸 爾雅曰麋鹿曰齸牛曰齝並吞芻而反出嚼之也 膉 肥也 ⿱艹益 益母草爾雅注只作益 鼳 鼠名 ○繹 理也陳也長也大也終也充也說文云抽絲也羊益切三十三 睪 引繪皃說文曰司視也从目从夲令吏將目捕罪人也 亦 揔也俗作亽 弈 弈美皃又博弈 奕 大也

又輕麗皃又行也盛也 帟 小幕曰帟 譯 傳言周禮有象胥傳四夷之言東方曰寄南方曰象西方曰狄鞮北方曰譯 懌 悅也樂也改也 斁 猒也 驛 驛馬 嶧 山名在魯 醳 苦酒 腋 肘腋 掖 持臂又縣名又掖庭也一曰正門之旁小門也亦姓 ⿰衤夜 ⿰衤夜縫 易 變易又始也改也奪也轉也亦水名出涿郡安閤山見水經亦州名漢書趙分晉得中山秦爲上谷郡漢置涿郡隋爲易州因水名之又姓齊大夫易牙又盈義切 液 津液又姓急就章有液容調 痬 病相染也 蜴 蜥蜴 埸 壃埸 圛 說文云回行也商書曰圛圛者升雲半有半無 襗 衣襦 射 無射九月律 墿 道也 焲 火光 ⿰示睪 重祭名彤曰彤周曰繹亦作繹 澤 溦澤水皃 燡 火甚之皃 ⿰耒睪 耕也又音釋 ⿸戶易 交⿸戶易 嚁 嚁川 ⿰火睪 笑也出字林 ⿰光睪 光皃 ○釋 捨也解也散也消也廢也服也又姓施隻切十六 䆁 說文曰漬米也 檡 梬棗

適 樂也善也悟也往也又姓 奭 盛也又驚視皃又邵公名說文作奭 郝 人姓又呼各切 睗 睒睗 急視 晹 日無光 嫡 嫁也 ⿰耒睪 耕皃 螫 蟲行毒亦作螫 鬄 髲鬄又音逖 㚒 盜竊懷物也從兩入弘農陝字從此 亘 餅堅柔相著 睪 視皃 襫 衡襫雨衣 ○尺 家語曰布手知尺舒肱知尋說苑曰度量衡以粟生之十粟爲一分十分爲一寸十寸爲一尺昌石切十一 赤 南方色又姓出姓苑又漢複姓二氏莊子有赤張滿稽郭象注云赤張姓也韓子曰智伯以鍾遺仇繇赤章枝諫仇繇令不受 烾 古文 蚇 蚇蠖蟲名易亦作尺 斥 逐也遠也又斥候說文曰卻行也从广屰屰音逆 厈 上同 臭 白澤 郝 鄉名 滷 滷鹵 鹵 姓也 臭 獸也 ○石 釋名曰山體爲石亦州名秦伐趙取離石周因邑以名州又姓左傳有衛大夫石碏又漢複姓二氏孔子弟子有石作蜀何氏姓苑有石牛氏常隻切七 碩 大也 祏 說文云宗

廟主一曰大夫以祏爲主 鉐 鍮鉐 䄷 說文云百二十斤也 鼫 鼫鼠螻蛄 ⿰石鳥 鳥名 ○隻 一也說文曰鳥一枚也从又持隹持一隹曰隻二隻曰雙之石切十三 適 往也又施隻切又都歷切 炙 說文曰炮肉也从肉在火上 墌 基址 摭 拾也 拓 上同 蹠 足履踐也楚人謂跳躍曰蹠 跖 上同 說文曰足下也 蟅 蟅負蟲亦作蟅又音柘 ⿱雨隻 ⿱雨隻霍大雨 䞶 行也 ⿸厂辟 仄也 ⿰衤夜 袖也 擲 投也搔也振也直炙切七 擿 上同出說文 ⿺麥適 ⿺麥適麴 躑 躑躅行不進也 蹢 上同 ⿰虫鄭 ⿰虫鄭蠋蟲名 ⿰氵智 土得水也 ○皵 皮細起七迹切八 磧 砂磧 刺 穿也又七四切 趚 趞趚行皃 涑 水名在北 趞 倉卒 襀 襀䙝帬衸 嫧 嫧婕齊謹 ○席 薦席又藉也大戴禮曰武王踐阼有席名亦姓出安定其先姓籍避項羽名改姓席氏晉有席坦祥易切六 夕 暮也字從半月又姓漢書巴郡蠻渠帥七姓有羅朴督鄂度夕龔也朴普卜切蜀有尚書令夕斌 穸 窀穸窀厚也穸夜也 汐 潮汐 ⿰昔阝 鄉名 蓆 大也 ○籍 簿籍秦昔切十三 踖 踐也 蹐 上同 藉 狼藉又姓左傳晉大夫藉談又慈夜切 耤 耤田耤借也說文曰帝耤千畝也古者使民如借故謂之耤也宋書藉田令古官也於周爲甸師 塉 薄也 瘠 病也瘦也 厝 縣名在清河又七削切 猎 獸名似能出山海經 ⿱艹昔 茹草 膌 膌腹 ⿰耤阝 地名在蜀 ⿱竹昔 打也 ○擗 撫心也房益切九 椑 棺也 躃 躃倒 闢 啓也開也 辟 便辟又法也五刑有大辟從卩辛所以制節其罪也從口用法也 㱸 躃躄欲死之皃 ⿰角辟 弓彊 ⿱艹革 雨衣 ⿰革辟 毛貍

○役 古从人今从彳說文曰戍邊也營隻切十二 䓈 燕人呼芡又羊捶切 疫 說文云民皆疾也 ⿰魚役 魚名有四足出文字集略 坄 喪家塊竈說文曰陶竈窻也 垼 上同 炈 亦同 ⿰役鳥 ⿰役鳥鳩 鳥 鈠 小矛 ⿱雨役 ⿱雨役⿱雨隻大雨 豛 豬之別名 ⿰虫役 ⿰虫役[illegible]蟲名 ○⿰目役 驚視許役切二 ⿱役目 眼也 ○辟 爾雅皇王后辟君也亦除也又姓漢有富室辟子方又有辟閭彬必益切七 璧 白虎通曰璧者外圜象天內方象地爾雅曰肉倍好謂之璧肉邊好孔也 鐴 鐴土犂耳 躄 跛躄說文作躃人不能行也 壁 上同 襞 襞衣說曰韏衣也 𨐨 治也 ○僻 誤也邪僻也芳辟切四 辟 上同見詩 癖 腹病 廦

墻也。麝麝射香也食亦切二又食夜切射世本曰逢蒙作射又姓吳有尚書郎射慈又神柘切又羊謝羊益二切。

碧色也說文曰石之青美者又八品九品服色代青也紀年曰惠成王七年雨碧于郢彼役切一。䵂黏䵂竹益切一。彳說文云小步也象人脛三屬相連也丑亦切二甋瓴甋也。蒖蒖卷之役切一。夐小動也士役切二役行小

二十三錫

錫賜也與也亦鈆錫玄中記曰鈆錫之精為錫又姓吳志云漢末有錫光先擊切十三析分也字从木斤破木也又爾雅曰析木謂之津注云即漢津也亦姓風俗通云齊大夫析歸父㭊俗裼袒皙人白色也緆細布鬄說文上同蜥蜥蜴菥菥蓂大薺淅淅米也惁敬也蝷蝷蛗𣩍𣩍欲死之皃。激疾波又姓淮南王傳有激章古歷切九擊打也墼土墼轚車轚舟獥狼子敫歌也蔜草名竅楊鸄鳥名似鳥。霹霹靂普擊切七劈剖也裂也破也澼莊子洴澼絖漂絮者憵急速鎃裁木為器癖痃癖痛僻僻邪。靂霹靂郎擊切四十五趚趚趚行皃又七昔切酈縣名在南陽亦姓又力知切癧瘰癧轢車踐又音洛鬲魚名亦作鎘鑷上同礫釋名曰小石曰礫瓅珠瓅秝稀疏適秝櫪馬櫪攊攊𢷮櫟木名亦屬又音藥櫟陽縣名嚦嚦作鬲瓑歷經歷又次也數也近也行也過也又歷日續漢書律歷志云黃帝造歷歷世本曰容成造歷尸子曰羲和造歷或作曆曆見上麻子藶亭藶瀝滴瀝也磿石聲𡨼寂𡨼無人又深也又音聊鬲爾雅曰鼎款足者謂之鬲說文作鬲鼎屬實五觳斗二升曰觳象腹交文三足今亦作鬲甗瓦器說文同上又作蒚山藶的藶䍽白狀曆明皃䴬煙狀躒動也趯上同蹸齒病擊玉名麻說文云也。甓擊囗騽馬色裹纏鬁酩酊醉䤘酒酹䤘鬁劙劙鷊鳥名觻角鋒治歷櫟雜糅櫟捎擽擽生冬不死一名貫眾葉圓銳莖毛黑布地蚸蟆蚸亦作蚸。的指的又明也說文作的都歷切二十六適從也又之石始石二切嫡正也君也甋博也靮馬韁鏑鏃馰馬白額又作的滳水滴也肑腹下肉也弔至也又音釣芍蓮中子也亦作的見爾雅蹢蹢也詩云有豕白蹢鼩鼠名又音灼玓玓瓅明珠

色出說文樀屋梠鷊雉屬罟魚擊網也磀磀碓礿上同杓引也斛量也商本也鰝魚名惐惐痛也逷至也杓柄末橫大。檄符檄說文曰二尺書也胡狄切八覡巫覡男曰覡巫女曰巫也見爾雅敫的敫運實也鼳鼠名鶪鳥似烏蒼白色獥狼子又音叫槉鐘槉又胡老切觡以角飾杖策頭。鷁水鳥也博物志曰鷁雄雌相視則孕或曰雄鳴上風雌鳴下風亦孕五鶂上同說文又作鷊鶃鶂歷切五艗艗舟舟頭為鷁首䳄石地惡虉虉綬草。荻萑也徒歷切二十九狄北狄又姓春秋時狄國之後漢有博士狄山敵匹也當也輩也主也籊竹竿皃又他歷切翟翟雉又姓漢有上蔡翟方進迪進也道也蹈也覿見上同笛樂器風俗通云武帝時丘仲所作也晉協律中郎列和善吹笛也篴上同出周禮糴市穀米又姓國語有晉大夫糴茷籴俗邮鄉名在高陵滌洗也除也淨也蓧盛種器也蔋草木旱死也踧詩云踧踧周道繀繀緣色鰍東海有馬鰍魚藡藡勳樀屋梠又音的頔好皃樎樎藏橰爾雅釋木曰樎藏橰是也耀穀糴之名䨀雨也犕特牛莔莔藋草㶡鹼油說文曰行也。逖遠也他歷切二十一逷古文倜倜儻不羈趯趯趯兒趯上同剔解骨狄字同上詆詆誘狡猾惕怵惕憂也又愛也䯛骨間黃汁䠿周禮䠿蔟氏掌覆夭鳥之巢又丑列切擿發也動也說文曰投拓果樹實也一曰指近之也又張華切踢踢踢獸名左右有首出山海經覿說文云目赤也又前歷切鬄說文云鬀髮也焞望見火也蓨苗蓨草籊竹竿皃惄憂愁失意也䁗視皃。績緝也功業也繼也事也成也則歷切四勣功也積懼於別名鶺鳥名也。燩乾燥也苦擊切九擊傍擊毄攻也漢書云攻苦毄淡喫喫食噭上同䍃寻也𣫍般角敫也𪗉敫吹器。惄心之飢也憂也思也大歷切四愵古文溺溺水古作休又音弱又姓也㥄憂皃。寂靜也安也前歷切五宗上同嗷噎無聲翦音迷覡目赤又。覓求也莫狄切二十五覛上同說文幎覆也亦作冪幦車覆軫也䁡上同䮒馬惡也糸細絲也微也連也鼏鼎蓋冪覆食巾又羃羃羃離婦人所戴汨汨羅水名在豫章屈原所沉處溟並上同冂文字音義云以巾覆從一下垂覭說文云白虎也蓂蓂莢𩑩白豕黑頭覭小見縕網覭黑青篔竹濗水淺螟蝀蟲名塓塗也。甓瓴甓扶歷切四鷿鷿鷈鳥名似鳧而小足近尾或作鸊檗大桰辟辟欲死之皃。壁說文云垣也釋名曰壁辟也辟御風寒也漢官典職曰省中皆胡粉壁紫青界之畫古烈士亦州名本漢宕渠地武德初為壁州北激切六鼊鼊似龜而漫胡無指爪其甲有黑珠文如瑇瑁可飾物繴爾雅曰繴謂之罿今覆車鳥網又數核切廦屋室綼紛綼繴繴䌿邪鼳鼳身鳥喙。闃寂靜苦鶪切二䀩視也。鶪古闃切七郥邑名在蔡狊說文云犬視也亦獸名屬厚而碧色鶪伯勞溴水名在溫縣鼳爾雅曰鼳鼠身長須秦人謂之小驢郹犑爾雅云犑牛倶點倶。戚親戚又姓漢有臨轅侯戚鰓倉歷切十一感憂也慼懼也鏚說文曰戉也鼜守鼓也蹙上同鏚干鏚鏚斧黰黑色覷視覷本或作戚詩慽慽痛蠀蠀螬蜍別名蔋草也磩磩石次玉也。赦笑聲許激切九鬩鬩很也恨也戾也又相怨也𢇍寻也左思吳都賦云

長矟短兵亦作殺潤潤沭澀也訹私訹篹籰籬悚心不安也惄去弟恐也憫惶恐也。殺矛也呼狊切七砉砉然物相雜聲瞁驚視睯眼也狊犬視也焱火華又火焰也殈鳥卵破也。歔痛也又丑歷切又丑力切二禘福禘

二十四。職爾雅云職主也常也博雅云業也字林云記微也又姓周禮有職方氏其後因官為姓風俗通云漢有山陽令職洪之翼切九軄俗戠說文云闕職識字從此織組織說文曰作布帛總名職油敗蟙蟙蠌蟲蝙蝠別名也蘵草名以酸漿亦作蘵膱脯長尺有二寸曰膱儀禮作膱樴杙樴。直正也又姓楚人直弓之後漢有御史大夫直不疑除力切四犆㹅犆牛也𦙫肥腸𡼖山直。力筋也又姓黃帝佐力牧之後六直切九朸縣名在平原屴屴崱山兒仂不解鳨似鳧而小亦作鳨𠠲趙魏間呼棘出方言泐水凝合白兒也尥脛交犳遼東犬名。敕誡也正也固也勞也理也書也急也今相承用勅勅本音賚恥力切十四勑同飭牢密又整備也淔水名趩行聲杙局又木名忇意慎又惕也鶒鸂鶒鷘上同恜慎也慗從也遫張也䓇蒴藋別名也畟田器又地名。陟升也進也竹力切二稙早種禾。食飲食大戴禮曰食穀者智惠而巧古史考曰古者茹毛飲血燧人鑽火而人始裹肉而燔之曰炮及神農時人方食穀加米于燒石之上而食之及黃帝始有釜甑火食之道成矣又戲名博雅䬾又用也僞也亦姓風俗通云漢有博士食子公河內人乘力切二蝕日蝕也說文云敗瘡也釋名曰日月虧曰蝕稍小侵虧如蟲食草木之葉也。息止也又娩息也說文喘也亦姓姓苑云今襄陽人又漢複姓前漢書有河內息夫躬相即切十一𣙪木名郋新郋縣在豫州瘜惡肉蒠菲蒠菜熄蓄火𦝫膄肉䭒食也㴧水𥱥簨蒠䳵鳥食。寔實也是也常職切八湜水清也殖多也生也植種植也立志也置也埴黏土戠古文植柱杖曰植遈行流。識說文云常也一曰知也賞職切十式法也敬也用也度也又姓出何氏姓苑拭拭刷恜上同軾車前也飾裝飾𥿮方言云趙魏間呼經而未緯者曰機𥿮鉽鼎鉽也烒火兒蘵草名。赩大赤也許極切五衋傷痛其心黖赤黑色奭斜視㥶瞋怒兒。崱崱屴山兒士力切四𡪊寞疑溭溭減水勢萴草也。極中也至也終也窮也高也遠也說文棟也渠力切一。匿藏也微也亡也隱也陰姦也女力切六䘌蟲食病㥾上同恧慙也恧也又女六切𩹉魚名。測度也初力切六惻愴也畟畟畟陳器狀說文曰治稼畟畟進也詩云畟畟良耜又音即𦓐耜也𡊕遏遮蔱草。憶念也於力切十七億十萬曰億又安也度也臆胷臆肊氣滿啻說文曰快也繶縧繩醷濁漿澺水名在上蔡薏薏苡亦蓮心蒠上同螠小蜂𩏕履頭也出韻略檍木名一名木橿也檣梓屬抑按也說文作𢑏从反印𡋯地名癔病也。色顏色所力切十五歙小怖兒嗇愛惜也又貪也慳也又積也亦姓說文作來亩愛瀒也從來亩來麥也來者亩而藏之故田夫謂之嗇夫亩音廩轖車馬絡帶穡稼穡種曰稼歛曰穡薔薔虞蓼也𩏽字書云車藉交革繬繟也縫也濇不滑𥳭篩嗇嬙女字𧓍蟲也懎悲恨𩕋頰也𠢿助也。䩯皮鞕兒丘力切一。殛誅也紀力切十一㥛急性相背說文曰疾也一曰謹重兒也襋衣領交也棘小棗亦越戟名又箴也亦羸瘠也又姓文士傳曰棗祗本姓棘其先避難改為棗氏衞大夫棘子成之後也

亟急也疾也趣也也又音氣㻊埤蒼云垂棘地名出美玉案左傳只作棘悈急也又音戒䞘去官蕀遠志別名茍說文曰自急敕也𧩼訥。弋縢亦弋射又姓出河東今蒲州有弋氏見姓苑與職切三十四翊馮翊郡又輔翊翌明日廙敬也又音異黓早也爾雅曰太歲在壬曰玄黓翼羽翼說文翄也又恭也美也助也亦州名在隴右因翼水為名又姓晉有翼侯之後漢有諫議大夫翼奉𩙺說文同上𢍍古文䴬麥䴬隿繳射也或作弋𪈳鳥翹𡚱婦官也漢有鉤弋夫人居鉤弋宮漢書亦作弋潩水名出密縣大隗山杙果名如梨亦橜也芅令羊桃花或曰鬼桃葉似桃而花白𠥝說文云田器也趩趨進趩如也𨗮疾趨𥢊黍稷蕃蕪兒亦作翼𧕮蜴蜴蟲行𤬁甊瓦骨也忕心動潩水聚𠘬缺盆骨也𪔂大鼎熼火光釴鼎附耳在外也𤺊痒𤺊淫𤺊蟔蟲也䎈耕也秇禾秇㣧行㣧衪衣衪酞酒色。即就也今也舍也半也說文作即食也亦姓風俗通有單父令即費又漢複姓有城陽相齊人即墨成子力切十六即同上稷五穀之總名一曰粢屬周禮注云社稷土穀之神有德者配食焉共工氏之子曰句龍食於社有厲山氏之子曰柱食於稷湯遷之而祀棄俗作稷亦姓后稷之後㮨木名似松𤜁牛名蝍蝍蛆蟲名又子結切楖楖栗縣在魏郡又裴房非切畟又初力切䟐踧蹙迫急鯽魚名㹁犬生三子堲風即又子栗切𦙏膏澤喞喞聲也鵖鵖鴔亦作鴔揤捽也。逼迫也彼側切十一偪同上皕二百幅行縢名楅束也又音福䮠騙駝湢湢㳍水起勢也颰風也𡇿閉也皀姓也又皀粒。域居也邦也雨逼切十四蜮短狐蟲又音或罭魚網棫木叢𡘡字林云大力兒䳼䳼鳥鋮瓦器琙人名漢有公孫琙黬羔裘之縫又音洫緎縫也亦同上䮀馬走魊小兒鬼淢溭淢波勢𦿋叢也。洫溝洫況逼切十四侐靜也閾上同閾門限𨳰古文𥄎舉目使人𣢾或聲吹兒𤵶頭痛黬羔裘之縫緎縫也亦同上䎸羽聲嘎嘎聲淢疾流赩赤色。堛土凷芳逼切十三愊惆愊至誠踾踾地聲𤗚坼也稫稫稄禾密滿也䭮飽兒揊擊聲副析也禮云為天子削瓜者副之巾以絺也畐道滿也𨻐地裂也亦作偪𢿵敲㪡𧪯多忌密也疈周禮曰以疈辜祭四方百物。稄稫稄阻力切十一𥟩一本作此昃日昃又旁也傾也不正也𢮍打也仄仄陋說文云側傾也庂日在西方汄漏汄水勢萴廣雅云附子一歲曰萴子二歲曰烏喙三歲曰附子四歲烏頭五歲曰天雄側側傍也夨說文云傾頭也仄籀文。愎很也符逼切八腷腷臆意不泄也煏火乾肉也𤊹上同腷腷版出通俗文馥香又音復踾蹋地聲鶝鶝鶔鳥。嶷岐嶷詩曰克岐克嶷魚力切五薿茂盛㘈說文曰小兒有知也引詩云克岐克嶷擬有所識也觺觺角兒。堲疾也秦力切又將七切又牆資切三垐以土增道𢮍打也又音側。𠞕丁力切又丁六切三𣬛毛少𣬛𣬛𢔶得滴水少。𥄓細視也云。㵺水潦積聚烏力切又音冀二𦔎字統云耕也

二十五。德德行又惠也升也福也亦州名秦為齊郡地漢為平原郡武德初為德州因安德縣以名之多則切九悳古文惪惪縣名在張掖漢書作得㝵說文取也今作得同得得失淂水兒又丁力切𨀣行𨀣韄約也𦗔取也。則法則子德切三𠟭古文𠟫籀文。勒鄭中記曰石虎諱勒呼馬勒為

蠻盧則切十二 肋脅肋釋名曰肋勒也所以檢勒五藏也 扐筮者著蓍指間 仂禮祭用數之仂 艻蘿艻香草 朸說文曰策之理也平原有

朸縣 瓅美石次玉 玏上同 泐凝合 仂材十人也功大說文曰 阞地脈理坼根 竻竹 ○忒差也他德切六 扐打也

慝惡也 貣從人求物也 聽聽𪏁欲得也 㥀㥀得也 ○刻刻鏤又剝也苦得切五 克能也勝也說文作亯肩也 剋

剋巳又必也殺也急也 勊自強也 𡝨罵女老𡝨亦作娩 ○特特牛又獨也亦姓左傳晉大夫特宮徒得切九 貣假貣謂从官借本賈也亦從人

求物也又音忒 蟘食禾葉蟲 蟘上同 樴杙也 犆鈍也 棏木名 䲦䲦鳲又徒戴切 螣螣蛇 ○黒北方色呼北切三

潶水名在雍州 嘿啞聲 ○墨筆墨又姓墨翟是也亦即墨縣名莫北切十二 默說文曰犬暫逐人也又靜也或作嘿 冒千也又莫報切

蟔蟔蟔蟲即蝙蝠 纆索也 万万俟複姓北齊特進万俟普其 寏方言 艒同上 艒艒艖也 嫼怒也 䁇暫視 𪏁聽

欲臥 䀛䀛 ○賊盜也說文作賊則切七 賊上同 鰂烏賊魚崔豹古今注云一名河伯度事小史 鰂同上 蠈食禾

節蟲亦作賊 㳠博雅云㳠溭也 蕺草 ○塞滿也窒也隔也蘇則切又蘇載切五 塞上同見說文 寨安也 寒實也書曰剛而

塞 寒說文 ○北南北亦奔也又高麗姓又漢複姓七氏左傳衛大夫北宮貞子莊子有北門成漢有北唐子眞治京氏易世本云晉有高人隱於北唐因

以爲氏晏子云齊有北郭先生名騷古有北人無擇清身絜

已疾世之濁自投清冷之淵姓苑有北鄉氏北野氏博墨切二 蜚蟲似蟹四足 ○菔蘆菔菜蒲北切十三

蔔上同 𦸗同上 棘蕀道縣在犍爲又丁壯皃 匐匍匐 匐同上 踣斃也倒也 仆倒也 菩草名又音

蒲 垘埴 踣僵也又 畐黍豆瀆 服農夫 犕擊 ○或不定也疑也 惑迷惑 蜮

蟲名短狐狀如鼈含沙射人入則爲害生南方說文云有三足 ○[illegible] [illegible]旋風 [illegible]水流 ○國

以氣射害人之中記云長三四寸蟾蜍鸑鷟食之 [illegible] 蟈蟲名似蛙

邦國又姓太公之後左傳齊有國氏代爲上卿古或切一 ○餕噎聲愛黑切二 殕[illegible] ○劾推窮罪人也俗作刻胡得切一 ○[illegible]似蛙

而小青紅色 [illegible]

人奴勒切三 [illegible]

兒出玉篇 ○城揩幽七則切一 ○覆四北切三 蝮蝮蝗蟲名 [illegible] 呼或切二 [illegible] 曰

二十六 ○緝績也七入切六 葺補也 [illegible] 十數名

是執切 什篇什又什物也 拾收拾又 [illegible] 褶 [illegible] 執持也操也守也攝也說文 [illegible] 入切六 汁液也

切四 襲因也重也合也入也 隰原隰亦州名左傳曰重耳居蒲即隰州 [illegible] 漢爲蒲子縣後魏齊周之間爲汾州隋爲隰州以 [illegible] 蒲城是

北海 [illegible] ○習學也因也說文作習數飛也又姓出襄陽 [illegible] 似入切十三

[illegible] 縣名在北海 [illegible] 廣雅 [illegible] 字統云 [illegible] 慹怖也 [illegible]

州前有泉下濕蓋取下溼之名 爾雅云 [illegible] 鰼魚 [illegible] 騽馬豪骭又 [illegible]

義名之又姓齊有大夫隰朋 [illegible] 騽驪馬黃脊

颯颯颯大風 摺堅木 [illegible] 鸐鳥名 [illegible] 霫 [illegible] 大雨

[illegible] 船具也 褶褶袴

○集聚也會也就也成也安也同也衆也本作雧 [illegible] 宕渠縣

[illegible] 梁末爲東巴州 [illegible] 又姓風俗通云漢有外黃令集一秦入

切九 輯和也 檝舟檝又音接 亼說文云三合也从入一象三合之形凡亼之類皆从此又子入切 [illegible]說文云詞之集也 葉菩 鏶

鐵鏶 慹怖也 葺子立切 葺覆也又 ○入得也內也納也人執切二 廿說文云二十并也今作廿直以爲二十字 ○揖揖讓又進也說文曰

攘也一曰手著胷曰揖伊入切二 挹酌也 ○溼水霑溼也失入切三 濕又他合切 㵒上同見經典 聺牛耳動也 ○㗱噂㗱噍噍皃子入

切噂音同 博十一 濈泉出 緝合也又 湒雨皃又七入切 蕺草生多皃 褋襍緣也 眲 稓

稠揖 揖 [illegible]負秦山名 ○及至也逮也連也辭也其立切七 遳古文 [illegible]冬瓜 力急切 鷍鷍鳥 笈負書箱又

其劫 扊戶鍵 ○蟄蟄蟲又藏也直立切六 脋肉半生 偘偘偘然耕也出莊子 堛直下入又直輒切 屖屆屖前後相次

切 也屆扱 謺謺言不止也 ○縶縶馬絆立切四 [illegible]水 [illegible]馬 [illegible]口 ○立行立又住也成也又漢複姓魯有賢

人立如子入切九 [illegible]齧聲 粒米粒 笠雨笠本草呼破 [illegible]爲敗芙公也 鴗水狗爾雅謂之天狗注云水鳥青似翠食魚江東呼爲水狗 苙

白芷又其立切 [illegible]臨也 岦岦岌山皃 砬石藥 ○急急疾說文作㤂褊也居立切十一 汲汲引也又縣名在衛州又姓漢有中尉汲黯河

東人 給供給又姓出姓苑 伋孔伋字子思 級等級說文云絲次弟也亦階級禮曰拾級聚足俗作㚫 芨烏頭別名 慧同上 彶

病也 彶彶遽也 皀穀香 鴔鵖鴔鳥名 ○岌高皃魚及切二 殜危也 ○泣無聲出涕去急切三 䁯欲燥 湆羹汁

○㪺小兒履也先立切五 卌字統云插䒼說文云數名今直以爲四十字 霫字林云雨皃又爲霫國東北夷名 [illegible]膝坐 [illegible]忍寒

聲 ○歰說文曰不滑也色立切八 澀上同 澁俗 鈒戟也鋋也 霎小雨聲 濇不滑也 [illegible]不及 翜疾飛 ○

吸內息許及切十二 噏上同 歙說文曰縮鼻也後漢有來歙又舒涉切州名 翕火炙一曰起也又斂也合也動也聚也盛也 諭

語 潝水流聲 熻熱皃 嬆 翖漢有翖侯 [illegible]地名 闟戟名 [illegible]鳥名 ○戢止也斂也阻立切九 [illegible]

淚出 [illegible]皃 [illegible]角多 [illegible]同 [illegible]口眾 [illegible]菜各也 濈和也 [illegible] 霵雨下又士邑切 ○邑縣邑周禮曰四井爲邑又

漢複姓有邑由氏楚大夫養由氏之後避仇改焉於汲切八 悒憂悒 [illegible]鳥短氣也 裛裛香又於怯切 浥溼潤 [illegible]茹熟 䭲食飽

[illegible] ○㳖㳖潗沸皃丑入切三 霫大雨皃 [illegible]汗出 ○煜火皃爲立切四 曄曄曄又筠輒切 熠熠燿螢火又羊入切

騽馬豪骭又音習 ○熠熠燿羊入切二 [illegible]多皃 ○孴戢孴聚皃尼立切五 潪潗潪水文皃 涃濕涃 囚私取

皃又女洽切 [illegible] ○霵暴雨皃仕戢切二 [illegible]馬眾盛皃 ○鴔鴔鵖亦鵖皮及切一 ○鵖彼及切二 皀穀香也

○屆屆屖初戢切四 插[illegible]累土也 [illegible]重緣 [illegible]行皃 ○[illegible]字統云會聚也邑汁切一

二十七 ○合同合

亦器名亦六合天地四方對也又州名秦爲巴郡宋爲宕渠郡後魏置合州蓋涪漢二水

合流之處因以名之又姓左傳宋有大夫合左師又漢複姓高帝功臣表有合博虞侯閤

切又音閤十一 郃郃陽縣在同州又虜複姓後魏書大莫干氏後改爲郃氏又音閤 榙榙𣗋果名似李出蜀倉 迨迨遝行相及也 [illegible]木也

詥諧也亦作[illegible] 耠耕也 [illegible]會也 齡齧聲也 [illegible]草 盒盒盤覆也 ○閤爾雅曰小閨謂之閤古合切十九 鴿

鳥名合合集又音追 欱合會也 鉿二尺鋌 鮯入合魚名六足鳥尾出山海經 蛤蚌蛤 郃水名又縣名又音追 浩浩亹地名
亹音門 匌周帀也 頜頜頷顧傍 佮併佮聚 𡱝閉戶曰𡱝 匼匼㔶目睫長 拾劍柙又丘業切 㧺以席載轂 鞈
防捍 韐韐韐大帶 韍同上 袷袷口亦 ○答當也亦作荅都合切十二 匌爾雅曰俞匌然也 踏跛行兒 搭打也出音譜 荅
正各云小豆 褡橫褡小被 㛅面㛅㛅兒 瘩肥瘩瘕出字林 嗒舐嗒 狢犬食 𤿭皮𤿭 榙榙欏木名 ○趿進足蘇合
切十一 颯風聲 鞁小兒履或作𩌳 㲞同上 馺馬行疾 霅廣雅曰雨霅霅又音龍 卅說文云卅三十也今作卅直爲三十字
㚝婦㚝女字 㚬㚬㚬眼睫長 𨓋止衆行兒 鈒鏶鈒 ○沓重也合也又語多沓沓也又虜複姓後魏書沓盧氏後改爲沓氏徒合切十八
誻譐誻亦作沓諸 遝迨遝 揞指揞 楷柱上木名 涾沸溢 駋駋馬行 龖龍飛之狀 㒧㒧㒧不著事也 譶言疾言
欏榙欏 蹹蹹蹹 䃮春已復擣之爲䃮 𧩙妄言 𦅜𦅜子絹出字林 遝東魯人呼蘆菔曰菈遝 蝤蟚蝤蟲 眔目相
見 ○䤵器物䤵頭他合切二十二 㗳㗳歠也 沓菜生水中 㛹女兒說文曰俛伏也一曰意伏也 踏著地 幍帳上覆 鞜
華履 翻翻翻飛兒 漯水名在平原 濕同 狧犬食 𨆺上同 鼕鼓聲 佮合也 黭晉書有兗州八伯太山羊曼爲黭伯
入䶜食也 鞳車釭鞳也 楷柱楷頭 䍇相䍇出字林 𩏀積厚 鶊鳥名 笚竹 ○雜帀也集也猝也穿也說文曰五
綵相合也祖合切七 帀斷聲 礁礁礁山高 雥群鳥 襍戶簾 踏止也又才合切 鄰亭名在具丘 ○帀遍也周也子荅
切十 迊同上 咂入口 㗳蚊蟲㗳人 𪓰歠𪓰聲 魳魚名 𦏲羊臘 㕸歞㕸 沛沛沛繞濕 趿趿趿急走 ○拉
折也敗也摧也盧合切十一 搚上同 拹亦同 擸敗也 翋翋翍飛 磖磖礁 䎀鶵䎀初飛兒 菈菈遝秦人呼蘿蔔 歃
歜歜不滿 㕸石聲 㺻日摺 牛粒 ○納內也又姓出何氏姓苑奴荅切八 軜兒 蒳腝字統云香草異物志云葉如栟櫚而小子似檳榔可食 軜
驂馬內轡 衲補衲紩也 魶魚名似鱉無甲有尾口在腹中 妠始妠聚物 㨉打㨉 ○溘至也奄也依也口荅切七 𥁕死
見楚詞本作溘 屋閉戶聲 𡸁山左右有岸 容容合相當也 匌匌帀也 欲歞欲歞癡兒 ○姶美好兒烏合切十三 䗘
短氣 罨網又烏劫切 署覆蓋也又烏敢切 媕女有心媕媕也 匎匎彩婦人髻飾花也 庵庵底又屋 踚踚跛 鞥車具又小
兒履各鞥歔 䶜調色畫繪出郭調字指 搕以手盍也又搕擁冀也 鞥皮裹角也 佮姓也 ○欲大歠也呼合切四 疲病劣
兒 欱欱瘶 瘩寒瘩 ○㬈日中見絲凡作㬈同五合切十 礁礁 哈魚多兒 㒧偕㒧 㗳衆聲 砐岢砐 磥
動𥗊𥗊亦作硆 瘩寒瘩 般船兒 魰魚名 ○趁七合切二 㛅婪㛅 ○䢔褱䢔十合切一 ○唈爾雅云僾唈也烏荅
一切

二十八 ○盍

盍何不也說文作盇覆也爾雅合也胡臘切十 闔閶闔說文云門扇一曰閉也 闒俗 嗑噬嗑卦名 蓋
苦盍 䪞靜也 篕篕篨也 㕎篡文云姓也 郃說文云地名也 熆吹火也 ○臘臘蜡盧盍切十四 臈俗作也
𪘾齧齒聲 齒臘上同 鑞錫鑞 蠟蜜蠟 蠒俗 擸折也又擸摧破壞也 皴鬣皴皮兒 鶵鶵鵩鳥飛 擸摺擸

相和 𦑜𦑜翗飛 翗初起兒 繬繬繬 𨘞𨘞䢔行兒 ○皻皻皷都盍切十一 聕大耳 搨手打也 搨同上 砝擸地石聲又
竹亞切亦作䂿 刵相著聲一曰刵鈎也 笚竹相擊 荅菜生水中又荷覆水 褡橫褡小被 餲餲鈉 翻翻翻熱翻 ○榻牀也
吐盍切十九 搨上同 艊大船 艙兩槽 毾毾㲪 鰨比目魚別名 鯣上同 鰨魚名似鮎四足 䪚䪚布 傝傝隸亦傝㒌儜
劣又傝僌不謹兒 狧犬食 䍇上同 謵謵謎多言 謎古盍切 翜飛兒 鞳鏜鞳鐘聲又他合切 塔浮圖 搭摸搭 嗒嗒然
忘懷也 遢邋遢不謹事 騔騔騔馬行不進 ○欱大啜呼盍切三 歈出山海經 魶魶魚名 𤺓肥𤺓 ○納魚名奴盍切三 笝
䌌纜舟竹索也 餉餉食 ○蹋踐也徒盍切十 蹹上同見公羊傳 闒門樓上屋說文曰樓上戶也 㒓㒓墮也 謲謲謎語也 忘
譫多言又作諜 𨨹瓶 䳴鶵䳴鳥飛 篛篛扇 翜翽翜 ○僌傝僌不謹兒蘇盍切七 㗳嗑㗳食兒 擸搕擸又
才盍切 卅三十 䠎䠎䠎行兒 鞢鞢鞢鞋 𢧛𢧛也起也出新字林 ○儑偞儑不著事也五盍切二 䐑䐑睡 ○䶝惡也又姓
出纂文今北海有才盍切二 搕搕擸和雜 ○䪞頭車領骨古盍切八 譠多言又音盍 嗑上同 蓋姓也漢有蓋寬饒字書作郃 閘
閉門 鉀鉀鑞 䗘蟚䗘 郃地名 ○榼酒器也苦盍切六 磕石聲 襤襤襠 㿯㿯崩損也 鼛鼓聲 轞車聲
○鰪鰪鰈魚名安盍切四 盦說文云覆蓋也 廅山旁穴 鶷短氣又鳥盍切 ○囃助舞聲也倉雜切三 磼石多兒 䨿
鼓聲 ○砝石聲居盍切二 鶪鳥名 ○譫多言也章盍切一

二十九 ○葉

葉枝葉又姓吳志孫堅傳有都尉葉雄與涉切又
式涉切十 楪楪榆縣名在雲中 㻡度 鍱銅鍱 偞偞偞美好兒 葉薄也 㩸㩸端又力葉切 煠爚煠 䈎篇簿
書曰葉說文篇也 殜病 ○接交也持也合也會也又姓三輔決錄有接昕子即葉切十一 椄續木 睫目睫釋名曰睫插也插於眶也說文作䀹
目旁毛也 䀹上同 楫舟 檝同上 婕婕妤亦作倢伃 萋萋萋水草可食 淁淁淢有水兒 鯜魚名 箑竹箑又所甲切
○攝兼也錄也書涉切八 灄水名在西陽 葉縣名在汝州又余涉切 歙懾歙又許及切 欇爾雅欇虎櫐郭璞云今虎豆纏蔓林樹而
生莢有毛刺又音涉 矖目動之兒 韘射決張弓又童子佩之 䩸上同 ○涉歷也徒行渡水也亦漳水別名涉縣是也又姓左傳晉大夫涉佗時
攝切四 㵩上同出說文 𢷾虎鼻也又書涉切 鉽鉽鑯 ○獵取獸白虎通曰四時之田總名爲獵爲
獸故教人以獵也良涉切二十二 鬣須鬣說文曰髮鬣鬣也 鬛長毛說文同上又作獵 躐踐也 矖目暗 𥌽日暗 擸說文曰理
也特 儠說文云長壯儠儠也 犣牛又旄牛名 鞢䩓馬鞊也 瓾瓦聲 𥴦編竹爲之 鱲魚名 㘳齧聲 陜嬴陜也
㔆削也擇也 邋邋遢也 欐木名 𣘤柂端 磖磖礁山之接連 鼠鼠毛 獦本也又戎姓俗作獦田獦字非 ○捷獲也
佽也疾也剋也勝也成也說文曰獵也軍獲得也春秋傳曰齊人來獻戎捷又姓漢書藝文志捷子齊人著書疾葉切八 疌說文疾也 寁速也亟也 倢斜出
也又利也便也 崨崨𡾊山連延也 踕足疾 緁合也遠也方物也 㨗多言也又口捷 ○䐑細切肉也直葉切三 㙝下入也又直立切
殜殗殜病 ○敵敵䫇於輒切四 裛又於及於怯二切 腌醃腌魚 紩紩緤補衣 ○聶耳姓也楚大夫食采於聶因以爲氏尼

輒切十六躡蹈也履也登也急也鑷鑷子[illegible]織㚔說文曰所以驚人也一曰大聲睪伺視也說文云
令吏將目捕罪人本羊益切聿說文曰手之捷巧也馸馬步疾也籋箝也緁紩補衣也聶小煗爆上同踂足不相過
笧竹笧馸鳥飛䮕敵敵○謵小語叱涉切九聶樹葉動兒姑輕薄詀詀讘細語婞女子態又前卻陵婍唓
多言帖佔帖小涉水兒䏉䏉膈○讘詀讘又孤讘縣名在清河而涉切五顳顳顬鬢骨嚚多言嚚口動
矗動○讋多言也之涉切十二聶口動又而涉切慴怖也伏也失常也亦作慴懾伏也懼也怯也慹司馬彪莊子注
云慹不動霅說文云霅霅震電兒又蘇合胡甲文甲三切慴慴疊也聶風動兒㦉言疾兒慹言語也拾人攝襞也
獵梁之良家○妾不娉也七接切十緁連緁說文曰緶衣也緝同上𦊰也鍱鐵鍱灸鯜水名鯜魚名㯹
飯䭕土䭕農具也踥踥往來兒○鍤綴衣針丑輒切六煠煠爚惵惵休也出字書𩆘小雨𩆘霎㯹籠
笈竹葉○䩶禮記注云䩶交須其輒切五极驢上負版笈負書箱也柗劍柙䮜鵖鳥名亦作鵖○輒專輒
說文曰車相倚也陟葉切八耴耳國名說文曰耳垂也䙝衣䙝又之涉切耴爾雅釋草耴小葉拈耴也鮿婢鮿魚即青衣魚帖
說文曰衣領耑也𧜲木小葉○曄光也筠輒切又爲立切七曅上同饁餉田燁火盛也爗盛也說文曄草木白華也
曄目不明記○㾊少氣也云涉切一○萐萐莆瑞草出輒切萐萐扇也歃歃血霎雨小
唓多言又鹵涉切歈欲喝○𣄈縫也居輒切二鴶鳥名○魘惡夢於葉切七壓持也指按也厭面上黶靨
女字名奄掩光嬮又於琰切𢘄嬮伏亦惡夢𢘄葉動兒

○怗安也他協切十一帖券帖又牀前帷也
鼓聲鼓鼙或作鼙鉆鉆著物鞊鞊鞍貼以物質錢跕跕履又丁協切蝶蝶蝶𧑅小舐日𧑅咕嘗也𢃄
衣○協和也合也胡頰切十叶古文勰思也古文綊說文曰紅綊也挾懷也持也藏也護也俠任俠又姓戰國策有韓相俠累也
頰頰面也古文甊頰協切九𥶓𥶓劍名長鋏莢箸莢又古洽切梜
浹浹洽也冰凍劦同力協協協協束帶𤸱古頰切九憱憱劍名長鋏蛺蛺蝶𥌮𥌮多言也亦作詼𥬙𥬙音劑○愜心伏也又快也
上同見禮莢莢榆莢又姓出平陽世本有晉大夫莢成僖子也𧊷蛺蝶
苦協切八𢡋上同悏快也瘱說文曰病息也匧也藏篋箱𢡈說文曰思兒㛸得志㛸㛸又呼協切○牒書版
曰牒又虜姓後魏書牒云氏後改爲牒氏徒協切三十喋便語蹀蹀躞諜反間又譜諜也堞城上垣疊小走聲氎細毛布
毛上同𧝐衣重疊重也明也累也積也說文云揚雄說以爲古理官決罪三日得其宜乃行之从晶从宜亡新以爲疊从三日太盛改爲三田亦州名
禹貢梁州之域自秦至魏諸羌據焉周武帝始逐諸羌乃置疊州蓋以山重疊爲名之疊上同鍱鐷也慴懾也說文𧾷疊足也
怗安也又𢤱𢤱悑兼切鰈鰈箕𧆟鰈鰈版褋禪衣𡐔地名在巴中惵思懼兒𢔖拾也又似入切𨏄車聲蝶蛺蝶
渫水名浹葉又丈甲切鰈鳥名狀如鵲赤黑色兩首四足可以禦火出山海經揲揲摺氎氎掛鰈鰈黥首出音譜䐑目䐑褶䐑褶治

○苶病劣兒莊子曰苶然疲役奴協切又音涅十五惗惗惗伋念也𣀣𣀣私列切謚說文从言又辝聲捻指捻鑰釘也小熱不動兒又之涉
切𢾡說文云塞也書曰𢾡乃穽攝攝然天下安出漢書坊深也箸小箱亦作鈕𣀣上同念相𪂂憶也鞈鞈鞍鞈薄也出字林
苶草○燮和也說文从言又从炎蘇叶切十六屧屐也履也屟也屟上同躞躞蹀鞢鞢韉射具璲玉燮石似玉
熟也又從辛又炎𩋾出新字林屧竹𢺛兒楪履也使也又人耴切𨉞小契媟蜨蛺蜨蝶上同䕈草名
婕婕妤輒行也。𩃗瓦㼖又聲也㮌盧協切四黶黑也𡅏多言而垂○聑耳垂兒丁𠴨
多言也打笘折竹箠也喋血流兒又田叶切站隨也𨁌落鞊鞊韉鞍具衵衣領也偍低偍也𨒋迥逮
言○𧟇血流兒又時攝切○莢草箠在協切一浹浹洽也通也徹也浹辰十二日也子協切三浹音狎瘞瓦半○碟
也涉呼弓碟切四睞目閉一𡜣兒少氣僷僷甲○諜𨓏謀走也先劫切一

○洽和也合也霑也侯夾切十四雭
上同狹狹隘陝陜並同祫祭名峽巫峽山名硤硤石縣亦州名秦將白起攻楚燒夷陵即其地魏武於此置臨江郡後魏爲拓
州取開拓之義周以居三峽之口因爲峽州也㽠瓦辟鐪鐪曲生也又鉄也𥈔目著相焓火焓珨器名趌走兒○恰用心苦洽
切十掐爪掐搤也齰齰又嚈聲帢士服狀如弁缺四角魏武帝製魏志注云太祖以天下凶荒資財之匱擬古皮弁裁縑帛
以爲帢合乎簡易隨時之義以色別其貴賤本施軍飾非爲國容咠恊並同上帢帢蒼云帽也斜斜斫○𨁾行書士洽切六
牒湯牒騙騙騎馬𩧺洪水名出上黨郡牐下牐閘城門也𨓐行疾○夾持也古洽切十五郟郟鄏地名也又
又姓左傳鄭大夫郟張莢箸也鋏箭具又音頰韐韎韐韋蔽膝帢上同跲躓也祫複衣說文曰衣無絮也裌同上眨眼細
暗鉿鉿餅㰦㰦蹄足病鹹聲也又苦洽切䳲鳥名鞅履根鞈又公洽切六眨目動偛偛
偛偛小人兒佸偛略絜也又楚立切𨉺上同扱取也獲也舉也引也說文收也䤸𡗅䤸𡗅多言○插刺入楚洽切十臿春去皮也或作臿𨂭𨂭雅曰𨂭
謂之䤸郭璞云皆古𥕠鍤字扱又其劫切笈負書箱也疦疾言失次也㰦火乾唼口
䋼狗食○図手取物俗作囨女洽切四婍嫷嫷美兒呐言薄相也偛偛偛偛小人也僁僁○鼾鼾鼾鼻息呼洽切四欱
欱氣逆也䵖盡○霎小雨山洽切七歃歃血又山輒切箑扇之別名萐上同萐萐莆瑞草王者孝
厨其葉大如門不搖自扇飲食唸唸人言也𤢻獸名○箚刺著竹洽切三偛𠋫𠋫忽觸人也蛒斑身小蟲○𨄚跛行兒烏
凹下也或作容㴸下又湿兒圔圔窊聲下○腪埋著云視兒五夾切一○圔五味調肉菜出文字音義丑図切一

二○狎習也說文曰犬可習也胡甲切十一翈翢上短羽雭衆言聲又丈甲切雭雭陽鄣在樂浪又音颯㳆㳆渫水凍相著柙檻也所以藏虎
兕也出說文匣箱匣虎虎習搏也𩋾鞢鞢柙柙喜炠火兒又呼甲切笚竹名○渫㳆渫丈甲切六喋啑喋鳥兒鴈
食也唼所甲切搳接兒押搳重霅霅陽縣名又水名在吳興濖水名韘韘鞢○鴨水鳥或作䳗烏甲切六壓鎮也

降也笮也壞也 庘屋壞 窅人神脉刺穴 閘開閉門出說文 押押署文字指歸云押字才能也 ○甲甲兵又狎也涯也亦甲子爾雅曰太歲在甲曰閼逢又姓左傳鄭大夫甲石甫古狎切十 胛背胛 柙木理亂 押押籬 砰山側 鉀鎧屬今單作甲 玾玉名 迚漢書人名 㢸㢸辟 䪞䪞靿胡頷 ○翣翣形如扇以木爲匡禮天子八諸侯六大夫四士二世本曰武王作翣所甲切八 𧳜豕 唼唼喋 㥦面衣 翜捷也 颯風疾 㞜薄㞜 趿行趿 ○呷㖃呷衆聲說文曰吸呷也呼甲切四 譀誇誕 謵讘謵語聲 欱歃鼻

〈三十三〉○業事也大也敬也次也始也叙也嚴也說文作業大版也所以飾縣鍾鼓捷業如鋸齒以白畫之象其鉏鋙相承也詩曰虡業維樅又爾雅曰大版謂之業郭璞云築牆版也俗作㸣魚怯切十五 㸣見上注 鄴縣名在相州又姓風俗通云漢有梁令鄴風 驜驜驜馬高大 嶪岌嶪山皃 𡾔續也 𡾔危皃 嶫嶫動皃 𣛭引也 𤔁樂也 𩸞魚𩸞魚盛 𢢾懼也 𩸞魚名 𪅁鳥名知人言凶 𡽳横水 ○𦑣𦑣䝿虛業切九 歉歉上大版 脅以威力 弽弓弽 𣕬相恐也 𣕬弓皃 𠯗口𠯗噏莊子曰𠯗火氣 熁火𣛭上流 ○𩓾 𣛭說文曰摺也一曰拉也 ○怯畏也去劫切九 𢓊同上 𢴍挹也 㰦臥聲又音去 鱋魚以竹貫魚爲鱋出復州界 胠腋下見莊子 㾀病劣 㾀欠氣 ○劫強取也說文曰人欲去以力脅止曰劫或曰以力止去曰劫俗作刧居怯切九 衱衣領 袷同上 𧎜 南越志云𧎜生石上形如龜腳得春雨即生也 跲躓也又巨業切也 鉣帶鐵 砝硬也 𦂌𦂌緤縫也 䀫視皃 ○腌鹽漬魚也於業切 罨魚網又烏合切 裛書囊也文字集略云裛衣香又於及於輒二切 䅖種耕 殗殗殜不動皃 㤿𢘌也 𢾗敎歛相著 䤶䤶推𩨷甲器 䪁車具又於合切 䏧鼻也 𩝷𩝷餌也 𪏝飲也 𥇈目閉 ○殜殗殜亦作殜余業切 𤋁樂 ○𨁊躓也巨業切五 𩤧匣 𠹟匣 𩤧極 𠹟插 笈書笈又初洽切其輒二切

〈三十四〉○乏匱也房法切三 泛水聲又孚梵切 姂好皃 ○法則也數也常也又姓左傳齊襄王法章之後秦滅齊子孫不敢稱故以法爲氏宣帝時徙三輔代爲二千石後漢有扶風法雄法真並有傳方之切二 灋上同 ○𤘼犬皃孚法切一 ○猲恐受財史記云恐猲諸侯起法切又呼葛切二 姂好皃 ○𩙿飛上皃女法切三 𣵗𣵗𣵗水皃 𤜫𤜫𤜫靜 ○𧔡𧔡𩙿飛上皃丑法切一字

鉅宋廣韻入聲卷第五

雙聲疊韻法

平聲 章 灼良切 章略切 先雙聲 後疊韻 章灼良略是雙聲 灼略章良是疊韻 正紐入聲爲首 雙聲平聲爲首 到紐平聲爲首 疊韻入聲爲首

上聲 掌 章兩切 掌良切 先雙聲 後疊韻 章掌良兩是雙聲 掌良章良是疊韻 正紐平聲爲首 雙聲平聲爲首 到紐上聲爲首 疊韻上聲爲首

去聲 障 章餉切 障傷切 先雙聲 後疊韻 章障傷餉是雙聲 灼略章良是疊韻 正紐平聲爲首 雙聲平聲爲首 到紐去聲爲首 疊韻去聲爲首

入聲 灼 章略切 灼良切 先雙聲 後疊韻 章灼良略是雙聲 灼略章良是疊韻 正紐平聲爲首 雙聲平聲爲首 到紐入聲爲首 疊韻入聲爲首

平聲 廳 剔靈切 廳歷切 先雙聲 後疊韻 廳剔靈歷是雙聲 剔歷廳靈是疊韻 正紐入聲爲首 雙聲平聲爲首 到紐平聲爲首 疊韻入聲爲首

上聲 頲 廳井切 頲精切 先雙聲 後疊韻 廳頲精井是雙聲 頲井廳精是疊韻 正紐平聲爲首 雙聲平聲爲首 到紐上聲爲首 疊韻上聲爲首

去聲 聽 剔侄切 聽擊切 先雙聲 後疊韻 廳頲侄擊是雙聲 剔擊廳侄是疊韻 正紐入聲爲首 雙聲去聲爲首 到紐上聲爲首 疊韻入聲爲首

入聲 剔 廳歷切 剔靈切 先雙聲 後疊韻 廳剔靈歷是雙聲 剔歷廳靈是疊韻 正紐平聲爲首 雙聲去聲爲首 到紐平聲爲首 疊韻入聲爲首

六書

一曰象形 象物之形作字日月之字是也 二曰會意 比類爲字止戈爲武人言爲信是也 三曰形聲 取譬相成江河之字是也

四曰指事 指事爲字上下之字是也 五曰假借 本無其字依聲託事令長之字是也 六曰轉注 左轉爲考右轉爲老是也

八體

一曰大篆 二曰小篆 三曰刻符 四曰蟲書

五曰摹印 六曰署書 七曰殳書 八曰隸書

辯字五音法

凡呼吸文字即有五音脣聲舌聲牙聲喉聲齒聲等

一脣聲并餅 脣聲清也 二舌聲靈歷 舌聲清也 三齒聲陟珍 齒聲濁也

四牙聲迦佉 牙聲濁也 五喉聲綱各 喉聲濁也

辯十四聲例法

一開口聲 阿哥河等 並開口聲　二合口聲 蕃甘堪諳等 並是合口聲　三蹴口聲 憂丘鳩休等 能所俱重也　四撮脣聲 烏姑乎枯 能所俱重

五開脣聲 波坡摩婆 能所俱輕　六隨鼻聲 灼蒿考姑等 能所俱重也　七舌根聲 奚雞溪等 能所俱重　八蹴舌下卷聲 伊鷄等 能所俱重

九垂舌聲 遮車奢者 能所俱輕　十齒聲 止其始等 能所俱輕也　十一牙聲 迦佉俄等 能所俱輕　十二齶聲 鵰罌等 能所俱輕

十三喉聲 鴉加瘕等 能所俱輕　十四者牙齒齊呼開口送聲 吒沙拏茶 能所俱輕

辯四聲輕清重濁法

平聲上 清輕

璡 將鄰反 美石也　珍 陟鄰反 珍寶也　陳 直鄰反 陳說也　椿 勑倫反 椿木名　弘 戶肱反 弘大也　龜 居追反 龜龍也　貞 王權反 貞位也

禋 於鄰反 祭祀也　孚 撫夫反 孚信也　鄰 力珍反 鄰近也　從 疾容反 依從也　峯 敷容反 山峯也　江 古雙反 江海也　降 下江反 降伏也

妃 芳非反 妃后也　伊 於之反 伊因也　微 無非反 微妙也　家 古牙反 家舍也　施 式支反 施設也　民 彌鄰反 民人也　同 徒紅反 同共也

重濁

之 職而反 之往也　眞 只人反 眞正也　辰 食鄰反 辰巳也　春 昌倫反 春陽也　洪 戶公反 洪大也　諄 章倫反 諄正也　朱 之余反 朱赤也

殷 於斤反 殷大也　倫 力迍反 倫理也　風 方隆反 風化也　松 詳容反 松柏也　飛 匪肥反 飛翔也　夫 甫于反 夫妻也　分 府文反 分布也

平聲下 清輕

其 巨之反 其辭也　杭 戶郎反 杭州也　衣 於機反 衣服也　眉 武悲反 眉目也　無 武夫反 有無也　文 武分反 文字也　傍 步光反 傍大也

清 七情反 清濁也　仙 相然反 仙騰也　砧 知林反 砧杵也　孃 女良反 耶孃　緜 彌鞭反 緜緊也　朝 知遥反 朝旦也　紬 直流反 紬布也

幽 於虯反 幽冥也　牆 疾羊反 牆壁也　箋 則前反 箋注也　愆 去乾反 愆過也　衫 所從反 衫衣也　名 武并反 姓名也　并 補盈反 并合也

輕 去盈反 輕重也　傾 去營反 傾盡也　徼 古堯反 徼堯也　翹 渠遥反 翹舉也　璿 似緣反 美玉也　晴 疾精反 晴明也　羌 去羊反 羌狄也

重濁

青 倉經反 青色也　先 蘇前反 先後也　針 職深反 針線也　瓤 汝羊反 瓜子也　眠 莫邊反 眠臥也　昭 止遥反 明昭也　詶 市州反 詶荅也

川 昌專反 山川也　詳 似羊反 詳審也　坊 府良反 坊巷也　憂 於牛反 憂愁也　氈 諸延反 氈毯也　鈆 與專反 鈆錫也　三 蘇甘反 三數也

明 武兵反 光明也　兵 補榮反 軍兵也　卿 去京反 公卿也　嬌 舉喬反 女字也　泉 聚緣反 水泉也　餳 徐盈反 餳請也　匡 去王反 匡正也

上聲 清輕

丑 勑柳反 乙丑也　餅 必茗反 餅果也　冢 知勇反 冢宅也　熇 昌狡反 熇脯也　䄠 勑兩反 豁䄠也　丈 直兩反 丈夫也　㫠 久永反 㫠明也

豕 式是反 豕猪也　鄙 方美反 鄙陋也　邇 兒氏反 邇近也　敢 古覽反 敢厚也　梗 古杏反 梗直也　皿 武永反 器皿也　起 墟里反 起發也

美 無鄙反 美好也　緊 居忍反 緊堅也　畎 古泫反 畎取水　免 無兖反 免止也　杏 何梗反 杏果也　氏 匙止反 姓氏也　旨 職雉反 旨美也

重濁

甫 方主反 甫姓也　引 余軫反 延引也　鼠 舒吕反 虫鼠也　尾 無匪反 首尾也　比 卑里反 比校也　謹 居隱反 謹慎也　汝 如與反 汝爾也

卷 居轉反 卷書也　晚 無遠反 早晚也　雨 于矩反 風雨也　耿 古幸反 耿憂也　幸 何耿反 幸甚也　猛 莫幸反 猛勇也　[illegible] 鋤里反 果木也

始 詩止反 終始也　豈 氣幾反 豈安也　倣 方兩反 倣學也　止 諸市反 停止也　里 良巳反 鄰里也　姊 將巳反 姊妹也　柹 鋤里反 果木也

去聲 清輕

魅 美祕反 精魅也　快 苦夬反 快心也　避 婢義反 迴避也　譬 疋義反 譬喻也　臂 卑義反 手臂也　赴 撫遇反 赴奔也　惠 胡桂反 惠仁也

弊 毗計反 弊固也　肺 芳昧反 肺府也　浚 私閏反 水名也　絹 吉面反 綾絹也　宋 蘇統反 人姓也　壞 懷怪反 毀壞也　怪 古壞反 怪異也

替 他計反 替廢也　至 之利反 至到也　縣 玄絢反 州縣也　甑 子孕反 盆甑也　濟 子計反 濟定也　字 疾四反 文字也　四 思二反 數四也

重濁

味 無沸反 五味也　蒯 苦壞反 蒯姓也　瑞 是僞反 祥瑞也　志 之利反 志望也　吏 力值反 公吏也　賦 府遇反 詩賦也　衛 于制反 衛護也

誓 時制反 誓謹也　廢 方肰反 廢止也　舜 舒閏反 堯舜也　眷 几倦切 眷屬也　送 蘇弄反 送到也　會 胡外反 集會也　膾 古兑反 魚膾也

態 他代反 姤態也　廟 苗召反 神廟也　釧 川絹反 釵釧也　再 作代反 再又也　寺 辭吏反 寺舍也　伺 相吏反 伺候也　刵 仍吏反 截耳也

入聲 清輕

古陌反　獄 五角反 山獄也　邈 莫角反 邈遠也　學 戶角反 學習也　疋 辟吉反 疋偶也　必 甲吉反 必審也

薛 思列反 人姓也　籍 秦昔反 典籍也　悉 息七反 悉來也　一 於質反 一數也　擲 直炙反 拋擲也

重濁

博 補各反 博學也　閣 古洛反 樓閣也　鄂 五各反 鄂國名　莫 忙各反 人姓也　鶴 下各反 靈鶴也　訖 居乙反 訖畢也　出 尺律反 出入也

增補通志・七音略之說明

陳寅恪先生一九四二年作鄧廣銘宋史職官志考證序云：『華夏民族之文化，歷數千年之演進，造極於趙宋之世。』中國大百科全書云：『宋朝是當時的世界大國，並且是經濟文化高度發展的封建帝國。其經濟文化多方面的成就，不僅在當時世界上居於領先地位，並且對人類文明作出了重大貢獻，産生了深遠的影響。』宋代經濟繁榮、文化發達、學術昌明，宋代也是音韻學發達的時期，表現爲，一方面是廣韻、集韻等權威韻書的編纂，另一方面是切韻學的興盛。切韻學的內容大致有二：詮解術語、闡釋音理的切韻法；網狀結構的音節表即切韻圖。在宋代，切韻圖很爲流行，但大多在後代佚失，流傳有序者，非七音略中的切韻圖莫屬，七音略見於鄭樵通志。鄭樵（西元一一零四——一一六二年），宋代福建路興化軍莆田縣人，一生淡泊名利，唯以讀書著作爲務。生平著書逾百種，散佚過甚，傳世者以通志二百卷最爲著名，通志的精髓在『二十略』，其三爲七音略。七音略之首爲七音序，所述頗關涉切韻法，云：『七音之韻，起自西域，流入諸夏。』『臣今取七音，編而爲志，庶使學者，盡傳其學。』『臣初得七音韻鑒，一唱而三嘆。』『今作諧聲圖，所以明古人制字通七音之妙。又述內外轉圖，所以明胡僧立韻，得經緯之全。』七音序之後是諧聲制字六圖，再次是網狀結構的切韻圖，當即序文中所說的『內外轉圖』，這是七音略中的最重要的部分。漢語音韻學論著中所說的七音略往往指其第三部分即作爲主體的切韻圖。

此圖跟韻鏡一樣，也是以平上去入四聲的韻爲經，以聲紐即七音三十六字母爲緯，構成四十三幅矩形網狀圖，在應當的位置上列入韻書裏的字，多爲小韻首字。七音略的內外轉圖跟韻鏡的圖一樣，同是廣韻系的切韻圖（宋代切韻圖另有集韻系切韻圖）。但是七音略和韻鏡二者也有一定的差異，七音略自第三十一轉起，圖的次序就跟韻鏡不同。讀者在閱讀時，請務必注意。玆臚舉韻目，列表於下：

轉次	七音略韻目	韻鏡韻目
第三十一轉	覃咸鹽添(重)	唐陽(開)
第三十二轉	談銜嚴鹽(重)	唐陽(合)
第三十三轉	凡(輕)	庚清(開)
第三十四轉	唐陽(重)	庚清(合)
第三十五轉	唐陽(輕)	耕清青(開)
第三十六轉	庚清(重)	耕青(合)
第三十七轉	庚清(輕)	侯尤幽(開)

轉次	七音略韻目	韻鏡韻目
第三十八轉	耕清青(重)	侵(合)
第三十九轉	耕青(輕)	覃咸鹽添(開)
第四十轉	侯尤幽(重)	談銜嚴鹽(合)
第四十一轉	侵(重)	凡(合)
第四十二轉	登蒸(重)	登蒸(開)
第四十三轉	登蒸(輕)	登(合)

另一顯著區别是，『博』、『沰』、『各』、『作』等四十多個入聲字，在三十四轉裏，配『幫』、『當』、『岡』、『臧』等陽聲韻字，這跟韻鏡相同。然而它們在二十五轉，又跟『褒』、『刀』、『高』、『糟』等陰聲韻字相配，而在韻鏡裏，入聲字只能配陰聲字。如果把七音略中這些兩配的字跟元代周德清中原音韻裏蕭豪韻中的『入聲作×聲』比較，我們仿佛聽到語音衍變的碎步聲。至於七音略與韻鏡的列字，可以説同者多，但異者亦有相當的數量，這就使得現代音韻學家和校勘家英雄有用武之地矣。通志傳本很多，其二十略的單行本亦多，我們取元至治二年本通志的七音略影印。關於七音略的校注本，迄今只有楊軍先生的七音略校注。七音略的切韻图列三千多字，楊軍先生的校記、注釋達一千餘條，頗見功力。

宋本廣韻・永禄本韻鏡三千册在幾年内售罄，這次重印時增補七音略，使幸得傳至今日的宋代的兩本廣韻系切韻圖集於一册。尤其要指出的是，我們排版時特意使韻鏡、七音略上下對照，以便學人研究。

二零零五年初冬魯國堯、吴葆勤於金陵

主要參考文獻：

陳梅香　二零零五　鄭樵聲韻學研究，高雄復文圖書出版社
羅常培　一九三五　通志・七音略研究，羅常培語言學論文選集，北京中華書局，一九六三年第一版
許紹早　一九九零　中國古代語言學家評傳・鄭樵(傳)，濟南山東教育出版社
楊　軍　二零零三　七音略校注，上海辭書出版社
中國大百科全書總編輯委員會　一九九七　中國大百科全書・中國歷史(縮印本)，北京中國大百科全書出版社

永祿本

韻鏡

讀書難字過不知音切之病也誠能依切以求音卽音而知字故無載酒問人之勞學者何以是爲緩而不急歟余嘗有志斯學獨恨無師承旣而得友人授指微韻鏡一編（微字避聖祖名上一字）且教以大略曰反切之要莫妙於此不出四十三轉而天下無遺音其製以韻書自一東以下各集四聲列爲定位實以廣韻玉篇之字配以五音清濁之屬其端又在於横呼雖未能立談以竟若按字求音如鏡映物隨在現形久久精熟自然有得於是蚤夜留心未嘗去手忽一夕頓悟喜而曰信如是哉遂知每翻一字用切母及助紐

元至治本　通志

七音略

歸納凡三折総歸一律即是以推千聲萬音不離乎是自是日有資益深欲與衆共知而或苦其難因撰字母括要圖復解數例以爲泝流求源者之端庶幾一遇知音不惟此編得以不泯余之有望於後來者亦非淺鮮聊用鋟木以廣其傳紹興辛巳七月朔三山張麟之子儀謹識

慶元丁巳重刊

韻鏡序（舊以翼祖諱敬故爲韻作鑑今遷祧廟復從本名）

韻鏡之作其妙矣夫余年二十始得此學字音往昔相傳類曰洪韻釋子之所撰也有沙門神珙（恭拱二音）號知音韻嘗著切韻圖載玉篇卷末竊意是書作於此僧世俗訛呼珙爲洪爾然又無所據自是研究今五十載竟莫知原於誰近得故樞密楊侯（倓）淳熙間所撰韻譜其自序云朅來當塗得歷陽所刊切韻心鑑因以舊書手加校定刊之郡齋徐而諦之即所謂洪韻特小有不同舊體以一紙列二十三字母爲行以緯行於上其下間附一十三字母盡於三十六一目

七音略第一　　通志三十六

七音序

天地之大其用在坎離人之爲靈其用在耳目人與禽獸視聽一也聖人制律所以導耳之聰制字所以擴目之明耳目根於心聰明發於外上智下愚自此分矣雖曰皇頡制字伶倫制律歷代相承未聞其書漢人課籀隸始爲字書以通文字之學江左競風騷始爲韻書以通聲音之學然漢儒識文字而不識子母則失制字之旨江左之儒識四聲而不識七音則失立韻之源獨體爲文合體爲字漢儒知以說文解字而不知文有子母生字爲母從母爲子子母不分所以失制字之旨四聲爲經七音爲緯江左之儒知縱有平上去入爲四聲而不知衡有宮商角徵羽半徵半商爲七音縱成經衡成緯經緯不交所以失立韻之源七音之韻起自西域流入諸夏梵僧欲以其教傳之天下故爲此書雖重百譯之遠一字不通之處而音義可傳華僧從而定之以三十六爲之母重輕清濁不失其倫天地萬物之音備於此矣雖鶴唳

無遺楊變三十六分二紙肩行而繩引至橫調則淆
亂不協不知因之則是變之非也既而又得　莆陽夫
子鄭公樵進卷　先朝中有七音序略其要語曰七音
之作起自西域流入諸夏梵僧欲以此教傳天下故
爲此書雖重百譯之遠一字不通之處而音義可傳
華僧從而定三十六爲之母輕重清濁不失其倫天
地萬物之情備於此矣雖鶴唳風聲雞鳴狗吠雷霆
經耳蚊虻過目皆可譯也況於人言乎又云臣初得
七音韻鑑一唱三嘆胡僧有此妙義而儒者未之聞
是知此書其用也博其來也遠不可得指名其人故
鄭先生但言梵僧傳之華僧續之而已學者惟即夫非
天籟通乎造化者不能造其閫而觀之庶有會於心（自天籟以下十三字又鄭先生之語）
嘉泰三年二月朔東浦張麟之序

調韻指微

不知象類不足與言六書八體之文不知經緯不足
與論四聲七音之義經緯者聲音之脉絡也聲音者
經緯之機杼也縱爲經橫爲緯經疏四聲緯貫七音
知四聲則能明昇降於闔闢之際知七音則能辯清
濁於毫釐之間欲通音韻必自此始　莆陽鄭先生云
天籟之本自成經緯皇頡史籀已發此旨凡儒不得

風聲雞鳴狗吠雷霆驚天蚊虻過耳皆可譯也況於
人言乎所以日月照處甘傳梵書者爲有七音之圖
以通百譯之義也今宣尼之書自中國而東則朝鮮
西則涼夏南則交阯北則朔易皆吾故封也故封之
外其書不通何瞿曇之書能入諸夏而宣尼之書不
能至跋提河聲音之道有障閡耳此後學之罪也舟車
可通則文義可及今舟車所通而文義所不及者何哉
臣今取七音編而爲志庶使學者盡傳其學然後能周
宣宣尼之書以及人面之域所謂用夏變夷當自此始
臣謹按開皇二年詔求知音之士參定音樂時有柱國
沛公鄭譯獨得其義而爲議曰考尋樂府鍾石律呂皆
有宮商角徵羽變宮變徵之名七聲之内三聲乖應每
加詢訪終莫能通先是周武帝之時有龜茲人曰蘇祗
婆從突厥皇后入國善胡琵琶聽其所奏一均之中間
有七聲問之則曰父在西域號爲知音世相傳習調有
七種以其七調校之七聲冥若合符一曰娑陁力華言
平聲即宮聲也二曰雞識華言長聲即南呂聲也三曰
沙識華言質直聲即角聲也四曰沙侯加濫華言應聲

其傳故江左之儒知縱有平上去入之四聲不知橫有宮商角徵羽半徵半商之七音經緯不明所以失立韻之源於是作七音編而爲略欲使學者盡得其傳然後能用宣尼之書以及人面之俗又作諧聲圖以明古人制字通七音之妙作内外十六轉圖以明胡僧立韻得經緯之全嗚呼其用心大矣今世之士慢不講究聲牙舛謬滔滔皆是此無他由不習而忽之過爾豈知前輩於此一事最深切致意者焉或曰字惟五音而曰七何耶曰音非七則不能盡聲中之韻亦猶琴始五絃非加文武二絃則不能盡音中之聲故曰琴者樂之宗也韻者聲之本也文武二絃爲變宮變徵舌齒二音爲半徵半商此其義歟或又曰舌齒一音而曰二何耶曰五音定於脣齒喉牙舌惟舌與齒遞有往來不可主夫一故舌中有帶齒聲齒中而帶舌聲者古人立來日二母各具半徵半商乃能全其秘若來字則先舌後齒謂之舌齒日字則先齒後舌謂之齒舌所以分爲二而通五音曰七今韻鏡中分章昌張帳在舌齒韻爾處之類蓋如此故曰七音一呼而聚四聲不召自來學者能由此以揣摩四十三轉之精微則無窮之聲無窮之韻有不可勝用者矣又何以爲難哉

即變徵聲也五曰沙臘華言應和聲即徵聲也六曰般贍華言五聲即羽聲也七曰俟利箑華言斛牛聲即變宮也譯因習而彈之始得七聲之正然其就此七調又有五旦之名旦作七調以華譯之旦即均也譯遂因琵琶更立七均合成十二應十二律律有七音音立一調故成七調十二律合八十四調旋轉相交盡皆和合仍以其聲考校太樂鍾律乖戾不可勝數譯爲是著書二十餘篇太子洗馬蘇夔駁之以五音所從來久矣不言有變宮變徵七調之作實所未聞譯又引古以爲據周有七音之律漢有七始之志時何妥以舊學牛弘以巨儒不能精通同加沮抑遂使隋人之耳不聞七調之音臣又按唐楊收與安涗論琴五絃之外復益二絃因言七聲之義西京諸儒惑圜鍾函鍾之説故其郊廟樂惟用黄鍾一均章帝時太常丞鮑業始旋十二宮夫旋宮以七聲爲均均言韻也古無韻字猶言一韻聲也宮商角徵羽爲五聲加少宮少徵爲七聲始得相旋爲宮之意琴者樂之宗也韻者聲之本也皆主於七名之曰韻者蓋取均聲也臣初得七音韻鑑一唱而三嘆胡僧有

○三十六字母 ○歸納助紐字

音	清濁	三十六字母		注	歸納助紐字	
脣音	清	幫	非	脣音重／脣音輕	賓邊	分蕃
	次清	滂	敷		繽篇	芬翻
	濁	並	奉		頻蠙	汾煩
	清濁	明	微		民眠	文樠
舌音	清	端	知	舌頭音／舌上音	丁顛	珍邅
	次清	透	徹		汀天	撚辿
	濁	定	澄		廷田	陳廛
	清濁	泥	娘		寍年	紉[illegible]
牙音	清	見			經堅	
	次清	溪			輕牽	
	濁	群			勤虔	
	清濁	疑			銀言	
齒音	清	精	照	齒頭音／正齒音／細齒頭音／細正齒音	精煎	真氊
	次清	清	穿		親千	瞋燀
	濁	從	牀		秦前	蓁潺
	清	心	審		新仙	身羶
	濁	邪	禪		餳涎	辰禪
喉音	清	影		喉音二獨立	殷焉	
	清	曉		喉音雙飛	馨祆	
	濁	匣			礥賢	
	清濁	喻			勻緣	
舌音	清濁	來		半徵半商	隣連	
齒	清濁	日			人然	

此圖每韻呼吸四聲字並屬之

此妙義而儒者未之聞及乎研究制字考證諧聲然後知皇頡史籀之書已具七音之作先儒不得其傳耳今作諧聲圖所以明古人制字通七音之妙又述內外轉圖所以明胡僧立韻得經緯之全釋氏以參禪爲大悟通音爲小悟雖七音一呼而聚四聲不召自來此其麤淺者耳至於紐躡杳冥盤旋寥廓非心樂洞融天籟通乎造化者不能造其閫字書主於母必母權子而行然後能別形中之聲韻書主於子必子權母而行然後能別聲中之形所以臣更作字書以母爲主亦更作韻書以子爲主今茲內外轉圖用以別音聲而非所以主子母也

諧聲制字六圖

諧聲者六書之一書也凡諧聲之道有同聲者則取同聲而諧無同聲者則取協聲而諧無協聲者則取正音而諧無正音者則取旁音而諧所謂聲者四聲也音者七音也制字之本或取聲以成字或取音以成字不可備舉今取其要以證所諧茲所不載觸類而長

歸字例

歸釋音字一　如撿禮部韻且如得芳弓反先就十陽韻求芳字知屬脣音次清第三位却歸一東韻尋下弓字便就脣音次清第三位取之乃知爲豐字盖芳字是同音之定位弓字是同韻之對映歸字之訣大槩如是　○又如息中反嵩息字係側聲在職字韻齒音第二清第四位亦隨中字歸一東齒音第二清第四位取之（餘並準之）　祖紅反歸成駿字雖韻鑑中有洪而無紅撿反切之例上下二字或取同音不必正體　慈陵反繒慈字屬齒音第一濁第四位就慈字韻歸成繒字而陵字又不相映盖逐韻屬單行字母者上下聯續二位只同一音此第四圖亦陵字音也（餘準此）○　先侯反先字屬第四歸成涑字又在第一盖逐韻齒音中間二位屬照穿牀審禪字母上下二位屬精清從心邪字母侯字韻列在第一行故隨本韻定音也（餘準之）○諸氏反莫蟹反奴罪反弭盡反之類聲雖去音字歸上韻並當從禮部韻就上聲歸字　○凡歸難字撰音即就所屬音四聲内任意取一易字橫轉便得之矣今如千竹反鼀字也若取嵩字橫呼則知平聲次清是爲樅字又以樅字呼下入聲則知鼀爲促音但

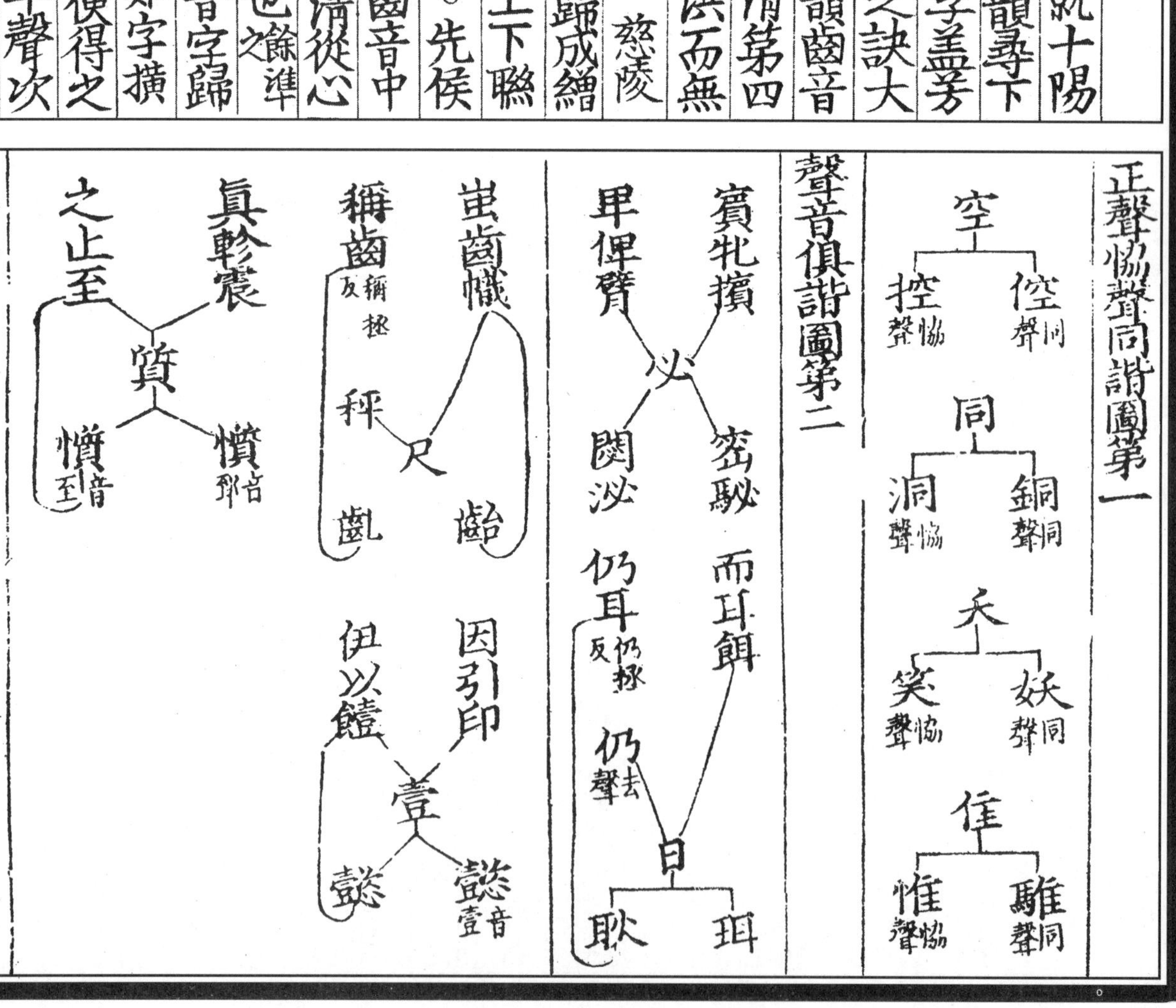

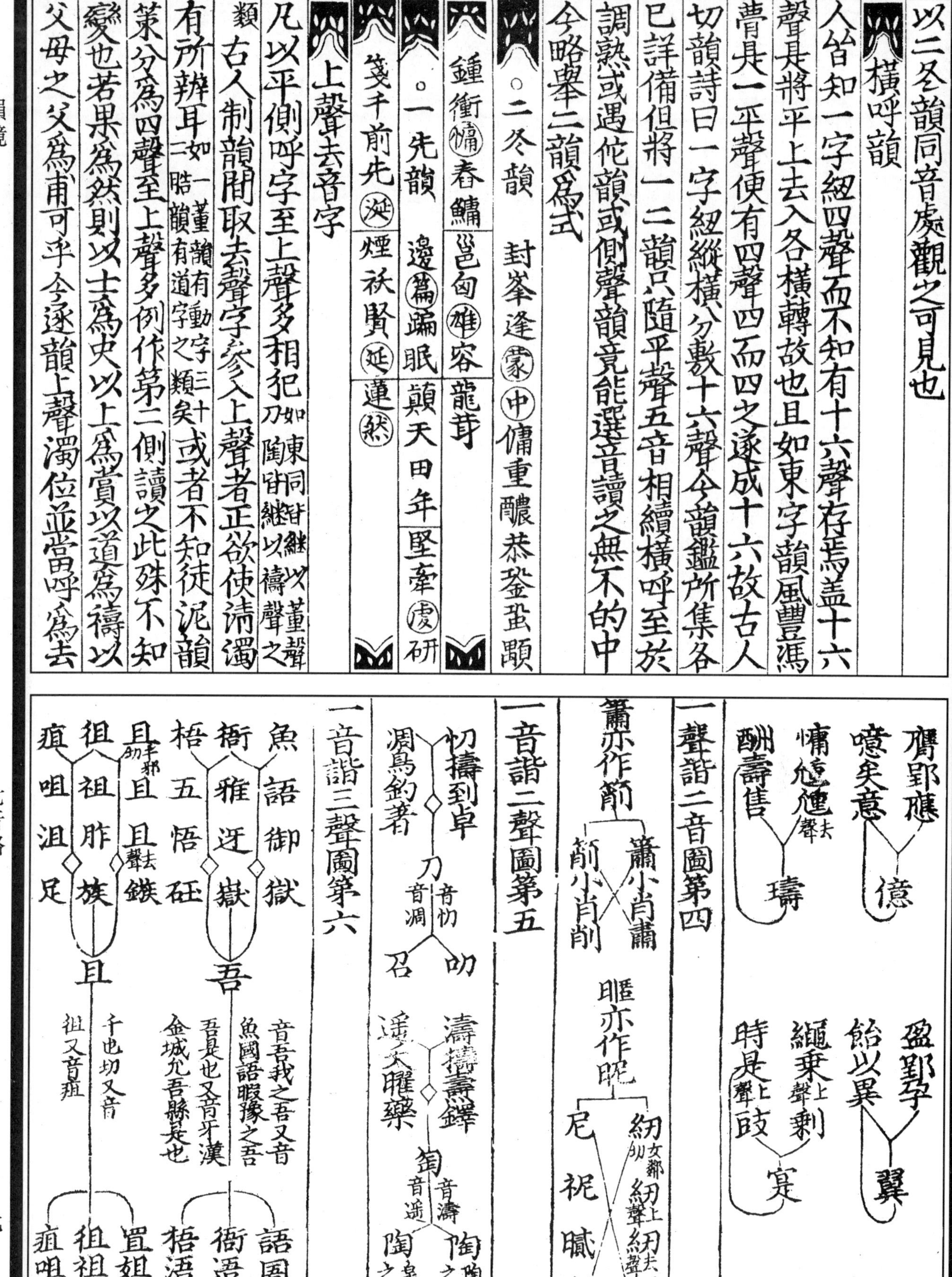

以二冬韻同音處觀之可見也

橫呼韻

人皆知一字紐四聲而不知有十六聲存焉蓋十六聲具將平上去入各橫轉故也且如東字韻風豐馮瞢具一平聲便有四聲四而四之遂成十六故古人切韻詩曰一字紐縱橫分數十六聲今韻鑑所集各已詳備但將一二韻只隨平聲五音相續橫呼至於調熟或遇他韻或側聲韻竟能選音讀之無不的中今略舉二韻為式

○二冬韻　封峯逢(蒙)(中)傭重醲恭銎蛩顒

鍾衝(傭)舂鱅邕匈(雄)容龍茸

○一先韻　邊(篇)蹁眠顛天田年堅牽(虔)研

箋千前先(涎)煙祆賢(延)蓮(然)

上聲去音字

凡以平側呼字至上聲多相犯如東同皆繼以董聲刀陶皆繼以禱聲之類古人制韻間取去聲字參入上聲者正欲使清濁有所辨耳如一董韻有動字三十二晧韻有道字之類矣或者不知徒泥韻策分為四聲至上聲多例作第二側讀之此殊不知變也若果為然則以士為史以上為賞以道為禱以父母之父為甫可乎今遂韻上聲濁位並當呼為去

一聲諧二音圖第四

一音諧二聲圖第五

一音諧三聲圖第六

聲觀者孰思乃知古人制韻端有深旨

五音清濁

逐韻五音各有自然清濁若遇尋字可取之記行位也脣音舌音牙音各四聲不同故第一行屬清第二行屬次清第三行屬濁第四行屬清濁齒音有正齒有細齒故五行聲內清濁聲各二將居前者爲第一清第一濁居後者爲第二清第二濁喉音二清舌齒音二清濁並以例準之

四聲定位 附三聲

每韻直行平上去入聲有字與圍相間各四並分爲定位如一東韻蒙字之類位在第一下二側聲亦在第一崇字行位在第二下二側聲字亦在第二風字在第三下三側聲亦在第三嵩字融字在第四下三側聲亦在第四如遇尋字定音看在其位便隨所屬而呼之。韻中或只列三聲者是元無入聲如欲呼吸當借音可也支微魚模韻之類是三聲韻支止至質模姥暮目之類是借音

列圍

列圍之法本以備足有聲無形與無聲無形也有形有聲時或用焉

有聲無形謂如一東韻舌音第一位横轉東通同

字之後是也若以音協之則當繼以農字爲一東韻無農字故以圍足之　○無聲無形但欲編應行數如東字韻中脣音牙音第二第四位與江字韻第一第三第四位之類是也

六○韻鑑序例終

內轉第一開

	脣音				舌音				牙音				齒音					喉音				舌音齒	
	清	次清	濁	清濁	清	次清	濁	清濁	清	次清	濁	清濁	清	次清	濁	清	濁	清	清	濁	清濁	清濁	清濁
東	○	○	蓬	蒙	東	通	同	○	公	空	○	[illegible]	嵏	怱	叢	揔	○	翁	烘	洪	○	籠	○
	○	○	○	○	○	○	○	○	○	○	○	○	○	○	崇	○	○	○	○	○	○	○	○
	風	豐	馮	瞢	中	忡	蟲	○	弓	穹	窮	[illegible]	終	充	○	○	○	○	○	雄	彤	隆	戎
	○	○	○	○	○	○	○	○	○	○	○	○	○	○	○	嵩	○	○	○	○	融	○	○
董	琫	○	菶	蠓	董	捅	動	䙹	○	孔	○	○	總	○	○	敵	○	蓊	嗊	[illegible]	○	曨	○
	○	○	○	○	○	○	○	○	○	○	○	○	○	○	○	○	○	○	○	○	○	○	○
	○	○	○	○	○	○	○	○	○	○	○	○	○	○	○	○	○	○	○	○	○	○	○
	○	○	○	○	○	○	○	○	○	○	○	○	○	○	○	○	○	○	○	○	○	○	○
送	○	○	摓	夢	凍	痛	洞	齈	貢	控	○	○	糉	謥	[illegible]	送	○	甕	烘	閧	○	弄	○
	○	○	○	○	○	○	○	○	○	○	○	○	○	○	[illegible]	○	○	○	○	○	○	○	○
	諷	賵	鳳	幪	中	○	仲	○	○	焪	○	○	眾	銃	○	○	○	○	趬	○	○	○	○
	○	○	○	○	○	○	○	○	○	○	○	○	○	趥	○	○	○	○	○	○	○	○	○
屋	卜	扑	暴	木	穀	禿	獨	○	穀	哭	○	○	鏃	瘯	族	速	○	屋	熇	縠	○	祿	○
	○	○	○	○	○	○	○	○	○	○	○	○	縬	珿	○	縮	○	○	○	○	○	○	○
	福	蝮	伏	目	竹	蓄	逐	朒	菊	麴	驧	砡	粥	俶	○	叔	塾	郁	畜	○	囿	六	肉
	○	○	○	○	○	○	○	○	○	○	○	○	蹙	鼀	蓫	肅	○	○	○	○	○	○	○

內轉第一

	羽				徵				角				商					宮				半徵	半商
	幫	滂	並	明	端 知	透 徹	定 澄	泥 孃	見	溪	群	疑	精 照	清 穿	從 牀	心 審	邪 禪	影	曉	匣	喻	來	日
平 東		[illegible]	蓬	蒙	東	通	同		公	空		[illegible]	嵏	葱	叢	揔		翁	烘	洪		籠	
														[illegible]	崇								
	風	豐	馮	瞢	中	忡	蟲		弓	穹	窮		終	充				硧	[illegible]	雄		隆	戎
																嵩					融		
上 董	琫		捧	蠓	董	桶	動	䙹		孔		湡	緫		[illegible]	敵		蓊	嗊	澒		曨	
去 送			摓	幪	凍	痛	洞	齈	貢	控			糉	謥	[illegible]	送		甕	烘	哄		弄	
															[illegible]								
	諷	賵	鳳	夢	中	蟲	仲			焪			眾	銃									
														趥									
入 屋	卜	扑	瀑	木	穀	禿	獨		穀	哭			鏃	瘯	族	速		屋	縠			祿	
													縬	珿	蔟	縮							
	福	蝮	伏	目	竹	蓄	逐	朒	菊	麴	驧	砡	粥	俶	孰	叔		郁	蓄		囿	六	肉
													蹙	鼀	蓫	肅							

重中重

內轉第二開合

韻	脣音清	脣音次清	脣音濁	脣音清濁	舌音清	舌音次清	舌音濁	舌音清濁	牙音清	牙音次清	牙音濁	牙音清濁	齒音清	齒音次清	齒音濁	齒音清	齒音濁	喉音清	喉音清	喉音濁	喉音清濁	舌音清濁	齒音清濁
冬	○	○	○	○	冬	炵	彤	農	攻	○	○	○	宗	聰	賨	鬆	○	○	○	碚	○	隆	○
	○	○	○	○	○	○	○	○	○	○	○	○	○	○	○	○	○	○	○	○	○	○	○
鍾	封	峯	逢	○	○	傭	重	醲	恭	銎	蛩	顒	鍾	衝	○	舂	鱅	邕	㘓	○	容	龍	茸
	○	○	○	○	○	○	○	○	○	○	○	○	縱	樅	從	蜙	松	○	○	○	庸	○	○
	○	○	○	○	○	○	○	○	○	○	○	○	○	○	○	○	○	○	○	○	○	○	○
	○	○	○	○	○	○	○	○	○	○	○	○	○	○	○	○	○	○	○	○	○	○	○
腫	覂	捧	奉	○	冢	寵	重	○	拱	恐	拲	○	腫	𪘒	○	○	尰	擁	○	○	○	隴	冗
	○	○	○	○	○	○	○	○	○	○	○	○	縱	慫	○	悚	○	○	○	○	甬	○	○
宋	○	○	○	雺	湩	統	○	○	○	○	○	○	綜	○	○	宋	○	○	○	碚	○	○	○
	○	○	○	○	○	○	○	○	○	○	○	○	○	○	○	○	○	○	○	○	○	○	○
用	葑	○	俸	○	○	踵	重	[illegible]	供	恐	共	○	種	○	○	○	○	○	○	○	○	贚	䩸
	○	○	○	○	○	○	○	○	○	○	○	○	縱	○	從	○	頌	○	○	○	用	○	○
沃	襮	蓴	僕	瑁	篤	○	毒	褥	梏	酷	○	擢	傶	○	○	洬	○	沃	熇	鵠	○	濼	○
	○	○	○	○	○	○	○	○	○	○	○	○	○	倲	[illegible]	○	○	○	○	○	○	○	○
燭	轐	○	幞	媢	瘃	棟	躅	○	輂	曲	局	玉	燭	觸	贖	束	蜀	郁	旭	○	欲	録	辱
	○	○	○	○	○	○	○	○	○	○	○	○	足	促	○	粟	續	○	○	○	○	○	○

內轉第二

聲	韻	幫非	滂敷	並奉	明微	端知	透徹	定澄	泥孃	見	溪	群	疑	精照	清穿	從牀	心審	邪禪	影	曉	匣	喻	來	日
		羽				徵				角				商					宮				半徵	半商
平	冬													宗	聰	賨	鬆				碚		隆	
	鍾	封	峯	逢			蹱	重	醲	恭	銎	蛩	顒	鍾	衝		舂	鱅	邕	㘓			龍	茸
														縱	樅	從	蜙	松				容		
上	腫				[illegible]	湩	統		鬞															
		覂	捧	奉		冢	寵	重		拱	恐	拲		腫	𪘒			尰	擁	洶			隴	
														縱	慫		悚					悀		
去	宋				霿	湩	統		癑					綜			宋				碚		隆	
	用	葑		俸	艨	湩		重	[illegible]	供	恐	共		種	揰				雍				贚	䩸
														縱		從		頌				用		
入	沃	襮	蓴	僕	瑁	篤	儥	毒	傉	梏	酷			傶		宗	洬		沃	熇	鵠		濼	
	燭														[illegible]	薦	數							
					媢	瘃	捒	躅	溽	輂	曲	局	玉	燭	觸	贖	束	蜀		旭			録	辱
														足	促		粟	續				欲		

輕中輕

外轉第三開合

	脣音 清	次清	濁	清濁	舌音 清	次清	濁	清濁	牙音 清	次清	濁	清濁	齒音 清	次清	濁	清	濁	喉音 清	清	濁	清濁	舌音 清濁	齒 清濁
江	○	○	○	○	○	○	○	○	○	○	○	○	○	○	○	○	○	○	○	○	○	○	○
	邦	胮	龐	厖	椿	惷	幢	醲	江	腔	○	岘	○	牕	淙	雙	○	胦	舡	降	○	瀧	○
	○	○	○	○	○	○	○	○	○	○	○	○	○	○	○	○	○	○	○	○	○	○	○
	○	○	○	○	○	○	○	○	○	○	○	○	○	○	○	○	○	○	○	○	○	○	○
講	○	○	○	○	○	○	○	○	○	○	○	○	○	○	○	○	○	○	○	○	○	○	○
	綁	○	柈	佬	○	○	○	○	講	○	○	○	○	○	○	○	○	慃	傋	項	○	○	○
	○	○	○	○	○	○	○	○	○	○	○	○	○	○	○	○	○	○	○	○	○	○	○
	○	○	○	○	○	○	○	○	○	○	○	○	○	○	○	○	○	○	○	○	○	○	○
絳	○	○	○	○	○	○	○	○	○	○	○	○	○	○	○	○	○	○	○	○	○	○	○
	○	胖	○	胧	戇	惷	幢	○	絳	○	○	○	○	穖	漴	淙	○	○	○	巷	○	○	○
	○	○	○	○	○	○	○	○	○	○	○	○	○	○	○	○	○	○	○	○	○	○	○
	○	○	○	○	○	○	○	○	○	○	○	○	○	○	○	○	○	○	○	○	○	○	○
覺	○	○	○	○	○	○	○	○	○	○	○	○	○	○	○	○	○	○	○	○	○	○	○
	剥	璞	雹	邈	斲	逴	濁	搦	覺	㱿	○	岳	捉	娖	浞	朔	○	渥	○	學	○	犖	○
	○	○	○	○	○	○	○	○	○	○	○	○	○	○	○	○	○	○	○	○	○	○	○
	○	○	○	○	○	○	○	○	○	○	○	○	○	○	○	○	○	○	○	○	○	○	○

外轉第三

	羽 幫	滂	並	明	徵 端知	透徹	定澄	泥孃	角 見	溪	群	疑	商 精照	清穿	從床	心審	邪禪	宮 影	曉	匣	喻	半徵 來	半商 日	
平	邦	胮	龐	尨	椿	惷	幢	醲	江	腔		岘		牕	淙	雙		胦	肛	降		瀧		江
上	紺	棒	玤	佬					講									慃	傋	項				講
去		胖			戇	惷	幢	䰈	絳					穖	漴	淙			戇	巷				絳
入	剥	璞	雹	邈	斲	逴	濁	搦	覺	㱿		嶽	捉	娖	浞	朔		渥	吒	學		犖		覺

重中重

內轉第四開合

韻	脣音 清	脣音 次清	脣音 濁	脣音 清濁	舌音 清	舌音 次清	舌音 濁	舌音 清濁	牙音 清	牙音 次清	牙音 濁	牙音 清濁	齒音 清	齒音 次清	齒音 濁	齒音 清	齒音 濁	喉音 清	喉音 清	喉音 濁	喉音 清濁	舌音齒 清濁	清濁
支	○	○	○	○	○	○	○	○	○	○	○	○	○	○	○	○	○	○	○	○	○	○	○
	○	○	○	○	○	○	○	○	○	○	○	○	齜	差	齹	釃	○	○	○	○	○	○	○
	陂	鈹	皮	縻	知	摛	馳	○	羇	攲	奇	宜	支	眵	疵	施	匙	猗	犧	○	○	離	兒
	卑	披	陴	彌	○	○	○	○	○	○	祇	○	貲	雌	○	斯	○	○	○	○	移	○	○
紙	○	○	○	○	○	○	○	○	○	○	○	○	○	○	○	○	○	○	○	○	○	○	○
	○	○	○	○	○	○	○	○	○	○	○	○	批	○	○	躧	○	○	○	○	○	○	○
	彼	破	被	靡	㩄	褫	豸	狔	掎	綺	技	螘	紙	侈	舐	弛	氏	倚	○	○	○	邐	爾
	俾	諀	婢	弭	○	○	○	○	踦	企	○	○	紫	此	○	徙	○	○	○	○	酏	○	○
寘	○	○	○	○	○	○	○	○	○	○	○	○	○	○	○	○	○	○	○	○	○	○	○
	○	○	○	○	○	○	○	○	○	○	○	○	紫	○	○	屣	○	○	○	○	○	○	○
	賁	帔	髲	○	智	○	○	○	寄	檹	芰	義	寘	郪	○	翅	豉	倚	戲	○	○	詈	○
	○	○	○	○	○	○	○	○	馶	企	○	○	積	刺	漬	賜	○	○	○	○	易	○	○
	○	○	○	○	○	○	○	○	○	○	○	○	○	○	○	○	○	○	○	○	○	○	○
	○	○	○	○	○	○	○	○	○	○	○	○	○	○	○	○	○	○	○	○	○	○	○
	○	○	○	○	○	○	○	○	○	○	○	○	○	○	○	○	○	○	○	○	○	○	○
	○	○	○	○	○	○	○	○	○	○	○	○	○	○	○	○	○	○	○	○	○	○	○

內轉第四

重中輕（內）	幫	滂	並	明	端 知	透 徹	定 澄	泥 孃	見	溪	群	疑	精 照	清 穿	從 牀	心 審	邪 禪	影	曉	匣	喻	來	日
	羽				徵				角				商					宮				半徵	半商
平 支																							
													齜	差	齹	釃							
	陂	鈹	皮	縻	知	摛	馳		羈	攲	奇	宜	支	眵		施	匙	漪	犧			離	兒
	卑	披	陴	彌							祇		貲	雌	疵	斯			訑		移		
上 紙																							
													批			躧							
	彼	破	被	靡	㩄	褫	豸	狔	掎	綺	技	螘	紙	侈	舐	弛	是	倚	[illegible]			邐	爾
	比	諀	婢	弭					枳	企			紫	此		徙					酏		
去 寘																							
													紫			屣							
	賁	帔	髲	魅	智				寄	䞈	芰	議	寘	郪		翅	豉	倚	戲			詈	
	臂	譬	避						馶	企			積	刺	漬	賜		縊			易		
入																							

內轉第五合

韻	唇音 清	唇音 次清	唇音 濁	唇音 清濁	舌音 清	舌音 次清	舌音 濁	舌音 清濁	牙音 清	牙音 次清	牙音 濁	牙音 清濁	齒音 清	齒音 次清	齒音 濁	齒音 清	齒音 濁	喉音 清	喉音 清	喉音 濁	喉音 清濁	舌音 清濁	齒 清濁
支	○	○	○	○	○	○	○	○	○	○	○	○	○	○	○	○	○	○	○	○	○	○	○
	○	○	○	○	○	○	○	○	○	○	○	○	○	○	○	○	○	○	○	○	○	○	○
	○	○	○	○	腄	○	鬌	○	媯	虧	趍	危	騒	吹	○	○	垂	逶	麾	○	爲	羸	痿
	○	○	○	○	[illegible]	○	錘	○	規	闚	○	○	劑	○	○	眭	隨	○	隳	○	蠵	○	○
紙	○	○	○	○	○	○	○	○	○	○	○	○	○	○	○	○	○	○	○	○	○	○	○
	○	○	○	○	○	○	○	○	○	○	○	○	○	○	○	○	○	○	○	○	○	○	○
	○	○	○	○	○	○	○	○	詭	○	跪	硊	捶	揣	○	○	菙	委	毀	○	蔿	累	蘂
	○	○	○	○	○	○	○	○	○	跬	○	○	觜	○	惢	髓	瀡	○	○	○	蘐	○	○
寘	○	○	○	○	○	○	○	○	○	○	○	○	○	○	○	○	○	○	○	○	○	○	○
	○	○	○	○	○	○	○	○	○	○	○	○	○	○	○	○	○	○	○	○	○	○	○
	○	○	○	○	娷	○	縋	諉	䝿	○	○	僞	惴	吹	○	○	睡	餧	毀	○	爲	累	枘
	○	○	○	○	○	○	○	○	瞡	觖	○	○	○	○	○	䅗	○	恚	孈	○	瓗	○	○
	○	○	○	○	○	○	○	○	○	○	○	○	○	○	○	○	○	○	○	○	○	○	○
	○	○	○	○	○	○	○	○	○	○	○	○	○	○	○	○	○	○	○	○	○	○	○
	○	○	○	○	○	○	○	○	○	○	○	○	○	○	○	○	○	○	○	○	○	○	○
	○	○	○	○	○	○	○	○	○	○	○	○	○	○	○	○	○	○	○	○	○	○	○

內轉第五

輕中輕

	羽 幫	羽 滂	羽 並	羽 明	徵 端（知）	徵 透（徹）	徵 定（澄）	徵 泥（孃）	角 見	角 溪	角 群	角 疑	商 精（照）	商 清（穿）	商 從（牀）	商 心（審）	商 邪（禪）	宮 影	宮 曉	宮 匣	宮 喻	半徵 來	半商 日	
支																								平
																衰								
					腄		鬌		媯	䖯		危	騒	吹		鑴	垂	逶	麾		爲	羸	痿	
													劑			眭	隨		隳		㩳			
紙																								上
														揣										
	𦬁				㾨				詭	跪	跪	硊	捶				菙	委	毀		蔿	累	蘂	
										跬			觜		惢	髓	瀡							
寘																								去
							縋		䝿	䞈		僞	惴	吹			睡	餧	毀		爲	累	枘	
									諉	瞡						䅗		恚	孈		瓗			
																								入

內轉第六開

	脣音 清	次清	濁	清濁	舌音 清	次清	濁	清濁	牙音 清	次清	濁	清濁	齒音 清	次清	濁	清	濁	喉音 清	清	濁	清濁	舌音齒 清濁	清濁
脂	○	○	○	○	○	○	○	○	○	○	○	○	○	○	○	○	○	○	○	○	○	○	○
	○	○	○	○	○	○	○	○	○	○	○	○	○	○	○	師	○	○	○	○	○	○	○
	悲	丕	邳	眉	胝	絺	墀	尼	飢	○	耆	狋	脂	鴟	○	尸	○	○	○	○	○	棃	○
	○	紕	毗	○	○	○	○	○	○	○	○	○	咨	郪	茨	私	○	伊	夷	○	姨	○	○
旨	○	○	○	○	○	○	○	○	○	○	○	○	○	○	○	○	○	○	○	○	○	○	○
	○	○	○	○	○	○	○	○	○	○	○	○	○	○	○	○	○	○	○	○	○	○	○
	鄙	嚭	否	美	黹	[illegible]	雉	秜	几	○	跽	○	旨	○	○	矢	視	歖	○	○	○	履	○
	匕	○	牝	○	○	○	○	○	○	○	○	○	姊	○	○	死	兕	○	○	○	○	○	○
至	○	○	○	○	○	○	○	○	○	○	○	○	○	○	○	○	○	○	○	○	○	○	○
	○	○	○	○	○	○	○	○	○	○	○	○	○	○	○	○	○	○	○	○	○	○	○
	祕	濞	備	郿	致	○	緻	膩	冀	器	臮	劓	至	痓	示	屍	嗜	懿	齂	○	○	利	二
	痹	屁	鼻	寐	○	○	地	○	○	弃	○	○	恣	次	自	四	○	○	呬	系	肄	○	○
	○	○	○	○	○	○	○	○	○	○	○	○	○	○	○	○	○	○	○	○	○	○	○
	○	○	○	○	○	○	○	○	○	○	○	○	○	○	○	○	○	○	○	○	○	○	○
	○	○	○	○	○	○	○	○	○	○	○	○	○	○	○	○	○	○	○	○	○	○	○
	○	○	○	○	○	○	○	○	○	○	○	○	○	○	○	○	○	○	○	○	○	○	○

內轉第六

重中重

		羽 幫	滂	並	明	徵 端 知	透 徹	定 澄	泥 孃	角 見	溪	群	疑	商 精 照	清 穿	從 床	心 審	邪 禪	宮 影	曉	匣	喻	半徵 來	半商 日
平	脂																							
																	師						棃	
		悲	丕	邳	眉	胝	絺	墀	尼	飢		耆	示	脂	鴟		只							
			紕	毗										咨	郪	茨	私		伊	咦		夷		
上	旨																							
														秭										
		鄙	[illegible]	否	美	黹	[illegible]	雉	柅	几		跽		旨			矢	視	歖	唏			履	
		匕		牝										姊			死	兕						
去	至																							
		祕	濞	備	郿	致	杘	緻	膩	冀	器	臮	劓	至	痓	示	屍	嗜	懿	齂			利	二
		痹	屁	鼻	寐			地		[illegible]	弃			恣	次	自	四			呬		肄		
入																								

內轉第七合

	舌音齒 清濁	舌音齒 清濁	喉音 清濁	喉音 濁	喉音 清	喉音 清	齒音 濁	齒音 清	齒音 濁	齒音 次清	齒音 清	牙音 清濁	牙音 濁	牙音 次清	牙音 清	舌音 清濁	舌音 濁	舌音 次清	舌音 清	脣音 清濁	脣音 濁	脣音 次清	脣音 清
脂	○	○	○	○	○	○	○	○	○	○	○	○	○	○	○	○	○	○	○	○	○	○	○
	○	○	○	○	○	○	○	衰	○	○	○	○	○	○	○	○	○	○	○	○	○	○	○
	蕤	纝	○	○	○	○	誰	○	○	推	錐	○	逵	巋	龜	○	鎚	○	追	○	○	○	○
	○	○	惟	○	○	○	○	綏	○	○	嶉	○	葵	○	○	○	○	○	○	○	○	○	○
旨	○	○	○	○	○	○	○	○	○	○	○	○	○	○	○	○	○	○	○	○	○	○	○
	○	○	○	○	○	○	○	○	○	○	○	○	○	○	○	○	○	○	○	○	○	○	○
	惢	壘	洧	○	蘬	○	○	水	○	○	沝	○	鄈	巋	軌	○	○	○	○	○	○	○	○
	○	○	唯	○	○	○	○	○	靠	趡	濢	○	揆	○	癸	○	○	○	○	○	○	○	○
至	○	○	○	○	○	○	○	○	○	○	○	○	○	○	○	○	○	○	○	○	○	○	○
	○	○	○	○	○	○	○	○	○	○	○	○	○	○	○	○	○	○	○	○	○	○	○
	○	類	位	○	○	○	○	瘃	○	出	○	○	匱	嘳	媿	○	墜	○	轛	○	○	○	○
	○	○	遺	○	侐	○	遂	邃	萃	翠	醉	○	悸	○	季	○	○	○	○	○	○	○	○
	○	○	○	○	○	○	○	○	○	○	○	○	○	○	○	○	○	○	○	○	○	○	○
	○	○	○	○	○	○	○	○	○	○	○	○	○	○	○	○	○	○	○	○	○	○	○
	○	○	○	○	○	○	○	○	○	○	○	○	○	○	○	○	○	○	○	○	○	○	○
	○	○	○	○	○	○	○	○	○	○	○	○	○	○	○	○	○	○	○	○	○	○	○

韻鏡

內轉第七

輕中重 內輕

	半徵半商 日	半徵半商 來	宮 喻	宮 匣	宮 曉	宮 影	商 邪/禪	商 心/審	商 從/床	商 清/穿	商 精/照	角 疑	角 群	角 溪	角 見	徵 泥/孃	徵 定/澄	徵 透/徹	徵 端/知	羽 明	羽 並	羽 滂	羽 幫	
脂																								平
								衰																
	甤	纍	帷				誰			推	隹		逵	巋	龜		搥		追					
			惟		倠			綏	嫢		嶉		葵											
旨																								上
	蘂	壘	洧					水					鄈	巋	軌									
			唯						靠	趡	濢													
至													揆		癸									去
								帥		歘														
		類	位		[illegible]			豖		出														
			遺		侐		遂	邃	萃	翠	醉		匱	嘳	媿		墜							
													悸		季				轛					入

七音略

內轉第八開

	脣音清	脣音次清	脣音濁	脣音清濁	舌音清	舌音次清	舌音濁	舌音清濁	牙音清	牙音次清	牙音濁	牙音清濁	齒音清	齒音次清	齒音濁	齒音清	齒音濁	喉音清	喉音清	喉音濁	喉音清濁	舌音齒清濁	舌音齒清濁
之	○	○	○	○	○	○	○	○	○	○	○	○	○	○	○	○	○	○	○	○	○	○	○
	○	○	○	○	○	○	○	○	○	○	○	○	菑	○	茬	○	○	○	○	○	○	○	○
	○	○	○	○	○	癡	治	○	姬	欺	其	疑	之	蚩	○	詩	時	醫	僖	○	○	釐	而
	○	○	○	○	○	○	○	○	○	抾	○	○	兹	○	慈	思	詞	○	○	○	飴	○	○
止	○	○	○	○	○	○	○	○	○	○	○	○	○	○	○	○	○	○	○	○	○	○	○
	○	○	○	○	○	○	○	○	○	○	○	○	滓	㓼	士	史	俟	○	○	○	○	○	○
	○	○	○	○	徵	恥	峙	伱	紀	起	○	擬	止	齒	○	始	市	譩	喜	○	以	里	耳
	○	○	○	○	○	○	○	○	○	○	○	○	子	○	○	枲	似	○	○	○	○	○	○
志	○	○	○	○	○	○	○	○	○	○	○	○	○	○	○	○	○	○	○	○	○	○	○
	○	○	○	○	○	○	○	○	○	○	○	○	胾	廁	事	駛	○	○	○	○	○	○	○
	○	○	○	○	置	眙	値	○	記	亟	忌	𪘏	志	熾	○	試	侍	意	憙	○	○	吏	餌
	○	○	○	○	○	○	○	○	○	○	○	○	恣	載	字	笥	寺	○	○	○	異	○	○
	○	○	○	○	○	○	○	○	○	○	○	○	○	○	○	○	○	○	○	○	○	○	○
	○	○	○	○	○	○	○	○	○	○	○	○	○	○	○	○	○	○	○	○	○	○	○
	○	○	○	○	○	○	○	○	○	○	○	○	○	○	○	○	○	○	○	○	○	○	○
	○	○	○	○	○	○	○	○	○	○	○	○	○	○	○	○	○	○	○	○	○	○	○

內轉第八

重中重 軸

	幫	滂	並	明	端/知	透/徹	定/澄	泥/孃	見	溪	群	疑	精/照	清/穿	從/床	心/審	邪/禪	影	曉	匣	喻	來	日
	羽				徵				角				商					宮				半徵	半商
平 之																							
													菑	輜	茬		漦						
						癡	治		姬	欺	其	疑	之	蚩		詩	時	醫	僖		飴	釐	而
													兹		慈	思	詞						
上 止																							
													滓	㓼	士	史	俟						
					徵	耻	峙	伱	紀	起		擬	止	齒		始	市	譩	憙		矣	里	耳
													子			枲	似						
去 志																							
													胾	廁	事	駛							
					置	眙	值		記	亟	忌	𪘏	志	熾		試	侍	噫	憙			吏	餌
													字	載	字	笥	寺				異		
入																							

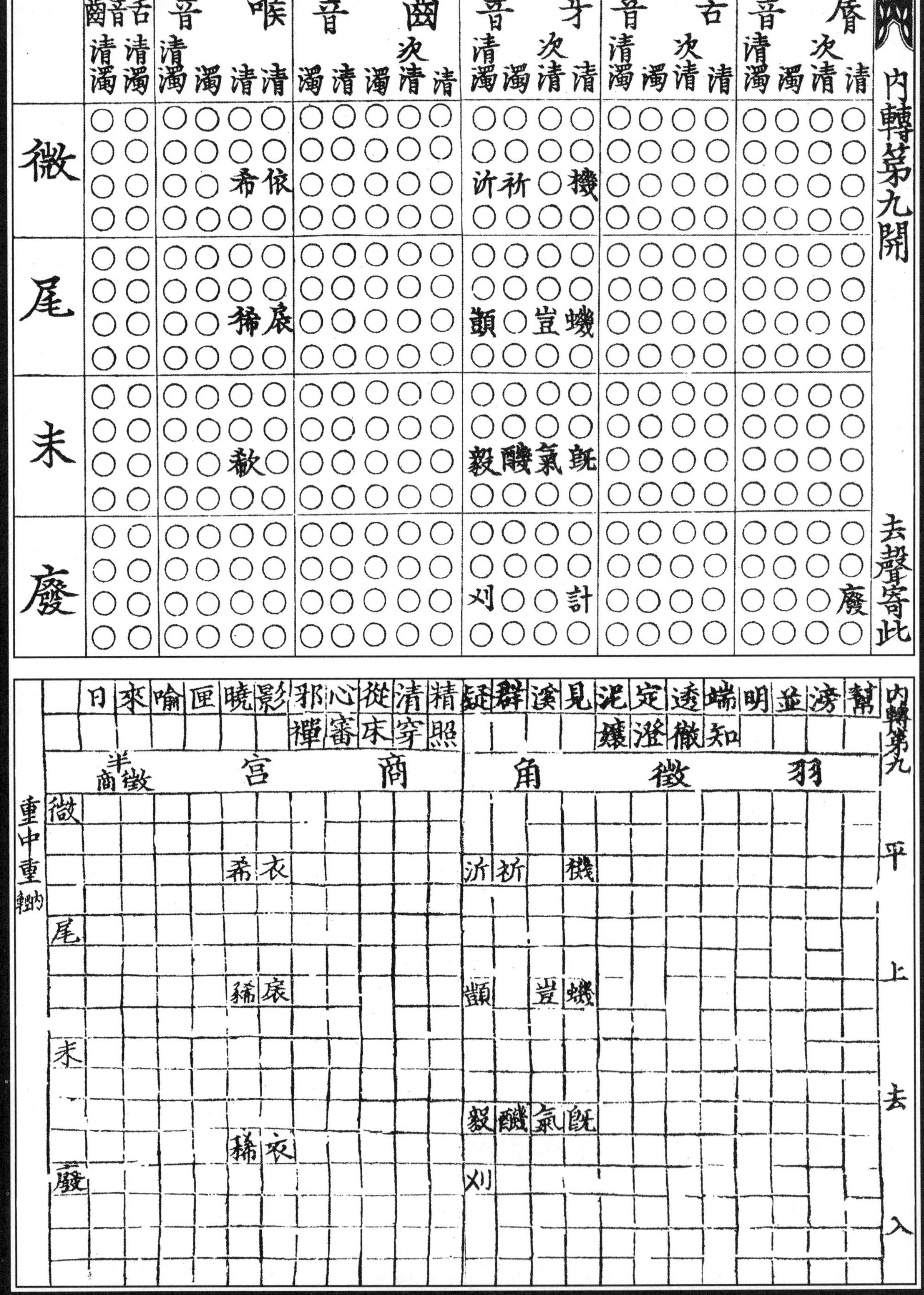

內轉第九開

	脣音清	脣音次清	脣音濁	脣音清濁	舌音清	舌音次清	舌音濁	舌音清濁	牙音清	牙音次清	牙音濁	牙音清濁	齒音清	齒音次清	齒音濁	齒音清	齒音濁	喉音清	喉音清	喉音濁	喉音清濁	舌音齒清濁	舌音齒清濁
微	○	○	○	○	○	○	○	○	○	○	○	○	○	○	○	○	○	○	○	○	○	○	○
	○	○	○	○	○	○	○	○	○	○	○	○	○	○	○	○	○	○	○	○	○	○	○
	○	○	○	○	○	○	○	○	機	○	祈	沂	○	○	○	○	○	依	希	○	○	○	○
	○	○	○	○	○	○	○	○	○	○	○	○	○	○	○	○	○	○	○	○	○	○	○
尾	○	○	○	○	○	○	○	○	○	○	○	○	○	○	○	○	○	○	○	○	○	○	○
	○	○	○	○	○	○	○	○	○	○	○	○	○	○	○	○	○	○	○	○	○	○	○
	○	○	○	○	○	○	○	○	蟣	豈	○	顗	○	○	○	○	○	扆	豨	○	○	○	○
	○	○	○	○	○	○	○	○	○	○	○	○	○	○	○	○	○	○	○	○	○	○	○
未	○	○	○	○	○	○	○	○	○	○	○	○	○	○	○	○	○	○	○	○	○	○	○
	○	○	○	○	○	○	○	○	○	○	○	○	○	○	○	○	○	○	○	○	○	○	○
	○	○	○	○	○	○	○	○	既	氣	[illegible]	毅	○	○	○	○	○	○	欷	○	○	○	○
	○	○	○	○	○	○	○	○	○	○	○	○	○	○	○	○	○	○	○	○	○	○	○
廢	○	○	○	○	○	○	○	○	○	○	○	○	○	○	○	○	○	○	○	○	○	○	○
	○	○	○	○	○	○	○	○	○	○	○	○	○	○	○	○	○	○	○	○	○	○	○
	廢	○	○	○	○	○	○	○	計	○	○	刈	○	○	○	○	○	○	○	○	○	○	○
	○	○	○	○	○	○	○	○	○	○	○	○	○	○	○	○	○	○	○	○	○	○	○

去聲寄此

內轉第九　重中重（轉納）

	羽 幫	滂	並	明	徵 端/知	透/徹	定/澄	泥/孃	角 見	溪	群	疑	商 精/照	清/穿	從/牀	心/審	邪/禪	宮 影	曉	匣	喻	半徵半商 來	日
平 微																							
									機		祈	沂						衣	希				
上 尾																							
									蟣	豈		顗						扆	豨				
去 未																							
									既	氣	[illegible]	毅											
																		衣	稀				
入 廢													刈										

內轉第十合

	脣音清	脣音次清	脣音濁	脣音清濁	舌音清	舌音次清	舌音濁	舌音清濁	牙音清	牙音次清	牙音濁	牙音清濁	齒音清	齒音次清	齒音濁	齒音清	齒音濁	喉音清	喉音清	喉音濁	喉音清濁	舌音齒清濁	舌音齒清濁
微	○	○	○	○	○	○	○	○	○	○	○	○	○	○	○	○	○	○	○	○	○	○	○
	○	○	○	○	○	○	○	○	○	○	○	○	○	○	○	○	○	○	○	○	○	○	○
	非	菲	肥	微	○	○	○	○	歸	巋	頎	巍	○	○	○	○	○	威	暉	○	韋	○	○
	○	○	○	○	○	○	○	○	○	○	○	○	○	○	○	○	○	○	○	○	○	○	○
尾	○	○	○	○	○	○	○	○	○	○	○	○	○	○	○	○	○	○	○	○	○	○	○
	○	○	○	○	○	○	○	○	○	○	○	○	○	○	○	○	○	○	○	○	○	○	○
	匪	斐	膹	尾	○	○	○	○	鬼	○	○	○	○	○	○	○	○	磈	虺	○	韙	○	○
	○	○	○	○	○	○	○	○	○	○	○	○	○	○	○	○	○	○	○	○	○	○	○
未	○	○	○	○	○	○	○	○	○	○	○	○	○	○	○	○	○	○	○	○	○	○	○
	○	○	○	○	○	○	○	○	○	○	○	○	○	○	○	○	○	○	○	○	○	○	○
	沸	費	痱	未	○	○	○	○	貴	槩	鞼	魏	○	○	○	○	○	尉	諱	○	胃	○	○
	○	○	○	○	○	○	○	○	○	○	○	○	○	○	○	○	○	○	○	○	○	○	○
廢	○	○	○	○	○	○	○	○	○	○	○	○	○	○	○	○	○	○	○	○	○	○	○
	○	○	○	○	○	○	○	○	○	○	○	○	○	○	○	○	○	○	○	○	○	○	○
	廢	○	吠	○	○	○	○	○	○	犈	衛	猭	○	○	○	○	○	穢	喙	○	○	○	○
	○	○	○	○	○	○	○	○	○	○	○	○	○	○	○	○	○	○	○	○	○	○	○

去聲寄此

內轉第十

輕中輕

	幫	滂	並	明	端	透	定	泥	見	溪	群	疑	精	清	從	心	邪	影	曉	匣	喻	來	日
					知	徹	澄	孃					照	穿	牀	審	禪						
	羽				徵				角				商					宮				半徵半商	
微																							
平	非	霏	肥	微					歸	巋		巍						威	暉		葦		
尾																							
上	匪	斐	膹	尾					鬼									磈	虺		韙		
未																							
去	沸	費	痱	未					貴	槩		魏						尉	諱		胃		
廢																							

內轉第十一開

	脣音 清	次清	濁	清濁	舌音 清	次清	濁	清濁	牙音 清	次清	濁	清濁	齒音 清	次清	濁	清	濁	喉音 清	清	濁	清濁	舌音齒 清濁	清濁
魚	○	○	○	○	○	○	○	○	○	○	○	○	○	○	○	○	○	○	○	○	○	○	○
	○	○	○	○	○	○	○	○	○	○	○	○	葅	初	鉏	踈	○	○	○	○	○	○	○
	○	○	○	○	豬	攄	除	袽	居	墟	渠	魚	諸	○	○	書	蜍	於	虛	○	余	臚	如
	○	○	○	○	○	○	○	○	○	○	○	○	苴	疽	○	胥	徐	○	○	○	○	○	○
語	○	○	○	○	○	○	○	○	○	○	○	○	○	○	○	○	○	○	○	○	○	○	○
	○	○	○	○	○	○	○	○	○	○	○	○	阻	楚	齟	所	○	○	○	○	○	○	○
	○	○	○	○	貯	楮	佇	女	舉	去	巨	語	鬻	杵	紓	暑	野	扵	許	○	○	呂	汝
	○	○	○	○	○	○	○	○	○	○	○	○	苴	䏧	咀	諝	敘	○	○	○	與	○	○
御	○	○	○	○	○	○	○	○	○	○	○	○	○	○	○	○	○	○	○	○	○	○	○
	○	○	○	○	○	○	○	○	○	○	○	○	詛	儊	助	疏	○	○	○	○	○	○	○
	○	○	○	○	著	絮	箸	女	據	去	遽	御	翥	處	○	恕	署	飫	噓	○	○	慮	洳
	○	○	○	○	○	○	○	○	○	○	○	○	怚	覷	○	絮	屐	○	○	○	豫	○	○
	○	○	○	○	○	○	○	○	○	○	○	○	○	○	○	○	○	○	○	○	○	○	○
	○	○	○	○	○	○	○	○	○	○	○	○	○	○	○	○	○	○	○	○	○	○	○
	○	○	○	○	○	○	○	○	○	○	○	○	○	○	○	○	○	○	○	○	○	○	○
	○	○	○	○	○	○	○	○	○	○	○	○	○	○	○	○	○	○	○	○	○	○	○

內轉第十一

	羽 幫	滂	並	明	徵 端知	透徹	定澄	泥孃	角 見	溪	群	疑	商 精照	清穿	從牀	心審	邪禪	宮 影	曉	匣	喻	半徵 來	半商 日	
平																								魚
													葅	初	鉏	蔬								
					猪	攄	除	袽	居	墟	渠	魚	諸			書	蜍	於	虛			臚	如	
													苴	疽		胥	徐				余			
上																								語
													阻	楚	齟	所								
					貯	楮	佇	女	舉	去	拒	語	鬻	杵	紓	暑	墅	扵	許			呂	汝	
													苴	䏧	咀	諝	敘				與			
去																								御
													詛	楚	助	疏								
					著	絮	箸	女	據	去	遽	御	翥	處		恕	署	飫	噓			慮	洳	
													怚	覷		絮	屐				豫			
入																								

重中重

韻鏡

內轉第十二開合

韻	脣音 清	脣音 次清	脣音 濁	脣音 清濁	舌音 清	舌音 次清	舌音 濁	舌音 清濁	牙音 清	牙音 次清	牙音 濁	牙音 清濁	齒音 清	齒音 次清	齒音 濁	齒音 清	齒音 濁	喉音 清	喉音 清	喉音 濁	喉音 清濁	舌音齒 清濁	舌音齒 清濁
模	逋	鋪	蒲	模	都	瑹	徒	奴	孤	枯	○	吾	租	麤	徂	蘇	○	烏	呼	胡	○	盧	○
	○	○	○	○	○	○	○	○	○	○	○	○	㑳	芻	雛	毹	○	○	○	○	○	○	○
虞	膚	敷	符	無	株	貙	廚	○	拘	區	劬	虞	朱	樞	○	輸	殊	紆	訏	○	于	慺	儒
	○	○	○	○	○	○	○	○	○	○	○	○	諏	趨	○	須	○	○	○	○	逾	○	○
姥	補	普	簿	姥	覩	土	杜	弩	古	苦	○	五	祖	蔖	粗	○	○	隖	虎	戶	○	魯	○
	○	○	○	○	○	○	○	○	○	○	○	○	○	○	[illegible]	數	○	○	○	○	○	○	○
麌	甫	撫	父	武	拄	○	柱	○	矩	齲	窶	麌	主	○	[illegible]	○	豎	傴	詡	○	羽	縷	乳
	○	○	○	○	○	○	○	○	○	○	○	○	○	取	聚	[illegible]	○	○	○	○	庾	○	○
暮	布	怖	捕	暮	妒	菟	渡	笯	顧	絝	○	誤	做	厝	祚	訴	○	汙	謼	護	○	路	○
	○	○	○	○	○	○	○	○	○	○	○	○	○	菆	○	捒	○	○	○	○	○	○	○
遇	付	赴	附	務	駐	閏	住	○	○	驅	懼	遇	注	○	○	戍	樹	嫗	呴	○	芋	屢	孺
	○	○	○	○	○	○	○	○	○	○	○	○	緅	娶	聚	[illegible]	○	○	○	○	裕	○	○
	○	○	○	○	○	○	○	○	○	○	○	○	○	○	○	○	○	○	○	○	○	○	○
	○	○	○	○	○	○	○	○	○	○	○	○	○	○	○	○	○	○	○	○	○	○	○
	○	○	○	○	○	○	○	○	○	○	○	○	○	○	○	○	○	○	○	○	○	○	○
	○	○	○	○	○	○	○	○	○	○	○	○	○	○	○	○	○	○	○	○	○	○	○

七音略

內轉第十二

輕中輕

聲	幫	滂	並	明	端 知	透 徹	定 澄	泥 孃	見	溪	群	疑	精 照	清 穿	從 牀	心 審	邪 禪	影	曉	匣	喻	來	日	韻
	羽				徵				角				商					宮				半徵	半商	
平	逋	鋪	蒲	模	都	瑹	徒	奴	孤	枯		吾	租	麤	徂	蘇		烏	呼	胡		盧		模
													㑳	芻	雛	毹								虞
	膚	敷	扶	無	株	貙	廚		拘	區	劬	虞	朱	樞		輸	殊	紆	訏		于	慺	儒	
													諏	趨		須					俞			
上	補	普	簿	姥	覩	土	杜	弩	古	苦		五	祖	蔖	粗				虎	户	隖	魯		姥
																								麌
	甫	撫	父	武	拄		柱		矩	齲	窶	俁	主		[illegible]	數	豎	詡			羽	縷		
														取	聚	[illegible]								
去	布	怖	捕	暮	妒	菟	渡	笯	顧	絝		誤	作	厝	柞	訴			謼	護		路		暮
													趨	菆		捒								遇
	付	赴	附	務	駐	閏	住		屨	驅	懼	遇	注	敀		戍	樹	嫗	煦		芋	屢	孺	
													緅	娶	[illegible]	[illegible]					裕			
入																								

外轉第十三開

	脣音 清	脣音 次清	脣音 濁	脣音 清濁	舌音 清	舌音 次清	舌音 濁	舌音 清濁	牙音 清	牙音 次清	牙音 濁	牙音 清濁	齒音 清	齒音 次清	齒音 濁	齒音 清	齒音 濁	喉音 清	喉音 清	喉音 濁	喉音 清濁	舌音齒 清濁	舌音齒 清濁
咍皆齊	○	娝	棓	○	[illegible]	胎	臺	能	該	開	○	皚	哉	猜	裁	鰓	○	哀	咍	孩	○	來	○
	○	○	排	埋	[illegible]	搋	○	搱	皆	揩	○	[illegible]	齋	差	豺	崽	○	挨	[illegible]	諧	○	唻	○
	○	○	○	○	○	○	○	○	○	○	○	○	○	犗	○	○	○	○	○	○	○	○	○
	篦	批	鼙	迷	氐	梯	題	泥	雞	谿	○	倪	齎	妻	齊	西	○	鷖	醯	兮	○	黎	[illegible]
海駭薺	俖	啡	蓓	穤	等	[illegible]	駘	乃	改	愷	○	○	宰	采	在	○	○	欸	海	亥	佁	[illegible]	疓
	○	○	矲	○	○	○	○	○	鍇	楷	○	騃	○	○	○	○	○	○	○	駭	○	攋	○
	○	○	○	○	○	○	○	○	○	○	○	○	○	茝	○	○	灑	○	○	○	○	○	○
	[illegible]	頩	陛	米	邸	體	弟	禰	○	啓	○	掜	濟	泚	薺	洗	○	[illegible]	○	徯	○	禮	○
代怪祭霽	○	怖	○	穤	戴	貸	代	耐	溉	慨	隑	礙	載	菜	在	賽	○	愛	儗	瀣	○	賚	○
	拜	○	○	○	○	○	○	褹	誡	烗	○	[illegible]	瘵	瘥	○	○	○	噫	譮	械	○	○	○
	○	○	○	○	[illegible]	跇	滯	○	猘	憩	偈	劓	制	掣	○	世	逝	○	緆	○	○	例	○
	閉	媲	薜	謎	帝	替	第	泥	計	契	○	詣	霽	砌	嚌	細	○	翳	○	蒵	○	麗	○
夬（去聲寄此）	○	○	○	○	○	○	○	○	○	○	○	○	○	○	○	○	○	○	○	○	○	○	○
	○	○	○	○	○	蠆	[illegible]	○	犗	○	○	○	○	啐	寨	[illegible]	○	喝	講	[illegible]	○	○	○
	○	○	○	○	○	○	○	○	○	○	○	○	○	○	○	○	○	○	○	○	○	○	○
	○	○	○	○	○	○	○	○	○	○	○	○	○	○	○	○	○	○	○	○	○	○	○

內轉第十三 重中重

	羽 幫	羽 滂	羽 並	羽 明	徵 端/知	徵 透/徹	徵 定/澄	徵 泥/孃	角 見	角 溪	角 群	角 疑	商 精/照	商 清/穿	商 從/牀	商 心/審	商 邪/禪	宮 影	宮 曉	宮 匣	宮 喻	半徵 來	半商 日	
平		娝	棓		[illegible]	胎	臺	能	該	開		皚	哉	猜	裁	鰓		哀	咍	孩		來	[illegible]	咍
	[illegible]	[illegible]	排	埋	[illegible]	搋		搱	皆	揩			齋	差	豺	崽		挨		諧		唻		皆
														犗										
	篦	磇	鼙	迷	氐	梯	題	泥	鷄	谿		倪	齎	妻	齊	西	移	鷖	醯	兮		黎	臡	齊
上		啡	倍	穤	等	[illegible]	駘	乃	改	愷			宰	采	在	諰		欸	海	亥	佁	[illegible]	疓	海
										楷		騃		茝				挨	駭			攋		駭
													掜											薺
	[illegible]	頩	陛	米	邸	體	弟	禰		啓			濟	泚	薺	洗		[illegible]	徯			禮		
去				穤	戴	貸	代	耐	溉	慨		礙	載	菜	在	賽		愛	儗	瀣		賚		代
								褹	誡	烗		[illegible]	瘵	瘥	[illegible]	鎩		噫	譮	械				恠
									猘	憩		劓	制	掣		世	逝	緆	慧			例		祭
	閉	媲	薜	謎	帝	替	第	泥	計	契		詣	霽	砌	嚌	細		翳	[illegible]	蒵		麗		霽
入						蠆	[illegible]		犗					啐	寨	[illegible]		喝	講	[illegible]				夬

韻鏡

外轉第十四合

膗仕懷反

脣音 清	脣音 次清	脣音 濁	脣音 清濁	舌音 清	舌音 次清	舌音 濁	舌音 清濁	牙音 清	牙音 次清	牙音 濁	牙音 清濁	齒音 清	齒音 次清	齒音 濁	齒音 清	齒音 濁	喉音 清	喉音 清	喉音 濁	喉音 清濁	舌音齒 清濁	舌音齒 清濁	韻
杯	肧	裴	枚	磓	雖	頽	捼	傀	恢	○	鮠	嗺	崔	摧	膗	○	隈	灰	回	○	雷	○	灰皆
○	○	○	○	○	○	尵	○	乖	匯	○	○	○	○	膗	○	○	○	虺	懷	○	腂	○	
○	○	○	○	○	○	○	○	○	○	○	○	○	○	○	○	○	○	○	○	○	○	○	
○	○	○	○	○	○	○	○	圭	睽	○	○	○	○	○	○	○	烓	眭	攜	○	○	○	齊
○	○	琲	浼	腿	骽	鐓	餧	○	𩓑	○	頠	推	皠	罪	○	○	猥	賄	瘣	倄	磥	○	賄駭
○	○	○	○	𩪘	○	○	○	○	○	○	○	○	○	○	○	○	○	○	○	○	○	○	
○	○	○	○	○	○	○	○	○	○	○	○	○	○	○	○	○	○	○	○	○	○	○	
○	○	○	○	○	○	○	○	○	○	○	○	○	○	○	○	○	○	○	○	○	○	○	
背	配	佩	妹	對	退	隊	内	憒	塊	鞼	磑	晬	倅	○	碎	○	㱱	誨	潰	○	類	○	隊怪祭霽
拜	湃	憊	眑	○	○	○	○	怪	蒯	○	聵	○	○	○	○	○	○	譮	壞	○	○	○	
○	○	○	○	綴	○	○	○	劌	𥌑	○	○	贅	毳	○	税	○	○	𡻕	○	衛	○	芮	
○	○	○	○	○	○	○	○	桂	○	○	○	○	○	○	○	○	○	嘒	慧	○	○	○	
○	○	○	○	○	○	○	○	○	○	○	○	○	○	○	○	○	○	○	○	○	○	○	夬
敗	○	敗	邁	○	○	○	○	夬	快	○	○	○	嘬	○	○	○	黯	咶	話	○	○	○	
○	○	○	○	○	○	○	○	○	○	○	○	○	○	○	○	○	○	○	○	○	○	○	
○	○	○	○	○	○	○	○	○	○	○	○	○	○	○	○	○	○	○	○	○	○	○	

去聲寄此

七音略

外轉第十四

羽				徵				角				商					宮				半徵	半商		
幫	滂	並	明	端	透	定	泥	見	溪	群	疑	精	清	從	心	邪	影	曉	匣	喻	來	日		
				知	徹	澄	孃					照	穿	床	審	禪								
杯	肧	裴	枚	磓	雖	頽	懮	傀	恢		鮠	嗺	崔	摧			隈	灰	回		雷		灰	平
						尵		乖	匯					膗			歲	虺	懷		腂		皆	
								圭	睽								烓	眭	攜				齊	
		琲	浼	腿	骽	鐓	餧	頠	𩓑		頠	推	皠	罪			猥	賄	瘣	倄	磥		賄	上
背	配	佩	妹	對	退	隊	内	憒	塊		磑	晬	倅	啐	碎		㱱	誨	潰		類		隊	去
拜	湃	憊	眑	顡				怪	蒯				竁		鎩			譮	壞				怪	
				綴		鏑		劌	𥌑		聵	贅			税	啜				衛		芮	祭	
								桂	揆				毳					嘒	慧				霽	
敗		敗	邁					夬	快				嘬				黯	咶	話				夬	入

輕中重

外轉第十五開

韻	唇音 清	唇音 次清	唇音 濁	唇音 清濁	舌音 清	舌音 次清	舌音 濁	舌音 清濁	牙音 清	牙音 次清	牙音 濁	牙音 清濁	齒音 清	齒音 次清	齒音 濁	齒音 清	齒音 濁	喉音 清	喉音 清	喉音 濁	喉音 清濁	舌音齒 清濁	舌音齒 清濁
佳	○	○	○	○	○	○	○	○	○	○	○	○	○	○	○	○	○	○	○	○	○	○	○
	○	○	牌	䁲	○	扠	○	覭	佳	𠍧	○	崖	○	釵	柴	崽	○	娃	啓	膎	○	○	○
	○	○	○	○	○	○	○	○	○	○	○	○	○	○	○	○	○	○	○	○	○	○	○
	○	○	○	○	○	○	○	○	○	○	○	○	○	○	○	○	○	○	○	○	○	○	○
蟹	○	○	○	○	○	○	○	○	○	○	○	○	○	○	○	○	○	○	○	○	○	○	○
	擺	○	罷	買	○	○	廌	嬭	解	芐	箉	○	○	○	○	○	○	矮	○	蟹	○	○	○
	○	○	○	○	○	○	○	○	○	○	○	○	○	○	○	○	○	○	○	○	○	○	○
	○	○	○	○	○	○	○	○	○	○	○	○	○	○	○	○	○	○	○	○	○	○	○
泰卦祭	貝	霈	旆	眛	帶	太	大	柰	蓋	磕	○	艾	○	蔡	○	○	○	藹	餀	害	○	賴	○
	嶭	○	○	○	○	○	○	○	懈	礊	○	睚	債	差	瘵	曬	○	隘	譮	邂	○	○	○
	○	○	○	○	○	○	○	○	○	○	○	○	○	○	○	○	○	○	○	○	○	○	○
	蔽	潎	獘	袂	○	○	○	○	○	○	○	藝	○	○	○	○	○	緆	○	○	曳	○	○
	○	○	○	○	○	○	○	○	○	○	○	○	○	○	○	○	○	○	○	○	○	○	○
	○	○	○	○	○	○	○	○	○	○	○	○	○	○	○	○	○	○	○	○	○	○	○
	○	○	○	○	○	○	○	○	○	○	○	○	○	○	○	○	○	○	○	○	○	○	○
	○	○	○	○	○	○	○	○	○	○	○	○	○	○	○	○	○	○	○	○	○	○	○

外轉第十五　重中輕

韻	幫	滂	並	明	端 知	透 徹	定 澄	泥 孃	見	溪	群	疑	精 照	清 穿	從 床	心 審	邪 禪	影	曉	匣	喻	來	日	聲
	羽				徵				角				商					宮				半徵	半商	
佳																								平
			牌	䁲		扠		覭	佳			崖		釵	柴	崽		娃	啓	膎				
蟹																								上
	擺		罷	買			廌	㚷	解	指	箉	騃				灑		矮		蟹				
泰	貝	霈	旆	眛	帶	太	太	奈	蓋	礚		艾		蔡				藹	餀	害		賴		去
卦	嶭			賣	媞				懈	礊		睚	債	差	瘵	曬		隘	譮	邂				
祭	蔽	潎	獘	袂									祭								曳			
廢																								入

外轉第十六合

	脣音清	脣音次清	脣音濁	脣音清濁	舌音清	舌音次清	舌音濁	舌音清濁	牙音清	牙音次清	牙音濁	牙音清濁	齒音清	齒音次清	齒音濁	齒音清	齒音濁	喉音清	喉音清	喉音濁	喉音清濁	舌音齒清濁	齒音清濁
佳	○	○	○	○	○	○	○	○	○	○	○	○	○	○	○	○	○	○	○	○	○	○	○
	○	○	○	○	○	○	○	○	媧	喎	○	○	○	○	○	○	○	蛙	竵	鼃	○	○	○
	○	○	○	○	○	○	○	○	○	○	○	○	○	○	○	○	○	○	○	○	○	○	○
	○	○	○	○	○	○	○	○	○	○	○	○	○	○	○	○	○	○	○	○	○	○	○
蟹	○	○	○	○	○	○	○	○	○	○	○	○	○	○	○	○	○	○	○	○	○	○	○
	○	○	○	○	○	○	○	○	丫	○	○	○	○	○	○	○	○	㢊	扮	夥	○	○	○
	○	○	○	○	○	○	○	○	○	○	○	○	○	○	○	○	○	○	○	○	○	○	○
	○	○	○	○	○	○	○	○	○	○	○	○	○	○	○	○	○	○	○	○	○	○	○
泰	○	○	○	○	祋	娧	兌	○	儈	○	○	外	最	襊	蕞	礸	○	懀	譮	會	𢖫	酹	○
卦	庍	派	粺	賣	膪	○	○	○	卦	○	○	○	○	○	○	○	○	○	○	○	○	○	○
	○	○	○	○	○	○	○	○	○	○	○	○	○	○	○	○	○	○	○	○	○	○	○
祭	○	○	○	○	○	○	○	○	瀱	○	○	○	蕝	膬	○	歲	篲	○	○	○	銳	○	○
	○	○	○	○	○	○	○	○	○	○	○	○	○	○	○	○	○	○	○	○	○	○	○
	○	○	○	○	○	○	○	○	○	○	○	○	○	○	○	○	○	○	○	○	○	○	○
	○	○	○	○	○	○	○	○	○	○	○	○	○	○	○	○	○	○	○	○	○	○	○
	○	○	○	○	○	○	○	○	○	○	○	○	○	○	○	○	○	○	○	○	○	○	○

外轉第十六

	幫	滂	並	明	端 知	透 徹	定 澄	泥 孃	見	溪	群	疑	精 照	清 穿	從 床	心 審	邪 禪	影	曉	匣	喻	來	日	韻	
	羽				徵				角				商					宮				半徵	半商		
平																								佳	輕中輕
									媧	喎								蛙	竵	鼃					
上																								蟹	
							拏		丫	芐									扮	夥					
去					祋	娧	兌		儈	檜			最	襊	蕞	礸		懀	譮	會		酹		泰	
	派	庍	粺		膪				卦							啐		諣		畫				卦	
													蕝			歲	篲				鋭			祭	
入																									
																								廢	
	廢	肺	吠								犖							穢	喙						

韻鏡

外轉第十七開

脣音清	脣音次清	脣音濁	脣音清濁	舌音清	舌音次清	舌音濁	舌音清濁	牙音清	牙音次清	牙音濁	牙音清濁	齒音清	齒音次清	齒音濁	齒音清	齒音濁	喉音清	喉音清	喉音濁	喉音清濁	舌音清濁	齒清濁	韻
○	○	○	○	○	吞	○	○	根	○	○	垠	○	○	○	○	○	恩	○	痕	○	○	○	痕
○	○	○	○	○	○	○	○	○	○	○	○	臻	○	蓁	莘	○	○	○	○	○	○	○	臻
彬	○	貧	珉	珍	獙	陳	紉	巾	○	墐	銀	眞	瞋	神	申	辰	[illegible]	○	○	囙	鄰	人	眞
賓	繽	頻	民	○	○	○	○	○	○	○	○	津	親	秦	辛	○	因	○	礥	寅	○	○	
○	○	○	○	○	○	○	○	頣	懇	[illegible]	○	○	○	○	○	○	穏	○	很	○	○	○	很
○	○	○	○	○	○	○	○	○	○	○	○	○	齔	濜	○	○	○	[illegible]	○	○	○	○	
○	○	○	愍	辴	囅	紖	○	巹	螼	○	釿	軫	○	○	矧	腎	○	脪	○	隕	嶙	忍	軫
○	○	牝	泯	○	○	○	○	緊	○	○	○	榼	笉	盡	○	○	○	○	○	引	○	○	
○	○	○	○	○	○	○	○	艮	○	○	○	○	○	○	○	○	[illegible]	○	恨	○	○	○	恨
○	○	○	○	○	○	○	○	○	○	○	○	○	櫬	○	○	○	○	○	○	○	○	○	
○	○	○	○	鎮	疢	陣	○	抻	菣	僅	憖	震	○	○	胂	愼	○	○	○	○	遴	刃	震
儐	朱	○	○	○	○	○	○	吟	螼	○	○	晉	親	○	信	賮	印	衅	○	酳	○	○	
○	○	○	○	○	○	○	○	[illegible]	[illegible]	○	○	○	○	○	○	○	○	○	麧	○	○	○	没
○	○	○	○	○	○	○	○	○	○	○	○	櫛	○	齜	瑟	○	○	○	○	○	○	○	櫛
筆	○	弼	密	窒	抶	秩	暱	[illegible]	○	姞	耴	質	叱	實	失	○	乙	肸	○	颵	栗	月	質
必	匹	邲	蜜	蛭	○	姪	昵	吉	詰	佶	○	堲	七	疾	悉	○	一	欯	○	逸	○	○	

七音略

外轉第十七

重中重

聲	幫	滂	並	明	端 知	透 徹	定 澄	泥 孃	見	溪	群	疑	精 照	清 穿	從 牀	心 審	邪 禪	影	曉	匣	喻	來	日	韻
	羽				徵				角				商					宮				半徵	半商	
平						吞			根			垠						恩	痕					痕
													臻		蓁	莘								臻
	份	砏	貧	珉	珍	獙	陳	紉	巾		墐	銀	眞	瞋	神	申	辰	[illegible]			囙	鄰	人	眞
											趁		津	親	秦	辛		因		礥	寅	苓		
上									頣	墾										狠				很
													濜	齔										隱
				愍	駗	囅	紖		巹			釿	軫			矧	腎		脪		隕	嶙	忍	軫
	臏	[illegible]	牝	泯					緊	螼			榼	笉	盡			引						
去									艮	硍		鎧						[illegible]		恨				恨
														櫬		阠								焮
					鎮	疢	陣				僅	憖	震			胂	愼	隱	衅		酳	遴	刃	震
	儐	[illegible]	[illegible]	愍									晉	親		信	賮	印						
入																				麧				没
													櫛	刹	齜	瑟								櫛
	筆		弼	蜜	窒	秩	秩	暱	[illegible]		姞	耴	質	叱	實	失		乙	肸		颵	栗	日	質
	必	匹	邲	密	蛭			昵	吉	詰			堲	七	疾	悉		一	欯		逸			

韻鏡

外轉第十八合

	脣音				舌音				牙音				齒音					喉音				舌音齒	
	清	次清	濁	清濁	清	次清	濁	清濁	清	次清	濁	清濁	清	次清	濁	清	濁	清	清	濁	清濁	清濁	清濁
䰟諄	奔	歕	盆	門	敦	暾	屯	磨	昆	坤	○	僤	尊	村	存	孫	○	温	昏	䰟	○	論	○
	○	○	○	○	○	○	○	○	○	○	○	○	○	○	○	○	○	○	○	○	○	○	○
	○	磧	○	○	迍	椿	䏛	○	麏	囷	○	○	諄	春	脣	媋	純	贇	○	○	筠	倫	犉
	○	○	○	○	○	○	○	○	均	○	[illegible]	○	遵	逡	鷷	荀	旬	奫	○	○	勻	○	○
混準	本	翉	獖	懣	○	畽	囤	炳	鯀	閫	○	○	鄭	忖	鱒	損	○	穩	總	混	○	怨	○
	○	○	○	○	○	○	○	○	○	○	○	○	○	○	○	○	○	○	○	○	○	○	○
	○	○	○	○	○	偆	○	○	○	稛	窘	○	準	蠢	盾	賰	○	○	○	○	○	稐	韗
	○	○	○	○	○	○	○	○	○	○	○	○	○	○	○	筍	揗	○	○	○	尹	○	蝡
慁稕	奔	噴	坌	悶	頓	畽	鈍	嫩	睔	困	○	顐	焌	寸	鐏	巽	○	搵	惛	慁	○	論	○
	○	○	○	○	○	○	○	○	○	○	○	○	○	○	○	○	○	○	○	○	○	○	○
	○	○	○	○	○	○	○	○	○	○	○	○	稕	○	○	舜	順	○	○	○	○	○	閏
	○	○	○	○	○	○	○	○	昀	○	○	○	儁	○	○	峻	殉	○	○	○	○	○	○
沒術	○	誖	勃	沒	咄	宊	突	訥	骨	窟	○	兀	卒	猝	捽	窣	○	頞	忽	搰	○	㪍	○
	○	○	○	○	○	○	○	○	○	○	○	○	𪘨	○	○	率	○	○	○	○	○	○	○
	○	○	○	○	怵	黜	朮	○	○	○	屈	○	㤕	出	術	○	○	○	○	○	○	律	○
	○	○	○	○	○	○	○	○	橘	○	趫	○	卒	焌	崒	恤	○	○	獝	○	聿	○	○

七音略

外轉第十八

	幫	滂	並	明	端	透	定	泥	見	溪	群	疑	精	清	從	心	邪	影	曉	匣	喻	來	日
					知	徹	澄	孃					照	穿	床	審	禪						
	羽				徵				角				商					宮				半徵	半商
䰟諄（平）	奔	歕	盆	門	敦	暾	屯	磨	昆	坤		僤	尊	村	存	孫		温	昏	䰟		論	
													遵	[illegible]									
					迍	椿	䏛		麏	囷			諄	春	脣	媋	純	贇			筠	倫	犉
									均				遵	逡	脣	荀	旬				勻		
混準（上）	本	翉	獖	懣		畽	囤	炳	鯀	閫			鄭	忖	鱒	損		穩	總	混		怨	
						偆	蝽		窘	稛			準	蠢	盾	賰					隕	稐	
														蹲		筍					尹		
慁稕（去）	奔	噴	坌	悶	頓		鈍	嫩	睔	困		顐	焌	寸	鐏	巽		搵	惛	慁		論	
													稕			舜	順						閏
									昀				俊			峻	徇	徇					
沒術（入）		誖	勃	沒	咄		突	訥	骨	窟			卒	猝	捽	窣		頞	忽			㪍	
													𪘨	𪘲		率							
					怵	黜	述							出	術				㺬		䬆	律	[illegible]
					崛	茁			橘				卒	焌	崒	恤			獝		驈		

輕中輕

韻鏡

外轉第十九開

	脣音清	脣音次清	脣音濁	脣音清濁	舌音清	舌音次清	舌音濁	舌音清濁	牙音清	牙音次清	牙音濁	牙音清濁	齒音清	齒音次清	齒音濁	齒音清	齒音濁	喉音清	喉音清	喉音濁	喉音清濁	舌音齒清濁	舌音齒清濁
欣	○	○	○	○	○	○	○	○	○	○	○	○	○	○	○	○	○	○	○	○	○	○	○
	○	○	○	○	○	○	○	○	○	○	○	○	○	○	○	○	○	○	○	○	○	○	○
	○	○	○	○	○	○	○	○	斤	○	勤	䖐	○	○	○	○	○	殷	欣	○	○	○	○
	○	○	○	○	○	○	○	○	○	○	○	○	○	○	○	○	○	○	○	○	○	○	○
隱	○	○	○	○	○	○	○	○	○	○	○	○	○	○	○	○	○	○	○	○	○	○	○
	○	○	○	○	○	○	○	○	○	○	○	○	○	○	○	○	○	○	○	○	○	○	○
	○	○	○	○	○	○	○	○	謹	赾	近	听	○	○	○	○	○	隱	⿰虫憲	○	○	○	○
	○	○	○	○	○	○	○	○	○	○	○	○	○	○	○	○	○	○	○	○	○	○	○
焮	○	○	○	○	○	○	○	○	○	○	○	○	○	○	○	○	○	○	○	○	○	○	○
	○	○	○	○	○	○	○	○	○	○	○	○	○	○	○	○	○	○	○	○	○	○	○
	○	○	○	○	○	○	○	○	靳	○	近	垽	○	○	○	○	○	⿰亻憲	焮	○	○	○	○
	○	○	○	○	○	○	○	○	○	○	○	○	○	○	○	○	○	○	○	○	○	○	○
迄	○	○	○	○	○	○	○	○	○	○	○	○	○	○	○	○	○	○	○	○	○	○	○
	○	○	○	○	○	○	○	○	○	○	○	○	○	○	○	○	○	○	○	○	○	○	○
	○	○	○	○	○	○	○	○	訖	乞	趌	疙	○	○	○	○	○	○	迄	○	○	○	○
	○	○	○	○	○	○	○	○	○	○	○	○	○	○	○	○	○	○	○	○	○	○	○

七音略

外轉第十九

		幫	滂	並	明	端	透	定	泥	見	溪	群	疑	精	清	從	心	邪	影	曉	匣	喻	來	日
						知	徹	澄	孃					照	穿	床	審	禪						
		羽				徵				角				商					宮				半徵	半商
平	欣																							
										斤		勤	䖐						殷	欣				
上	隱																							
										謹	赾	近	听						隱	⿰虫憲				
去	焮																							
										靳		近	垽						⿰亻憲	焮				
入	迄																							
										訖	乞	趌	疙							迄				

重中輕

外轉第二十合

	脣音清	脣音次清	脣音濁	脣音清濁	舌音清	舌音次清	舌音濁	舌音清濁	牙音清	牙音次清	牙音濁	牙音清濁	齒音清	齒音次清	齒音濁	齒音清	齒音濁	喉音清	喉音清	喉音濁	喉音清濁	舌音齒清濁	舌音齒清濁
文	○	○	○	○	○	○	○	○	○	○	○	○	○	○	○	○	○	○	○	○	○	○	○
	○	○	○	○	○	○	○	○	○	○	○	○	○	○	○	○	○	○	○	○	○	○	○
	分	芬	汾	文	○	○	○	○	君	○	群	○	○	○	○	○	○	煴	熏	○	雲	○	○
	○	○	○	○	○	○	○	○	○	○	○	○	○	○	○	○	○	○	○	○	○	○	○
吻	○	○	○	○	○	○	○	○	○	○	○	○	○	○	○	○	○	○	○	○	○	○	○
	○	○	○	○	○	○	○	○	○	○	○	○	○	○	○	○	○	○	○	○	○	○	○
	粉	忿	憤	吻	○	○	○	○	攟	趣	○	齳	○	○	○	○	○	惲	○	○	抎	○	○
	○	○	○	○	○	○	○	○	○	○	○	○	○	○	○	○	○	○	○	○	○	○	○
問	○	○	○	○	○	○	○	○	○	○	○	○	○	○	○	○	○	○	○	○	○	○	○
	○	○	○	○	○	○	○	○	○	○	○	○	○	○	○	○	○	○	○	○	○	○	○
	糞	○	分	問	○	○	○	○	攈	○	郡	○	○	○	○	○	○	醖	訓	○	運	○	○
	○	○	○	○	○	○	○	○	○	○	○	○	○	○	○	○	○	○	○	○	○	○	○
物	○	○	○	○	○	○	○	○	○	○	○	○	○	○	○	○	○	○	○	○	○	○	○
	○	○	○	○	○	○	○	○	○	○	○	○	○	○	○	○	○	○	○	○	○	○	○
	弗	拂	佛	物	○	○	○	○	亥	屈	倔	崛	○	○	○	○	○	鬱	颮	○	颹	○	○
	○	○	○	○	○	○	○	○	○	○	○	○	○	○	○	○	○	○	○	○	○	○	○

七音畧第一

外轉第二十 輕中輕

	羽 幫 非	羽 滂 敷	羽 並 奉	羽 明 微	徵 端 知	徵 透 徹	徵 定 澄	徵 泥 孃	角 見	角 溪	角 群	角 疑	商 精 照	商 清 穿	商 從 床	商 心 審	商 邪 禪	宮 影	宮 曉	宮 匣	宮 喻	半徵 來	半商 日
平 文	分	芬	汾	文					君		羣							煴	熏		雲		
上 吻	粉	忿	憤	吻					攟	趣		齳						惲			抎		
去 問	糞	湓	分	問					攈		郡							醖	訓		運		
入 物	弗	拂	佛	物					亥	屈	倔	崛						鬱	颮		颹		

外轉第二十一開

脣音清	脣音次清	脣音濁	脣音清濁	舌音清	舌音次清	舌音濁	舌音清濁	牙音清	牙音次清	牙音濁	牙音清濁	齒音清	齒音次清	齒音濁	齒音清	齒音濁	喉音清	喉音清	喉音濁	喉音清濁	舌音齒清濁	舌音齒清濁	
○	○	○	○	○	○	○	○	○	○	○	○	○	○	○	○	○	○	○	○	○	○	○	山
媥	○	○	○	譠	○	𤢄	嘫	閒	慳	○	訮	○	獑	虥	山	○	黰	羴	閑	○	孏	○	元
○	○	○	○	○	○	○	○	揵	攑	䭈	言	○	○	○	○	○	蔫	軒	○	○	○	○	仙
鞭	篇	楩	緜	○	○	○	○	甄	○	○	○	煎	遷	錢	仙	涎	○	○	○	延	○	○	
○	○	○	○	○	○	○	○	○	○	○	○	○	○	○	○	○	○	○	○	○	○	○	產
版	昄	阪	魍	○	○	○	○	簡	齴	○	眼	醆	剗	棧	產	○	○	○	限	○	○	○	阮
○	○	○	○	○	○	○	○	揵	㒟	蹇	言	○	○	○	○	○	堰	幰	○	○	○	○	獮
褊	○	楩	緬	○	○	○	○	蹇	遣	○	○	翦	淺	踐	獮	䌳	○	○	○	演	○	○	
○	○	○	○	○	○	○	○	○	○	○	○	○	○	○	○	○	○	○	○	○	○	○	襉
扮	盼	瓣	蔄	○	○	袒	○	襉	○	○	○	○	○	○	○	○	○	○	莧	○	○	○	願
○	○	○	○	○	○	○	○	建	○	健	○	○	○	○	○	○	堰	憲	○	○	○	○	線
徧	騗	便	面	○	○	○	○	○	譴	○	𡅏	箭	○	賤	線	羨	○	○	○	衍	○	○	
○	○	○	○	○	○	○	○	○	○	○	○	○	○	○	○	○	○	○	○	○	○	○	鎋
捌	○	○	礣	哳	獺	○	痆	鶡	䅥	○	聐	鐁	刹	○	殺	○	鶷	瞎	鎋	○	○	髩	月
○	○	○	○	○	○	○	○	訐	𥡋	揭	○	○	○	○	○	○	○	歇	○	○	○	○	薛
鷩	瞥	蹩	滅	○	○	○	○	孑	○	○	○	蠽	竊	○	薛	○	焆	○	○	抴	列	熱	

七音略第二

外轉二十一 重中輕

	幫	滂	並	明	端/知	透/徹	定/澄	泥/孃	見	溪	群	疑	精/照	清/穿	從/床	心/審	邪/禪	影	曉	匣	喻	來	日	
	羽				徵				角				商					宮				半徵	半商	
平	媥				儃		𤢄	嘫	間	掔		訮		獑	虥	山		黰	羴	閑		孏		山
									揵	攑	𧼮	言						蔫	軒					元
	鞭	篇	便	緜					甄				煎	遷	錢	仙	涎				延			仙
上	版	昄		魍					簡	齴		眼	醆	剗	棧	產				限				產
				冕		喛			揵	言	蹇	言						偃	幰					阮
	褊	扁	楩	緬						遣			剪	淺	踐	獮	䌳				演			獮
去	扮	盼	辦	蔄			袒		澗			犴		鏟		惤				莧				襉
									建	鬳	健	甗						堰	獻					願
	徧	騗	便	面						譴			箭		賤	線	羨				衍			線
															鑵									
入	捌								鶡	䅥				刹	鐁	殺		轄						鎋
									訐		揭	钀												月
	鷩	瞥	蹩	滅					孑				蠽	啓		薛					抴			薛

通志三十七

外轉第二十二合

韻	脣音 清	脣音 次清	脣音 濁	脣音 清濁	舌音 清	舌音 次清	舌音 濁	舌音 清濁	牙音 清	牙音 次清	牙音 濁	牙音 清濁	齒音 清	齒音 次清	齒音 濁	齒音 清	齒音 濁	喉音 清	喉音 清	喉音 濁	喉音 清濁	舌音齒 清濁	舌音齒 清濁
山元仙	○	○	○	○	○	○	○	○	○	○	○	○	○	○	○	○	○	○	○	○	○	○	○
	○	○	○	○	○	○	窀	○	鰥	○	權	頑	○	恮	○	拴	○	嬛	○	湲	○	欐	○
	蕃	翻	煩	樠	○	○	○	○	○	○	○	元	○	○	○	○	○	鴛	○	○	袁	○	○
	○	○	○	○	⿺辶雚 丁[illegible]	○	○	○	○	○	○	○	鐫	詮	全	宣	旋	娟	翾	○	沿	○	○
産阮獮	○	○	○	○	○	○	○	○	○	○	○	○	○	○	○	○	○	○	○	○	○	○	○
	○	○	○	○	○	○	○	○	○	○	○	○	○	○	○	○	○	○	○	○	○	○	○
	反	○	飯	晚	○	○	○	○	卷	䅌	⿱龹豆	阮	○	○	○	○	○	婉	暅	○	遠	○	○
	○	○	○	○	○	○	○	○	○	○	娟	○	臇	○	雋	選	○	○	蠉	○	兖	○	輭
襇願線	○	○	○	○	○	○	○	○	○	○	○	○	○	○	○	○	○	○	○	○	○	○	○
	○	○	○	○	○	○	○	○	鰥	○	○	○	○	○	○	○	○	○	○	幻	○	○	○
	販	嬔	飯	万	○	○	○	○	攣	券	圈	願	○	○	○	○	○	怨	楦	○	遠	○	○
	○	○	○	○	○	○	○	○	絹	○	○	○	○	○	○	選	旋	○	○	○	掾	○	○
鎋月薛	○	○	○	○	○	○	○	○	○	○	○	○	○	○	○	○	○	○	○	○	○	○	○
	○	○	○	○	⿰叕頁	頒	○	妠	刮	○	○	刖	茁	篡	○	刷	○	○	○	頢	○	○	○
	髮	怖	伐	韈	○	⿰火蠻	○	○	厥	闕	⿰舟厥	月	○	○	○	○	○	嬮	颰	○	越	○	○
	○	○	○	○	○	○	○	○	○	鈌	○	○	蕝	膬	絶	雪	[illegible]	妜	旻	○	悅	劣	○

外轉二十二

聲	韻	幫/非	滂/敷	並/奉	明/微	端/知	透/徹	定/澄	泥/孃	見	溪	群	疑	精/照	清/穿	從/床	心/審	邪/禪	影	曉	匣	喻	來	日
		羽				徵				角				商					宮				半商徵	
平	輕中輕																							
	山							窀		鰥		權	頑	恮			拴		嬛		湲		欐	
	元	藩	飜	煩	樠								元						鴛	暄		袁		
	仙					⿺辶雚								鐫	詮	全	宣	旋	娟	翾		沿		
上																								
	阮	反		飯	晚					孌	䅌	⿱龹豆	阮						婉	暅		遠		
	獮									琄		蜎		臇	選	雋	選	邅		蠉		兖		
去																								
	襇									鰥				孨			篡				幻			
	願	販	娩	飯	萬					攣	券	圈	願		[illegible]				怨	楦		遠		
	線									絹					縓	泉	選	旋				掾		
入																								
	鎋					鵽	頒		妠	刮			刖	茁	篡		刷				頢			
	月	髮	怖	伐	韈					厥	闕	⿰舟厥	月						嬮	颰		越		
	薛										鈌			蕝	膬	絶	雪	[illegible]	妜			悅		

外轉第二十三開

韻	脣音清	脣音次清	脣音濁	脣音清濁	舌音清	舌音次清	舌音濁	舌音清濁	牙音清	牙音次清	牙音濁	牙音清濁	齒音清	齒音次清	齒音濁	齒音清	齒音濁	喉音清	喉音清	喉音濁	喉音清濁	舌音齒清濁	舌音齒清濁
寒	○	○	○	○	單	灘	壇	難	干	看	○	豻	○	餐	殘	珊	○	安	頇	寒	○	蘭	○
刪	○	○	○	○	○	○	○	○	姦	馯	○	顏	○	○	潺	刪	○	○	○	○	○	○	○
仙	○	○	○	○	邅	脡	纏	○	甄	愆	乾	妍	饘	燀	○	羶	鋋	焉	嗎	○	漹	連	然
先	邊	○	蹁	眠	顛	天	田	年	堅	牽	○	研	箋	千	前	先	○	煙	祆	賢	○	蓮	○
旱潸獮銑	○	○	○	○	亶	坦	但	攤	笴	侃	○	○	[illegible]	○	瓚	繖	○	○	罕	旱	○	嬾	○
	○	○	○	○	○	○	○	赧	○	○	○	[illegible]	醆	剗	[illegible]	潸	○	○	○	○	○	○	○
	辡	鴘	辨	免	展	搌	邅	趁	蹇	○	件	齴	𦠆	闡	○	[illegible]	善	㫃	○	○	○	輦	蹨
	編	○	辯	沔	典	腆	殄	撚	繭	[illegible]	○	齞	戩	○	○	銑	○	蝘	顯	峴	○	○	○
翰諫線霰	○	○	○	○	旦	炭	憚	難	肝	侃	○	岸	贊	粲	𡢃	散	○	按	漢	翰	○	爛	○
	○	○	○	○	○	㬫	○	○	諫	○	○	鴈	○	鏟	輚	訕	○	晏	○	骭	○	○	○
	○	○	○	○	○	○	邅	輾	○	○	○	彥	戰	硟	○	扇	繕	躽	○	○	羨	[illegible]	綖
	徧	片	辨	麪	殿	瑱	電	晛	見	俔	○	硯	薦	蒨	荐	霰	○	宴	韅	見	○	練	○
曷黠薛屑	○	○	○	礣	怛	闥	達	捺	葛	渴	○	嶭	○	攃	巀	躠	○	遏	[illegible]	曷	○	剌	○
	八	○	拔	傛	呾	○	[illegible]	痆	戛	[illegible]	○	○	札	察	○	殺	○	軋	傄	黠	○	○	○
	鼈	○	別	○	哲	徹	轍	○	揭	朅	傑	孼	折	掣	舌	設	折	焆	娎	○	○	烈	熱
	鷩	瞥	蹩	蔑	窒	鐵	姪	涅	結	揳	○	齧	節	切	截	屑	○	噎	奆	纈	○	[illegible]	○

寒刪仙先　旱潸獮銑　翰諫線霰　曷黠薛屑

外轉二十三　平　上　去　入

韻	幫	滂	並	明	端/知	透/徹	定/澄	泥/孃	見	溪	群	疑	精/照	清/穿	從/牀	心/審	邪/禪	影	曉	匣	喻	來	日
	羽				徵				角				商					宮				半徵	半商
寒					單	灘	壇	難	干	看		豻		餐	戔	珊		安	頇	寒		蘭	
刪									姦	馯		顏			潺	刪							
仙					邅	脡	纏			愆	乾		饘	燀		羶	鋋	焉	嗎		漹	連	然
先	邊		蹁	眠	顛	天	田	年	堅	牽		妍	箋	千	前	先		煙	祆	賢		蓮	
旱					亶	坦	但	灘	笴	侃		[illegible]	[illegible]		瓚	散		侒	罕	旱		爛	
潸								赧				[illegible]		[illegible]	齴	潸				僩			
獮	辡	鴘	辡	免	展	搌	邅	趁	蹇	繾	件	齴	膳	闡		燃	善			㫃		輦	蹨
銑			辮	丏	典	腆		撚	繭	[illegible]		齞				銑		蝘	顯	現			
翰					旦	炭	憚	難	旰	侃		岸	贊	粲	𡢃	繖		按	漢	翰		爛	
諫					[illegible]	㬫			諫			鴈		鏟	棧	訕		晏		骭			
線			卞		[illegible]		邅	輾			[illegible]	彥	戰	硟		扇	繕	躽				[illegible]	
霰		片	辨	麪	殿	瑱	電	晛	見	俔		硯	薦	蒨	荐	霰		宴	韅	現		練	
曷					怛	闥	達	捺	葛	渴		嶭	囋	攃	巀	躠		遏	[illegible]	曷		剌	
黠				礣	哳	呾	噠	痆	戛	齾			札	察		榝		軋		黠			
薛	[illegible]		別		哲	徹	轍		揭	朅	傑	孽	浙	掣	舌	設	折	焆	娎			列	熱
屑	彆	嫳	蹩	蔑	窒	鐵	姪	涅	結	猰		齧	節	切	截	屑		噎	奆	纈			

重中重

外轉第二十四合

唇音 清	唇音 次清	唇音 濁	唇音 清濁	舌音 清	舌音 次清	舌音 濁	舌音 清濁	牙音 清	牙音 次清	牙音 濁	牙音 清濁	齒音 清	齒音 次清	齒音 濁	齒音 清	齒音 濁	喉音 清	喉音 清	喉音 濁	喉音 清濁	舌音齒 清濁	清濁	
黻	潘	盤	瞞	端	湍	團	○	官	寬	○	岏	鑽	○	攢	酸	○	剜	歡	桓	○	鑾	○	桓
班	攀	○	蠻	○	○	○	奻	關	○	○	瘝	跧	○	狗	○	○	彎	○	還	○	○	○	刪
○	○	○	○	○	○	○	○	勬	棬	權	○	專	穿	船	○	遄	○	嬛	○	貟	孿	埏	仙
邊	○	○	○	○	○	○	○	涓	○	○	○	○	○	○	○	○	淵	儇	玄	○	○	○	先
叛	坢	伴	滿	短	畽	斷	暖	管	款	○	輐	纂	○	鄼	算	○	捥	澱	緩	○	卵	○	緩
版	昄	阪	矕	○	○	○	○	○	○	○	○	○	羼	撰	○	○	綰	○	睆	○	○	○	潸
○	○	○	○	轉	○	篆	○	卷	○	圈	○	剸	舛	○	膞	○	宛	○	○	○	臠	腝	獮
○	○	○	○	○	○	○	○	畎	犬	○	○	○	○	○	旋	○	蜎	○	泫	○	○	○	銑
半	判	畔	縵	鍛	彖	段	偄	貫	鏉	○	玩	穳	竄	攢	筭	○	惋	喚	換	○	亂	○	換
○	襻	○	慢	○	○	○	奻	慣	○	𧾻	亂	○	篹	饌	孿	○	綰	○	患	○	○	○	諫
變	○	卞	○	囀	掾	傳	○	眷	弮	倦	○	剸	釧	○	○	揎	○	○	○	瑗	戀	䁔	線
○	○	○	○	○	○	○	○	睊	○	○	○	○	○	○	○	○	餶	絢	○	○	○	○	霰
撥	潑	跋	末	掇	倪	奪	○	括	闊	○	枂	繓	撮	拙	剟	○	斡	豁	活	○	捋	○	末
八	汃	拔	傛	窡	○	○	貀	劀	勂	○	聉	茁	○	○	刷	○	○	傄	滑	○	○	○	黠
○	○	○	○	輟	娺	○	吶	蹶	○	○	○	拙	歠	○	說	○	噦	旻	○	○	劣	爇	薛
○	○	○	○	○	○	○	○	玦	闋	○	○	○	○	○	○	○	抉	血	穴	○	○	○	屑

外轉二十四

	幫	滂	並	明	端 知	透 徹	定 澄	泥 孃	見	溪	群	疑	精 照	清 穿	從 牀	心 審	邪 禪	影	曉	匣	喻	來	日	
	羽				徵				角				商					宮				半徵	半商	
平	黻	潘	盤	瞞	耑	湍	團	渜	官	寬		岏	鑽	[illegible]	攢	酸		剜	歡	桓		鑾		桓
	班	攀	盼	蠻				奻	關			瘝	跧		衬	擾		彎		還				刪
				[illegible]		鐉	椽		勬	桊	權		專	穿	船		遄	嬛			貟	孿	埏	仙
									涓									淵	鋗	玄				先
上	叛	坢	伴	滿	短	畽	斷	餪	管	款		輐	纂	[illegible]	鄼	算		捥		緩		卵		緩
	扳	昄	阪	矕									蟤	[illegible]	撰	籑		綰		皖				潸
					轉	豚	篆	腝	卷		圈		剸	舛		膞		宛				臠	臑	獮
									畎	犬						旋		蜎		泫				銑
去	半	判	畔	謾	鍛	彖	段	偄	貫	鏉		玩	穳	竄	攢	筭		惋	喚	換		亂		換
	𧝓	襻		慢				奻	慣		𧾻	亂	恮	篹	饌	孿		綰		患				諫
	變				囀	掾	傳		眷	弮	倦		剸	釧	捵	縺					瑗	戀	䁔	線
							縼		睊	駽								餶	絢	縣				霰
入	撥	鏺	跋	末	掇	倪	奪		括	闊		枂	繓	撮	拙	刷		斡	譗	活		捋		末
	八	汃	拔	傛	窡			貀	劀	勂		聉	茁	剿	齰			婠	傄	滑				黠
					輟	娺		吶	蹶				拙	歠		說	啜	噦	旻			劣	爇	薛
									玦	闋								抉	血	穴				屑

輕中重

外轉第二十五開

聲類	平一	平二	平三	平四	上一	上二	上三	上四	去一	去二	去三	去四	入一	入二	入三	入四
脣音 清	褒	包	鑣	○	寶	飽	表	○	報	豹	○	○	○	○	○	○
脣音 次清	橐	胞	藨	○	犥	○	麃	○	○	奅	○	○	○	○	○	○
脣音 濁	袍	庖	○	○	抱	鮑	藨	○	暴	靤	○	○	○	○	○	○
脣音 清濁	毛	茅	苗	○	蓩	卯	○	○	帽	貌	廟	○	○	○	○	○
舌音 清	刀	嘲	朝	貂	倒	獠	○	鳥	到	罩	○	弔	○	○	○	○
舌音 次清	饕	颲	超	祧	討	○	巐	朓	○	趠	朓	糶	○	○	○	○
舌音 濁	陶	桃	晁	迢	道	○	趙	窕	導	棹	召	藋	○	○	○	○
舌音 清濁	猱	鐃	○	○	腦	獿	○	嬲	臑	撓	○	尿	○	○	○	○
牙音 清	高	交	驕	驍	暠	絞	矯	皎	誥	教	驕	叫	○	○	○	○
牙音 次清	尻	敲	蹻	鄡	考	巧	○	磽	鎬	敲	○	竅	○	○	○	○
牙音 濁	○	○	喬	○	○	○	驕	○	○	○	嶠	○	○	○	○	○
牙音 清濁	敖	聱	堯	嶢	䫜	齩	○	○	傲	樂	○	顤	○	○	○	○
齒音 清	糟	䑲	昭	○	早	爪	沼	湫	竈	抓	照	○	○	○	○	○
齒音 次清	操	譟	弨	○	草	煼	麨	○	操	抄	○	○	○	○	○	○
齒音 濁	曹	巢	○	○	皁	[illegible]	○	○	漕	巢	○	○	○	○	○	○
齒音 清	騷	梢	燒	蕭	嫂	[illegible]	少	篠	喿	稍	少	嘯	○	○	○	○
齒音 濁	○	○	韶	○	○	○	紹	○	○	○	邵	○	○	○	○	○
喉音 清	鏖	[illegible]	妖	幺	襖	拗	殀	杳	奧	靿	○	窔	○	○	○	○
喉音 清	蒿	虓	囂	曉	好	○	○	曉	秏	孝	○	歊	○	○	○	○
喉音 濁	豪	肴	○	○	晧	澩	○	皛	號	效	○	○	○	○	○	○
喉音 清濁	○	○	鴞	○	○	○	○	○	○	○	○	○	○	○	○	○
舌音齒 清濁	勞	顟	燎	聊	老	○	繚	了	嫪	○	療	顟	○	○	○	○
舌音齒 清濁	○	○	饒	○	○	○	擾	○	○	○	饒	○	○	○	○	○

豪爻宵蕭　晧巧小篠　號效笑嘯

外轉二十五

重中重

聲類	平 豪	平 肴	平 宵	平 蕭	上 皓	上 巧	上 小	上 篠	去 号	去 效	去 笑	去 嘯	入 鐸	入 藥	入	入
羽 幫	褒	包	鑣		寶	飽	表		報	豹	俵		博		[illegible]	
羽 滂	橐	胞	藨		臕		麃		犥	奅	剽		頧		薄	
羽 並	袍	庖			抱	鮑	藨		暴	靤	膘		泊		縛	
羽 明	毛	茅	苗		務	卯			帽	皃	廟		莫			
徵 端 知	刀	嘲	朝	貂	倒	獠		鳥	到	罩		弔	沰		芍	
徵 透 徹	饕	颲	超	挑	討	抓	巐	朓	韜	趠	朓	糶	託		辵	
徵 定 澄	陶	桃	晁	迢	道		趙	窕	導	棹	召	藋	鐸		著	
徵 泥 孃	猱	鐃		嬈	腦	獿		嬲	臑	撓		尿	諾		逽	
角 見	高	交	驕	驍	暠	絞	矯	皎	誥	教	驕	叫	各		脚	
角 溪	尻	敲	趫	鄡	考	巧	蹻	磽	鎬	敲	趬	竅	恪		却	
角 群			喬				驕				嶠				噱	
角 疑	敖	聱		堯	䫜	齩	鱎	磽	傲	樂		顤	愕		虐	
商 精 照	糟	䑲	昭		早	爪	沼	湫	竈	抓	照	醮	作	斮	灼	爵
商 清 穿	操	譟	怊		草	謅	麨	悄	操	抄	覞	峭	錯		綽	鵲
商 從 床	曹	巢			皁	[illegible]			漕	巢		瞧	昨	戠		嚼
商 心 審	騷	梢	燒	蕭	嫂	[illegible]	少	篠	喿	稍	少	嘯	索		爍	削
商 邪 禪			韶				紹				邵					
宮 影	爊	[illegible]	妖	幺	襖	拗	夭	杳	奧	靿		窔	惡		約	
宮 曉	蒿	虓	囂	膮	好			曉	耗	孝	魁	徼	臛		謔	
宮 匣	豪	肴			皓	澩		皛	号	効			涸			
宮 喻			鴞													
半徵半商 來	勞	顟	遼	聊	老		繚	了	嫪		尞	顟	落		略	
半徵半商 日			饒				擾				饒				弱	

外轉第二十六合

	脣音 清	脣音 次清	脣音 濁	脣音 清濁	舌音 清	舌音 次清	舌音 濁	舌音 清濁	牙音 清	牙音 次清	牙音 濁	牙音 清濁	齒音 清	齒音 次清	齒音 濁	齒音 清	齒音 濁	喉音 清	喉音 清	喉音 濁	喉音 清濁	舌音齒 清濁	舌音齒 清濁
宵	○	○	○	○	○	○	○	○	○	○	○	○	○	○	○	○	○	○	○	○	○	○	○
	○	○	○	○	○	○	○	○	○	○	○	○	○	○	○	○	○	○	○	○	○	○	○
	○	○	○	○	○	○	○	○	○	○	○	○	○	○	○	○	○	○	○	○	○	○	○
	飆	漂	瓢	蜱	○	○	○	○	○	蹻	翹	○	焦	鍫	樵	宵	○	葽	○	○	遥	○	○
小	○	○	○	○	○	○	○	○	○	○	○	○	○	○	○	○	○	○	○	○	○	○	○
	○	○	○	○	○	○	○	○	○	○	○	○	○	○	○	○	○	○	○	○	○	○	○
	○	○	○	○	○	○	○	○	○	○	○	○	○	○	○	○	○	○	○	○	○	○	○
	褾	縹	摽	眇	○	○	○	○	[illegible]	○	○	○	勦	悄	潐	小	○	闄	○	○	鷕	○	○
笑	○	○	○	○	○	○	○	○	○	○	○	○	○	○	○	○	○	○	○	○	○	○	○
	○	○	○	○	○	○	○	○	○	○	○	○	○	○	○	○	○	○	○	○	○	○	○
	○	○	○	○	○	○	○	○	○	○	○	○	○	○	○	○	○	○	○	○	○	○	○
	○	剽	驃	妙	○	○	○	○	○	甗	翹	趬	醮	陗	噍	笑	○	要	○	○	燿	○	○
	○	○	○	○	○	○	○	○	○	○	○	○	○	○	○	○	○	○	○	○	○	○	○
	○	○	○	○	○	○	○	○	○	○	○	○	○	○	○	○	○	○	○	○	○	○	○
	○	○	○	○	○	○	○	○	○	○	○	○	○	○	○	○	○	○	○	○	○	○	○
	○	○	○	○	○	○	○	○	○	○	○	○	○	○	○	○	○	○	○	○	○	○	○

外轉二十六

重中重

	羽 幫	羽 滂	羽 並	羽 明	徵 端知	徵 透徹	徵 定澄	徵 泥孃	角 見	角 溪	角 群	角 疑	商 精照	商 清穿	商 從床	商 心審	商 邪禪	宮 影	宮 曉	宮 匣	宮 喻	半徵半商 來	半徵半商 日
平 宵																							
	猋	漂	瓢	蛗							蹻	翹	焦	鍫	樵	宵		邀			遥		
上 小																							
	標	縹	摽	眇								狢	勦	悄		小		闄			溔		
去 笑																							
	裱	剽	驃	妙						趬			醮	陗	噍	笑		要			燿		
入																							

內轉第二十七合

	舌音齒 清濁	舌音齒 清濁	喉音 清濁	喉音 濁	喉音 清	喉音 清	齒音 濁	齒音 清	齒音 濁	齒音 次清	齒音 清	牙音 清濁	牙音 濁	牙音 次清	牙音 清	舌音 清濁	舌音 濁	舌音 次清	舌音 清	脣音 清濁	脣音 濁	脣音 次清	脣音 清
歌	○	羅	○	何	訶	阿	○	娑	醝	蹉	○	莪	○	珂	歌	那	駝	他	多	○	○	○	○
	○	○	○	○	○	○	○	○	○	○	○	○	○	○	○	○	○	○	○	○	○	○	○
	○	○	○	○	○	○	○	○	○	○	○	○	○	○	○	○	○	○	○	○	○	○	○
	○	○	○	○	○	○	○	○	○	○	○	○	○	○	○	○	○	○	○	○	○	○	○
哿	○	砢	○	荷	吹	閜	○	縒	○	瑳	左	我	○	可	哿	橠	爹	○	癉	○	○	○	○
	○	○	○	○	○	○	○	○	○	○	○	○	○	○	○	○	○	○	○	○	○	○	○
	○	○	○	○	○	○	○	○	○	○	○	○	○	○	○	○	○	○	○	○	○	○	○
	○	○	○	○	○	○	○	○	○	○	○	○	○	○	○	○	○	○	○	○	○	○	○
箇	○	邏	○	賀	呵	○	○	些	○	磋	佐	餓	○	坷	箇	奈	馱	拖	跢	○	○	○	○
	○	○	○	○	○	○	○	○	○	○	○	○	○	○	○	○	○	○	○	○	○	○	○
	○	○	○	○	○	○	○	○	○	○	○	○	○	○	○	○	○	○	○	○	○	○	○
	○	○	○	○	○	○	○	○	○	○	○	○	○	○	○	○	○	○	○	○	○	○	○
	○	○	○	○	○	○	○	○	○	○	○	○	○	○	○	○	○	○	○	○	○	○	○
	○	○	○	○	○	○	○	○	○	○	○	○	○	○	○	○	○	○	○	○	○	○	○
	○	○	○	○	○	○	○	○	○	○	○	○	○	○	○	○	○	○	○	○	○	○	○
	○	○	○	○	○	○	○	○	○	○	○	○	○	○	○	○	○	○	○	○	○	○	○

內轉二十七

重中重

	日	來	喻	匣	曉	影	邪	心	從	清	精	疑	群	溪	見	泥	定	透	端	明	並	滂	幫
							禪	審	床	穿	照					孃	澄	徹	知				
	半徵半商		宮				商					角				徵				羽			
歌（平）		羅		何	呵	阿		娑	醝	蹉	磋	義		珂	歌	那	駞	他	多				
哿（上）		搖		荷	歌	閜		縒	鬌	瑳	左	我		何	哿	橠	爹	柁	嚲				
箇（去）		邏		賀	呵	侉		些		磋	佐	餓		坷	箇	奈	馱	柂	跢				
（入）																							

內轉第二十八合

䯔去靴反

	脣音 清	次清	濁	清濁	舌音 清	次清	濁	清濁	牙音 清	次清	濁	清濁	齒音 清	次清	濁	清	濁	喉音 清	清	濁	清濁	舌 清濁	齒 清濁
戈	波	頗	婆	摩	除	詑	陀	捼	戈	科	○	訛	侳	遳	矬	莎	○	倭	○	和	○	鸁	○
	○	○	○	○	○	○	○	○	○	○	○	○	○	○	○	○	○	○	○	○	○	○	○
	○	○	○	○	○	○	○	○	○	䯔	瘸	○	○	○	○	○	○	肥	鞾	○	○	○	○
	○	○	○	○	○	○	○	○	○	○	○	○	○	○	○	○	○	○	○	○	○	○	○
果	跛	叵	爸	麼	朶	妥	墯	姽	果	顆	○	婉	硰	脞	坐	鎖	○	婐	火	禍	○	裸	○
	○	○	○	○	○	○	○	○	○	○	○	○	○	○	○	○	○	○	○	○	○	○	○
	○	○	○	○	○	○	○	○	○	○	○	○	○	○	○	○	○	○	○	○	○	○	○
	○	○	○	○	○	○	○	○	○	○	○	○	○	○	○	○	○	○	○	○	○	○	○
過	播	破	縛	磨	桗	唾	惰	愞	過	課	○	臥	挫	剉	座	膹	○	涴	貨	和	○	攍	○
	○	○	○	○	○	○	○	○	○	○	○	○	○	○	○	○	○	○	○	○	○	○	○
	○	○	○	○	○	○	○	○	○	○	○	○	○	○	○	○	○	○	○	○	○	○	○
	○	○	○	○	○	○	○	○	○	○	○	○	○	○	○	○	○	○	○	○	○	○	○
	○	○	○	○	○	○	○	○	○	○	○	○	○	○	○	○	○	○	○	○	○	○	○
	○	○	○	○	○	○	○	○	○	○	○	○	○	○	○	○	○	○	○	○	○	○	○
	○	○	○	○	○	○	○	○	○	○	○	○	○	○	○	○	○	○	○	○	○	○	○
	○	○	○	○	○	○	○	○	○	○	○	○	○	○	○	○	○	○	○	○	○	○	○

內轉二十八

輕中輕

	幫	滂	並	明	端	透	定	泥	見	溪	群	疑	精	清	從	心	邪	影	曉	匣	喻	來	日	
					知	徹	澄	孃					照	穿	床	審	禪							
	羽				徵				角				商					宮				半徵	半商	
戈	波	頗	婆	摩	除	詑	牠	挼	戈	科		吪	侳	遳	矬	蓑		倭	吙	和		鸁		平
										䯔												𦟛		
果	跛	叵	爸	麼	朶	妥	惰	婉	果	顆		扼	㟁	脞	坐	鏁		腂	火	禍		躶		上
過	播	破	縛	磨	剁	唾	墮	懦	過	課		臥	挫	剉	坐	臢		涴	貨	和		羸		去
																								入

内轉第二十九開

韻	脣音清	脣音次清	脣音濁	脣音清濁	舌音清	舌音次清	舌音濁	舌音清濁	牙音清	牙音次清	牙音濁	牙音清濁	齒音清	齒音次清	齒音濁	齒音清	齒音濁	喉音清	喉音清	喉音濁	喉音清濁	舌音齒清濁	舌音齒清濁
麻	○	○	○	○	○	○	○	○	○	○	○	○	○	○	○	○	○	○	○	○	○	○	○
	巴	葩	爬	麻	奓	侘	茶	拏	嘉	齣	○	牙	樝	叉	楂	鯊	○	鴉	煆	遐	○	○	○
	○	○	○	○	○	○	○	○	○	○	○	○	遮	車	蛇	奢	闍	○	○	○	○	儸	若
	○	○	○	○	爹	○	○	○	○	○	○	○	嗟	○	査	些	邪	○	○	○	耶	○	○
馬	○	○	○	○	○	○	○	○	○	○	○	○	○	○	○	○	○	○	○	○	○	○	○
	把	○	跁	馬	觰	姹	○	絮	賈	跒	○	雅	鮓	○	槎	灑	○	啞	啁	下	○	藞	○
	○	○	○	○	○	○	○	○	○	○	○	○	者	奲	○	捨	社	○	○	○	○	○	若
	○	○	○	○	○	○	○	○	○	○	○	○	姐	且	担	寫	灺	○	○	○	野	○	○
禡	○	○	○	○	○	○	○	○	○	○	○	○	○	○	○	○	○	○	○	○	○	○	○
	霸	怕	杷	禡	吒	詫	蛇	胗	駕	髂	○	迓	詐	○	乍	嗄	○	亞	嚇	暇	○	○	○
	○	○	○	○	○	○	○	○	○	○	○	○	柘	趄	射	舍	○	○	○	○	○	○	偌
	○	○	○	○	○	○	○	○	○	歌	○	○	唶	笡	褯	蝑	謝	○	○	○	夜	○	○
	○	○	○	○	○	○	○	○	○	○	○	○	○	○	○	○	○	○	○	○	○	○	○
	○	○	○	○	○	○	○	○	○	○	○	○	○	○	○	○	○	○	○	○	○	○	○
	○	○	○	○	○	○	○	○	○	○	○	○	○	○	○	○	○	○	○	○	○	○	○
	○	○	○	○	○	○	○	○	○	○	○	○	○	○	○	○	○	○	○	○	○	○	○

外轉二十九

重中重

聲	韻	羽 幫	羽 滂	羽 並	羽 明	徵 端/知	徵 透/徹	徵 定/澄	徵 泥/孃	角 見	角 溪	角 群	角 疑	商 精/照	商 清/穿	商 從/床	商 心/審	商 邪/禪	宮 影	宮 曉	宮 匣	宮 喻	半徵 來	半商 日
平	麻																							
		巴	葩	爬	麻	奓	侘	茶	拏	嘉	齣		牙	樝	叉	楂	砂		鴉	呀	遐			
														遮	車	虵	奢	闍					儸	若
														嗟	磋	查	些	邪				耶		
上	馬																							
		把		跁	馬	觰	奼	跺	絮	檟	跒		雅	鮓	笅	槎	灑		啞	嘲	下		藞	
														者	奲		捨	社						若
														姐	且	担	寫	灺				野		
去	禡																							
		霸	怕	把	禡	吒	詫	蛇	胗	駕	髂		迓	詐	杈	乍	嗄		亞	嚇	暇			
														柘	趄	射	舍							
														唶	笡	褯	蝑	謝				夜		
入																								

外轉第三十合

	脣音清	脣音次清	脣音濁	脣音清濁	舌音清	舌音次清	舌音濁	舌音清濁	牙音清	牙音次清	牙音濁	牙音清濁	齒音清	齒音次清	齒音濁	齒音清	齒音濁	喉音清	喉音清	喉音濁	喉音清濁	舌音齒清濁	舌音齒清濁
麻	○	○	○	○	○	○	○	○	○	○	○	○	○	○	○	○	○	○	○	○	○	○	○
	○	○	○	○	檛	○	○	○	瓜	誇	○	佽	髽	○	○	○	○	窊	花	華	○	○	○
	○	○	○	○	○	○	○	○	○	○	○	○	○	○	○	○	○	○	○	○	○	○	○
	○	○	○	○	○	○	○	○	○	○	○	○	○	○	○	○	○	○	○	○	○	○	○
馬	○	○	○	○	○	○	○	○	○	○	○	○	○	○	○	○	○	○	○	○	○	○	○
	○	○	○	○	觰	[illegible]	○	○	寡	髁	○	瓦	䶂	䂳	葰	○	○	搲	○	踝	○	○	○
	○	○	○	○	○	○	○	○	○	○	○	○	○	○	○	○	○	○	○	○	○	○	○
	○	○	○	○	○	○	○	○	○	○	○	○	○	○	○	○	○	○	○	○	○	○	○
禡	○	○	○	○	○	○	○	○	○	○	○	○	○	○	○	○	○	○	○	○	○	○	○
	○	○	○	○	○	○	○	○	坬	跨	○	瓦	○	○	○	誜	○	攨	化	吴	○	○	○
	○	○	○	○	○	○	○	○	○	○	○	○	○	○	○	○	○	○	○	○	○	○	○
	○	○	○	○	○	○	○	○	○	○	○	○	○	○	○	○	○	○	○	○	○	○	○
	○	○	○	○	○	○	○	○	○	○	○	○	○	○	○	○	○	○	○	○	○	○	○
	○	○	○	○	○	○	○	○	○	○	○	○	○	○	○	○	○	○	○	○	○	○	○
	○	○	○	○	○	○	○	○	○	○	○	○	○	○	○	○	○	○	○	○	○	○	○
	○	○	○	○	○	○	○	○	○	○	○	○	○	○	○	○	○	○	○	○	○	○	○

外轉三十

輕中輕（重一作）

	羽 幫	羽 滂	羽 並	羽 明	徵 端/知	徵 透/徹	徵 定/澄	徵 泥/孃	角 見	角 溪	角 群	角 疑	商 精/照	商 清/穿	商 從/床	商 心/審	商 邪/禪	宮 影	宮 曉	宮 匣	宮 喻	半徵半商 來	半徵半商 日
平 麻																							
					檛				瓜	誇		㕼	髽					窊	華	譁			
上 馬																							
						[illegible]			寡	髁		瓦	䶂	䂳		葰		搲		踝			
去 禡																							
									坬	跨		瓦				誜		窊	化	摦			
入																							

內轉第三十一開

	脣音 清	脣音 次清	脣音 濁	脣音 清濁	舌音 清	舌音 次清	舌音 濁	舌音 清濁	牙音 清	牙音 次清	牙音 濁	牙音 清濁	齒音 清	齒音 次清	齒音 濁	齒音 清	齒音 濁	喉音 清	喉音 清	喉音 濁	喉音 清濁	舌音齒 清濁	舌音齒 清濁
唐	幫	滂	傍	茫	當	湯	堂	囊	剛	穅	○	卬	臧	倉	藏	桑	○	鴦	炕	航	○	郎	○
	○	○	○	○	○	○	○	○	○	○	○	○	莊	瘡	牀	霜	○	○	○	○	○	○	○
	方	芳	房	亡	張	倀	長	孃	薑	羌	強	○	章	昌	○	商	常	央	香	○	羊	良	穰
陽	○	○	○	○	○	○	○	○	○	○	○	○	將	鏘	牆	相	詳	○	○	○	陽	○	○
蕩	榜	髈	○	莽	黨	儻	蕩	曩	骯	慷	○	[illegible]	駔	蒼	○	顙	○	坱	汻	沆	○	朗	○
	○	○	○	○	○	○	○	○	○	○	○	○	○	磢	○	爽	○	○	○	○	○	○	○
	昉	髣	○	罔	長	昶	丈	○	繈	○	勥	仰	掌	敞	○	賞	上	鞅	響	○	○	兩	壤
養	○	○	○	○	○	○	○	○	○	○	○	○	獎	搶	○	想	像	○	○	○	養	○	○
宕	螃	○	傍	漭	譡	儻	宕	儾	鋼	抗	○	枊	葬	稽	藏	喪	○	盎	○	吭	○	浪	○
	○	○	○	○	○	○	○	○	○	○	○	○	壯	剏	狀	○	○	○	○	○	○	○	○
	放	訪	防	妄	帳	暢	仗	釀	彊	唴	強	軻	障	唱	○	餉	尚	怏	向	○	○	亮	讓
漾	○	○	○	○	○	○	○	○	○	○	○	○	醬	蹡	匠	相	○	○	○	○	漾	○	○
鐸	博	顜	泊	莫	○	託	鐸	諾	各	恪	○	愕	作	錯	昨	索	○	惡	臛	涸	○	落	○
	○	○	○	○	○	○	○	○	○	○	○	○	斮	○	○	○	○	○	○	○	○	○	○
	轉	[illegible]	縛	○	芍	辵	著	逽	腳	卻	噱	虐	灼	綽	○	鑠	杓	約	謔	○	○	略	弱
藥	○	○	○	○	○	○	○	○	○	○	○	○	爵	鵲	嚼	削	○	○	○	○	藥	○	○

內轉三十四

重中重

		羽 幫 非	羽 滂 敷	羽 並 奉	羽 明 微	徵 端 知	徵 透 徹	徵 定 澄	徵 泥 孃	角 見	角 溪	角 群	角 疑	商 精 照	商 清 穿	商 從 牀	商 心 審	商 邪 禪	宮 影	宮 曉	宮 匣	宮 喻	半徵半商 來	半徵半商 日
唐	平	幫	滂	旁	茫	當	湯	棠	囊	岡	穅		昂	臧	倉	藏	桑		鴦	炕	航		郎	
陽														莊	創	牀	霜							
		方	芳	房	亡	張	倀	長	孃	薑	羌	彊		章	昌		商	常	央	香			良	穰
														蔣	鏘	牆	襄	詳				陽		
蕩	上	榜	髈		莽	黨	曭	蕩	曩	骯	慷		[illegible]	駔	蒼	奘	顙		坱	汻	沆		朗	
養															磢		爽							
		昉	髣		罔	長	昶	丈	[illegible]	繈	[illegible]	強	仰	掌	敞		賞	上	鞅	響			兩	壤
				[illegible]										蔣	搶		想	象				養		
宕	去	螃	[illegible]	傍	漭	譡	儻	宕	儾	鋼	抗		枊	葬	槍	藏	喪		盎		吭		浪	
漾														壯	剏	狀	灀							
		放	訪	防	妄	悵	帳	仗	釀	彊	唴	弶	軻	障	唱		餉	尚	怏	向			亮	讓
														醬	蹡	匠	相					漾		
鐸	入	愽	顜	泊	莫	沰	託	鐸	諾	各	恪			作	錯	昨	索		惡	臛	涸		落	
藥														斮		戠								
		轉	[illegible]	縛		芍	辵	著	逽	腳	却	噱	虐	灼	綽	杓	鑠	妁	約	謔			略	弱
														爵	鵲	嚼	削					藥		

韻鏡

內轉第三十二合

	脣音清	脣音次清	脣音濁	脣音清濁	舌音清	舌音次清	舌音濁	舌音清濁	牙音清	牙音次清	牙音濁	牙音清濁	齒音清	齒音次清	齒音濁	齒音清	齒音濁	喉音清	喉音清	喉音濁	喉音清濁	舌音清濁	齒清濁
唐	○	○	○	○	○	○	○	○	光	觥	○	○	○	○	○	○	○	汪	荒	黃	○	○	○
	○	○	○	○	○	○	○	○	○	○	○	○	○	○	○	○	○	○	○	○	○	○	○
陽	○	○	○	○	○	○	○	○	○	匡	狂	○	○	○	○	○	○	○	○	○	王	○	○
	○	○	○	○	○	○	○	○	○	○	○	○	○	○	○	○	○	○	○	○	○	○	○
蕩	○	○	○	○	○	○	○	○	廣	懬	○	○	○	○	○	○	○	汪	慌	晃	○	○	○
	○	○	○	○	○	○	○	○	臩	○	俇	○	○	○	○	○	○	○	○	○	○	○	○
養	○	○	○	○	○	○	○	○	○	○	○	○	○	○	○	○	○	枉	怳	○	往	○	○
	○	○	○	○	○	○	○	○	○	○	○	○	○	○	○	○	○	○	○	○	○	○	○
宕	○	○	○	○	○	○	○	○	桄	曠	○	○	○	○	○	○	○	汪	荒	潢	○	○	○
	○	○	○	○	○	○	○	○	○	○	○	○	○	○	○	○	○	○	○	○	○	○	○
漾	○	○	○	○	○	○	○	○	○	○	誑	○	○	○	○	○	○	○	況	○	旺	○	○
	○	○	○	○	○	○	○	○	○	○	○	○	○	○	○	○	○	○	○	○	○	○	○
鐸	○	○	○	○	○	○	○	○	郭	廓	○	䨼	○	○	○	○	○	臒	霍	穫	○	○	○
	○	○	○	○	○	○	○	○	○	○	○	○	○	○	○	○	○	○	○	○	○	○	○
藥	○	○	○	○	○	○	○	○	玃	躩	戄	○	○	○	○	○	○	嬳	矆	○	籰	○	○
	○	○	○	○	○	○	○	○	○	○	○	○	○	○	○	○	○	○	○	○	○	○	○

七音略

內轉三十五　重中輕

	羽				徵				角				商					宮				半徵	半商
	幫	滂	並	明	端	透	定	泥	見	溪	群	疑	精	清	從	心	邪	影	曉	匣	喻	來	日
					知	徹	澄	孃					照	穿	床	審	禪						
平 唐									光	觥								汪	荒	黃			
陽									恇	匡	狂								妧		王		
上 蕩									廣	懬								汪	慌	幌			
養									臩	忻	俇							抂	怳		往		
去 宕									挄	曠								汪	荒	攩			
漾									誑	眖	狂								況		迋		
入 鐸									郭	廓		矆						臒	霍	擭		硏	
													[illegible]										
藥									玃	躩	戄							嬳	矆		籰		

外轉第三十三開

	脣音 清	脣音 次清	脣音 濁	脣音 清濁	舌音 清	舌音 次清	舌音 濁	舌音 清濁	牙音 清	牙音 次清	牙音 濁	牙音 清濁	齒音 清	齒音 次清	齒音 濁	齒音 清	齒音 濁	喉音 清	喉音 清	喉音 濁	喉音 清濁	舌音齒 清濁	舌音齒 清濁
庚	○	○	○	○	○	○	○	○	○	○	○	○	○	○	○	○	○	○	○	○	○	○	○
	閍	磅	彭	盲	趟	瞠	棖	儜	庚	坑	○	○	○	鎗	傖	生	○	○	亨	行	○	○	○
	兵	○	平	明	○	○	○	○	京	卿	擎	○	○	○	○	○	○	英	○	○	○	○	○
清	幷	○	○	名	○	○	○	○	○	輕	頸	迎	精	清	情	騂	餳	嬰	○	○	盈	○	○
梗	○	○	○	○	○	○	○	○	○	○	○	○	○	○	○	○	○	○	○	○	○	○	○
	浜	○	䴵	猛	盯	○	瑒	搕	梗	○	○	○	○	○	○	省	○	䁝	○	杏	○	冷	○
	丙	○	○	皿	○	○	○	○	○	○	○	○	○	○	○	○	○	影	○	○	○	○	○
靜	餅	○	○	眳	○	○	○	○	頸	○	○	○	井	請	靜	省	○	癭	○	○	○	○	○
敬	○	○	○	○	○	○	○	○	○	○	○	○	○	○	○	○	○	○	○	○	○	○	○
	榜	烹	膨	孟	倀	牚	鋥	○	更	○	○	硬	○	○	○	○	○	○	○	行	○	○	○
	柄	○	病	命	○	○	○	○	敬	慶	競	迎	○	○	○	○	○	映	○	○	○	○	○
勁	拼	聘	偋	詺	○	○	○	○	勁	○	○	○	精	倩	淨	性	○	○	○	○	○	○	○
陌	○	○	○	○	○	○	○	○	○	○	○	○	○	○	○	○	○	○	○	○	○	○	○
	伯	拍	白	陌	磔	坼	宅	蹃	格	客	○	額	迮	柵	齚	索	○	啞	赫	垎	○	礐	○
	○	○	欂	○	䵑	○	○	○	戟	隙	劇	逆	○	○	○	○	○	○	○	○	○	○	○
昔	辟	僻	擗	○	○	𠜱	○	○	○	○	○	○	積	刺	籍	昔	席	益	○	○	繹	○	○

外轉三十六

重中輕

	羽 幫	滂	並	明	徵 端 知	透 徹	定 澄	泥 孃	角 見	溪	群	疑	商 精 照	清 穿	從 床	心 審	邪 禪	宮 影	曉	匣	喻	半徵 來	半商 日
平 庚																							
	繫	榜	彭	盲	趟	瞠	棖	鬡	庚	坑				鎗	傖	生			亨	行			
	兵		平	明					京	卿	擎	迎											
清	幷	娉		名						輕			精	清	情		餳	嬰			盈	冷	
上 梗																							
	浜		䴵	猛	打	盯	瑒	擰	梗	沆						省				杏		泠	
	丙			皿					警									影				令	
靜	餅			眳		逞			頸			痙	井	請	靜	省		癭				領	
去 敬																							
	榜		膨	命	倀	牚	鋥		更					瀙		土		嫈	諱	行			
	柄		病	孟					敬	慶	競	迎						映					
勁	拼	聘	偋	詺					勁	輕			精	倩	淨	性		纓					
入 陌																							
	伯	柏	白	百	磔	坼	宅	蹃	格	客		額	迮	柵	齚	索		啞	赫	垎			礐
			欂						戟	隙	劇	逆											
昔	辟	僻	擗										積	皵	籍	昔	席	益			繹		

外轉第三十四合

韻	脣音清	脣音次清	脣音濁	脣音清濁	舌音清	舌音次清	舌音濁	舌音清濁	牙音清	牙音次清	牙音濁	牙音清濁	齒音清	齒音次清	齒音濁	齒音清	齒音濁	喉音清	喉音清	喉音濁	喉音清濁	舌音齒清濁	舌音齒清濁
庚	○	○	○	○	○	○	○	○	○	○	○	○	○	○	○	○	○	○	○	○	○	○	○
	○	○	○	○	○	○	○	○	觥	○	○	○	○	○	○	○	○	○	諻	横	○	○	○
	○	○	○	○	○	○	○	○	○	○	○	○	○	○	○	○	○	○	兄	○	營	○	○
清	○	○	○	○	○	○	○	○	○	傾	瓊	○	○	○	○	觪	○	縈	眴	○	縈	○	○
梗	○	○	○	○	○	○	○	○	○	○	○	○	○	○	○	○	○	○	○	○	○	○	○
	○	○	○	○	○	○	○	○	礦	[illegible]	○	○	○	○	○	○	○	○	○	廾	○	○	○
靜	○	○	○	○	○	○	○	○	璟	憬	○	○	○	○	○	○	○	○	苋	○	永	○	○
	○	○	○	○	○	○	○	○	○	頃	○	○	○	○	○	○	○	○	○	○	潁	○	○
敬	○	○	○	○	○	○	○	○	○	○	○	○	○	○	○	○	○	○	○	○	○	○	○
	○	○	○	○	○	○	○	○	○	○	○	○	○	○	○	○	○	宖	○	蝗	○	○	○
勁	○	○	○	○	○	○	○	○	○	○	○	○	○	○	○	○	○	○	○	○	詠	○	○
	○	○	○	○	○	○	○	○	○	○	○	○	○	○	○	○	○	○	○	夐	○	○	○
陌	○	○	○	○	○	○	○	○	○	○	○	○	○	○	○	○	○	○	○	○	○	○	○
	○	○	○	○	○	○	○	○	虢	○	○	○	○	○	○	○	○	擭	砉	嚄	○	○	○
昔	○	○	○	○	○	○	○	○	○	○	○	○	○	○	○	○	○	韄	○	○	○	○	○
	○	○	○	○	○	○	○	○	鶪	[illegible]	○	○	[illegible]	[illegible]	○	○	○	○	瞁	○	役	○	○

韻鏡

內轉三十七

輕中輕

韻	幫	滂	並	明	端 知	透 徹	定 澄	泥 孃	見	溪	群	疑	精 照	清 穿	從 床	心 審	邪 禪	影	曉	匣	喻	來	日	聲
	羽				徵				角				商					宮				半徵	半商	
庚																								平
									觥	吝									湟	横				
																		謍	兄		榮			
清										傾	瓊							縈	眴		營			
梗									礦	[illegible]														上
									璟															
靜										頃	[illegible]							[illegible]		廾	永			
																			苋		潁			
敬																								去
																		宖		蝗				
																					詠			
勁																			夐					
陌																								入
									虢	郤								韄	砉	嚄	嘕			
昔									鶪	[illegible]									瞁		役			

七音略

外轉第三十五開

	脣音 清	脣音 次清	脣音 濁	脣音 清濁	舌音 清	舌音 次清	舌音 濁	舌音 清濁	牙音 清	牙音 次清	牙音 濁	牙音 清濁	齒音 清	齒音 次清	齒音 濁	齒音 清	齒音 濁	喉音 清	喉音 清	喉音 濁	喉音 清濁	舌音齒 清濁	舌音齒 清濁
耕清青	○絣○○	○怦○竮	○棚○瓶	○甍○冥	○朾○丁	○撐○汀	○橙○庭	○儜○寍	○耕○經	○鏗○輕	○○○○	○娙○○	○爭征菁	○琤○青	○崢○○	○○聲星	○○成○	○罌○○	○○○馨	○莖○刑	○○○○	○○跉靈	○○○○
耿靜迥	○○○鞞	○絣○頩	○併○竝	○黽○茗	○○○頂	○○逞侹	○○○挺	○○○顊	○耿頸剄	○○○○	○○痙○	○○○脛	○○整○	○○○○	○○○洴	○○○醒	○○○○	○○○巊	○○○○	○幸○婞	○○○○	○○領笭	○○○○
諍勁徑	○迸○跰	○○○○	○倂○○	○○○覭	○○○矴	○○遉聽	○○鄭定	○○○寗	○○○徑	○○○罄	○○○○	○硬○○	○諍政○	○○○靘	○○○○	○○聖醒	○○盛○	○[illegible]○○	○○○○	○○○脛	○○○○	○○令零	○○○○
麥昔錫	○檗碧壁	○擗○劈	○繴擗甓	○麥○覓	○摘䅞的	○○○逖	○○擲狄	○○○惄	○隔○激	○礊○燩	○○○○	○鷊○鷁	○責隻績	○策尺戚	○賾射寂	○栜釋錫	○○石○	○戹○○	○○○赥	○覈○檄	○○○○	○○[illegible]靂	○○○○

外轉三十八

幫	滂	並	明	端	透	定	泥	見	溪	群	疑	精	清	從	心	邪	影	曉	匣	喻	來	日		
				知	徹	澄	孃					照	穿	床	審	禪								
羽				徵				角				商					宮				半徵	半商		
浜	怦	棚	甍	朾		橙	獰	耕	鏗		娙	爭	琤	崢			罌		莖		磷		耕	平
				楨	檉	呈						征			聲	成							清	
	竮	瓶	冥	丁	聽	庭	寧	經				菁	青		星		晴	馨	形		靈		青	
迸	餅	倂	黽					耿									巊	鸎	幸				耿	上
				[illegible]	逞	裎						整									領		靜	
鞞	頩	並	茗	頂	挺		顊	頸	剄	謦	脛			洴	醒				婞		笭		迥	
迸	軿	倂	[illegible]			[illegible]						諍							嫈				諍	去
					遉	鄭	[illegible]					政			聖	盛					令		勁	
跰	[illegible]	屛	覭	叮	聽	定	寗	徑	罄				靘		腥				脛		零		徑	
檗	擗	擗	麥	摘	擿	讁		隔				責	策	賾	栜		戹	擭	覈		礭		麥	入
碧	[illegible]	擗		䅞								隻	尺	[illegible]	釋	石					[illegible]		昔	
壁	劈	甓	覓	的	逖	擲	惄	激	喫			績	戚	寂	錫			赥	檄		歷		錫	

重中重

外轉第三十六合

	脣音清	脣音次清	脣音濁	脣音清濁	舌音清	舌音次清	舌音濁	舌音清濁	牙音清	牙音次清	牙音濁	牙音清濁	齒音清	齒音次清	齒音濁	齒音清	齒音濁	喉音清	喉音清	喉音濁	喉音清濁	舌音齒清濁	舌音齒清濁
耕青	○	○	○	○	○	○	○	○	○	○	○	○	○	○	○	○	○	○	○	○	○	○	○
	繃	○	○	○	○	○	○	○	○	○	○	○	○	○	○	○	○	泓	轟	宏	○	○	○
	○	○	○	○	○	○	○	○	○	○	○	○	○	○	○	○	○	○	○	○	○	○	○
	○	○	○	○	○	○	○	○	扃	○	○	○	○	○	○	○	○	○	○	熒	○	○	○
耿迥	○	○	○	○	○	○	○	○	○	○	○	○	○	○	○	○	○	○	○	○	○	○	○
	○	○	○	○	○	○	○	○	○	○	○	○	○	○	○	○	○	○	○	○	○	○	○
	○	○	○	○	○	○	○	○	○	○	○	○	○	○	○	○	○	○	○	○	○	○	○
	○	○	○	○	○	○	○	○	熲	褧	○	○	○	○	○	○	○	濴	詗	迥	○	○	○
諍徑	○	○	○	○	○	○	○	○	○	○	○	○	○	○	○	○	○	○	○	○	○	○	○
	○	○	○	○	○	○	○	○	○	○	○	○	○	○	○	○	○	窔	轟	○	○	○	○
	○	○	○	○	○	○	○	○	○	○	○	○	○	○	○	○	○	○	○	○	○	○	○
	○	○	○	○	○	○	○	○	○	○	○	○	○	○	○	○	○	鎣	詗	○	○	○	○
麥錫	○	○	○	○	○	○	○	○	○	○	○	○	○	○	○	○	○	○	○	○	○	○	○
	○	○	○	○	○	○	○	○	蟈	碅	趡	○	𢷤	○	趚	摵	○	○	劃	獲	○	礰	○
	○	○	○	○	○	○	○	○	○	○	○	○	○	○	○	○	○	○	○	○	○	○	○
	○	○	○	○	○	[illegible]	○	○	郹	闃	○	○	○	○	○	○	○	○	殈	○	○	○	○

外轉三十九

	幫	滂	並	明	端 知	透 徹	定 澄	泥 孃	見	溪	群	疑	精 照	清 穿	從 床	心 審	邪 禪	影	曉	匣	喻	來	日
	羽				徵				角				商					宮				半徵	半商
平 耕																							
	繃																	泓	訇	宏			
青																							
									扃											熒			
上 迥																							
									熲	褧								濴	詗	迥			
去 諍																							
																			轟				
徑																		鎣					
入 麥																							
									馘	蟈	趡		𢷤		趚	摵			劃	獲			
錫									狊	闃									殈				

輕中輕

內轉第三十七開

音	清濁	平·侯	平	平·尤	平·幽	上·厚	上	上·有	上·黝	去·候	去	去·宥	去·幼	入	入	入	入
脣音	清	○	○	不	彪	掊	○	缶	○	○	○	富	○	○	○	○	○
脣音	次清	○	○	○	飆	剖	○	紑	○	仆	○	副	○	○	○	○	○
脣音	濁	裒	○	浮	滮	部	○	婦	○	䏽	○	復	○	○	○	○	○
脣音	清濁	呣	○	謀	繆	母	○	○	○	茂	○	莓	謬	○	○	○	○
舌音	清	兜	○	輈	○	斗	○	肘	○	鬭	○	晝	○	○	○	○	○
舌音	次清	偷	○	抽	○	黈	○	丑	○	透	○	○	○	○	○	○	○
舌音	濁	頭	○	儔	○	蘬	○	紂	○	逗	○	冑	○	○	○	○	○
舌音	清濁	羺	○	○	○	穀	○	紐	○	耨	○	糅	○	○	○	○	○
牙音	清	鉤	○	鳩	樛	苟	○	久	糾	遘	○	救	○	○	○	○	○
牙音	次清	彄	○	丘	恘	口	○	糗	○	寇	○	𪖐	䠗	○	○	○	○
牙音	濁	○	○	求	虯	○	○	臼	蟉	○	○	舊	趴	○	○	○	○
牙音	清濁	齵	○	牛	聱	藕	○	○	○	偶	○	鼽	○	○	○	○	○
齒音	清	鯫	鄒	周	啾	走	掫	帚	酒	奏	皺	呪	僦	○	○	○	○
齒音	次清	誰	搊	犨	秋	趣	𩋐	醜	○	輳	簉	臭	趥	○	○	○	○
齒音	濁	鄹	愁	○	遒	鯫	𥢆	壽	湫	剹	驟	○	就	○	○	○	○
齒音	清	涑	搜	收	脩	叟	溲	首	滫	瘶	瘦	狩	秀	○	○	○	○
齒音	濁	○	○	讎	囚	○	○	受	○	○	○	授	岫	○	○	○	○
喉音	清	謳	○	優	幽	歐	○	颵	黝	漚	○	○	幼	○	○	○	○
喉音	清	齁	○	休	飍	吼	○	朽	○	詬	○	齅	○	○	○	○	○
喉音	濁	侯	○	○	○	厚	○	○	○	候	○	○	○	○	○	○	○
喉音	清濁	○	○	尤	由	○	○	有	酉	○	○	宥	狖	○	○	○	○
舌音齒	清濁	樓	○	劉	鏐	塿	○	柳	○	陋	○	溜	○	○	○	○	○
舌音齒	清濁	○	○	柔	○	○	○	蹂	○	○	○	輮	○	○	○	○	○

內轉四十

重中重

音	母	平·侯	平	平·尤	平·幽	上·厚	上·有	上	上·黝	去·候	去·宥	去	去·幼	入	入	入	入
羽	幫			不	彪	掊		缶				富					
羽	滂			飆		剖		紑		仆		副					
羽	並	裒		浮	滮	部		婦		䏽		復					
羽	明	呣		謀	繆	母				茂		莓	謬				
徵	端 知	兜		輈		斗		肘		鬭		晝					
徵	透 徹	偷		抽		黈		丑		透		畜					
徵	定 澄	頭		儔		蘬		紂		豆		冑					
徵	泥 孃	羺				穀		狃		耨		糅					
角	見	鉤		鳩	樛	苟		久		構		救					
角	溪	彄		丘	恘	口		糗		寇		𪖐	䠗				
角	群			求	虯			臼	蟉			舊	趴				
角	疑	齵		牛		藕				偶		鼽					
商	精 照	鯫	鄒	周	繳	走	掫	帚	酒	奏	皺	呪	僦				
商	清 穿	誰	搊	犨	秋	趣	𩋐	醜		輳	簉	臭	趥				
商	從 牀	鄹	愁		酋	鯫	𥢆		湫	剹	驟		就				
商	心 審	涑	搜	收	脩	藪	溲		滫	瘶	瘦	狩	秀				
商	邪 禪			讎	囚			受				授	岫				
宮	影	謳		優	幽	歐		颵	黝	漚			幼				
宮	曉	齁		休	飍	吼		朽		詬		齅					
宮	匣	侯				厚				候							
宮	喻			尤	由		有	酉				宥	狖				
半徵	來	婁		留	鏐	塿		柳				溜					
半商	日			柔				蹂		漏		輮					

內轉第三十八合

	脣音清	脣音次清	脣音濁	脣音清濁	舌音清	舌音次清	舌音濁	舌音清濁	牙音清	牙音次清	牙音濁	牙音清濁	齒音清	齒音次清	齒音濁	齒音清	齒音濁	喉音清	喉音清	喉音濁	喉音清濁	舌音齒清濁	舌音齒清濁
侵	○	○	○	○	○	○	○	○	○	○	○	○	○	○	○	○	○	○	○	○	○	○	○
	○	○	○	○	○	○	○	○	○	○	○	○	簪	參	岑	森	○	○	○	○	○	○	○
	○	○	○	○	碪	琛	沈	誑	金	欽	琴	吟	斟	覘	忱	深	諶	音	歆	○	○	林	任
	○	○	○	○	○	譫	○	○	○	○	○	○	祲	侵	鮗	心	尋	愔	○	○	淫	○	○
寑	○	○	○	○	○	○	○	○	○	○	○	○	○	○	○	○	○	○	○	○	○	○	○
	○	○	○	○	○	○	○	○	○	○	○	○	顜	墋	頗	瘁	○	○	○	○	○	○	○
	稟	品	○	○	戡	踸	朕	拰	錦	坅	噤	僸	枕	瀋	葚	沈	甚	飲	廞	○	○	廩	荏
	○	○	○	○	○	○	○	○	○	顩	○	○	醋	寑	蕈	罧	○	○	○	○	○	○	○
沁	○	○	○	○	○	○	○	○	○	○	○	○	○	○	○	○	○	○	○	○	○	○	○
	○	○	○	○	○	○	○	○	○	○	○	○	譖	讖	○	滲	○	○	○	○	○	○	○
	○	○	○	○	揕	闖	鴆	賃	禁	○	紟	吟	枕	○	○	深	甚	蔭	○	○	類	臨	絍
	○	○	○	○	○	○	○	○	○	○	○	○	浸	沁	○	○	○	○	○	○	○	○	○
緝	○	○	○	○	○	○	○	○	○	○	○	○	○	○	○	○	○	○	○	○	○	○	○
	○	○	○	○	○	○	○	○	○	○	○	○	戢	届	霵	澀	○	○	○	○	○	○	○
	鵖	○	䮀	○	縶	湁	蟄	孨	急	泣	及	岌	執	斟	褶	濕	十	邑	吸	○	煜	立	入
	○	○	○	○	○	○	○	○	○	○	○	○	㗱	緝	集	㪑	習	揖	○	○	熠	○	○

內轉四十一

重中重

		幫	滂	並	明	端	透	定	泥	見	溪	群	疑	精	清	從	心	邪	影	曉	匣	喻	來	日
						知	徹	澄	孃					照	穿	床	審	禪						
		羽				徵				角				商					宮				半徵	半商
平	侵																							
														簪	參	岑	森							
						碪	琛	沉	誑	今	欽	琴	吟	斟	覘		深	諶	音	歆			林	壬
														祲	侵	灊	心	尋	愔			淫		
上	寑																							
															磣	顩	瘁							
		稟	品			戡	踸	朕	拰	錦	坅	噤	僸	枕	瀋	葚	沈	甚	飲	廞			澟	荏
														醋	寑	蕈	罧					潭		
去	沁																							
														譖	讖		滲							
		稟				揕	闖	鴆	賃	禁		紟	吟	枕			深	甚	蔭			類	臨	妊
														浸	沁									
入	緝																							
														戢	届	霵	澀							
		鵖			䮀	縶	湁	蟄	孨	急	泣	及	岌	執	斟		濕	十	邑	吸		煜	立	入
														㗱	緝	集	㪑	習	揖			熠		

韻鏡

外轉第三十九開

	脣音清	脣音次清	脣音濁	脣音清濁	舌音清	舌音次清	舌音濁	舌音清濁	牙音清	牙音次清	牙音濁	牙音清濁	齒音清	齒音次清	齒音濁	齒音清	齒音濁	喉音清	喉音清	喉音濁	喉音清濁	舌音齒清濁	舌音齒清濁
覃	○	○	○	○	眈	探	覃	南	弇	龕	○	[illegible]	鐕	參	蠶	毿	○	諳	谽	含	○	婪	○
咸	○	○	○	○	詀	○	○	諵	緘	鵮	○	嵒	○	○	讒	攕	○	猎	㰹	咸	○	○	○
鹽	砭	○	○	○	霑	覘	灵	黏	廉	○	○	[illegible]	詹	襜	○	苫	棎	淹	娎	○	炎	廉	髯
添	○	○	○	○	髻	添	甜	鮎	○	謙	鉗	○	尖	○	○	[illegible]	○	○	馦	嫌	○	鬑	○
感	○	○	○	○	黕	襑	禫	腩	感	坎	○	頷	寁	慘	歜	糝	○	晻	顑	頷	○	壈	○
豏	○	○	○	○	○	僴	湛	䍐	鹼	床	○	顩	斬	[illegible]	瀺	摻	○	黯	喊	豏	○	臉	○
琰	貶	○	○	○	○	諂	○	○	檢	預	儉	顩	颭	○	○	陝	剡	奄	險	[illegible]	○	斂	冄
忝	○	○	○	[illegible]	點	忝	簟	淰	[illegible]	歉	○	○	○	憯	○	○	○	○	○	○	○	稴	苒
勘	○	○	○	○	馾	僋	醰	妠	紺	勘	○	儑	篸	謲	蹔	俕	○	暗	顑	憾	○	顲	○
陷	○	○	○	○	䛳	○	○	諵	鮨	歉	○	顩	蘸	○	○	○	○	韽	闞	陷	○	○	○
豔	窆	○	○	○	○	覘	○	○	○	○	○	驗	占	[illegible]	○	閃	贍	[illegible]	○	○	○	殮	染
㮇	○	○	○	○	店	㮇	磹	念	趝	傔	○	○	僭	○	[illegible]	[illegible]	○	[illegible]	○	○	○	稴	○
合	○	○	○	○	答	錔	沓	納	閤	溘	○	[illegible]	帀	趛	雜	䬃	○	姶	欱	合	○	拉	○
洽	○	○	○	○	劄	[illegible]	[illegible]	囡	夾	恰	○	脛	眨	揷	[illegible]	霎	○	[illegible]	[illegible]	洽	○	○	○
葉	○	○	○	○	輒	鍤	牒	聶	[illegible]	㾊	笈	○	讋	謵	○	攝	涉	敵	偞	○	曄	獵	讘
帖	○	○	○	○	聑	怗	牒	捻	頰	愜	○	○	浹	妾	[illegible]	燮	○	○	[illegible]	協	○	[illegible]	○

七音略

外轉三十一

重中重

	羽				徵				角				商					宮				半徵	半商
	幫	滂	並	明	端	透	定	泥	見	溪	群	疑	精	清	從	心	邪	影	曉	匣	喻	來	日
					知	徹	澄	孃					照	穿	牀	審	禪						
平 覃					眈	貪	覃	南	弇	龕		[illegible]	鐕	參	蠶	毿		諳	谽	含		婪	
咸					詀			諵	緘	鵮		嵒			讒	攕		猎	㰹	咸			
鹽	砭				霑	覘		黏		[illegible]	箝	[illegible]	詹	襜		苫	蟾	淹		嬚	炎	廉	髯
添					髻	添	甜	鮎	兼	謙									馦			鬑	
上 感					黕	襑	禫	腩	感	坎		頷	昝	慘	歜	糝		唵	喊	頷		壈	
豏						僴	湛		鹻	床		顩	斬	醶	巉	摻		黯		豏		臉	
琰	貶			[illegible]		諂			檢	預	儉		颭			陝	剡	奄	險			斂	
忝					點	忝	簟	淰	[illegible]	歉		顩		憯						[illegible]		稴	
去 勘					馾	僋	醰	妠	紺	勘		儑	篸	謲		俕		暗	顑	憾		顲	
陷					䛳		賺	諵	[illegible]	歉		顩	蘸		儳			韽		陷			
豔	窆					覘						驗	占	[illegible]		閃	贍	[illegible]				殮	染
㮇					店	㮇	磹	念	趝	傔			僭		[illegible]	[illegible]		[illegible]				稴	
入 合					答	錔	沓	納	閤	搕		脛	匝	趛	雜	䬃		姶	欱	合		拉	
洽					劄	[illegible]		[illegible]	夾	恰		瘞	眨	揷	[illegible]	歃		[illegible]	[illegible]	洽			
葉					輒	鍤	牒	聶	[illegible]	㾊	笈		讋	謵		攝	涉	敵			曄	獵	讘
帖					聑	怗		捻	頰	愜			浹		[illegible]	燮			[illegible]	協		[illegible]	

韻鏡

外轉第四十合

𦬊 皃反

脣音				舌音				牙音				齒音					喉音				舌音齒		
清	次清	濁	清濁	清	次清	濁	清濁	清	次清	濁	清濁	清	次清	濁	清	濁	清	清	濁	清濁	清濁	清濁	
○	○	○	姏	擔	舑	談	○	甘	坩	○	○	○	○	慙	三	○	黯	蚶	酣	○	藍	○	談
○	○	𦬊	○	○	○	○	○	監	嵌	○	巖	○	攙	巉	衫	○	○	○	銜	○	○	○	銜
○	○	○	○	○	○	○	○	○	鈙	黔	嚴	○	○	○	○	剡	醃	韽	○	○	○	○	嚴
○	○	○	○	○	○	○	○	○	○	○	○	尖	籤	潛	銛	燖	懕	○	○	鹽	○	○	鹽
○	○	○	㛤	膽	菼	噉	○	敢	厰	○	○	䭕	黲	槧	○	○	埯	喊	○	○	覽	○	敢
○	○	○	○	○	○	○	○	○	顩	○	○	○	醶	○	摲	○	黤	㺂	檻	○	○	○	檻
○	○	○	○	○	○	○	○	○	○	○	儼	○	○	○	潤	○	埯	○	○	○	○	○	儼
○	○	○	○	○	○	○	○	○	○	○	○	○	憸	漸	○	○	黶	○	○	琰	○	○	琰
○	○	○	○	擔	賧	擔	○	䤷	闞	○	○	○	○	暫	三	○	○	賗	憨	○	濫	○	闞
○	○	𨑵	○	○	○	○	○	鑑	○	○	○	𧢽	懺	鑱	釤	○	黬	𠏦	𧢈	○	○	○	鑑
○	○	○	○	○	○	○	○	○	鈙	○	釅	○	○	○	○	○	○	𧹞	○	○	獫	○	釅
○	○	○	○	○	○	○	○	○	○	○	驗	蠘	壍	潛	○	○	厭	○	○	豔	殮	染	豔
○	○	○	○	皶	榻	踏	魶	頜	榼	○	儑	○	囃	𤭢	僋	○	鰪	歛	盍	○	臘	○	盍
○	○	○	○	○	○	渫	○	甲	○	○	○	○	○	○	翜	○	鴨	呷	狎	○	○	○	狎
○	○	○	○	○	○	𤎼	○	劫	怯	跲	業	○	○	○	𨓆	○	腌	脅	○	殜	○	○	業
○	○	○	○	○	○	○	○	○	○	○	○	接	妾	捷	○	○	靨	○	挾	葉	○	○	葉

七音略

外轉三十二

羽				徵				角				商					宮				半徵	半商		
幫	滂	並	明	端	透	定	泥	見	溪	群	疑	精	清	從	心	邪	影	曉	匣	喻	來	日		
				知	徹	澄	孃					照	穿	牀	審	禪								
			坩	擔	蚺	談		甘	坩					慙	三			蚶	酣		藍		談	重中輕
		𦬊						監	嵌		巖		攙	巉	衫				銜				銜	
											嚴						醃	韽					嚴	
										鍼		鏨	僉	潛	銛	燖	懕			鹽			鹽	
			㛤	膽	菼	噉			敢				黲	䭕			埯	喊			覽		敢	
									顩				醶	嵁	摲		黤	㺂	檻				檻	
									欦		儼						埯						儼	
									脥			鏨	槧	漸	憸		黶			琰			琰	
				擔	賧	憺		䤷	闞					暫	三			賗	憨		濫		闞	
		𣴈						鑑				𧢽	懺	鑱	釤		黬	𠏦	𧢈				鑑	
									鈙		釅												釅	
												嚵	塹	潛			厭			豔			豔	
				皶	榻	蹋	蚋	頜	榼		儑		囃	𤭢	僋		鰪	頡	盍		臘		盍	
						霅		甲					囃	渫	翣		鴨	呷	狎				狎	
								劫	怯		業	譫					腌	脅					業	
												接	妾	捷			靨			葉			葉	

平 上 去 入

七音略

外轉第四十一合

	脣音 清	脣音 次清	脣音 濁	脣音 清濁	舌音 清	舌音 次清	舌音 濁	舌音 清濁	牙音 清	牙音 次清	牙音 濁	牙音 清濁	齒音 清	齒音 次清	齒音 濁	齒音 清	齒音 濁	喉音 清	喉音 清	喉音 濁	喉音 清濁	舌音齒 清濁	舌音齒 清濁
凡	○	○	○	○	○	○	○	○	○	○	○	○	○	○	○	○	○	○	○	○	○	○	○
	○	○	○	○	○	○	○	○	○	○	○	○	○	○	○	○	○	○	○	○	○	○	○
	䛘	芝	凡	瑷	○	○	○	○	○	○	○	○	○	○	○	○	○	○	○	○	○	○	○
	○	○	○	○	○	○	○	○	○	○	○	○	○	○	○	○	○	○	○	○	○	○	○
范	○	○	○	○	○	○	○	○	○	○	○	○	○	○	○	○	○	○	○	○	○	○	○
	○	○	○	○	○	○	○	○	○	○	○	○	○	○	○	○	○	○	○	○	○	○	○
	腇	釩	范	鋄	○	僴	○	○	拑	凵	○	顩	○	○	○	○	○	○	○	○	○	○	○
	○	○	○	○	○	○	○	○	○	○	○	○	○	○	○	○	○	○	○	○	○	○	○
梵	○	○	○	○	○	○	○	○	○	○	○	○	○	○	○	○	○	○	○	○	○	○	○
	○	○	○	○	○	○	○	○	○	○	○	○	○	○	○	○	○	○	○	○	○	○	○
	○	汎	梵	菱	○	○	○	○	劒	欠	○	○	○	○	○	○	○	○	○	○	○	○	○
	○	○	○	○	○	○	○	○	○	○	○	○	○	○	○	○	○	○	○	○	○	○	○
乏	○	○	○	○	○	○	○	○	○	○	○	○	○	○	○	○	○	○	○	○	○	○	○
	○	○	○	○	○	○	○	○	○	○	○	○	○	○	○	○	○	○	○	○	○	○	○
	法	鉣	乏	○	㹁	○	○	猦	○	猲	○	○	○	○	○	○	○	○	○	○	○	○	○
	○	○	○	○	○	○	○	○	○	○	○	○	○	○	○	○	○	○	○	○	○	○	○

猦女法反 猲起法反

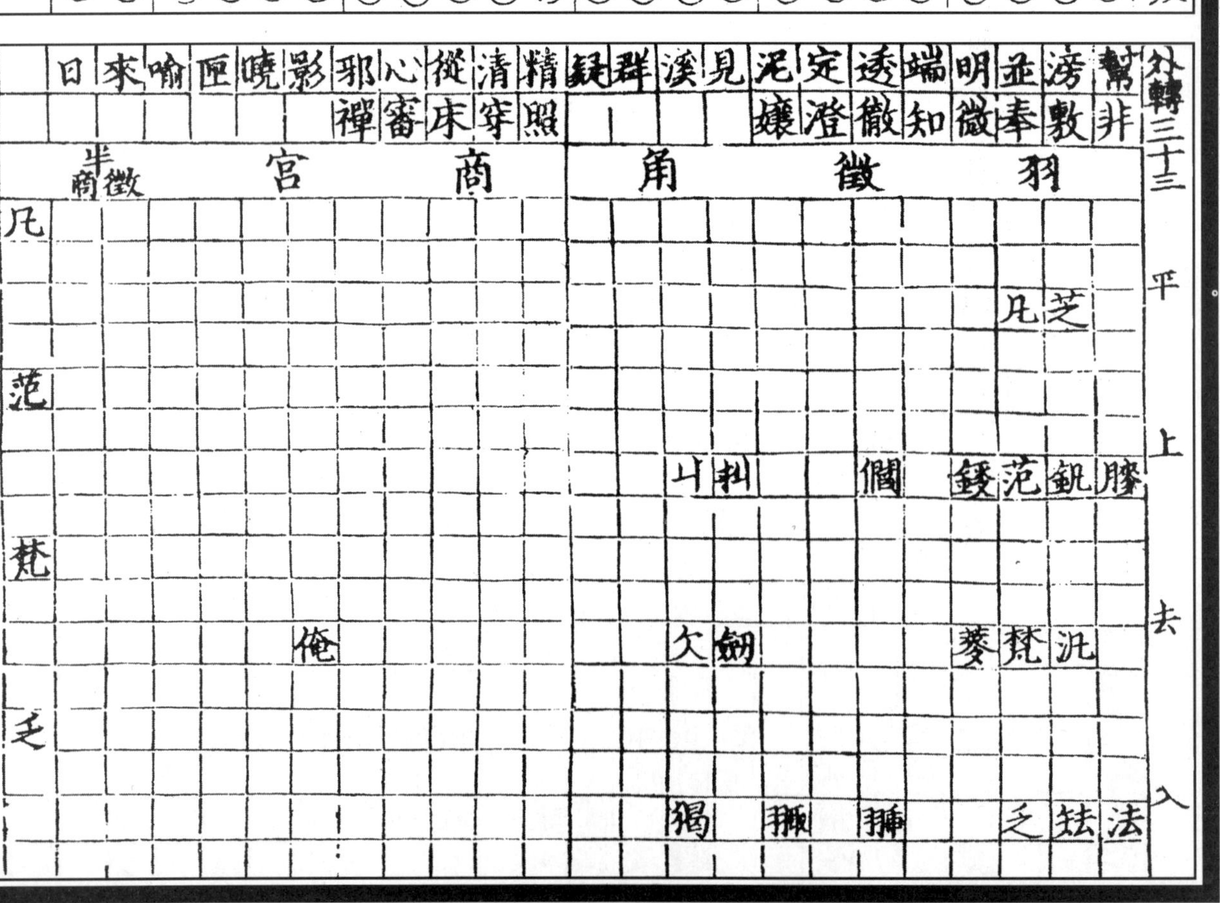

外轉三十三 輕中輕

	羽 幫非	羽 滂敷	羽 並奉	羽 明微	徵 端知	徵 透徹	徵 定澄	徵 泥孃	角 見	角 溪	角 群	角 疑	商 精照	商 清穿	商 從床	商 心審	商 邪禪	宮 影	宮 曉	宮 匣	宮 喻	半徵 來	半商 日
平 凡																							
		芝	凡																				
上 范																							
	腇	釩	范	鋄		僴			拑	凵													
去 梵																							
		汎	梵	菱					劒	欠								俺					
入 乏																							
	法	鉣	乏			㹁		猦		猲													

韻鏡

內轉第四十二開

韻	脣音 清	脣音 次清	脣音 濁	脣音 清濁	舌音 清	舌音 次清	舌音 濁	舌音 清濁	牙音 清	牙音 次清	牙音 濁	牙音 清濁	齒音 清	齒音 次清	齒音 濁	齒音 清	齒音 濁	喉音 清	喉音 清	喉音 濁	喉音 清濁	舌音齒 清濁	舌音齒 清濁
登	崩	漰	朋	瞢	登	鼟	騰	能	緪	○	○	○	增	○	層	僧	○	○	○	恒	○	楞	○
	○	○	○	○	○	○	○	○	○	○	○	○	○	○	○	○	○	○	○	○	○	○	○
蒸	冰	砅	凭	○	徵	僜	澄	○	兢	硱	殑	凝	蒸	稱	繩	升	承	膺	興	○	蠅	陵	仍
	○	○	○	○	○	○	○	○	○	○	○	○	○	○	繒	○	○	○	○	○	○	○	○
等	○	倗	䣙	○	等	○	○	能	○	肯	○	○	噌	○	○	○	○	○	○	○	○	倰	○
	○	○	○	○	○	○	○	○	○	○	○	○	○	○	○	○	○	○	○	○	○	○	○
拯	○	○	○	○	○	庱	○	○	○	殑	○	○	拯	○	○	殑	○	○	○	○	○	○	○
	○	○	○	○	○	○	○	○	○	○	○	○	○	○	○	○	○	○	○	○	○	○	○
嶝	[illegible]	○	倗	懵	嶝	磴	鄧	○	亘	○	○	○	增	蹭	贈	鬙	○	○	○	○	○	○	○
	○	○	○	○	○	○	○	○	○	○	○	○	○	○	○	○	○	○	○	○	○	○	○
證	○	○	凭	○	○	覴	瞪	○	○	○	殑	凝	證	稱	乘	勝	剩	應	興	○	孕	餕	認
	○	○	○	○	○	○	○	○	○	○	○	○	甑	[illegible]	○	○	○	○	○	○	○	○	○
德	北	○	菔	墨	德	忒	特	䘲	裓	刻	○	○	則	墄	賊	塞	○	餩	黑	劾	○	勒	○
	○	○	○	○	○	○	○	○	○	○	○	○	稄	測	崱	色	○	○	○	○	○	○	○
職	逼	愊	愎	䁾	陟	敕	直	匿	殛	𩌏	極	嶷	職	瀷	食	識	寔	憶	赩	○	○	力	○
	○	○	○	○	[illegible]	○	○	○	○	○	○	○	即	○	堲	息	○	○	○	○	弋	○	○

七音略

內轉四十二

重中重

聲	韻	幫	滂	並	明	端 知	透 徹	定 澄	泥 孃	見	溪	群	疑	精 照	清 穿	從 床	心 審	邪 禪	影	曉	匣	喻	來	日
		羽				徵				角				商					宮				半徵	半商
平	登	崩	漰	朋	瞢	登	鼟	騰	能	栕				增	彭	層	僧			恒	峘		楞	
	蒸															磳	殑							
		冰	砅	凭	儚	徵	僜	澄		兢	硱	殑	凝	蒸	稱	繩	昇	承	膺	興	蠅		夌	仍
														[illegible]	[illegible]	繒	綅							
上	等		倗			等			能		肯													
																	殑							
	拯						庱					殑		拯										
去	嶝	[illegible]		倗	懵	嶝	磴	鄧		亘				增	蹭	贈	鬙						倰	
	證			凭			覴	瞪				殑		證	稱	乘	勝	丞	應	興			餕	認
														甑								孕		
入	德	北	覆	菔	墨	德	忒	特	䘲	裓	刻			則	墄	賊	塞		餩	黑	劾		勒	
	職													稄	測	崱	色							
		逼	愊	愎	䁾	陟	敕	直	匿	殛	𩌏	極	嶷	職	瀷	食	識	寔	憶	赩			力	日
						[illegible]								即		堲	息					弋		

內轉第四十二合

	脣音 清	次清	濁	清濁	舌音 清	次清	濁	清濁	牙音 清	次清	濁	清濁	齒音 清	次清	濁	清	濁	喉音 清	清	濁	清濁	舌音齒 清濁	清濁
登	○	○	○	○	○	○	○	○	肱	○	○	○	○	○	○	○	○	泓	薨	弘	○	○	○
	○	○	○	○	○	○	○	○	○	○	○	○	○	○	○	○	○	○	○	○	○	○	○
	○	○	○	○	○	○	○	○	○	○	○	○	○	○	○	○	○	○	○	○	○	○	○
	○	○	○	○	○	○	○	○	○	○	○	○	○	○	○	○	○	○	○	○	○	○	○
	○	○	○	○	○	○	○	○	○	○	○	○	○	○	○	○	○	○	○	○	○	○	○
	○	○	○	○	○	○	○	○	○	○	○	○	○	○	○	○	○	○	○	○	○	○	○
	○	○	○	○	○	○	○	○	○	○	○	○	○	○	○	○	○	○	○	○	○	○	○
	○	○	○	○	○	○	○	○	○	○	○	○	○	○	○	○	○	○	○	○	○	○	○
	○	○	○	○	○	○	○	○	○	○	○	○	○	○	○	○	○	○	○	○	○	○	○
	○	○	○	○	○	○	○	○	○	○	○	○	○	○	○	○	○	○	○	○	○	○	○
	○	○	○	○	○	○	○	○	○	○	○	○	○	○	○	○	○	○	○	○	○	○	○
	○	○	○	○	○	○	○	○	○	○	○	○	○	○	○	○	○	○	○	○	○	○	○
德	○	○	○	○	○	○	○	○	國	○	○	○	○	○	○	○	○	○	○	或	○	○	○
	○	○	○	○	○	○	○	○	○	○	○	○	○	○	○	○	○	○	○	○	○	○	○
職	○	○	○	○	○	○	○	○	○	○	○	○	○	○	○	○	○	○	洫	○	域	○	○
	○	○	○	○	○	○	○	○	○	○	○	○	○	○	○	○	○	○	○	○	○	○	○

△指微韻鑑卷終

內轉四十三

	幫	滂	並	明	端 知	透 徹	定 澄	泥 孃	見	溪	群	疑	精 照	清 穿	從 床	心 審	邪 禪	影	曉	匣	喻	來	日
	羽				徵				角				商					宮				半徵	半商
平 登									肱	鞃									薨	弘			
蒸																							
上 等																							
拯																							
去 嶝																							
證																							
入 德									國										𧮴	或			
職																			洫		域		

輕中輕

七音略第二

通志三十七

韻鏡之書行於本邦久而未有刊者故轉寫之訛烏而焉焉而馬覽者多困彼此不一泉南宗仲論師偶訂諸本善不善者且從且改因命工鏤板期其歸一以便於覽者且曰非敢擅之天下聊備家訓而已於戲今日家書乃天下書也學者思旃

享祿戊子孟冬初一日

正三位行侍從臣清原朝臣宣賢

頃間求得宋慶元丁巳張氏所刊之的本而重校正焉永祿第七歲舍甲子王春壬子

經籍訪古志

韻鏡一卷 享祿戊子覆宋本

首有紹興辛巳三山張麟之子儀識語其略云反切之要莫妙於此不出四十三轉而天下無遺音因撰字母括要圖復解數例以為沿流求源者之端又有嘉泰三年麟之序云韻鏡之作其妙矣余年二十始得此字字音往昔相傳類曰洪韻釋子之所撰也有沙門神珙號知音韻嘗著切韻圖載玉篇卷末竊意是書著於僧世俗諱呼珙為洪爾次調韻指微次三十六字母歸納助紐字以歸字例次橫呼韻五音清濁四聲定位列圍末題韻鑑序例終次本

文自內轉第一至第四十三識語後有慶元丁巳重刋木記卷末有享祿戊子清原朝臣宣賢跋謂泉南宗仲論鏤梓始末聞又有永祿刋本未見按享祿戊子明世宗嘉靖七年

四聲、三十六字母、廣韻韻目今讀

一、敘　理

『四聲』、『三十六字母』、『廣韻二百零六韻韻目』是漢語音韻學、方言學中常用的術語。在絕大多數通論書、教科書、專門性的論著中，只見它們的字形。至於怎麼稱說，只有很少的書注了它們的部分名稱的今音。就我們的淺聞，專家和學人們在口頭表述時往往存在誤讀和歧讀，職是之故，爲了學術的承傳，有必要規定它們的今讀音。

四聲中的『平』、『上』、『去』、『入』四字，都是它們各自聲調的代表字，在以之命名的時代，它們的讀音應該同它們所代表的某種聲調相符合。三十六字母、廣韻二百零六韻韻目的讀音當亦同此理。時至今日，在課堂教學中、在學術會議上、在學人交談時，這二百四十六字如何讀？齊梁音、隋唐宋音，由於古代技術不發達，沒有能記錄、留傳下來。我們認爲，也不能依據某一專家『構擬』的音去讀，因爲任何構擬音都不能視作當時的讀音。對四聲、三十六字母、廣韻二百零六韻韻目的稱說，只有一法，即依照今音讀。

我們認爲，今讀的第一條原則是，依據現代漢語普通話。

但是漢語語音經歷了千百年的演變，在現代漢語普通話中這二百多字裏有若干同它們所代表的部類不相符，如何處理？

因此我們提出第二條原則，酌參民國國音和當代方音，顧及系統性，適當變通少量字的讀音，使之符合所代表的部類。這些音在現行字典、詞典，如現代漢語詞典中，有些未見；有些雖被收録，但稱作『又音』或『舊讀』。這些音，姑謂之『行業音』。音韻學和方言學是專業，專業有其專門的術語，也就可能有其專門的讀音，不妨稱前者爲『行話』，後者爲『行業音』（或簡稱『行音』）。

我們遵循上述兩條原則爲四聲、三十六字母、廣韻二百零六韻韻目共二百四十六字的今讀定音。丁聲樹先生撰文、李榮先生製表的漢語音韻講義『廣韻聲母表』襲用了三十六字母中的三十一個字，並且注了今讀音。同書『廣韻韻母表』載有廣韻平聲五十七韻、去聲祭泰夬廢四韻、入聲三十四韻韻目的讀音，這是我們最重要的依據。本表對其中的一些字的今讀音，加了些注，旨在申解；至於我們的立異之處，也有注釋以臚陳理由。

我們補了三十六字母的其餘五個字母、廣韻上聲五十五韻、去聲其餘五十六韻韻目的今讀音，合之則爲全璧。

這二百四十六字中有若干僻字，爲現代漢語詞典所不收，我們據反切定音，如此可省讀者查檢之勞。

二、定　音

平 píng　**上** shǎng　**去** qù　**入** rù

四聲今讀說明：

在齊梁時代，沈約、周顒等學者發現了四聲，當時以『平』『上』『去』『入』四字代表四種聲調（後代學人有主張四字兼取其含義以描摹各自聲調的動程形狀的，也有認爲這四字是隨機取用的）。『上』字，廣韻有兩音：上聲養韻時掌切、去聲漾韻時亮切，則是古有上、去兩讀。因漢語史上『全濁上變去』的音變規則的作用，廣韻時掌切一音，後來也變成去聲了，於是上聲音與去聲音合流，只有shàng一讀。但是音韻學家和方言學家總有這樣一個情結：要以一個代表字，表示這個部類的聲調，所以趙元任先生在現代吳語的研究中用『賞聲』一詞，但是未得學界認可。學人們不肯捨棄『上聲』二字，於是採用行業音的辦法，將『上』讀成shǎng（雖然也有人主張現代的『上聲』之『上』應讀成shàng，然亦未爲學界接受）。國音常用字彙（一九三二年）：shǎng（於平上去入）、shàng，中華新韻（一九四一年）同（上述兩書用注音符號，本表轉寫爲漢語拼音字母）。現代漢語詞典『上』字下注shǎng，最後一個義項爲『（又shǎng）上聲』。

幫 bāng	滂 pāng	並 bìng	明 míng		
非 fēi	敷 fū	奉 fèng	微 wéi		
端 duān	透 tòu	定 dìng	泥 ní		
知 zhī	徹 chè	澄 chéng	娘 niáng		
見 jiàn	溪 qī	群 qún	疑 yí		
精 jīng	清 qīng	從 cóng		心 xīn	邪 xié
照 zhào	穿 chuān	牀 chuáng		審 shěn	禪 shàn
影 yǐng			喻 yù	曉 xiǎo	匣 xiá
			來 lái		
			日 rì		

三十六字母今讀說明：

微，廣韻微韻無非切。現代漢語詞典wēi，但是國音常用字彙、中華新韻、漢語音韻講義的『廣韻聲母表』都音wéi（按，漢語音韻講義用國際音標，本表轉寫爲漢語拼音字母），故本表將三十六字母微母之『微』定爲wéi。

溪，廣韻齊韻苦奚切。國音常用字彙、中華新韻xī、qī（又讀）。漢語音韻講義『廣韻聲母表』：『爲便於稱說，表中用北京語音注出每一個聲母名稱的今音。只有「溪」母採用方言中的qī音，可以表示是送氣的，不用xī音。』現代漢語詞典xī（舊讀qī）。所以本表將三十六字母的溪母之『溪』定爲qī。

禪，廣韻有二音：去聲線韻時戰切、平聲仙韻市連切。國音常用字彙、中華新韻、現代漢語詞典並shàn、chán，漢語音韻講義『廣韻聲母表』shàn。不少音韻學人讀禪母之『禪』爲chán。我們認爲，三十六字母的禪母之『禪』應取時戰切音，茲定爲shàn。三十六字母的正齒音爲『照穿牀審禪』，齒頭音爲『精清從心邪』，宋人張麟之韻鑒序例特謂『審禪』爲『細正齒音』，『心邪』爲『細齒頭音』，可見上述兩組中的前三位當表示塞擦音，第四五位應爲擦音；『牀』的聲母爲ch，則『禪』的聲母應爲sh。

三、廣韻二百零六韻韻目今读

東 德紅 dōng　董 多動 dǒng　送 蘇弄 sòng　屋 烏谷 wū
冬 都宗 dōng　宋 蘇統 sòng　沃 烏酷 wò
鍾 職容 zhōng　腫 之隴 zhǒng　用 餘頌 yòng　燭 之欲 zhú
江 古雙 jiāng　講 古項 jiǎng　絳 古巷 jiàng　覺 古岳 jué
支 章移 zhī　紙 諸氏 zhǐ　寘 支義 zhì
脂 旨夷 zhī　旨 職雉 zhǐ　至 脂利 zhì
之 止而 zhī　止 諸市 zhǐ　志 職吏 zhì
微 無非 wēi　尾 無匪 wěi　未 無沸 wèi
魚 語居 yú　語 魚巨 yǔ　御 牛倨 yù
虞 遇俱 yú　麌 虞矩 yǔ　遇 牛具 yù
模 莫胡 mú　姥 莫補 mǔ　暮 莫故 mù
齊 徂奚 qí　薺 徂禮 jì　霽 子計 jì
祭 子例 jì
泰 他蓋 tài

佳 古膎 jiā	蟹 胡買 xiè	卦 古賣 guà	
皆 古諧 jiē	駭 侯楷 hài	怪 古壞 guài	
		夬 古邁 guài	
灰 呼恢 huī	賄 呼罪 huì	隊 徒對 duì	
咍 呼來 hāi	海 呼改 hǎi	代 徒耐 dài	
		廢 方肺 fèi	
真 側鄰 zhēn	軫 章忍 zhěn	震 章刃 zhèn	質 之日 zhì
諄 章倫 zhūn	準 之尹 zhǔn	稕 之閏 zhùn	術 食聿 shù
臻 側詵 zhēn			櫛 阻瑟 zhì
文 無分 wén	吻 武粉 wěn	問 亡運 wèn	物 文弗 wù
欣 許斤 xīn	隱 於謹 yǐn	焮 香靳 xìn	迄 許訖 qì
元 愚袁 yuán	阮 虞遠 ruǎn	願 魚怨 yuàn	月 魚厥 yuè
魂 戶昆 hún	混 胡本 hùn	慁 胡困 hùn	沒 莫勃 mò
痕 戶恩 hén	很 胡墾 hěn	恨 胡艮 hèn	
寒 胡安 hán	旱 胡笴 hàn	翰 侯旰 hàn	曷 胡葛 hé
桓 胡官 huán	緩 胡管 huǎn	換 胡玩 huàn	末 莫撥 mò
删 所姦 shān	潸 數板 shǎn	諫 古晏 jiàn	黠 胡八 xiá

山 所間 shān	產 所簡 chǎn	襉 古莧 jiàn	鎋 胡瞎 xiá
先 蘇前 xiān	銑 先典 xiǎn	霰 蘇佃 xiàn	屑 先結 xiè
仙 相然 xiān	獮 息淺 xiǎn	線 私箭 xiàn	薛 私列 xuē

說明：

本表廣韻韻目字後的反切，悉依正文。廣韻五卷目錄於各韻目字上也注有反切，如『混』、『賄』、『潸』等的反切用字與正文有異，本表不取。

微，廣韻微韻無非切。現代漢語詞典wēi，漢語音韻講義在其『廣韻聲母表』中將微母的『微』定爲wēi，但在『廣韻韻母表』裏又定爲wēi（二零一零年版如是，一九八四年版爲wéi）。當以一致爲宜，故本表將廣韻二百零六韻的微韻之『微』定爲wéi。

姥，廣韻上聲姥韻莫補切。國音常用字彙、中華新韻、現代漢語詞典mǔ、lǎo。lǎo爲『姥姥』之音，不論。依據廣韻莫補切，姥韻之『姥』今讀音當定爲mǔ。

薺，廣韻上聲薺韻徂禮切。國音常用字彙、中華新韻、現代漢語詞典jì、qí。qí乃『荸薺』中『薺』的音，不論。『薺』字古爲上聲字，由於漢語史上的『全濁上變去』的音變，今讀音變爲去聲。廣韻上聲有十二個韻目字，即『薺』、『蟹』、『駭』、『混』、『旱』、『晧』、『蕩』、『靜』、『厚』、『豏』、『檻』、『范』，今音都變同去聲，涉及面廣，上述『敘理』中的定音第二條原則是少量字微調，故將『薺』等十二個韻目字都定爲去聲。

賄，廣韻上聲賄韻呼罪切。國音常用字彙、中華新韻huì、huǐ（又讀），現代漢語詞典huì。當今不少方言讀上聲，故本表將廣韻賄韻之『賄』定爲huǐ。

混，廣韻上聲混韻胡本切。國音常用字彙、中華新韻hùn、hǔn。現代漢語詞典hùn、hún。廣韻混韻之『混』今讀當取hùn音。

潸，廣韻上聲潸韻數板切，平聲刪韻所姦切。國音常用字彙、中華新韻、現代漢語詞典shān，本表據廣韻數板切將潸韻之『潸』音定爲shǎn。

襉，廣韻去聲襉韻古莧切。國音常用字彙、中華新韻jiǎn、jiàn（又讀），現代漢語詞典jiǎn，本表據廣韻古莧切定襉韻之『襉』音爲jiàn。

蕭 蘇彫 xiāo	篠 先鳥 xiǎo	嘯 蘇弔 xiào	
宵 相邀 xiāo	小 私兆 xiǎo	笑 私妙 xiào	
肴 胡茅 xiáo	巧 苦絞 qiǎo	效 胡教 xiào	
豪 胡刀 háo	晧 胡老 hào	號 胡倒 hào	
歌 古俄 gē	哿 古我 gě	箇 古賀 gè	
戈 古禾 gē	果 古火 guǒ	過 古臥 guò	
麻 莫霞 má	馬 莫下 mǎ	禡 莫駕 mà	
陽 與章 yáng	養 餘兩 yǎng	漾 餘亮 yàng	藥 以灼 yào
唐 徒郎 táng	蕩 徒朗 dàng	宕 徒浪 dàng	鐸 徒落 duó
庚 古行 gēng	梗 古杏 gěng	映 於命 yìng	陌 莫白 mò
耕 古莖 gēng	耿 古幸 gěng	諍 側迸 zhèng	麥 莫獲 mài
清 七情 qīng	靜 疾郢 jìng	勁 居正 jìng	昔 思積 xī
青 倉經 qīng	迥 戶鼎 jiǒng	徑 古定 jìng	錫 先擊 xī
蒸 煑仍 zhēng	拯 蒸上聲 zhěng	證 諸應 zhèng	職 之翼 zhí
登 都滕 dēng	等 多肯 děng	嶝 都鄧 dèng	德 多則 dé
尤 羽求 yóu	有 云久 yǒu	宥 尤救 yòu	
侯 戶鉤 hóu	厚 胡口 hòu	候 胡遘 hòu	

四聲、三十六字母、廣韻韻目今讀

幽 虯於 yōu	**黝** 糾於 yǒu	**幼** 謬伊 yòu	
侵 林七 qīn	**寑** 稔七 qǐn	**沁** 鴆七 qìn	**緝** 入七 qī
覃 含徒 tán	**感** 禫古 gǎn	**勘** 紺苦 kàn	**合** 閤胡 hé
談 甘徒 tán	**敢** 覽古 gǎn	**闞** 濫苦 kàn	**盍** 臘胡 hé
鹽 廉余 yán	**琰** 冉以 yǎn	**豔** 贍以 yàn	**葉** 涉與 yè
添 兼他 tiān	**忝** 玷他 tiǎn	**㮇** 念他 tiàn	**帖** 協他 tiè
咸 讒胡 xián	**豏** 斬下 xiàn	**陷** 韽戶 xiàn	**洽** 夾侯 xiá
銜 監戶 xián	**檻** 黤胡 jiàn	**鑑** 懺格 jiàn	**狎** 甲胡 xiá
嚴 驗語 yán	**儼** 掩魚 yǎn	**釅** 欠魚 yàn	**業** 怯魚 yè
凡 咸符 fán	**范** 鋄防 fàn	**梵** 汎扶 fàn	**乏** 法房 fá

說明：

肴，廣韻肴韻胡茅切。國音常用字彙、中華新韻、漢語音韻講義、現代漢語詞典並yáo。『肴』古匣母字，郭力近代漢語後期幾個字的聲母演變一文云，廣韻、中原音韻、合併字學集韻、五方元音等皆非零聲母，官話萃珍（美國人富善编著，一八九八年）才讀零聲母。又，當代漢語方言中有仍讀xiáo的，且考慮到效攝豪韻系、肴韻系的六個韻目字古均爲牙喉音字，今音聲母亦應成系列。合此三者，故本表將廣韻肴韻之『肴』定爲xiáo。

過，廣韻去聲過韻古臥切，平聲戈韻古禾切。國音常用字彙、中華新韻guò、guō（又讀），現代漢語詞典guò、guō。本表將廣韻過韻之『過』音定爲guò。

緝，廣韻緝韻七入切，國音常用字彙、中華新韻qì，現代漢語詞典qī、jī。本表據廣韻七入切將緝韻之『緝』定爲qī。

勘，廣韻去聲勘韻苦紺切。國音常用字彙、中華新韻kǎn、kān，現代漢語詞典kān。有些現代方言讀去聲。本表將廣韻勘韻之『勘』音定爲kàn。

㮇，廣韻去聲㮇韻他念切。國音常用字彙、中華新韻、現代漢語詞典未收此字，本表將廣韻㮇韻之『㮇』音定爲tiàn。

洽，廣韻洽韻侯夾切。國音常用字彙、中華新韻xiá、qià（又讀），漢語音韻講義xiá，現代漢語詞典qià。漢語音韻講義定洽韻之『洽』的今讀音爲xiá當係據侯夾切，我們認爲，如此定音，且可與『狎xiá』對應，故本表從之。

檻，廣韻上聲檻韻胡黤切。國音常用字彙、中華新韻jiàn、kǎn，現代漢語詞典jiàn、kǎn。本表將廣韻檻韻之『檻』音定爲jiàn。

二零一一年暮秋魯國堯、吴葆勤於民國舊都

主要參考文獻：

北京大學中國語言文學系語言學教研室　二零零三　漢語方音字彙（第二版重排本），北京語文出版社

丁聲樹撰文，李榮製表　一九八四，二零一零　漢語音韻講義，上海教育出版社

教育部國語統一籌備委員會　一九三二　國音常用字彙，上海商務印書館

教育部國語推行委員會　一九四一　中華新韻，成都茹古書局

中國社會科學院語言研究所詞典編輯室　二零零五　現代漢語詞典（第五版），北京商務印書館

圖書在版編目（CIP）數據

宋本廣韻 /（宋）陳彭年等編．— 3 版．— 南京：江蘇鳳凰教育出版社，2008.9（2023.10 重印）

ISBN 978-7-5343-4663-7

Ⅰ．宋… Ⅱ．陳… Ⅲ．①廣韻②韻書 - 中國 - 北宋 Ⅳ．H113.3

中國版本圖書館 CIP 數據核字（2008）第 150590 號

書　　名	宋本廣韻
責任編輯	吴葆勤
封面設計	李廣玹
出版發行	江蘇鳳凰教育出版社（南京市湖南路 1 號 A 樓　郵編：210009）
蘇教網址	http://www.1088.com.cn
照　　排	南京理工排版校對有限公司
印　　刷	中閏集團南京印務有限公司（電話 025-85238064）
廠　　址	南京市幕府東路 339 號（郵編 210038）
開　　本	889mm × 1194mm　1/16
印　　張	15
插　　頁	1
版　　次	2008 年 10 月第 3 版 2023 年 10 月第 5 次印刷
書　　號	ISBN 978-7-5343-4663-7
定　　價	58.00 圓
網店地址	http://jsfhjycbs.tmall.com
公 衆 號	蘇教服務（微信號：jsfhjyfw）
郵購電話	025-85406265，025-85400774
盜版舉報	025-83658579

蘇教版圖書若有印裝錯誤可向承印廠調換
歡迎郵購，提供盜版綫索者給予重獎